Georg Stefan Troller
Personenbeschreibung
Tagebuch mit Menschen

Rasch und Röhring
Verlag

CIP-Titelaufnahme der Deutschen Bibliothek

Troller, Georg Stefan:
Personenbeschreibung: Tagebuch mit Menschen / Georg Stefan Troller. –
Hamburg: Rasch und Röhring, 1990
ISBN 3-89136-305-2

Umschlaggestaltung: Peter Albers
Lektorat: Ulrike Rickert
Fotos: Titel und Rückseite: Archiv des Autors
Satzherstellung: Otto Gutfreund, Darmstadt
Druck- und Bindearbeiten: Clausen & Bosse, Leck
Printed in Germany

Für Kirsten, Fenn und Tonka

TEIL 1

PARIS, 3. JANUAR 1960

Paris im Abriß. Gerade die Gassen, die ich durchwanderte in einem Alter, wo Stadtwinkel noch Teil des Herzens werden. Ein altes Pariserhaus, das ich kannte, klagt: Ich bin nicht schön. Meine Proportionen sind falsch, die Fenster zu hager, die Mauern zu korpulent, der Hof eingeschrumpelt und lichtlos. Nicht ein einziger rechter Winkel erweist die Herrschaft des regelnden Verstandes über die organische Materie. Ich bin gewachsen wie eine Tropfsteinhöhle, Raum für Raum. Einst war ich ein Landhaus aus Fachwerk und getrocknetem Lehm. Wo ein Stück herausfiel, hat man es mit Steinen aufgefüllt, später mit Ziegeln, zuletzt haben sie Beton hineingegossen und eiserne Träger durchgezogen. Nie gab es eine Zeit, in der nicht die blassen Tüncheschichten meiner Wände aufklafften wie überschminkte Schminke. In mir hausen Ratten, deren Lieblingsspeise die roten Giftkörner sind, die man ihnen streut, und das gelbe Pulver, das mich umsäumt, hat nie einen Hund abgehalten, gegen mich zu spritzen.

Ich bin behangen mit ganzen Tapetengenerationen, schrill wie ein Bilderbuch: Eisenbahnen decken Postkutschen, die Schäferspiele unter sich begraben, und die Zeitungsblätter, die zuunterst gegen den Verputz kleben, berichten von Waterloo oder von Tours und Poitiers, welchem, habe ich vergessen. Giftigbraune Röhren durchziehen mich, längst schon in den Stein gerostet; von jedem Treppenabsatz stößt eine neue hinzu, schubweise Papier und Unrat befördernd wie eine wäßrige Rohrpost. In meinem Eingang lümmeln blecherne Mülleimer, deren Deckel die Katzen nachts scheppernd über das Pflaster feuern. Mein Stiegenhaus aus marmoriertem Gips ist benagelt mit dreißig Lichtleitungen, die zu schmoren beginnen, wenn irgendwo eine extra Birne angeht, denn keiner wagt sich an die zerbröckelten Sicherungen. Ich bin nicht schön, und trotzdem lieben mich meine Bewohner. Warum eigentlich? Weil ich auf sie zugeschnitten bin wie das Schneckenhaus auf die Schnecke, weil ich Teil von ihnen geworden bin. Kein Fußbreit an mir, wo man nicht einen Nagel eingeschlagen hat. Keine Tür, in der man sich nicht heimlich umarmte, kein Fenster, worin man sich nicht ins Leben gesehnt, kein Stein, der nicht irgendwann einem Menschen vom Herzen fiel.

Aber wie lange noch? Wie lange noch, bis meine Fassaden, schwer von Schicksal, sich zu blähen und auszubuchten beginnen? Meine Fensterstöcke magisch in die Straße hinauswachsen, die Dachrinnen sich schlangenhaft krümmen? Dann hebt mein Todeskampf an, wie der meiner Nachbarn, Gott hab sie selig. Erst schlagen sie mir die schweren hölzernen Stützbalken ein wie Krücken, dann vermauern sie mir sämtliche Öffnungen, während sie beraten, was mit mir zu geschehen hat. Aber wie oft wird schon etwas entschieden in Paris, bevor es zu spät ist? Und jetzt kommen die Demolierer angefahren, gefühllos wie Totengräber. Kein Kran mit schwingender Abrißbirne ist bei mir vonnöten, ja nicht einmal der schwere Vorschlaghammer, mit dem sie sich die Steine unter den eigenen Füßen heraushauen. Ein Drahtseil wird um meinen Sockel gespannt, zwei Raupenschlepper zerren ruckartig an den Enden, und porös wie schimmliger Käse sacke ich schon in mich zusammen, bin nur mehr formlose graue Masse, wie Mondstaub. Ein Kind tupft mit dem Finger dagegen. Lebewesen, Pflanze, Mineral? Oder das Zeug, aus dem die Träume gemacht sind?

Dieses Absägen der Häuser habe ich tatsächlich gestern mit angesehen und auf eigene Kosten filmen lassen. Es war ein verlorenes Sackgäßchen hinterm Montparnasse, das ich noch aus meiner »Präexistenz« kannte, den nächtlichen Streifzügen durch das verdunkelte Paris unter der deutschen Besatzung. Unbegreiflich, daß das niemand sonst dreht oder fotografiert. Dabei ist es das Ende des romantischen Paris – freilich auch des verseuchten und tuberkulösen.

PARIS, 4. JANUAR 1960

»Zehn Franc, wieso? Ach so, Sie meinen diese neuen. Das macht also in Wirklichkeit tausend Franc, nicht wahr, und darauf gebe ich Ihnen jetzt sieben heraus, also siebenhundert, weniger zehn Sous, das sind fünfzig Centimes oder null Franc fünfzig beziehungsweise fünfzig Franc...« Dabei wollte ich nur eine Zeitung kaufen. Hundert bisherige entsprechen seit Jahresanfang einem »neuen Franc« und damit etwa einer Mark. Aber ob jemand sich so schnell damit abfindet, anstatt einer fetten Million jetzt nur mehr lumpige zehntausend Franken zu besitzen?

PARIS, 17. JANUAR 1960

Schändlich abgeblitzt bei dem naiven Maler Camille Bombois in der verkommenen Vorstadt Porte des Lilas. Er gilt als eigenwilliger Kauz, deswegen hatte ich ihn erst gar nicht angeschrieben. Ehemaliger Ringkämpfer, Transportarbeiter, Kanalschiffer und vieles andere. Kein Montmartre-Pinsler, sondern einer, dessen bizarre Vorwürfe jetzt zumeist auf Zigarrenkistchen mit traumhaftem Realismus ausgeführt sind wie bei seinem Vorbild, dem Zöllner Rousseau. Auch dementsprechend teuer, derzeit zirka 10 000 Franc. Da ich nichts über Bombois' Aussehen weiß, nähere ich mich verlegen einem Rentnertyp mit Baskenmütze, der im ebenerdigen Fenster eines baufälligen Pavillons die Wintersonne genießt. Folgender Dialog entspinnt sich: »Monsieur Bombois?« »Was willst du?«

»Sind Sie Monsieur Bombois?« »Und wenn ich es wäre?« »Dann würde ich Sie um ein Interview bitten.« »Was ist das für ein Ding?« »Ein Gespräch.« »Du hast es bereits.« »Was?« »Du hast eben ein Gespräch gehabt. Jetzt ist es zu Ende. Adieu.« »Aber, Monsieur Bombois –« »Adieu.«

PARIS, 6. FEBRUAR 1960

Gerade bin ich dabei, in der Pariser deutschen Buchhandlung Calligrammes einen neuaufgelegten Band Geschichte von Walter Mehring durchzublättern, als sich ein spärliches, verschrumpeltes Männchen meldet: »Gefällt Ihnen das?« Und natürlich ist es der Autor selber. Ich sehe mich noch so um 1942 – der deprimierendsten Periode meiner Emigration – in einem New Yorker Autobus sitzen und Mehrings gereimte »Briefe aus Mitternacht« lesen, desperate Zustandsberichte aus dem französischen Debakel. Ich glaube, an seine Freundin, die Schriftstellerin Hertha Pauli, gerichtet. »Der beste Jahrgang deutscher Reben ...« Von dem in Deutschland noch immer kein Mensch etwas hören will. Jetzt ist meine Emigration doch irgendwie im Hafen gelandet. Und vor mir dieser einst so rotzfreche Bürgerschreck in Kiellinie mit Tucholsky und Kästner – dem sie nie zu Ende ging. Der verzweifelt mit Aktenkoffern voller unverkäuflicher Manuskripte die deutschen Verleger abgrast. (Und da wir damit im Einzugsgebiet von Franz Kafka sind, ist ihm auch einer dieser Koffer gestohlen worden.) Schnorrt mich mit unverfrorener Demut an: »Entscheiden Sie sich endlich, dann schreib' ich Ihnen auch eine scheene Widmung.« Zum Abschied knurrt er giftig: »Wissen Sie was? Die können ja gar nicht erwarten, mich als Emigranten abkratzen zu sehen, um mich als Exilliteratur wiederaufzuarbeiten. Erst geht man ein zur Großen Mutter, schon ist man Germanistenfutter. Sela.«

PARIS, 3. MAI 1960

Filmbericht über eine der mobilen Kunstmaschinen des Schweizer Bildhauers Jean Tinguely. Er läßt einen Motor an, worauf tausend Schrottsegmente in zuckenden Rhythmen zu rotieren beginnen. Alles quietscht und knirscht und ächzt, während das unmöglich verzwickte Ungetüm über die steinerne Terrasse des Trocadéro ruckelt. Eine Antimaschine aus dem Müll der Wegwerfgesellschaft, Persiflage und damit Entschärfung des mechanischen Zeitalters. Welchem allerdings schon selbst etwas Altmodisch-Verspielses anhaftet, verglichen mit dem atomaren und kybernetischen. Der visuelle Gag dieses Zappelobjekts ist ein federnder Pinsel am Heck, der auf eine ablaufende Papierrolle Zufallsstrichlein kleckst. Die letzte Konsequenz der informellen Kunst. Hinterher klaubt ein würdiger älterer Herr die abgerissenen Papierbogen auf, streicht sie sorgfältig glatt und verstaut sie in einer Mappe. Ich frage ihn nach seinem Interesse. Es ist der notorisch knauserige Maler Dunoyer de Segonzac, der die freien Rückseiten als Skizzenblätter benutzen will. Heute bekam ich dann eine (ansonsten rare) Reaktion des Senders auf meinen Bericht. Warum ich denn soviel Filmzeit auf die Maschine verwendet hätte und sowenig auf ihr Produkt? Welches Produkt? frage ich beunruhigt. Na, die gezeichneten Kunstwerke, die doch der Zweck der ganzen Übung seien . . .

PARIS, 12. MAI 1960

Wiedersehen mit den Emmaus-Kommunen des Abbé Pierre. Im eisigen Schreckenswinter 1953 fegte seine Aktion wie ein Feuersturm über Frankreich, ein »Gewitter der Nächstenliebe«. In drei Wochen hat er damals eine Milliarde Franc für Obdachlose gesammelt, 4000 Behelfswohnungen für sie aus dem Boden gestampft und die simple Idee durchgesetzt, daß die Armen sich um die Ärmsten kümmern sollen. Womit? Mit Lumpensammeln, Dachbodenausräumen, Kleider- und Möbelrenovierung. Dieser Franz von Assisi mit Bart, Baskenmütze und Hirtenstab hatte den Durchblick, zu erkennen, daß die bürgerliche Welt nunmehr bereit ist, das, was sie als Trödel wegzuwerfen pflegt, als Antiquität zurückzukaufen. Wir drehen in den Baracken der Kommune, jetzt halbwegs komfortabel eingerichtet. Die Brüder versammeln sich am liebsten im Freien vor einem riesigen Backsteinkamin, wo Ausschuß verbrannt wird. Ein Alter, halb schwachsinnig, jauchzt in die Flammen: »Je brûle ma vie! Je brûle ma vie!«, ich verbrenne mein Leben. Jeder arbeitet hier für sechs Mark täglich, der Überschuß ist für die Armen bestimmt. Selbstheilung durch tätige Hilfe, ein probates Rezept.

Endlich der Abbé Pierre. Grauer geworden, seit ich ihn sah, fragiler, war auch inzwischen wegen Überforderung in der Klapsmühle. Aber »ich gehöre vielleicht zu der Rasse, die die Stärkeren begräbt«. Kein Heiliger – eher ein Volkstribun mit Erlöserpathos, der sich zur Demut bezwingt. Reich geboren als Henri de Grouès, später Widerstandskämpfer mit vielen Decknamen, darunter eben auch Abbé Pierre. Hat im Krieg de Gaulles kranken Bruder Jacques persönlich über die Schweizer Grenze in Sicherheit gebracht. Sich alsdann in einem Postsack nach Algier einschmuggeln lassen, um von Churchill Waffen für die Résistance anzufordern. Nach dem Krieg ein brisanter Abgeordneter und Störenfried. Weiß jeden Moment genau, wie er wirkt. Benutzt seine versagende Stimme (die aber Zweistundenreden glatt standhält) wie eine Posaune. Unverblümter Selbstdarsteller im Authentischen, wie de Gaulle, wie Edith Piaf, wie bestimmt auch Gandhi. Dafür hängt in seinem Zimmerchen das Motto »Nicht vergessen zu lieben!«. Unwiderstehlich. Im Interview sagt er: »Nur von gescheiterten Existenzen kann man das Äußerste verlangen. Die Liebe ist untrennbar verbunden mit Wut. Ich bereue weniger die Wutanfälle, die ich ausgelebt habe, als die, die ich aus Höflichkeit unterdrückte.« Ist überzeugt, daß wir alle zehn Prozent unseres Einkommens der Entwicklungshilfe schulden müssen, weil sonst »die halbe Dritte Welt, diese ausgespuckten Existenzen der Slums und Bidonvilles, bei uns aufkreuzt. Und was wollen Sie dann tun – mit Maschinengewehren hineinfeuern?« Ein Aufwiegler und Frondeur, der sich aber gern klein macht, um vor Gott nicht unliebsam aufzufallen.

PARIS, 27. JUNI 1960

Mit André Kostolany, dem Börsenspekulanten, in seiner sündhaft teuren Wohnung an der Avenue Foch. Palmengarten, Butler, Stubenmädchen, feinste Jugendstileinrichtung: darin dieses diminutive Budapester Genie, eine Figur wie von Karl Kraus, in New York und Paris zu Millionen gekommen. Erzählt mit verlogenem Charme, daß er nie Börsenkurse liest, sondern ihm die Ideen morgens beim Anhören seiner Mozartplatten zufliegen. Natürlich frage ich nach seinem Erfolgsrezept. »Nerven behalten, unsentimental bleiben. Sich nicht an Aktien attachieren wie an ein Liebesobjekt. Börsenpapiere muß man wechseln können wie sein Hemd. Den Zeitgeist herausspüren. Und immer gegen den Strom schwimmen. Das, woran alle glauben, damit läßt sich keine Moxe mehr verdienen.«

Scheint riesig viel Zeit zu haben. Etwas Spannungsloses, das zu seinem Beruf doch in totalem Gegensatz stehen müßte. Aufdämmernder Verdacht, daß in seinem Keller ein Dutzend halbverhungerte Jobber herumschlottern: bleiche Finsterlinge, die nie das Tageslicht erblicken, sondern beim Glimmern der Schimmelpilze seine Kampagnen am Ticker für ihn aushecken. Und Kostolany verkehrt mit ihnen über Schallrohre wie der Schiffskapitän mit seinen Heizern. Sie schuften, während er selbst nur die werbeträchtige Galionsfigur abgibt. Ein Alexandre Dumas der Börse ... Später sitzen wir dann auf der Terrasse des Café Belle Ferronnière, gegenüber von Paris Match. Hier, im Gewühl der Pressefotografen und Mannequins, bestreitet er mittägliche Vorlesungen über Lebenskunst, umbuhlt von seiner Hörerschaft, der Pariser ungarischen Kolonie.

DORTMUND, 28. AUGUST 1960

Besuch bei meinem alten Bekannten Erwin Dom Osen. Eine von diesen »Geschichten, die das Leben schreibt«. Seinen richtigen Namen weiß vielleicht er selber nicht mehr. Angeblich nennt er sich nach der Geisha O-Sen, die der Poet Klabund einst bedichtete. Vor fünfzig Jahren hieß er auch »Mime van Osen«. Und trat als Mimiker in Wiener Varietés auf, mit ekstatisch verkrampften Gliedern und begleitet von einer angeblichen Tahitierin namens Moa. Auf seine eckigen Haltungen und gespreizten Hände trifft man in vielen Porträts und Selbstdarstellungen seines Jugendfreundes Egon Schiele. Nachher wurde er selber Maler. Und vielleicht *ist* er sogar Schiele, der 1918 irgendwie die spanische Grippe überlebte und mit vermindertem Talent unter anderem Namen weitermachte? Zuzutrauen wär's ihm.

Mir schrieb Osen vor Jahren einen einschmeichelnden Brief über »meine schöne Radiostimme, die Südseeträume in ihm erwecke«. Wie typisch das für ihn war, erkannte ich erst später. Jedenfalls organisierte ich damals, wie unter Suggestion, eine Pariser Ausstellung für ihn. Er kam, ein langer alter Kerl mit massigem Kopf und verkorkstem Wiener Charme. Ich brachte ihn in Rimbauds Hôtel des Etrangers unter, ohne Ahnung, daß er sich einst Schiele als zweiter Rimbaud angedient haben muß. Die ganzen zwei Wochen lebte er von mitgebrachter Salami und lief morgens hoffnungsvoll zu Fuß in die Galerie. Immer vergebens. Es war knapp vor der Wiederentdeckung des Jugendstils und das Publikum dementsprechend verständnislos.

Vor kurzem stieß ich dann zufällig auf eine Schiele-Biographie von 1922, darin ein langes Kapitel, »Begegnung mit dem Abenteurer«. Der Abenteurer, Schieles geheimes Vorbild, wollte jahrelang als Vagabund durch Europa getrottet sein. Lebte in Paris als Hausierer, in England als Zirkusartist, in Irland als Geliebter einer Gräfin. Hatte sich in Holland zum Kolonialdienst anwerben lassen. War aber in Indonesien desertiert (ganz wie Rimbaud), dann in Siam Gärtner des Königs gewesen, in Bengalen Perlenfischer, über Tibet per Karawane in die Mongolei gelangt und so fort. Nur daß dieser Mr. Neso, wie er verschlüsselt genannt wird, ein hochgradiger Spinner war. Er log nicht etwa um irgendeines Vorteils willen, sondern als Virtuose, aus reiner inbrünstiger Windmacherei. Es war mein Osen.

Und heute habe ich ihn also wiedergesehen. Muß jetzt an die Achtzig sein. Lebt im Haus einer kulturbeflissenen deutschen Dame, die den Alten nach jahrelangem Elendsdasein auffischte und mit der er halt eine Versorgungsehe einging. Zieht mich dann verstohlen beiseite, zeigt mir ein erschütterndes Doppelporträt mit seiner verstorbenen früheren Gattin: die rechte Gesichtshälfte er, die linke sie. Im Stil allerpersönlichster Schiele. Schwächer die Tropenbilder. »Aus dem Gedächtnis gemalt«, behauptet Osen, obwohl er es wahrscheinlich nie weiter als bis Konstantinopel gebracht hat. Lebt jetzt schlecht und recht von Aufträgen deutscher Konzerne. Seine Bilder, schon immer reichlich allegorisch – auch eine von Schieles Schwächen –, sind inzwischen zu verquasten Industriehymnen aufgeschwemmt, die sich »Der Stahl« usw. betiteln. Dennoch: alles in allem ein respektabler Kleinmeister, den man später einmal wiederentdecken wird, wenn er nichts mehr davon hat. Vielleicht ist Schiele, obschon erst 28, doch im rechten

Moment gestorben. Meine pessimistische Ansicht, daß jeder maximal zehn Jahre zugeteilt kriegt, in denen er mit dem Zeitgeist übereinstimmt. Wohl dem, der sie nicht schon in der Jugend verbraucht.

DIJON, 9. NOVEMBER 1960

Dijon in der Bourgogne gilt als gastronomische Hauptstadt Frankreichs. Bei der jährlichen Feinschmeckermesse treffen wir den streitbaren 86jährigen Kanonikus Kir, Prälat, Bürgermeister und Abgeordneter in einem. Während des Krieges Widerständler, wie viele Kleriker (nur leider nicht die offizielle Kirche). »Sie haben Tausenden von alliierten Kriegsgefangenen zur Flucht verholfen, Sie waren zweimal von den Deutschen verhaftet und standrechtlich verurteilt, noch heute tragen Sie die Kugeln der Salve im Leib. Trotzdem haben Sie, unter den allerersten, Dijon mit der deutschen Stadt Mainz verschwistert – warum?« »Weil man im Krieg kämpfen muß, im Frieden vergeben. Wer Rache nimmt, beschwört neue Rache herauf.« Er trinkt uns zu mit einem »Kir«, den er auch erfunden hat: einen Teil Johannisbeersirup auf drei Teile Weißwein oder Champagner.

PARIS, 1. DEZEMBER 1960

Verabredet mit dem Mimen Marcel Marceau im American Center, wo er auftritt. Spricht fließend deutsch, was ich gar nicht wußte, wobei er sich zuerst auf einen Studienaufenthalt herausredet. Erst nach und nach tritt zutage, daß er der Sohn eines Straßburger Metzgers ist, der »laut meiner offiziellen Biographie im Krieg als Geisel erschossen wurde. In Wirklichkeit kam er in Auschwitz um, aber wer will das hören?« Sein Geburtsname ist Mangel, den er auch damals reichlich erlitten haben muß. Hundsmagere, aber durchgearbeitete Tänzerfigur mit Händen, die dauernd unterwegs sind. Redet von seiner bekanntesten Kreation, dem Traumtänzer und ewigen Pechvogel »Bip« mit der roten Blume am zerknautschten Zylinder, wie von einem Fremden: »Nichts als die Emanation meiner Kindlichkeit.«

Marceau selbst verblüffend redselig für diesen Beruf, wirkt aber skeptisch, fast vergrätzt. Sichtlich frustriert von den enggezogenen

Grenzen des Mimus, den er doch so zungenfertig anpreist. Das angestrebte »Mimodram« mit mehreren Personen läßt sich nur schwer beim Publikum durchsetzen, »dabei gab es das schon vor hundert Jahren, siehe Kinder des Olymp«. Mir scheint allerdings, daß der Mimus seine Berechtigung nur im Symbolischen hat, während wortloses Geschichtenerzählen unvermeidlich zum Lachen reizt. So wirken ja auch die Melodramen des alten Stummfilms heute nur mehr parodistisch, während die stummen Slapstickkomödien ganz zeitlos bleiben. Marceaus Hände vollführen jetzt wahre Höllentänze der Nervosität. Gesteht, daß er den Bip am liebsten abwürgen möchte wie Chaplin seinen kleinen Vagabunden – »aber das war auch das Ende seiner Karriere. Ich bin also als Bip geboren und werde als Bip sterben.« Von seinen anderen Erfindungen ist der Maskenmacher am überzeugendsten, der übrigens an Büchners Leonce erinnert. Eine Maske nach der andern – heitere, melancholische, böse – wird abgerissen, bis dann die letzte unverrückbar festklebt. Und so erstarrt zum Schluß die ganze Figur unter der Maske des Todes.

PARIS, 10. JANUAR 1961

Salvador Dali wieder einmal in Paris. Hält hof in einer opulenten Galerie am Faubourg Saint-Honoré. Bei unter einem Dutzend Journalisten fängt der nicht an. Dann die erwarteten werbegriffigen Faxen: Läßt lebende Frösche über eine tintengefärbte Fläche hüpfen, von dort auf eine Tuschzeichnung mit Don Quixote. So wird dem Formalen, das er allzu glattschnäuzig beherrscht, etwas Modisch-Informelles übergestülpt. Seine früheren surrealen Bilder und auch Filme schockierten und wühlten auf, eben weil man die selbstverständliche Zusammenschau unterschiedlichster Elemente wiederfand, aus denen unsere Träume, und Alpträume, bestehen. Wie übrigens manchmal bei Disney. Nur ist dort alles versüßlicht, wahrscheinlich für die begleitenden Eltern. Während Kinder ja durchaus den puren Schrecken goutieren, da er für sie von abstrakter Qualität ist, die mit dem wirklichen Leben nichts zu tun hat.

Dali wirkt jetzt immer weniger als surrealistischer Künstler denn als das Happening selber. »Nun ja, ich bin interessanter als meine Werke. Möchten Sie nicht lieber van Gogh oder Gauguin persönlich kennen, als ihre Bilder im Museum zu bewundern? Voilà, Sie kennen Dali.« Und ähnliche schmucke Bonmots. Alles kaltblütig in Sentenzen gebacken, wie von einem routinierten Presseagenten, der schon die druckreifen Zitate mitbringt. Ein Mann, der zu der Figur geworden ist, die er einmal aus Provokation erfunden hat.

PARIS, 21. MÄRZ 1961

Zu Mittag bei der Couture-Dame Gabrielle Chanel eingeladen zwecks Artikel. Eine seltene Ehre. Von Kleidern verstehe ich nichts, was aber die Moderedaktricen besonders anmacht. »Mademoiselle ist noch nicht im Hause.« »Aber ich bin doch zum Déjeuner eingeladen, und es ist halb zwei.« »Mademoiselle speist zu Mittag, wenn es ihr beliebt.« Man mustert mich argwöhnisch. »Und was ist es, das Sie uns da ins Haus bringen?« »Ein Tonbandgerät. Um das Interview wortwörtlich aufzunehmen.« »Um Himmels willen, verstecken Sie das Ding. Mademoiselle liebt nichts Mechanisches. Mademoiselle liebt überhaupt nicht die Presse. Vielleicht wissen Sie nicht, was für ein außergewöhnliches Privileg Sie genießen, nur überhaupt bei Mademoiselle vorgelassen zu werden.« Während der Pressechef innerlich die Hände ringt, lasse ich mich in einen der überdimensionalen Lehnstühle fallen. Wir sind Rue Cambon Nr. 31. Mode verpflichtet. Coco Chanels Mode verpflichtet wie eine Uniform. Wer dieses rauhe Paspelkostüm trägt, hat man mir eingeschärft, der habe sich auch Cocos Lebensform verschrieben, nichts weniger. Sie war überall dabei, aber selten hat sie es für nötig befunden, den Hut abzunehmen. Hatte zahllose Liaisons, aber nur solche, die sie beruflich förderten. Hat alles mitgemacht, aber in Handschuhen. War Zeugin. Fällte ihr Urteil. Und ließ es jeden hören, der kam.

Aber da merke ich, daß der Pressechef noch immer auf mich einredet, wie vor einer Audienz: »Nur ja keine persönlichen Fragen stellen, das liebt Mademoiselle gar nicht. Und nicht auf die Vergangenheit zu sprechen kommen, schon gar nicht unter der Okkupation. Überhaupt ist es ratsamer, Sie hören bloß zu, ohne zu unterbrechen.« Ruckartig fällt er devot in sich zusammen, stürzt zum Eingang. Es ist soweit: Mademoiselle ist da! Ich beuge mich zum Handkuß, aber es bleibt mir keine Zeit mehr für die Begrüßungsformel. Schon hat Coco Chanel das Kommando übernommen. »Das ist also der deutsche Herr. Ja, das Interview ist eine gute Einrichtung, da erfährt man, was in der Welt vorgeht. Oder reden Sie nicht so gern von sich selber wie Ihre Kollegen?« Ich öffne den Mund zur Antwort, aber schon hat mich der berüchtigte Redesturm hinweggefegt: »Warum sehen Sie mich so an? Gefällt Ihnen mein Haar nicht? Ich hab' es heute morgen in heißes Wasser getunkt, nur um zu sehen, was das gibt. Man muß alles ausprobieren im Leben, nicht wahr?« Sie tritt vor den Spiegel, fummelt an ihrem Kopf herum, grimassierend wie ein Schulmädchen. Aber kann man überhaupt von Alter reden bei Coco Chanel? Diese mokanten schwarzen Augen, die geblähten Nüstern, der riesige bewegliche Mund, der einen an Greta Garbo denken läßt, das alles hat sich – will man den alten Bildern trauen – seit Jahren nicht verändert. »Die Natur schenkt dir dein Gesicht mit zwanzig. Das Leben mit dreißig. Aber mit fünfzig hast du das Gesicht, das du verdienst.« Zieht grob ihre Jacke zurecht: »Mode, das kann auch altmodisch werden. Stil niemals, verstanden?« Dabei weiß doch jeder in Paris, daß diese berühmten Maximen nicht von ihr stammen, sondern von ihrem Lieblingsdichter Pierre Reverdy. »So, und jetzt kommen Sie!«

Ich werde die Treppe hinaufbugsiert, denn Coco Chanel wohnt über ihrem Geschäft, wie jeder andere französische Krämer. Als wäre der Modesalon nur Ausweitung ihres Privatlebens. »Gefällt Ihnen mein Hut?« Es ist eine Art umgestülpte schwarze Strohschüssel. »Keine Frau sollte sich je ohne Hut auf der Straße zeigen. Früher hätte ich auch noch gesagt: ohne Strümpfe, Handschuhe, aber unsere heutige Zeit ... mein Gott.« Über die berühmte Spiegeltreppe sind wir in ihren Salon eingetreten. »Mögen Sie meine Löwen? Ich habe Löwen aus Bronze, aus Jade, aus Holz, aus Marmor, was weiß ich alles. Ich bin Leo, im August geboren. Deswegen tue ich immer, was ich will. Glauben Sie auch an die Astrologie? Ich nicht ... oder doch. Manchmal. Wenn's mir Spaß macht.« Den letzten Satz hat Coco einem schneeweiß gekleideten Butler entgegengeschleudert, der zaghaft eingetreten ist.

Während das kommende Menü besprochen wird, kann ich Coco verstohlen betrachten. Klein, zierlich, zartknochig, hatte man mir gesagt. Das stimmt. Mondän? Das vielleicht weniger. Ihr beige Chanelkostüm, aus grober schottischer Wolle mit blauen Einfassungen, ist an den Ellbogen ein bißchen durchgewetzt. Die Perlenketten zwischen der schwarzen Seidenbluse und dem lose umgeschlungenen schwarzen Schal scheinen mir so überdeutlich auf Ramsch angelegt wie das handtellergroße Schmuckstück, das sie irgendwo in der linken Schultergegend angeheftet trägt. »Ein schönes Kostüm, wie? Ich habe es seit zehn Jahren, ohne je den Rocksaum herauf- oder hinunterzusetzen. In einem Chanel muß man sich bequem fühlen können. Die moderne Frau arbeitet, sie ist kein Luxusweibchen. Und sie darf auch nicht immer um ihre Juwelen bangen. Darum lieber Pastiche, aber von mir entworfen. Nehmen Sie Madame P.« – ein bekannter Politikername wird genannt –, »die arme Frau! Sie hat Position, ihr Mann meine ich, sie ist reich genug, um sich Modeschmuck leisten zu können. Aber nein, sie trägt immer echten! Eine Frau ohne Aplomb.« Als der Butler, weiß behandschuht, die Schüssel mit den Horsd'œuvres serviert, spüre ich, wie seine Hand leise zittert. Kein Wunder: Coco Chanel Tag für Tag, das kann kein Balsam sein. Sie stochert in ihrem Roastbeef, als wäre es aus Leder, dabei zerschmilzt es auf der Zunge. Endlich nimmt sie einen winzigen Bissen, Zeit genug für eine Frage: Mademoiselle, ein schöner Titel, Königin der Mode. Wie sind Sie zu diesem Rang gekommen? »Weil ich Kleider mache, die mir selber gefallen, das ist das einzige Geheimnis. Man kann nur mit dem Erfolg haben, was einem Spaß macht. Die ganze Kunst ist herauszufinden, was einem wirklich Spaß macht. Als ich anfing –« Wann war das? »Ich habe es vergessen. Aber als ich anfing, da träumten wir jungen Frauen von Sport, vom offenen Auto, von allem, was locker und schmissig und jungenhaft ist. Ich habe immer Männerkleider adaptiert, bis heute. Weil es eben unserer Epoche entspricht.« Aber inzwischen hat sich vielleicht einiges geändert. Derzeit will man Frauen wieder weiblich, heißt es, und Ihre strengen Kostüme und Ihre groben Tweeds sind doch alles andere als sexy? »Was, meine Kleider nicht weiblich? Aber sie sind doch der Inbegriff des Romantischen, des Sentimentalen!«

Was halten Sie von diesen Rocklängen, die sich jetzt laufend verändern? Coco rafft in Windeseile ihren Rock hoch über die Knie und zeigt ihre mädchenhaften Beine. »Glauben Sie, daß wir uns so produzieren wollen? Lachhaft! Was man hat, muß man verschleiern, das ist weiblich, das ist romantisch. Sehen Sie!« Coco ballt die Faust unter der Brusttasche ihres Kostüms. »Und wenn ich ein Euter hätte wie eine Kuh, ist alles vorgesehen bei meinem Kostüm, ist alles drin. Das ist Couture! Die anderen sind bloße Konfektionäre.«

Hätten Sie gern in einer anderen Zeit gelebt als unserer? »Mein Gott, was macht es der Zeit aus, ob sie mir gefällt oder nicht? Man muß die Menschen nehmen, wie sie sind. Sehen Sie, gestern kam ein junges Ding zu mir und sagte: ›Ich möchte eine Copine sein, ein Kumpel. Genau wie ein Junge, aber gleichzeitig sexy.‹ Ein Kumpel mit Sex, verstehen Sie das? Ich habe ihr gesagt, sie soll sich einen Sack, einen gewöhnlichen Sack überziehen und drei Löcher hineinschneiden an den betreffenden Stellen – vielleicht, daß ihr das hilft.« Was halten Sie für die wichtigsten weiblichen Tugenden? »Daß sie weiblich sind.« Daß sie weibliche Tugenden sind und nicht männliche? »Genau das. Früher haben die Frauen auf ihrem eigenen Boden gekämpft. Da war jede Niederlage ein Sieg. Heute kämpfen sie auf dem Boden der Männer. Da ist jeder Sieg eine Niederlage.« Es wird zaghaft an die Tür geklopft: Und während das Telefon (vorhin gewiß abgestellt) wütend zu klingeln beginnt, beharkt mich Coco Chanel zwischen Tür und Angel noch mit dringenden Anliegen: »Sagen Sie Ihren Lesern, die Frauen von heute wissen zuviel – aber sie wissen nichts mehr von Zartheit. Sie haben ihr Staatsexamen, und sie schneiden einem das Wort ab... Die Kultur einer Frau besteht aus den Dingen, die sie vergessen hat... Und nie ohne Strümpfe und Hut ausgehen! Und sich immer geradehalten! Die Welt stirbt, weil die Leute sich dauernd ausruhen wollen... Die Männer brauchen Sanftheit, Romantik, es sind Kinder... Man kann sich an die Häßlichkeit gewöhnen, an die Nachlässigkeit niemals! Und man darf nur aus Liebe heiraten, das ist das Wichtigste!« Ob sie deshalb nie geheiratet habe, will ich einwerfen, aber sie hört mir schon lang nicht mehr zu. Letzte Beschwörungen werden mir über die Spiegeltreppe nachgerufen.

PARIS, 11. APRIL 1961

Heute in Jerusalem Beginn des Prozesses gegen Adolf Eichmann, den Endlöser. Sein deutscher Verteidiger Servatius lehnt gleich vorsorglich das Gericht wegen Nichtzuständigkeit ab, weil das israelische Gesetz von 1950 zur Bestrafung der Nazis rückwirkende Kraft habe. Ja, hätten die schlauen Juden das Gesetz schon 1933 geschaffen, so wäre für Herrn Servatius alles in Butter. Das Bild Eichmanns hinter seiner Glaswand zeigt dann mitnichten einen Übermenschen, sondern einen freundlich lächelnden jüdischen Kaffeehausliteraten mit dicker Brille. Ist da der Henker zu seinem Opfer geworden? Auf solche verzwickten Gedanken käme nur ein Kafka oder Joseph Roth. Die Wahrheit liegt wahrscheinlich einfacher. Er konnte leicht die Mimikry eines Durchschnittsmenschen annehmen, weil er immer ein Durchschnittsmensch war. Verleihe einem Durchschnittsmenschen plötzliche Macht über Millionen, und die Chancen stehen gut, daß er sie zur Hölle schickt. Wenn Eichmann sagt, daß er nie etwas gegen die Juden hatte, so glaube ich ihm aufs Wort. Das einzige, was ihn wirklich interessierte, war das logistische Problem. Dieser Spezialist und moralische Kretin löste die »Judenfrage«, wie man ein kompliziertes Kreuzworträtsel löst. Allerdings, wieso gerade Deutschland solche Spezialisten hervorbringt...?

PARIS, 2. OKTOBER 1961

Frühmorgens aufgeweckt vom Telefon. Natürlich »l'Allemagne«. Nur Deutsche sind um diese Zeit im Büro. Es ist ein Produktionsleiter vom Westdeutschen Rundfunk. Ob ich mir zutraue, die Fernsehreihe »Pariser Journal« zu übernehmen. Sie besteht seit einem halben Jahr ohne nennenswerten Erfolg. Der Herr klingt, als ob er mir mitten in der Schlacht von Waterloo anböte, doch noch einen Sieg für Napoleon herauszufetzen. Mein erster Instinkt ist Panik. Sich bloß nicht blamieren! Am Nachmittag rufe ich zurück und sage zu. Schließlich mache ich solche Kurzberichte seit Jahren. Erst mal die Leute in der Natur herumlaufen lassen, um drüber einleitenden Text zu verbraten, dann das Interview. Bücherwand als Zwischenschnitt. Mehr ist da nicht. Mehr hat auch nie jemand von mir verlangt. Vom andern Ende der Leitung erkundigt man sich immerhin, ob ich besondere Vorstellungen mitbringe. Ich improvisiere hastig, daß ich Paris so zeigen möchte, wie es wirklich ist, und man verabschiedet sich tief befriedigt. Erst nachher steigt mir auf, wie sehr ich geflunkert habe. Paris, wie es ist, läßt mich kalt. Das einzige, was ich kenne, ist mein Traum-Paris, so verführerisch wie erschreckend, dem ich in Haßliebe zugetan bin. Aber ob das gefragt ist?

PARIS, 20. OKTOBER 1961

Vormittags bei Nina, der Witwe des 1944 verstorbenen Wassily Kandinsky, in ihrer stockbürgerlichen Wohnung am Quai von Neuilly. Sie liegt mit dem deutschen Kunstverleger Buchheim im Streit und will seinen Bildband über die Brücke-Maler einstampfen lassen. Unter anderem, weil er Kandinskys erstes gegenstandsloses Gemälde auf 1911 datiert, sie aber schon auf 1910. Und möglicherweise ihren Gatten dieses Datum später aufmalen ließ, um ihm die Priorität unter den Abstrakten zu sichern. Man beschrieb mir Nina als zanksüchtiges Ekel. Ich sehe eher die stramme Generalstochter und strategische Nachlaßverwalterin vor mir. Die unentwegt am Denkmal des Dahingeschiedenen poliert: jugendlicher Stürmer und Dränger (damals waren sie noch nicht verheiratet) – ideale Ehe (Konkurrentin Gabriele Münter darf nur als Fußnote erwähnt werden) – beispielgebende Karriere (unter besonderer Betonung amerikanischer Erfolge). Außerdem geht es um Moneten. Hat sie, oder nicht, Anrecht auf Bilder, die gar nicht in ihrem Besitz sind? Und kann damit Ausstellungen und Kunstbände nach Gutdünken verhindern? Andererseits: Darf ein Verleger vier Dutzend Gemälde nach Dias reproduzieren, dies als Zitat ausgeben und damit Geld verdienen? Erinnert mich an die französische Karikatur von Steinlen aus der Jahrhundertwende, worin eine halbverhungerte Familie in Lumpen durch die Fenster eines noblen, zylinderbesetzten Kunstsalons starrt: »Schau, Mama, da wird wieder eins von Papas Bildern versteigert.«

PARIS, 5. NOVEMBER 1961

Sechs Jahre nach Maurice Utrillos Tod kleine Gedenkausstellung. Auch Witwe Lucie Valore ist gekommen und zeigt frohgemute

Blumenstilleben. Vorher hatte sie für die Presse ein Autodafé der zahlreichen Utrillo-Fälschungen in ihrem Ateliergarten am Montmartre organisiert. Rätselhaft, wie verlaufend der Übergang von Genie zu Kitsch in Utrillos Werk. Die Themen, die Einstellungen, die Farben bleiben die nämlichen. Aber bei den Bildern der besten Jahre liegt ein unbegreiflicher verklärender Glanz über der Fläche, der mit winzigen Nuancen von Textur, Beleuchtung, Farbabstimmung zu tun haben muß. Bei den andern nicht.

Zuletzt sah ich Utrillo 1955, schon fast hinüber, als er dem Pariser Rathaus zwei seiner letzten Gemälde übermachte. Dazu klingende Reden, während er an seiner altbackenen Künstlerschleife zupft oder die Finger fahrig über den Plaid fahren. Hinter der Stuhllehne die strahlende Gattin, die ihm den Alkohol ausgetrieben hat und damit wahrscheinlich den letzten Funken Genie. Ich halte ihm mein Mikrofon vor, das er aber stumm verstört von sich stößt. Darauf die publicitygeile Lucie: »So sprich doch, Maurice, so antworte doch dem netten Herrn.« Und ich versinke fast vor Scham, während Utrillo weisungsgemäß etwas vom »alten Montmartre« stammelt. Heute besuche ich dann zum erstenmal den stimmungsvollen Saint-Vincent-Friedhof, in dessen äußerster Ecke er liegt. Sie hat ihm tatsächlich einen tranigen Steinengel hingebaut mit der Inschrift: »Sein Schutzengel setzte ihm dies Grab.«

PARIS, 2. DEZEMBER 1961

Erster Drehtag für das »Pariser Journal«. Wir filmen in der alten Marktstraße Rue Mouffetard. Dieselben Läden, an denen ich 1940 nach dem deutschen Einmarsch stundenlang Schlange stand, um ein Viertelpfund Schweineschmalz (»saindoux«) zu ergattern, den allbeliebten Butterersatz. Wie zuvorkommend die Verkäufer sich geben! Damals behandelten sie einen wie Almosensammler, mit der abgrundtiefen Verachtung des Habenden gegen den Hungerleider. In den Auslagen hängen Fasane, Perlhühner, ganze Wildeber. Die Leute trotten achtlos vorüber, als hätten sie hier nie um jede Kalorie gekämpft. Und ich kenne niemanden mehr, keiner kennt mich. Nur eine blinde Alte, die, mitten auf der Straße stehend, mit zittriger Stimme drei Zitronen anbietet, kommt mir vertraut vor. Zwanzig Jahre Zitronen! Übrigens ist es ab vier Uhr dunkel, die Spirituslampen der Stände leuchten auf, und wir schalten um auf Nachtaufnahmen. Auf meine Bitte schießt der Kameramann vom Stativ eine Großeinstellung des Mondes, dann zieht er ruhig mit dem Trafo (er haßt das ordinäre Wort Gummilinse) zurück, bis wir die ganze Totale im Blickfeld haben. Vom Mond auf eine Pariser Marktstraße in zehn Sekunden! »Kommt das auch an?« frage ich ungläubig. Er mißt Luna und Lampen mit der Eieruhr nach. »Warum nicht, ist in etwa die gleiche Blende.«

PARIS, 31. MÄRZ 1962

Nachmittags bei Albert Maufrais. Sein einziger Sohn, ein Weltenbummler, ist vor Jahren in Amazonien verschollen. Achtzehnmal hat sich der Alte nun schon mutterseelenallein aufgemacht, um unter den Indios von Guayana nach ihm zu fahnden. Ohne Zuschüsse, ohne Ausrüstung, wortwörtlich in seinen Pariser Straßenkleidern. Bei Jack London gibt es die Geschichte vom »Seebauern«. Der auf allen Weltmeeren die außergewöhnlichsten Abenteuer besteht, ohne sich dessen auch nur bewußt zu werden. Weil seine Gedanken ausschließlich auf die Farm gerichtet sind, für die er seine Moneten zusammenkratzt. Maufrais empfängt uns mit dem Finger auf den Lippen. Er ist dabei, ein letztes Mal nach Amazonien aufzubrechen, nur darf seine Frau nichts davon erfahren. »Hausarzt hat abgeraten, Sie verstehen ...« Derzeit sei sie bei Bekannten zum Kaffee. Wir sollen das Interview nur möglichst schnell herunterkurbeln, bevor sie wiederkommt.

Blättert für uns in seinem Fotoalbum: »Beachten Sie, wieviel jünger ich aussah, als ich mich zuerst einschiffte. Ich habe neue Indianerstämme entdeckt, ich habe reißende Flüsse durchschwommen, um vielleicht noch eine Gürtelschnalle von Raymond zu finden. Ich kann nicht mehr schlafen, nicht mehr essen, ich wiege soviel wie ein Kind. Noch ein letzter Versuch, und dann ist es aus. Ich bin am Ende.« Leider stößt beim Schwenk über die Fotos der Kameramann gegen eine Vase auf dem Kamin, die unvermeidlich herunterknallt. Gerade diesen Moment hat sich Madame ausgesucht, um heimzukehren. Tableau!

ANTIBES, 19. MAI 1962

Schlechter Tag. Zuerst vor Jeanne Moreaus wildumwuchertem Landhaus bei Saint-Tropez, wo wir telefonisch verabredet waren. Aber die Haushälterin weiß von nichts: »Madame außer Haus, Madame krank, Madame in Amerika.« Beim Wegfahren sehen wir Jeanne im Rückspiegel befreit aus dem Fenster winken. Nachmittags bei Lilian Harvey in Antibes. Das quecksilbrige, ondulierte Blondchen des »guten alten Ufa-Films«, ideale Partnerin von Charmeur Willy Fritsch. Dabei ist sie komischerweise eine geborene Engländerin. Noch erinnere ich mich an die drohende Anpreisung »taufrischer Humor« über dem Wiener Kolosseum-Kino. Ich ging nur hinein, weil ich »teuflischer Humor« las. Ihre Besprechungen enthielten damals unweigerlich die Information, daß sie reiten, fechten, schießen könne und für alles zu haben sei, ein Kumpel zum Pferdestehlen. Das Honorar von »Der Kongreß tanzt« hat sie gut beraten in ein Häuschen an der Stadtmauer von Antibes angelegt. Noch immer gertenschlank, auch wenn sie es selber sagt. Und erwartet jeden Moment neue großartige Angebote als jugendliche Naive. »Inzwischen halte ich mich fit. Kann reiten, fechten, schießen, bin für alles zu haben. Ein Kumpel zum Pferdestehlen.« Zum Interview schlägt sie vor, die Stadtmauer »wie ein quirliger Backfisch entlangzuwirbeln«. Irgendwo in dieser Affektiertheit steckt da ein echter Mensch, aber wo? Zuletzt wirft sie »ihrem Publikum« auch noch Kußhändchen in die Kamera, unerträglich.

VENCE, 22. MAI 1962

Viel zu früh am Morgen, aus purer Aufregung, vor dem provenzalischen Häuschen von Edward Gordon Craig. Keiner der Nachbarn schien den Namen zu kennen, sowenig wie unsere Redakteure. So endet einer der einfallsreichsten Erfinder der modernen Bühne. Der Urheber des Rundhorizonts, der symbolischen Kulisse aus Vorhängen und verschiebbaren Stellwänden, der Lichtmalerei. Befruchter von Reinhardt, Meyerhold, Piscator, Freund von Hofmannsthal, Kessler, Stanislawski, von wem nicht. Ein Alleskünstler: Schauspieler, Regisseur, Maler, Kostümzeichner, Holzschneider, Drukker, Autor, Zeitschriftenmacher. Und einer der schönsten Männer seiner Zeit. Drei geniale Frauen haben sein Leben bestimmt: seine Mutter, die englische Schauspielerin Ellen Terry. Die italienische Tragödin Eleonora Duse. Und die amerikanische Tänzerin Isadora Duncan. Lebte jahrzehntelang in Florenz als halbvergessener Theaternarr und Theoretiker, ohne daß sich je eine Bühne oder ein Institut an diesen Exzentriker heranwagte.

Jetzt haust er hier in Vence im Ausgedinge mit seiner ältlichen Tochter. Wir haben uns nicht angemeldet, aus Angst vor barscher Absage. Er muß immerhin neunzig Jahre auf seinen Beinen haben. Grabesruhe um das bescheidene Domizil. Endlich gegen Mittag öffnet sich die Hintertür. Ein langer, sehniger Arm (gemahnend an die berüchtigte Zeichnung seines Freundes Beardsley mit dem Kopf des Jochanaan) schiebt sich durch den Spalt und tastet nach der englischen Wochenzeitung. Eine Stunde später erblickt Vence folgenden Aufzug: Vorab – das wallende Weißhaar über dem verschmitzten Jungengesicht von einem breitrandigen Kalabreserhut umwogt, wie ihn einst die Montmartre-Bohème favorisierte – Mister Craig, die Zeitung dicht vor den dickbebrillten Augen. Folgt, mit Abstand, die Tochter, eifrig die eben eingetroffenen Neuigkeiten der Vorwoche mit ihm diskutierend. Dahinter unser Team. – Zweite Szene: der Mittagstisch einer einfachen Pension. »Mr. Craig?« Er mustert mich abweisend, die (taube) Tochter flüstert uns mit Stentorstimme zu: »Er ist taub!« Die Tochter nennt er Daphne, aber vielleicht verwechselt er sie auch nur mit Deirdre, die er mit Isadora hatte. Ich kritzle auf den Rücken der Speisekarte: »Ich bin ein Verehrer von Hofmannsthal und Ihrer Kunst, darf ich Sie interviewen?« Geflüsterte Beratung zweier Stentorstimmen am Nebentisch. Er: »Hofmannsthal, ist das nicht der Mann, der wegen Sodomie ins Kittchen mußte?« Sie: »Nein, das war Oscar Wilde.« »Aber er hat doch Lady Windermeres Fächer geschrieben?« »Nein, er hat den Weißen Fächer geschrieben, zu dem du wunderschöne Holzschnitte gemacht hast.« »Habe ich Hofmannsthal gemocht?« »Papa, du hast jeden gemocht.« »Oscar Wilde habe ich aber nicht gemocht?« »Nein, dem hast du gesagt, er ist ein Lackaffe.« »Recht so.« Er wendet sich zu uns. »Sie dürfen mich interviewen. Für welches Blatt arbeiten Sie?« »Fürs Fernsehen.« »Für wen?« Dunkle Ängste beschleichen mich. »Ach so, Sie meinen die kleine Guckkastenbühne?« Aufatmen – es ist alles gut.

Dritte Szene: Craigs Hintergärtchen. »Ob ich noch am Theater Anteil nehme? Ich habe der Bühne mein Leben geschenkt, ihr ehrfürchtig gedient bis heute! Aber freilich, davon können Sie nichts wissen.« Ob er verbittert sei, weil sich seit Jahrzehnten keine Bühne an ihn wende? »Mein lieber Mann, ich war von meinem ersten Tag bis zum heutigen glücklich. Ich kann gar nicht sagen, wann ich am glücklichsten war.« Ich frage ihn nach seinen berühmten Geliebten. »Ach ja, Isadora war wie mein eigenes Blut. Wir paßten zusammen wie diese zwei Hände. Leider packte sie dann der Ehrgeiz, wie so viele Amerikanerinnen. Aber ich sah sie einfach als Frau, und da war sie wundervoll. Auch die Duse war außerordentlich, aber sehr schwierig, wie die meisten Schauspielerinnen. Wenn ich meinte, hier setze ich eine Flügeltür, so antwortete sie sofort: Ich gehe durch keine hohe Tür, das macht mich noch kleiner, als ich bin. Und was immer man ihr sagte, sofort war es vergessen. Eine unmögliche Person.« »Sie haben sie alle beide geliebt?« »Ach ja, diese herrlichen zwei Vornamen. Vielleicht war ich immer nur in Namen verliebt?« Wir verabschieden uns, aber im letzten Moment läuft er noch einmal winkend heraus und schiebt uns ein Kistchen Zigarren durchs Autofenster. Hat wahrscheinlich seit Jahren mit keinem Menschen mehr geredet, der weiß, wer er ist.

PARIS, 29. MAI 1962

Orson Welles filmt im aufgegebenen Orsay-Bahnhof. Dieser unmögliche Bandwurmbau diente zuletzt als Massenhotel, in dem mir der Boxer Bubi Scholz schon vor Jahren klagte, der Weg in sein Zimmer erschöpfe ihn mehr als eine Runde im Ring. Jetzt sollen die kavernösen Eingangshallen Atmosphäre in eine Verfilmung von Kafkas »Prozeß« bringen. Atmosphäre, Szenerie sind leider seit langem Hauptanliegen dieses so ungleichmäßigen Regisseurs, jetzt mehr Zauberkünstler als Magier. Anthony Perkins spielt Josef K., auch Romy Schneider und Jeanne Moreau sind vertreten. Welles hat uns für halb zwei bestellt, wir treffen eine halbe Stunde vorher ein, um nach dem richtigen Dekor für ein Interview zu fahnden.

Eine bärenhafte Gestalt schiebt sich auf uns zu. Bewußt eingesetzter Kellerbaß: »Wer sind Sie?« »Das deutsche Fernsehen.« »Bestellt für wann?« »Ein Uhr dreißig.« »Hinaus!« »Ich wollte nur –.« »Hinaus!« Eine halbe Stunde später: »Wer sind Sie?« »Das deutsche Fernsehen.« »Wieviel Uhr ist es?« »Halb zwei.« »Also was wollen Sie?« »Ein Interview.« »Schießen Sie los.« »Wir müssen uns aber erst aufbauen.« »Gut, ich gebe Ihnen zwei Minuten.« »Das reicht nicht.« »Bei mir schon. Soll ich sitzen, stehen, gehen? Bin ich vital, müde, bärbeißig?« Wir blicken uns verzweifelt um. »Passen Sie auf, ich setze mich an den Schneidetisch, das ist typisch, ja? Ich schneide meinen Film selber, also ist es typisch. Das Mikrofon, das kleben wir hier hinter diese Filmdosen. Jetzt stellen wir einen Zwo-KW dort hinüber, zur allgemeinen Aufhellung. Dann einen Halben hinter mich, um das Haar abzusetzen. O. K.? Also los.« Wir schlagen die Klappe. »Halt, das ist langweilig, wir schmeißen damit einen Effekt weg. Sie wollen doch, daß sich der ablaufende Film in meinen Augen widerspiegelt, oder? Also wie machen wir das ? Ist doch ganz einfach. Wir bauen einen Babyspot zwischen meine Knie. Jetzt brauchen wir nur jemanden, der einen Karton davor fächert, dann vermittelt das den Eindruck, der Film wirft seine Schatten auf mein Gesicht. O. K.? Also los.« »Aber wir haben doch niemand, um den Karton vor Ihrem Gesicht zu bewegen.« »Sie haben niemand? Auch gut, ich mache es selber, mit der linken Hand. Mit der rechten projiziere ich den Film vor und zurück, mit der linken fächere ich. O. K.? Also los.« Das Interview wird dementsprechend.

Was Welles von uns erwartet: daß wir an seinem Nimbus mitstrikken. Ihn als überdimensional, notfalls größenwahnsinnig ansprechen. Und er dies dann so dröhnend dementiert, daß der Mythos doch wieder durchscheint. Mustersatz: »I drag my myth around with me«, als hätte er dauernd unter seiner Reputation als Genie zu leiden. Mir kommt die Idee, daß er sich vielleicht manchmal mit Orson Welles verwechsle. »Was meinen Sie damit?« Nun ja, das Image für seine Realität zu nehmen? Sich sozusagen selber auf den Leim zu gehen? Ungeheure Lache (sein Markenzeichen). Ich variiere meine Frage: Ob er sich nicht im Grunde für einen Fälscher halte? Der diese pralle Persönlichkeit nur vortäusche. Dahinter von der eigenen Irrealität tief durchdrungen? »Aber die ganze Welt ist doch nur ein schwankendes Trugbild!« Und sein Körpergewicht wäre dann so etwas wie der verzweifelte Versuch, sich von der eigenen Stabilität zu überzeugen? »Wunderbare Ausrede beim Futtern. Muß ich mir merken! Und wie wär's, wenn wir jetzt von meinem Film reden würden?« Danach dürfen wir bei einer kurzen Szene kiebitzen. Sehen flackernde Leuchter, regentriefende Fensterscheiben und erklügelte Lichtkegel, denen sich die genervten Schauspieler millimetergetreu einzupassen haben. Expressionistische Stimmungsmache anstatt Kafkas käsigem Auschwitz-Licht.

PARIS, 1. JUNI 1962

Eichmann gehängt. »Vixit amavit« – er lebte und liebte. Ungefähr das genaue Gegenteil dessen, was auf seinem Grabstein stehen könnte, falls er je einen kriegt. Vixit amavit, wessen Leben läßt sich so zusammenfassen? Natürlich nur das eines Tieres. So geschrieben in Marmor, Bronze oder auch nur im Geiste, 42 000mal auf dem Hundefriedhof von Asnières, wo wir Aufnahmen machen. Die Besitzerin, wie so viele Tierfreunde, ein menschenverachtender Drache. Die uns gleich den unvermeidlichen Satz von Pascal ins Gesicht schleudert: »Je näher ich die Menschen kenne, desto mehr liebe ich meinen Hund.« Andere Inschriften: »Der Hund ist die Tugend, die nicht Mensch werden konnte und daher zum Tier wurde – Victor Hugo.« »Für Prince von Wales, der 406mal im Gymnase-Theater auftrat, in dem Stück: Mademoiselle Josette, meine Frau«. »Dicky, viele haben gewußt, was mir abgeht. Nur du hast es mir geben können.« »Meine kleine Puce, immer habe ich gehofft, daß ich einmal der erste bin, der geht.« »Hier ruht Nounouche, ohne die ich vielleicht nie gewußt hätte, was Liebe ist.« »Alle haben mich verlassen, du nicht.« »Unter diesem Stein liegt ein Herz, das mehr wert war als meines.« »Ihrem Wachhund die Dritte Feuerwehrbrigade. Er bellte, wenn es not tat.« »Wenn es einen Gott gibt, werden wir uns wiedersehen.« »Wir fanden und verloren uns. Warum so schnell?«

Auch Löwen, Affen, Vögel, Kaninchen, ein Rennpferd, eine Gazelle, Meerschweinchen, weiße Mäuse, eine Schildkröte, ein Hahn, eine Füchsin. Und ein Bernhardiner, der vierzig Menschen am Sankt Gotthard das Leben rettete. Der 41. war ein Soldat aus

Napoleons geschlagener Armee, der ihn für einen Wolf hielt und erstach. »Nun denn, meine kleine Nita, keiner mehr im Haus. Du allein und ich allein.« »Wenn ich gehe, wird keiner mehr von dir wissen. Wie kann das sein?« »Richard, sechs Jahre. Liebe und Poesie«. »Hier liegt mein Herz.«

PARIS, 2. JUNI 1962

Yves Montand gefilmt in seiner Wohnung an der Place Dauphine, mit Blick auf die Seine. Allerfeinste Pariser Adresse, was ihm aber weiter nicht zu Kopfe steigt. Unten an der Haustür steht sogar noch angeschrieben: Ivo Livi. Dieser italienische Maurerssohn, nachmaliger Docker in Marseille, von Edith Piaf entdeckt und vernascht, nunmehr verheiratet mit der hochintelligenten Simone Kaminker (die sich später Signoret nannte), Doppelkarriere als Chansonsänger und Schauspieler, ist sich seines unwahrscheinlichen Glücksweges durchaus bewußt. Lockerer, bescheidener Charme, anders als das angestrengte Posieren seines Vorbildes Maurice Chevalier, der aus ähnlich beschränktem Milieu stammte. Bewirtet uns, fragt nach unseren musikalischen Vorlieben, singt, ohne lang zu fackeln, für wenig Honorar am Klavier sein Chanson herunter.

Gegen das Versprechen, nichts zu publizieren, frage ich ihn dann nach seinem vielzitierten Liebesverhältnis mit Marilyn Monroe während der Dreharbeiten zu »Let's make love«. Er seufzt: »Es gibt Augenblicke, wo man Einstein sein müßte, aber man ist eben doch bloß Montand.« Gesteht, daß er sich, als notorischer Linker, vor Hollywood gegrault hat. Aber noch mehr vor Marilyns Starallüren: »Da gab es doch diesen Satz von Billy Wilder nach ›Manche mögen's heiß‹: Wenn ich abends heimkomme, habe ich Lust, meine Frau zu ohrfeigen, einfach weil sie eine Frau ist. Und ähnlich Tony Curtis, um die Freuden Marilynscher Zärtlichkeiten gefragt: Wie wenn man Hitler umarmt.« Montand hatte aber dann kaum Schwierigkeiten mit Hollywood und noch weniger mit ihr, da er sich als ihr Kumpel oder großer Bruder fühlte (bzw. sich, mit seinem phantastischen Spürsinn für Frauen, dafür ausgab).

»Genau das, was sie brauchte. Sie und ich, ganz wie die Piaf, kamen von der Straße. Nichts wie Komplexe der Großen Welt gegenüber – das verbindet.« Für Arthur Miller empfindet er die gemischte Hochachtung des Plebejers für den Schreibtischhocker. »Außerdem ist der kein Komödiant. Der wußte nicht, wie ein Schauspieler funktioniert. Sie jammerte ja Tag und Nacht, wie oberfaul sie von den Filmleuten behandelt werde. Und der arme Miller fiel darauf rein, kletterte für sie auf die Barrikade. Aber ich blickte da durch. Ich sagte ihr: Das ist nicht der Produzent oder der Regisseur, das bist du! Weil du unsicher bist, weil du einen Heidenbammel hast, dich zu blamieren. Nicht sie machen dich fertig, sondern du sie. Deswegen hüpfst du auch mit jedem ins Bett: Damit sie nicht merken, für wie doof du dich hältst. Ich weiß das, ich war auch so. Mich hat die Piaf gerettet, jetzt gebe ich das an dich weiter. – So war das. Wir haben uns geliebt wie zwei verlorene Kinder.« Die große Verliererin dabei ist allerdings die vor aller Öffentlichkeit betrogene Simone Signoret. Die trotzdem dabei nie den Humor verlor. Als ihr ein Reporter zum hundertstenmal mit Yves und Marilyn kam, blaffte sie einfach zurück: »Und Sie, hätten Sie nein gesagt?«

PARIS, 19. JUNI 1962

Bei Jean Cocteau in seiner Zweizimmerwohnung im Palais Royal, die er selbst als »kokett« bezeichnet. Kokett heißt, im Gebrauch der hiesigen Immobilienhändler, liliputanisch. Aber natürlich verweist Cocteau damit gleichzeitig auf seine berühmte Koketterie und entschärft sie im selben Atemzug. Typischer Taschenspielertrick dieses unwiderstehlichen Multitalents, das verführerischer mit seinen Schwächen jongliert als andere mit ihren Tugenden. Wie kann man sich Picasso verwandt fühlen und den Gigantomanen Arno Breker für einen großen Bildhauer halten? »Aber wer würde nicht gern von seinen Steinjünglingen gebumst werden?« fragt er vergnügt und off the record. Gibt sich spaßhaft entsetzt über den Umfang unseres Teams (»teutonische Invasion«), ist aber dem gutaussehenden blonden Fahrer alsbald zugetan. Ein überalterter Jüngling ohne Angeberei, der sein entzündliches Herz offen zutage trägt. Weigert sich, eine Probe abzuhalten (»sonst macht das Ganze keinen Spaß mehr«), erzählt gleich druckreif in die Kamera:

»Meine Wohnung gehörte einst einem Genfer Bankier, der mit seinem Geld Napoleon finanzierte, ja seine Figur geradezu erfunden hat ... Über mir ein ehemaliger Spielsaal, von Balzac frequentiert. Sein Romanheld Rastignac verlor hier seinen letzten Sou an den Baron von Nucingen ... Drüben, neben dem Restaurant Grand Vefour, gab es einen weiteren Spielsaal, in dem Marschall Blücher nach der Schlacht von Waterloo sechs Millionen verlor. Kein Wunder, daß er auf Frankreich nie gut zu sprechen war ... Aus den Blättern der Kastanienbäume hier unter mir hat der Poet Camille Desmoulins die ersten Kokarden verfertigt, an denen sich die Sturmvögel der Französischen Revolution insgeheim erkannten, wenn sie die vielen Cafés unter diesen Flanierarkaden besuchten. Seitdem sind hier keine Lokale und verfänglichen Geschäfte mehr zugelassen. Nur Ordenverkäufer, Briefmarkenhändler und unschädliche Antiquare wie ich ...« Legt zuletzt eine solide Stunde drauf, um jedem von uns (einschließlich Fahrern) eine signierte Tuschzeichnung zu widmen. Dazu bemerke ich, um mit meinen Französischkenntnissen zu brillieren: »Le dessin est votre violon d'Ingres« (etwa: Das Zeichnen ist Ihr Steckenpferd). Worauf Cocteau witzig, wenn auch bestimmt nicht zum erstenmal, auf seine Geige deutet: »Non, le violon est mon violon d'Ingres.«

NIZZA, 13. JULI 1962

Wer liebte sie nicht in den zwanziger Jahren, diese hübschen schneeweißen Pappbändchen aus dem Leipziger Kurt Wolff Verlag? Innen ein schwärmerisches Vorwort von dem Hauptschriftsteller des Tages, Hermann Hesse, Romain Rolland oder Thomas Mann. Und folgend ganze hochromantische Entwicklungsromane in dramatischem Holzschnitt. Worin ein Mensch, ein durchaus modern mit Jackett angetaner junger Mann wie unsereins, durch diverse typische Stationen der Zeit irrt: Tippelbrüderei, Pennerasyl, Spielhölle, Massendemonstration, Börsenkrach, Kesselexplosion, Lustmord, Orgie, Bordell ... was eben das Alltagsleben so bringt. Um zuletzt mit ekstatisch hintübergeworfenem Kopf und hochgereckten Armen in eine höhere Lebensstufe einzugehen, die man mehr ahnte als begriff.

Der Künstler hieß Frans Masereel, ein Flame. Es gibt ihn noch heute. Im Dach eines dieser hohen, italienisch anmutenden Seefahrerhäuser am Alten Hafen von Nizza. 73 ist er jetzt, sitzt alle Tage als nordischer Leistungsethiker am Fenster und schnitzelt an seinen Holzstöcken. Zwei Dutzend Exemplare druckt er von jedem und versucht, sie für hundert Mark an den Mann zu bringen. Leicht fällt es ihm nicht: »Der Holzschnitt war immer ein Glaubensträger. Aber wer kann nach dem Gehabten noch leicht an etwas glauben?« Magerer gefurchter Langschädel, dicke Brille, reservierter Ton. Hat 1940 bei der deutschen Invasion in Frankreich alles verloren, einschließlich seiner Illusionen. Immer sind Menschen auf seinen Bildern, Sehnsüchtige, Suchende. »Lachen und Weinen, Liebe und Entfremdung, Unterdrückung und Freiheit, Jugend, Altern, Krankheit, Verzweiflung, Tod ... Ich bin lang herumgewandert in der Welt, auf vielen Straßen und Schiffen: etwas anderes habe ich nicht gesehen.«

PARIS, 9. OKTOBER 1962

Mairie des 16. Arrondissements, um die Ecke vom Trocadéro. Wie bei mir üblich, sind wir zwei Stunden verfrüht vorgefahren, weil ich nichts so fürchte wie die »pagaille« – den Kampf bis aufs Messer, wenn die ewig aufgeladenen Pariser ihre Nerven verlieren. Und dann, auch wieder sehr pariserisch, ist überhaupt niemand da bis zur letzten Sekunde, wo dann auf einmal alle da sind: Umringt von jauchzenden Menschentrauben, steigt Edith Piaf aus dem Auto. Fest an der Hand, als könnte er ihr noch im letzten Moment entspringen, der um zwanzig Jahre jüngere und doppelt so große Théo Sarapo, den sie heute ehelichen will.

Wie lange habe ich nun Ediths Lebensweg verfolgt? Bin ihr verfallen wie die letzte Concierge und ihrer Fähigkeit, uns einzureden, daß wir alle große, wenn auch zumeist unglücklich Verliebte sind. So etwa, wie de Gaulle uns erfolgreich einredete, daß wir alle in der Résistance waren. Aus solchem Stoff sind die Genies gemacht. Allerdings weiß ich jetzt, nach mehreren stürmischen Zusammentreffen, wie sehr diese große Liebende auch eine gewaltige Despotin ist. Diese Leidende auch eine Quälerin. Sie »macht« ihre Liebhaber – Montand, Aznavour, Constantine, Pills, Moustaki –, und dann macht sie sie fertig. Auf der Straße geboren (auf einer Polizistenpelerine, heißt es, aber das ist vielleicht nur Volkşmythe) als Kind von Schaustellern, verbringt sie ihre Kindheit mit der mütterlichen Großmutter, die einen Flohzirkus, und der väterlichen, die ein Bordell betreibt. Mit fünf Jahren wird sie vorübergehend blind, mit 17 schenkt sie einer Tochter das Leben, die aber zwei Jahre später stirbt.

Ihr restliches Leben ist dann ein einziger Schrei nach Liebe – und nach Rache. Sie muß Macht haben, triumphieren, sich alles unterwerfen: das Publikum, die Männer, Amerika ... Ihre tragischen Klagelieder sind, wer spürt das nicht heraus, gleichzeitig ein Triumphgeheul. Sie lebt so, wie sie muß, ohne Rücksicht auf Verluste, und ist bereit, den Preis dafür zu zahlen. Ihre Krankheiten, Unfälle, toten und verlassenen Geliebten, Operationen, Alkohol- und Rauschgiftorgien, Entziehungskuren, Rückfälle: eine sich zunehmend enger ziehende Spirale von Selbstzerstörung und Wiederauferstehung. Und dazu immer dieses spöttische, sardonische, aber auch befreite und befreiende Gelächter. Nie habe ich sie, außer beim Singen, feierlich gesehen. Heute nun ihr neuestes Comeback, vielleicht das letzte. Heirat mit dem kindlichen Friseurgehilfen Theodor Lambouskas, den sie Sarapo nennt, nach dem Griechischen für »Ich liebe dich«. Umdrängt von diesen Massen, die sie alle betasten wollen wie einen Buckligen, weil das Glück bringen soll. Frauen vor allem, die in ihr das Märchen verkörpert sehen von der ewigen Gänseliesel, Schweinehirtin, Aschenbrödel, die es wunderbarerweise zur Prinzessin gebracht hat. Und man gönnt ihr dieses unmögliche, lächerliche späte Glück, weil sie ja nie ihre Herkunft verleugnet hat, weder in Sprache noch Lebensart und schon gar nicht ihren Liebhabern ...

Kurze gerührte Ansprache des Bürgermeisters in blauweißroter Schärpe, der ihnen dann das Jawort abverlangt. Das Théo bescheiden flüstert, Edith trotzig herausschmettert wie gegen die ganze Welt. Dabei wird sie – Bürokratie über alles – mit ihrem Geburtsnamen angesprochen: Edith Giovanna Gassion, eigentümlich gemischt aus Gassenhauer und Passion. Am selben Abend steht sie schon wieder auf der Bühne des Olympia und singt mit Théo zärtlich das kitschige Duett »Wozu ist die Liebe gut?«. Inzwischen berichtet mir Direktor Coquatrix, daß Edith die Hochzeit über Monate, ja bis zur Vorwoche immer von neuem abgesagt hat, aus Angst um die Publikumsgunst. »C'est une vraie bête du théâtre«, so was wie ein Urviech der Bühne. »Aber eigentlich hat sie ihr Leben ganz gut hingekriegt. Dieser unbeschreibliche Applaus ... und diese vielen fabelhaften Liebhaber! Was anderes hat sie ja nie verlangt. Und was gibt es eigentlich anderes?«

In der Pause drehen wir dann unser Interview, das die beiden Hand in Hand über sich ergehen lassen. Edith wieder mit ihrem herausfordernden Lachen, das in diesem verwüsteten Clownsgesicht jetzt geradezu gespenstisch wirkt. Edith, in Ihrem Leben, hat da Glück oder Unglück überwogen? »Es gleicht sich aus. Aber ich bin immer zehnmal so glücklich und zehnmal so unglücklich wie alle andern.« Wenn Sie neu anfangen könnten, würden Sie ein anderes Leben haben wollen? »Nein, haargenau dasselbe Leben.« Sie wissen, daß viele Leute sich über Ihre Heirat lustig machen? »Sollen sie bloß. Ich heirate ihn ja, nicht sie.« Was lieben Sie am meisten auf der Welt? »Die Liebe. Und meinen Beruf.« Und was hassen Sie? »Alles übrige.« Wenn Sie nicht Sängerin wären, was möchten Sie sein? »Tot.«

PARIS, 28. NOVEMBER 1962

Heute starb die beliebte Exkönigin der Niederlande, Wilhelmina. Anfang 1953 sah ich sie als junger Rundfunkreporter bei der schweren Überschwemmungskatastrophe in Holland, landesmütterlich nach dem Rechten sehend. Dabei unvergeßlich (und unübersetzbar) der amerikanische Journalist, der sich an sie heranmachte: »Hi, your Majesty, how's this queenie business coming along?« Und ihre gelassen-demokratische Antwort: »Fine.«

PARIS, 4. DEZEMBER 1962

Goncourtpreis. Wie alle Jahre fällt die Entscheidung im Nobelrestaurant Drouant, bei einem lukullischen Mittagsmahl der zehn Akademiker. Von denen man naturgemäß erwartet, daß sie bei der Preisvergabe zu einem der drei Großverlage stehen, denen sie angehören. Der Nominalwert des Preises: wie eh und je 5000 »alte« Franc. Seinerzeit ein Vermögen, heute keine mäßige Flasche Wein mehr wert im Drouant. Dafür kann der Autor mit 100 000 verkauften Exemplaren rechnen. Wir Journalisten warten stundenlang draußen in der Kälte vor dem Eingang ... das sollten sie amerikanischen Newsmen einmal zumuten.

Endlich springen die Türen auf, großes Wettrennen in den Salon. Der Überraschungssieger heißt Anna Schaufus, Autorin des Romans »Les bagages de sable«, den natürlich keiner von uns gelesen hat. »Was ist dieses Sandgepäck Ihres Titels, Madame?« fragen wir unbedarft die atemlos Eintreffende. »Etwas, das sehr schwer zu tragen ist und doch nutzlos durch die Finger rinnt wie Sand. Es sind meine Erinnerungen an deutsche Konzentrationslager.« Verdattertes Schweigen. »Ihr Buch spielt doch heute?« »Ja, in einer Welt der doppelt Gestorbenen. Weil sie damals ihre Nächsten umkommen sahen und heute den Kontakt mit den Lebenden nicht mehr wiederfinden.« »Meinen Sie, daß die Deutschen das zu schnell vergessen?« »Ich weiß nicht. Diese Frage geht mich nichts an.« Wild blitzen die Journalisten drauflos und verlangen »ein kleines Lächeln«, das sich die verhemmte Autorin mühsam abringt. – Nachher Ärger mit dem ausgehungerten Team, das ein warmes Mittagessen verlangt, wozu es aber jetzt zu spät ist. Warum ich mich nicht rechtzeitig darum gekümmert hätte? Verfalle in unerwartete Gereiztheit. Was nur mit meiner zweideutigen Position (»deutscher« Reporter befragt Jüdin) zu tun haben kann.

PARIS, 7. DEZEMBER 1962

Ein Stück Alt-Paris wird demoliert, das mich vor einem Vierteljahrhundert, als ich zuerst hier eintraf, in schauderndes Entzücken versetzte: das Grand Guignol. Diese ausgediente Kapelle in ihrem verschwiegenen Sackgäßchen am Montmartre (Rue Chaptal), wie ich das alles romantisch genoß! Guignol heißt Kasperle, Grand Guignol war seit 1897 das Kasperletheater der Großen. Man kam, um sich zu gruseln beim »Blutigen Kuß«, beim »Besuch im Irrenhaus« oder der »Nacht im Laboratorium«. Direktor Nonon hat jahrzehntelang jeden Abend das Blut frisch gemixt, in neun verschiedenen Qualitäten. »Das Rezept hütete ich wie meinen Augapfel – obwohl ja die Augäpfel bei uns auch nicht gerade ein gesichertes Dasein führten.« Elegisch demonstriert er uns die ausgedienten Requisiten, die kein anderes Theater jetzt auch nur geschenkt haben möchte: »Dieser schöne Leprösenkopf, was wohl aus ihm wird ... diese abgehackte Hand, vorbei ... unsere beliebte Zwackzange ... die ausgeschlagenen Zähne, die stückweise herabtropften... und die Küchenmesser, die so schön in uns steckenblieben... die Guillotine, mit der wir die Frauen entzweischnitten, denn bei uns waren die Opfer fast ausnahmslos Damen, jawohl, und je jünger, desto lieber... Aber ach, mit dem Sadismus des Films war unmöglich Schritt zu halten. Oder dem des Jahrhunderts, Monsieur.«

PARIS, 3. JANUAR 1963

Die verstaatlichten Renault-Werke haben für ihre gesamte Belegschaft von 65000 den bezahlten Urlaub von drei auf vier Wochen heraufgesetzt. Was jeder noch vor wenigen Jahren für unerreichbar gehalten hätte. Allerdings ist dieser Monat der August, wo ohnehin das ganze Land auf Sparflamme geht bzw. faktisch dichtmacht. Wir fahren zu Aufnahmen nach Boulogne-Billancourt hinaus. Der Werkseingang wirkt immer noch wie ein mittelalterlicher Dorfplatz: Marktschreier, Schausteller, Schmuckverkäufer, Würstchenbuden, Flugblattverteiler. Diese natürlich von der kommunistisch kontrollierten CGT-Gewerkschaft, die hier das Sagen hat. Nach drei Einstellungen werden wir von Ordnern angepöbelt. Ich zücke meinen nagelneuen deutschen Presseausweis. Allgemeine Freudenbezeigung: »Ah, du sein allemand? Wir schon geglaubt, du amerikan!« So burlesk habe ich meine persönliche Situation selten empfunden.

PARIS, 22. JANUAR 1963

Deutsch-französischer Freundschaftsvertrag im Elysee. Der Staatspalast steht in ein Gerüst eingehüllt, was ich umgehend für meine Einleitung benütze (»Wiederaufbau Europas«). Danach Aufstellung im Salon Murat. Staatspräsident de Gaulle erweist sich einmal mehr als der gefinkeltste Bühnenregisseur unserer Zeit: Er tritt in voller statuesker Größe zwischen Bundeskanzler Adenauer und Ministerpräsident Pompidou und veranlaßt die beiden mit weit ausholenden Gesten, sich strahlend die Hand zu schütteln. Er selbst sozusagen hoch entrückt als göttlicher Schirmherr der ganzen Vorführung, die übrigen seine gehorsamen Kinder. Nach allerhand pathetischen Reden Unterzeichnung des Vertrages und demonstrative Umarmung zwischen de Gaulle und Adenauer, wobei Pompidou jetzt wieder in die Röhre gucken darf. Damit ist zumindest die Aussöhnung besiegelt zwischen dem Volk, zu dem ich mich einst flüchtete, und dem, das mich vertrieb. Nur schade, daß diese kalte Veranstaltung sich solch ausgebufften Zynikern verdankt, von denen keiner überdies auch nur ein Wort der Sprache oder Kultur des andern versteht.

PARIS, 4. MÄRZ 1963

Reportage über den Guide Michelin, die sogenannte Bibel der Feinschmecker. Die hier tatsächlich mit 300 000 jährlich abgesetzten Exemplaren an zweiter Stelle hinter der Bibel rangiert. Die Sensation dieses Jahres: Ein französisches Restaurant hat seinen dritten Stern eingebüßt, jetzt sind es nur noch zwölf. Darunter zwei, die schon anno 1900 in der Erstausgabe standen. Damals konnte es sich der Guide übrigens noch leisten, mit der Streichung jedes Ortes zu drohen, der etwa für Parken am Straßenrand Gebühren erheben wollte! – Wir begleiten einen der bloß acht Inspektoren, die in zwei Jahren ganz Frankreich abzugrasen haben. Sie sind keineswegs Berufsgourmets, sondern kommen aus den verschiedensten Abteilungen des Reifenunternehmens. »Was wir suchen, sind nicht modische Spezialitäten, sondern ist traditionelle französische Hausmannskost in feinster Ausprägung.« Da sie ja gesichtslos bleiben müssen, werden die Inspektoren alle Jahre in eine andere Region versetzt, durch die sie sich hindurchzukauen haben. Erst zu Ende der Mahlzeit zücken sie die berüchtigte Kennkarte des Hauses, die faktisch über die Zukunft des Lokals entscheidet und darum unter den Gastwirten »Gestapomarke« heißt.

St. JEAN-CAP FERRAT, 2. MAI 1963

Vormittags mit W. Somerset Maugham, nach wie vor einer der Spitzenverdiener der Literatur. Da letzter Nachschlag jenes 19. Jahrhunderts, in dem Kunst und Unterhaltung noch guten Gewissens zusammengingen. Die Fragen wollte er vorher telefonisch durchgesagt haben wie nur irgendein Politiker oder Potentat. Als gäbe es bei diesem redseligen Autor, mit seinen zahlreichen Selbst- und anderen Biographien, noch viele verborgene Stellen. Am Parktor der Villa Mauresque empfängt uns dann Alan Searle, sein Sekretär, mit etwas pomadigem Charme. Das herrschaftliche Anwesen hat sich König Leopold von Belgien einst, mit seinen dem Kongo erpreßten Millionen, an die schönste Stelle der Côte d'Azur hingesetzt. Ausgedehnter Park, dessen Orangen- und Pinienhaine allein vier Gärtner beschäftigen. Nun ja, schon in den zwanziger Jahren bekam ja »Willie« Maugham von amerikanischen Zeitschriften einen Dollar pro Wort bezahlt, während Hemingway noch für einen Cent pro Woche schuften mußte.

Die Villa halb leer, seit Maugham kürzlich seine berühmte Kunstsammlung versteigerte. Und gleichzeitig seine schon 1928 verstorbene Frau Syrie in der Zeitung verunglimpfte, seine Tochter enterbte, dafür den Sekretär adoptierte und zum Alleinerben machte. Der sich jetzt mit dem Boß identifiziert wie nur irgendein Boxmanager mit »seinem Fighter«. Zeigt uns auf dem Dach ein starkes Teleskop, denn »*wir* sehen gern nach den Sternen«. Auf dem Schreibtisch ein neumodischer Transistor-Winzling, »das macht *uns* jetzt am meisten Spaß«. Daneben liegt Maughams endgültig allerletztes Abschiedsmanuskript »Ein Blick zurück«. Dieser mondäne Autor, der zeitlebens Berühmtheiten sammelte, wurde zuletzt selber zur Sehenswürdigkeit, zu der man um ein paar brillante Zitate gepilgert kam. 80 Bücher, 80 Millionen Exemplare dank makelloser Erzählkunst (»meine Geschichten gehen auf«) und nie veraltender, skeptisch-urbaner Lebensansicht, dahinter unwiderstehlich ein leicht anzuritzendes Herz.

Grandseigneuraler Auftritt von Maugham, mit Stock, aber gelenkiger als erwartet, da laut Searle von einer Frischzellenkur in der Schweiz kommend. Der breite, zynische Mund herabgezogen, das berühmte zurückgeworfene Haupt übersät mit Runzeln, die aber irgendwie an der falschen Stelle zu sitzen scheinen. Kein edles Altersantlitz, eher ein verschlagener, weltmännischer Asiate, der mehr Lebensklugheit als Weisheit ausstrahlt. Schüttelt uns allen demokratisch die Hand, dazu mit mokantem Grinsen: »Vor drei Jahren hätten Sie kommen müssen, da hatte ich noch alle meine Sinne beisammen.« Zieht dann, zu unserer Verblüffung, einen Band Gedichte hervor und liest, in gutem Deutsch, vor der Kamera den Goethe-Vers: »Alles geben die Götter, die unendlichen, ihren Lieblingen ganz. Alle Freuden, die unendlichen, alle Schmerzen, die unendlichen, ganz.«

Verlegen erkundige ich mich, ob er sich für einen dieser Götterlieblinge halte? »Ja, nur daß ich es nie bis zum Goethe gebracht habe.« Bis wohin also? »Ich weiß schon, wohin ich gehöre. In den ersten Rang des zweiten Gliedes.« Ob das der Schmerz seines Lebens sei? »Oh, da gab es noch ganz andere Schmerzen. Ich habe immer mehr gelitten, als ich mich gefreut habe, viel mehr. Wenn ich mein Leben neu anzufangen hätte, würde ich sagen: nie wieder. Ich hatte ja alles gegen mich.« Was denn zum Beispiel, frage ich verdutzt. »Ich war doch Waisenkind mit zehn Jahren. Noch heute, wenn ich das Bild meiner Mutter ansehe, muß ich weinen. Und dann dieses Stottern! Einmal stand ich an einer Bushaltestelle und konnte nicht den Namen des Ortes herausbekommen, zu dem ich wollte. Und man schickte mich an das Ende der Schlange zurück.« Aber das ist doch achtzig Jahre her! »Auch Jesus Christus litt noch an seiner Kindheit! Aber Jesus hatte gewisse Vorteile, die ich nicht besitze.« Jetzt, da wir ohnehin von den vorgeschriebenen Fragen längst abgewichen sind, muß man den Mut zur Unbarmherzigkeit haben: »Trug auch Ihre Gleichgeschlechtlichkeit dazu bei?« Maugham, mit der endlich erreichten Wurstigkeit des Alters: »Ja. Wie lange habe ich mir vorgemacht, ich wäre zehn Prozent homosexuell und neunzig Prozent normal. Während es in Wirklichkeit umgekehrt lag. Nur vergessen Sie nicht, ich war schon ein junger Mediziner in London, als Oscar Wilde zu vier Jahren verurteilt wurde. Und zum Märtyrer fühlte ich mich nicht berufen. Aber bitte schneiden Sie diese Frage heraus. Es muß mir ja für mein letztes Buch noch etwas übrigbleiben.«

Abschließend frage ich ihn, ob es nicht doch gerade seine Schmerzen seien, aus denen er seine besten Werke (»Des Menschen Hörigkeit«, »Auf Messers Schneide«) destilliert habe. »Das ist gewiß. Nur – hat es sich gelohnt? Hat es sich gelohnt?« Dann, während er uns schon zum Parkausgang geleitet, letzte Frage nach seiner Lebensphilosophie. Er antwortet mit dem orientalischen Märchen aus einem seiner Bücher: Ein junger Diener sieht den Tod auf dem Markt von Bagdad stehen, in ein Laken gehüllt. Und bittet seinen Herrn: »Leih mir dein schnellstes Pferd, damit ich nach Samarra entfliehe, wo der Tod mich nicht finden wird.« Es geschieht, und der Herr begibt sich auf den Marktplatz, wo er den Tod in der nämlichen Ecke sieht. »Mein Diener ist jung und gesund, warum hast du ihn zu dir gewunken?« »Ich habe deinen Diener nicht herbeigewunken«, spricht der Tod. »Es war nur eine unwillkürliche Geste der Überraschung, ihn noch in Bagdad zu finden. Während ich doch heut nacht mit ihm verabredet bin in Samarra.«

PARIS, 18. JUNI 1963

Garderobe der Olympia Music Hall. Eine biedere dunkelhäutige Matrone tritt ein mit Sonnenbrille, platten Wanderschuhen, formlosem Reisekostüm um den nicht mehr ganz schlanken Leib. Fehlt nur der Stadtplan, und die amerikanische Touristin wäre perfekt. Nur daß diese Frau seit fast vierzig Jahren den Pariser Stadtplan im Kopf trägt oder sogar im Herzen. »Bonsoir, Madame Bakehr... Comment ça va, Madame Bakehr...« Sie erkundigt sich nach Kindern, Enkeln, Papageien, eine herzliche, beherzte schwarze Mammy. Einst »la Baker« oder »notre Joséphine«, jetzt von der Naiven ins ältere Fach übergewechselt und wie schon seit Jahren auf definitiver Abschiedstournee. »Was wollen Sie, ich muß Geld zusammenkratzen für meine Kleinen.« Die Kinder adoptiert sie aus den verschiedensten Ländern und Rassen, ihr »Regenbogenstamm«: »Ich war immer Kämpferin. Mein Leben lang habe ich mich für dasselbe eingesetzt: daß alle Menschen eine einzige Familie sind.« Eben kommt sie von Martin Luther King, dem sie mit kleinen Zuschüssen unter die Arme greift. »Dabei haben wir kaum selbst zu beißen.«

1925 rutschte sie mit der ersten »Revue Nègre« in die Folies-Bergère. Sensationeller Auftritt im bloßen Bananengürtel, aber die komisch verdrehten Augen parodieren ihre schimmernde Nacktheit. Bald gilt sie als Königin von Paris, als schwarze Venus. Man behängt sie mit Brillanten, wofür sie sich fröhlich hingibt, aber trotzdem einigen Gönnern lebenslang treu bleibt. »Die Erotik hat ihren Stil gefunden« – Blaise Cendrars. Dagegen Harry Graf Keßler: »Man denkt bei ihr an Erotik sowenig wie bei einem schönen Raubtier.« Jeder findet eben das seine. Im Krieg Amateurspionin, von de Gaulle dekoriert – den Text sagt sie dir auswendig her. Erzählt, daß Göring sie persönlich um die Ecke bringen wollte. Indem er sie zu einem Pariser Hoteldinner einlud, dessen Fisch mit Zyankali vergiftet war. Haarige Sache. Sie muß zugreifen, entschuldigt sich aber auf einen Moment, springt spornstreichs die Wäscheglitsche hinunter, läßt sich den Magen auspumpen und ist noch am selben Abend auf dem Weg nach Südfrankreich. (Vielleicht nur ein Gruselfilm.) Nach der Befreiung geht es langsam den Bach herunter, allmählich wird sie zum Erinnerungsstück.

Immerhin bemerkenswert, was sich jetzt vor dem Garderobenspiegel abspielt. Rosiger Teint, Silberstaub auf den Wimpern, Pailletten rund um die Augen, Haaraufsatz, Flitterkostüm, Straußenfedern ... Aus dem behäbigen Muttchen wird stufenweise – es dauert nicht mehr als eine Stunde – dieses augenglitzernde, zähneblitzende Fabelwesen. Wir begleiten sie mit der Kamera bis zur Kulisse. Die hochhackigen Schuhe zieht sie erst in letzter Sekunde an, aber als der Vorhang aufgeht, ist sie ganz Diva. »Ich habe zwei Lieben, mein Land und Paris ...«, das Bravoursolo legt sie zu den üblichen Beifallsstürmen hin. Der Saal allerdings nur halb voll. Viel Vorkriegspublikum mit Ehrenlegion und Glatze. Möglicherweise dieselben, die ihr damals auf der Straße entgegenbrüllten: »Schluß mit der Negromanie, der Negrophilie, der Negrokratie! Frankreich den Franzosen!« Den Ruf gibt es noch immer, nur wendet er sich derzeit gegen andere Gastarbeiter.

LES MILANDES, 21. JUNI 1963

Rund um ein verfallendes Schlößchen, Josephine Bakers Landgut in Südfrankreich. Leider weitab vom Schuß und nur schwer erreichbar. Hier lebt sie mit ihren Kindern aus Marokko, Japan, Korea, Israel ... »Zuerst hatte ich ein Kleeblatt, dann ein Fünfeck, ein Siebengestirn, zuletzt wird es wohl ein rundes Dutzend werden. Ich lasse sie in sieben Sprachen ausbilden, dazu noch der Sprache des Herzens.« Aus Milandes hat sie in heldenmütigem Einsatz das »Dorf der Welt« gemacht, mit Vergnügungspark, Theater, Café, Coiffeur, Hotel (dessen einziger Gast ich bin). Leider auch allerlei Steinplastiken, die sie als Heilige Gottesmutter ausweisen, mit den Kindern unter den Mantelfalten. Und sogar einem unsäglichen Wachsfigurenkabinett, das ausgewählte Stationen ihrer Karriere aufzeigt. Nicht so sehr die interessanten Liebhaber als fade Präsidentenküßchen und sogar eine päpstliche Audienz im Vatikan. Josephines vierter Ehemann, der französische Kapellmeister Joe Bouillon, hat vor so viel überbordender Makellosigkeit die Flucht ergriffen. Jetzt häufen sich die Schulden. Und das Dorf steht zumeist leer, denn an die Kinder läßt man die Besucher nicht heran, und Josephine ist ja dauernd fort zum Tingeln. »Demnächst soll alles versteigert werden. Aber Gott wird helfen, er muß! Gott ist ein Kämpfer, er will nicht, daß ich untergehe.« Beim Abschied lasse ich alles Geld, das ich erübrigen kann, in einer Art Opferstock unter der Marienstatue.

KLAUSHEIDE, 8. SEPTEMBER 1963

Schwärzester Drehtag bisher. Da sein Beruf in Frankreich verboten ist, sind wir mit Gérard Masselin, begleitet von seiner jungen Frau Odette und den Eltern, zu einem Fliegertreff nach Nordhorn in Niedersachsen gefahren. Hier darf er nämlich. Gérard ist Vogelmensch, wie einst Ikarus. Nur daß er sich nicht mit Federn bestückt, sondern mit Nylonschwingen zwischen Handwurzeln und Fußgelenken, die seinen Fall aus dem Flugzeug in einen Gleitflug verwandeln sollen. Die Leine des Fallschirms zieht er bei 400 Metern. Sein ältester Bruder Guy hat die Leine erst bei einhundert Metern gezogen, damals vor zwei Jahren über Nancy. Dort gibt es jetzt einen Grabstein, der Guy Masselin in voller Montur zeigt. 27 Jahre war Guy alt. Auch Gérard ist jetzt 27. Vor seinem letzten Sprung nahm ihm der Bruder den Eid ab, falls ihm etwas zustoße, sein Lebenswerk fortzusetzen. Der Vater der beiden hat sich geweigert, Gérard von diesem Eid zu entbinden. Der Vater ist hier anscheinend die Schlüsselfigur.

Seit Stunden warten wir jetzt schon im Hangar des Flugplatzes Klausheide auf das Eintreffen der türlosen Propellermaschine, aus der Gérard abspringen soll, einer Dornier 127. Vater Masselin redet und redet. Man möchte denken, daß er es ist, der heute nachmittag sein Leben riskiert. Zwar ist er nur Reisender in amerikanischen Sodagetränken. Aber: »Glauben Sie mir, ich bin ein verhinderter Abenteurer. Nie richtig seßhaft gewesen. Mein unruhiges

Blut habe ich dann den Kindern vermacht.« Die Mutter hat hier augenscheinlich nichts zu melden, alles spielt sich unter Männern ab. Zu Mittag bescheidener Imbiß im Hangar, von Odette mitgebracht. Unvorsichtigerweise erwähne ich den verstorbenen Bruder und frage, warum er erst so verspätet seinen Fallschirm öffnete? Daraufhin ein warnender Tritt des Vaters unter der Tischplatte, der mich mit den Augen hinauswinkt. Auf der Toilette beschwört mich dieser Talmiheld in dramatischem Flüsterton, doch nichts von Guy zu erwähnen, da die Mutter sich nach einem günstigen Traum eingeredet habe, er sei nur verreist und werde jeden Augenblick wiederkommen. Einmal habe er den Versuch gemacht, sie zu dem Grab zu geleiten, sie aber habe nur darüber hinweggeblickt: »Wozu, hier liegt ja doch niemand.«

Beklemmende Vorahnung. Am liebsten möchten wir alles absagen, aber schon sammelt sich neugieriges Publikum. Auch die Maschine trifft endlich ein. Gérard holt sein Gerät und seinen Fallschirm, lacht uns zu: »Normalerweise springe ich mit zwei Fallschirmen. Diesmal bin ich aber zu faul gewesen, den zweiten zu falten.« Unkalkuliertes Risiko, selbstgestrickte Lebensgefährdung – sehr französisch. Setzt sich ins Flugzeug, das durchstartet und sich auf die angesagten 4000 Meter hochzuwinden beginnt. Wir filmen die gespannten Blicke der jungen Frau, die winkenden Eltern. Es ist anscheinend das erste Mal überhaupt, daß die Mutter sich auf Zureden des Vaters bereit erklärte, einem Absprung beizuwohnen. Wir erfassen mit der Teleoptik Gérard oben im Eingang der Maschine. Die nach Schätzung des Kameramanns nicht höher liegen kann als 1000 Meter. Warum? Sparmaßnahmen, auch wieder diese französische Improvisierlust oder bewußte Herausforderung des Schicksals?

Gérard springt. Anstelle der üblichen Rauchfahnen, zu denen das Geld nicht langte, hat er sich offene Säckchen mit Mehl an die Füße gebunden, deren Spur wir jetzt eine kurze Strecke verfolgen. Aber von Gleitflug kann gar keine Rede sein. Gérard stürzt kopfüber zur Erde, fuchtelt vergeblich mit den Armen, um sich ins Gleichgewicht zu bringen, der Fallschirm schießt hoch und verwindet sich zu einer spiralförmigen Kerze ... Ich höre Odette den Eltern entgegenschreien: »Nicht hinschauen! Nicht hinschauen!«, dann ist da auch schon dieser dumpfe Aufprall, mit dem sich der Körper hinter einer Bodenwelle ins Erdreich bohrt. Wir rennen atemlos hin, und der Vater wirft sich über den Sohn zwecks künstlicher Beatmung: ein Mann, der jederzeit das rechte Wort und die richtige Geste parat hat. Aber natürlich ist da nichts mehr zu retten. Ich weigere mich, hier noch weiterzudrehen, erledige am Flughafen die fälligen Gebühren, und wir fahren direkt nach Paris zurück. Schon von der Grenze aus rufe ich die Illustrierte Paris-Match an, die ja auf solche Sensationen happig ist. Und biete ihnen Ausschnitte aus unserem – wenn auch leider nur schwarzweißen – Film gegen ein vierstelliges Honorar, auszuzahlen an Familie Masselin.

SAINT-RÉMY-EN-CHEVREUSE, 15. SEPTEMBER 1963

Beerdigung von Gérard Masselin, dem Vogelmenschen, in diesem Dörfchen bei Paris. Masselin Vater hat mich inständig gebeten, die Zeremonie zu filmen, als »würdigen Nachruf auf meinen unsterblichen Sohn«. Kameraden aus der Fallschirmeinheit, in der beide Söhne gedient haben, bilden ein Ehrenspalier um den Katafalk. Rechts und links blauweißrote Fallschirme, die der Vater patriotisch in effektvolle Muster zu falten sucht. Odette, die blutjunge Witwe, haltlos schluchzend, die Mutter hinter ihren schwarzen Schleiern wie versteinert.

Hingegen hat der Vater seine sämtlichen Orden angelegt, murmelt ein Mal übers andere: »Welch ein Held!« Berichtet stolz, daß beide Söhne schon als Jungen mit dem Regenschirm aus dem Fenster gesprungen seien, »woher sollte ich das Recht nehmen, ihre Karriere zu verhindern«? Beim Erzählen kommen ihm ihre Namen mehrere Male durcheinander, als gehörten sie einer einzigen Figur. Furchtbarer Gedanke, daß er sie unbewußt hingeopfert hat, um seiner Bühnenrolle als »père noble« zu entsprechen. Übrigens gibt es außer den Parachutisten kaum Trauergäste, sehr beliebt kann die Familie nicht gewesen sein. Auf dem Rückweg fahren wir dann bei Paris-Match vorbei. Man zeigt uns die kommende Nummer: in hervorragender Aufmachung der Todessprung des unglücklichen Gérard, allerdings in Farbe.

VILLEFRANCHE, 16. OKTOBER 1963

Lauer Abend an der Côte d'Azur. Haus und Garten sind verschlossen, denn das ganze Idyll wird demoliert, um einem Etagenhaus Platz zu machen. Wir klettern an einer verborgenen Stelle über die Parkmauer, schleichen die zugewachsenen Kieswege entlang, finden endlich, was wir suchen: In diesem einsamen Gartenhäuschen hat Charlotte Salomon während zweier Jahre, zwischen Sommer 1940 und Sommer 1942, in fast 800 herzzerreißenden Gouache-Malereien ihr Leben aufgezeichnet. Ein fieberhaftes, eruptives Werk, in seinem ungelenk-expressiven Stil, aber auch in der schrillen Direktheit der Gefühlsäußerung eine Mischung aus van Gogh und Comic strip. Die Bilder haben überlebt. Die Malerin nicht. Sie war nur vier Jahre älter als ich. In Berlin aufgewachsen als Tochter eines angesehenen Chirurgen. Der nach dem frühen Tod der Mutter eine blonde Sängerin heiratet, die in diese Bildergeschichte zweideutig als Paulinka Bimbam eingeht. Charlotte darf die Hochschule für bildende Künste besuchen, der ihr zuerkannte Akademiepreis wird ihr aber, als Jüdin, nachträglich von den Nazis wieder abgesprochen.

Auf der Akademie lernt die empfindsame Malerin den viel älteren Gesangspädagogen Alfred Wolfsohn kennen, einen charismatischen Intellektuellen, die große Liebe ihres Lebens. Auf den Bildern heißt er Daberlohn. Eines zeigt die beiden händchenhaltend auf einer Berliner Parkbank, dazu der Text: »Daberlohn zu Charlotte: Doch habe ich dabei nie vergessen zu betonen, daß ich das Leben liebe und dreifach bejahe. Um das Leben ganz zu lieben, dazu muß man auch seine andere Seite, den Tod inbegriffen, das Leid, umfassen und begreifen. Ich wünsche allen Menschen, die ich gern habe, schwere Erlebnisse, auf daß sie gezwungen werden, den Weg in ihre eigene Tiefe zu gehen.« An dieses Rezept hat sich Charlotte gehalten. 1939, der Vater ist mit viel Glück aus dem KZ Sachsenhausen entlassen, wird Charlotte zu einer Bekannten der Familie nach Villefranche an der Riviera geschickt. Einer Amerikanerin, Mrs. Ottilie Moore.

Diese menschenfreundliche Dame hat bereits zehn jüdische Kinder in ihr Haus aufgenommen. Charlotte wird im Gartenpavillon untergebracht, träumt, zeichnet, erinnert sich. Das französische

Kriegsdebakel reißt sie aus dieser mystisch-kontemplativen Stimmung. Sie wird mit Tausenden anderen Flüchtlingen in dem mörderischen Barackenlager Gurs interniert. Nach dem Waffenstillstand kommt sie frei, darf in ihren Gartenpavillon zurückkehren und in die Natur. Jetzt entstehen die meisten dieser Blätter. Auf einem der letzten notiert sie: »Ich saß da am Meer und sah tief hinein in die Herzen der Menschen. Alle Wege lernte ich gehen und wurde ich selbst.« September 1941 kehrt Mrs. Moore mit zehn Pflegekindern nach Amerika zurück. Im Haus bleiben Charlotte und ein österreichischer Flüchtling, Alexander Nagler: »Ein Freund, mit dem ich nicht viel anzufangen wußte.« Herbst 1942 wird die ganze französische Südküste bis Marseille von italienischen Truppen besetzt. Auch die Italiener beginnen Deportationen durchzuführen. Der französische Präfekt ordnet eine Judenzählung an, viele Einheimische betätigen sich als Denunzianten. Charlotte übergibt ihre Bilder, in zwei dicke Pakete verschnürt, dem Arzt Dr. Moridis in Villefranche: »C'est toute ma vie«, es ist mein ganzes Leben.

Mai 1943, in höchster seelischer Not, heiratet sie Nagler. Vier Monate später besetzen deutsche Truppen die Côte d'Azur. Am Abend des 21. September 1943 erscheint die Gestapo, wahrscheinlich von einem Spitzel informiert, vor dem Haus. Wir interviewen einen Augenzeugen. »Ich kam von der Arbeit zurück – hörte lautes Sprechen – da standen sie schon mit einem Lastwagen vor dem Eingang. Jetzt brachte man Lotte mit ihrem Mann heraus – man hat sie beide an den Haaren in den Lastwagen gezerrt – uns jagte man davon – wir haben nur noch Schreie gehört, dann nichts mehr.« Wolfsohn gelingt es, nach London zu entkommen, wo er eine Theatergruppe aufbaut, die noch heute existiert: das Roy Hart Theatre. Charlottes Vater und Stiefmutter überleben den Krieg in einem Versteck in Amsterdam.

Dort habe ich sie kürzlich besucht, anläßlich der Eröffnung einer ersten Ausstellung von Charlottes Bildern. Sie wurden ihnen nach dem Krieg von Mrs. Moore ausgefolgt, die wieder nach Frankreich zurückgekehrt war. Ich frage die Eltern nach ihren Erinnerungen an die Tochter. Der Vater: »Ein Kind, das damals ganz in der Musik aufging. Unendlich einsam, kontaktarm, unfähig, sich mitzuteilen, aber wie aufgefressen von der Sehnsucht nach Mitteilung.« Was seine erste Reaktion auf die Bilder gewesen sei? »Ich war wie erstarrt. Vielleicht wie Herr Frank, als er das Tagebuch seiner Tochter Anne zum erstenmal las. Ich kannte dieses Kind ja gar nicht. Und jetzt war alles zu spät.« Sie ahnten nichts von Charlottes Talent? Dazu Paulinka Bimbam, die in Wirklichkeit Paula Lindberg heißt, jetzt eine mütterliche Stimmlehrerin: »Sie hatte vielleicht mehr Genie als Talent. Talente lassen sich ja meist schnell erkennen, Genies immer erst mit Verspätung.« Besuch der Ausstellung. Die Bilder wirken dem Ende zu immer hastiger, getriebener, bestehen zuletzt fast nur mehr aus Text. Einer der letzten: »Lieber Gott, laß mich nicht wahnsinnig werden.«

Heute nun bei Mrs. Ottilie Moore. Ältliche, verbitterte, mit sich zerfallene Frau. Verarmt, ohne Anhang, haust jetzt in einer Familienpension. Führt uns zu dem lehmigen Kohlenkeller, wo sie im Krieg die Bilder vergrub, die sie von Charlotte besaß. Einiges liegt noch in offenen Kisten herum. Mrs. Moore zunehmend schroff und unwillig, uns die Bilder betrachten oder gar ans Tageslicht bringen zu lassen. Wirft uns schließlich fast physisch hinaus. Aufsteigende Ahnung, daß diese Frau möglicherweise der einzige Mensch ist, der Charlotte je geliebt und verstanden hat. Und sie sich jetzt nicht verzeihen kann, ihren Schützling damals (warum eigentlich, Antwort nicht zu verstehen) im besetzten Frankreich gelassen zu haben. Verweigert dann jede weitere Aussage, will auch keineswegs mit uns zu ihrem früheren Anwesen zurück. Dort ist der Abriß schon wieder um ein beträchtliches Stück vorangeschritten. Am Gartenhaus eine Schuttramme, soeben damit befaßt, den Kochherd plattzuwalzen. Als nächstes kommt der Kamin dran. Und das einzige Fenster, jetzt längst ohne Scheiben, vor dem Charlotte ihr Leben gemalt hat.

SAINT-VICTOR, 4. NOVEMBER 1963

Anna Magnani zum erstenmal seit vier Jahren wieder vor der Kamera. Eine armselige Dienstbotensaga, die in diesem abgehalfterten französischen Bauerndorf heruntergenudelt wird und »Der Schatz der Josepha« heißt. So weit ist es also gekommen mit »Mamma Roma«, dieser Talentbestie und Mater dolorosa des römischen Pflasters. Der alternde Star lehnt dick vermummt und mißmutig in einem Klappstuhl. Kommt dann der Einsatz, so werden ihr hochhackige rote Pumps angezogen, eine Minute lang sprüht sie Feuer, Lava und Bimsstein, als ginge es um die letzten Tage von Pompeji. Gleich darauf reicht man ihr wieder die Pantoffeln, und sie sackt unter Ächzen und Krächzen in sich zusammen. Ich habe meinen irischen Setter an einen Baum gebunden, damit der nicht irrtümlich ins Bild gerät. Plötzlich ein durchdringender Wutschrei, wie aus »Rom, offene Stadt«, wenn die Magnani fuchtelnd hinter den deutschen Feldgendarmen herläuft, die ihren Liebsten abtransportieren: »Wer ist der Esel, der das verbrochen hat?«

Ich melde mich mitsamt dem Team. Galavorstellung exklusiv für unsere Kamera. Es ergibt sich, daß sie die Tiere mehr als die Menschen liebt. Daß sie alles vertragen kann, bloß keine Ungerechtigkeit. Daß es besser ist, einen schlechten Charakter zu haben als gar keinen. Daß die Welt feiner raus wäre, wenn sie von Frauen regiert würde, obwohl auch die meisten Weibsbilder nichts taugen. Daß man es vorziehen soll, Runzeln im Gesicht zu haben als Runzeln im Hirn. Daß sie selbst eigentlich ein Engel an Langmut sei, aber wer kann angesichts dieser Zeitläufte schon friedfertig bleiben? Und so immer fort: ein süperbes Bravourstück, großes italienisches Straßentheater. Zuletzt läßt sie sich erschöpft wieder in ihren Stuhl fallen. Und zeigt, mit entschuldigendem Lachen, einen Moment lang dieses herrliche strahlende Gebiß, als wollte sie ein Riesenstück von der Welt herausbeißen.

Vorsichtig bringe ich das Gespräch auf Film im allgemeinen, dann auf die Neue Welle des Films (»Wellen steigen und sinken, daher der Name«, bemerkt sie dazu), schließlich auf den Mann und Regisseur ihres Lebens, Rossellini. »Ein italienischer Großbürger. Große Familie, großes Geld. Er kannte nur Italiener. Er kannte noch nicht einmal das italienische Volk, das mußte ich ihm erst beibringen. Und dann auf einmal will er mit dieser Blonden filmen, dieser Ingrid. Una bionda! Wozu? Um sich zu erneuern, sagt er. Ein Künstler muß sich erneuern. Wenn Sie mich fragen, wollte er ihr nur Kinder machen. Ein Italiener muß Kinder produzieren, erst dann kommt er von seiner Mamma weg, erst dann fühlt er sich als Mann. Oder, wenn Sie wollen, wie das Wildschwein sein Territorium mit seiner Duftmarke beglückt. Nachher kann es wieder anderswo wildern gehen. Arme Ingrid Bergman. Ich hätte ihr das alles vorher verraten können, aber mich fragt ja keiner!« Vielleicht sei sie aber damals auch nicht gerade in der Stimmung gewesen für gutgemeinte Ratschläge? »Wieso, wie meinen Sie das?« Nun, man höre doch von einer Schüssel Spaghetti, die sie Rossellini, als er versteckt ein Telegramm an Ingrid aufgeben wollte, über den Kopf geschüttet habe. Sie kichert: »Nur auf seinen Anzug. Und genützt hat es auch nichts. Schauen Sie sich doch die Filme an, die Roberto jetzt macht. Oder die Filme, die ich mache. Nur Ingrid schwimmt obenauf wie ein Fettauge. Die kühle Blonde. Keinerlei Temperament, aber diesen eisernen germanischen Siegeswillen. Sie werden sehen, sie überlebt uns alle.«

PARIS, 9. DEZEMBER 1963

Spezialität der Pariser: Phantasie im Sexuellen wie im Kulinarischen. »Sex ist nur ein schwacher Ersatz für die Vorfreude darauf«, dies das Motto von Alain Bernardin, als er sich vor über einem Jahrzehnt das Crazy Horse ausdachte. Zuerst ein Wildwestlokal mit importierten amerikanischen Stripperinnen. Was die Pariser reichlich schockierte. Zu primitiv, zu explizit, Cola statt Champagner, Hamburger statt Filet Mignon. Daraufhin wurde Bernardin immer suggestiver, witziger, hintergründiger. Brachte Angedeutetes, Verklausuliertes. Schattenspiele, Projektionen, Lichtmalereien, Op-art auf Frauenkörpern. Ein Hauch von Hautgout. Und genauso drehen wir das heute. Alles ist gesagt, obschon kein primäres Geschlechtsmerkmal in Sicht. Pure optische Finesse. Allerdings fragt man sich, warum, wie mir die Redaktion versichert, jede pikantere Darstellung bei unserem Publikum sogleich zu Entrüstungsstürmen führen würde. Entrüstet worüber? Was wohl in manchen Schlafzimmern so vorgehen mag?

Nachher mit den Tänzerinnen geplaudert. Die meisten aus Polen oder der DDR. Verdienen 60 bis 120 Mark pro Abend, doppelt soviel wie am Pigalle. Hübsch ausgestattete Garderoben, Gratisdrinks. Viel Gelächter und Freude an eigener Körperlichkeit. Eine Ulknudel nennt sich Bertha von Paraboum. Wirklicher Name Roswitha Schulze, was eigentlich für mich noch ulkiger klingt. Es gibt auch eine Natascha von Tourmanov, Bettina Uranium, Franca Germanicus usw. Sämtliche Namen erfunden von ihrem Pygmalion, Monsieur Bernardin, den ich nun in seinem Büro aufsuchen darf. Sattelfester Profi, das Gesicht eine unlesbare Mischung aus Jungenhaftigkeit, Preziosität und glitschiger Anreißerei. Liebt wahrscheinlich diese Mädchen wirklich, noch mehr ihre Abhängigkeit von ihm. Bildet sie aus, formt sie, macht sie aber auch zu seinen unterwürfigen Kreaturen (daher die erniedrigenden Namen).

Er umreißt uns den gesuchten Typus, der, nach der stetigen Überfüllung des Lokals zu schließen, auch der Idealtyp unserer Zeit sein müßte: Größe 165 bis 175 Zentimeter. Gewicht: 50 Kilo. Langer Rücken, der Po klein und fest, zwei minimale Kreise. Mit präzisen Architektenstrichen skizziert er das auf einen Notizblock, man merkt, das Problem geht ihm nahe. »Dann die Brust fest, aber nicht zu groß. Und hier, zwischen Brust und Nabel, muß es sehr lang sein. Dafür zwischen Nabel und Schenkeln möglichst kompakt. Die Beine nicht zu lang, nichts Statueskes. Hingegen kann der Hals gar nicht schlank und beweglich genug sein. Dazu ein frisches, natürliches Lachen mit süffiger Unterlippe, das alle Zähne freisetzt, auch die untere Reihe. Und wo bleiben da eigentlich die Rundungen, werden Sie fragen, mon ami. Nehmen Sie jedes von meinen Mädchen, sägen Sie es quer durch, und was haben wir? Nichts wie Rundungen. Kreisrund der Bauch, Arme, Schenkel. Das ist der feminine Baustil unserer Zeit.«

Das mit dem Entzweischneiden hat ihn ganz warm gemacht. Wir klettern auf die nunmehr verlassene Bühne. Dort läßt er sein Zauberlicht anrühren, die gerühmte Rauschgold-Atmosphäre. »Die Mädchen baden darin. Es ist wie ein Kleid, das ihre Nacktheit umhüllt, sie auch vor den Leuten abschirmt. Dazu noch die Musik, die Projektionen, der Hintergrund. Das Hypnotische der ganzen Szene. Jede Tänzerin spielt eine Rolle, ganz für sich allein. Sie denkt nicht ans Publikum, an das Aufreizende ihres Tuns. Nur an sich selbst. Keine gierigen Männerblicke existieren, nichts als der eigene vollkommene Leib. Es sind Traumgestalten, die sich da enthüllen, wie der Mond aus den Wolken tritt. So ist das, bei uns.«

Er, Monsieur Bernardin, sei also ein Träumer, ein Phantast. Aber einer, der ein Bombengeschäft macht. Wie ginge das zusammen? »Nur Träumer machen Bombengeschäfte, wissen Sie das nicht? Aber lassen Sie sich doch einfach auf das ein, was hier gespielt wird, mon cher ami. Hier ist ja keine Fleischbeschau für Spätpubertierer. Wir machen uns ja lustig über den Strip. Wir bieten eine Persiflage, eine Parodie des Strip. Unser Strip ist ein Antistrip! Das ist eben das Pariserische daran.«

Ob es zutreffe, daß tatsächlich die Hälfte seines Publikums aus Frauen bestehe? »Sogar die Mehrzahl. Und sie werden gar nicht bloß mitgeschleppt von ihren Männern. Sie kommen freiwillig, um sich anregen zu lassen. Um nicht zu sagen aufregen. Der Mann graust sich ja in der Regel vor dem Geschlecht eines anderen Mannes – Angst vor Homosexualität und solche Dinge. Frauen werden von nackten Frauenkörpern, die sich zur Schau stellen, angemacht, beunruhigt, verwirrt. Vielleicht, weil sie sich mit ihnen identifizieren. Nicht vom Körper eines Mannes – außer bei Stierkämpfern, Skilehrern, Athleten, habe ich bemerkt. Beim Mann erregt sie sein Charme, seine Stimme, seine Selbstsicherheit, seine Willensstärke, sein Erfolg, sein Geld, die Kraft seiner Gefühle ... viel seltener seine physische Kraft oder Potenz. Der männliche Striptease ist absurd. Nur Männerhasserinnen gehen hin – frigide amerikanische Hausfrauen, Kastriererinnen. Oder Emanzen, die uns irgendwas beweisen wollen. Das hat keine Zukunft.«

Was er denn im allgemeinen hielte, als Spezialist sozusagen, vom Verhältnis der Geschlechter unserer Zeit? »Jeder ist todunglücklich. Und warum? Weil die Männer sich nicht mehr für Frauen interessieren. Mit interessieren meine ich: sie als Spezies lieben. Die Männer lieben die Frauen nicht mehr. Sondern das Geld. Das Reisen. Die Karriere. Das Auto. Das Fernsehen. Den Sport. Sogar ihre eigenen Körper, ihre Locken und Klamotten. Immer war die Frau die erste Quelle des Genusses für den Mann. Heute nicht mehr. Wissen Sie was? Das ist vielleicht der Grund, warum wir soviel weiblichen Zulauf haben. Weil hier, nach der Schließung der Bordelle, der letzte Ort ist, wo die Männer sich noch für Frauen begeistern!«

Aufnahmen mit der schönen Madame Nhu von Südvietnam. Sie bewohnt mit ihren vier Kindern am Champ de Mars dieselbe Straße wie ich. Allerdings nicht eine Dachluke, sondern die branchenübliche Luxusbleibe mit Hausangestellten. Nur ihr Mann ist nicht vorhanden. Ihr Mann, Ngo Dinh Diem, schwankender und bestechlicher Regierungschef von Vietnam, vergangenen November unter allgemeiner Teilnahmslosigkeit bei einem Militärputsch ermordet. Bis dahin war Madame die ungekrönte – und ungeliebte – Königin von Südvietnam. Der Putsch, der einen strafferen Mann ans Ruder bringen sollte: eine Politklamotte, schofles Kabinettstück von Kennedys CIA. Politik ist ein dreckiges Geschäft, so oder so. Drei Wochen später war auch Kennedy tot. Darf man Madame fragen, ob sie sich über das Attentat gefreut hat? Man darf es nicht. Ihre Pressesekretärin, die Pariser Autorin Thérèse de Saint-Phalle, hat diese Frage aus meiner vorher einzureichenden Liste gestrichen. Wir sind der Auffassung, daß die von uns geforderten tausend Dollar Honorar genügen, um sich darüber hinwegzusetzen. Außerdem müßte ich mich sehr irren, wenn Madame nicht gerade auf solche Fragen scharf wäre.

Nach einigem Antichambrieren werden wir huldvoll vorgelassen wie in einen Thronraum. Madame Nhu sitzt, erhöht durch zahlreiche Kissen, auf dem Kanapee. Zierlich, kokett, Fransenfrisur, hochgeschlitztes blutrotes Kleid. Ein Paradiesvogel, aristokratisch gestylt. Histrionisches Sendungsbewußtsein, viel Allüre. Irgend etwas hält ihr das Rückgrat steif, gemischt aus Patriotismus, Gottvertrauen, Familienstolz, guter Erziehung und Rachsucht. Sie nennt sich gläubige Katholikin, doch schon aus den ersten Gesten spricht etwas, was noch hinter das Alttestamentarische zurückgreift auf Furien, Erinnyen und Harpyien. Sichtlich wartet sie nur auf Provokation, um in Fahrt zu kommen. Nun gut. Madame, es heißt, Sie haben allerhand erpreßte Gelder illegal aus dem Land geschmuggelt, besitzen unter Decknamen in Paris ein Kino, ein Restaurant und allerhand anderes? »Was, was soll mir gehören? Lachhaft! Gerade solcher verleumderischer Unterstellungen wegen verachte ich das Kennedy-Regime. Und wenn ich es heute beim Namen nenne, so, weil ich empört bin, daß man uns immer noch beschimpft als Unterdrücker und Diktatoren. Warum nicht den Tod respektieren? Und warum nicht offen zugeben, daß Kennedy der Mörder meines Mannes ist. Nun, sie sind anscheinend die Stärkeren ...«

Fühlen Sie sich geschlagen? »Geschlagen, ich? Niemals. Ich glaube, sogar wenn ich tot bin, wird mein Fluidum, meine unsterbliche Seele, weiterkämpfen wie ... wie ...« Wie eine Raubkatze? »Ja, man hat mich oft so genannt. Ich bin ein verwundeter Tiger. Ich zeige meine Krallen wie ein wildes Tier. Und ich schlage zurück.« Werden Sie sich rächen? »Ich? Warum soll ich mich dazu herablassen? Ich überlasse es dem, der gesagt hat, die Rache ist mein. Und er hat es ja schon gezeigt. Der das sagte, hat mich ja schon gerächt. Sehen Sie doch, was vorgeht. Wie unsere Henker gerichtet werden. Und ich bin keine Heilige. Wenn meine Henker in den Staub stürzen, dann fühle ich mich erleichtert, weil der da oben mich nicht vergißt.« Die letzten Minuten hat die Kamera, auf meinen Wink, nur mehr Madames Hände gefilmt: zu Fäusten geballt, messerscharf die Luft durchschneidend oder den Schöpfer selbstherrlich für sich beanspruchend mit Nägeln wie geschliffene gotische Spitzbögen. Hat sie Kennedy ermorden lassen? Zuzutrauen wär's ihr. Unverantwortlich naives Amerika, das wieder einmal meint, es mit unterentwickelten Eingeborenen zu tun zu haben, nur weil man dort nicht den Hamburger erfunden hat.

Übrigens ist dies unsere erste Sendung mit einem neuen Kameramann, Jossi aus Israel. Im Deutschen verwechselt er die Artikel. Notizen schreibt er grundsätzlich in Hebräisch. Aber er ist der erste unserer Operateure, der sich überhaupt je Notizen gemacht hat. Überdies nimmt er Bilder ernst. Versteht, daß unser Bild weder schön noch häßlich zu sein hat, sondern charakteristisch. Das Bild als Aussage, die wir dann mit Schnitt und Text vertiefen, ausdeuten, modifizieren, sogar zunichte machen. Jedes noch so kurze Porträt auf Spannung angelegt, auf Anrühren, ja Einsaugen des Zuschauers. Eine Spielfilmrolle in Miniatur.

PARIS, 20. JANUAR 1964

In unserem Studio Abel Gance, der französische Filmpionier. Will mich zu irgendeiner kolossalischen Koproduktion verleiten, wobei, unter dem Redefluß dieses vulkanischen Genies, noch nicht einmal klar wird, ob es sich um fünfzig »alte« oder »neue« Frankenmillionen handelt, die er als lächerlichen Zuschuß braucht. Bulliger Graukopf von 75, renommierter Frauenliebhaber, jetzt begleitet von seiner Assistentin, Künderin und wohl auch Gefährtin Nelly Kaplan, einer höchst attraktiven Jungfilmerin. Trotzdem verbittert, ja verzweifelt. Dieser Gigantomane und »größte Cineast des 19. Jahrhunderts«, wie man ihn mit leiser Ironie genannt hat, bekommt keine Aufträge mehr. Hat immerhin schon in den frühen zwanziger Jahren solche immensen Stummfilmklassiker gedreht wie »J'accuse«, »Das Rad«, »Napoleon«. Gilt als Erfinder der Großaufnahme, der Schnittmontage, des Cinerama, der Stereophonie. Auch der entfesselten Kamera, die er als erster auf Fahrzeuge, Pferde, Drahtseile, Schauspielerrücken befestigt, ja frei durch die Luft fliegen läßt.

Er, der von der Verfilmung der Göttlichen Komödie träumt, der Bibel, des Don Quixote, des Lebens von Jeanne d'Arc oder Shakespeare, darf seit Jahren nur mehr historische Kostümschinken drehen, und in letzter Zeit sind auch sie versiegt. »Die Filmemacher haben die Namen der Erbauer jener Brücken vergessen, über die sie heute tanzen!« Es kommt aber auch vor, daß Genie ausläuft. Und jetzt ist eben das einst so schicksalsträchtige Gewürge seiner großen Filme abgesunken zu schriller Herumhampelei. Und wenn er klagt, daß er »nur mehr fünf Prozent seines Talents« einbringen darf, so fragt man sich manchmal, wo die fünf Prozent bleiben. Selten einen Menschen getroffen, dessen ganzes Wesen dermaßen nach Liebe gierte. Läßt sich gehen, wühlt histrionisch im Haar, während er jedes teuflische Unrecht aufzählt, das ihm je angetan wurde. »Mein ganzes Leben ist ein Schreibtisch voller verlorener Träume.« Allerdings scheint er sich mangels anderer Beschäftigung im Exzessiven seines Unglücks häuslich eingerichtet zu haben, ja die Rolle des leidenden Christus, den er tatsächlich in einem Film dargestellt hat, mit perverser Autoerotik zu genießen. Ungetröstet muß ich den lustvollen Greis (»meine einzige Gymnastik ist zwischen den Laken«) von dannen ziehen lassen, im Kopf den Satz von Oscar Wilde: Das Unglück liegt nicht darin, daß man alt wird, sondern daß man jung bleibt.

THINES, ARDÈCHE, 15. APRIL 1964

Steinige Schotterstraßen, Steinfelder, Steinbrücken. Verkarstete Mondlandschaft wie in Istrien. Dort holzten seinerzeit die Venezianer den Wald für ihre Flotten ab, hier schon tausend Jahre zuvor die Römer, als sie die Rhone heraufschifften. Das haltlose Erdreich hat schließlich der Regen zu Tal gespült. Um die letzte Jahrhundertwende krochen dann die landlosen Bauern wieder aus ihren übervölkerten Tälern hoch. Schleppten Erde in Säcken herauf, legten Terrassen an, pflanzten Roggen und Obstbäume. Und alles für nichts. Denn eine Generation später wandern die Jungen endgültig in die Fabriken ab. Heute ist dieses Bergland eine menschenleere Einöde. Sieben Einwohner noch in Thines, 78 sind es auf dem gesamten Gebirgskamm. Ziegenhüter, Milchbauern mit einer einzigen ausgemergelten Kuh. Aber manche von ihnen roden noch immer, hacken irrwitzig in wochenlanger Anstrengung den letzten Baum aus dem Fels für illusorische Nachkommenschaft.

Ein Soldat, im 2 CV auf einen Tag heraufgekommen, um seinen Großvater zu besuchen: »Die Leute hier, man kann sie nicht verstehen. Sie krallen sich fest an Sinnlosem. Eigentlich wünschen sie sich den Tod, aber da das Leben hier oben sehr gesund ist, sterben sie ganz langsam ab, wie ein Baum.« Dazu ein Uralter kichernd: »Wir wären ja fein raus, wir Junggesellen, wenn ihr uns nur Mädchen bringen würdet zum Heiraten. Aber es kommen ja keine.« Wir haben uns im Kreisstädtchen Les Vans einen Jeep gemietet, da man ohne Vierradantrieb nur schwer hochkommt. Dort erzählt man uns auch von den wirren Briefen der »zugewanderten Pariserin« an den Präfekten des Departements: »Bitte mich hier wegzubeordern, bevor ich vor Einsamkeit überschnappe.« »Bitte meinen gestrigen Brief als nicht geschrieben zu betrachten ...«

Die Dorfeinfahrt von Thines ist durch zwei aneinandergerückte Häuser so schmal, daß wir den Jeep außerhalb abstellen müssen. Schnell stoßen wir dann auf das halbverfallene Bauernhaus, vor dem man uns unten gewarnt hat. Hier haust seit sieben Jahren dieses erstaunliche Pariser Mädchen, Huguette Nicolas. Ihre Lebensaufgabe: die noch verbleibenden Bauern an die Scholle zu fesseln und Jugend heraufzuholen. Hat dafür Strom- und Wasserleitungen legen lassen und alte Heimindusrie wiedererweckt wie Korbflechten, Weben, Kerzenziehen. In ihrer Kate aus rohbehauenen Felsbrocken steht die Haustür weit offen. Küche, Schlafstätte, rauchgedunkelter Wohnraum mit deckenhohem Kamin. Kein Schrank, die offenbar selbstgewebten Kapuzenmäntel hängen an Nägeln. Auf dem Tisch ein aufgeschlagenes Tagebuch. Ich lese: »Mein Werk gelingt ... gestriger Optimismus verfrüht, es ist alles sinnlos ... ich muß weg von hier ... o mon Dieu, laß mich nicht den Verstand verlieren ...«

Eine meckernde Alte erscheint im Eingang, in der Hand ein Bündel gelbe Wachskerzen. »Ja, Mademoiselle Huguette, die hat's in sich. Wer hätte gedacht, daß ich einmal einen richtigen Geldberuf ausüben würde.« Wir, da sie keine Anstalten macht, sich zu verziehen: Wann üben Sie ihn denn aus? Die Alte: »Nur wenn Mademoiselle Huguette im Anmarsch ist. Aber natürlich ist sie ja dauernd im Anmarsch.« Ein einziges junges Ehepaar ließ sich von Huguettes Bemühungen wieder herauflocken und hat sogar ein Kind gezeugt. Die Frau gebildet, ehemalige Lehrerin: »Was soll ich Ihnen zu Huguette sagen? Eine Jeanne d'Arc. Nein, eine Lawrence von Arabien, die vielleicht hierher in die Anonymität floh, um sich für die Sünde der Ruhmsucht zu strafen. Will sie die Bauern retten, so will sie sie auch vor der Zivilisation retten. Sie haßt Maschinen, Touristen, die Presse, Autos, alles, was uns wirklichen Wohlstand bringen könnte. Am liebsten würde sie die ganze Ardèche heraussprengen lassen aus Frankreich.«

Erst spät am Abend treffen wir auf Huguette. Sie steckt trotz Hitze in unförmigen Wollsachen, die leider arg verschwitzt riechen. Flackernde Augen in einem nicht unschönen, aber knochigen Gesicht. Knabenhafte Figur, unter dem Mantel eine Art Schnürwams, tatsächlich an die Lothringer Maid erinnernd. Zu uns ablehnend, verlangt Ausweise und Empfehlungen. »Sobald man von diesen Dingen zu schwatzen beginnt, verfälscht man ihren Sinn. Dann dreht sich alles um die Person statt um die Sache.« Was denn die Sache sei. »Es ist ein Auftrag, an mich herangetragen. Ich meine vom Landwirtschaftsministerium.« In Wirlichkeit meint sie aber bestimmt etwas ganz anderes mit dem Auftrag. Ich frage sie geradeheraus, in wessen Namen sie hier sei. »Aber das ist doch ohne jede Bedeutung. Der eine bekommt seinen Ruf durch überirdische Stimmen, der andere mit der Post. Ich selbst habe den Vorteil, daß ich hier nichts mehr verderben kann, weil ohnehin alles tot ist. Also bleibt man, solange es einen Sinn ergibt, nachher muß man gehen.« Sie hält die Hand vor unsere Linse. »Aber wen soll das schon interessieren? Das Eigentliche läßt sich ja doch nicht in Worten ausdrücken. Also hat man zu schweigen. Oh, là, là, jetzt habe ich Ihnen Ihre Story kaputtgemacht. Verzeihen Sie mir, verzeihen Sie.« Und sie verbeugt sich ganz tief vor der Kamera.

ALBERT, 21. APRIL 1964

Hier, bei diesem Dörfchen der französischen Picardie, hat man ein Stück Schlachtfeld aus dem Ersten Weltkrieg unverändert bewahrt. Geschoßtrichter, halbverschüttete Schützengräben, durchgerostete Drahtverhaue, dann und wann ein Bajonett, ein vergammelter Stahlhelm. Das meiste allerdings jetzt von Souvenirjägern gestohlen. An dieser Stelle verbluteten, um einen Geländegewinn von der Ausdehnung eines Fußballfeldes, 30000 Menschen. Umkämpft wurde eine Windmühle, die auf einer Bodenwelle stand und als Beobachtungsposten diente. Die Mühle verschwand als erstes im Geschoßhagel. Später der Hügel. Zuletzt reduzierte er sich auf einen Erdbuckel von zwei Metern, heute noch sichtbar. Im Kampf um diese völlig bedeutungslose »Höhe« fiel die Mehrzahl jener Zehntausende, dank der Einfallslosigkeit der Generäle.

SACHÉ, 22. APRIL 1964

Dieser Ort in der Touraine war vor 400 Jahren der Sprengel von Rabelais, Erfinder des sagenhaften Allesfressers Gargantua. Auch Balzac stammte aus der Gegend, mitsamt seinem Mammutbauch. Nun wohnt hier Alexander Calder, der monumentale Yankee, Koloß mit der Seele einer Nachtigall. Festgegründet steht er da, auch nach zwei Flaschen lokalen Rotweins, in seinem rotweinfarbenen Hemd. Sein Gutshof aus dem 15. Jahrhundert stößt direkt an einen

Kalkfelsen. Und wahrscheinlich braucht Sandy Calder nur einen seiner unverständlichen frankoamerikanischen Mümmelsprüche, und der Fels tut sich auf. Darin eine Zauberhöhle mit allem, was sein Herz begehrt. Hauptsächlich Rotwein, aber auch allerhand Draht, Zigarrenkisten, Schrauben, alte Konservendosen, Eisenblech, nicht zu vergessen Plattzangen, Flachzangen und Rundzangen. Mit der Frage, was er von der modernen Kunst denke, darf man ihm nicht kommen: »Ich denke in Draht.«

Ganze Bataillone von schrulligen Figürchen marschieren da querfeldein über seine Tische und Bänke. Ein Känguruh, ein Schwertschlucker, ein wandernder Eiweißquirl, auch unverkennbar eine beschwingte Josephine Baker. »Früher ... war auch noch jünger ... richtige Zirkusvorstellungen damit gegeben ... heute keine Künstlerpartys mehr ... keiner mehr Zeit ... nehmen sich zu ernst, die Herrschaften.« Noch beim Reden fummelt er mit der Zange vor sich hin, angeblich ein Küchengerät für Madame, vielleicht ein Salatkorb, den er sich aber zuletzt schwungvoll auf das immense Haupt setzt. Platz dafür wäre ohnehin nirgendwo sonst gewesen. »Natürlich kann man's immer wo aufhängen.« Sehnsuchtsvoll blickt er zur Decke, die aber schon voll schwankender Mobiles hängt wie eine Tropfsteinhöhle. Wodurch er denn auf diese Mobiles gekommen sei, die jetzt Millionen Kinderzimmer zieren? Falsche Frage, Reizthema. Er verzieht den Mund. »Ausgelutschte Geschichte, gibt schon Bücher drüber ... warum soll Kunst stocksteif dastehen ... wo sich doch ganze Erdkugel bewegt, sogar Sandy manchmal ... Hätte ich bloß Patent angemeldet, wäre jetzt Millionär ... ziehe es vor, nicht daran zu denken ... Jeder meint, Sandy stillvergnügter Tüftler, fröhlicher Heimwerker ... Wäre noch viel vergnügter, wenn Sie nicht dauernd von Mobiles daherreden würden, verstanden ...?«

PARIS, 17. JUNI 1964

Vor der vergoldeten Büste von Gustave Eiffel stellen wir seinen bärtigen Enkel auf, Monsieur Legrain-Eiffel, fast auf den Tag so alt wie der Turm, der heute sein 75jähriges Bestehen feiert. »Eigentlich müßte er Boenickhausen-Turm heißen, dies der ursprüngliche Name unserer Familie, aus der Eifel eingewandert.« Im Fahrstuhl erfahren wir dann weitere Details. So, daß der zeitgenössische Schriftsteller Huysmans den Turm »ein durchlöchertes Zäpfchen« nannte, auch Gounod, Maupassant und andere gegen ihn protestierten. Gauguin soll seinetwegen nach Tahiti ausgewandert sein. Die Konstruktion ist mit bloß 10 000 Tonnen Gewicht (plus 45 Tonnen Farbauftrag alle sieben Jahre) so leicht gehäkelt, daß, brächte ein Blitzstrahl sie zum Schmelzen, die Platte zwischen ihren Füßen nur sechzig Zentimeter dick wäre.

Der damals schon berühmte Brückenbauer, Entwerfer der Freiheitsstatue und Erfinder des Windtunnels Gustave Eiffel war ein so penibler Entwurfzeichner, daß seine 250 Arbeiter die Montage der 15 000 Bauteile in weniger als zwei Jahren zusammenbrachten. Der Turm, als Wahrzeichen der Weltausstellung von 1889 zum hundertsten Jubiläum der Französischen Revolution gedacht, war so, wie er stand, nur auf minimale Lebensdauer berechnet. Spätestens zur Weltausstellung von 1900 wollte man ihn mit Kacheln bedekken oder zu einer Pagode umbauen oder aber mit Gras bepflanzen, dazu ein Fußweg, der rundum in Kurven zu einem Wasserfall am Scheitelpunkt hochführte. Sollte der Turm wider Erwarten nach zwanzig Jahren noch nicht eingestürzt sein, würde er dann in den Besitz der Stadt übergehen. Die Stadtverwaltung jedoch hatte offenbar das Kleingedruckte im Vertrag nicht gelesen, und so gehört der Turm bis heute den Nachkommen der ursprünglichen Gesellschafter und erwirtschaftet für sie erkleckliche Gewinne. Ohnehin waren die Baukosten von 7,8 Millionen Goldfranken, die Eiffel damals aus eigener Tasche vorschoß, bereits durch die zwei Millionen Besucher des ersten Jahres amortisiert.

Oben, in dem kleinen Turmsalon, den Eiffel für sich privat reservierte, zeigt uns jetzt der Enkel seine Wachsfigur neben der des verehrten Kollegen Edison. Wer zu welchem sprach: Sie sind ein Zeitgenosse der Zukunft, ist nicht ganz geklärt. Über uns die knatternde Trikolore, die monatlich ersetzt werden muß, da vom Winde zerschlissen. Der aber auch bei Orkanstärke die Turmspitze nicht weiter als 10 Zentimeter zu beugen vermag. Wogegen die Sonneneinwirkung bis zu 18 Zentimeter Schwankung bewirkt. Bisherige Selbstmordrate am Turm: an die 350. Fast tragen wir dazu bei. Da wir gegen allerhand Geld und Freistellungsbescheinigungen die polizeiwidrige Erlaubnis erwirken, auf dem Fahrstuhldach hochzufahren. Die Kabine muß, wegen der verschiedenen Steigungswinkel, laufend ihre Lage korrigieren. Dabei wandert ein Stahlbügel quer über das Dach, den wir im entscheidenden Augenblick hurtig überspringen müssen. Ansonsten bauen wir die Kamera auf Stativ, kippen sie nach oben und wirbeln sie während der Auffahrt immer schneller um die eigene Achse. Eine Einstellung, die bestimmt noch nicht da war und die es wohl auch nie wieder geben wird.

PARIS, 26. JUNI 1964

Die Cinemathek, wie immer fast menschenleer. Totes Kino: ein Grabtempel. Besucher sind in diesem verschlungenen Haus am Parc Monceau selten und ungern gesehen. Denn hier logiert – aber wo liegt er verborgen, in welchen Kasematten oder, wie man munkelt, Badewannen? – der heimliche Nibelungenschatz: 50 000 Zelluloidstreifen, die bedeutendste Filmsammlung der Welt. Behütet von einem einzigen vorweltlichen Museumswärter, der in Erinnerungen schwelgt: »1897 muß es gewesen sein, da zeigte ich meine Filme auf Jahrmärkten. Seitdem habe ich nicht mehr die Kurbel gedreht.« Wieso diese staubbedeckten Rollen noch vor die Erfindung Daguerres zurückzugehen scheinen (von der Lumières nicht zu reden), ist eines der vielen Mysterien des Hauses.

Endlich die selbst schon sagenhaft gewordene Kuratorin Lotte Eisner, die das Erscheinen des Hausherrn in »einer kleinen halben Stunde« ansagt, also vielleicht übermorgen oder kommende Woche. Gibt es ihn wirklich, diesen legendären Murrkopf und Querulanten Henri Langlois, der seine Sammlung schon 1936 begonnen haben will? Oder dirigiert er, wie Dr. Mabuse, sein Personal aus einem Irrenhaus? Nie habe ich verstanden, nach welchem undurchschaubaren Prinzip die drei täglichen Filme ausgesucht wurden, die man sich auf den Hartholzbänken der Rue d'Ulm so sauer ersitzen mußte, umgeben von jungen Besserwissern, welche sich bald darauf die Neue Welle nannten. Inzwischen erzählt uns Lotte (wer kann übersehen, wie sehr sie ihren Meister vergöttert) von dem deutschen Major Frank Hensel, Direktor des Reichsfilmarchivs, der seine Machtstellung während der Okkupation dazu benutzte, um seinem Freund Langlois illegal Hunderte von eigenhändig konfiszierten Filmen aus ganz Europa zuzuspielen – Enthusiasten unter sich.

Abends großer Empfang in der Cinemathek mit Doppelbesetzung. Zwei Fettklöße schwanken auf die Bühne, sichtlich dahinwelkend unter der Scheinwerferhitze des deutschen Fernsehens. »O schmölze doch dies allzu feste Fleisch«, stöhnt der eine der beiden und neigt das Doppelkinn klagend auf seinen mit Zigarettenasche und Haarschuppen gepuderten schwarzen Samtanzug. Umarmt von seinem Gefährten, dessen letzte Abmagerungskur nun auch schon Jahre zurückliegen muß und den das junge Publikum mit »Hitch! Hitch!« begrüßt. Worauf Langlois, kein großartiger Redner: »Mister Hitchcock möchte Ihnen mitteilen, daß er ein Mann des Kinos ist und nicht der Worte. Auch an mir weiß man dies zu schätzen.« Danach verziehen sich die beiden kugelrunden Müller, die ursprünglich mit uns über die Gesetze des Krimis diskutieren sollten, in Richtung der Gourmet-Tempel Lasserre oder Tour d'Argent.

PARIS, 27. JUNI 1964

Weiterer Drehtag in der Cinemathek. Ungestört von Andrang (es ist heute überhaupt niemand da), picken wir uns aus dem undurchdringlichen Dschungel der Sammlung die Mumie von Hitchcocks »Psycho« heraus, die silberne Brigitte Helm aus »Metropolis«, die Originalkulissen von »Dr. Caligari«. Herrliches improvisiertes Durcheinander dieser Schatzhöhle, so recht der magischen Person des Gründers entsprechend. Der nun, nach weiteren Vertröstungen, tatsächlich in sein »hochgewölbtes gotisches Zimmer« eintritt, Faust als Teddybär.

Wir erkundigen uns nach dem notorischen Mangel an Organisation und normalem Geschäftsgebaren in seinem Haus. Ob er etwa befürchte, das Kind könnte sein Eigenleben beginnen und damit den Vater verschlingen? »Ich fürchte nicht die Ordnung. Was ich fürchte, ist die Ordnung als Selbstzweck. Je mehr Leute eine Sache verwalten, desto unverwaltbarer wird sie. Ich selbst suche jeden Tag drei Filme zur Vorführung nach künstlerischen Prinzipien aus. Wie wird man sie nach mir aussuchen? Wahrscheinlich alphabetisch.« Es solle aber tatsächlich Filme geben, deren Platz nur er selber kenne? »Nun ja, ohne mich gäbe es sie ja gar nicht.« Ob die Mär mit den Badewannen stimme? »Nein, leider sind die Dachfenster über den Badewannen leck geworden. Danach mußten wir nach anderen Verstecken suchen.« Warum seinem ganzen Haus etwas von der Atmosphäre des 19. Jahrhunderts anhafte? »Weil ich nicht ans 20. Jahrhundert glaube. Film ist der letzte Ausdruck des 19., ebenso wie Picasso, mit Ausblicken auf das kommende. Das 20. Jahrhundert ist der Krieg.« Er erhebt sich. Die Befragung ist zu Ende. Wir werden, da der Haupteingang schon geschlossen, durch einen Hinterhof entlassen. Hier, im Freien, meterhohe Stapel von Filmbüchsen wie metallene Schachtelhalme. Als einzige Markierung stecken zwischen Dose und Deckel handgeschriebene Papierstreifen mit solchen Namen wie Renoir, Stroheim, Murnau. Einige der Zettel sind schon vom Regen heruntergewaschen und liegen verloren auf dem Steinpflaster.

PARIS, 28. JUNI 1964

Die letzten Künstlersiedlungen am Montparnasse, grüne Inseln im Steinmeer: Impasse Ronsin, Cité Falguière, Rue Colas, Cité Fleurie, La Ruche. Anarchische Sackgäßchen voll winziger Verschläge, in die sich die Maler knapp unter der Decke eine hölzerne Laube als Schlafstätte hinzuzimmerten. Mehr ist da nicht. Trotzdem beruht ein Großteil von dem, was sich stolz Ecole de Paris nennt, auf diesen lichtlosen Stübchen. Jetzt ist der Abriß munter im Gange. Um Wohnsilos an ihre Stelle zu setzen, die sich natürlich in ihrer Werbung verlogen auf den »Montparnasse artistique« beziehen, den sie gerade kaputtmachen. Und keine Spur von den 600 neu zu bauenden Ateliers, unzählige Male versprochen. Dafür große Larmoyanz im Kultusministerium, daß Paris als Kunstzentrale von New York ausgestochen sei.

Impasse Ronsin: Das Atelierhäuschen von Brancusi wird eben Stück für Stück numeriert und abgetragen, soll später im Louvre wiederaufgebaut werden. Dafür die restlichen Künstler von einer wachsenden Kohlenhalde eingemauert, mit denen sie ein Bauunternehmer hinauszuekeln sucht. La Ruche: Dieser vor sechzig Jahren hierher in die Passage Dantzig versetzte Ziegelpavillon der Weltausstellung von 1900, der einst Chagall, Léger, Modigliani behauste, muß, falls ihm nicht Denkmalschutz gewährt wird, beim Abriß an die hundert Künstler obdachlos machen. Höchste Nervosität der Bewohner. Mitten im Drehen stürzt ein ehemals deutscher Surrealist namens Edgar Jené auf uns zu und versucht mit lautem Geschrei, unsere Kamera zu zertrümmern. Beruhigt sich schluchzend. Fummelt zuletzt aus der Brieftasche längst vergilbte Zeitungsausschnitte, die seine Bedeutung als angeblicher Entdecker des Dichters Celan usw. belegen sollen. Erinnerung an ähnliche hysterische Szenen in Prag, Paris, Marseille während meiner Emigration. Wir verziehen uns zur Cité Falguière, wo zirka fünfzig Künstler schon beim Packen sind. Zumeist ohne Ahnung, wohin. Eine uralte Madame Friedmann meldet sich, die deutsch spricht:

»Ich bin 85 Jahre alt. Mein Bruder war der Wiener Schriftsteller Egon Friedell. Ich bin Bildhauerin. Seit 1904 wohne ich hier in der Cité. Ich war auch Modell, obwohl man mir's jetzt nicht mehr ansieht, glaube ich. Hier habe ich auch geheiratet. Jetzt bin ich allein in dieser Baracke. Jeden Tag sagen sie mir, ich muß ausziehen. Wohin soll ich ziehen? Dort drüben hat Foujita gelebt, im ersten Stock. Modigliani und Soutine wohnten ebenerdig, einander gegenüber. Damals brauchte man kein Geld, im Bistro zahlte man mit Bildern. Als die alte Wirtin starb, hat man in ihrem Keller Bilder von Modigliani entdeckt, halb von Mäusen zerfressen. Der neue Mann hat sie alle zerhackt, um für seine Fässer Platz zu schaffen. Im andern Café, auf Nummer 14, wurden vierzig Soutines verbrannt, nur um die Übersiedlung zu sparen. Damit hätte man die ganze Cité retten können, meinen sie nicht? Da unten an der Pumpe haben sie sich alle am Morgen gewaschen. Alle außer Soutine, der wusch sich nie. Kennen Sie sein Bild mit dem aufgeschlitzten Rind, voller Blut und Pestilenz? Er hat das Trumm Fleisch auf den Schultern von den Markthallen hierhergetragen. Tagelang malte er daran, bis es nicht mehr auszuhalten war vor Gestank. Modigliani und Foujita protestierten, und zu dritt haben sie es nachts auf die Straße hinausgetragen und irgendwo verloren. Das Bild hängt heute in einem Museum. Nein, von mir steht nichts in einem Museum. Ich weiß gar nicht, wo meine Sachen sind. Ich habe das nicht mehr so im Kopf. Wissen Sie, wie lange ich jetzt hier bin? Seit 1904. Ich war auch Modell, obwohl man mir's nicht mehr ansieht, glaube ich. Hier habe ich auch geheiratet. Jetzt bin ich allein in dieser Baracke ...«

PARIS, 27. AUGUST 1964

In den frühen Morgenstunden – sie war zeitlebens Frühaufsteherin – bei Helena Rubinstein, der Kosmetikdame. Genauer gesagt, der Erfinderin der modernen Kosmetik. Residiert im obersten Stockwerk eines historischen Palais an der Seine, mit dem schönsten Blick von Paris. Premierminister Pompidou muß sich mit einer der unteren Etagen begnügen. Ohnehin sprechen bestimmt mehr Menschen auf der Welt ihren Namen mit Verehrung aus als den von Pompon. »Ich habe den Teint der modernen Frau überhaupt erst geschaffen. Sie ahnen ja gar nicht, wie vorher die Frauen mit vierzig aussahen, runzlig und verbraucht. Heute verwechselt man die Mütter mit ihren Töchtern.« Alles soll auf einem Tiegelchen Kräutersalbe beruhen, den ihr ein geheimnisvoller jüdisch-ungarischer Großvater vermachte. »Das war meine erste Creme. Sie ist noch immer im Handel. Ich selbst verwende sie täglich.« Da Madame an die Neunzig sein soll, aber nicht einen Tag über 85 aussieht, wird wohl etwas dran sein.

Danach hat sie mit ihrem Pfund gewuchert, und heute erzittern 40 000 Angestellte auf sämtlichen Kontinenten, wenn sie messerscharfen Blicks zum Kontrollieren herannaht. »Als junges Mädchen war ich verspielt, verliebt. Aber von dem Augenblick an, wo es um mein Geld ging, war ich nicht mehr verspielt.« Kein Wunder, daß sie als die reichste selbständige Frau der Erde gilt. 500 Millionen Dollar soll sie eingemottet haben, also das Jahresbudget eines mittleren Staates. Allein der Goldklunker samt pflaumengroßen Edelsteinen an ihren altersfleckigen Händen muß ein Zinshaus wert sein. »Es stimmt, ich umgebe mich gern mit Schönheit. Vielleicht, weil ich selber nie schön war. Aber ich habe Millionen Frauen zu einigem Lebensglück verholfen – insoweit es eben in Fläschchen und Tiegel abfüllbar ist.«

PARIS, 1. SEPTEMBER 1964

Jean-Paul Belmondo im Studio Boulogne. Dreht hier eine lahme Hochstaplerplotte. Was ihn nicht weniger zu beglücken scheint, als filmte er noch in Godards »Außer Atem«. Und er agiert sogar mit der gleichen Sorgfalt und Qualität. Und wie immer die gleiche Rolle: den nicht aufs Maul gefallenen Pariser »Titi«, Zigarre im Mundwinkel, Hut am Hinterkopf, wurstig, jovial und mit Kodderschnauze. Der Antiheld, der ohne viel Pipapo seinen Laden in Ordnung kriegt und dabei reüssiert oder krepiert, je nach Laune. Mit diesem Idealbild des Parisers wurde er der erfolgreichste – und bestbezahlte – französische Schauspieler. Wie wird er damit fertig? »Indem ich nicht darüber nachdenke, kapiert? Jeden Morgen sehe ich mein Gesicht im Rasierspiegel. Ein Gesicht, das, sagen wir, eher den Stempel der Wahrheit trägt als den des Seelenadels. Dann vergesse ich mein Gesicht. Dann vergesse ich mich für den Rest des Tages. Und lasse die Dinge an mich herankommen. Und vertraue dem Leben, dem Glück, dem Zufall. Wer dem Glück vertraut, zu dem kommt es gelaufen. Wer das Glück mit Gewalt pakken will, dem rennt es davon.«

Ob er sich in seinen unbesieglich-beschwingten Helden wiederfinde? »Hier und da finde ich vielleicht ein paar Aufhänger. Aber der Mann, für den mich die Leute halten, der liegt in ihnen selber. Das sind ihre Traumvorstellungen von dem, der sie gern sein möchten.« Also jeder möchte Belmondo sein anstatt er selber? Aber möchte auch Belmondo Belmondo sein? »Haha, er ist es ja meistens gar nicht. Er spielt ja diese ganzen Schurken und Helden. Er lebt genauso in seinen Vorstellungen wie das Publikum.« Nur daß er dafür honoriert wird. »Richtig. Das ist das Paradox des Schauspielers. Je weniger er zu spielen scheint und bloß sich selber herausstellt, als desto größerer Schauspieler gilt er, und desto mehr kriegt er bezahlt.«

PARIS, 13. OKTOBER 1964

Mit Melina Mercouri und Jules Dassin auf Fiakerfahrt durch den Bois de Boulogne. Dieses unmögliche Liebespaar lebt, außer wenn es gerade einen Film dreht, selten zusammen. Vielleicht der Grund, daß die Ehe seit 15 Jahren funktioniert. Beide stammen von sehr alten Völkern ab. Sie: sieht sich als Verkörperung Griechenlands, obschon wahrscheinlich die hochgewachsenste und aufgeregteste Griechin aller Zeiten. Was immer sie spielt – Hafendirne in »Sonntags nie«, Bandenchefin in »Topkapi« –, es beruht auf demselben unbändigen Temperament und unerschütterlichen Selbstwertgefühl. Ihr kann keiner. Alles, was sie unternimmt, gilt für sie schon aus diesem bloßen Faktum heraus als erstklassig. Ihr Regisseur Dassin: Ostjude vielfältiger Nationalität. Kein spezifischer Background, aber die naive Gabe, sich in die verschiedensten Atmosphären einzufühlen. Scheint fast zu intelligent für seine Filme. Liebt Melina vielleicht mehr als Griechin denn als Person – eine heikle Sache. Sie wirkt größer, als sie in Wirklichkeit ist, er kleiner. Sie heischt Bewunderung, er Sympathie. Als Paar unwiderstehlich gerade durch seinen Kontrast, wie bei Miller–Marilyn, Rossellini–Ingrid, Chaplin–Oona.

Für die Aufnahme kommt die Kamera in ihrem 80 Kilo schweren Stahlgehäuse (»Blimp«) auf den Kutschbock des Fiakers. Wahrscheinlich machen wir damit Fernsehgeschichte, aber keine Zeit, darüber nachzudenken. Infolge plötzlicher Nervenkrise der alternden Diva, die nur im Schatten gedreht werden möchte, wozu aber die Alleebäume nicht dicht genug beieinanderstehen. Endlich Wolken, und es kann losgehen, Kamerateam irgendwo zwischen Kutscher und Pferden, ich selbst auf dem Trittbrett. Melina: »Ich habe keinen Verstand, lebe nur aus dem Instinkt heraus. Daher so viele Dummheiten in meinem Leben. Ich kann lachen wie eine Irre, aber auch leiden wie eine Irre. Nichts läßt mich je gleichgültig. Ich glaube an die Liebe. Vielleicht glaube ich nur an die Liebe. Ich kann mir nicht vorstellen, daß ich je einem Mann in die Augen schaue, der mir gefällt, und daß er auf meinen Blick nicht einsteigt.«

Dassin: »Was ich am meisten an Melina liebe? Das hängt davon ab, wann. An welchem Tag. Zu welcher Tageszeit. Sie ist ja jede Minute verschieden. Ich würde sie aber noch viel mehr lieben, wenn sie nur früher aufstehen könnte.« Und Sie, Melina, was lieben Sie an diesem Menschen, der Ihnen so unähnlich ist? Melina: »Ich liebe ihn für das, was er ist, als Künstler, als Mann, als Liebhaber. Und als Frühaufsteher. Wenn er lügt, krepiere ich. Wenn er mich betrügt . . . aber er betrügt mich nicht.« Was wäre dann? Melina: »Ich bin nicht zivilisiert, ich bin eine Wilde. Der Wilde tötet aus Eifersucht.« Und Sie, Monsieur Dassin? »Ich bin zivilisiert. Ich behalte meine Gefühle für mich. Einer muß ja schließlich seine Grütze beisammenhalten.«

PARIS, 9. NOVEMBER 1964

Arthur Miller aufgesucht in seinem Logis hinter dem Boulevard Raspail. Seine dritte Frau, die etwas herbe Wiener Fotografin Inge Morath, läßt uns ein. Eigentümlich, irgendwie dachte man, daß ein Mann, der Marilyn Monroe zur Geliebten und Gattin hatte und der sie dann verlor, die Spur davon ins Gesicht eingegraben tragen müsse. Aber Miller, nunmehr an die Fünfzig, wirkt trotz interessantem faltigem Langschädel eher zweidimensional. Der Typ des argumentierenden, psychologisierenden, kategorisierenden New Yorker Intellektuellen. Höllisch gebildet, didaktisch, aber keine unausgeloteten Ströme mehr. Hat offenbar inzwischen alles gerechtfertigt, eingeordnet und damit verkraftet. Trauerarbeit geglückt, Patient tot.

Etwas Ausgekühltes, Abgefrorenes um diesen Mann, der sich nur noch für Ideen entzündet. Lang ist's her seit dem »Tod des Handlungsreisenden« oder »Alle meine Söhne«, durchweht von Familienmythen und der geheimnisvollen Wirrnis der Jugend. Jetzt scheint er sich hier in Paris zu verstecken, auf der Flucht vor Empörungsschreien über sein Marilyn-Stück »After the fall«. Durfte man so flink nach ihrem Hinscheiden die Aufarbeitung parat haben? Unbegreifliche Verblendung, nicht zu ahnen, daß die Welt eher der hilflos-aggressiven Hysterikerin des Stücks zugetan sein würde als dem siebengescheiten Gatten. Überdies wird das New Yorker Bühnenbild, reichlich geschmacklos, überragt von einem KZ-Wachtturm, auf den ich Miller nun anspreche.

»Es sollte eben dargetan werden, daß auch unser alltägliches Privatleben sich am Abgrund bewegt.« Lenkt dann auf den Nazismus über, der »ebenfalls mit Millionen frustrierter Einzelschicksale zu tun hatte«. Was mir zu seicht gegriffen ist. Individuelles Unbehagen ist denn doch keine ausreichende Erklärung dieses mythologischen Teufelsdrecks. Millers Stärke das, was er Selbstkonfrontation nennt. Der eigenen Person, der eigenen Vergangenheit rückhaltlos gegenübertreten. »Das muß jeder Mensch früher oder später in Angriff nehmen. Aber auch jedes Volk, will es nicht eine sinnlose Existenz führen. Was die Deutschen angeht, so müssen sie lernen, sich mit ihren Opfern zu identifizieren, erst dann wären sie erlöst. Sich mit den Opfern der Befehle gleichsetzen, nicht mit deren Erteilern.« Wovon man allerdings noch weit entfernt ist. Trotz starken Abwinkens komme ich dann noch einmal auf sein umstrittenes Stück zu sprechen. Darin sei er doch seinerseits auch mit sich selber ins Gericht gegangen? »Ja, das schon«, korrigiert er sturmfesten Gewissens. »Aber ich habe mich keineswegs verurteilt. Ich bin nicht schuldiger als sie. Ich habe nur versucht, die Gewichte richtig zu verteilen, wie es eben die Aufgabe des Schriftstellers ist.« Und scheint gar nicht zu bemerken, daß es vielleicht gerade dieses gottähnliche Gewichteverteilen ist, das Marilyn zur Verzweiflung getrieben haben muß.

PARIS, 25. DEZEMBER 1964

An der Seine. Einmal im Jahr erwacht das Nachtvolk der Pariser Clochards aus seinem schattenhaften Dasein, bevor es wieder zurückkriecht in die Prähistorie. Am 24. Dezember feiert es seine Mitternachtsmesse. Schon tagelang vorher hört man, wenn man oben an der Brüstung steht, das Sägen und Hämmern hinter dem ersten Bogen der Tournelle-Brücke. Dann ist es soweit. Der Bogen, an einem Ende durch eine Holzwand abgeschlossen, ist Saal geworden mit einem gewölbten Dach. Vor die Wand kommt ein Podium, das mit Sackleinwand ausgeschlagen wird, darauf ein Mikrofon. Längs der Wände offene Mülltonnen, seitlich angebohrt, in denen Holzscheite prasseln. Dazwischen lange hölzerne Bänke in Reihen. Das Auditorium ist fertig, eine spukhafte Filmszenerie. Gegen sechs werden dann draußen im Freien zwei rohe Holztische aufgebaut, und kurz danach kommt das Festmahl angefahren, das ein wohltätiger Verein gestiftet hat. In dicken Kesseln brodeln Würste, dazu Sauerkraut und Kartoffeln, und am Ende türmt sich ein Berg von Nylonsäckchen. In jedem eine Flasche Rotspon, eine Stange Brot, Zigaretten.

Jetzt wird es dunkel, und die Clochards treffen ein. Blinzelnd tappen sie die steinerne Treppe hinunter, schrecken noch kurz vor den Flics zurück (in Frankreich muß überall Polizei dabeisein), erfassen die Situation, drängen sich vor die Töpfe. Dann hocken sie schmatzend herum an den Feuern, grunzen befriedigt, pinkeln noch schnell in die Seine, hie und da steigt schon ein Johlen auf. Die Vorstellung kann beginnen. Längst abgewrackte Artisten sind es, die sich da auf dem Podium produzieren, mit Kartenkunststückchen, eingemotteten Witzen, Chansons aus Montmartrezeiten. Erst geht es noch recht gesittet zu, dann fallen die Clochards in die Lieder ein, ob sie die Worte kennen oder nicht, grölen, schwingen die Flaschen. Dies ist ihre Nacht, ihre einzige. Sie sind anerkannt hier, sind Ehrengäste. Schon hält es die ersten Reihen nicht mehr. Eine Zerlumpte, Zahnlose wird hochgehievt, kreischend dreht sie sich aus einem Arm in den andern. Männer tanzen miteinander oder allein, man stampft, torkelt, schwankt verzückt, fordert ausgestreckten Arms noch ältere Lieder, wehmütigere, kindheitliche. Mit breiten, mimenhaften Gesten werden Tränen aus dem Auge gewischt, aber schon geht es weiter. Weinflaschen knallen gegen die Wände, Feuertonnen stürzen, die Lautsprecher da vorne sind kaum noch zu hören. Ein paar Mädchen der guten Gesellschaft, provozierend im Mini, tanzen mit hochgewachsenen Burschen, die unrasiert sind und nach Fusel stinken, aber Männer sind, Männer . . .

Dann nimmt das gute Publikum überhand. Die Clochards verziehen sich breitspurig, der Saal wird ausgeräumt, die Bänke gegen die Brückenbögen getürmt. Brotstücke, Würste schwimmen in roten Weinlachen, man fegt sie scheppernd in die Seine. Die Mitternacht ist längst vorüber, bevor man den guten Leuten zumuten kann, hier zu beten. Aus dem Podium ist ein Altar geworden, ein Priester offiziert, dünn steigt ein Weihnachtschoral auf. Nicht viel mehr als zwei Dutzend Clochards sind übrig unter den sensationshungrigen Bürgern. Da vorne stehen sie, starren mit blutunterlaufenen Augen auf den Altar, krächzen und murmeln. Sie fühlen sich, wollen bis zur Neige auskosten, was ihnen heute geboten wird. Devotion spiegelt sich in ihren Gesichtern, ob echt oder gespielt, wer kann das noch unterscheiden.

Da plötzlich beginnt eine Frau zu schreien, die Alte von vorhin, sie fällt auf die Knie, hämmert mit der Faust auf den Steinboden. Es ist ein lebender Mensch, den es da beutelt, man möchte helfen, nur wie? Die andern singen ungerührt weiter, aber bei ihr ist es wahre Verzückung, die Religion hat sie gepackt oder vielleicht auch die Scham, die Verzweiflung. Ein Polizist bringt sie hinaus, und später sehe ich sie am Seineufer geruhsam ihre Weinflasche ausschlürfen. Kurz nach zwei verdrücken sich auch die letzten, Freiwillige machen sauber. Es ist bitter kalt, Neumond.

PARIS, 2. JANUAR 1965

Die glänzendste Kokotte der Jahrhundertwende, Cléo de Mérode, in ihrer Wohnung Rue de Téhéran. Von den luxuriösen zwölf Zimmern im Jugendstil, wo ihr einst das halbe gekrönte Europa seine Aufwartung machte, bewohnt sie jetzt lediglich ein paar Kämmerchen. An den Wänden vergilbte Fotografien, die sie mit ihrer berühmten Renaissancefrisur im Kreis der Anbeter zeigen, bestimmt die betörend schönste Frau der Belle Epoque. Auch Wiedergaben ihrer zahlreichen Porträts von Degas, Forain und anderen. Ihr Aufstieg war damals meteorhaft: Folies-Bergère, Opernballett, Primaballerina, bald schon Kurtisane und Inbegriff dessen, was man zu jener Zeit die Demimonde nannte. Sogar Wilhelm den II. soll sie in Wiesbaden bezirzt haben. Und König Leopold von Belgien fungierte nur mehr unter Cléopold, nachdem er ihr, falls sie ihn heiraten wollte, den belgischen Kongo als Hochzeitsgeschenk angeboten hatte.

Nach einigen dezenten Minuten Wartezeit im Salon (es gibt immerhin ein Stubenmädchen) Eintritt von Cléo. Ich weiß nicht, auf welches Mirakel an Zeitlosigkeit wir uns bei dieser Neunzigjährigen eingestellt hatten. Vielleicht doch nicht diese kreischend geschminkten Bäckchen und feuerroten Haarkringel. Scheint aber durchaus noch in der Realität verankert, etwa im Unterschied zu ihrer gleichfalls überlebenden Rivalin, »La belle Otéro«, die geistig längst hinüber ist. Führt uns mit ausgesuchter, in der Wortwahl (»cher Monsieur«) längst veralteter Artigkeit durch die verstaubte, spinnwebenverhangene Wohnung, wo wir auch alles abfilmen dürfen »außer dem ältesten Möbelstück, mir selber. Weil ich nämlich noch immer sehr kokett bin.« Nachdem wir aber merken, daß Cléo das Wildbachrauschen der Kamera gar nicht bis zum Ohr dringt, beziehen wir, nach gemeiner Journalistenart, auch sie hinterrücks mit ein. Wohl die einzigen Filmaufnahmen dieser längst historischen Figur.

Von König Leopold berichtet sie, ihr stadtbekanntes Verhältnis sei in Wirklichkeit nur ein Paravent gewesen, hinter dem er seine unzähligen sonstigen Affären gefahrlos durchziehen konnte. Von ihrem nicht weniger kundbaren Liebhaber, König Eduard VII. von England: Er sei zuletzt so unförmig dick geworden, daß seine Geliebten sich auf eine Art Gynäkologenstuhl placieren mußten, den er auf Reisen immer mitgeführt habe. Nachdem Cléo erfährt, daß ich aus Österreich stamme, erkundigt sie sich angelegentlich nach solchen feudalen Familien wie den Schwarzenberg, Starhemberg, Fürstenberg, Hohenberg, Auersperg usw., mit denen sie, auf welchem Fuß immer, verkehrt haben muß. Dabei kannte ich höchstens die Goldenbergs... Wunderschöner Dreh. Und abends verzweifelter Anruf des Kameramanns von seinem Hotel aus. Die Flügelblende der Arrikamera sei beschädigt, eine Sache, die ihm »während des ganzen Krieges nicht passiert ist, nicht einmal vor Stalingrad«. Von den Aufnahmen mit Cléo wahrscheinlich kein einziger Meter zu verwerten.

INGRANDES, 5. JANUAR 1965

Verfallendes Dörfchen bei dem Ort Vezelay, darin ein Turm aus Kreuzritterzeiten. An ihn gelehnt dieses sieben Jahrhunderte alte Bauernhaus direkt an der Loire: das letzte Refugium des Weltumseglers, Haschischhändlers, Waffenschmugglers und Perlenfischers Henry de Monfreid. Jetzt 86 Jahre alt. Die Exotik hat auch bestimmt mit seinem Vater, Daniel de Monfreid, zu tun, einst Maler und zeitweise der Kunsthändler von Gauguin. Schickte der Freund neue Bilder aus Tahiti oder von den Marquesas, so waren Monfreid Vater und Sohn die ersten, die sie vor Augen bekamen.

»Für mehr als 400 Franc ließen sie sich aber nicht losschlagen. Übrigens hatte Gauguin zu Ende seines Lebens die Südsee gründlich satt und wollte nach Frankreich zurück. Worauf mein Vater ihm schrieb, er sei jetzt eine legendäre Figur und sozusagen schon aus der Welt. Kehre er heim, so würden seine Preise unvermeidlich in den Keller absacken.« Monfreid Sohn eine alterslose, ausgemergelte Gestalt mit Adlerprofil unter dem schlohweißen Haar. Trägt wie lebenslang Sporthemd und kurze Hose, kann keinen Augenblick stillsitzen, fummelt und brummelt. In der Küche eine unzufriedene Madame, deutlich in Ängsten, daß wir ihren Henry zu neuen Fahrten überreden. Jahrzehntelang führte er zwischen Rotem Meer und Persischem Golf, gejagt von französischer, britischer, ägyptischer und jemenitischer Polizei, ein unstetes Nomadenleben. »Wie Rimbaud wollte ich in zehn Jahren reich werden mittels illegaler Geschäfte. Trotz unaufhörlicher Aktion und dauernder Todesgefahr ist es mir nicht gelungen. Vielleicht war ich nur auf die Aktion und die Todesgefahr aus?«

Erzählt, wie er einst an der Küste Arabiens scheiterte, in Begleitung seines jungen Kumpans Joseph Kessel, nachmals berühmter Romanautor und inzwischen sogar Unsterblicher der Akademie. Monfreid, der zu ertrinken glaubt (er kann noch nicht einmal schwimmen), schiebt Kessel eine dicke Seemannskiste zu: »Rette das, davon kannst du leben.« Natürlich seine gesammelten Bordbücher und Aufzeichnungen. Kessel überredet den nunmehr Fünfzigjährigen, doch selbst als Autor in Erscheinung zu treten. Nicht weniger als dreißig Abenteuerbücher werden es zuletzt, aber das genaue Gegenteil von Kessel oder auch Karl May. Monfreid, alles andere als ein Romantiker, kann nur das Selbsterlebte beschreiben, und er beschreibt es trocken wie ein Insektenforscher. Die Texte strotzen von halsbrecherischen Wagestücken, nur leider vermag er aus Schiffsbränden, nächtlichen Raubzügen und unheildrohenden Eingeborenen nicht mehr Aufregung herauszukitzeln als aus einem Pariser literarischen Cocktail.

Da wir an seinem Landesteg zwei Ruderboote entdecken, schlage ich vor, uns gemeinsam die Loire heruntertreiben zu lassen. Monfreid – er kann noch immer nicht schwimmen –, sofort Feuer und Flamme, übernimmt das eine Boot, während wir uns und die zentnerschwere geblimpte Kamera auf das andere hieven. So ist aus den Korsarenhäfen des Roten Meeres, den unerforschten Buchten des Rudolfsees dieses liebliche Flüßchen geworden, aus den arabischen Dschaus ein Ausflugskahn, aus Perlen Forellen. Monfreid hintergründig: »Das Abenteuer ist aber jederzeit zu haben. Was ich Ihnen vorhin nicht verraten habe: Zehn Minuten stromabwärts liegt eine kleine Stromschnelle. Wir brauchen jetzt bloß unsere Riemen wegzuwerfen und sind mitten im Unvorhergesehenen.«

Abends Vorführung seiner Aufnahmen auf einem vorsintflutlichen Messingprojektor. Es sind handkolorierte, kreisrunde Glasdias, die den Sklavenmarkt in Obok am Golf von Aden zeigen, Waffenkarawanen in Dschibuti, Freunde und Handelskollegen von Rimbaud im äthiopischen Harar. Auch Abbildungen des tahitischen Gauguin, keineswegs, wie behauptet, in den eingeborenen Pareoschurz gekleidet, sondern korrekt in Schlips und Panamahut. Monfreid grimmig: »Es war eben zu Ende. Und Sie selbst gehören wahrscheinlich zur letzten Generation, die überhaupt noch Vergleichbares erleben kann. Ich an Ihrer Stelle würde mich beeilen.«

PARIS, 29. JANUAR 1965

Zwei ehrwürdige Pariser Damen melden sich brieflich. Beides gewesene Freundinnen von Rilke. Dem man so viel Fleischliches (es gab da schließlich noch Lou Salomé und Moukie Klossowska, später die Mutter des Malers Balthus) aus irgendeinem Grund gar nicht zutraute. Die eine Dame heißt Lou Albert-Lazard, die auch ein Buch über ihn geschrieben hat. Die andere Claire Goll, die drauf und dran ist, über ihn zu schreiben. Ich kannte sie nur von ihrer vielbesungenen Ehe mit dem Dicher Ivan Goll. Aber sie legt auch ein Foto bei, das sie sonnenbadend auf Rilkes Pariser Balkon am Linken Ufer zeigt. Ohne alles und von wild schwellender Sexualität. Inzwischen muß sie an die 75 sein. Ich telefoniere sofort zurück. Eine Stimme meldet sich, die irgendwie das Bild eines ungeölten Harnisches heraufbeschwört. Claire ist offenbar gestern auf der Treppe gestürzt, liegt zu Bett und kann ihre Autobiographie »Ich verzeihe keinem« nicht vollenden. Es sei denn, ich verschaffe ihr auf der Stelle ein Tonbandgerät. Und zwar ein sehr kompaktes und deutsches. Nur unter dieser Bedingung läßt sie sich von uns abfilmen. Ich klingle in höchster Not den Kameramann in Köln an, der morgen in aller Früh mit dem Dienstwagen nach Paris losfahren soll. Ob er vielleicht noch unterwegs auf meine Kosten ein tragbares Uher-Gerät erstehen könne?

PARIS, 30. JANUAR 1965

Ankunft des Teams. Der Kollege hat tatsächlich ein niedliches Gerät mitgebracht und am Zoll vorbeigeschleust. Ich schicke ihn umgehend mit dem Wagen zu Claire. Er kommt schreckensbleich wieder. »Die Dame hat sofort zu brüllen begonnen. Mit so kolossalen teutonischen Apparaturen will sie nichts zu schaffen haben.« Entgeistert rufe ich zurück. Madame hat sichtlich nur darauf gewartet. Ihre Feder ist bis zum Anschlag aufgezogen, das Feuerrohr geladen. Aus den sechs simplen Tasten des Geräts macht sie eine ganze Klaviatur. Aus den zwei Kilo Gewicht einen Panzerschrank. Ich beschwichtige, erkläre, hänge zuletzt vehement auf, aber nicht, bevor sie mich mit »merde« und »foutaise« eingedeckt hat. Armer Rilke! Kein Wunder, daß er sich zuletzt nur mehr an unerreichbar verheiratete Damen, möglichst mit Schloßbesitz, hielt. Den übrigen Tag verbringe ich damit, ein Magnetophon zu verscherbeln, das ohne Einfuhrbescheinigung gar nicht an den Mann zu bringen ist. Schließlich kann ich es mit starkem Verlust losschlagen.

PARIS, 15. FEBRUAR 1965

Bei Charles Aznavour im Olympia, eine Stunde bis Vorstellungsbeginn. Sein Kontrakt mit dieser Music Hall lautet auf drei Monate, länger, als sonst ein Chansonsänger es je geschafft hat, einschließlich der Piaf. Deren Kreation er übrigens ist, zumindest als Bühnenfigur. Vorher war er nur Chansonautor: für sie, Maurice Chevalier, Mistinguett und unzählige andere. Seine Stimme jetzt etwas glattgehobelter als das knirschende Scheunentor von ehemals. Und die Chansons etwas geschleckter: melodisch-melancholische Lamentationen über die Vergänglichkeit der Liebe. Die Stimme suggeriert Lebenskenntnis, wenn auch keineswegs Abgebrühtheit. Sondern daß er selber noch mittendrin steckt im Geschlechterkampf und aktuelle Heimsuchungen besingt. Tatsächlich haben sich zwei Frauen bereits von ihm scheiden lassen, weil sie nicht wollten, daß ein Möbelstück wichtiger sei als sie. Aber es ist dennoch Sieger geblieben, das Klavier. Es steht sogar hier in seiner Stargarderobe bzw. den vier durchlaufenden, die er für sich buchen durfte. Jeden Nachmittag, berichtet er, wird darauf komponiert, anschließend das Gefundene sogleich durchgeprobt. Alles in seinem Leben ist total durchgeplant. Derzeit werkelt er schon an seinem Tour de Chant von 1967. Sogar das bisher einzige private Fernseh-Aufzeichnungsgerät Frankreichs hat er hier stehen.

Fünfzig Minuten bis zum Auftritt. Die Schachpartie, zu der er mich leichthin aufgefordert hat, ist längst von ihm gewonnen. Im Augenblick rasiert er das zerknautschte Gesicht, das so viele Männer für abstoßend, fast alle Frauen für interessant halten. Wieviel Chansons er bisher verfaßt hat, kann er gar nicht zusammenrechnen. »An die 500 werden es schon sein. Bestimmt mehr als irgendwer sonst.« Warum sie so häufig unglücklich ausgingen? Er lacht: »Mit Glück kann man nichts anfangen als Komponist. Glück hat nur eine einzige Note, Unglück tausend.« Sieht sich aber nicht als Romantiker der Liebe, sondern als ihr Realist. »Ich kenne mich ja. Soll ich Ihnen etwas beichten? Ich besitze alles. Einen Gutshof bei Paris. Einen Reitstall. Musikverlage in Frankreich, Italien, Belgien. Eine Plattenfirma. Eine Künstleragentur. Einen Rolls-Royce samt Chauffeur. Sogar mein eigenes Nachtlokal habe ich. Bin ich deswegen glücklich geworden? Schön, ich behaupte nicht, daß ich ohne alle diese Dinge glücklicher wäre. Aber die Wahrheit ist: Ich akkumuliere Dinge, weil mir etwas fehlt. Und warum fehlt es mir? Weil ich trotz aller Erfolge mein Selbstgefühl von andern beziehe. Also von Frauen. Und bisher habe ich nur Pech gehabt in der Liebe. Keine Ahnung, warum.«

Kann mir denken (aber ihm nicht sagen), daß er möglicherweise die Frauen abschreckt mit seinem Perfektionismus, der eisernen Pedanterie und Arbeitswut, womit er sich aus kleinsten Verhältnissen (als Sohn eines armenischen Kochs) hochgearbeitet hat. Das typische Neueinwanderersyndrom, das im Aufsteigerdrang alles vor sich herfegt. Aber da sind auch die düsteren Augen desjenigen, dem man – damals in der Türkei – das Volk wegmassakriert hat und der die Unsicherheit menschlicher Verhältnisse mit der Muttermilch aufsog. Wir geleiten ihn mit der Kamera auf dem Weg von der Garderobe zur Bühne, einschlägig als »Gang zum Schafott« bezeichnet. Nicht bei Aznavour. »Was soll schon passieren? Es ist ja alles haarklein vorbereitet, damit sich Planung und Ausführung decken.« Verbeugung, Applaus, und wir dürfen noch den Auftakt aus der Kulisse filmen. Was immer er uns vorgemacht hat von eiskalter Routine: Hier schreit sich ein hoffnungslos schwermütiges Temperament heraus.

WIEN, 3. MAI 1965

Habe mich, recht unvorsichtig, auf einen literarischen Bericht über »Wien 1900« eingelassen, ohne viel davon zu verstehen. Nur daß ich, wie alle Wiener, davon überzeugt bin, durch eine Art Osmose oder Seelenwanderung in jener mythischen Zeit der Treibhaustalente und geschmäcklerischen Erlesenheit gelebt zu haben. Natürlich werde ich mich hüten, solche Heroen der gehobenen Belletristik wie Hofmannsthal, Schnitzler oder Musil zu bringen, von Freud und Wittgenstein nicht zu reden. Sondern will, rund um das schon sagenhafte Literatencafé Central, mit leichter Herablassung die dort beheimateten Originalgenies vorstellen, als da sind Karl Kraus, Egon Friedell, Peter Altenberg, Alfred Polgar, Adolf Loos. Der Anfang ist nicht vielversprechend. Unsere Redaktion: »Kennt denn irgend jemand diese Namen?« Ein Jungautor, von mir als Aufnahmeleiter nach Wien entsandt: »Bisher nur generelle Ablehnung zu verzeichnen. Tenor: Just auf die Piefkes haben wir noch gewartet.«

Dabei konnten die Österreicher aus diesem letzten – vielleicht auf alle Zeiten letzten – kulturellen Höhepunkt Wiens bislang weniger herausschlagen als etwa aus ihren Lipizzanern. Warum? Mein Gewährsmann berichtet folgende Rechtfertigung im Originaldialekt: »Schaun'S, entweder waren des Juden, dann samma net so interessiert. Oder es waren keine Juden, dann san die Amerikaner net so interessiert. Also lassen mir's lieber.« Heute nun Eintreffen in Wien, wo ich schon zum Kaffee in der Loos-Bar nah der Kärntnerstraße verabredet bin. Dieses winzige Spiegelkabinett, von dem Architekten Adolf Loos erbaut, verbindet auf eine so einzigartige Weise das Grandiose mit dem Herzigen, wie es nur der Wiener zustande bringt. Leider läßt uns gleich der erste, mit dem wir hier verabredet sind, ohne Nachricht aufsitzen. Er ist der Kabarettist Helmut Qualtinger, dessen Rezitationen aus den »Letzten Tagen der Menschheit« ihren Autor Karl Kraus noch an Bosheit übertreffen. Rufe an, bekomme statt dessen Frau Qualtinger ans Telefon. Was ich nur an mir habe, daß alle Leute mir ihre Lebensgeschichte anvertrauen müssen, nun sogar telefonisch? Daß man mit einem solch teuflischen Genie kein häusliches Glück erleben kann, scheint mir so selbstverständlich, daß ich die Dame frage, wie sie eigentlich auf die Idee kam. »Haben Sie eine Ahnung, wie gut das Burscherl im Bett ist?«

WIEN, 5. MAI 1965

Drehnacht im vormaligen Café Central in der Herrengasse. Kein einziger Aschenbecher des ursprünglichen Lokals kann mehr vorhanden sein, haben uns die nicht eben seltenen Alt-Wien-Spezialisten versichert. Kirchenschiffähnlicher, fast sakraler Innenbau – nun ja, Kunst als genießbarer, zu nichts verpflichtender Religionsersatz war ja das geheime Schlagwort dieser Epoche. Und die charmante Vorstellung, daß man gleichzeitig leben kann (also einen Kleinen Braunen bestellen, Zeitung lesen, diskutieren und ein Weib aufreißen) und im selben Atemzug Kunst kreieren, hat auch etwas sehr Wienerisches. Trotzdem soll der ganze labyrinthische Bau, vor einem Jahrhundert in nobler Kitschgotik für die Österreichisch-Ungarische Bank errichtet, jetzt abgerissen werden. Die Caféräume gehören derzeit einem »Österreichischen Seefrachtenkontor«, dessen Aufgabenbereich man sich nur schwer vorstellen kann. Von dort striktes, fast hysterisches Drehverbot. Offensichtlich will man alles unter der Hand demolieren, bevor die Denkmalschützer auf den Plan treten.

Da das Ganze über einem »Durchhaus auf Widerruf« steht, also einer öffentlichen Passage, schleichen wir uns samt Licht und Schauspielern ein, worauf wir in einem versteckten Winkel auf die abendliche Schließung warten. Jetzt haben wir die ganze Nacht vor uns, in dieser zentralen Wiener Gerüchteküche samt ideologischem Versandhauskatalog. Ich schlage meinen Polgar auf: »Das Café Central liegt unterm wienerischen Breitengrad am Meridian der Einsamkeit. Seine Bewohner sind Leute, die allein sein wollen, aber dazu Gesellschaft brauchen. Die Gäste kennen, lieben und geringschätzen einander. Selbst gegenseitiger Widerwille hat im Café Central Bindekraft. Jeder weiß von jedem. Der Gast mag vielleicht das Lokal gar nicht, aber sein Nervensystem fordert gebieterisch das tägliche Quantum Centralin ...«

Zu meiner archäologischen Beglückung finden wir im Allerheiligsten, also dem ehemaligen Schachzimmer, angeblich längst in die Ewigkeit eingegangen, die komplette Inneneinrichtung gegen die Wand gestapelt. Bar, Säulen, Tische, Stühle, Täfelungen, alles wie auf den alten Stichen und Lithographien. Nur daß auf diesen meine Helden mit abgebildet sind und daß zahllose andere wie Kokoschka, Viertel, Kisch hier verkehrten bis hin zu Trotzki, als er noch Bronstein hieß. (Geflügeltes Wort: »Wer soll denn in Rußland Revolution machen? Vielleicht der Herr Bronstein aus dem Café Central?«) Liebevoll bauen wir den ganzen Dekor wieder auf und stellen mitten hinein unsere Akteure in Form von Schach spielenden, Zeitung lesenden und diskutierenden Gästen. Auch Kellner, Blumenfräulein, Piccolo sind vorhanden bis hin zur Klosettfrau. Alles in eingefrorenen Stellungen wie die Wachsfiguren, denn hier schwimmen wir ja im Symbolischen. Morgens, gleich nach der Eröffnung der Passage, verflüchtigen wir uns dann nach draußen. Die Dekorationen lassen wir stehen. Zu Ehren von Peter Altenberg und Kollegen.

WIEN, 7. MAI 1965

Grabenhotel in der engen Dorotheergasse. Hier hat der unermüdlich aufgeregte Bohemien, Schmarotzer, Alkoholiker, Gesundheitsapostel, Schnorrer und selbststilisierte Dichter Peter Altenberg jahrelang gehaust. Was er erlebte oder erträumte, schrieb er in winzigen Skizzen (»Telegrammstil der Seele«) auf Hotelpapier. Waren genügend Zettel beisammen, so verfrachtete sie Karl Kraus oder ein anderer seiner Freunde zum Verleger Fischer nach Berlin. Glatzköpfig, kurzsichtig und von walroßartigem Aussehen, vergötterte er die schönsten Frauen von Wien, mit Vorliebe, wenn sie zwischen 10 und 13 Jahre alt waren. Ihre Fotos, häufig nur edle Hände oder rührende Kinderbeine, hingen gerahmt über seinem Bett. Er war andauernd rasend verliebt, und zwar ausnahmslos in die Freundinnen seiner Freunde, weit entfernt lebende Schauspielerinnen oder unzugängliche Baronessen. Einmal sogar in die schwarzen Aschantimädchen, die man anläßlich einer Kolonialausstellung im Prater vorführte. Wurde eine Frau zugänglich, war es um seine Liebe geschehn. Von einem Liebesverhältnis hat man nie erfahren.

Das Zimmer finden wir unverändert. Vielleicht weniger aus Pietät, als weil in Wien (aber das dürfte sich bald ändern) die Uhren halb so schnell gehen wie anderswo. Die Fotos treiben wir im Historischen Museum auf, wo sie »arisiert« den Krieg überdauert haben. Auch Altenbergs Wanderstock und Künstlerhut sind noch vorhanden. Wir richten alles ein wie gehabt, während wir auf Helga Malmberg warten. Diese herbe Hamburgerin mit patrizischem Pferdegesicht, so gar nicht seinen Foto-Idealen entsprechend und trotzdem, zwischen 1908 und 1912, seine letzte große Liebe. Auch mit Kraus, Loos, den tanzenden Schwestern Wiesenthal war sie befreundet, von Friedell besitzt sie ungedruckte Manuskripte sowie die Totenmaske ... lächelnd, wie sie uns schrieb.

Es klopft. Eine mit dem Alter schöner gewordene Dame tritt ein, blickt sich – vor nun schon laufender Kamera – verlegen in dem Zimmer um, das sie seit einem halben Jahrhundert nicht betrat. Vielleicht nicht ganz so tränenvoll wie erwartet: »Wissen Sie, ich hab' ihn ja meist im Café getroffen.« Sehr auf das Geistige ihrer Freundschaft bedacht – »das Physische, wenn er es denn wirklich brauchte, konnte er sich ja anderswo holen«. Helga hat auch Peters Briefe mitgebracht, diese gewaltigen Eruptionen voll geballter Ausrufungszeichen: »Liebes Fräulein, möge das Schicksal Ihr Ausnahme-Sein nicht so streng diesmal bestrafen, wie es sonst zu tun pflegt mit edlen Sonderlingen! Amen!« Und sein letzter, vor der schließlichen Geisteszerrüttung: »Du hast dein Möglichstes getan – – – sei bedankt und gesegnet!!! Dein Peter.« Inzwischen hat Helga aber fünfzig Jahre ihr eigenes Leben gelebt, zuletzt als verwitwete Hofrätin Blau. Ob sie in dieser ganzen Zeit oft an Peter Altenberg gedacht hat? »Eigentlich nein.«

WIEN, 8. MAI 1965

Zwei Absagebriefe am selben Tag. Einer von der Witwe Alfred Polgars in Zürich (»nicht im Sinne des Verewigten«). Und ein sehr viel freundlicherer von Olga Schnitzler in Lugano, die ihren längst geschiedenen Gatten nun auch schon drei Jahrzehnte überlebt. Aber: »Bin nicht mehr präsentabel.« Berichtet Kindheitserinnerung aus dem »Ersten Kaffeehaus« im Prater, wo ein Bettelkind mit gefalteten Händen um eine Gabe flehte. Am Tisch Adolf Loos:

»Unerhört, so ein Kind betteln zu schicken, und noch dazu ohne die geringste Gegenleistung, nicht einmal Zündhölzer!« Neben ihm der gleich erboste Peter Altenberg: »Ist Ihnen der Anblick von diesem entzückenden Naserl nicht wertvoller als eine Schachtel Zündhölzer?« »Warum haben Sie dann der Kleinen nichts gegeben, wenn Sie so entzückt von ihr sind?« Dazu Altenberg abschließend: »Weil ich der Schönheit wertvollere Tribute zu entrichten habe als Geld!«

WIEN, 9. MAI 1965

Vormittags das Wohnhaus in der Gentzgasse gefilmt, aus dessen viertem Stockwerk sich der Bonvivant, Kabarettist und Satiriker Egon Friedell hinabstürzte, als kurz nach dem Anschluß ein Greiftrupp der SA in das Haus eindrang. Noch vor dem Absprung soll er die Passanten durch Rufe vor seinem Fall gewarnt haben. Befragt, warum er sich nicht um Auswanderung kümmere, antwortete dieser Spaßmacher, der in Wirklichkeit ein enzyklopädisch gelehrter, wenn auch akrobatischer Kulturphilosoph war: »Ich kann doch meine Bibliothek nicht im Stich lassen.« Nachmittags bei einer einfachen Dame im Vorort Sievering, Frau Huber. Die letzte Freundin von Lina Loos.

Lina, so erkenne ich immer mehr, ist eine Schlüsselfigur dieses ganzen Kreises. Lebenslang eine Naive, aber mit unfehlbarer Intuition für Menschen. Altenberg vergöttert sie, tituliert sie »Heldenreizerin«. Läßt sie, mit geborgtem Geld natürlich, für seine Frauengalerie fotografieren. Die Fotos holt sich aber Lina für sich selber ab. »Wieso?!« brüllt der stets affektgeladene Altenberg erbost. »Wo sie doch immer das Original bei sich hat!« Im Café trifft sie den Architekten Adolf Loos, der gerade eine skandinavische Holzdose zur Ansicht herumreicht. Lina öffnet die Dose, die ihr unter den Händen zerbricht. »O Gott, wie kann ich das wiedergutmachen?« Loos: »Indem Sie mich heiraten.« Die Ehe kommt tatsächlich zustande, dauert aber nur Monate. Nun nähert sich ihr Friedell. Obwohl kein Narr wie Altenberg, droht auch er mit Selbstmord, falls sie seinen Heiratsantrag ablehnt. Lina lehnt ab, und Friedell bleibt ihr lebenslanger Verehrer. Seine dreibändige Kulturgeschichte bittet er ihr widmen zu dürfen, wird aber hintangehalten: »Darin steht doch bloß alles, was mich nicht interessiert.« Darauf Friedell: »So dick ist das Werk nun auch wieder nicht.« Hingegen war Lina für ein zu schreibendes Buch sehr auf eine literarische Empfehlung von Friedell erpicht. Was dieser jedoch verweigert. »Was willst du, ist das Buch gut, braucht es keine Empfehlung. Ist es schlecht, macht es ohnehin seinen Weg.«

Frau Huber, so stellt sich heraus, bewohnt in Sievering Linas früheres Haus. Friedells Liebesbriefe an Lina hat sie kürzlich aus Geldmangel verkaufen müssen. Zu zehn Schilling das Stück. Es waren mehrere hundert. Da sie jetzt wieder Geld braucht, bietet sie mir eine Rarität an: eine Kulturzeitschrift, zu deren Chefredakteur Altenberg im Jahr 1903 aufstieg... natürlich nur für eine Nummer. Sie hieß »Kunst – Halbmonatsschrift für Kunst und alles andere«. Außer Peters Frauenfotos und einigen seiner verstiegenen Prosaschnipsel ist nicht viel Kunst vorhanden. Darum schrieb Loos eine Beilage, betitelt »Das Andere. Ein Blatt zur Einführung abendländischer Kultur in Österreich«. Solche patzigen Überheblichkeiten von seiten seiner Intellektuellen ließ sich das masochistische Wien damals gern gefallen. Die Rache hob es sich für später auf. Zum Beispiel die große Abrechnung von 1938. In der ersten Nummer von »Kunst« findet sich auch eine Reproduktion des Ehebettes, das Architekt Loos für sich und Lina entwarf. Wie jede seiner Schöpfungen wirkt es auch heute absolut modern: ein erhöhter japanischer Futon ohne Zierat (»Ornament ist Verbrechen«), übergossen von einer luxuriösen Decke aus weißen Angorafellen. Ein Doppelthron der Liebe. Frau Huber führt uns in ihr Schlafzimmer, und da steht richtig das historische Bett. Nur die Angoras sind inzwischen eisgrau geworden.

Wir erfahren auch von Linas Totenmaske (einer makabren Wiener Spezialität, seit fünfzig Jahren von dem tauben Bildhauer Gustinus Ambrosi abgenommen). Die Maske soll bei dem Dramatiker Franz Theodor Csokor hängen, Linas letztem Liebhaber. Wir fahren hin. Csokor, nicht aus rassischen, sondern sittlichen Gründen emigriert (»des mögen die gar net«), lebt heute verarmt von einer minimalen Ehrenrente. Bevor er von Lina berichtet, bittet er um ein kleines Honorar. Auch Lina starb im Elend. Und Loos so kümmerlich, daß auf seine »schöne Leich« gesammelt werden mußte, sonst wäre er auf dem Armenfriedhof gelandet. Sein letzter Wunsch, im Testament niedergelegt: ein einfacher grauer Granitwürfel überm Grab, »wie beim Altenberg«.

So viele in problematischen Gemütsbrei getunkte Wiener Weltverbesserer. Die ich aber sämtlich als meine Vorfahren empfinde. Drehe ich also hier den völlig verkehrten Film? Nämlich den geforderten neckischen Kaffeehausreigen anstatt der Vorinszenierung kommender Katastrophen, der »Versuchsanstalt für den Weltuntergang«. Im Grunde müßte ich mich selbst einbringen, mich bei der Spurensuche zeigen, die ja auch eine nach meiner Geschichte ist. Warum versage ich da und spiele in krampfhaftem Hochdeutsch den objektiven Reporter?

WIEN, 10. MAI 1965

Bei Grete Wiesenthal, einstmals – zusammen mit ihrer Schwester Else – eine der großen Befreierinnen der Tanzkunst. Die »eine Welt ohne Angst« tanzte, »den Menschen, der Musik hat in ihm selbst«. Galt schon in meiner Kindheit als verflossen-legendär. Jetzt, in der halbverdunkelten Wohnung nicht absichtslos gegen das Fenster stehend, wirkt sie im Profil wie ein Mädchen. Sträubt sich aber gegen jedes Eindringen der Außenwelt: »Warum soll ich meinen Bewunderern diese verrostete alte Frau vorsetzen?« Dabei dürften die allermeisten ihrer Bewunderer längst unterm Rasen sein. Abends drehen wir auf dem Zentralfriedhof die Gräber von Kraus, Loos und Altenberg. Dreier Freunde, die es, trotz aller Zerwürfnisse, bis zuletzt miteinander aushielten. Die Gräber scheinen mir übrigens gepflegter als viele spätere. Schon gehen die Wiener daran, aus ihrer Jahrhundertwende eine Heimindustrie zu machen. Angerührt mit Klimtschem Goldauftrag und Mahlerschem Wohlgetön, wird man sie als Gipfelpunkt purer Ästhetik verkaufen. Damit nur ja niemand merkt, wie hier schon die Einbrüche des 20. Jahrhunderts bis hin zum Nazismus vorweggenommen sind.

NIZZA, 16. MAI 1965

Fährt man von Nizza auf der Unteren Corniche in Richtung Villefranche, so stößt man rechter Hand zwischen Meer und Straße auf ein halb verborgenes, nacktes Eisengerüst. Man parkt, so gut man kann, und klingelt an einem simplen Gitterpförtchen. Es erscheint eine Haushälterin, die aufschließt. Man steigt blumenbestandene Treppen hinab und steht mit einemmal vor einem Wunderbau. Diese Riesenpilaster waren dazu bestimmt, ein luftiges Spielkasino am Meer zu werden. Dann hat die finanzielle Decke nicht gereicht. Die unfertige Ruine übernimmt ein alternder Mann, den viele für den bedeutendsten Dramatiker seiner Zeit halten: der Belgier Maurice Maeterlinck, Autor von »Pelleas und Melisande«. Einen Teil baut er fertig, den Rest läßt er unverändert stehen. Das Ganze, wie ein surreales Gemälde von Chirico, nennt er »Orlamonde« – aus der Welt. Und zieht ein mit seiner schönen jungen Frau Renée, ehemals seine Hauptdarstellerin.

Nie wird dieser von metaphysischen Ängsten Geplagte von nun an müde werden, sein Glück zu preisen: ein Genie der Ehe. Wie man ihn auffordert, seine Lebensgeschichte zu schreiben, antwortet er: Ich weiß von keiner Geschichte. 1949 ist er in ihren Armen gestorben. Seitdem wohnt Renée allein in Orlamonde. Alles bleibt unverändert, außer ihrem Gesicht, das jetzt halbseitig gelähmt ist. Nur als Schattenriß dürfen wir sie filmen. »Ich habe nichts zu erzählen als meine Ehe. Aber was heißt dieses leere Wort Ehe? Es gibt die Liebe, mein Herr. Die 35 Jahre mit Maeterlinck sind so schnell vergangen wie Ihre wenigen Stunden hier. Aber es ist ja unmöglich, das Glück zu beschreiben. Man kann eine Katastrophe beschreiben, vielleicht sogar ein Wunder, aber nicht das alltägliche Glück. Es war wie ein Lächeln ... eine göttliche Leichtigkeit ... wie das einzige, das wir vom Himmel wissen ...«

PARIS, 10. OKTOBER 1965

Eingeladen Rue de Longchamps, zu dem neuentdeckten Fotopionier Jacques-Henri Lartigue. Ein Phänomen: schneeweiße Ponyfransen, faltige Züge, aber der Kopf mit seinen unentwegt staunenden Kugelaugen wirkt wie der eines ewig Verliebten. Ein Götterliebling, der zeitlebens Gott zurückgeliebt hat, oder die Menschen, was wahrscheinlich auf dasselbe hinausläuft. Dieser rosige Jüngling von 71 ist der lebendige Beweis, daß Glück nicht das ist, was einem zufällt, ja nicht einmal, was man sich schafft, sondern wie man sich und die Dinge sieht. »Die Erbsünde ist, alles verstehen, alles erklären wollen. Ich, ich bin Kind geblieben.« Man nimmt es ihm nicht ganz ab. Kinder kennen heilige Schrecken, Lartigue aber sieht seine Umwelt wie einen heiteren Traum. Und das von jeher. Schon die Tagebücher und Fotos aus der Frühzeit wirken verklärt wie sonst nur selige Erinnerungen.

Da ist zum Beispiel die Familie, eine Familie, wie sie im Buche steht, aber in welchem Buch? Betrachtet man heute die Anfängerfotos dieses Bubi-Genies, so muß man sich fragen, ob er nicht bloß seine Phantasien abgelichtet hat. Gab es das wirklich, dieses paradiesische Frankreich der Verspieltheit, der sorgenfreien Insouciance und Unternehmungslust? Alles hüpft mit Regenschirmen von Gartenmauern, baut kaninchenbetriebene Motoren, steuert bremslose Seifenkistenautos über lebensgefährliche Abhänge, probiert selbstgebastelte Segelflugzeuge, schwebt in Drachen davon. »Und ich, ich war der Kleinste. Ich durfte nicht mittun, immer nur zuschauen, der vierte Musketier. Und wenn sie an einem Ding die Lust verloren, ließen sie es einfach verkommen, weg war es. Weg, dieser ganze Zauber! Was ich brauchte, war so etwas wie eine Bilderfalle. Eines Tages kaufte mir mein Vater eine Kamera. So groß wie mein Kopf, eine andere gab es nicht. Aber für mich war es die Erlösung, die Erlösung von der Vergänglichkeit. Ich war gerade sechs.«

Der kleine Jacques-Henri fotografierte Modedamen, Badefreuden, Geselligkeiten, Sportereignisse, Flugtage. Im Tagebuch notiert er auch das Wetter: B, TB oder TTB. Also »beau«, »très beau« oder »très, très beau«. Nie regnet es in seinen Bildern, nie ist jemand schlechter Laune oder gelangweilt. Mit seinem Charme erwirbt er sich die köstlichsten Freunde (Colette, Picasso, van Dongen, Cocteau), die feinsten Autos (Delage, Hispano, Bugatti), die umworbensten Frauen (seine dritte, Florette, mit ihrem gemütlichen Rundkopf »wie ein glänzender Apfel«, ist um fast dreißig Jahre jünger als er). Mit ihr unternimmt er vor drei Jahren eine Ferienreise nach Amerika, natürlich auf einem billigen Frachter. Um die wenigen Mitpassagiere zu unterhalten, kramt er seine alten Fotos heraus. Jemand empfiehlt ihm das Museum für Moderne Kunst in New York. Dort führt er seine Bilder vor, erhält sofort eine Einzelausstellung und ist entdeckt, mit 68 Jahren.

Heute bringen wir ihn, der vor sechs Jahrzehnten die allerersten Flugversuche aufgenommen hat, zur Fliegerschau in Le Bourget. Entzückt fotografiert er in die blitzenden Hälse der Düsenmotoren: »Wie eine Sternblume! Viel schöner als unser alter Krempel!« Turnt gelenkig herum in seiner modischen Dandykleidung: »Um den Tod nicht zu fürchten, muß man sehr, sehr lebendig gewesen sein.« Gedenkt immerhin noch mindestens zwanzig Jahre, malend und fotografierend, zu leben. »Ich bin wie ein Marathonläufer, der Schmetterlinge jagt. Glauben Sie mir, das ist keine Spielerei, sondern ganz schön anstrengend, erfordert Disziplin und Training. Und noch etwas anderes. Um Gutes zu finden, muß man seinen Gegensatz kennen, also das Böse. Ich bin nicht naiv. Ich weiß, daß es ohne Dunkel keine Helligkeit geben kann, ohne Schwarz kein Weiß. Die Fotografie beruht darauf. Und das Glücklichsein.«

PARIS, 16. NOVEMBER 1965

Rue de l'Odéon, Jahresende 1941. Ein Offizier der deutschen Besatzungsmacht steigt aus seinem grauen Stabswagen vor der Buchhandlung »Shakespeare and Company«. Der bescheidene Laden gehört der Amerikanerin Sylvia Beach, vor zwanzig Jahren mutige Verlegerin von James Joyces erstem epochalem Roman »Ulysses«. Derzeit liegt in der Auslage ein einziges Exemplar seines letzten Werkes »Finnegans Wake«. Der Offizier ist ein Bewunderer des Autors und möchte es kaufen. »Es ist unverkäuflich«, erklärt die furchtlose Miß Beach. »Warum?« »Mein persönliches Exemplar.« »Dann lasse ich Ihnen den ganzen Laden konfiszieren!« Noch in derselben Nacht baut die Besitzerin mit ihren Freunden das Geschäft aus bis hin zu den Regalen. Sogar das Ladenschild wird abmontiert und alles in eine leerstehende Wohnung des dritten Stocks verstaut. Es ist der Abschuß einer der produktivsten Buchhandlungen aller Zeiten.

Sylvia Beach stirbt 1962 in Paris. Erlebt aber noch den Freudentag, an dem sie eine Gedenkausstellung ihres Lebenswerkes einweihen darf. Ein Lebenswerk, zerstört von einem Büchernarren. Sein Name ist uns nicht überliefert. War es Ernst Jünger? Oder jener sagenhafte Leutnant Heller, der Gleichschalter-Beschützer der französischen Literatur im Krieg? Heute ist Sylvias Laden ein Geschäft für medizinische Instrumente. Trotzdem drehe ich, im Anschluß an unseren Wiener Sezessionsfilm, einen Bericht über »Paris 1925, Shakespeare und Co.«. Unser Leitfaden: Hemingways leicht verlogener und vorgetäuschter naiver Wehmutsseufzer »Paris – ein Fest fürs Leben«. Unsere Hauptfiguren: er selbst, lebensgeiler Sportreporter des Toronto Star. Sein Freund Scott Fitzgerald, der mit seinen Storys aus der Jazzära so prächtig verdiente, daß er in die feine Rue de Tilsitt übersiedeln durfte, der einzige, der den Sprung ans Rechte Ufer schaffte (oder wollte). Sein Herold und Verkünder, der kulturbeflissene Dichter Ezra Pound. Seine Protektorin Gertrude Stein, die eigentliche Erfinderin des kurzsilbigen, kommalosen, repetitiven Hemingway-Stils. Schließlich sein Antipode James Joyce, der ihm aber immerhin ein Subskriptionsexemplar des Ulysses für 150 Franc anhängen konnte.

Später, als der Ulysses gut lief, durfte sich Joyce sogar einen Sekretär leisten. Er hieß Samuel Beckett. Von ihm heute die erste Absage, in zierlicher Schrägschrift. Gleich darauf eine weitere von Marie Jolas, Mitherausgeberin der Zeitschrift Transition, in der viele Werke dieser Expatriierten zum erstenmal erschienen. Darunter auch Finnegans Wake, der als eine Art Fortsetzungsroman (»work in progress«) herauskam. Zuletzt telefonische Absage des Altsurrealisten Tristan Tzara, gerne bereit, sich selber in den Mittelpunkt gestellt zu wissen, aber mitnichten seine Kollegen.

PARIS, 23. NOVEMBER 1965

In Harry's Bar, Rue Daunou. Letztes Überbleibsel der trunksüchtigen amerikanischen Zwanziger in Paris. Harrys Sohn und Nachfolger, auch McElhone geheißen, erzählt, daß ganz einfach die Prohibition der Hauptgrund des damaligen Exils so vieler Künstler vom Sternenbanner gewesen sei. Sowie der unwiderstehliche Schwarzmarktkurs von 16 Franc für einen Dollar anstatt der offiziellen fünf. »Von wegen verlorene Generation ... höchstens auf dem Heimweg von Harry's haben die sich manchmal verloren.« Am Tresen drei verwitterte Kronzeugen aus großer Zeit: Morrill Cody, Biograph von Jimmy dem Barmann (der auch auf unserer Liste steht). Arthur Moss, damals Herausgeber der Schwatzzeitschrift Le Boulevardier. Sowie seine Frau Flo Gilliam, Gründerin des hochgestochenen Gargoyle, der es aber nur auf zwei Nummern brachte.

Literarische Gespräche wadenbeißerischer Zeitgenossen: »Erinnert ihr euch noch an Pound? Dieser unvergleichliche didaktische Dichter.« »Ticktacktisch wäre besser, mit seinem hämmernden Dachdeckerrhythmus.« »Wißt ihr noch, die Stein? Wie sie jedes Atelier im Viertel abklapperte, ob es nicht Bilder gratis gibt?« »Aber den Pound hat sie goldrichtig getroffen: ein Dorfschullehrer. Ganz in Ordnung, wenn man du Dorf bist. Aber wenn nicht, nicht.« »Wie Joyce mit seinem Ulysses fertig war, traf ich ihn stockbesoffen auf der Treppe. Er trank ja nie. Mister Joyce – auf dem Titel bestand er –, ist was los? Ach, eben sitze ich vor den Korrekturen des Schlußmonologs, da kommt meine Frau herein, guckt mir über die Schulter und schreit: Du Schmutzfink, du alter Schmutzfink!« »Dafür war Fitzgerald der ewige Collegestudent. Ein bemühter Pedant. Schrieb jeden, den er kennenlernte, in sein Register, zwecks späterer Verwendung. Man konnte sie auf der Straße identifizieren.« »Wir sollten einen Verein gründen der Exfreunde von Hemingway. Mehr Leute haben ihm ausgeholfen als sonst irgend jemandem. Und er selbst hat nie einem geholfen.« »Sylvia Beach ist wahrscheinlich der einzige Mensch, mit dem er sich nie gestritten hat. Aber seine Schulden gezahlt hat er ihr auch nie.« Und so bis zum frühen Morgen. Literaturgeschichte von unten, höchst lehrreich.

PARIS, 29. NOVEMBER 1965

Bei Alice Toklas, dienender Lebensgefährtin der nun auch schon lang dahingegangenen Gertrude Stein. Ist jetzt 88 und liegt mit gebrochener Hüfte im Bett, im übrigen guter Dinge. Ihr Kochbuch geht besser als sämtliche Werke von Gertrude zusammen. Über dem Bett ein Kruzifix, denn Alice hat sich zum Katholizismus bekehrt, als Rückversicherung sozusagen, ihre Geliebte im Jenseits auch todsicher wiederzufinden. »Ich war nur ihr Schatten. Ich bin nur Erinnerung an sie.« Daß die beiden vierzig Jahre lang eine lesbische Ehe führten, war keinem Zeitgenossen erwähnenswert erschienen. Bis es der Puritaner Hemingway, der nie eine Freundin aufreißen konnte, ohne sie umgehend zu heiraten, in seinem »Fest fürs Leben« breittrat wie Quark. »Pussy, pussy, pussy«, hätten die beiden einander kosend im Schlafzimmer zugeschnurrt, während es dem Zufallsbesucher Hem unten die Schuhe auszog.

Eine Feministin ist Alice trotzdem nicht geworden. Ich frage sie, ob tatsächlich an Besuchertagen ihre einzige Rolle darin bestand, die Frauen von Gertrude fernzuhalten. »Nicht sie fernzuhalten: sie still zu halten. Die Männer waren ja die Maler und Dichter. Und die Frauen waren gar nichts. Also hatten sie zu schweigen.« Und sie selber ist auch nichts gewesen? »Ich habe immerhin gut gekocht.« Dabei war sie die Stabschefin und praktische Organisatorin dieses ganzen komplizierten Haushalts. Die unvermeidliche Frage nach Hemingway, auf den sie ja lebenslang eifersüchtig gewesen sein muß, läßt sie mich nicht einmal zu Ende sprechen: »Davon will ich nicht sprechen. Das ist meine Privatsache. Hemingway war ein Horror, ein Scheusal!« Dann, nachdem die Kamera gestoppt und das Team mit dem Abbau beschäftigt ist, kichernd: »Übrigens, Hem bringt doch in seinem Memoirenbuch diese unappetitliche Szene, wo er und Fitzgerald auf dem Klo ihre Geschlechtsorgane vergleichen. Und Scott beklagt, daß er ungenügend ausstaffiert sei für seine Frau Zelda. Nun, ich kann Ihnen versichern, Miß Stein wußte alles, alles auf der Welt. Und einmal sagte sie zu mir: Für mein Geld ist Scott Fitzgerald zehnmal mehr Mann als dieser Hemingway.«

PARIS, 30. NOVEMBER 1965

Bei Man Ray und Frau Julie in ihrem Atelier, Rue Ferou. Ray, den ich schon kannte, gut erhalten und witzig. Geboren als Emmanuel Radnitsky in Philadelphia, aufgewachsen in Brooklyn, was man auch an seiner Aussprache merkt. Das geniale Pseudonym bezeichnend für seine einzige, aber auch einzigartige Gabe: aus Vorgefundenem durch minimale Änderungen etwas blitzblankes Neues zu machen. Verwandelt mit technischen Kniffen das Alltägliche ins Symbolische, bleibt dabei aber selbst bescheiden im Alltäglichen. Hat schon 1918 Farbe auf die Leinwand gesprüht, schon Anfang der zwanziger Jahre die fotografische Solarisation und das ohne Linse hergestellte Rayogramm erfunden, auch die Verpackungskunst und vieles andere. »Alles, was ich schaffe, ist nur dazu da zu erheitern, zu irritieren, zu beunruhigen oder zum Nachdenken anzuregen.« Kunst nicht als zu genießender Wert, sondern als Idee, als Konzept. Und der Künstler selber als Hauptkonzept, als einprägsames und gutverkäufliches Image. Also auch wieder Verarbeitung des Vorgefundenen, des Objet trouvé.

Mans Atelier, das er aber bloß noch für Journalisten aufsucht, ein Wunderkabinett seiner einleuchtenden Ungereimtheiten. Auch viel Erotisches: Schließlich hat er sechs Jahre mit dem legendären Malermodell Kiki verbracht, drei mit der teuflisch schönen Lee Miller (ihre Lippen sind es, die sein berühmtestes Gemälde zur Gänze bestreiten). Und da gab es immerhin noch die Fotografin Berenice Abbott, die Objektkünstlerin Meret Oppenheim, zuletzt die schöne Tänzerin Julie Browner, die er in Amerika heiratete. Die Angelsachsen der Verlorenen Generation (»ich hielt mich eher für die gefundene«) scheinen ihm weniger imponiert zu haben als die Franzosen, die den vielseitigen Projektanten stracks zum Surrealisten erklärten. Zu seinem bekannten Joyce-Porträt: »Der Verlag brauchte eben ein Umschlagfoto, so schickte man ihn zu mir. Die Bücher habe ich aber nie aufgeklappt, waren viel zu kompliziert für mich.« Zu Hemingway: »Ein einfacher Schnappschuß für seine Publicity. Er war ein großer Sportsmann und ich ein großer Sitzmann, so hatten wir uns nichts zu sagen.«

Anschließend mit Man Ray und gemeinsamem Freund Fritz Gruber in deren altväterisches Lieblingsrestaurant Les Trois Canettes. Man guter Dinge, wenn auch leicht vergrätzt, daß ein italienischer Galerist, der aus seinen Objekten Multiples macht, daran mehr verdient als er. Dann kritzelt er wieder vergnügt auf die Speisekarte. Ein Ideenfeuerwerker, der alles zum Sprühen brachte, was ihm unter die Finger kam, einschließlich der Frauen. Vermutlich, ohne dabei viel über Gott und die Welt nachzudenken. Ist vielleicht nie durch die Schrotmühle hindurch und hat trotzdem das Klassenziel erreicht. Was will man mehr.

PARIS, 1. DEZEMBER 1965

Die lang erwartete Postsendung der Library of Congress in Washington, literarische Abteilung. Auf Tonband die Stimme von Joyce, der aus Ulysses liest (recht altjüngferlich). Aus einer Kneipe die Stimme von Hemingway: »Nimmst du diese alte Hure Tod zu deinem angetrauten Weibe? Es sei, es sei, es sei.« Wahrscheinlich besoffen, da die von Sylvia Beach so bewunderte Baßstimme hier wie ein Falsett wirkt. Ezra Pound beim Vorlesen seines Gedichtes »The age demanded«. Das ich gleich (ohne Rechtsanspruch) für mich übersetze: »Das Zeitalter schrie nach einem Satiriker/ für seine überdrehten Hysteriker. / Nichts, um Gott, von attischer Grazie! / Etwas für die moderne Strapazie. / Das Zeitalter schrie nach einem Knipsabguß, / fabriziert ohne Zeitverschwendung. / Lieber ein klemmender Reißverschluß / als, um Gott, eines Reims Vollendung!« Schließlich liegt der Sendung noch ein Stück Film bei, beschriftet »Gertrude Stein 1940 in New York«. Wie wir es am Schneidetisch abspielen, erweist es sich aber als dicke dampfende Lokomotive. Letzten Endes gar nicht so unähnlich.

PARIS, 6. DEZEMBER 1965

Nachts in der Bar Basque, Rue Delambre. Dies ist, von uns wiederentdeckt, die alte Dingo-Bar. Rendezvous der angelsächsischen »Montparnos« und Schauplatz der Anfangskapitel von Hemingways »Fiesta«. Bevor sich die Szene nach Spanien verzieht, wo der Autor schließlich das Feld entdeckt, das er von nun an erfolgreich beackern wird: die Sporttragödie. Am Klavier der Bar: Hilary Hiler, seinerzeit Besitzer und Dekorationsmaler des Jockey-Clubs am Boulevard Montparnasse. Auch Barpianist, mit einem Affen auf der Schulter. Hinter der Theke Jimmy Charters, ursprünglich Boxer, nachmals Bartender, derzeit Filmstatist in London. Und um diese Jahreszeit besonders gefragt als Weihnachtsmann, weswegen er dringend dorthin zurückmuß. Hem aus der Bartenderperspektive: »Solang er mit Halstuch und Baskenmütze den Frenchie markierte, trank er immer Cognak. Er nannte das aber Grappa, wie die Italiener. Nachher kehrte er zum Scotch zurück. Ich sah ihn oft besäuselt, aber er war doch mehr ein stiller Zecher.« Haben Sie je mit ihm geboxt? »Nein, dann hätte ich ihn ja als Kunden verloren, da er es nicht aushielt zu verlieren. Vielleicht sein hervorstechendster Zug.«

Hiler: »Jeder hat sich damals am Leben gefreut. Man war optimistisch, auch wenn man Weltschmerz markierte. Man dachte, es würde nie wieder Krieg geben. Ich weiß nicht, wie wir auf die Idee kamen.« Ich frage Hiler nach seinen damaligen Freunden. »Von Ernie Hemingway hielten wir nicht sehr viel. Erst mit uns bechern, dann über uns schreiben, das ging nicht. Aber etwas Heroisches war schon an ihm. Der letzte Autor vielleicht, der noch alles selbst erleben wollte. Das hieß sich in Positur werfen, dauernd neue Erfahrungen machen: mit Besäufnissen, Frauen, Kriegen, Expeditionen ... ein ewiges Wettrennen gegen das Alter. Und diese naive Vorstellung, ›Weltmeister im Schreiben‹ zu werden. Kurze Sätze, eine Revolution! Keine Kommas mehr, eine Kulturtat! Was für ein Spaß, sich für desillusioniert und welterfahren, also pariserisch auszugeben, während man seine kunstvoll eingestreuten französischen Brocken noch nicht mal richtig zu buchstabieren verstand! Na ja, sobald dann jeder so schreiben konnte wie Hem, hatte er nichts mehr zu bieten. Auf Reifen war er nicht angelegt. Es gibt keine zweiten Akte in amerikanischen Leben – wer hat das gesagt? Am Ende blieb ihm nur das Jagdgewehr.«

Ob er auch Fitzgerald gekannt habe? »Scott, mit seinen Tipptopp-Klamotten und einen Dollar das Wort von der Saturday Evening Post? Das interessierte uns nicht. Sowenig wie Mama Stein. Die es nicht einmal fertigbrachte, die Korrekturen ihrer eigenen Mümmelprosa zu lesen. Was sollte da dran sein? Es war eben Basic American. Nein, unsere Götter waren Joyce und Pound. Joyce, weil ihn kaum jemand kannte. Er schrieb ja den ganzen Tag. Eine ferne Größe. Und Pound, ein handgreifliches Genie. Ein Alleskönner. Neun Sprachen, dazu noch Musik, Skulptur und was weiß ich alles. Und diese Manie, andere Leute, sogar seine Rivalen, herauszustellen, zu publizieren: Eliot, Hemingway, Joyce ... Ich glaube, er sah wirklich ein neues Zeitalter heraufkommen. Wir waren die neue Renaissance, er der Geburtshelfer. An so was kann man nur glauben, wenn man nicht aus New York oder Paris stammt, sondern aus einer Kleinstadt in Idaho.«

Zuletzt noch auf die andere Straßenseite ins Rosebud, dem heutigen Gegenstück der Dingo-Bar. Dort neuerlich verabredet mit Morrill Cody, der es vom jungen Bohemien der zwanziger Jahre bis zum amerikanischen Botschafter gebracht hat. Will mir off-camera noch etwas erzählen. Und zwar von einer zufälligen Wiederbegegnung mit dem alternden Hemingway spätnachts in Harry's Bar, Venedig. Die damals voll jungem Kinovolk steckte wegen des Filmfestivals, darunter auch Federico Fellini. »Hem zog sich einen Daiquiri nach dem andern herein, schrie mit krähender Stimme seinen Satz von der Hure Tod hinaus und begann schließlich mit einem aufgelesenen Spazierstock die Gläser der Besucher von der Bar zu fegen, ganz wie in einem schlechten Western. Die meisten Gäste ignorierten ihn, manche haben ihn wahrscheinlich gar nicht erkannt. Endlich faßten Fellini und ich ihn unter den Armen und brachten ihn ins Freie. Er wohnte damals am Lido, was blieb uns übrig, als ihn per Gondel hinüberzuschaffen. Unterwegs versuchte er mehrmals, sich in die Lagune zu stürzen.

Drüben marschiert er dann plötzlich mit weit ausholenden Schritten los, so daß wir ihm nur mit Mühe folgen können, keucht auf den Strand zu, schmeißt sich längelang hin und buddelt sich ein, schaufelt wahrhaftig sein eigenes Grab. Dazu trompetet er ein Mal übers andere: La vida! La vida! Es war schauerlich. Was wollen Sie, seine Stärke war ja der direkte, konkrete, fast magische Kontakt zur Realität gewesen, alles wie zum erstenmal gesehen. Jetzt kriegte er keinen Kontakt mehr mit den Menschen, mit den Dingen. Und das schlimmste war, daß er sich selber nicht mehr betrügen konnte, daß er das begriff. Er sah sich sozusagen bei lebendigem Leib verfaulen. Wir brachten ihn dann ins Hotel. Und ein Jahr später, was glauben Sie? Ich fand die Szene wieder in Fellinis erstem großem Meisterwerk ›La Strada‹. Es ist jene Schlußsequenz, in der Anthony Quinn als fahrender Gaukler eine Kneipe zertrümmert und nachher am Strand den Mond anheult, weil ihm endgültig klar wird, daß er sein Leben verpfuscht hat und nichts mehr da ist.«

PARIS, 8. DEZEMBER 1965

Bei Miß Natalie Barney in Nr. 20, Rue Jacob. Einstmals, als sie noch die rassige »Amazone« war, die »Päpstin von Lesbos«, hat man immer zuerst sie beschrieben. Heute das Haus. Dieses drei Jahrhunderte alte melancholische Landhäuschen, nunmehr allseitig von der Stadt eingezwängt wie von Stellwänden. Der frühere Park geschrumpft zu verwilderten Parzellen. In einer davon steht heruntergekommen der klassische »Tempel der Freundschaft«, in dem einst noch Racine promenierte. Und wo Natalie Barney bei Kerzenlicht ihre musikalischen Feten gab. 1909 ist diese jetzt 90jährige Patrizierin aus Neuengland hier eingezogen. Von ihren seefahrenden Vorfahren hat sie zwei Gaben mitbekommen: »Daring and manners« – Wagemut und Lebensart. Ist sie nicht eine von diesen amerikanischen Erbinnen, die nach Europa segeln, um ehrwürdige Titel zu heiraten? Sie denkt gar nicht daran. Die schönen Freundinnen, mit denen sie sich umgibt, tragen Hosen, Krawatte, Monokel und rauchen Zigarren aus ellenlangen Mundstücken. Stadtbekannte Beziehungen verbinden sie mit solchen notorischen Lesben wie Renée Vivien oder Romaine Brooks. Die Spionin Mata Hari tanzt nackt vor den Damen und provoziert, nach ihrer Exekution, eines von Natalies zynischen Bonmots: »Man hat sie in ihren Nachruhm geschossen.«

Andere der feinziselierten Aphorismen, die sie von Zeit zu Zeit (auf französisch) drucken läßt: »Die meisten Leute haben keine Ahnung, wie man mit der Faulheit richtig umgeht«, oder: »Ich habe vielleicht mehr aus meinem Leben herausgeholt, als in ihm war.« Über zwei Menschenalter hinweg empfängt sie ihre literarischen Freunde in dem rottapezierten Salon: Proust, Valéry, Colette, Rilke, Djuna Barnes, Gide, Joyce ... Und Ezra Pound, der letzte Überlebende. Der mir aber mit seiner damals so penetranten Zukunftsgläubigkeit nicht recht in diese dämmrigen Räume zu passen scheint. Natalie: »Pound paßte nie irgendwohin als in sich selber. Ein Mann, dem man zugetan sein konnte, aber nicht vertraute. Und er hat sich selbst nicht vertraut, das war eben das ganze Problem.« Auf dieses fundamentale Selbstmißtrauen führt sie ebenfalls seine politische Verführbarkeit zurück: »Er empfand sich nicht als Verräter, auch wenn er bei Kriegsausbruch in Italien blieb und für Mussolini diese irrsinnige Radiopropaganda machte. Er sah sich als der schrullige Onkel Ezra aus dem Mittelwesten, der den GIs gute Ratschläge gab. Der typische amerikanische Aufmucker und Weltverbesserer. Ein Spinner, aber ich glaube nicht, daß er je geisteskrank war. Man hat ihn bloß ins Irrenhaus gesperrt, um ihm und Amerika den Prozeß zu ersparen.«

Natalie ihrerseits von erstaunlicher Geistesklarheit, auch ohne jede falsche Sentimentalität. Ich erwähne, daß Pound seit seiner Freilassung vor sieben Jahren jetzt schweigend in Venedig vor sich hin lebe. Nicht einmal ein Interview habe er gegeben. Ob das vielleicht Reue ausdrücken solle? »Wer kann das wissen? Vielleicht mehr das grausige Bewußtsein seines Scheiterns. Aber ich denke auch, nicht er hat das Schweigen gesucht, sondern das Schweigen hat ihn heimgesucht.« Pound also heute zum erstenmal seit vierzig Jahren in Paris. Während wir im geisterhaften Salon auf ihn warten, ein erschreckendes Geräusch: Eine der uralten roten Tapetenrollen hat sich von der feuchten Wand gelöst und knistert zu Boden. Gleich darauf Vorfahrt von Pound mit seiner Begleiterin, der Geigenvirtuosin Olga Rudge, die er einst bei Natalie kennenlernte. Eine der zwei Frauen, mit denen dieser Bigamist sein Leben verbrachte und die ihm je ein Kind schenkten. Pound: wuchtiges, bärtiges Löwenhaupt, müd und mürbe, aber mit aufmerksamen Augen. Steht steif und wie geistesabwesend herum. Trotzdem aufkeimender Verdacht, daß er eigentlich posiert, hier für uns den »blinden Seher« macht. So, wie ja auch seiner Dichtung oft etwas Gewolltes, Fabriziertes anhaftet. Wir treten in den Garten, fußtief in raschelndem Herbstlaub. Natalie hängt sich in ihn ein. Meine Absicht: die beiden gemeinsam im Gehen zu filmen, meine Fragen an sie zu stellen, aber die Kamera auf ihn zu konzentrieren, um vielleicht doch etwas Ausdruck zu erhaschen.

»Miß Natalie, warum meinen Sie, daß Pound nicht reden will?« Sie, mit der Schlagfertigkeit der alten Salonschlange: »Fragen Sie ihn doch selber.« Darauf bin ich nicht vorbereitet. Und nun, zu meiner immensen Überraschung, beginnt Pound auf meine improvisierten Fragen murmelnd zu antworten. Ob er Heimweh habe nach den alten Tagen in Paris? »Nein.« Waren Sie glücklich hier? »Ich glaube ja.« Meinen Sie, daß die Welt sich undankbar benommen hat Ihnen gegenüber? »Nein.« Sie sind nicht verbittert? »Nein.« Sie beklagen nicht, daß man Sie vergessen hat? »Leider nicht vergessen.« Möchten Sie Ihr Leben von neuem beginnen? »Gott! Ja!« Was würden Sie anders machen? »Fast alles.« Glauben Sie, daß Sie zuviel gesagt haben, was Sie nicht hätten sagen sollen? »Ja. Aber ich habe auch viel Gutes getan.« Auch viel Böses? »Wer hat das nicht.» Zu viel? »Zu viel.« Mr. Pound, gibt es noch etwas, das wir wissen sollten, eine Botschaft? »Dankbarkeit für alle, die mir halfen ... und Bewunderung für ihren Mut.«

Jetzt nur noch ein halbverständliches Raunen, etwa: »Der Zweifel ist zu spät gekommen. Ich weiß, daß ich nichts weiß, aber ich weiß es zu spät ...« Es kann aber auch etwas anderes bedeuten. Danach verstummt Pound endgültig. Als ihm jemand die Feder zu einem Autogramm reicht, zuckt er zusammen. Jetzt bemerke ich auch die flackernde Paranoia in seinen Augten. Olga Rudge bringt ihn zurück zum Taxi. Natalie abschließend: »Das hat er für Sie gemacht, nicht für sich. Seine lebenslange Generosität. Nein, er hat es wahrscheinlich für die Nachwelt gemacht. Er wollte seinen gebrochenen Stolz zeigen, als Lektion. Der ewige Schullehrer ...«

PARIS, 9. DEZEMBER 1965

Bei Sonnenuntergang drehen wir, für die Abspannmusik unseres Films »Paris 1925«, die Dächer am Linken Ufer. Und zwar von der Turmspitze meines gotischen Lieblingskirchleins Saint-Sévérin. Während meiner Studentenzeit lag hier ein dicker Foliant aus, in den die Beter ihre Wünsche eintragen durften: »Um zwei hungrige Mäuler zu füttern.« »Um morgen mein Examen zu bestehen.« Und einmal: »Um die Bekehrung eines geliebten Juden.« Im Tympanon der Seitenpforte der rührendste heilige Martin von Paris. Daß uns der Pfarrer für wenige kleine Scheine aufs Dach ließ, ist nur der notorischen Armut des hiesigen Klerus zu verdanken. Danach Drehschluß und Abschied von Team Jossi. Statt mich im Wagen heimbringen zu lassen, wandere ich trotz beginnenden Regens zu Fuß durch das Viertel meiner ausgehenden Jugend. Und hier kommt mir überraschend ein Gedicht, nein ein Chanson, ein Bänkellied, mit dem ich dieses Hingleiten über Pariser Dächer unterlegen möchte, anschließend an die letzten Worte von Ezra Pound:

»Laß fahren, Poet, deinen Fluch, dein Gebet / laß fahren die Reu, die dich frißt. / Die Nacht ist vorbei, und der Wind hebt an / und Paris ist der Strom und du nur der Kahn / und Paris ist die Stadt, die vergißt.

Und François Villon in der Rue du Dragon / vom Henker zum Himmel gehißt. / Er lachte noch einmal mit brechendem Blick /

doch Paris war der Galgen, und er war der Strick / und Paris ist die Stadt, die vergißt.

Und Gérard de Nerval am Laternenpfahl / die Sohlen von Hunden bepißt. / Er baumelt im Wind und hat seinen Lohn / denn Paris war der Spieler und er der Jeton / und Paris ist die Stadt, die vergißt.

Und Joseph Roth, der sich trank zu Tod / kein Jude und auch kein Christ. / Er hätt' sich so gern eine Heimat geschafft / doch Paris war die Buddel, und er war der Saft / und Paris ist die Stadt, die vergißt.

Was bleibt, ist der Wind und der Regen, der rinnt / und drei Zeilen, in denen du bist. / Doch das Haus ist zerstört, wo dein Name stand / das Lateinische Viertel verbaut und verbrannt / denn Paris ist die Straße und du der Passant / und Paris ist die Stadt, die vergißt.«

WIEN, 10. JANUAR 1966

Curd Jürgens im wienerwäldischen Hotel Laudon. Läßt mich zwei Stunden warten, trotz Verabredung. Kommt dann in feschem schokoladenbraunem Rolls angeprescht: »Ein Schauspieler hat nicht Metallic zu fahren, das wäre Angeberei.« Seine Sorgen. Sieht noch immer fidel aus der Wäsche, doch sein Gesicht mit dem Alter nicht kantiger geworden, eher geblähter und lukullischer. Riesiger Charme, der darin besteht, daß er alle seine Schwächen gleichzeitig denunziert und liebt. »Kennen Sie das arabische Wort für Glück, ich meine unverdientes Glück: Baraka? Der Mann mit Baraka wird, sofern er Courage hat, das Schicksal immer weiter herausfordern, um zu ergründen, wie weit es ihn trägt. Besitzt er weniger Mut, so wird er sein Glück einfach genießen, mit einem leisen Bedauern, daß es die andern nicht ebensogut haben. Ich selber gehöre zur zweiten Kategorie. Warum für riskante Rollen kämpfen, wenn einem die bequemen nachgeworfen werden?«

Bei Frauen habe er sich jedoch weiter vorgewagt – immerhin vier Ehen bislang. »Ja, aber ich bin ein unheldischer Frauenheld. Vorwiegender Grund meines Erfolges: Ich habe die Frauen immer gebraucht. Nämlich nicht bloß als Konsumartikel, sondern als Ergänzung meiner selbst. Glauben Sie mir, die spüren das. Ein Mann, der Frauen braucht, das ist für sie wie ein Knistern in der Luft. Oder wie ein ausströmender Duft. Und wissen Sie was?« Dann weiter bei abgestelltem Mikrofon: »Der Mann, der Frauen braucht, das ist kein hunderprozentiger Vollmann, kein Hans Albers. Der ist gar nicht so maskulin, wie er vielleicht aussieht. Ich selbst empfinde mich manchmal geradezu als hysterisch. Und bei mir können die Weiber ruhig ihren männlichen Anteil ausspielen. Das macht mir nichts aus, da kuschle ich mich sogar richtig rein. Die Franzosen kennen einen ganz zutreffenden Ausdruck dafür: ›homme à femmes‹. Das ist nicht nur der Mann, der die Frauen liebt, sondern der die Frau in sich selbst liebt. Wahrscheinlich hat der Albers gerade deswegen sowenig Frauen in seinem Leben gehabt und ich soviel. Zuviel. Zu viele, um sich auch noch um gute Rollen zu kümmern.« Also, der normannische Kleiderschrank ist gar nicht aus Eiche? »Ich habe das auch nie behauptet. Meine Rolle als Supermann nie ernst genommen. Ehrlich gesagt, was mich eh und je am stärksten antrieb, war der Wunsch, viel Geld zu verdienen. Ich hoffe, Sie formulieren das nicht zu unfreundlich.«

PARIS, 23. FEBRUAR 1966

Frühmorgens (er arbeitet reguläre Bürostunden) bei dem Couturier André Courrèges, dem Erfinder oder zumindest Popularisierer des Minirocks. Ein solcher, ganz in Weiß, fängt mich schon am Eingang ab: als Pressechefin verkleidetes Raumkind, Astronautin, kühl bis ans Herz hinan. Weiße platte Stiefel, strumpflose Beine, schenkellanges Trapezkleid, straußeneigroße Brille vor dem ungeschminkten Antlitz, darüber kurzgerupftes Rothaar. Ariadne heißt sie, wie in der griechischen Sage. Rundum nichts wie Stahlrohr und Plastik, Gletscherklima, Labor. Wann wird Monsieur Courrèges mich empfangen? »Das hängt von dem Eindruck ab, den Sie auf mich machen.« Sternenmädchen, schlägt dir kein Herz unter der büstenhalterlosen Büste?

Endlich im Salon, wenn auch nur für »eine kleine halbe Stunde« (wie bei den Kokotten). Der Meister zu meiner Überraschung durchaus irdisch, sogar männlich und kahlköpfig, mit dem knarzigen bäurischen Französisch des Baskenlandes. Sieht sich als Frauenbefreier, richtiger: als Kleider-Ingenieur der sich emanzipierenden Frau. »Alle zwanzig Jahre wird sie um ein Jahr früher pubertär. Heute ist sie mit 16, 17 heiratsfähig. Und dazu: die Beine länger. Die Schultern breiter. Die Hüften schlanker. Das Becken –

ganz wie beim Mann. Kommen die Kinder deswegen gequetschter zur Welt? Alles Humbug. Auch die Brust wird kleiner. Die Rundungen fallen weg, vorn und hinten und an den Beinen. Dafür im Köpfchen – da tut sich was. Da geht was vor. Damit wird sie von nun an die Männer bezirzen.« Also die Beine haben ausgespielt? Dabei läßt Ihre Mode sie doch bis weit übers Knie frei, und beim Hinsetzen sieht man dann alles? »Aber solche Dinge interessieren mich doch gar nicht! Ich zeige es, weil das Volumen es verlangt, es ist eine ausgewogene Verteilung der Massen, eine geometrische Anordnung der Linien. Mit Sex hat das gar nichts zu tun. Sex hat da drinnen stattzufinden. Sex als Verführung, das ist Fin de siècle, das sind Froufrou, Spitzen, Strapse, pfui Teufel! Meine Mode ist die Rückkehr zur Natur.«

Griffig, griffig! Ich gebe zu bedenken, daß sich meines Wissens noch jede neue Pariser Linie als Rückkehr zur Natur deklariert hat: der New Look, der Petticoat, die A-Linie, die H-Linie, das Sackkleid, die Pfennigabsätze und die Pumps, die Turmfrisur und die Bouffantfrisur... Aufsteigende Trauer im Antlitz des Meisters, der säuerliche Blick des ungerecht Verwechselten. Der Blick, den Karl Marx getragen haben muß, wenn man ihm von Lassalle redete. Seine rechte Hand verschwindet unterm Schreibtisch, wie in einem schlechten Krimi. Und tatsächlich wird Sekunden später von der hereinstürzenden Ariadne ranghöherer Besuch verkündet. Mein Angebot, ihm den Artikel zuzusenden, lehnt er erschrocken ab: »Es ist ja doch nur, als ob man sich in einem Zerrspiegel betrachtet.« Die Modeschneider als Welterlöser...

PARIS, 4. MÄRZ 1966

Avenue Hoche, in dem Tonstudio, das jetzt dem Schallplattenkönig Eddie Barclay gehört und in dem ich vor 15 Jahren meine ersten radiophonischen Kunststücke (wie Melodien aus Hundegebell) fabrizierte. Dort Probeaufnahmen des neuen Gesangsstars Mireille Mathieu. Manierliches, antiseptisches Jüngferlein mit Pagenkopf, dazu aber eine Donnerstimme wie die Piaf! Sogar mit dem rollenden südlichen R (sie stammt aus Avignon), das in Frankreich für Passion und Sichausleben steht, wovon sie doch gar nichts haben kann. Verblüffende Mimikry, eine Art Retortenbaby der Musik. Der kaltschnäuzige Wunderdoktor, der das vollbracht hat, heißt Johnny Stark. Ihr Entdecker, Impresario, Produzent, Manipulator. Fast würde man meinen, auch ihr Pygmalion – wäre es nicht sonnenklar, daß hier keinerlei Gebandel mit seiner Nymphe im Gange ist. Wahrscheinlich, weil dieser fesche Selfmademan nur auf sich selber hereinfällt. Ihr Fransenhaarschnitt ist von ihm verordnet, das sexlose Kleidchen, die geballten Fäustchen, die züchtigen Trippelschrittchen. Auch die Gouvernante, die Gesangspädagogin, der Englischlehrer. Sie ist seine Kreatur, sein Roboter, in ihr erfüllt er sich in schöner Abgefeimtheit seine eigenen Dreams of glory.

Berichtet stolz, wie er sie vergangenen November bei einem Wettbewerb im Fernsehen sah und noch vor Ende der Sendung ins Taxi sprang. Ich frage ihn nach dem vieldiskutierten Vertrag, der Mireille nicht mehr als ein Trinkgeld von 4000 Franc monatlich lassen soll, der Schnitt für ihn. Er grinst anzüglich: »Fragen Sie sie doch mal.« Ein Mann, der es liebt, gehaßt zu werden: »Alles, was Sie schreiben, ist mir recht, solange Sie nur nicht meinen Namen mit ck buchstabieren.« Bevor Mireille uns ihren ersten großen Kassenschlager »Ja, ich glaube« dreimal ins Mikrofon dröhnt, muß ich ihm schriftlich bestätigen, daß wir nur die besten Takes aneinanderschneiden: »Man braucht ja nicht sämtliche falschen Noten zu hören.« Das alles ganz ungeniert vor ihr, der gelehrigen Adeptin, die ihn dabei artig anlächelt.

Was geht da wirklich in ihr vor? Dieses älteste von 13 Geschwistern ist vielleicht nur von dem verzweifelten Drang beseelt, sich irgendwie zu profilieren. Sie mußte ja schon mit elf aus der Schule, wenn Mama krank war, um sämtliche Kinder zu versorgen. Von ihrem ersten richtigen Geld will sie, was sonst, der Familie ein Haus kaufen. »Und dann Schuhe für mich, lauter Schuhe!« Nein, einen Freund hat sie nicht, wozu die Eile? Dazu Johnny: »Da schreiben die Gazetten, Mireille besitzt keine Seele. Muß eine Neunzehnjährige mit vier Jungen täglich ins Bett, um eine Seele zu haben?« Vielleicht nicht. Das Beunruhigende ist weniger, daß er sie lanciert wie ein Waschmittel, als daß das beim Publikum ankommt. Und zwar international. Diese steife Adrettheit, diese Schlichtdarbietungen ohne Durchfühltheit... genau, was man heute in der Glotze am liebsten konsumiert. Der erste vom Fernsehen kreierte Gesangsstar: eine sprechende Puppe.

PARIS, 15. MÄRZ 1966

Einladung zum Herzogspaar von Windsor, nach vorheriger Unterbreitung der Fragenliste und Abmachung des Honorars. Welches übrigens die als erste zu regelnde Formalität. Kursierender Satz in Tout-Paris: »Die Windsors, die heuert man an wie den Rolls-Royce zum Hofball.« Das Renaissanceschlößchen im Bois de Boulogne, das sie von der Stadt Paris – für einen Franc jährlich, heißt es – pachten, ist, so historisch es sich gibt, ein Pastiche. Erst um die Jahrhundertwende hat es ein Warenhauskönig erbaut. Auch dieser ehemalige König kommt einem wie eine Fälschung vor. Wie kann das der lebensnahe junge Märchenprinz gewesen sein, der sich als Thronanwärter für die tausend Belange des Empire zu entflammen schien? Vernichtender Eindruck, daß an diesem edelschlanken Dandy der viel zu auffällig karierte Anzug das einzig Persönliche ist. Daß das Leben durch ihn hindurchgegangen ist, vorne rein, hinten raus, ohne Spuren zu hinterlassen. Wirkt wie diese kindlichen indischen Bettelgreise, die man von klein auf in Gestelle sperrt, so daß sie nicht wachsen können und noch im Alter Babygröße aufweisen.

Auftritt der Herzogin, für die ihr Gatte sofort vom Stuhl aufspringt, atemlos Decken heranschafft, einen Schoßhund zurechtlegt und dergleichen mehr. Wobei er fast wie ihr eigener Schoßhund wirkt. Unschöne hagere Frau mit prominenter Nase, willensstarkem Kinn, breiter intelligenter Stirn. Im Knochenbau, der jetzt immer deutlicher hervortritt, ein Männergesicht. Tee auf der Terrasse, umgeben von wurlenden Hunden. Auch die Sammlung in den Vitrinen besteht unvermischt aus Porzellanhunden. Rührend der Stolz, mit dem der Herzog diesen Ramsch präsentiert. »Ich stehe auch einem Hundezüchterverband vor« – das der Mann, der einem Empire hätte vorstehen können. Jetzt sichtlich gealtert und, nach einer schweren Augenoperation, abgeklärter und ohne die frühere Animosität. »Der Premierminister ... der Baldwin ... er tat nur seine Pflicht ...« Sagt tatsächlich »der Baldwin«, wie überhaupt sein ziemlich flüssiges Deutsch recht wienerisch klingt. »Ich war ja oft zum Jagen bei die Wiener Rothschilds, dort ich habe es gelernt.« Und beileibe nicht bei seinen zahlreichen deutschen Verwandten, zumeist Nazis, oder der zum Staatsbesuch aufgebauschten Visite auf Hitlers Obersalzberg. Die Herzogin ist übrigens, wie sie ihrem Gatten unverblümt mitteilt, weniger gut auf »den Baldwin« zu sprechen, ohne den sie sich ihren intriganten Traum von der königlichen Hoheit (als die man sie aber auch hier anreden muß) vielleicht erfüllt hätte.

Beginn des Interviews. Nur die rituellen Fragen sind zugelassen: Sind Sie zufrieden ... haben Sie je bedauert ... Das eine Rätsel, das jedem auf der Zunge brennt, darf man nicht vorbringen: Was zog den allumworbenen »Sportprinzen« zu der scharfzüngigen, zweimal geschiedenen Megäre? Vermutlich unterentwickelte Sexualität, die sie, weiß Gott, wie, zu erwecken wußte. Auch ihre maskuline Herbheit mag seiner – in der englischen Oberklasse so verbreiteten – homoerotischen Anlage entgegengekommen sein. Sein Großvater Eduard VII. hätte diese ehrgeizige Mrs. Simpson, die zur Krone strebte, einfach zu seiner Mätresse gemacht. Eduard VIII. war ein Ehrenmann. Hat aber vielleicht auch seiner Beliebtheit im Volke allzusehr vertraut. Die Abdankung bleibt die eine Tat seines Lebens. Es ist, als hätte er keine andere vorrätig.

Beklagt sich, daß ein kürzlich über seine Vergangenheit gedrehter Film so mäßig läuft. Wie könne das sein? Ich lüge das Blaue vom Himmel herunter, daß unser Interview bestimmt auf den Kinofilm aufmerksam machen werde und dieser damit unvermeidlich ein deutscher Schlager. »Ich erwarte so. Weil, ich liebe Deutschland. Aber die Sozialisten wollen dort hoffentlich nicht die Macht ergreifen?« fragt er beunruhigt, als ginge es um Spartakus. Auch die französische Politik läßt ihn nicht unberührt: »Dieser Pompidou, er wird doch keine Vermögenssteuer einführen?« Nun ja, bei den 50 Millionen Franc an Schmuck, die er (laut Cartier) der Herzogin geschenkt haben soll ... Nachdem die vorgeschriebenen Fragen abgehakt sind, wage ich vor laufender Kamera eine Überrumpelung: Man berichtet, Sie hätten Hitlers Angebot eines Postens in seinem geplanten Weltreich, gar als Gouverneur von England, ernstlich in Betracht gezogen, stimmt das? »Nein, nein, Sie haben da ... Diese Frage steht nicht auf unserem Programm ... Wo ist mein Papier?

Nein, nein, nicht weiter. Stop.« Ende eines nicht weltbewegenden Interviews. Abbau. Die tausend Dollar Honorar werden uns von der Herzogin auf einem vorgedruckten Formular quittiert.

PARIS, 24. MÄRZ 1966

Spätabends bei Madame Hélène Martini, der »Herrin der Nacht«. Gibt sich mit Seidenkleid und Hermelinkragen ganz als Dame von Welt. In Polen geboren, später mittellose Tänzerin am Pigalle. Wo sie sich von einem gewichtigen Syrer namens Nachat Martini heiraten ließ, der eine Kette von Amüsierbetrieben besaß. Und vor fünf Jahren unter »mysteriösen« Umständen verschied. Also unaufgeklärten, wie in dieser Gegend üblich. Jetzt hat Madame ihr Büro über dem Striplokal »Folies Pigalle«. Höchst bürgerlich eingerichtet, mit Bibliothek (Tolstoi, Gogol), der Tee wird von einem Maître d'hôtel auf Damast serviert.

An der Hinterwand ein Spiegel in dickem, goldenem Rahmen. Würde er Madame auf die Frage nach der Schönsten am ganzen Pigalle antworten: Sie sind es, so hätte er gar nicht so unrecht. Allerdings erweist sich bei näherem Hinsehen dieser Spiegel als ein Fenster, das genau unter dem weltbekannten Wasserfall der Folies liegt. Und das meiste von dem, was Madame von diesem Fenster aus überblickt, gehört ihr. Derzeit vier Stripteaselokale, vier Cabarets, zwei Theater, eine Großgarage, wozu noch ein Nachtklub in Genf kommt und ein weiterer in Spanien. Insgesamt dirigiert sie 500 bis 600 Personen. Und wo sie hingeht, da beugen sich die Köpfe: »Beugen sich oder fallen. Gewiß, nach dem Tod meines Gatten haben sich einige Leute der Illusion hingegeben, daß sie jetzt den starken Mann markieren können. Ich habe sie einfach liquidiert.« Das heißt? »Ich habe sie in mein Büro zitiert und gesagt: Sie sind gefeuert. Mehr war das nicht. Natürlich gab es den Versuch, mich mit Drohungen zu beeindrucken. Aber ich bin kein Backfisch. So sind sie abgezogen – auf Nimmerwiedersehn.«

Garderobenkeller der Folies, wo man sich gerade in Glanz und Glitter für die ersten Auftritte einkleidet. Die Damen in ihrer professionellen Enthüllung weniger verlegen als ich. Ob eine durchgehende Freikörperkultur – die ja kein einziges Naturvolk kennt – tatsächlich zum Aussterben der Menschheit aus sexueller Langeweile führen würde, wie der zynische Anatole France behauptet ...? Ihre Immobilien besucht Madame jeden Abend: »Immer zu einer anderen Zeit, immer in anderer Reihenfolge.« Ob es irgendeinen Menschen gebe, dem sie vertraue? »Nein. Die einen sind dumm, die anderen schlecht. Und die Dummen sind gefährlicher als die Bösen.« Man sagt, daß Sie bei Ihrem Rundgang immer an Ort und Stelle abrechnen. Also den Inhalt der Kasse sofort mitnehmen? »Nein, ich nehme nichts mit. Man bringt es mir. Jeden Morgen, gegen fünf Uhr. Vor dem Schlafengehen ist alles erledigt.« Ob man je versucht habe, sie übers Ohr zu hauen? »Aber man versucht es in diesem Moment, da bin ich ganz sicher. Man begaunert mich, aber innerhalb gewisser Grenzen.« Wie hoch sie die Grenzen ansetze? »Zehn Prozent ungefähr. Warum soll ich das nicht hinnehmen? Ich nehme es hin, weil es normal ist. Für mich ist die Welt von Wölfen bevölkert. Der Pigalle ist nur ein blasses Spiegelbild davon. Ich heule mit den Wölfen. Der Rest ist Humbug.«

Die Menschen müssen Ihnen unter ihrem ekelhaftesten Aspekt erscheinen? »Es ist kein ekelhafter Aspekt. Es ist ihr wahrer Aspekt. Auch ich war einmal jung. In der Jugend sieht man das Leben durch einen rosa Schleier. Aber es ist nicht das Leben.« Kommt Ihnen manchmal in den Sinn, daß Sie mit Ihrer Intelligenz und Ihrem Durchblick für eine andere Karriere ausersehen waren? »Mein Dasein verpfuscht? Daran vorbeigegangen? Kann gut sein. Man hat nicht die Wahl. Aber ich brauche dafür nicht um Verzeihung zu bitten. Gott ist groß, Gott versteht mich auch so. Sehen Sie, derzeit lese ich viel Gogol. Er sieht die Welt ohne Larve, ohne Illusion, aber mit Humor. Ich hoffe, daß auch Gott mich mit Humor sieht.«

PARIS, 8. APRIL 1966

Seit fast einem Jahr dreht Jacques Tati jetzt schon an seiner neuen Komödie »Playtime«. Ganz wie sein Vorbild Chaplin auf eigene Kosten. Das Thema: Eine Gruppe amerikanischer Touristen (gespielt zumeist von den Frauen hier ansässiger Amerikaner) wird in ein Paris verschlagen, das haargenau aus den nämlichen Wolkenkratzern und Drugstores besteht wie drüben. Die allerdings recht französisch aus einer Panne in die andere geraten. Die futuristische

Kulisse hat Tati in einem Riesenzelt hinterm Bois de Vincennes aufgebaut, da er sich kein Studio leisten kann. Dreht mit mehreren Kameras gleichzeitig in Schwarzweiß und Farbe. Und mit Vorliebe, wie Chaplin, Totalen, in denen dann viele Aktionen gleichzeitig stattfinden.

Tatischeff, dieser gutmütige Russe: der ewige Linkshänder in einer Welt von Rechtshändern. Nur leider ist seine Figur des schlaksigen Tolpatsches Hulot nicht universal genug. Und bestimmt haben Pechvögel kleiner zu geraten als der Normalmensch, nicht größer. Auch geht ihm die eiskalte Zuspitzung des Ulks ins Groteske ab, wie sie eben die amerikanischen Slapsticker von Buster Keaton bis zu den Gebrüdern Marx instinktiv beherrschen, auch der dazugehörige infernalische Rhythmus. Ich frage Tati nach dem Widerspruch zwischen seinen hochtechnischen Apparaturen, in die er sichtlich verschossen ist, und seinem Alptraum von einer übertechnisierten Welt. »Wir alle bringen uns mit den Werkzeugen um, die wir lieben. Revolver, Rockmusik oder schlechtes Gewissen.« Sein Hulot, ein Mann im Dauerclinch mit der Tücke des Objekts. Ob dieses nicht daran wäre, den Kampf zu gewinnen? »Hat ihn schon gewonnen. Meine Filme sind Rückzugsgefechte vor dem Unabwendbaren.« Anschließend wird eine Spielszene geprobt: heißer Sommertag, Party, die Klimaanlage versagt. Schweißdampfend mühen sich die Touristen, ihre Würde zu bewahren. Zuletzt hat sich das Rohrgeflecht der Cafèstühle in ihre Sitzfläche geprägt. Das Unappetitliche des Malheurs ganz chaplinesk. Aber Tati bleibt zu menschenfreundlich und erspart seinen Figuren die letzte Demütigung, etwa das Klebenbleiben an den Stühlen. Also lacht man geniert, aber nicht selbst betroffen.

PARIS, 11. JULI 1966

Beginn unseres Dokumentarfilms über das Leben von Paul Gauguin. Zum erstenmal in Farbe. Nach verschiedenen Pariser Atelierszenen – leider lasse ich mich auch zu einem exotischen Nackedei hinreißen – heute Besuch bei Jeanne Schuffenecker. An der Wand ein billiger Abklatsch des Kinderporträts, das Gauguin vor einem Dreivierteljahrhundert (sie erinnert sich noch an den barbarisch-erschreckenden Mann) von ihr malte. Auch eine Kopie des großartigen Familienbildes: links hinten mit verlegenem Händereiben der ihm ergebene dümmliche Maler, den er herablassend Schuff nannte. Vorne die kleine Tochter, die mir jetzt gegenübersitzt. Und die ganze rechte Bildhäfte füllend, unter einem Bild von Cézanne, die feine, sinnliche Madame Schuffenecker, die auch seine Geliebte war. Wovon aber Mademoiselle noch heute nichts wissen will. Später wurde Schuff Zeichenlehrer in einem Lyceum, ein gutmütiger, hilfloser Pädagoge. Einmal in den zwanziger Jahren, als seine randalierenden Schüler gar nicht mehr zu bändigen waren, soll er verzweifelt in die Klasse gerufen haben: »Glaubt ihr, es ist eine Ehre, euch das Zeichnen beizubringen, wenn man mit Gauguin gemalt hat!«

ARLES, 13. JULI 1966

Zehn Tage über Gauguin und van Gogh im Midi. Unser erster Gang zu van Goghs mythischem Nachtcafé, jetzt ein Speiselokal. Dort noch die nämliche ovale Standuhr, die auch in seinem Gemälde hinter dem Billard aufscheint. Nur noch wenige der von ihnen gemalten Bauwerke sind erhalten, wie die römische Sarkophagstraße Aliscampes und der berühmte Eisenbahnviadukt. Beim Filmen stellen wir dort übrigens fest, daß die Brücke, so, wie von van Gogh gesehen, von uns nur mit einer Superweitwinkeloptik erfaßbar ist. Das entspricht genau der Verzerrung des grünen Billards im Nachtcafé und überhaupt seiner Innenräume. Auch seinem von Gauguin gemalten Porträt mit den Sonnenblumen, zu dem er sagte: Das bin ich, aber als Verrückter. Andere Erkenntnis der Filmkamera: Es kann vor dem Motiv nur frühmorgens gemalt worden sein, da ab elf Uhr das Primäre der Farben, auf das man ja so versessen war, in bläulichem Dunst verschwimmt.

Das »kleine gelbe Haus«, das die beiden gemeinsam bewohnten, wurde erst im letzten Krieg abgerissen. Wozu die Mühe? Unvermeidlich wird man demnächst ein Faksimilehaus aus Polyester an dieselbe Stelle setzen. Wie es ja nahebei schon wieder eine brandneue Zugbrücke gibt, in Van-Gogh-Farben bemalt... Das Spital und Irrenhaus von Arles frisch getüncht, aber unverändert in Betrieb. Von dem Dr. Rey, der ihn seinerzeit pflegte, lebt noch ein Bruder. »Ich war zehn Jahre alt, da sah ich diesen bärtigen Mann mit der weißen Kopfbinde. Wer ist das? fragte ich meinen Bruder. ›Un pauvre fou‹ – ein armer Verrückter.« Auch im romanischen Kloster von Saint-Rémy zeigt man noch die Zelle, in die er sich, nach Ausheilung seines Ohres, freiwillig auf Monate einsperren ließ.

Dann spätabends allein zum Ufer der Rhone. Unschwer zu finden die Stelle, wo van Gogh seine »Sternennacht« gemalt haben muß, beim Licht der auf den Hutrand gesteckten Kerzen. Nur daß kein Filmkünstler der Welt dieses mystische Bild mit seinen Spiralnebeln nachschaffen kann, gewiß das »nordischste«, das er je malte. Gauguin und van Gogh, beide im Ausland geboren und eigentlich höchst unfranzösische Maler der Sehnsucht. Ein Wort, das es im Französischen gar nicht gibt, denn »Nostalgie« bezieht sich ja auf Vergangenes, Sehnsucht auf Zukünftiges. Ich glaube, man hat darauf hingewiesen, daß Gauguin das Paradies malte, van Gogh die Hölle. Wenn ja, so ist es unfaßbar, wie diese beiden Aspekte unserer Erde sich ähneln. So daß man die zwei Maler gar nicht mehr auseinanderdividieren kann und ihre kurze gemeinsame Episode jedem als eine Art Weltendrama vorkommt.

AUVERS-SUR-OISE, 27. JULI 1966

Das Künstlerdorf, wo van Gogh in wenigen Monaten seine letzten hundert Bilder hinwühlte und dann seinem gepeinigten Leben ein Ende setzte. Paul Gachet, den Sohn seines Arztes, sah ich noch 1955, wie er dem Louvre die von seinem Vater ererbten Bilder übermachte. In seinen Armen, und denen von Bruder Théo, ist Vincent gestorben. »Gendarmen, mein Körper gehört mir, und ich darf über ihn frei verfügen.« Paul dämmerte dann noch sieben Jahren hinter verschlossenen Fensterläden vor sich hin. Heute gehört das Haus, wie sonst, einer amerikanischen Korvettenkapitänin! Die jämmerliche Dachkammer der Auberge Ravoux, in der Vincent sein Leben aushauchte, wird jetzt von einem anderen Maler bewohnt. Sie ist unverändert schäbig, nicht aus Pietät, sondern, wie uns die Wirtin klagt: »Wer soll dafür zahlen?« Irgendwie tröstlich.

PARIS, 14. SEPTEMBER 1966

Bei Marcel Jouhandeau und Elise, diesem höchst zweideutigen Liebespaar. Schon als Junge hatte ich seine Bücher in den Fingern, ich glaube sogar, von Walter Benjamin übersetzt: abseitig, makabererotisch, Rückgriff auf ein provinzielles Frankreich der verklemmten religiösen Fanatiker, ahnungslosen Priester und tiefgründigen Sünderinnen. Das alles übergossen mit dem Lack einer morbiden Fin-de-siècle-Ästhetik. Jouhandeau gehört zu der Variante der konservativ-katholischen Homosexuellen (Montherlant, Green), die aus diesen vielleicht konträren Gegebenheiten eine raffinierte Spielart des Leidens destilliert haben. Halb vergessen, auch weil er sich im Krieg als Kollaborateur und Antisemit gefiel.

Ist vielleicht nur zu spät geboren: Zur Zeit der Symbolisten hätte er exklusive Pariser Gemäuer bewohnt anstatt dieses spießigen Vorortpavillons samt Gemüsegärtlein. Im Innern allerdings geht es hoch her mit antiken Bettstellen, Lilienvasen und geschnitzten Schränken voller Souvenirs, denn Jouhandeau hat seine Linie. Rollt draußen ein Lastwagen vorüber, so erzittert in den Vitrinen leise das Kristall. Pomphaft blättert er für uns seine Fotoalben auf, und zu jedem vergilbten Bild weiß er die Geschichte. Da ist die schöne Mutter mit Schleppkleid und Federhut. Da ist er selbst als überbegabter Schüler, später als schülerliebender Schullehrer im steifen Kragen, umgeben von seinen Zöglingen, auch ihre Namen hat er nicht vergessen. Jouhandeau erschnüffelt alles, behält alles im Kopf, verwandelt es in geheimnisvolles Zeremonial des Bösen.

Mit vierzig packt ihn, der nie Frauen begehrt hat, der Dämon. Und er heiratet die Ausdruckstänzerin Elise, genannt Cariathis. Auch ihre Szenenfotos hängen hier, daneben die Ankündigungen ihrer Soireen im schrillen Léon-Bakst-Stil. Eine der wilden Frauen der zwanziger Jahre. Cocteau nennt sie: die schöne Exzentrikerin. Nicht der erste Mensch, den ich kleinkriege, denkt sich vielleicht Marcel. Er manipuliert ihre Seele, »wie die aller Menschen, die mich lieben«. Sie, kurzerhand, beginnt nun auch zu dichten. Sie schreibt über ihre Ehe, was sonst. Nicht anders als er. In benachbarten Räumen schreiben die beiden über einander, gegen einander. Zuletzt sind es bei ihm vier Bände, drei bei ihr. Er ist der

Schamlosere: kein Detail, das er nicht verrät. Sie wird zunehmend schriller, er höhnischer. Eine öffentliche Verfluchung dieses Verhältnisses, das ihnen doch, schon als Materialsteinbruch, unerläßlich ist. In jüngster Zeit, als der Absatz schwindet, wird das dann zu einer Art aufgekratzter Zirkusnummer. Nur daß Jouhandeau auch hier noch der glänzende Stilist von ehedem bleibt: »Ich bin der Alchemist des Bösen ... Ich bin ein wenig wie Luzifer, anspruchsvoller als Gott.« Und dann dieses frappierende Bild, wie von Félicien Rops gemalt: »Das einzige Wesen, das man liebt, das kann man nicht sehen. Denn man ist Rücken an Rücken mit ihm an das nämliche Kreuz gekettet.«

Nach der Wohnungsführung turtelndes Doppelinterview im Garten. Zum erstenmal arbeiten wir mit zwei Kameras, auf daß nur ja kein Goldkörnchen danebenfällt. Schon sind beide in den Startlöchern. Nur eine einleitende Frage ist nötig (wer von Ihnen braucht mehr Mut, diese Ehe zu ertragen?), den Rest schaffen sie im Alleingang. *Er:* »Sie fühlt sich mir weit überlegen, und warum? Weil ich keinen Sou habe und sie noch ein Vermögen aus ihrer Bühnenzeit.« *Sie:* »Immerhin zahle ich für den Haushalt. Alle Reparaturen, dauernd geht etwas in die Binsen. Wo wärst du ohne mich?« *Er:* »Wie wahr. Leider bin ich nicht von Natur aus treu. Aber du hattest auch deine kleinen Abenteuer.« *Sie:* »Hatte? Hatte? Der Unterschied ist bloß, daß ich es nicht von den Dächern pfeife!« *Er:* »Wenn man so gut pfeift wie ich! Ich bin 78 – ich sage Ihnen nicht das Alter meiner Frau –, und ich verzichte auf gar nichts.« *Sie:* »Und ich? Verzichte ich etwa?« *Er:* »Nicht auf mich, das ist gewiß. Du bist eine Klette.« *Sie:* »Und deine Sängerin, die war natürlich keine Klette! Gewiß eine herzensgute Frau, aber schön ist anders.« *Er:* »Was soll das heißen? Eine der intelligentesten ... viel gebildeter als du. Und welche Musikalität!« *Sie:* »Und du hast nach ihrer Pfeife getanzt.« *Er:* »Besser als nach deiner.« *Sie:* »Meine Pfeife ... haha. Komm, mein Tänzerchen. Komm und tu schön.« *Er:* »Kröte! Viper!« *Sie:* »Kater! Käterchen! Katerissimo ... haha.« Und so immer fort. Von der Gartenpforte winkt er uns noch mit gespielter Bonhomie nach. Ein Mann, den man einmal mit Proust und mit Gide verglichen hat. Aber auch zum Bewahren der Würde gehört wahrscheinlich ein Mindestmaß an Einkommen.

SAN FRANCISCO, 20. SEPTEMBER 1966

»Ich bin geboren auf der falschen Seite der Schienen. Quer durch die Stadt lief eine Straßenbahn, von Drahtseilen angetrieben. Nördlich davon lagen die Theater, die Hotels, die Kaufhäuser, die Banken. Südlich der Schienen wir: die Fabriken, die Kesselhäuser, die Wohnstätten der arbeitenden Klasse.« Der Autor dieser autobiographischen Zeilen heißt Jack London, dessen Leben wir filmisch nachvollziehen wollen. Die Stadt ist Oakland und liegt gegenüber von San Francisco. Seine Slums sind immer noch sehenswert. Jack aber ist ein Kämpfer: »Das Treppenhaus der Zeit hallt wider vom Aufstieg der Holzschuhe und vom Abstieg der Lackstiefel.«

Der Hafen von Oakland, von dem aus der Sechzehnjährige die ganze azurblaue Bai durchsegelte, als Ausreißer und als Austernräuber, jetzt stark heruntergekommen. Autowerkstätten, Lagerschuppen, nur selten Inlandwerften mit hölzernen Schiffsgerippen. Am Wasser eine neuaufgeschüttete Plaza, daran unverändert Jacks ehemaliges Standquartier, die Kneipe »First and last chance«, aus den Planken eines abgewrackten Walfängers errichtet. 49 Jahre lang stand ihr sein Freund, der hartgekochte Seefahrer Johnny Heinold, vor. Heute dessen Sohn George. Links hinten auf dem Ecktisch liegt noch das dicke alkoholfleckige Wörterbuch, das der halbwüchsige Jack hier herunterschlang: Grundlage seines späteren Schriftstellerruhms. An der Wand ein Foto, das den Kleinen, Kopf in den Händen, beim Lernen zeigt. Nach seinen Seeabenteuern lieh sich Jack dann vom alten Heinold zehn Dollar, um sich an der Universität von Kalifornien zu immatrikulieren. »Zurückgezahlt hat er sie nie«, weiß George. Allerdings brach er das Studium auch ziemlich unvermittelt ab. Und ging im Sommer 1897 mit der ersten Vorhut der Goldsucher in den Klondike. Lockruf des Goldes ...

PLEASANT HILL, 22. SEPTEMBER 1966

Jack London privat. Wie lebendig das hier noch ist. Er verließ seine erste Frau samt zwei Töchtern schon nach dreijähriger Ehe, um die halbgebildete Charmian zu heiraten, in der er fälschlich ein gesellschaftlich höherstehendes Wesen vermutete. Beide Töchter leben noch, die ältere, Joan, jetzt siebzig, ist in der kalifornischen Gewerkschaftsbewegung tätig. »Mein Hauptanliegen gilt den Chicanos, den mexikanischen Landarbeitern und ihren Kindern, die noch heute auf den Feldern zu Hungerlöhnen schuften.« Verbissene, tragische Frau, deren Häßlichkeit fast etwas Beabsichtigtes hat, als wollte sie sich möglichst weit von Strahlemann Jack absetzen. Erst jetzt, im Alter, hat sie ihm den »Verrat, an dem sie lebenslang zu kauen hatte«, halbwegs verziehen. »Wäre er noch am Leben, wir würden ihn in der vordersten Front der Bürgerrechtsbewegung finden«, schwärmt sie.

Kann sein. Sicher ist es nicht. Die soziale Gleichberechtigung (sein Hauptproblem als uneheliches Kind fahrender Leute) lag ihm am Herzen. Die Ungleichheit der Rassen hielt er für naturgewollt. Mit der weißen Rasse an der Spitze und ihm, dem muskelbepackten Dichterheros, vorneweg als Übermensch. In einem Brief, den sie ihm als Teenager schrieb, hat Joan ihn der Phantasterei, ja der Lüge angeklagt. »Zeige mir das Antlitz der Wahrheit«, schrieb er pathetisch zurück, und er werde ihm nachfolgen. Sein anderes Lebensmotto stand aber dazu im Gegensatz: »Um die Fülle zu leben, muß der Mensch sich vom Leben blenden, von seinen Sinnen umgarnen lassen.« Irgendwann gelang es dem ewigen Wegsucher dann nicht mehr, mit diesem inneren Widerspruch zwischen Realität und Romantik fertig zu werden. Die Tochter heute: »Mein Vater war ein guter Mann. Er hatte nur keine Ahnung. Er war ein Naiver. Uns hinterließ er nichts als Bitterkeit.«

GLEN ELLEN, 24. SEPTEMBER 1966

Jack Londons Musterfarm, die »Beauty Ranch« im »Tal des Mondes« hinter San Francisco. Diese poetischen Bezeichnungen, Ausdruck seines ewigen Geltungswahns, stammen von ihm selber. Aus sechs verschiedenen Gütern hat er damals seinen Privatstaat zusammengerafft. Heute wird alles verwaltet von Irving Shepard, dem Sohn seiner Schwester, der uns herumgeleitet. Üppiger Landstrich, aber gigantomanisch angefaßt: der Bewässerungstümpel ein See, die Schweinekober aus solidem Granit, wie für die Ewigkeit gebaut. Reste der 100000 Eukalyptusbäume, mit denen er wieder einmal ein Vermögen verdienen wollte, die ihm aber prompt eingingen. Am Waldrand die Ruine des »Wolfshauses«, seiner zyklopischen Wohnburg. Sie brannte am Tag vor dem Einzug ab, wahrscheinlich von neidischen Nachbarn in Brand gesteckt. Halbmeterdicke Trutzmauern (gegen wen, gegen den Tod?), in deren leeren Fensterhöhlen die Klapperschlangen rascheln. Die Vergeblichkeit dieses ganzen Bemühens!

Dann neben dem Hybristraum die Realität: nämlich der bescheidene Holzbungalow, mit dem Jack und Charmian sich zuletzt begnügen mußten, ein zunehmend entfremdetes Paar. Sie zumeist auf Reisen. Getrennte Schlafräume, dazwischen das Bad. Sein Arbeitszimmer mit Schreibmaschine und Diktaphon (er beantwortete 10000 Briefe jährlich), Zettelkästen bis zur Decke, meterlange Enzyklopädien, aber keinerlei zeitgenössische Literatur. Auf einem Stuhl sein Rancherhut, die Reithandschuhe. Shepard zeigt uns auch einen Handzettel, mit dem Jack seinen Freunden, Bekannten, Nutznießern und Schnorrern die besten Anreisewege aus der Stadt mitteilte. Zeitweise bis zu hundert Gäste am Tag. Trat er ihnen mittags gegenüber, so hatte er schon einen erschöpfenden Achtstundentag hinter sich: zwei Stunden Korrespondenz, zwei für die Berge von Broschüren, die ihn zum wissenschaftlichen Farmer machen sollten, zwei für seine tägliche Schinderei, die »Ration« von tausend Wörtern, zwei, um das vortags geschriebene Pensum zu korrigieren. Neben dem einfachen Bett steht noch die Pappuhr, auf der er seinem Diener die Weckzeit für den nächsten Morgen mitteilte. Nämlich regelmäßig zwischen zwei und sechs Uhr, eine spätere Einstellung gibt es micht. Der bestverdienende Autor seiner Zeit (70000 Dollar jährlich) war nur mehr Sklave seines steigenden Lebensaufwands.

Zuletzt Alkoholiker, Junkie, zwanghafter Esser rohen Fleisches, dick geworden, überheblich und reizbar. »Wünscht Gott noch eine Flasche Bier?« fragt ihn sein asiatischer Diener, bevor er kündigt. Und in einem von Jacks letzten Briefen heißt es: »Wenn ich das Geld nicht nötig hätte, ich würde kein Wort mehr schreiben, kein einziges Wort! Verstehst du, was das bedeutet?« Zum Abschied schenkt uns der Neffe einen von Jack London eigenhändig signierten Scheck. Sieben Dollar an die Elektrizitätsgesellschaft von Hawaii, der er anscheinend noch Geld von seiner katastrophalen Weltreise mit der selbstgebauten »Snark« schuldet. Der Scheck ist zurückgewiesen. Jack London hatte keine sieben Dollar mehr auf der Bank. 1915 trifft ihn der Schriftstellerkollege Upton Sinclair in Heinolds Bar. Betrunken, auf zwei Zentner aufgeschwemmt. Seinen letzten Wunsch, Schluß zu machen, hat er sich dann im nächsten Jahr erfüllt, wahrscheinlich mittels einer Überdosis Morphium. Keineswegs dabei anwesend: Jacks unternehmungslustige Frau Charmian. Obwohl sie in ihrer Biographie den Moment rührselig auspinselt: »Gefährtin, Gefährtin, laß mich nicht ziehen ...« Er war gerade vierzig. Klassischer Fall von Selbstzerstörung nach amerikanischem Muster. Das Weitere siehe unter Hemingway.

YAKIMA, WASHINGTON, 1. OKTOBER 1966

Unterwegs zu Jack Londons Alaska-Abenteuern. Heute Verabredung mit der Tanzhallenkönigin vom Klondike des Goldrausches. »Diamond Tooth Lil«. So genannt nach dem Diamanten, den sie sich in eine Vorderzahnlücke setzen ließ. Man wußte eben damals, in jenem sagenhaften Winter 1897, nicht, wohin mit dem geschürften Reichtum. Zu kaufen gab es nichts in der Goldhauptstadt Dawson, außer den couragierten Damen, die es zu Fuß über den Chilkoot geschafft hatten. Sie führten solche Beinamen wie Eskimo Nell oder Grizzly Bear und müssen dementsprechend auf die Goldgräber gewirkt haben. Zumeist arbeiteten sie für den Saloonkeeper Harry Ash. Als dieser sich ein komplettes Klavier, in seine Teile zerlegt, über den Paß nach Dawson transportieren ließ, verdiente er in einer einzigen Nacht 30 000 Dollar.

Leider hat man Lil, jetzt an die Neunzig, gestern abend aus ihrem Altersheim in ein Armenspital verbringen müssen. Von ihrem Bett aus lächelt sie uns nur entschuldigend zu, ein Diamant ist nirgendwo zu erblicken. »Sie hat nicht einmal eine Nummer in der Sozialversicherung«, informiert uns die Krankenschwester beleidigt. Was hier offenbar einem Todesurteil gleichkommt. Übrigens ist Lils richtiger Name Honora Ornstein. Gebürtig aus Brünn in Mähren. »Austria-Hungary« steht auf den Papieren.

SKAGWAY, 3. OKTOBER 1966

Mythisches Hafenstädtchen, von Jack London rauschhaft beschrieben. Vor achtzig Jahren letzter Brückenkopf der Zivilisation, bevor man in das »Nordland« verschwand. Hier besorgen wir uns Proviant, auch einen schweren Revolver. Denn in unserer einzigen Informationsquelle, einem hektographierten Blättchen von »Northern Research Officer Lotz«, heißt es warnend: »Achtung, Grizzlygelände. Feuerwaffen empfohlen.« Gegen den Regen schaffe ich mir einen breitkrempigen schwarzen Filzhut an. Und gleiche damit – nur Schurken tragen Schwarz – dem seinerzeitigen König von Skagway, Soapy Smith. Berüchtigter schnauzbärtiger Falschspieler und Wegelagerer, dessen 200 Banditen die Stadt terrorisierten. Sein Grundsatz: »Andere suchen das Gold in der Erde, ich in den Taschen der Goldsucher.« Man zeigt uns am Strand die genaue Stelle, wo er aus dem Hinterhalt erschossen wurde. Den Mörder fand man nie. In den dreißiger Jahren traf dann in Skagway überraschend der Brief eines bekannten Großindustriellen ein, mit beigelegtem Scheck über fünfzig Dollar: »Setzt Soapy einen anständigen Grabstein.« Man besichtigt ihn noch heute.

DYEA, 4. OKTOBER 1966

Mit dem Boot von Skagway hierher übergesetzt zum Ausgangspunkt der Goldgräberzüge. Am Strand ergreifend die Trümmer zweier endloser Landebrücken, Monumente der Vergänglichkeit. Seinerzeit, im Sommer 1897, lud man hier Tag und Nacht die tonnenschweren »outfits« (Ausrüstungen) und die Schlittenhunde der 20 000 Prospektoren aus, die verzweifelt versuchten, den Klondike noch vor dem Zufrieren der dorthin führenden Seenkette zu erreichen. »Brüllendes Tollhaus«, notiert Jack. Auch: »Fabelhaftes Material ... kolossale Story.« Schon sieht er sich als Troubadour des Goldrausches.

Der Ort, damals vom Indianerdorf zu einer Großstadt von 15 000 angeschwollen, ist seitdem wieder auf einige hundert Bewohner zurückgeschrumpft. Die entlegeneren Häuser hat man dabei einfach auf Rollen gesetzt und »downtown« abgeladen. In der Kneipe Nachbildungen der größten je aufgefundenen Goldnuggets. Bloß Walnußformat. Die legendäre »mother lode«, die pure

Goldader, aus der die Körnchen von den Bächen flußabwärts geschwemmt wurden, sucht man bis heute vergebens. Am längst überwachsenen Ortsausgang dann ein Goldgräberfriedhof von 1898. Auch Namen von Frauen. Nicht weit von da abgestürzte verrostete Lokomotiven, Reste der halsbrecherischen Schmalspurbahn, die man bis zu den Goldfeldern führen wollte: »Das gewagteste Unternehmen seit dem Panamakanal.« Auch das sinnloseste, denn ab Frühjar 1898 gab es ja Raddampfer von der Beringstraße den Yukon aufwärts nach Dawson. Und im Jahr darauf war der Goldrausch ohnehin zu Ende. Aber ist es nicht gerade das Scheitern großer Unternehmungen, das uns anrührt? Ein Jack London, als Millionär heimgekehrt, ließe uns kalt. Der ewig siegreiche Napoleon war, wie bekannt, literarisch unergiebig bis zu seinem Sturz. Nur Fehlschläge rufen unsere Sympathien hervor. Warum? Im Tiefsten sehen wir uns alle als Versager ... Nachmittags Eintreffen der vorausbestellten Packpferde. STERN-Fotograf Robert Lebeck, mit von der Partie, springt auf und ist auch schon wieder unten. Beschließe, zu Fuß zu gehen.

SHEEP CAMP, 6. OKTOBER 1966

Marsch zum Chilkoot-Paß. Wer, der als Kind Jack London las oder auf einem zeitgenössischen Foto diese »endlose Kette von Verdammten« sah, die mit ihren Packlasten in 45gradigem Winkel den verschneiten Paß hochkeuchten, würde hier nicht vollsatt die eisige Luft einatmen. Die Goldgräberroute verläuft anfangs in sanfter Steigung längs des Taiya-Flusses, auf Knüppelpfaden durch schlammige Wälder. Darin scheue Wildpferde, Nachkommen entlaufener Packtiere von damals. Wir stoßen auf einzelne Grizzlyspuren, roten Beerendurchfall, Lachsskelette, aber bislang glücklicherweise keine Bären. Bei der Zwischenstation Canyon City: verrottete Wagenräder, Pferdeschädel, ein rostiger Bullerofen, durch den ein dicker Baum gewachsen ist. Aufgeplatzte siebzigjährige Konservendosen, daraus übles Zeug quillt. Schuhsohlen, Gewehrschäfte. Auch eine Holzkiste mit Metallverschlüssen, die wir aufsprengen. Leider anstatt Goldstaub bloß verfaulte Werkzeuge und der Name John Thompson.

Dann wird der Wald dichter, der »trail« steil und unwegsamer. Aufgerauhte Baumstämme als Brücken über Wildbäche. Mehrmals überqueren wir den gefrorenen Fluß mit seinen glitschigen Kieseln. Viel Morast. Diese Knochenmühle mit dem halben Körpergewicht auf dem Rücken, zwanzigmal hintereinander, um das »outfit« hochzuwuchten – nie wurde Jack London fortan müde, das zu beschreiben. Von einem Mann wird berichtet, der verzweifelt aufschrie: »Was soll aus Mary und dem Kleinen werden!« und sich in den Fluß stürzte. Sogar Pferde sollen hier Selbstmord begangen haben. – Übernachtung in der Hütte von Sheep Camp, wo wir die Packtiere zurücklassen müssen. Aus dem Bergbach trinke ich literweise eiskalte Gletschermilch, in der die blinkenden Flocken herumtanzen wie in Danziger Goldwasser. Da das Tageslicht andauert, klettere ich dann allein und voller Ungeduld fast im Laufschritt zum Fuß des Passes. Was habe ich erwartet? Jedenfalls nicht diese grüne Alm, die bis obenhin schneefrei, gerade wie ein mählicher Alpensattel wirkt. Trotzdem tiefe Befriedigung. Immerhin sind, laut Research Officer Lotz, seit den Klondikern erst dreißig oder vierzig Leute über den Paß gezogen.

CHILKOOT, 7. OKTOBER 1966

Den Chilkoot-Paß erklommen. Am Fuß gigantische Steinblöcke, wie die Quadern abgewitterter ägyptischer Pyramiden. Später rutschige Geröllhalden. Auf dem Sattel Ruinen einer Hütte, pfeifender Wind, aber keine lausige Schneeflocke in Sicht. Woher die Klimaveränderung? Für Jack London war es »der Vorraum der Hölle«. Zwanzig Meter Schnee, sagt er, fielen hier im Herbst und Winter 1897. Nie waren weniger als tausend Männer gleichzeitig auf dem Paß. Es durfte ja keiner in den Klondike, der nicht eine Tonne Lebensmittel und Ausrüstung mitbrachte: Zelt, Decken, Schaufel, Hacke, Mehl, Bohnen, Speck ... Und hier, auf der Paßhöhe, wurde alles von kanadischen »Mounties« kontrolliert. Jemand hat 1500 Stufen ins Eis gehackt, die »goldene Treppe«, für deren Benutzung ein Dollar fällig ist. »Wir sind aneinandergeschmiedet wie Galeerensträflinge«, notiert Jack, der bis zu 150 Pfund Traglast auf einmal schafft. Darunter Darwin, Marx und Nietzsche.

Auf den zeitgenössischen Fotos beträgt der Neigungswinkel des Passes nie weniger als 45 Grad. Auch Charlie Chaplin hat es in »Goldrausch« so gedreht, allerdings nicht hier am Chilkoot, sondern in den näher gelegenen Rockies. Mit Arbeitslosen aus Los Angeles als billigen Statisten. Prüft man aber die alten Fotos genauer, dann erweist sich, daß die Männer keineswegs so weit vorgebeugt marschieren, wie es ihre Lasten eigentlich erfordern. Manche scheinen geradezu aufrecht zu wandeln. Wieso das? Offensichtlich haben die Fotografen ihre Kameras seitlich gekippt, um den Steigungswinkel zu dramatisieren. Der meiner Schätzung nach etwa 35 Grad betragen muß. Immer noch hart genug. Aber wie bezeichnend, daß die Reportagefotografie, kaum erfunden, schon manipulieren mußte, um das Sensationsbedürfnis der Leser zu befriedigen. Die Goldsucher, Jack London allen voran, waren sich ihrer Theatralik auch durchaus bewußt: »Nach uns kommt nichts mehr – die Welt ist abgesteckt. Dies ist das letzte gemeinschaftliche Abenteuer der Weißen.«

Wann hat die Angst vor der Abgestecktheit der Welt eigentlich begonnen, also die Platzangst der Weißen? Schwer zu fixieren. Aber irgendwann zwischen 1850 und 1880 hieß es in Amerika nicht mehr »the frontier«, sondern »the last frontier«. Galten Cowboys nicht mehr als schlecht bezahlte Kuhhüter, sondern abenteuernde Desperados. Sah man im Indianer weniger den brutalen Skalpierer als den landvertriebenen Edelmenschen. Durchquerte man Afrika nicht mehr, um zu taufen oder Geschäfte zu machen (Livingstone), sondern um etwas zu erleben und niederzuschreiben (Stanley). Seit etwa 1880 schimpft dann der Weltreisende auf die Zivilisation. Seit 1900 kommt er sich allenthalben als Verspäteter vor, als Schlußlicht. Und der Begriff Tourist (bislang Fußwanderer) erhält seine heutige abfällige Bedeutung. Als der Jungmatrose Jack London auf einem Schoner zu den Pribiloffs segelte, fühlte er sich als normaler, ausgebeuteter Schiffsarbeiter. Als er zehn Jahre später darüber den »Seewolf« schrieb, empfand man das bereits als historische Romanze.

MINTO, 10. OKTOBER 1966

Längs des staubigen Alaska-Highways nach Dawson. Unterwegs Elche, Steinadler, Indianerfriedhöfe mit ihren Geisterhäusern. Zeitweise die Seen- und Flußkette zum Klondike, die 1897 bereits im September zufror und viele der Goldsüchtigen gestrandet zurückließ. Während wir jetzt freundlich-warmen »Indianersommer« genießen. Kaum Menschen zu sehen. Endlich eine vereinsamte Siedlung aus Blockhäusern, dabei Vorratshütten auf Stelzen (gegen Wölfe und Vielfraße), zwischen denen an langen Stangen Lachse zum Trocknen hängen. Auf seiner Erdhütte ein Wolfshund, der, ohne uns zu beachten, mit zurückgelegtem Kopf den frühen Mond anheult. Zuletzt hinkt ein ehrwürdiger weißhaariger Indianer heran, der seine Büchse als Krückstock benutzt. Wir stürzen uns auf ihn, grüßend und gestikulierend, bugsieren ihn unter tausend Floskeln zu einem Baumstumpf, lehnen die Büchse ans linke Knie, stecken ihm Geldscheine zu, die er aber unbesehen in der Hand behält, nun findet sich auch der Hund ein und setzt sich zu seinen Füßen, ein Bild wie aus Lederstrumpfzeiten. Erst beim Abschiednehmen merken wir, daß der Mann blind ist.

DAWSON, 12. OKTOBER 1966

Dawson am Yukon! Einst in Goldrauschzeiten mit 40 000 Einwohnern das »Paris des Nordens« und, pro Kopf gerechnet, die reichste Metropole der Welt. Heute mit 700 Übriggebliebenen eine Geisterstadt. Ungepflasterte Straßen, eingefaßt von hölzernen Gehsteigen. Einstöckige Bretterhütten mit vorgesetzten falschen Fassaden. Daran Schilder: Sheriff's Office, Flora Dora Saloon, General Store. Man steht wie im Traum. Wo hat man das alles nur schon gesehen? Wo anders als in tausend Wildwestfilmen, heruntergedreht in den Back-lots von Hollywood. Während hier alles authentisch ist: die letzte bewohnte Pionierstadt des amerikanischen Drangs nach Westen. Im »Mining Office« verlangen wir eine Stadtkarte zur Orientierung. Man reicht uns eine Blaupause von 1898, mit Straßen, Hotels, Kneipen, ganzen Stadtteilen, die der Busch längst wieder verschlungen hat. Eingestürzt die Brücke nach Klondike-City am gegenüberliegenden Yukonufer, einst Lousetown oder Läusestadt genannt, das Dirnenviertel. Abgebrannt die weltberühmte Front Street längs des Ufers mit ihren Riesenbannern: »Gold, Gold, Gold zu kaufen gesucht!« »Baden auch Sie heiße Bäder!« »Konzertcafé, Damenorchester. Wir schließen nie, wir haben den Schlüsel verloren!« Verschwunden die Kneipen, in denen es zum guten Ton gehörte, daß man dem Barmann, während er den Goldstaub für den Whisky auf seiner Apothekerwaage abwog, als Zeichen des Vertrauens den Rücken zukehrte.

Das Orpheum, nördlichste Opernbühne der Welt, jetzt zu einem Kino umgebaut. Man sitzt auf hölzernen Bänken unter indianischen Teenagern in Jeans. Der Umbau, als Gag für irgendeine längst vergessene Hollywoodpremiere zustande gekommen, soll 50 000 Dollar gekostet haben. Man bezahlte ihn aus dem Goldstaub, den man in den Ritzen und Teppichen des alten Theaters vorfand. Seinerzeit wurden auch die Kellner mit den Goldkörnern bezahlt, die sie morgens aus den Fußmatten der Kneipen klopften. Und ein Bonanza-König hatte in seiner Diele eine Schale voll Nuggets aufgebaut mit dem Vermerk: »Nehmen Sie sich ein paar von den dickeren.«

DAWSON, 15. OKTOBER 1966

Kraterlandschaft, als wäre ein Weltkrieg drüber hingefegt: durchwühlte Erdlöcher, Abraumberge, verbeulte Schienen, umgestürzte Loren. Räudige Blockhütten ohne Dächer, davor Goldwaschtrommeln und Rudimente eines Hundeschlittens. Der Landrover bringt uns zu Bächen, die solch legendäre Namen tragen wie Bonanza, Eldorado, Gold Bottom, Last Chance Creek. Hunderte von Millionen hat man einst in Gold hier herausgeholt. Wohin ist alles gegangen? Letztlich, da es nur einen einzigen Käufer gab: nach Fort Knox, wo bis heute, zu Barren geschmolzen, Amerikas Staatschatz lagert.

Kann man noch immer reich werden im Klondike? Wir sehen monströse Motorbagger (»dredges«), die sich ein letztes Mal durch das verwüstete Erdreich fressen. Auch kleine Waschoperationen lohnen noch. Emil, ein Berliner, zeigt uns triumphierend, wie er mit Planierraupen hoch oben am Berg das Gestein losbricht. Die Brocken werden durch Dampfstrahl zertrümmert, kollern zuletzt eine lange, schräg abfallende Holzrinne zu Tal, die mit Sieben ausgelegt ist. Darunter Teppichstreifen, in denen die hindurchfallenden Goldkörner haftenbleiben. Einmal monatlich wird »clean-up« gemacht, das bringt zehn- bis fünfzehntausend Dollar. »Als Kellner hab' ich nicht mal ein Zehntel davon verdient.« In Einmachgläsern stehen seine Körnchen auf Regalen gestapelt wie Kompott. An einem anderen Creek stoßen wir auf Black Mike Vinaver, den letzten der »alten Sauerteige«. Bärtiger Kroate, seit dem Goldrausch, also fast siebzig Jahre, im Lande. »Nein, an Jack London kann ich mich nicht erinnern. Ich denke nicht, daß der damals viel Eindruck auf uns gemacht hat.« Rheumatisch führt er vor, wie man nassen Schlamm aus dem Bachbett in die verbeulte Pfanne schaufelt. Dann mit Kreiselbewegungen das Erdreich ruckartig hinausbefördert, bis zuletzt am Boden der Pfanne die »Farbe« sichtbar wird. Einen Dollar kriegt er in halbstündiger Schwenkarbeit zusammen. Damals waren 15 der Durchschnitt, 800 Dollar pro Pfanne keine Seltenheit.

Die »Claims«, etwa achtzig Meter das Flußbett entlang, muß man mit vier beschrifteten Holzpfosten abstecken und dann in Dawson registrieren. Wir finden halbvermoderte Pfähle mit sagenhaften Namen, die auch Jack London ehrfürchtig nennt: Skookum (»der gute«) Jim, Joe Ladue, dem praktisch der ganze Grund und Boden von Dawson gehörte. Ein einziger Block der Front Street, für 100 Dollar gekauft, war zwei Jahre später 300 000 Dollar wert. Heutzutage wieder 100 Dollar. Alles wurde überstürzt zurückgelassen, als 1901 unvermutet das Gerücht auftauchte, im Fischerdorf Nome an der Beringstraße sei ein neues Klondike entdeckt worden. Doch zu dieser Zeit hatte sich »Seemann Jack« schon längst im offenen Ruderboot den Yukon hinabtreiben lassen, zurück ins heimatliche Südland. »Außer meinem Skorbut brachte ich keine Schätze mit nach Hause.« Aber da war immerhin das Gold seiner Geschichten, ausreichend für zwanzig Bände.

ANAKTUVUK PASS, 17. OKTOBER 1966

Finale zu Jack Londons Alaska in dieser hochnördlichen Eskimosiedlung. Dicht daneben eine amerikanische Wetterstation. Wieso trotz solcher kostenungünstiger Beobachtungsposten »für Mitte Oktober Schneefall in ganz Alaska« angesagt war, bleibt eines der

Rätsel der Wettervorhersage. Derzeit haben wir 30 Grad unter Null, aber der vorhandene Schnee sieht so heruntergekommen aus, als wäre er seit Jahren nicht erneuert worden. Die Grasspitzen lugen heraus, um nicht zu sagen die Graswurzeln. Und heute ist unsere letzte Chance, den obligaten Hundeschlitten zu filmen. Wer nimmt uns schon einen Jack London ab ohne Hundeschlitten? Unser Buschpilot hat seine zweimotorige Maschine auf freiem Feld abgesetzt. Jetzt lädt er unser Gerät so hurtig ab, daß der Stativkopf herausfällt. Bei 30 Grad scheint ihm jeder Aufenthalt riskant. Vom Abstellen der Motoren, siehe Stalingrad, gar nicht zu reden. »See ya tomorrow«, gestikuliert er gegen die Propellerbö. Obwohl tiefer Vormittag, ist sonst kein Mensch in Sicht.

Verloren schleppen wir unser Zeug in Richtung Siedlung. Die Siedlung besteht aus zwei Reihen halbvergrabener, erdbedeckter Bretterhütten, oben Kamine. Da aus den Kaminen keinerlei Rauch aufsteigt, muß alles noch schlafen. Vielleicht halten die hier sechs Monate Winterschlaf? Hinter dem Dorf als Abschluß eine wurstförmige Wellblechbaracke, die sich als Schule herausstellt. Wir finden den Lehrer in den Federn. Nach einem Kaffee aus unserer Thermosflasche ist er immerhin genug aufgetaut, um mit einer Art Kuhglocke die Kinder zusammenzurufen. Putzige, rundköpfige Fellknäuel, denen ich sofort über Paris und New York referieren muß. New York trägt eindeutig den Sieg davon, dank der Höhe der Wolkenkratzer. Inzwischen haben sich auch die Eltern eingefunden, die aber keineswegs mehr ihre schöne Pelztracht tragen, sondern drei Schichten Olivgrünes aus amerikanischen Armeebeständen. Zwar bibbert man darin vor Kälte, aber man gehört zur Zivilisation.

Die Eskimos sind auch mitnichten im Hundeschlitten gekommen, sondern in motorisierten »snow-gos«. Wollen wir Hundeschlitten drehen, so muß dafür bezahlt werden. Auch für das Anlegen der Pelzkleidung muß bezahlt werden. Nur das Stativ reparieren sie gratis, dank schrankenloser Lust an der Mechanik. Leider können sie uns mit unserer Kamera nicht helfen. Nicht, daß der Arri selbst etwas fehlt. Der Kameramann hat sie natürlich vorher entölt. Öl stockt bei Kälte. Ohne Öl kann die Flügelblende nicht stocken. (Bloß Metallspäne auf den Film absetzen. Großartig.) Nein, was nicht klappt, sind die Akkus. Vier haben wir mitgebracht. Einer ist von Anfang an tot, der andere am Abfrieren. Die zwei übrigen trage ich unter den Achselhöhlen. Als Unnötigster im Team bin ich wenigstens fürs Warmhalten gut. Danach Eintreffen von drei Hundeschlitten. Aus irgendwelchen Abstellschuppen geholt, wo sie ihrer Weiterverwendung als Brennholz gewärtig waren. Jetzt kommen auch die Hunde angekläfft, diese süßen ringelschwänzigen Malamutes und Huskies. Sie sind breiter und mächtiger als erwartet, die Schlitten hingegen schmaler, geradezu wie Schulbänklein im Kindergarten. Ungefedert rumpelst du dahin, jede gefrorene Bodenwelle läßt dich hoch in die Luft schnellen, und krachend landest du wieder auf den eisklirrenden Holzlatten, oder auch daneben.

Die süßen Huskies warten keineswegs auf den Zuruf »mush!«, von dem du bei Jack London gelesen hast (und der wahrscheinlich das französisch-kanadische »marche« ist). Achten auch nicht auf das »gee!« oder »haw!« für rechts oder links. Sie wissen ohnehin, wo's langgeht. Und zwar im Laufschritt auf einen schneefreien vertikalen Felshang, wo der Schlitten auch ohne ihre Mithilfe umstürzt. Danach blicken sie mich begeistert mit diesen treuherzigen blauen Augen an. Alles in Ordnung, Master? Alles okay? Ich gebe zu, daß alles okay ist, mit Ausnahme einer zweifellos verstauchten Nase und sonst allerlei. Und wo befinden sich meine Akkus, bitte? Die zwei Akkus aus meinen Achselhöhlen? Die Huskies geben mir zu verstehen, daß das nicht unbedingt ihre Sorge ist. Wohingegen es jetzt langsam spät wird, nicht wahr? Feierabend, Master? Ich luge aus geschwollenen Augen zum Horizont. Insofern nämlich, als die Sonne bereits dicht am Horizont steht, wie in der Arktis jederzeit üblich. Und wir haben keine Minute Film im Kasten.

Endlich erklären sich die Einheimischen bereit, mangels Schnee zur Not auch über ihren gefrorenen Dorfsee zu kutschieren. Wir bauen die drei Schlitten hintereinanderweg auf den See gegen die fahle Abendsonne. Es sieht aus wie etwas aus »Alexander Newski«. Nur daß Eisenstein ja Unmengen Gips oder Persil oder was immer es war zur Verfügung hatte und wir nicht eine einzige Schneeflocke. Vielleicht tut's der Silhouetteneffekt? Nachher Rutschpartie auf dem meterdicken Eis des Teiches. So durchsichtig, daß man darunter den Seegrund und sogar überwinternde eingefrorene Fische ausmacht. Die Abendkälte durchschneidet uns jetzt wie Messer. Riesenzapfen hängen aus Mund und Nasenlöchern. Auch empfindlicher Harndrang, aber riskiert man bei dieser Temperatur das Unaussprechliche? Jack London seinerseits spart diese Information aus. Er war Romantiker von solcher Ausschließlichkeit, daß er sogar die Huskies und ähnliche Monster für menschlich hielt, siehe »Wolfsblut«. Demnächst, nach einiger Anwärmung, bin ich bestimmt wieder seiner Meinung. »Laßt uns anstoßen auf den Mann, der heute auf Fahrt ist. Möge sein Proviant reichen, mögen seine Hunde frisch bleiben, seine Streichhölzer ihr Feuer bewahren.« Übernachtung in der Wetterstation. Morgen Rückflug über den Pol, in etwa zwölf Stunden zu bewerkstelligen. Vom Hundeschlitten zur Pariser Metro in einer Nacht.

PARIS, 7. DEZEMBER 1966

Françoise Gilot in Neuilly aufgesucht. Zehn Jahre lang Lebensgefährtin des um vierzig Jahre älteren Picasso und Mutter seiner zwei Kinder Claude und Paloma (welche grußlos und verbissen mehrmals durchs Zimmer streicht). Gilots kürzlich erschienener Memoirenband soll Picasso dermaßen erbost haben, daß er jetzt seinen Kindern den Zutritt verbietet. Schönes, offenes, nachdrückliches Gesicht, breiter Mund, starke Augen. Etwas Unerschrockenes, Unerschütterliches darin. Gehirnstolze Frau, sehr französisch in ihrer Fähigkeit, Gefühle gleichzeitig präzise und bildhaft auszusprechen. Ohne die volksliedhafte Simplizität, die man auch bei klugen Deutschen hört, oder gar den exhibitionistischen Analytikerjargon der Amerikaner.

»Ich war ja Blaubarts siebte Frau. Ich wußte nur zu gut, was den andern sechs widerfahren war. Das – nicht mit mir! Ob er mich wirklich geliebt hat, weiß ich nicht. Ich glaube, er war unfähig zur Zärtlichkeit. Im Grunde hat er mich, ganz legitim, für seine Inspiration benutzt. Er holte aus mir heraus, was er brauchte, aber er hat nie den Menschen entsiegelt. Ich wollte aber geliebt werden, wie ich war, nicht als Göttin und schon gar nicht als Fußmatte. Ich hatte nur keine Vorstellung, wie ihm das klarmachen. Ich saß in meiner Schale wie eine Auster, und er hielt die Schale in der Hand. Aber er konnte sie nicht öffnen. Ja, trotz all seiner Kraft. Denn es gibt auch eine andere Art von Kraft, Stendhal spricht davon: die Stärke, von der die Ameise soviel hat wie der Elefant. Die Lebenskraft, und die besaß ich. Ich war genauso unbesiegbar wie er.«

Also ein dauernder Wettstreit mit ihm? »Ja, bis aufs Messer. Ich meine nicht Zänkereien, häusliche Szenen. Sondern um unsere innere Wahrheit. Und Picasso, wenn er die Wahrheit weiß, dann verachtet er. Dann langweilt er sich. Es ist ein fertiges Bild, er signiert es, und Schluß damit. Bei ihm wird ja jedes Gefühl sofort in Aktion umgesetzt. Er kennt keinerlei Rücksicht, gesellschaftliche Moralbegriffe. Ich mußte mich also geheimhalten, bewahren, wie Jeanne d'Arc in ihrer Rüstung. Diesen Kampf habe ich zehn Jahre lang geführt. Darum ist es vielleicht doch nicht seine Schuld, daß er die Auster nie aufgekriegt hat. Ich hielt sie ja von innen zu. Ich wollte ihn mir ja erhalten.« Sein letztes Wort an sie war übrigens: »Du wenigstens hast mich nie gelangweilt!« Danach muß ich noch, wenn auch unter Hemmungen, die unerläßliche Frage stellen: Wenn Picasso ihr jetzt einen Wink zukommen ließe (angeblich hat er gewunken), würde sie dann zu ihm zurückkehren? Daraufhin so heftige Leugnung, daß man fast das Gegenteil vermutet.

PARIS, 14. DEZEMBER 1966

Mittags im Filmstudio Billancourt mit Shirley MacLaine. Reporter sind den Stars immerhin dazu gut, die Mittagskalorien einzusparen. Sie dreht hier, nach eigenen Worten, »eine unsägliche Auftragsarbeit von Vittorio De Sica. Der Arme macht es ja ausschließlich fürs Geld, weil er alle seine Piepen am Spieltisch anbaut.« Ich frage Shirley, ob sie grundsätzlich immer die Wahrheit sage. »Erraten.« Sie würden auch einen Reporter nicht anschwindeln? »Nie!« Wie alt sind Sie? »Zweiunddreißig.« Wieviel Geld verdienen Sie pro Film? »800 000 Dollar plus Gewinnbeteiligung.« Ist das mehr als Liz Taylor? »Soviel wie sie und Burton zusammen.« Halten Sie sich für schön? »Nein.« Häßlich? »Nein. Ich habe nicht viel Busen, aber tolle Beine.« Gescheit? »Nein.« Dumm? »Nein.« Wofür halten Sie sich also? Shirley (nach einer kunstvollen Pause): »Ich bin eine anständige Person.«

Guter Anfang. Warum will, laut Umfrage, unter allen deutschen Kinobesucherinnen die Mehrzahl Shirley MacLaine sein? Wahrscheinlich das Quicke, Quirlige, Deftige von Irma La Douce. Und die erträumbare Mischung von Unschuld und Pariser Lotterleben. Was noch? Unverkennbar, daß sich hinter grünen Katzenaugen und Gaminelächeln noch etwas Zusätzliches abspielt. Zum Beispiel rastlose Experimentierfreude. Mal alles mitgemacht haben. »Da gab es kürzlich wieder diese Negerunruhen in den Südstaaten. Ich sofort hin, nach Georgia. Dort hatte ich diese schwarzen Freunde: Ich will jetzt mit eigenen Augen sehen, was mit euren Narrenhäuslern hier läuft! – Dazu brauchen Sie sich bloß mit uns in einen Wagen zu setzen. – Also los. – Was ich dann erlebte, würden Sie nicht für möglich halten: Brandbriefe, geballte Fäuste, brennende Kreuze vor meinem Motel. Ich habe gewimmert vor Angst. Und vor Wut. Mir kann man nichts mehr vormachen betreffs Bürgerrechte und so. Ich weiß Bescheid.« Auch im Himalaja ist sie gewesen. »Auf drei Tage, aber geblieben bin ich zweieinhalb Jahre. Wozu? Um Fragen zu stellen. Aber das bequatsche ich hier nicht. Das kommt in mein erstes Buch.« Ach so, weil Sie nämlich jetzt auch Bücher schreiben? »Richtig. Und es wird heißen: Fall nicht den Berg runter. Was mir ja fast passiert wäre. So platt war ich vor Staunen. Wovor? Vor dem, was die Leute dort wissen. Die Yogis. Die Gurus. Und was ich nicht weiß. Und was ich herausfinden möchte.« Folgen Revelationen über frühere Stationen ihrer Seelenwanderung, die sie bis zur altägyptischen Prinzessin zurückverfolgt. Auch reichlich flockige Jenseitssprüche, metaphysische Betulichkeit. Dann wird Shirley zur Maskenbildnerin gerufen. Mit der sie ebenso zwitschernd von Locken und Make-up plappert wie zu mir von Brahmanenweisheit. Der Kotau vor dem Osten . . . das Know-how vom Westen . . . geht alles in eins, bei diesem unbekümmerten Naturell. Beneidenswert.

PARIS, 2. JANUAR 1967

Der Schauspieler Michel Simon in irgendeinem unmöglichen Pariser Boulevardstück. Jedoch das erste Mal seit Jahren, daß dieser Mordskerl überhaupt wieder auf der Bühne steht. Soll die ganze Zeit unfähig gewesen sein, auch nur ein Wort Text zu behalten. Vor einigen Wochen sah ich ihn dann in der Metro, überraschend geheilt. Die Fahrgäste klatschen ihm spontan zu, was ich seit der

Piaf nicht sah. Dieses Rauhbein mit wabbeligem Schmerbauch ist eben das, was man einmal Volksschauspieler nannte, vielleicht einer der letzten. Denn das Volk will ja nicht mehr »tümlich« sein, obwohl es das (trotz Brecht) in früheren Zeiten durchaus genoß. Simons Geheimnis: an das Volkhafte, also meinetwegen Allzumenschliche, querbeet durch alle sozialen Schichten zu appellieren und ihnen damit das ersehnte Gefühl der Zugehörigkeit zu vermitteln. Ich bin Simon-ist, also bin ich Mensch. Dabei ist seine Darstellungskraft so profund, daß er weniger eine Rolle mit Leben zu erfüllen scheint, als daß jede Rolle zufällig identisch ist mit Michel Simon. Hat in 140 Filmen und 78 Bühnenstücken mitgespielt und scheinbar immer sich selbst, das heißt jedermann.

Nach dem rhythmischen Schlußapplaus (»Mi-chel! Mi-chel!«) Besuch in seiner Garderobe. »Mein Leben lang habe ich hören müssen, daß ich häßlich bin. Ich kann nicht behaupten, daß mich das je besonders verstört hat. Wollen Sie wissen, was wirklich zählt? Lebendig sein. Mit 14 Jahren hat mich unser Kindermädchen aufgeklärt. Sie zog auch gleich die praktischen Konsequenzen, zu unserer gemeinsamen Befriedigung, muß ich sagen. Seitdem ist mein ganzes Leben von Eros erfüllt. Alles ist Eros, ein einziges Angezogensein und Abgestoßenwerden. Keine Errungenschaft, die es wert wäre, daß man diesen Strom einengt.« Ob er sich heute, wie in der Zeitung zu lesen, als Tiernarr, aber als Menschenhasser empfinde? »Alle Menschen haben mich verraten. Wann? In der Stunde der Not, wie gehabt. Eines Tages mußte man mir für einen Film den Bart färben. Mit welchem Produkt, konnte ich nie erfahren. Am nächsten Morgen hatte ich ein Ödem im Gehirn, eine unheilbare Krankheit. Die Sehkraft war weg, das Gedächtnis. Ein lebender Leichnam, zehn Jahre lang. Zehn Jahre, ohne zu spielen, die Hölle. Aber hat deswegen irgend jemand an die Zeitung geschrieben: Wo bleibt Michel Simon, wir wollen unseren Simon wiederhaben? Lachhaft. Jeder verzeiht sich seine eigene Krankheit, aber bei anderen gilt sie als Charakterschwäche. Und wer ist mir treu geblieben? Die Tiere, mein Herr. Nein, es gibt keine Logik im Leben. Alles ist leerer Zufall, ohne Bedeutung. An meinem Unglück ist irgendeine Tinktur schuld, so idiotisch ist das. Mein Leben ruiniert von einem Barbier.«

PARIS, 18. JANUAR 1967

Waghalsige Klettertour mit Gault und Millau in den unbekanntesten Weinkeller von Paris. Der Lange ist Gault, der Dicke Millau. Man nennt sie aber immer in einem Atemzug, etwa wie Laurel und Hardy, Tünnes und Schäl. Die beiden geben einen neuen erfolgreichen Pariser Freßführer heraus, obwohl doch an denen auch bisher kein Mangel herrschte. Der Besitzer des Weinkellers an der Montagne St. Geneviève heißt Monsieur Besse. Nur Eingeweihte wissen, daß seine unscheinbare Delikatessenhandlung vier Stockwerke tief in die Erde und in die Vergangenheit reicht. Und daß dort Tausende unbezahlbare alte Flaschen lagern, teilweise noch von seinen Vorfahren ererbt. Unser Abstieg bis zum letzten Schacht dauert eine gute Viertelstunde. Unten römische Gewölbe, Schlammboden, dampfende Feuchtigkeit. Und ein Monsieur Besse, dem der Schock noch in den Gliedern sitzt. Die jüngste Überschwemmungskatastrophe der Seine hat nämlich auch seinen Keller unter Wasser gesetzt und die Etiketten zahlreicher Flaschen, gerade im tiefsten Raritätenkeller, unwiederbringlich abgewaschen. Jetzt muß er seine Weine pauschal zu einem läppischen Durchschnittspreis verkaufen. Wobei der Kunde nie weiß, ob er einen letztjährigen Beaujolais oder einen hundertjährigen Mouton-Rothschild in die Finger kriegt.

PARIS, 20. FEBRUAR 1967

Im Park des Vert Galant am westlichsten Zipfel der Pariser Stadtinsel. Seinefischer, Hippies, Stromgeglitzer unter gelber Abendsonne. Kontrastierend mit dieser wärmenden Stimmung, drehen wir hier das coolste aller neuverheirateten Paare: Juliette Gréco und Michel Piccoli. Was trieb die beiden Profis zueinander, nach je einer gescheiterten Ehe? Fast möchte man meinen, jeder ist auf die gerühmte Kompliziertheit, ja Rätselhaftigkeit des andern abgefahren. Er: süffisanter Spezialist für Hintergründiges, Monströses, die verschwiegenen Laster und Besessenheiten der Bourgeoisie. Sie: nach mehrmaliger Nasenoperation fast zu exklusiv auf bebende Nüstern im reglosen Antlitz eingestellte, allzu abgeklärte Pythia oder Vestalin. Eine Sphinx (vielleicht) ohne Geheimnis.

Von den beiden scheint Piccoli der Solidere. Schon, weil er

nicht, wie sie (»Sartres schönste Kreation«), dauernd mit seiner Vergangenheit konfrontiert wird. Auch ist es für Schauspieler weniger riskant, den Stil zu variieren, als für Chansonsänger, die alsbald auf Image und sogar Kostüm festgenagelt werden. Bei ihr spürt man, hinter dem etwas zu schablonierten Gestus verinnerlichter Erfahrung, doch noch reichlich Instabiles. Siehe ihren kürzlichen Selbstmordversuch. Oder die in Paris erschienene Denunziation ihres Hollywood-Liebhabers Zanuck, voller rachsüchtig ausgeplauderter Intimhäppchen. Ist es wirklich unzumutbar, ihr gleich bei der Ankunft den verlockenden Satz »Ich habe den Längsten an der ganzen Westküste« zugeflüstert zu haben? Und nachher trotzdem mit schwarzer Augenmaske zu schlafen? Verstörend auch die Schlußankündigung dieser Geständnisse, sie habe nunmehr den rechten Mann fürs Leben gefunden. Nur hatte man im letzten Moment den Namen des rechten Mannes mit Druckerschwärze unleserlich machen müssen. War er schon wieder passé? Oder handelte es sich gar um Piccoli selber, der in solchem Zusammenhang auf Nennung verzichtete? Nichts davon ist dem pfiffigen Pärchen abzufragen.

Wie hinreißend doch die französische Sprache, wenn sie sich in sonoren Antithesen ergeht. Piccoli (mit erkünstelter Offenheit zur Kamera): »Ich liebe die Verführung. Und das Lüften weiblicher Verschleierungen.« *Sie* dito: »Nicht das zählt, was man herzeigt, sondern was man verbirgt.« *Er:* »Allerdings weiß ich einiges über sie. Ich weiß sogar das Allerwichtigste: wann sie die Wahrheit sagt und wann sie lügt.« *Sie:* »Ich habe immerhin Zeiten, wo ich aufrichtig bin. Aber es sind gerade nicht die, wo man mich für aufrichtig hält.« *Er:* »Ich nenne sie Madame Beschließerin. Das sind ja diese hochachtbaren Schloßverwalterinnen, die einen ganzen Ring von Schlüsseln am Gürtel tragen. Auch die für Geheimkammern. Manchmal glaube ich, daß es immer mehr Schlüssel bei ihr werden ...« Am geheimnisvollsten scheint mir allerdings, wie diese zwei ausgebufften Hexenmeister sich tatsächlich zu lieben herausnehmen. Ganz als gehörten sie nicht uns, sondern sich selbst. Oder gar einander.

Stecke weiter in der Erfüllung meiner zwei Jugendträume, wie sie herablassend von den Teams genannt werden: dem Schwarzweißfilm über Jack London und dem Farbfilm über Gauguin. Demnächst Abflug in die Südsee. Gibt es dort noch was? Und was ist dieses Was, das wir suchen? Jedenfalls gehören wir zu den letzten, die exotische Länder noch mit frischen Augen erleben können. Nach uns kommt nichts mehr. Alles ist abgegrast. Wir selbst werden abgegrast haben und den Millionen verraten, was wir so liebend gern für uns bewahrt hätten. Unlösbares Paradox des Reisenden und Filmemachers, seit Curtis, seit Flaherty und Murnau.

Heute also bei Jean Guyart, Ethnologe. Einst Erforscher des – neben Neuguinea – noch unerschlossensten Areals der Südsee, der Inselgruppe der Neuen Hebriden. Jetzt wohnt er in dem schäbigen Pariser Vorort Clamart. Damals schlug er sich zu Fuß durch die Dschungel der Hauptinseln Tanna, Efate, Ambrym, Malekula. Sowie diverser kleinerer Inseln des Archipels, dessen Einwohner sich zum Teil noch als Kopfjäger und Kannibalen betätigten. Hat feindliche Stämme ausgesöhnt, Volkskunst gesammelt, Gebräuche notiert, Zeremonien aufgenommen, dabei wiederholt sein Leben aufs Spiel gesetzt. Ich erwarte einen altgedienten »field worker« und finde zu meiner Beglückung einen jungen Mann, dessen erste Forschungsreisen kaum zwanzig Jahre zurückliegen. Endlich nicht mehr das niederschmetternde Gefühl, mindestens ein halbes Jahrhundert zu spät zu kommen. So nah dran wie jetzt war ich noch nie. Mit mühsamer Lässigkeit erkundige ich mich nach den kriegerischen Steinzeitmenschen, die Guyart in seinen Büchern so respektvoll beschreibt. Er lacht mit der schmerzlichen Häme dessen, der weiß, daß er schon das Beste hinter sich hat: »In den entlegenen Hochtälern finden Sie vielleicht noch ein paar hundert.« Empfiehlt uns den Stamm der Big Nambas im Norden von Malekula, der noch am ehesten ohne ausgedehnte Expedition zugänglich sei. »Aber ich würde nicht zu lange warten.« Ich frage ihn, womit sich die Anthropologen befassen werden, wenn die letzten Nambas erschöpft sind. »Mit den anderen Anthropologen, was sonst.«

PAPEETE, 28. APRIL 1967

Ankunft auf Tahiti auf Korallenrollbahn mit dem direkten Düsenjet von Paris, den es neuerlich gibt. Am Flughafen begrüßt von süß lächelnder Jungfrau, die mir eine Muschelkette um den Hals hängt. Anschließend in ein Zollbüro, wo man mich ohne Umstände auffordert, einen Revers zu unterschreiben, daß wir »Tahiti auf die traditionelle Art filmisch wiedergeben werden«. Absicherung wegen bevorstehender Demonstrationen gegen die notorische Dauerarbeitslosigkeit, auch will man ja die unterseeischen Atombombenversuche weiter ungestört abwickeln. Unterbringung in einem charmanten Bungalowhotel. Was habe ich erwartet – Baumrindenzelte? Abends Rundgang durch Papeete. Noch viel Einstökkiges aus der Kolonialzeit, aber starke Bautätigkeit. Hübsch, die Einheimischen mit Blumenkränzen im Haar auf Motorrollern. Das modernste Gebäude die Apotheke – während man mir im Pariser Reisebüro versicherte, daß es gar keine gebe und man alles Einschlägige, bis hin zur Seife, selber mitbringen müsse. Abends allein am schwarzen Sandstrand (Team trifft erst morgen ein). Depression, wie sie noch viel schwärzer Gauguin gekannt haben muß, als er im Juni 1891 per Segler in Papeete landete. Dieser spießigen französischen Unterpräfektur, in der es schon damals mehr Beamte, Gendarmen, Missionare, Läden und Kneipen gab als »unberührte Wilde«. Und er war doch seines Traumes so sicher gewesen.

PAPEETE, 29. APRIL 1967

Team eingetroffen, Rundfahrt um die Doppelinsel Tahiti, etwa 120 Kilometer. Die fruchtbare Küstenzone teilweise nur fünfzig bis hundert Schritt breit, dann beginnt schon die steile unbewohnbare Wildnis der zentralen Vulkane. Verzweifelte Lügenhaftigkeit von Gauguins Briefen, er lebe »ohne Geld im Dschungel des Landesinneren zusammen mit edlen Wilden«. In Wirklichkeit lebte er von Konserven, zunächst dicht bei Papeete längs der Küstenstraße – die Stelle wird noch gezeigt. Dann in dem zivilisierten Stranddorf Mataiea, wohin er sich mit der Postkutsche fahren ließ. Heute steht dort ein kleines Museum mit Fotokopien seiner Bilder. Auch einer Riesenschildkröte, auf der man sich fotografieren läßt. Von Gauguins Anwesenheit enthält die Insel nicht mehr die geringste Spur.

Bei dem Dorf Tautira (in dem auch Robert Louis Stevenson wohnte) können wir, für ein kleines Trinkgeld, Reiter am Strand filmen, mit Blütenkränzen im Haar. Aber wahrscheinlich mußte schon Gauguin für dieses schönste seiner Motive zahlen.

Dann Faaone, hübsches Fischerdörfchen, wo wir unseren einzigen nackten Busen sehen – leider eine Alte. Die bezügliche Tagebuchstelle: »Was suchst du, Mann, der Menschen macht? Eine Frau. Hast du ein gutes Herz? Ich erforsche mein Gewissen: Ja. Man bringt mir eines der Mädchen. Du hast keine Angst vor mir? Aita – nein. Willst du mit mir in meiner Hütte leben? Eha – ja. Du bist nie krank gewesen? Aita. Mein Herz schlug. Dieses Mädchen von 13 Jahren bezaubert mich. Ich ritt davon. Sie folgte mir. Das war alles . . .« Abendessen in einer simplen Garküche aus Bambus. Für die Nacht haben wir uns ein paar ländliche Musikanten und Tänzer bestellt. Unsere mitgebrachten Fackeln müßten samt den Scheinwerfern des Jeeps als Lichtquelle ausreichen. Um zehn Eintreffen der Musikanten. Von den vier sind zwei verkrüppelt. Einer mit Elefantiasis, der andere trägt das Bein nach hinten geknickt wie ein Vogel. »Eingeborener« sein – kein leichtes Los.

PAPEETE, 30. APRIL 1967

Auf dem Marktplatz der Hauptstadt. Käfigartige Zementbuden, wie wahrscheinlich schon zu Gauguins Zeiten. Da auf einem seiner ersten Bilder die Marktfrauen in statuesker Haltung auf einer durchaus modernen Steinbank sitzen. Übrigens ist diese Haltung keineswegs nach der Natur gezeichnet, sondern nach dem Foto eines ägyptischen oder javanischen Frieses, das er von Paris mitgebracht hatte. An dem polynesischen Titel des Bildes: »Te matete«, hat man lang herumgerätselt. In Wirklichkeit ist es Pidgin-Englisch: »The market«. Auf ähnlicher Höhe befinden sich, so berichtet man uns, die meisten von Gauguins Maori-Titeln. Sogar die Motive stammen häufig nicht von ihm, sondern von Tahitis erstem Atelierfotografen Charles Spitz, der pittoreske Postkarten für Touristen anfertigte. Er war eben »um hundert Jahre zu spät gekommen«. Herzzerbrechend. Und als er einmal nackt baden wollte, wurde er wegen »indezenter Körperentblößung« verhaftet.

Wir selbst bemühen uns vergeblich, einige Mädchen zu finden, die sich im Naturzustand ablichten lassen unter dem berühmten Wasserfall von Fautaua. Am Ende müssen wir auf zwei schämige (und teure) Fotomodelle zurückgreifen. Gewiß nicht anders als Gauguin, der nur die Wahl hatte, zu zahlen oder sie zu heiraten. Die hübschesten Mädchen am Hotelpool sind übrigens französisch-chinesisch-maorische Mischungen. Abends Klagen des Teams über meine Gereiztheit. Man sei doch hier in Gottes Schoß, was ich denn sonst verlange? Nun ja, wahrscheinlich den patentierten Südseezauber, von dem wir alle als Kinder träumten. Die Gegenwelt zu unserer. Genießen ohne schlechtes Gewissen. Paradiesisches Dasein ohne Komplexe, ohne Schuld, ja möglichst ohne Psychologie. Schönheit gleich Edelmut. Liebe gleich Sex gleich Sport. Im Text nicht vergessen, daß Gauguin eigentlich schon Zeitgenosse von Freud!

BORA-BORA, 2. MAI 1967

Motorbootfahrt zur lieblichsten Insel des Archipels. Auch der »pittoreskesten« steht im Prospekt, ein Wort, das einem den Genuß schon im voraus verdächtig macht. Abends paddeln die Dorfbewohner zu Hunderten auf ihren Auslegerkanus in die Abendröte hinaus zum Fischen. Blumen im Haar, Fackeln in der Hand. Nur damit sie bunte tahitische Pareos um ihre Shorts schlingen und die Armbanduhren verstecken, müssen wir extra berappen. Verwunschener Anblick, mit nichts bisher Gesehenem zu vergleichen. Den ich aber kaum zum letztenmal genieße. Möchte nicht wissen, in wieviel Fernsehberichten dieses Stück Film als »Klammerteil« wieder auftauchen wird. Draußen im dunkelnden Meer wird das Bild immer poetischer, immer irrealer. Dabei sind es bloß halbnackte Küstenproleten, die schwitzend ihrer Arbeit nachgehen. Irgendwann werde ich darüber ein ernstes Wort mit mir zu reden haben. Aber nicht jetzt, nicht in diesem überwirklichen Moment.

BORA-BORA, 3. MAI 1967

Steinfischen. Etwa fünfzig Pirogen verteilen sich im Halbkreis um die Küste. In jeder zwei Mann. Einer zum Rudern, der andere trägt in der Hand einen schweren Kiesel, etwa von Kindskopfgröße, der an einem zwei Meter langen Strick befestigt ist. Auf einen Trompetenstoß in ein Muschelhorn werden die Steine regelmäßig unter rhythmischem Singen ins Wasser geklatscht, während die Bötchen einen immer engeren Kreis um die Küste schließen. Wo schon die Frauen ein Netz am seichten Meeresboden ausgespannt haben. Sind genug der verschreckten Fische zum Ufer getrieben, so hüpft alles kreischend ins Wasser und hievt unter Sang und Gelächter das gefüllte Netz hoch. Wörtlich so nachzulesen in Jack Londons Südseeberichten, sechzig Jahre zurück. Zum lebendigen Beweis, daß noch nicht alles auf der Welt zur Zirkusattraktion verkommen ist.

Man fragt sich, was hier in weiteren sechzig Jahren los sein wird. Wahrscheinlich ein zweites Hawaii. Aber mit welchem Recht spiele ich den sensiblen Außenseiter? Jeder ist doch des andern Neckermanntourist. Abends Lektüre der Aufzeichnungen Gauguins. Auch er war beim Fischen dabei. Aber sein Fisch trug einen Haken im Unterkiefer. »Das heißt, daß dir heute deine Frau untreu war. – Ich lache ungläubig. Wir landen. Tehura kommt mir entgegen. Bist du heute gut gewesen? – Eha. – Und hattest du einen hübschen Liebhaber? – Ich habe keinen Liebhaber. – Der Fisch hat anders gesprochen. – Sie weint: Schlage mich, schlage mich! – Ich wollte böse werden. Aber dieser Körper, wie ein Götzenbild! Ich küßte sie. Es war eine tropische Nacht, und ich vergötterte sie als Mann und als Künstler. Der Morgen kam strahlend.«

PAPEETE, 4. MAI 1967

Werde ich je Gauguins Grab in Hiva Oa grüßen dürfen, auf den fernen Marquesas-Inseln? Ich erkundige mich im Reisebüro. Neun Tage per »Goelette«, einem zweimastigen Segelschoner. Zu Gauguins Zeiten hingegen gab es einen Liniendampfer, der das in fünf Tagen schaffte. Aber in der nämlichen gemächlichen »Welt von gestern« wurde ja auch ein Brief, den man morgens in Wien aufgab, am folgenden Morgen in Berlin ausgetragen! Schweren Herzens verzichten wir auf das Grab und nehmen statt dessen ein Schnellboot zu der zwei Stunden entfernten Insel Moorea. Ein weißhaariger Herr im Tropenanzug mit wetterfesten Zügen fällt uns auf, der einsam an der Reling steht und in ein Büchlein kritzelt. Könnte fast Somerset Maugham oder Graham Greene beim Dichten sein. Ich spreche ihn an. Er ist ein ausgedienter Wiener Sozi-Funktionär, den seine dankbaren Genossen auf Weltreise geschickt haben. Jetzt notiert er allenthalben Löhne und Preise, damit er auch etwas Nützliches heimbringt. Auf Moorea landen wir dann in Cook's Bay. Kristallblauer Fjord, umstanden von einer Staffage aus steilen, palmenbewachsenen Zuckerhüten. Mittendrin kreuzt in der milden Brise gleißend ein Segelboot. Ein Ort, um Gott auf den Knien zu danken. Oder vor Glück zu sterben.

PORT MORESBY, NEUGUINEA, 14. MAI 1967

Nur ein einziges Ausrüstungsstück am Flughafen gestohlen, ein Wunder. Und ausgerechnet das Stativ, das wir noch am ehesten entbehren können. Aber was machen sie in Neuguinea mit einem Stativ? Fünftklassiges Hotel, das beste am Ort. Ich studiere die Karte der Inselgruppe, wo wir morgen fällig sind: die Neuen Hebriden. Die Karte datiert von 1894. »Laut Forschungsergebnissen von Lt. Commr. G. C. Frederick und Commr. H. E. Purey-Cust. Dünne Linien nach Luftaufklärung im Jahre 1943.« Ich sehe sie vor mir, die Herren Frederick und Purey-Cust: langschädlige englische Oberklassen-Götter in Tropenhosen und weißen Kniestrümpfen, den Revolver in der Faust, um dem britischen Weltreich noch schnell ein paar Felsbrocken zu erobern. Und nun ein halbes Jahrhundert nichts, die Neuen Hebriden sind so gut wie verschwunden. Bis dann 1943 irgendein gar nicht aristokratischer Fliegerleutnant Goldstein aus der Bronx, auf der Suche nach geeigneten Nachschubbasen gegen die Japaner, die Inseln überfliegt und seine Filme durchschnurren läßt. Wobei sich dann herausstellt, daß die Herren Frederick und Purey-Cust mit jugendlicher Unbekümmertheit Häfen verzeichnet haben, die es gar nicht gibt (»Undine-Bucht«, wahrscheinlich der Vorname der zukünftigen Mrs. Purey-Cust), und nicht vorhandene Berggipfel nach ihren Vorgesetzten benamsten (»Mount Badenough«).

Ah, Efate, Ambrym, Emae, Epi, Pentecost, Maloi, Malekula-Inseln, 168 Längengrade östlich von Greenwich. Voller weißer Flecken, Fragezeichen, »Baffling Point«, »Totenkopf-Bucht«, »Malo Killi Killi«, auch steiler Schraffierungen, auf unzugängliche Bergfestungen deutend. Und nirgendwo häufiger als auf der primitivsten Insel, Malekula, bewohnt laut dem Gebietsführer von »feindseligen Melanesiern«. Aha. »Es ist verboten, den Eingeborenen Munition mitzubringen«, steht dann noch in der Broschüre. Alles klar. »Trinkwasser bei sich führen.« Selbstverständlich. »Trägerkolonnen müssen bewacht werden.« Wird gemacht. Und schließlich die unwiderstehlichen Worte: »Sichtbares Waffentragen empfohlen!« Herrgott!

VILA, 15. MAI 1967

Mit elfsitziger Heron von dem Fidschi-Flughafen Nandi nach Port Vila, Hauptstadt der Neuen Hebriden. Vila – natürlich regnet es –, ein schlammiges Wellblechkaff mit einer einzigen Hauptstraße längs des Hafens. An der Hauptstraße liegt auch der einzige Laden. Er gehört der Landsdown Company, wie überhaupt die gesamte Südsee. In ihm befindet sich überdies die Kurzwellenstation, einzige Nachrichtenverbindung zur Außenwelt. Die Neuigkeiten, die hier einfließen, werden zu einer einmal wöchentlich erscheinenden Zeitung verarbeitet, die etwa folgendermaßen klingt: »One pikinini i full dound long one coconas long Lounego long 15 April naw em i ded. Pikinini ia i bilong White-Sans. Em i git 8 years.« Schwer zu verstehen? Wieso? Pikinini ist ein Kind, em heißt er, sie oder es, Coconas ist Kokos, long bezeichnet Ort oder Datum, bilong heißt, daß etwas zu was anderem gehört. Also, ein achtjähriges Kind aus dem und dem Ort ist am genannten Tag, von einer Kokosnuß erschlagen, unter dem Baum gefunden worden. Das ist Pidgin-Englisch oder Bêche-de-mer oder Bislama, eine Sprache, die in der ganzen Südsee gesprochen wird und die man nach einer Woche versteht und auch verstehen muß, sonst kommt man mit niemandem klar. Die Neuhebriden zählen zwischen 60 000 und 100 000 Einwohner, genauer weiß man's nicht. Sie sind nicht wie üblich von einer einzigen europäischen Macht im Namen von Sitte und Religion kolonisiert worden, sondern gleich von zweien. Seit 1906 herrscht hier ein britisch-französisches »Kondominium«, hauptsächlich, damit sich das nahe Australien nicht den ganzen Archipel untern Nagel reißt. Dementsprechend gibt es einen britischen und einen französischen Residenten, die sich spinnefeind sind und eigene Politik machen. Gestützt auf Bestechung der eingeborenen Vertrauensleute und finanzielle Förderung der katholischen bzw. anglikanischen Missionare.

Hier in Vila sitzen die französischen Colons in ihrem typisch französischen Lokal »Le Snak Bar« bei Ricard und Pernod. Während die Briten schräg gegenüber im »College Restaurant« ihr Steak mit Kidney Pie hinunterschlingen. Verwaltung, Justiz, Polizei, Schule, Gesundheitswesen laufen dementsprechend doppelgleisig. Drei Währungen haben Gültigkeit, nämlich das australische Pfund, der (neue) australische Dollar und der französische Pazifik-Franc. Und lassen sich unschwer je nach Tageskurs gegeneinander umrechnen – ein Computer von NASA-Dimensionen genügt. Briefmarken muß man allerdings mit der fiktiven Währung des französischen Goldfranc bezahlen. Das alles ist aber ein Muster an Durchschaubarkeit, verglichen mit dem Sprachenproblem. Die Inselkette zählt hundert verschiedene Sprachen, die noch dazu von Dorf zu Dorf variieren. Allein die nördlichste Insel, Malekula, der wir zustreben, kennt 28 verschiedene Mundarten. Wobei der Stamm der Big Nambas mit 1800 Angehörigen fast die größte Spracheinheit des gesamten Archipels bildet. Manche Sprachen, wie die Aore der Insel Santo, werden nur noch von einem einzigen Eingeborenen gesprochen.

Man redet also miteinander in Bislama. Es stammt aus der ertragreichen Zeit, als australische Sklavenhändler, »blackbirders« genannt, die Bewohner der Salomon-Inseln und Neuen Hebriden zu Tausenden in ihre Plantagen verschleppten. Noch Jack London berichtet, daß er sein Bootsdeck mit Stacheldraht absichern mußte, als er auf den Salomonen zu landen suchte. An die Neuhebriden hat er sich erst gar nicht herangewagt. Die Bislama-Sätze, die ich bei ihm lernte, hört man hier allenthalben auf der Straße. Nur einer scheint ein wenig aus der Mode gekommen: Fella kai-kai, den Burschen habe ich aufgefressen.

Abends gewaltiger Einkauf bei Landsdown für unsere Expedition, hauptsächlich Konserven und ganze Kisten Sprite-Limonade anstelle von Trinkwasser. Der Verkäufer bringt uns gleich noch zwei Päckchen Gewehrmunition, zu Geschenkzwecken. »Sonst brauchen Sie erst gar nicht raufklettern zu den Nambas.« Ich weise darauf hin, daß dies laut Reiseführer verboten sei. »Whisky ist auch verboten«, flachst er und stellt vier Flaschen dazu.

ÖSTLICH MALEKULA, 17. MAI 1967

Morgendlicher Flug nach Lamap Point, Hauptort der Insel Malekula. Dort treffen wir den französischen Administrator, Monsieur Boileau. Kühl bis ans Herz hinan. »Zu den Big Nambas wollen Sie? Bonne chance.« »Wenn da oben was schiefgeht, haben Sie eine kleine Truppe, um uns rauszuhauen?« Er sieht mich eigentümlich an: »Dazu brauche ich zuerst einen Marschbefehl.« »Aus Vila?« »Aus Paris natürlich.« Fieser Kerl. Macht uns aber immerhin mit dem australischen Koprahändler Oscar Weidman bekannt. Oscar, in Shorts, darüber eine Art Haifischweste, empfängt uns in dem geweißten Wohnhaus seiner Kokosplantage. Drinks werden von seiner schwarzen Konkubine auf den Knien serviert. Im tropisch-üppigen Garten, der sich bis zur Bucht hinzieht, seine sieben Kinder in vielfältigen Schattierungen, bis hin zu einem kohlschwarzen Bubi mit krausem Blondhaar: eine ganze Mendelsche Vererbungslehre. Bringt uns zu dem Kopraschiff, das er für uns vorgesehen hat, eine antike hölzerne Nußschale, mit Besatzung von drei Boys. Obwohl man alles frisch geschrubbt hat, riecht es bestialisch nach verfaultem Kokosfleisch. Wir laden unser Zeug auf, entschlossen, nicht auf den hölzernen Pritschen unter Deck zu schlafen, sondern oben.

Während der Kessel angeheizt wird, erzählt uns Oscar sein Leben. Am Arm trägt er eine Speerwunde. Die Neuhebriden sind für ihn nicht besser als ein Teufelsland. Irgendwo in New South Wales sitzt seine legitime Familie, doch »wie kann man normalen Menschen eine Existenz wie diese zumuten? Aber warten Sie, in zehn Jahren habe ich meine Kohlen beisammen, dann geht's zurück in die Zivilisation.« Ob er sich sehr auf die Zivilisation freue? »Und wie. Besonders auf meine Frau und Töchter, die in mir einen Blackbirder sehen, einen blutrünstigen Kolonialisten.« Warnt uns aber vor den einheimischen Schönheiten. »Je länger man unter ihnen lebt, desto weißer werden sie. Haben sie meine gesehen? Schneewittchen ist nichts dagegen. Schneewittchen mit ihren sieben schwarzen Zwergen, haha!«

MALEKULA, 18. MAI 1967

Den ganzen Tag die felsige Steilküste von Malekula entlanggedümpelt. Keine Spur menschlicher Anwesenheit, außer hier und da eine Rauchsäule. Sind es Signale, Feuerzeichen, die das Kommen des weißen Mannes per Buschtelegraf anzeigen? »Kai-kai«, kichern die Boys bäuchereibend, also wird dort wohl nur abgekocht. Hoffentlich nicht unseresgleichen. Abends Anker geworfen in der Elefantenbucht, der nördlichsten Malekulas. Da es noch hell ist, müßten wir eigentlich (»you boys make'm dinghi ready quickquick«) in unserem Schlauchboot an Land setzen, um den Aufstieg ins Hochland zu organisieren. Ich verschiebe es aber sträflich auf morgen. Statt dessen springen wir vom Schiffsrand nackt ins Glasklare, tauchen und schnorcheln zwischen Korallen, atmenden Riesenmuscheln und Heerscharen elektrischer Fische. Dann trocknet man sich rauchend an Deck in der Abendsonne. Kontemplativer Moment, auf den ich nicht verzichten will. Ich weiß doch, daß ich nie im Leben so glücklich war. Irgend etwas aus meiner Kindheit und Emigrantenzeit, das mich nicht zum freien Atmen kommen ließ, ist endlich genesen und zugeheilt.

MALEKULA, 20. MAI 1967

Steiler Anstieg mit Trägerkolonne von 14 Mann nach Amox, dem Hauptdorf der Big Nambas. Der Stamm wird so genannt nach seinem traditionell besonders umfangreichen Penisfutteral aus Pandangbast. Es gibt auch einen benachbarten Stamm, die Little Nambas, die in dieser Beziehung von der Natur schlechter ausgestattet und demgemäß noch aggressiver sein sollen. Die Munition, die wir den Big Nambas mitbringen, ist nicht etwa für wilde Tiere bestimmt, sondern für die Little Nambas. Achtstündige Plackerei über schmale Urwaldsteige. Der Träger meiner Aktenmappe, die vollgestopft ist mit Papieren und Büchern (darunter Schnitzlers »Jugend in Wien«), stößt bei jedem Schritt ein Todesröcheln aus, bis ich ihm die Last abnehme. Endlich von fern das tief beunruhigende rhythmische Dröhnen von Holztrommeln, das unser Kommen ankündigt. Wie in einem Urwaldfilm, fällt mir ein. Erst als wir es so ohrensprengend nahe hören wie ein Rockkonzert, merken wir, daß der Dschungel sich hier in eine offene Lichtung löst. An deren Eingang diese mannshohen wuchtigen Trommeln. Eigentlich nur ausgehöhlte Baumstämme mit einem längslaufenden Schlitz, schräg in die Erde gerammt. Konzeptkunst authentisch.

Wir sind auf einer Art Hochplateau mit Grashütten. Aus ihnen ergießt sich jetzt ein wildes Gerenne und Gejohle kohlschwarzer Männer mit wüsten Krausbärten. Alle schweißglitzernd und splitternackt, mit Ausnahme eines rotgefärbten Strohballens vor dem Geschlechtsteil oder auch einer Rübe, deren Spitze durch eine Art Verspannung mit dem breiten, roten Ledergurt um ihre Hüfte verbunden ist. An dem Gurt inkongruente Patronentaschen, etwa wie von Napoleons Großer Armee. Wir verteilen eilig Zigaretten, sicher ist sicher. Und werden zu einer Bambushütte geleitet, im Vorjahr für den Residenten erbaut, als er sich zum erstenmal hier heraufbemühte. Dann weitere Einheimische mit dicken Bambusstangen, die wir zuerst für Spieße halten. Also ist es soweit? Aber es sind bloß hohle Wasserbehälter für uns. Leider riecht der Inhalt penetrant nach Sumpf und Schwefel. So etwa dürfte die Hölle stinken. Wir werden uns also auch mit Sprite waschen müssen.

Jetzt ist es Zeit, aus meiner Aktenmappe die ersten französischen Expeditionsberichte aus den vierziger Jahren samt Fotos hervorzuzaubern. Im Mittelpunkt: ihr damaliger Häuptling Vixambat. Ein massiger Schreckensmann mit Menschenknochen quer durch die Nase, aber hier augenscheinlich eine Kultfigur. Armschwingender Jubel, als der gegenwärtige Häuptling, sein Sohn, das Buch herumzeigt wie eine Monstranz. Da der Sohn nur wenig Grandioses von seinem Vater mitbekommen hat, verstärkt das hoffentlich seine Autorität. Um uns weiter einzuschmeicheln, schießen wir jede Menge Polaroidfotos, die wir an die Porträtierten verteilen. Diese nehmen sie mit den Fingerspitzen entgegen, als täten sie damit uns einen Gefallen. Betrachten sich kritisch. Reichen sich herum, wobei es klar wird, daß – entgegen anthropologischer Weisheit – diese Insulaner durchaus imstande sind, ihr Bild auch in Schwarzweiß wiederzuerkennen. Ihr Bedürfnis, es zu besitzen, scheint aber gering. Wahrscheinlich reicht ihnen das Original. Oder ist es die Angst vor irgendwelchem Zauberbann, der sie die Bilder einfach in den Kot werfen läßt? Weg sind sie. Und damit unsere Hoffnung, Honorar zu sparen. Denn darum geht es nunmehr.

Für Fotos besteht, so unser Dolmetscher, hier oben ein fester Tarif. Bei Film muß man verhandeln. Zum Palaver hockt sich das halbe Dorf im Kreis, viel anderes scheinen sie nicht zu tun zu haben. Verzweifelt suchen wir eine Stelle windaufwärts, da sonst der Körpergeruch unerträglich. Jetzt ist unser israelischer Kameramann in seinem Element. Er braucht keinen Dolmetscher. Mittels ausgelegter Streichhölzchen macht er dem Häuptling klar, was Sache ist. Der Häuptling nickt uns freundlich zu. Er hat begriffen. Wir grinsen erleichtert in alle Richtungen. Was der Häuptling begriffen hat, ist, daß jetzt die ganzen Streichhölzer ihm gehören. Er steckt sie fingerfertig in seine Patronentasche. Ansonsten bleibt der Preis unverändert bei zwei Dollar pro Einstellung. Jedesmal, wenn die Kamera abgesetzt wird, ist eine Einstellung um. »Okay, Joe?« Der Häuptling der Big Nambas versteht mehr vom Filmemachen als wir. Er versteht sich sogar, was sonst nur der Computer der NASA schafft, auf die Umrechung von australischen Dollars in französische Pazifik-Francs, je nach Tageskurs. Verzweifelt deuten wir auf die mitgeschleppte Munition: »Und das ist für die Katz?« Der Häuptling gibt uns abwertend zu verstehen, man besitze bereits soviel Munition, daß man den ganzen Stamm der Little Nambas ausrotten könne. Der gleiche Trick, mit dem vor siebzig Jahren der äthiopische König Menelik den Amateurwaffenhändler Rimbaud fertigmachte. Der Häuptling erhebt sich zum Zeichen, daß jetzt die Anzahlung fällig ist. Im übrigen müsse er uns mitteilen, daß die Stammesfrauen tabu seien. Ebenso die Gewehre. Ebenso das Heiligtum auf dem Dorfplatz. Tabu, das bedeutet anscheinend, daß darüber neue Verhandlungen geführt werden müssen. Eins zu null für Big Namba.

Das Stammesheiligtum füllt übrigens den halben Dorfplatz, ist also gar nicht aus dem Bild herauszuhalten. Es ist ein militärisches Karree von dicht aneinandergereihten schweren Holzpfählen, massiv und bedrohlich. An die Pfähle werden zu bestimmten Feiertagen Opferschweine gebunden und mit rituellen Keulen massakriert. Ohnehin beruht die Ökonomie der Nambas auf ihren kleinen schwarzen Südseeschweinchen. Deren Stoßzähne die handelsübliche Währung. Nur müssen sie durch tägliches Beklopfen während des Wachstums dazu gebracht werden, sich zu runden. Je kreisrunder die Hauer, desto größer ihr Geldwert. Die schönsten kommen den Frauen als Armreife zugute. Allerdings ist darauf zu achten, daß die Ringe sich nicht zur Gänze schließen, denn solche stehen dann dank ihrer Perfektion den Göttern bzw. Priestern gratis zu. Unser Gewährsmann – er redet mit uns französisch – zwinkert: »Compris?« Wir haben verstanden. Die Götter hält man hier so knapp wie die Filmleute. Steinzeitmenschen hin oder her, deswegen ist man noch lang kein Betonkopf.

Sonnenuntergang. Jetzt, wo die reizvollsten Bilder zu haben wären, verzieht sich alles schlagartig in die Hütten. Natürlich wissen sie, daß es drinnen zu finster ist, um zu drehen. Höchstens umschauen kann man sich. Außer Spiegeln, Kochtöpfen und Petroleumlampen tatsächlich keine Zivilisationsgüter in Sicht. Aber auch, mit Ausnahme von Knochenkämmen, keinerlei Volkskunst. Die verstaubt wohl längst in irgendwelchen Völkerkundemuseen. Hierauf unmittelbarer Nachteinfall fast ohne Dämmerung, noch bevor wir uns in der Hütte eingerichtet haben. Schnelles Zähneputzen mit Limonade. Inzwischen erstellt Kameramann Jossi die Notlampen, wie er das im israelischen Unabhängigkeitskrieg gelernt hat. In eine leere Sprite-Dose werden rundum Löcher gebohrt. Dann füllt man Sand ein und durchtränkt diesen mit Petroleum. Das gibt stundenlang mildes Licht. Nur als ich es zur Nacht ausblase, schießt eine Stichflamme hoch und versengt mir Schnurrbart und Augenbrauen. Israel ist auch nicht mehr, was es einmal war.

MALEKULA, 22. MAI 1967

Das Dorf Amox ist nur eine Art Mutterschiff für lauter armselige Siedlungen, die, wahrscheinlich aus Sicherheitsgründen, im Dschungel verborgen liegen, jede mit ihren Yamwurzel-Feldern. Trotzdem ist man verblüfft über die Vielfalt der Trampelpfade. Manche verlaufen nur drei Schritte voneinander entfernt. Wozu das? Weil hier Söhne nicht ihren Schwiegermüttern und überhaupt Verwandte bestimmten Grades sich nicht auf demselben Pfad begegnen sollen: jeder des anderen Tabu. Geschlechtsreife Jungen und Mädchen dürfen sich bei Strafe nicht einmal in die Augen blicken, und die sexuelle Einweihung der Knaben hat physisch durch die Großväter zu erfolgen. Eine Hölle von Verboten, Zwangsvorstellungen und Ängsten, alle selbst geschaffen. Die aber unvermeidlich Solidarität herstellt gegen die Völker außerhalb des Gesetzes. Gegen die Little Nambas vor allem, denke ich mir, den Erbfeind. Denn was ist ein Volk ohne Erbfeind? Absurde Vorstellung von Steinzeitmenschen, die einander dringend auszurotten versuchen, noch bevor es die Zivilisation schafft.

Nachmittags Gewehrtanz, gegen einige zusätzliche Gagen. Tief im Busch stattfindend zu nur einer Trommel, vielleicht, damit sich die Sache nicht gleich zu echter Stammesfehde ausweitet. Die Flinten uralte Mannlicher und K 98, hoffentlich nicht geladen, da man ganz schön in Verzückung gerät. Gleichzeitig schielen aber die Tänzer kontrollierend zu uns herüber, ob auch alles ordnungsgemäß abgelichtet wird. Muß die Filmrolle gewechselt werden, so stoppt jede Bewegung, damit sie sich nur ja nicht überanstrengen. Gegen weitere Gratifikation dürfen wir schließlich auch die Frauen filmen, die man tief im Busch vor uns versteckt hält. Sie hocken mit ihren Kindern wurzelstampfend vor den Grashütten, nur einige wenige annehmbar hübsch, was bei der durchdringenden Häßlichkeit der Männer auch verwundert hätte. Alle tragen geflochtene rotviolette Perücken, die bis in die Kniekehlen herunterhängen und stark mit dem kontrastieren, was sie ansonsten nicht anhaben. Später am Abend dürfen die Frauen dann auch zu uns auf den Dorfplatz, und alles geht gelockerter zu. Der Häuptling bzw. sein Kabinettschef haben endlich auch mit dem Addieren aufgehört, wann immer eine Einstellung abgedreht war. Ansonsten stünden wir jetzt kostenmäßig bei »Vom Winde verweht«.

Ohnehin muß sich der Potentat dauernd in die Büsche schlagen, vielleicht, weil er unser Gastgeschenk von brühwarmer Sprite nicht verträgt. Jedesmal erklärt dann der Dolmetscher in klassischem Französisch: »Le chef va à la toilette.« Bei Sonnenuntergang darf ich mich selber verdrücken und gehe in Hockstellung unter irgendeinen schrumpeligen Baum. Wie schön, es gibt nichts Glitzernderes als tropische Sonnenuntergänge. Alles glitzert. Auch über mir glitzert etwas. Was mag das ein? Es ist eine Spinne, die sich in panischer Eile abseilt, direkt auf mich zu. Vielleicht hat sie Angst vor mir, da sie immerhin kleiner ist als ich, wenn auch nur wenig. In Amerika nennt man diese Monster Schwarze Witwen. Vielleicht wäre Witwenmacher ein besserer Ausdruck? Und warum muß sie jetzt unbedingt zwischen meinen Füßen hindurchlaufen? Aha, sie hat mich noch nicht einmal bemerkt, sie will bloß das Territorium wechseln. Gut so. Ich höre es kichern. Das ist aber mitnichten die Witwe, sondern eine junge Dorfbewohnerin in violetter Perücke, die breitbeinig und keineswegs geniert vor mir steht. Und auf dasjenige zeigt, was bei ihrem Mann oder Bruder oder weiß der Teufel wem durch eine Rübe verborgen ist. Ein Penisfutteral, bitte. Sie zeigt lachend darauf und zwitschert etwas. Sie zwitschert »pikinini«. Was in allen Sprachen der Südsee nur eines bedeuten kann, nämlich »kleinklein«. Das aber geht zu weit. Mein bestes Stück muß ich mir von ihr nicht madig machen lassen. »Hau ab, Mutti«, sage ich scharf. Worauf sie versonnen wiederholt: »Mutti . . .«

PARIS, 13. JULI 1967

Vormittags, nach vielen Demarchen, bei dem Dichterehepaar Louis Aragon und Elsa Triolet. Literarische Nobelboutique. Er verdienter Altkommunist, aber, wie jeder in Paris weiß, nicht mehr er selber, seit er 1953 von seinen Parteifreunden desavouiert wurde. Er war damals Herausgeber der (recht niveauvollen) kommunistischen Literaturzeitschrift Les Lettres Françaises. Dann kam Stalins Tod, und Aragon bestellte ein Porträt des verblichenen Diktators bei seinem Freund Picasso. Es kam im letzten Moment und war . . . ein Jugendbildnis. Schlauer Picasso. Nicht den Ewigkeits-Stalin hatte er gezeichnet, sondern den georgischen Jesuitenzögling, in dem noch alles drin war. Zuviel für die moskauhörigen französischen Apparatschiks, die alsbald Picasso und Aragon als Abweichler brandmarkten. Und Elsa? Elsa schlug sich zur real existierenden Mehrheit. »Wie konntest du nur?« soll sie ihren Mann angefaucht haben.

Trotzdem leben sie noch zusammen, ja gelten als das ideale Liebespaar der französischen Gegenwartsliteratur. Ihre Gesamtausgaben veröffentlichen sie auf die Art, daß immer abwechselnd ein Band von ihr und einer von ihm erscheint (»gekreuzte Werke«). Seine Schriften führen zum Teil solche Titel wie »Die Augen Elsas«, »Der Narr Elsas«, »Hymne an Elsa« und so fort. Derzeit sind die beiden aber gerade zerstritten. Frostiger Empfang. Elsa führt scharfzüngig das Wort, während Aragon (wie sie ihn nennt) hinten wie ein wunderschöner, weißhaariger begossener Pudel herumschleicht. Er ist offenbar auf die charmante Filmemacherin Agnès Varda hereingefallen, die einen Dokumentarstreifen über sie beide drehte. Und nun stellt sich heraus, es war für den Frauenfunk bestimmt. »Über Liebe statt über Literatur, haben Sie schon so was gehört?« Ich gebe zu, daß ich es noch nie gehört habe. Demgemäß soll ich jetzt garantieren, daß unsere Sendung eine ausschließlich literarische Angelegenheit ist, möglichst mit schriftlicher Bestätigung des Intendanten. Ich habe schon viele Meineide geleistet in Sachen »Journal«, aber Elsa traue ich mir doch nicht zu und empfehle mich unter dubiosen Entschuldigungen.

PARIS, 13. OKTOBER 1967

Termin beim französischen Fernsehen mit dem Chansondichter und Sänger Serge Gainsbourg. Ich klopfe. Einen erschreckenden Moment lang dieses Doppelgängergefühl: die Angstvorstellung, mit mir selbst konfrontiert zu sein. Besser gesagt, er ist mein jüngeres komplexeres Ich, dazu aber das Genialische. Kleingewachsen, prominente Nase, Henkelohren, Hängeblick des zu früh Gealterten. Um den ganzen müden Jüngling etwas Wissendes: einer, der schon als Kind erfahren hat, wie fies die Menschen sind, und der sich jetzt davon nicht ausnimmt. Ist bestimmt der kommende große »auteur-compositeur-chanteur«, obwohl er eben erst seinen Durchbruch hatte mit »Poupée de cire«. Schreibt aber auch schon für Bardot, Deneuve, Régine usw., die ihm alle hörig zu sein scheinen. Gilt als der erfolgreichste Schürzenjäger Frankreichs. »Jäger? Ich werde gejagt.«

Gang zu seinem kleinen Atelier in der Cité des Arts an der Seine, wo er »zwischen zwei Scheidungen« wohnt. Holt unten seine Post ab, mehrere der Briefe duften tatsächlich nach Parfüm. »Serge ist ein toller Name, meinen Sie nicht? Steht mir wie angegossen. Oder ich stehe ihm wie angegossen – kein Wunder, ich habe mich ja nach ihm umgebaut. Eigentlich heiße ich Lucien. Ich hasse Lucien. Lucien Ginzburg trug schon mit 13 den gelben Judenstern. Dann jahrelang im Versteck bei einem Förster. Eiserner Entschluß: Nie wieder unsichtbar sein! Nicht mehr kneifen müssen, sich nie mehr was gefallen lassen.« Ob er sich für schön oder häßlich halte? »Moche, moche, moche – potthäßlich! Dieser Lucien war ein Abschaum. Aber Serge ist schön. Wodurch wurde er schön? Durch kalkulierte Herausforderung, Provokation. Indem er seine Karten dauernd ausreizt. Dafür muß man aber jederzeit bereit sein, die Suppe auszulöffeln. Niemand darf an mir leiden außer mir!«

PARIS, 15. OKTOBER 1967

Dreh mit Gainsbourg, der umschwärmt von einer Glocke goldener Teenager durchs Linke Ufer zieht. Kauft ihnen im neuen Modeladen Dorothée Bis allerhand Fähnchen, läßt sich tatsächlich die Kosten von uns nicht wiedererstatten. Auch die Ladenmädchen ganz weg von seinem Charme: »C'est un beau laid« – ein schöner Haßlicher. Dazu Serge sardonisch in die Kamera: »Ich bin wie Mickymaus: große Ohren und langer Schwanz.« Dann beim Komponieren am Klavier. Ich frage allzu höflich, ob wir nicht stören. »Wieso? Meistens mache ich das im Taxi, auf dem Weg ins Studio. Meine Inspiration ist auf Befehl da. Und ich verachte sie wie jede Frau, die sich einem anbiedert.« Sein kommendes Chanson heißt übrigens: Ich hasse dich. »Welche Frau kann da widerstehen?« Sein gegenwärtiger Geisteszustand: »Désabusé et lucide«, etwa: enttäuscht und hellsichtig. »Ich zerschlage meine Romantik mit Mokanz. Nur wird dabei das Nervenkostüm immer dünner. Ich weiß schon zu genau, was ich tun muß, um anzukommen: immer exorbitantere Dummheiten machen, mich in immer gefährlichere Wespennester setzen.« Spielt für uns mit Schmelz eine Chopin-Etüde: »Ich bin mir bewußt, daß ich alle meine Gaben verraten habe. Erst die Malerei, dann die Musik. Und noch nicht einmal für Geld oder Erfolg. Wissen Sie, was das heißt, Selbstzerstörung?« Zum erstenmal ruht dieser schwere Blick voll auf mir, und ich spüre deutlich die Verführung. Dieser Mann buhlt noch mit seinen Selbstabschaffungsplänen!

Dann wieder zählt er kokett seine Sünden auf: »Ich habe einen Fehler, den niemand verzeiht: Ich durchschaue die Dinge. Diese Art von Klarheit ist tödlich. Ich behalte sie auch bei Frauen. Früher ist es mir wenigstens bei ihnen gelungen, meine Kontrolle zu verlieren, sagen wir hie und da. Das war aber eine schlechte Idee. Man gibt damit den Weibern (›bonnes femmes‹) das Heft in die Hand. Und eigentlich sind sie gar nicht so scharf darauf. Nicht die richtigen Frauen.« Über seine Erfolge als Herzensbrecher: »Idiotischer Ausdruck. Man bricht kein Herz, das nicht brechen will. Freilich sind jetzt auch die Karten gezinkt. Es ist alles zu einfach. Lieben sie meinen Ruhm – lieben sie die Chance, durch mich berühmt zu werden –, oder lieben sie mich? Ich werde es nie mehr herausfinden.« Armer Serge. Eigentlich muß er nur in ein fremdes Land auswandern, und alle seine Probleme wären gelöst. Natürlich denkt er nicht daran, da er ja in seinem Weltschmerz nistet wie die Maus im Käse. »Kennen Sie den Ausdruck: Er kommt an – aber in welchem Zustand? Das bin ich!« Ein heiliger Sebastian, auf den man aber schon lang keine Pfeile mehr abgeschossen hat... wie wird er bloß damit fertig?

LAUSANNE, 2. NOVEMBER 1967

Flug nach Lausanne, dann mit dem Taxi hoch, bis man verdutzt vor dem vielbeschriebenen Haus steht. Diesem Riesenkasten, diesem kahlen, weißgestrichenen Krankenbau, umgeben von nichts. Nämlich von plattem, baumlosem Rasen, so weit das Auge reicht. Mit diesem Haus sagt jemand: Mir kann keiner. Ja, aber was kann ihm keiner und warum? Warum schließt sich der fruchtbarste und beliebteste Autor dieser Zeit, wenn nicht aller Zeiten, hier ab? Aus Angst wovor? Dieses Haus gleicht einer Trutzburg gegen eingeschleppte Mikroben. Also gegen Leben, Leiden, Siechtum, Tod. Und der Mann, der darin sitzt und schreibt, bis zu vierzig Seiten am Tag, der kompulsiv gegen den Tod schreibt, der will ewig leben! Es ist Georges Simenon.

Einziger Schmuck des Hauses eine Terrasse, darauf eine widerlich realistische Skulptur des Maigret samt karierter Mütze und Pfeife. Maigret, der allerdings diesen Prachtbau bezahlt hat, der Welt Lieblingsdetektiv, bisher in etwa 75 Romanen verherrlicht. Ein Butler öffnet uns die Haustür, einer von einem runden Dutzend Domestiken, die es hier geben soll. Auch innen die nämliche weißgestrichene Fahlheit. Eine Hausdame bringt mich zu einem

Wartezimmer mit Zeitschriften wie beim Zahnarzt, schließlich zu einer Art Bankbüro. Dort hinter Glas der Hausherr, der mir kurz zuwinkt, um dann schnell noch ein Dutzend Geschäftsbriefe auf französisch und englisch herunterzudiktieren. Ein Film- und Fernsehangebot täglich soll ja bei ihm einlaufen. Schätzbar auch seine Autorenverträge, aus denen er fünfzig Prozent Tantiemen bezieht, von keinem sonstigen Schreiber je erreicht. Was hat er, das andere nicht haben?

Das Gesicht verrät wenig. Wenn sich je eines hinter dicker Brille kaschiert hat, so dieses. Dahinter die massive, männlich-brutale Visage eines Boxers oder, ja, eines Gangsters. Langes Kinn, zusammengekniffene Lippen, kühl abschätzende und gleichzeitig zurückweisende Augen. Warum wirkt dieser Mann so modern, so up to date? Vielleicht, weil es ihm nicht im Traum einfallen würde, das Poetische, das in ihm liegen muß, in seinen Zügen preiszugeben. Wendet sich mir endlich zu, nach kurzem Blick auf die Uhr, fragt, ob ich das Haus besichtigen möchte, seine »Wohnmaschine«? Wir schreiten einige der 25 Zimmer ab (oder sind es 52?): die Kleiderkammer, von wo die Schmutzwäsche direkt in die Waschmaschine kollert, der vielbesprochene Klinikraum, in dem er sich vor Beginn jedes neuen Romans untersuchen läßt (»Sie sehen, hier gibt es keinen Operationstisch«), die in allen Farben gestrichenen Leitungen, so daß jede Panne sofort zu ihrem Ursprung verfolgt werden kann. Einmal monatlich wird der Maschinenraum, Verzeihung, die Heizanlage überprüft. Daneben ein elektrisches Aggregat, das im Fall eines Stromausfalls (wann fällt in der Schweiz schon der Strom aus?) automatisch einspringt, damit nur ja kein Roman unterbrochen werden muß. Das Schwimmbecken (»das größte Europas«) mit aufschiebbarem Glasdach. Der Atombunker. Sechs Kühlschränke, sieben Fernseher, 24 Telefone, im Hof ein Fuhrpark von einem halben Dutzend Autos einschließlich Landrover und Rolls-Royce.

Schließlich seine Bibliothek, die auffällig nur eigene Werke in allen Sprachen beherbergt. Je fünf Stück von jedem der bislang 197 Romane unter eigenem Namen, vorausgegangen an die 300 Schnulzen unter 17 Pseudonymen. Bisher in mindestens 400 Millionen Exemplaren verbreitet, »aber es können auch 500 sein, irgendwann hört man auf zu zählen«. Wirklich? »Aber ich habe ja auch immer mein Geld springen lassen. Dreißig Wohnsitze in drei Erdteilen, die meisten mit Verlust losgeschlagen. Und die Boote. Und die Frauen.« Vier Millionen Mark im Jahr trägt derzeit die Romanfabrik.

LAUSANNE, 3. NOVEMBER 1967

Wieder bei Simenon. Ziemlich früh am Morgen, weil er seinen neuen Roman vorbereitet. Was ihn weiter nicht erschüttert: »Wissen Sie, lange Zeit war es ein Dutzend im Jahr. Jetzt nur mehr sechs. Das beruhigt.« Wir sitzen in seinem Arbeitszimmer, das, obwohl nicht weniger stimmungslos als das übrige Haus, immerhin von den Geistern seiner Gestalten bevölkert sein muß. Dieser ganzen zwanghaften Schicksale in ihrem Kleinstadtmief, die er hier mit seinem eisig-mechanischen Lebensstil förmlich zu exorzieren scheint. Er lacht: »Vielleicht ist sezieren ein milderes Wort. Jedenfalls beurteile ich sie ohne Moral, wie der Naturforscher seine Spinnen und Schlangen. Warum? Vielleicht, weil ich selbst nicht abgeurteilt werden möchte. Oder wenigstens nur von mir selber.« Um zwölf Blick auf die Uhr: »Um diese Zeit rufe ich täglich meine Frau an. Sie ist im Krankenhaus.« Und geht. Tatsächlich soll sich ja seine zweite Frau Denyse in einer Nervenheilanstalt befinden, in der er sie möglicherweise gegen ihren Willen internieren ließ. Und man weiß schließlich auch, daß er in Amerika zeitweise nicht etwa als Bigamist, sondern – mit erster und kommender Frau sowie der Haushälterin – als Trigamist lebte.

Nach einer halben Stunde Rückkehr Simenons, das Kinn noch vorgestreckt: »Normalerweise wird in diesem Haus um Punkt halb eins zu Mittag gegessen. Da aber meine vier Kinder außerhalb sind, werden wir auf den Lunch verzichten. Das gibt Ihnen eine extra halbe Stunde für Fragen.« Er holt sich eine frische der Dunhillpfeifen aus dem Glasschrank, die dort regalweise aufgereiht stehen. Wie er den Pfeifenkopf pedantisch bis oben anfüllt, merkt man, daß die Hände nervös zittern. Diese männliche Beherrschtheit ist also nur mehr künstlich aufgepropft. Redet von seinem neuen Roman, heute abend zu beginnen. Und in einer Woche zu vollenden. »Sieben Kapitel in sieben Tagen. Dazu vier Tage Korrektur. Früher waren es elf

Kapitel in elf Tagen, aber das traue ich meiner Gesundheit nicht mehr zu. Es gab auch Zeiten, da schrieb ich ein ganzes Buch hintereinanderweg in 25 Stunden. Das ist vorbei. Einmal klingelt mich Hitchcock an wegen irgendeiner Verfilmung. Man weist ihn ab, ich sei nicht zu sprechen wegen eines gerade begonnenen Romans. Sagt er: Dann warte ich solange am Telefon . . .

Nein, ich habe in meiner Schreibe kein Brio, keinen Stil. Ich habe Jahre gebraucht, sie mir abzugewöhnen. Alles muß so platt klingen wie nur möglich. Jeder empfindet ja sein Leben als platt, auch die Verbrecher.« Er selbst aber nicht? »Mit Unterbrechungen.« Was denn diese Unterbrechungen seien? »Wenn ich schreibe. Und wenn ich liebe. Das sind meine Schutzwälle.« Gegen was? »Letzten Endes gegen die Lebensangst. Ich schreibe und liebe gegen sie an. Auch Existenzangst. Seit meinem fünfzehnten Jahr bin ich von der Vorstellung besessen, daß ich als Clochard ende. Ja, vielleicht will ich es sogar. Dann wäre dieses Haus kein Schutzwall nach außen, sondern nach innen. Um mich festzunageln, nicht wahr?« Ich frage ihn nach seiner bekannten Hypochondrie, die ja üblicherweise auch etwas mit Schuldgefühlen zu tun habe. »Wundert Sie das?« Nimmt die Brille herunter, geht auf und ab, wobei sein Gesicht zum erstenmal rührenderweise so etwas wie menschliche Schwäche und Verkommenheit zeigt.

»Sie haben bestimmt von diesen 10 000 Frauen gehört, die ich angeblich in meinem Leben gehabt haben soll. Vielleicht ist das nur eine von meinen runden Ziffern. Und ohnehin waren es meistens Prostituierte. Noch jetzt bestelle ich mir zeitweise ein Callgirl für die Nacht. Warum? Ich kann nicht allein sein. Und Frauen sind von jeher mein Produktionsmittel, wie die Pfeife. Aber keine will verschwinden wie Rauch. Und die Schuldkrisen wachsen.« Nimmt eine neue Pfeife, die er ebenso dicht stopft. Seine Hände jetzt wieder stabil und kontrolliert. »Ich glaube an die Sexualität. Ich glaube nicht an die Ehe. Eine veraltete Institution. Zu ersetzen durch einen kurzfristigen, jederzeit verlängerbaren Pachtvertrag. So, wie jetzt schon die Nonnen sich nicht mehr auf Lebenszeit verpflichten müssen. Der Mensch häutet sich. Der Schriftsteller häutet sich mit jedem Buch.«

Abschiedsvisite bei Simenon, der uns ganz ungeniert die Vorbereitungen für seinen neuen Roman filmen läßt. Ob er schon eine Ahnung von seinen Figuren habe? »Ja, aber nicht, in welche Schlupflöcher der Verworrenheit sie mich führen. Das ist ja der einzige Spaß beim Schreiben.« Holt gelbes Schreibpapier aus der Lade, auch einen leeren gelben Briefumschlag, einen einzigen: »Darauf notiere ich Namen, Familienverhältnisse und wer mit wem. Sonst nichts.« Da ihm noch ein Name fehlt, schlägt er ein altes Brüsseler Telefonbuch auf, pickt mit einer Prismenlupe den Namen »Delecourt«. »Daraus machen wir einen Onkel mütterlicherseits. Die Familien sind das Wichtigste. Dann die Lieben. Und die Ehen. Das bringt die Motivation, die unlösbaren Probleme.« Sein Roman soll »La prison« heißen, das Gefängnis. Ohne Maigret, mit dem er sich nur mehr ungern abgibt, jetzt etwa in jedem fünften Roman. »Ein Typ ohne Passionen, ohne Geschlechtsleben. Am Ende pufft er Madame auf das Hinterteil, und das war's dann. Ein Spießer, einer von uns. Wahrscheinlich der Grund, warum ihn alle Spießer der Welt so lieben.«

Er spitzt seine Bleistifte. Was ihm jetzt noch passieren könne? »Daß die Figuren ausbleiben. Bisher haben sie sich allerdings immer pünktlich eingestellt. Oder daß ich mittendrin eine Grippe bekomme. Dann kann ich den Roman wegwerfen. Ein einziger Tag Unterbrechung, und die Geschichte ist gestorben, ich finde mich nicht mehr zurecht.« Also heute in vierzehn Tagen . . . »Sind die Figuren, die ich jetzt noch gar nicht richtig kenne, schon wieder vergessen. So daß ich nicht einmal mehr weiß, in welchem Buch sie vorkommen. Und da die Hauptpersonen ja doch häufig nach Bekannten kopiert sind, nach gewissen Zügen meiner Freunde und Bekannten, verwandelt man mit jedem Roman einen anderen Menschen zum Gespenst. Am Ende hat man vielleicht die ganze Welt zum Phantom gemacht.« Letzter Blick über seinen geordneten Schreibtisch: Bleistifte, Tabak, Pfeifen, Stadtpläne, der gelbe Umschlag. Die Jalousien herunter. Alles kompulsive Handlungen, die er der Kamera mit genießerischer Selbstquälerei vorführt. »La prison« . . . sitzt er nicht selber drin?

Zaghafte Annäherung an Fernando Arrabal, den giftigen spanischen Dramatiker, der jetzt in Paris wohnt. Kommt man hier lebendig heraus? Seine beschränkte Wohnung stark auf Pressebesucher abgestellt, doch fehlen für den richtigen Pomp die daliesken Einkünfte. Die Wände tapeziert mit zahlreichen, nach Arrabals Angaben surrealistisch gemalten »Selbstporträts« als Schachspieler, Totenerwecker usw. Zungenfertiger, zu kurz geratener Mann mit mächtigem Wasserkopf und dickem Akzent, der an die Hofzwerge von Velasquez erinnert. Überraschend bescheiden. Stellt uns gleich seine Ehefrau vor, eine mausgraue Pariser Schullehrerin, die – da er nicht gut genug Französisch kann – eigentlich den Schlußtext dieser wüsten »exkremental-sakramentalen« Dramen redigiert. Wir dürfen ihn sofort beim Lesen der Kritiken seines 31. Stückes filmen. Wobei er alles ganz szenisch vor sich sieht, in etwa: Die deutsche Wochenschrift Die Zeit (tritt in einem bescheidenen grauen Gewand auf und spricht): Fernando Arrabal, der an unheimlicher und grotesker Phantasie, an szenischem Zugriff... Die Pariser Glanzpapierzeitschrift Réalités (tritt in einem protzigen Kostüm aus Talmigold auf und tönt): Panisches Zeremonial, barockes Fest, Ritual der Liebe und des Todes... Die deutsche Zeitschrift film (fistelt mit einer Stimme, die eigentlich den Cahiers du Cinéma gehört): Frenetik, Orgiastik, Phantasmen, Delirien, Ekstase, Enormitäten, stark phallisch-narzistische Persönlichkeit...

Beweise dieser Persönlichkeit zeigt uns der Autor, während die Hausfrau nebenan mit dem Staubsauger hantiert, bereitwilligst: nämlich vergrößerte Fotos seiner Erektion, die ich zuerst für einen ausgestreckten Unterarm halte. Nächste Szene (wir improvisieren spontan): Arrabal nackt in der Sitzbadewanne, über die ein Brett mit der Schreibmaschine gelegt wird. Und schon häuft sich der Stoß der beschriebenen Blätter. Sodann, nicht leicht auszuleuchten, das pariserisch enge WC. Wir zeigen Arrabal nur von der Brust aufwärts. Vor die kurzsichtigen Augen hält er das eben geschriebene Manuskript. Schüttelt angeekelt den Kopf. Ein Blatt nach dem anderen wird zerknüllt und aus dem Bild genommen. Man hört es rascheln. Dann Ziehen der Abortstrippe. Feuchtes Autodafé.

Zuletzt Schlußszene im Bett. Arrabal schläft. Arrabal hat Visionen. Wacht auf, das Gesicht verzerrt aufgenommen durch seine starke Brille auf dem Nachttisch. Woher nimmt er seine Hirngespinste, seine Monstrositäten. Aus dem Traumleben? »Es stimmt, ich kopiere sehr stark meine Träume.« Und was, wenn Ihre Träume ausbleiben, weil Sie sich beobachtet fühlen? »Eigentümlich, Sie berühren da ein echtes Problem. Seit ich meine Träume ausnutze, um sie niederzuschreiben, träume ich weniger. Meine Träume wissen jetzt zu sehr, daß sie geträumt werden. Daß da jemand über sie Wache steht.« Sehen Sie sich manchmal als Herrscher der Welt? Als Papst? »Ich will das nicht. Der Papst ist ein Mensch, der so tun muß, als ob er an sich glaubt. Ich hasse diese Prätention.« Oder sehen Sie sich als Ungeheuer? »Schon eher. Wenn auch als verpatztes Ungeheuer. Trotzdem: Was ich absolut nicht will, ist ein Kind. Keine Nachkommenschaft. Ich habe mich jetzt mit mir abgefunden. Aber noch so einer wie ich: niemals! Arrabal konnte sich retten. Ein Kommender vielleicht nicht.« Sie meinen, es hätte auch anders ausgehen können? »Ohne die Absonderung meines Giftes, will sagen, meiner Stücke: gewiß.«

PARIS, 31. DEZEMBER 1967

In diesem Jahr lief auch mein kurzer Spielfilm »Adieu Paris«, den ich zusammen mit meinem ältesten Schulfreund drehte. Das Sendedatum nenne ich nicht, damit man uns nicht so leicht nachschlagen kann. Auch ließen wir den Film unter Pseudonymen laufen. Der ursprünglichen Absicht, ihn als Stummfilm zu drehen, wobei die Aktion sich nur irgendwo im Hintergrund abspielen sollte, blieb ich leider aus Wortlust nicht treu, danach war ich geliefert. Mein Hauptspaß ist ja, das Kinomäßige in der Realität aufzuspüren und meine dokumentarischen Figuren fast wie Darsteller herauszupräparieren. Mit den Konventionen des Spielfilms weiß ich nichts anzufangen. Trotzdem waren die Kritiken dankenswert positiv. Einen Rezensenten erinnerte die atmosphärische Dichte gar an den Pariser-Journal-Autor T., »der sie allerdings noch weitaus besser treffen würde«.

Traditionelle Frühlingsfeier des Indianerstammes der Chamulen, nicht weit von San Cristóbal de las Casas. Eigentlich soll ich einen Film über die Mexikanische Revolution drehen. Hier hat sie bestimmt nie stattgefunden. Ich will nur endlich dieses noch halbwegs autochthone Stammesgefüge der Bergindios im südlichen mexikanischen Staat Chiapas festhalten (B. Travens »Land des Frühlings«), bevor es im Sturme zerstiebt. Hier der Hauptort dieses noch immer 40 000 Seelen starken Stammes.

Verstreute Hütten auf einer Hochebene: Die Chamulen lieben keine Städte. Kernstück des Ortes die auf freiem Feld stehende schneeweiße katholische Kirche, strahlend gegen den hier immer dramatischen Wolkenhimmel. Innen mit Maisstroh ausgelegt, darauf die kleinen, tönernen, halbheidnischen Santos. Vor jedem ein knieender, murmelnder Beter, der sie hart um seine Belange angeht. Eigentlich Totemfiguren. An diesem Tag darf selbst der Pfarrer nicht in sein Heiligtum.

Im offenen Glockenturm herumturnende Indios, die mit viel Muskelkraft die Glockenleiber an die Klöppel wuchten. Gegenüber dem Eingang drei ragende hölzerne Kreuze, daran gebunden strotzende Ährengarben anstatt der Christusfigur. Von allen Seiten Zustrom der Indianer, zu Fuß, auf Maultieren, Pferden, auch auf den Lastwagen ihrer Kooperativen. Dies sind ja unabhängige Berggemeinden mit frei gewählten Verwaltungen und Kaziken, nicht dem von Staats wegen verordneten korrupten Jefe Politico. Immerhin sind auch diese Bürgermeister bestechlich, sonst könnten wir hier nicht drehen. Und natürlich wollen sie zuallererst ran, und zwar im vollen Ornat, mit geknotetem Kopftuch unter dem Sombrero, während sie aber doch zum Schutz ihre Stöcke mit Metallknauf vor die unbeschreiblich faltigen Gesichter halten.

Beginn der Karnevalsfeier mit Aufmarsch eines ganzen Waldes von geschwenkten Riesenfahnen, die zumeist bunte Bettlaken zu sein scheinen. Inzwischen ist eine Rennstrecke mit Bändern abgezäunt worden und wird jetzt mit einem dichten Teppich von Fichtenzweigen belegt. Am Start etwa hundert Teilnehmer. Auf ein Signal steckt man diesen ganzen Waldboden in Brand, dann beginnt das jauchzende Wettrennen darüber. Immer wieder neue Wellen von Läufern mit ihren dünnen Sandalen, ohne daß irgendein Gewinner auszumachen ist, denn hier zählt kein Wettbewerb. Später heidnische Räucherzeremonien um improvisierte Altäre. Geschickt hindern uns die Teilnehmer am Drehen, indem immer einer sich wie zufällig vor der Kamera aufbaut. Dafür dürfen wir dann wieder bei den Stierspielen voll mithalten, die an minoische Fresken erinnern oder auch an die sonnendurchglühten Corridas von Goya. Ein wütend schnaubender Bulle ist an beiden Enden mit Stricken festgebunden und schleppt nun ganze Trauben von jubelnden Seilziehern mit sich, während die Mutigsten versuchen, sich auf seinen Rücken zu schwingen. Dann wieder Indios in Tiermasken, andere, die sich mit Affenfellmützen und Jaguarfellen verkleiden. Versuchte Annäherung wird aber mit scharfen Steinwürfen beantwortet. Tzontehuitz – wilde Chamulas, warnt unser Gewährsmann.

Später teils Fahrt, teils Kletterpartie zu dem Dorf Zinecantan, das seine Hauptfeier erst morgen abhält. An begrüntem Bachufer sämtliche Waschfrauen in picassofarbenen Trachten, die ihr rosenrotes Bettzeug in der Sonne zum Trocknen auslegen. Das Herz stockt einem vor soviel heiterem Kamerafutter. Ein Blick auf uns, und alles ist zusammengefaltet, gerollt, gepackt und abgebaut wie auf einer Bühne. Das Bildergift der Weißen ... Denn Filmen heißt ja doch Sicheinverleiben, Besitzergreifen. Lebensgrundlage des Indios ist aber: Zugehörigkeit, Gemeinschaftsgefühl. Zusammenhalt so stark, daß selbst Auswanderer, die Jahrzehnte in den USA verbracht haben, zuletzt wieder in den Stamm zurückkehren und ihr Geld verteilen. Zu den Hauptforderungen des indianischen Revolutionärs Zapata gehörte die Rückgabe gestohlenen Gemeindelandes, des »ejido«. Nicht zur privaten, sondern gemeinsamen Nutzung. Was in dem halben Jahrhundert seit der Revolution noch längst nicht abgeschlossen ... Schullehrer des Dorfes ein 17jähriger Mestize. Heute »Alfabetisación«. Ein Dutzend Bauern hocken zusammengedrängt auf viel zu niedrigen Schulbänkchen, die rosaroten Platthüte auf dem Schoß. Und skandieren Babysätze aus spanischen Volksschulfibeln, die sie auch brav auf ihre Schiefertafeln kritzeln. Die eigene Sprache gilt hier als atavistischer Rückstand. Abends zurück nach San Juan Chamula, wo man inzwischen das wandernde Puppentheater des Gesundheitsministeriums aufgebaut hat. Ein Kasper und seine »mujer« hantieren belehrend mit Seife und Zahnbürste, wovon noch kaum einer der Zuschauer je gehört haben wird. Wir filmen aus dem Innern, zwischen den Marionetten hindurch, auf Hunderte hingerissene und für uns fast identische Indianergesichter. Und sind damit selber Teil des Spektakels, vielleicht sein aufregendster.

SAN CRISTÓBAL, 27. FEBRUAR 1968

Was für Traven noch wochenlange Dschungelexpedition, liegt jetzt eine knappe Flugstunde per Cessna entfernt. Endloser Urwald wie grüner Rosenkohl, hier und da überragt von der Spitze einer längst verschlungenen Tempelruine. Ganze Mayastädte sollen da noch verborgen liegen. Wir landen auf einer welligen Graspiste, nicht weit von dem sagenhaften, zum Teil noch unerforschten Usumacinta-Strom, der die Grenze zwischen Mexiko und Guatemala markiert. Hier schwemmten, wie Traven in seinen anklägerischen Romanen beschreibt, indianische Holzfällersklaven die von ihnen mit Äxten gehackten und durch den gerodeten Dschungel geschleppten Baumriesen in die Zivilisation hinunter.

Auf einer Lichtung langgestreckte offene Bambushütten, darin eine der letzten noch existierenden Lakandonenfamilien. Waldmayas, zum Aussterben verurteilt. Manche noch langhaarig in ihren knöchellangen gewebten Hemden, andere schon in Leinenhosen. Die Männer mit unschuldigen, träumerischen, aber auch leeren und fast weibischen Gesichtern, die sich mit nichts mehr auseinandersetzen. Am Hüttendach kleine hölzerne Propellerflugzeuge. Etwas zwischen Spielzeug und Kargokult. Denn bisher ist ja alles, was diese isolierten Indios an Zivilisationsgütern besitzen (Kochtöpfe, Macheten), aus der Luft gekommen. Gleichmütig lassen sie sich filmen. Unser Pilot und Dolmetscher: »An dieser Stelle hat das für sie keine Bedeutung. Aber einen Tagesmarsch von hier liegt im Dschungel das Heiligtum, wo sie ihre Zeremonien abhalten. Das hat noch nie ein Außenseiter gesehen und wird auch nie einer sehen, bis sie alle hinüber sind.« Zwei amerikanische Linguisten tauchen auf, vom Nachbardorf kommend (womit schon faktisch der ganze Stamm erschöpft). Sind dabei, eine Grammatik der

Lakandonensprache zu erstellen: »Ein Wettlauf zwischen uns und der Vergänglichkeit.« Haben schwer einen drauf, vielleicht die Verzweiflung sinnlosen Tuns. Gierig suchen die Kinder ihre Taschen ab, man weiß nicht, ob nach Süßigkeiten oder nach Alkohol.

Einen alten Indio mit klassisch stumpfem Geierprofil leihen wir uns dann aus, fliegen ihn zu der aus dem Dschungel befreiten Mayaruine von Bonampak. Weiter nicht beeindruckt von dem Flug, obwohl es sein erster sein soll. Vielleicht fliegt er alle Nächte im Traum. Vor Ort finden wir dann, wie erhofft, eine steinerne Stele der Mayazeit mit Relief eines männlichen Kopfes. Wir bauen ihn davor auf, und die Kamera weidet sich an den identischen Profilen, über wie viele Jahrtausende hinweg? Auch davon ist unser Freund wenig ergriffen. Erst daß das versprochene Polaroidbild nicht zustande kommen will, vielleicht wegen der Feuchtigkeit, entlockt ihm ein zahnloses Gelächter. Also auch die Gringos . . .

CHIHUAHUA, 16. MÄRZ 1968

Eine Machostadt im Norden. Der Hauptplatz voll riesiger »Charros« in engen Reithosen und wagenradgroßen, bleischweren Sombreros. Stolzierende Gockelhaltung mit zurückgeworfenen Schultern, baumelnden Armen, herausgestrecktem Kinn. Wird mit den silbergeschmückten Fingern ein Zigarillo angezündet, so hat man zwischen jedem zweiten Zug verächtlich auszuspucken. Diese »Norteños« stellten in der Revolution das Gros der wilden berittenen Haufen (»Dorados«) des Draufgängers und Zentauren Pancho Villa. Ein Wochenschauheld, der einmal kaltschnäuzig ein ganzes Dorf massakrierte, nur damit es auch was Saftiges zu drehen gab. Obwohl mit den Nordamerikanern verfeindet, rekrutierte er per Anschlag in Texas: »Achtung, Gringos! Für Geld und Ruhm, kommt über die Grenze und reitet mit Pancho Villa, el liberator von Mexiko. Wochensold in Gold für Dynamiter und MG-Schützen. Januar 1915. Viva Villa!« Zuletzt wurden sowohl der einfache Indio Zapata wie auch der bauernschlaue Mestize Villa aus dem Hinterhalt erledigt. Zwei Millionen Menschen, ein Siebentel der Bevölkerung, kamen durch diesen blutigen Bürgerkrieg um. Der in dem heutigen dickfelligen Einparteienstaat endete – Diktatur gemildert durch Korruption.

Danach Anstandsbesuch bei Doña Lucha, legendäre Witwe von Pancho Villa. Oder eine seiner vielen Witwen. 1911 will sie ihn geheiratet haben. Der Gutshof, den er ihr hinsetzte, sackt jetzt langsam in sich zusammen. Einige der noch bewohnbaren Zimmer hat sie zu einem rührenden kleinen Museum ausgebaut, gefüllt mit rostigen Säbeln und Gewehren. Als Glanzstück Villas letzte Hose, von Kugeln durchbohrt. Durch die Löcher steckt die schon schwer gekrümmte alte Frau gegen ein kleines Entgelt die fünf Finger ihrer Hand. Im Hinterhof der zerschossene Dodge, Modell 1919, in dem der längst abgedankte Revolutionär 1923 von politischen Fanatikern heimtückisch ermordet wurde. Doña Lucha: »Ich bin seine einzige Frau, seine legitime! Als solche hat mich kein Geringerer als der Staatspräsident besucht, das sagt doch alles. Und einmal, ich glaube, es war in den dreißiger Jahren, da hat man mich sogar nach Hollywood eingeladen. Zur ersten Ausführung des Films ›Viva Villa‹. War aber gar nicht schön. Der Señor Beery, der meinen Mann spielte, war viel zu dick. Mein Mann war nie dick. Und hatte auch nie so viele Frauenzimmer wie in diesem Film. Seit unserer Heirat hat er überhaupt nur noch mich geliebt.«

PARIS, 7. MAI 1968

Das Pariser Linke Ufer in vollem Studentenaufruhr. Macht also seinem Namen wieder einmal Ehre. Gestern Protestmarsch von geschätzten 10 000 bis hin zum Palais Royal, wo die Ideen der Französischen Revolution ausgebrütet wurden. Paris wohl die einzige Stadt, die noch voller beziehungsreicher Protestorte steckt. Für die Linke das Linke Ufer, Place de la Nation, Stalingrad, für die Bürgerlichen Champs-Elysées und Triumphbogen, für die Royalisten die Statue der Jeanne d'Arc ... und die Bastille deckt alles ab, genau wie die Marseillaise. Am letzten Stück des Marsches durch Montparnasse (Bezugsort der Künstler!) nahm ich teil. Was die ganze, noch lang nicht ausgestandene Sache bedeutet, daran wird man noch eine Zeitlang rätseln. Im Grunde Aufstand der Jugend gegen den in Frankreich so unverrückbaren, zumeist von vergreisten und verstopften Bürgern betriebenen Machtapparat. Derzeit ein General als Alleinherrscher mit einem Bankier – Pompidou – als ausübendem Organ.

Gestern nacht Straßenkämpfe im Quartier Latin. Heute morgen hing noch der süßliche Gestank des Tränengases in der Luft. Überall Autobarrikaden, verbrannte Fahrzeuge, aufgeschichtete Pflastersteine, die wenig bringen, aber Pariser Urinstinkt sind. Versuche am Boul' Mich', mich nützlich zu machen, werde aber verlacht und abgewiesen, wahrscheinlich wegen des langsam grau werdenden Barts. »Der kommt auch nicht über den Winter ... Bald unter den Chrysanthemen« und ähnliche rotzfreche Zurufe der Jugendkultur. Überall Auslandsreporter und Vertreter solcher privaten Radiostationen wie »Europa 1«, während der gegängelte französische Staatsfunk die ganze Sache praktisch ignoriert. Eindrucksvoll die vielen Hundertschaften martialisch bestückter Polizei sowie der knirschende Haß der schlecht bezahlten, schlecht ausgebildeten und schlecht geführten Friedenshüter gegen die »jugendlichen Nichtstuer«.

PARIS, 10. MAI 1968

Stetiges Ausbreiten des Studentenaufstandes, der jetzt schon auf die Gewerkschaften übergreift. Eigentümlich das Schweigen de Gaulles, der doch seinerzeit dem Generalsputsch in Algerien mittels einer einzigen Fernsehansprache in Uniform ein Ende setzte. Obwohl ich ihm politisch nie anhing (»wehe dem Land, das einen großen Mann nötig hat«), bewunderte ich die Figur in ihrer einzigartigen Verbindung von militärischem, politischem und philosophischem Verstand – dazu noch der Showman. Grenzenlose Aktionsfähigkeit plus fundamentaler Selbstreflexion – solche Gestalten scheinen von Dichtern geschaffen und stehen ihrem Herzen nahe. Siehe Malraux' fast weibische Verliebtheit. Diesmal wirkt er aber erstaunlich entschlußunfähig. Soll sich zurückgezogen haben und alle Maßnahmen Pompidou überlassen. Von Zeit zu Zeit höre man ihn murmeln: Ich verstehe es nicht ... ich verstehe es nicht ... In seiner menschenverachtenden Art hält er eben das Ganze für eine Räuberpistole, die Studenten für Grünschnäbel und die Arbeiter für plebejische Rüpel, mit Lohnerhöhungen abzuspeisen.

Vielleicht geht dieser Lähmungszustand aber auch auf etwas Tieferes zurück. Mit seinem feingestimmten Sensorium hat er mit einemmal begriffen, daß er passé ist. Erledigt. Seiner Zeit entglitten. Diesen Schock, diese Todeswarnung muß er nun verkraften. Muß verzichten lernen, gerade jetzt, wo sich alles in ihm sträubt, daß man ihm Entscheidungen von außen aufzwingen will. Dazu hat er sich vermutlich isoliert. In den fünfziger Jahren war ich einmal als Rundfunkreporter anwesend, als der noch nicht an die Macht zurückgekehrte de Gaulle seinen bereits von der Macht entfernten alten Freund und Gegner Churchill in Paris empfing. Winnie, dem ja immer etwas Babyartiges anhaftete, klagte mit humoriger Weinerlichkeit über menschlichen Wankelmut. Man konnte an de Gaulles Nase ablesen, wie sehr ihm solch Herzenserguß zuwider war. Nie würde er sich dazu herablassen, Schwäche zu zeigen.

PARIS, 20. JUNI 1968

Catherine Deneuve im Filmstudio. Es wird Françoise Sagans »Herzklopfen« gedreht, eine sehr pariserische Angelegenheit. L'amour in allen Oktaven herauf- und heruntergeklimpert. In den Drehpausen Gespräch mit Deneuve, die schon recht abgebrüht wirkt. Immerhin hat sie bereits zwanzig Filme hinter sich, darunter Polanskis »Ekel« und Buñuels »Schöne des Tages«. Auch allerhand Liebesaffären und Berge von frühem Ruhm. Unbegreiflich, daß sie erst 24 sein soll, so ganz fertiges Persönchen. Und zwar die vollendete Französin – eben jene unnachahmliche Mischung aus Sinnlichkeit und Zurückhaltung, Romantik und Realismus, wilder Biene und Haustochter. »Ich fühle mich auch sehr französisch: mag die konkreten Dinge, das Vorhandene, den Geschmack des Lebens. Spiel, aber nicht Verstellung. Ich sage nicht immer, was ich denke, aber ich denke alles, was ich sage.« Wer sind Sie also? (Dumme Frage) »Das, was man sieht.« (Kluge Antwort) Wir sind ja alle das, was man sieht ... nur, daß eben die meisten Leute kurzsichtig sind. Catherine haßt dieses Kitsch-(und Hitch-)Image vom »Feuer unter dem Eis« der Blondinen, um so mehr, als sie keine Naturblonde ist. »Wir zeigen doch alle der Welt unsere kühle Seite und unsere Passionen denen, die sie verdienen, Kinder eingeschlossen. Nein, ich weiß, ich bin kein Sexsymbol. Aber vielleicht bin ich ein erotisches Symbol? Die, von der man träumt, weil man sie nie haben wird? Die Unerreichbare. Aber die bekommt man auch nie über.«

Jedoch hört man solch vernünftigen Argumenten nur mit halbem Ohr zu. Die überwältigende Aussage dieses Gesichtes ist ja die Perfektion seiner Schönheit. Und fast hätte ich gesagt: die Neutralität seiner Schönheit. Denn im Gegensatz zu Bardot, Loren, Garbo, Fonda oder wer einem sonst noch einfällt drückt dieses Ebenmaß ja weniger einen Charakter aus, als daß es, ohne im geringsten maskenhaft oder statuesk zu wirken, Schönheit ist an sich – eine unverdiente, nie zu verdienende Gottesgabe. Die sie aber durchaus zu schätzen weiß: »Ich bin einfach glücklich, schön zu sein.« Über ihre Arbeit: »Nach dem Abschminken kehre ich zu mir selbst zurück. Ich verliere mich nie in der Rolle. Zu gefährlich.« Über ihre Beliebtheit: »Ich entfeßle keine Passionen. Keiner läuft mir auf der Straße nach. Warum? Vielleicht, weil ich keine Schwächen zeige. Man bewundert die Makellosigkeit ... von fern. Dabei weiß niemand, wie ich wirklich bin. Nämlich, wenn ich mich gehenlasse: wie ein Erdbeben. Aber das zeige ich nicht her. Das muß man erraten.« Steckt dabei eine Zigarette nach der andern an. Nicht die maispapierenen Rachenputzer der Intellektuellen, sondern normale Gefilterte. Hier ist alles normal, Frankreich wie gehabt.

Über die Liebe: »Frauen haben viel mehr Mut als Männer. Sie kennen keine Ausreden, Ausflüchte, Schlupfwinkel. Ich glaube an die Passion, die Große Liebe, das Drama. Ich bin auch nicht gegen die Ehe, nur daß in ihr die Frau meist einen höheren Preis zahlt als der Mann. Jedenfalls gibt es in der Liebe, laut Balzac, immer einen, der leidet, und einen, der sich langweilt. Langweilen sich beide, muß man Schluß machen, trotz oder auch wegen der Kinder. Aber dann ist es für mich selbstverständlich, daß man mit dem früheren Partner (Vadim, Mastroianni) weiter Kontakt hält. Die Passion stirbt, es bleiben Freundschaft und Achtung.« Was ihr in ihren bisherigen Filmen abgeht? »Die Darstellung der körperlichen Liebe vom Standpunkt der Frau. Nur Buñuel hatte ein Gespür für so was. Und selbst der wollte mich in seiner Bordellszene nackt auftreten lassen. Ohne Instinkt dafür, daß sich eine Frau in Dessous doch viel sexier vorkommt und bestimmt auch so wirkt.« Frage danach, was ihre tiefste Leidenschaft sei. »Die nach Wahrheit, ich meine Klarsicht. Die Dinge so zu sehen, wie sie sind.

Aber nicht erst nachher, wenn es zu spät ist, sondern während man in ihnen drinsteckt.« Daran arbeiten Sie? »Ich arbeite nie an etwas. Es kommt zu mir. Ja, auch das Glück. Denn es wendet sich nur denen zu, die dafür begabt sind. Aber das Unglück ist ja auch ein Glück, denn wahrscheinlich dringen die großen Veränderungen nur über das Unglück in uns ein.« Schließlich, auf die Frage, was sie am meisten hasse: »Selbstmitleid. Jedes Mitleid hat ja etwas mit Verachtung zu tun. Darum liegt in Selbstmitleid etwas von Selbstverachtung.« Gekonnt!

PARIS, 3. NOVEMBER 1968

Mit Valeska Gert im Café du Dôme verabredet. Klein, aber zäh, unverwüstliche Überleberin. Mit den ihr verliehenen Qualitäten, Fratzenhaftigkeit plus Geilheit, konnte sie nur als Hexe reüssieren. Vor der Nazizeit renommierte Berliner Grotesktänzerin, Chansonette und unreputierliche Schreckschraube. In dem Stummfilm »Die freudlose Gasse« spielte sie die miese Kupplerin, die Greta Garbo in die Fänge des Metzgermeisters Werner Krauss lockt. Im Dreigroschenfilm die Frau des Bettlerkönigs Peachum. Als New Yorker Emigrantin bewirtschaftete sie eine »Beggar Bar«, derzeit einen »Ziegenstall« in Kampen und eine »Hexenküche« in Berlin. Wo Klaus Kinski zum erstenmal »Ich bin so wild nach deinem Erdbeermund« deklamiert haben soll, was übrigens im ganzen Villon nicht zu finden. Nun sitzen wir an demselben Cafétischchen, an dem sie schon in den zwanziger Jahren mit ihren Heroen Brecht und Eisenstein flirtete. Von beiden wünschte sie sich ein Kind. Eisenstein stellte sich zu ihrem Pech als zartbesaiteter Schwuli heraus (»und das bei diesem Namen!«), lag nächtelang eng angeschmiegt neben ihr im Bett, ohne sie je zu berühren. Brecht wiederum »wusch sich nie und roch unter der Lederjacke dermaßen scharf, daß sogar mir die Lust verging«!

Berichtet von Eisenstein, er habe im zweiten Teil von »Panzerkreuzer Potemkin« den Sowjets demonstrieren wollen, daß die Juden auf ihrer Seite seien. »Odessa galt ja als Zentrum jüdischer Kultur. In dem Film machte er die Mehrzahl der Bürger, die nach der Meuterei den toten Obermatrosen betrauern, zu jüdischen Typen. Die berühmte Kosakenszene auf der Treppe zum Hafen: eine eindeutige Darstellung des zaristischen Pogroms vom Oktober 1905. Seine Opfer, so die Dame mit dem Kinderwagen, die mit dem Kneifer und eine von mir gespielte Mutter, ausgesucht jüdische Physiognomien. Eisenstein war betroffen, daß man das nie richtig zur Kenntnis genommen hat.« Wir drehen dann mit Valeska in dem stimmungsvollen Kabarett »La vieille grille« eine ihrer alten Rezitationsnummern. Endend mit dem längst vergessenen Schlager »Je cours après Titine«, womit Maurice Chevalier einst seinen Durchbruch erzielte. Vierzig Jahre ist es leider her.

PARIS, 10. FEBRUAR 1969

Bei Maître René Floriot, Frankreichs ausgebufftestem Strafverteidiger. Ecksalon an der feinen Avenue Hoche mit mannshohen Elefantenzähnen, deren Träger er erlegt haben will. Weltfroher, unverfrorener Zyniker, ganz auf sein Geschick vertrauend, spontan das richtige Ambiente im Gerichtssaal herzustellen: »Wir sind alle Komödianten.« Seine Mandanten trifft er grundsätzlich zum erstenmal auf der Anklagebank, alles Nötige gräbt er vorher aus den Akten. »Jeder Mensch hält sich für unschuldig, auch der Mörder. Seine Beteuerungen sind reine Zeitverschwendung. Strafminderung erzielt man nur mit Facts, Kniffen und Kumpanei mit den Richtern.« Was mir gleich anschließend im Justizpalast vorgeführt wird. Zufällig verhandelt man da in zwei benachbarten Sälen identische Vergehen gegen die Straßenverkehrsordnung mit schwerer Körperverletzung. Nebenan ein Lastwagenfahrer, vertreten von einer stümperhaften Advokatin, die krampfhaft versucht, den Richter mittels eines vagen Molière-Zitats günstig zu stimmen. Der Richter, klassisch gebildet, korrigiert das Zitat und säbelt sie nieder. Ergebnis: ein Jahr Gefängnis.

Hingegen in unserem Saal Meister Floriot, der mit dreistem Plädoyer einen feinen Pinkel in Szene setzt: »Unbescholten, Monsieur le Juge. Und nun verlobt dieser Mann, dieser Ehrenmann wie Sie und ich, seine einzige Tochter. Trinkt Champagner, was ja bei solchen Festlichkeiten üblich ist, nicht wahr. Hat vielleicht etwas zuviel Champagner getrunken, wie es uns allen passiert, Monsieur le Juge ...« Resultat: drei Monate bedingt. Dabei lag, wie mir Floriot nachher zuflüstert, besagte Verlobung schon Wochen zurück.

»Aber wer hat Zeit, das nachzuprüfen?« Ich frage den cher Maître, ob er sich selbst eines Verbrechens für fähig halte, gar eines Mordes? »Jeder ist dazu fähig – im Affekt. Und jeder hat seine happigen Affekte – Sie nicht?« Was denn seiner Erfahrung nach der Hauptgrund für Mordtaten sei? »Der Hauptgrund ist das Vorhandensein einer Feuerwaffe in der Schublade. Weil es nämlich hundertmal mehr Überwindung kostet, jemanden mit der Hand umzubringen als aus der Entfernung. Außer bei Frauen vielleicht. Die viel häufiger in persönlichem Kontakt morden, wahrscheinlich, weil dessen Versagung ihr Hauptmotiv darstellt ...«

PARIS, 11. FEBRUAR 1969

Ein Hund läßt hinten etwas fallen. Wie in Paris üblich, aufs Trottoir. Zwei Schmeißfliegen stürzen sich darauf. Mampf-mampf-mampf. »Na endlich wieder was Warmes.« »Ich bitte dich, Jean-François, nicht so gierig. Du weißt, dein Magen verträgt das nicht.« »Wenn du bloß nicht immerfort ... au weia ... burpkotzkahutz ...« Alles lacht. Wer lacht? Über solche degoutanten Unflätigkeiten läßt sich lachen? Natürlich sind wir bei einer Redaktionssitzung der satirischen Zeitschrift Harakiri in einem Sackgäßchen des Cluny-Viertels. »Sie haben weder Geist noch Takt, sondern sind ein Monstrum der Zersetzung!« »Sie können nur einreißen, nicht aufbauen. Ich bemitleide Sie!« (Dies aus Leserzuschriften, die ebensogut fünfzig Jahre zuvor an Karl Kraus gerichtet sein könnten.) »Sie beschmutzen die heiligsten Güter der französischen Nation!« (Beschwerde eines Frontkämpferverbandes) »Gefährdet die Moral der Jugend.« (Begründung eines sechsmonatigen Erscheinungsverbots)

Der zeichnerische Oberschweinigel dieses Schundblattes ist Reiser, ein Genie des Skatologischen. Keiner kann wie er die Leute mit der Nase in ihren eigenen Seelenunflat stoßen. Sein Begründer, Besitzer, Chefredakteur und Chefideologe heißt Cavanna, der mit seinem weißen Backenbart an den seligen Kaiser Franz Joseph erinnert. Cavanna läßt sich in einem Satz zusammenfassen: Entweder die Welt ist normal, dann ist er verrückt, oder, logischer, die Welt ist bescheuert und er der einzig Normale. Zweck der wöchentlichen Redaktionssitzung: die Künstler und Skribenten in jenen Geisteszustand zu versetzen, in dem sich Cavanna das ganze Jahr über befindet. Außerdem gibt es da noch einen Kahlkopf, der sich Professor Choron nennt, stellvertretender Chefredakteur und Erfinder der porenverstopfenden Titelfotos, zu denen sich die Sekretärinnen als Nackedeis hergeben müssen. Diese Illustrationen laufen meist auf solche ekelerregenden Vorgänge hinaus wie Frauen, die sich beim Liebemachen ihren Busen in einen Reißverschluß einzwacken oder die Klobrille im Café mit frischem Zeitungspapier ausgelegt haben, so daß man nachher die Tagesnachrichten spiegelverkehrt an ihrem Derrière ablesen kann. Choron: »Das, was Ordnungsstaaten am tiefsten fürchten, sind nicht die Ausschweifungen der Politik, sondern der Sexualität. Erst sie führen zum Umsturz.«

Das Motto dieses typisch pariserischen Gelichters lautet: »Jedes Nest ist ausschließlich zum Beschmutzen da.« Lieblingsthemen: die schleimigeren Aspekte von Liebe, Familienleben, Tierschutz, Mutterschaft, Krankheit und Tod (mit Vorliebe Krebs). Man lacht verlegen oder prustet schamvoll heraus, ertappt bei seinen illegitimsten Gedanken. Regt sich irgendwo in diesen Essigherzen ein positives Gefühl? frage ich Cavanna. »Höchstens für die altfranzösischen Tugenden des Gargantua: gut essen, gut trinken, gute Konversation und gesegneten Beischlaf!« Und Choron: »Sie sind Wiener? Nun gut, wir glauben an Sachertorte statt Sacher-Masoch, Freude statt Freud!« Und was, wenn jetzt, dank gaullistischer Sittenrichterei (aber eigentlich soll ja Madame dahinterstecken), das Blatt tatsächlich eingeht? »Niemand«, schätzt Reiser, »würde ihm eine Träne nachweinen. Man merkt immer zu spät, wenn es nichts mehr zu lachen gibt.«

PARIS, 18. FEBRUAR 1969

Letzte Proben des »Mannes von La Mancha«, amerikanisches Musical mit Jacques Brel in der Hauptrolle des Don Quixote. Dabei gelingt es ihm, die kommerzielle Broadway-Partitur zu etwas Passioniertem umzumodeln, das nur ihm gehört. »Der unmögliche Traum«, das ist ganz Brel. Wir filmen ihn aus der Kulisse. Schweißgebadet, total verausgabt, singt er sich die Seele aus dem Leib wie keiner sonst, außer der Piaf. Komplexer Romantiker, ewiger Jüngling mit Ahnungen des Todes, vergehender Zeit, vertaner Chancen. Immer auf der Suche nach dem ungreifbaren, dem letzten unmöglichen Abenteuer. Auf der Bühne pure Inspiration und Identifikationsfigur. Obwohl er doch immerhin eine Frau mit drei Kindern in Belgien zurückließ und sich in seinen Liedern lauter heilige Kühe kritisch vornimmt: Frauenliebe, Religion, Anarchistentum, bürgerliche Wohlanständigkeit, sogar die Querköpfigkeit seiner eigenen flämischen Landsleute. Und allen voran Jacques Brel persönlich: »Da saßen wir mit unseren zwanzig Jahren, / Jojo hielt sich für Voltaire, / Pierre für Casanova / und ich, der Arroganteste von allen, / ich hielt mich für mich selber...«

Warum hat er kürzlich am Gipfelpunkt seines Erfolges das Chanson hingeworfen, um sich auf dieses riskante Abenteuer einzulassen (Musicals gehen grundsätzlich nicht in Frankreich)? Will überdies Filmdarsteller werden, sogar Regisseur, ein Flugzeug anschaffen, um die Welt segeln ... lauter neue Leben. Man spricht von einem unheilbaren Leiden, das ihn antreibt, wonach man ihn natürlich nicht fragen kann. Muß es trotzdem tun. Brel zurück in die Garderobe, wickelt sich sofort in dicken Bademantel, gleicht jetzt einem erschöpften Boxer. »Mindestens anderthalb Pfund verloren, und wir sind erst bei den Proben.« Ob er sich vorher vor Lampenfieber übergeben habe wie üblich? »Nein, das hebe ich mir denn doch für die Vorstellungen auf. Meine dreihundert öffentlichen Auftritte jährlich.« Warum er trotz bestem Vorverkauf so gequält aussehe? »Die Tournee hat noch gar nicht angefangen, und ich fühle mich schon wieder wie im Käfig. Wie seinerzeit in der väterlichen Pappendeckelfabrik. Nein, es macht mir nichts aus, alt zu werden. Aber ich will nicht alt werden als der Brel von gestern.« Warum haben Sie so plötzlich das Chanson aufgegeben? Man sagt, weil Sie es satt haben? Weil Paris Sie mehr bewundert als liebt. Oder weil Sie unheilbar krank sind? Wo ist die Wahrheit? Brel, freundlich, aber mit einem Blecken dieser riesigen Schneidezähne, das man, nun ja, als eine Art Kriegserklärung auffassen kann an wessen Adresse? An die seiner alten, oft besungenen Freundin, Madame la Mort? Dann hochmütig: »Es bestand eben die Versuchung, ein Star zu werden. Das heißt, daß ich genügend professionellen Schliff besaß, um den Leuten Gefühle vorzumachen, die nicht mehr echt waren. Daß ich mehr Zuneigung einnahm als verschwendete. Der Künstlertod! Man muß aber immer wissen, wann man Schluß macht. In der Liebe und auch sonst. Vom Spieltisch aufstehen und sagen: Adieu und schönen Dank, meine Damen und Herren.« Dazu gehöre aber Mut, eine Menge Mut. »Stimmt. Und ich selbst habe immer Angst gehabt. Man darf bloß seiner Angst nicht aus dem Weg gehen. Man muß sich ihr stellen. Hau ab, Angst, verschwinde. Ein Mann ist nur soviel wert wie seine Courage. Ich sehe keinen anderen Maßstab. Besser, meine Karriere versaut als mein Leben.«

Frottiert sich noch immer Hals und Gesicht, zeitweilig mit geschlossenen Augen. Sichtlich zu ausgelaugt, um mir etwas vorzumachen. »Wir sind alle Träumer als junge Menschen. Nur, mit siebzehn haben wir dann in der Regel ausgeträumt. Das Abenteuer ist vorüber. Kommen Sie später wieder, im Moment habe ich keine Zeit. Wir sind Deserteure geworden. Und sehen Sie, ich, ich bin den Deserteuren wieder desertiert. Zurück zu den Träumen. Man muß sich die Mühe machen, etwas anderes zu suchen, als man ohnehin schon aus dem Handgelenk fabriziert. Wie lang machen Sie jetzt Ihr Metier? Fünfzehn Jahre? Eine lange Zeit.« Später am Abend kann ich mir nicht verkneifen, die Nummer anzurufen, die man mir zugesteckt hat, eine Nummer in Brüssel, die seiner Frau. Sie beantwortet selbst das Telefon. Nein, Jacques habe sie seit vielen Monaten nicht gesehen. Nein, nach Paris zur Premiere würde sie nicht kommen. Warum ihm seinen Abend ruinieren? Und dann, auf meine diesbezügliche Frage: »Natürlich liebe ich ihn noch. Kennen Sie irgendeinen Menschen auf der Welt, der Jacques Brel nicht liebt?«

CHARLEVILLE, 10. MAI 1969

Film über Arthur Rimbaud begonnen. Mit 18, tief verwirrt von Heimatverlust und Emigration, sah ich zum erstenmal dieses umstürzlerische Kindergesicht – es war das berühmte Porträt von Fantin-Latour – in einer französischen Buchhandlung. Kaufte den Gedichtband. Und las ihn, neu zum Leben gebracht, aber auch vernichtet: Dieser rastlose Bengel hatte in meinem Alter bereits sein gesamtes poetisches Werk hinter sich! Und das meiste davon hier geschrieben, in diesem Provinznest der Ardennen, »Charlietown«, das er haßte. Wie er lebenslang fast alles gehaßt hat. Ein Ungeheuer der Verneinung. »Ich habe noch nie einen Menschen gefunden, der sich so langweilt wie ich.«

Zuerst drehen wir das banale zweistöckige Geburtshaus. Sein Dachzimmer, das ich, weiß Gott, warum, mit psychedelischen Bildern der Beatles ausstaffiert habe. Schleichende Regentropfen das Fensterglas entlang. Instinktiv sucht man die Bodenritzen ab, wonach? Natürlich einem liegengebliebenen Gedichtfetzen, hundert Jahre zu spät. Den »gefallenen Engel«, träte er jetzt in die Kammer, würde solch antiquarisches Hamstertum nur zu satanischem Gelächter inspirieren ... Anschließend zu der wenig ergreifenden Alten Mühle, wo dieser ätzende Lümmel sein Papierbötchen die Maas hinabwandern ließ »wie einen Maischmetterling«. Nicht weit von da – dieses Nest hat keinerlei Dimension – Rimbauds Schule. An der er geglänzt hat wie so viele böse Buben und in Lehrer Delahaye den einzigen bedingungslosen Freund seines Lebens fand. Alles französisch-unverändert, insbesondere die Außenbordklosette des Schulhofs. Was ist es, das man so versessen sucht, bei dergleichen Pilgerfahrten auf den Spuren seiner Jugendlieben? Eine letzte Chance, sich vielleicht doch noch den geliebten Gegenstand anzuverwandeln? Ihn mindestens zu verschlucken zur eigenen Stärkung und Ausweitung, also eine Art Kannibalismus?

CHARLEVILLE, 12. MAI 1969

Bahnhofspark, darin der übliche Pavillon für die Militärmusik. Alles unverändert philiströs, als hätte nicht der struppige Lausejunge Arthur es längst der Lächerlichkeit preisgegeben. »Ich fühle mich fremd, krank, wütend, umgestülpt. Nichts, nichts! Das ist der Tod!« Und just in diesen Pensionistenpark und nirgendwo sonst hat ihm die Stadt ein Denkmal hingesetzt. Das, obwohl nur aus einem minimalen hohlen Bronzekopf bestehend, zirka 1943 von den deutschen Besatzern eingeschmolzen wurde. (Für was? Für Kanonen? Man gießt doch keine Kanonen mehr aus Bronze?) Jetzt neu errichtet. Da wir keine realistische Reportage drehen, sondern eine »poetische Evokation«, wird verfremdet bis zum Gehtnichtmehr. So nehmen wir Park und Büste durch einen der vielfältigen

Zerrspiegel auf, die uns ein heimischer Künstler spendierte. Vorher kritzle ich in Spiegelschrift mit Kreide eine Sprechblase unter den Mund des Gefeierten: »Merde!« Und auf die Parkbank dahinter die berüchtigte Ketzerei des Fünfzehnjährigen: »Mort à Dieu!«, nieder mit Gott. Das Äußerste, gegen das man revoltieren konnte. In wessen Namen? Ich denke doch, im Namen des Lebens, wie es sein müßte. Dieser linkische, knochige Gymnasiast hat unbegreiflicherweise die Pläne mitbekommen, die Blaupause seines persönlichen Paradieses: »O Reinheit, Reinheit. O Palmen, Diamant! Höher als alle Freude und Ruhm. Auf jede Art, überall – Dämon, Gott – Jugendlichkeit dieses Wesens: Ich!«

CHARLEVILLE, 13. MAI 1969

In einem Spielzeugladen haben wir ein hölzernes Segelbötchen erstanden, das wir jetzt in schrägstem Abendlicht unter künstlichen Nebelbomben einen Gießbach hinabtrudeln lassen. Der Effekt in Nahaufnahme frappierend. Dazu »Trunkenes Schiff«, Frankreichs erstes großes modernes Gedicht. Da ich keine annehmbare Übersetzung finde, mache ich mich selber dran: ». . . Mich scherte es nicht, wohin meine Mannschaften kamen, / Träger von flämischem Weizen und britischem Tee. / Als mit den Treidlern diese Plackereien ihr Ende nahmen, / ließen die Flüsse mich hinunterziehn bis zur See. / Jetzt, ich, verlorenes Schiffchen unter der Franse / stürmender Wolken, die jeder Vogel vergaß, / ich, von dem weder die Panzerschiffe noch die Segler der Hanse / je wiederfänden das wasservolltrunkene Aas . . .« Weltgefühl ganzer Generationen von Wandervögeln, Tippelbrüdern, Beatniks, Hippies, Trampern. Auch des jungen Brecht, dessen »Hauspostille« geradezu davon durchtränkt ist. Und der nur sieben Jahre nach Rimbauds frühem Tod zur Welt kam . . .

CHARLEVILLE, 14. MAI 1969

Abstecher zu dem Bauerndorf Roche. Dort der Hof, den die verarmte Rimbaudfamilie im Sommer bewirtschaftete. Von dem »traurigen Loch«, das Rimbaud kurz vor seinem Tod noch wiedersah, existieren nur mehr zwei Steinstufen und ein plakatbeklebter Mauerrest. Keine Spur des Dachzimmers, wo er, als Abschied von der Dichterlaufbahn, seine Selbstabrechnung niederschrieb, sein »Negerbuch«: »Ein Sommer in der Hölle«. Der letzte innovative Schub dieses virulenten Geistes. »Ich habe eine erstklassige Portion Gift verschluckt. Meine Eingeweide brennen. Ich glaube, ich bin in der Hölle, also bin ich dort...« Wochenlang will Rimbauds Mutter ihn vom Dachboden schreien, kichern, stöhnen gehört haben, vielleicht im Drogenrausch. Eine 85jährige Nachbarin, Madame Fricotteau, erinnert sich an sie: »Abweisende, knickerige Frau, im ganzen Dorf verhaßt. Bei einer Trockenheit weigerte sie sich, uns ihren Brunnen benutzen zu lassen.« Hat auch als Kind den sterbenden, einbeinigen Rimbaud hier herumhumpeln sehen. »Das muß so vor achtzig Jahren gewesen sein.« Die allerletzte Zeitzeugin. Will sich aber nicht abfilmen lassen: »Ich habe ja die Bücher von diesem Herrn nie gelesen. Vielleicht wäre er besser Agriculteur geworden, da lebt man länger. Und nützlicher ist es auch.«

PARIS, 17. MAI 1969

Das Haus in der Rue Campagne-Première am Montparnasse, das der 17jährige Ausreißer Rimbaud 1871 bewohnte. Die Nächte wurden durchzecht, nachher Prosagedichte geschrieben. »Ich habe die Morgenröte gesehen...«, anschließend läuft er hinaus, um sie in der Natur zu umarmen. Eine noch nie dagewesene Vision. War es die einzige Frau, die er je umarmte? Und der einzige Glaube dieses metaphysisch unbehausten Zeitgenossen von Nietzsche? Zum Debakel des Deutsch-Französischen Krieges hingegen fällt ihm nichts Besseres ein als: »Was hat es denn, das Ländchen? Ist es krank? Mein Vaterland erhebt sich. Ich sähe es lieber sitzen.« Zur deutschen Reichsgründung: »Das deutsche Volk wird seinen Sieg teuer bezahlen. Diese Idioten! Jetzt wird eine Führung aus Eisen und Irrsinn den Geist kasernieren. Fünfzig Jahre unter der Knute!« Kurzfristig schlägt er sich zur Pariser Kommune. Und hat damit zum ersten- und wohl auch letztenmal in seinem Leben etwas, woran er sein Herz hängen kann.

Dann erneut Herumtreiberei, bis er wieder zu seinem Freund und Bewunderer Verlaine stößt, dem haltlosen Pastis-Trinker. Wir drehen im Hinterzimmer einer Branntweinhöhle diesen durch Filter tropfenden grünen Absinth, in Frankreich längst ein verbotenes

Gesöff. Rimbaud: »Ich nahm mir vor, ihn seiner ursprünglichen Gestalt als Sohn der Sonne zurückzugeben.« Verlaines Haus am Montmartre. Er hatte es auf einen Sprung verlassen, um für seine schwangere Frau Medikamente zu holen, da trifft er den herumstreunenden Rimbaud auf der Straße. Der ihn ungeniert auffordert, mit ihm auf Wanderschaft nach England zu gehen. »Da folgte ich ihm natürlich.« Dazu die Zeitungen anzüglich: »Monsieur Verlaine und Mademoiselle Rimbaud.« Während es sich in Wirklichkeit wohl eher umgekehrt verhielt.

LONDON, 19. MAI 1969

In den Londoner Docks. Drückende Schluchten von Ziegelspeichern, aus deren düsteren Fensterhöhlen Plattformen mit Seilen, Ketten und Flaschenzügen herausragen. Ich denke an Dickens und Doré. Der klassischer gebildete Verlaine: »Tyrus und Karthago in einem.« Dann Nummer 8, Great College Street in Camden Town. Keine berühmte Adresse, aber Besseres konnten sich wohl beide nicht leisten: Verlaine als Schulpedell, sein vergötterter »Rimbe« als Sprachlehrer. Aus dem Keller, in dem sie zu dieser Zeit hausten, dröhnt Rockmusik. Unmöglich, den ausgeflippten Bewohnern, Indern oder Pakis, begreiflich zu machen, was wir von ihnen wollen. Rimbaud damals über seinen Liebhaber Verlaine: »Törichte Jungfrau.« Über sich: »Höllengemahl.« Über ihr Verhältnis: »Drôle de ménage«, komische Ehe. Über ihre Zukunft: »Erbärmliche Brüder, immer auf der Suche nach dem Ort und der Formel.« Verlaine über Rimbaud: »Mensch, Engel und Dämon . . . Engel im Exil . . . Knabe Satan.« Er hat ihn nur um vier Jahre überlebt.

MONS, 22. MAI 1969

Man zeigt uns den (angeblichen) Knast, in dem Verlaine zwei Jahre abzusitzen hatte, nachdem er Juli 1873 in einer Eifersuchtsszene Rimbaud anschoß und leicht an der Hand verwundete. Mit dem Revolver wollte er eigentlich dem eigenen Dasein ein Ende bereiten. Sein demgemäß verfaßter Abschiedsbrief enthält für den Satz »Ich mußte krepieren« die Formulierung: »Il fallait que je claquasse.« Wer so perfekt mit dem Konjunktiv des Imperfekts umzugehen weiß, ist nicht nahe daran, sich umzubringen . . . Den verletzten Rimbaud, jämmerlich in einem Brüsseler Krankenbett schmachtend, malte dort ein Freund, Jef Rosman, von dem man sonst nichts weiß. Das Bild wurde erst 1950 auf dem Pariser Flohmarkt wiederentdeckt und für 25 Franc gekauft. Heute gehört es, wie auch sonst fast alles, dem Autogrammhändler und Rimbaudsammler Henri Matarasso. Warum sammelt man Rimbaud? Aus demselben Grund, aus dem man ihn filmt. Alles haben, hofft man, heißt, alles sein.

NIZZA, 29. MAI 1969

Wiedersehen mit Henri Matarasso in Nizza, jetzt im wohlverdienten Ruhestand. Wirkt niedergedrückt, trotz blühender Gesundheit, sympathischer Frau und herrschaftlicher Rivieravilla. Wir wollen bei ihm die Originalhandschrift von Rimbauds »Brief des Sehers« aufnehmen, auch andere Texte und Karikaturen. Vor 15 Jahren, als er noch Antiquar in der Rue de Seine war, kaufte ich von ihm eine Erstausgabe des »Sommers in der Hölle«. Dieses einzige zu Lebzeiten erschienene Dichtwerk ließ Rimbaud 1871 in Brüssel auf eigene Kosten drucken. So etwas wie sein Abschied von der Literatur. Verschenkte ein halbes Dutzend Bändchen an Verlaine und sonstige Freunde, den Rest hat er laut Augenzeugen im Ofen des Bauernhofes von Roche verbrannt. (»Sich selbst die Poesie herausoperiert« – Biographenprosa.)

Als Rimbaud nicht lang nach seinem Tod zu Berühmtheit kam, waren ihrer Rarität wegen die überlebenden Exemplare dieses hauchdünnen Büchleins ihr Gewicht in Gold wert. Bis man 1901 im Hinterzimmer der Druckerei 425 intakte, da vom Autor niemals beglichene Stücke entdeckte. Danach sanken die Preise beträchtlich. Für meine Kopie zahlte ich seinerzeit 300 Franc. Wie ich dies Matarasso ins Gedächtnis rufe, wirft er die Arme zum Himmel und bietet mir an Ort und Stelle das Zwanzigfache. Was ich natürlich ablehne. Danach zieht er sich betrübt zu seiner Siesta zurück. Ich frage Madame, wie ein solch kleiner Ärger ihm dermaßen die Laune verderben könne. »Ach«, klagt sie, »mit dem Mann ist gar kein Auskommen mehr, seitdem ihm vergangenen Herbst ein handschriftlicher Vierzeiler durch die Lappen ging!« Man wagt nicht zu denken, was Rimbaud zu solchem Archivalienwahn gesagt hätte. Vielleicht »absurd, lächerlich, ekelhaft!«, wie später als Händler in Äthiopien zu seiner eigenen Poesie. Äthiopien ... schon studiere ich die wenigen Landkarten, hingerissen von ihrer mangelnden Übereinstimmung. Lassen sich hier noch Abenteuer erleben?

PARIS, 11. DEZEMBER 1969

Kennengelernt den Drehbuchautor von »Rififi«, dem »Clan der Sizilianer« und zahllosen anderen Krimis und Krimifilmen, Auguste Lebreton. Abgedankter Ganove, jetzt gealtert und friedlicher Familienvater, der in einem Vororthäuschen mit Garten wohnt. »Der Bretone« eigentlich nur ein Spitzname aus seinen Zeiten im Milieu. Seinen richtigen gibt er nicht preis. Kleiner, muskulöser Typ mit scharfem Gesicht, freundlich, aber undurchsichtig. Läßt gern solche Ausdrücke fallen wie »mein Freund Jo«, und das ist dann der berüchtigte Gangsterboß Jo Attia, mit dem er mich heute im Balajo zusammenbringen will. Dieser letzten Tanzkneipe der Unterwelt in der berüchtigten Rue de Lappe an der Bastille.

Eigentümliches Lokal, das wir nur in Richtung Eingang filmen dürfen, immerhin das. Die Band spielt abwechselnd Tango und Jazz. Die Tänzer zum Teil »truands«, also schwere Jungen mit schräg sitzenden Hüten, die Hand auf den Popos ihrer Miezen. Teils gutsituierte Bürger, die das begaffen. Halb Sündenpfuhl, halb schon Vorstellung desselben. Hier machen die Gangster auf Gabin, Belmondo, Delon. Attia leider nicht eingetroffen: »Il se planque« – er liegt im Versteck. Der Bretone in seinem Element, umarmt fiese Visagen, denen man nicht bei Mondschein begegnen möchte. Dabei ist das alles schon irgendwie passé. Heile Welt der gemütlichen Zuhälterbanden, jetzt längst von millionenschweren lateinamerikanischen Rauschgiftmagnaten abgelöst. Danach mit Lebreton in ein Café am Boulevard Barbès, dem »Verbrecherviertel«. Was er hauptsächlich gelernt habe aus seinem Leben? »Zähne zusammenbeißen und alles einstecken, was kommt. Kämpfen bis zuletzt. Ein Mann kann besiegt werden, aber nie geschlagen.« Ob er sich nicht heute als Verräter empfinde, wenn er über seine alten Freunde, ihre Tricks und Taten Drehbücher schreibe? »Ich verrate nichts und niemanden. Ich lebe wie immer. Es gibt einen Glaubenssatz in der Welt, aus der ich komme: Der Bretone redet nicht und wird nie reden. Und das ist kein Kino und keine Literatur.« Zeigt uns dann doch verschiedene seiner früheren Schlupflöcher am Pigalle und Montmartre. Auch illegales Spielkasino, von dem er seinerzeit zehrte: »Man muß in jeder Lebenslage wissen, was gespielt wird.«

PARIS, 12. DEZEMBER 1969

Abendessen mit Lebreton Chez Hansi hinter Notre-Dame. Kommt auf Edith Piaf zu sprechen, mit der er befreundet war: »Die konnte einkassieren, die konnte wegstecken! Aber die Seele eines Vorstadtflittchens, die Sehnsüchte einer Midinette. Mußte jeden Moment verliebt sein, möglichst in einen Muskelprotz. Sie selbst fischte sich diese Männer heraus, baute sie auf, lebte ihre große Passion, nur um nachher alles eigenhändig wieder kaputtzumachen. Warum? Vielleicht, weil nie ein Mann fähig war, sie auf Touren zu bringen, sie wirklich zu befriedigen. Sie fühlte nichts im Bett. Frigid wie ein Eisschrank, um es deutlich zu sagen. Wahrscheinlich wegen ihrer Kindheit auf der Straße. Weiß Gott, was man ihr da angetan hat.

Und das Resultat war: Zuerst machte sie jedem Liebhaber das vollkommene irdische Glück vor. Er bekam seinen blauen Anzug verpaßt, seine Manschettenknöpfe, sein goldenes Feuerzeug. Und zu ihrer Umgebung: Achtung, das ist jetzt der neue Patron. Was er sagt, gilt. Und nach soundsoviel Wochen: Der reicht uns auch nicht über den Winter. Dem werden wir mal die Nägel beschneiden. Von jetzt ab bin wieder ich die Patronne. Und dann kam eben der nächste dran, der alles fortwischen sollte. Edith heiratete sozusagen immer in Weiß. Jede neue Liebe war ihre erste. Aber ganz im geheimen wußte sie schon, daß ihr auch der Neue nicht mehr bieten konnte als der vorige. Mit der Zeit steigerten sich die Aufregung, der Wirbel, die es jede Minute um sie geben mußte, ins Aberwitzige. Sie lebte dann mindestens zwei Karrieren. Ihre eigene und die ihrer Entdeckungen: Montand, Pills, Constantine, Moustaki, Sarapo ... und Aznavour natürlich. Der aber nie ihr Liebhaber war, zu kurzbeinig wahrscheinlich, zu sehr sie selber. Der durfte bloß den Chauffeur abgeben, den Hofnarren, die Zielscheibe ihrer Bosheit: ›Charles, ich kann nicht schlafen, wechseln wir das Zimmer!‹ Dann, um drei Uhr morgens: ›Charles, ich kann hier auch nicht schlafen, wechseln wir wieder zurück.‹ Immerhin hat sie ihn zum Mann gemacht, zum Kämpfer.

Bei ihr ging es ja in jeder Situation um die Wurst. Kein Nachlassen der Spannung. Kein Moment der Ruhe. Und sie war die Spielmeisterin, die die Puppen tanzen ließ. War man im Restaurant, so mußte jeder das gleiche bestellen wie sie. Hatte sie keinen Appetit, so hungerten alle. Brauchte jemand Geld, dann schickte sie sofort einen Scheck mit der Post. Jeden Monat Dutzende von Schecks, auch an Verbrecher im Kittchen. Oder sie holte ihren Autoschlüssel heraus: ›Charles, verklopp den Wagen und bezahl das damit.‹ Nur wenn sie auf der Kippe lebte, hatte sie das Gefühl, lebendig zu sein. Bis am Ende dieses ewige lebensbejahende Lächeln immer künstlicher wurde, maskenhafter. Ein Grinsen. Das Grinsen des Todes.«

KÖLN, 2. JANUAR 1970

Im Hauptbahnhof Köln ein Steckbrief von Ulrike Meinhof, Gründungsmitglied der anarchistischen Baader-Meinhof-Gruppe, hier Bande genannt. 10 000 Mark Belohnung wird für ihre Ergreifung ausgesetzt. Was faßt mich da an? Unter lauter verlogenen Plakaten betreffs »Weißen Riesen«, »Marlboro Country« und »Africola-Rausch« urplötzlich etwas Echtes, ein Stück deutsche Wirklichkeit? Fast ist man dankbar, daß sie noch existiert.

Trotzdem: Nie sah ich dergleichen anderswo, außer in Westernfilmen. Was ist es, das mich an solchen Aufforderungen stört? Sie proklamieren die Einheit von Staat und Volk und erwarten, daß das Volk sich geschlossen gegen den »Staatsfeind« bekennt. Ist das nicht dubios, gerade hierzulande? Sosehr man abgestoßen ist von diesem ins Blutig-Unmenschliche gesteigerten Theoriewahn, der aber doch immerhin auf etwas Utopischem beruht, einem moralischen Rigorismus. Und wer spielt sich darüber schriller zum Richter auf als die Spießer der Aufbaugeneration, die von den Siegern vorwiegend das Materielle übernommen haben und jetzt mit dem Grundgesetz herumfuchteln wie mit einem Gummiknüppel? Personifizieren die Terroristen nicht geradezu das schlechte Gewissen dieser weißen Westen, dieser Persilscheine, das man verdrängen muß auf Teufel komm raus? Daher auch der Schrei nach der Todesstrafe. Wo blieb der Schrei gegenüber den wohlbehalten überlebenden Nazis? Die solche Steckbriefe wie diesen bestimmt zungenschnalzend goutieren.

ADDIS ABEBA, 10. JANUAR 1970

Ankunft in der Hauptstadt Äthiopiens, der »Jungen Blume«. Und Arbeitsbeginn zum überseeischen Teil unseres Rimbaud-Films. Wir wenden uns mit der Bitte um Kontakte an die deutsche Vertretung. Der Botschafter auf Wildschweinjagd, restliches Personal unzuständig. In der französischen Legation werden wir gleich im Eingang von einer gereizten Empfangsdame abgewimmelt. Verzweifelt bringt uns Kameramann Jossi zu seinem israelischen Konsul. In einer Stunde haben wir sämtliche Informationen, Adressen, den jüngsten Stand der Dinge. Auch allerhand Geheimwissen. Und einen Dolmetscher namens Nenges. Und die einzige Garage, die verläßliche Geländewagen vermietet. Lange Irrfahrt dorthin, da die Riesenstadt keinerlei Zentrum aufweist, sondern nur aus Umgebung besteht. Endlich vor Ort. Besitzer verspricht uns einen Landrover und einen VW-Bus, auch wenn er daran »die ganze Nacht schwitzen muß«. Was nur bedeuten kann, daß er aus soundso vielen Wracks zwei brauchbare Fahrzeuge zusammenklittert.

Gemeinsamer Abend mit Woizero Elisabeth Yerham, wichtige Dame im äthiopischen Touristenbüro. Woizero bedeutet übrigens Frau. Ato Herr. Wir lernen auch andere unverzichtbare Ausdrücke der amharischen Sprache, für Liebe, Umarmung, Insbettgehen usw. Unsere Woizero ist nämlich in einem israelischen Kibbuz aufgewachsen, hat dort ihre erste große Liebe erlebt und spricht, was sie für deutsch hält, also jiddisch. Derzeitige Ehe mit höherem abessinischen Beamten weniger romantisch. Zuletzt Augentupfen. Der Unterschied zwischen »Eingeborenen« und uns wieder einmal nur mit der Lupe auszumachen. Dazu Rimbaud: »Die Leute hier sind weder dümmer noch größere Schurken als die weißen Neger der sogenannten zivilisierten Länder.«

AUF DEM WEG NACH ANKOBER, 11. JANUAR 1970

Abfahrt nach Ankober auf waschbrettartigen Straßen. Schon nach wenigen Stunden fällt beim Landrover der Direktgang aus. Ankober, die frühere Hauptstadt Äthiopiens, bevor Kaiser Menelik II. seine Residenz nach Addis verlegte. Um genau diese Zeit war Rimbaud, der angehende Waffenschmuggler, mit einer Karawane von tausend Gewehren zu ihm unterwegs. Als Rimbaud ihn nach unendlichen Mühen erreichte, war er mit Waffen schon genugsam versorgt, um die Preise zu drücken. Rimbaud verlor sechzig Prozent seines Stammkapitals. Er gehörte zu den Menschen, die das Unglück anziehen, weil sie nur daran glauben. Im übrigen ist Ankober nicht ausfindig zu machen, keiner hat je davon gehört. Schließlich weist uns ein bärtiger Hirte eine fast weglose Schlucht hinunter. Danach sind wir unsere beiden Allradantriebe los. Keine Chance, da je wieder allein herauszukommen. Eine gelinde Katastrophe.

Trotz einfallender Dämmerung ziehe ich mit dem Dolmetscher zu Fuß los, um Hilfe zu suchen. Nach stundenlanger Irrwanderung endlich eine Pflanzung mit Garage. Besitzer läßt sich auf unsere Kosten Benzintank auffüllen, verschwindet danach auf Nimmerwiedersehen. Gegen Mitternacht ein weiteres Auto. Vollgepfropft mit Mohammedanern, die erst mal Kasse sehen wollen. Wir zahlen und werden nach einer knappen halben Stunde von einem anderen Wagen überholt, der sich quietschend vor uns querstellt. Wie sich erweist, sitzen wir in einem gestohlenen Fahrzeug. Nach längerem Palaver Rückfahrt in demselben. Es wird dunkel. Mit einemmal legt der dicht neben mir sitzende Moslem seine Hand auf mein Knie: »You German?« Ich bejahe. »You sure you German? You don't look German.« Diese Diskussion hat mir gerade noch gefehlt. Trotzdem wandert seine Hand zärtlich meinen Schenkel hoch. Ich denke an Oberst Lawrence und dessen Erfahrungen als Gefangener eines türkischen Paschas. Danach Bremsen und angebliche Autopanne in stockfinsterer Nacht. Ich ergreife einen schweren Schraubenschlüssel – so leicht sollen sie mich nicht haben. »Hey, whatsa matter?« Natürlich haben die alle ihr Englisch von Hollywood gelernt. Unser Dolmetscher ratzt noch immer im Wagenfond, der Feigling. Glücklicherweise kommt gerade jetzt im Jeep ein Regierungsbeamter vorbei, bringt uns nach zähen Verhandlungen zu einer Herberge. Der Dolmetscher, rechtzeitig aufgewacht, vertilgt mit sichtlichem Vergnügen ein unsägliches Gekoch aus Eidechsen, Schnecken, Hühnerklauen, Spinnenbeinen und dergleichen. Ich erstehe eine Tafel Schokolade, worauf mir so übel wird wie nie zuvor im Leben.

TENDAHO-PLANTAGE, 12. JANUAR 1970

Der gestrige Beamte wuchtet mit seinem Jeep gegen allerhand Gratifikation unsere Wagen aus der Bredouille, sie sind aber nicht mehr einsatzfähig. Wie kommen wir jetzt zum morgigen Kamelmarkt in der Wüstenstadt Asaita? Beamter rät uns zum Überlandbus, der »gegen Mittag vorbeikommen müßte«. Bus erscheint um vier Uhr nachmittags. Bestechen Fahrer, polen Bus auf andere Route um. Fahrt durch die Nacht. An Schlaf nicht zu denken, da man einmal pro Sekunde aus dem Sitz ins Himmelreich geschleudert wird. Im Morgengrauen endlich die berüchtigte Danakilwüste, die Rimbaud in wochenlangem Marsch mit seinen Karawanen durchquerte. Auf unserer Karte nach wie vor immens und weglos eingezeichnet. In Wirklichkeit beträchtlich geschrumpft, da von Baumwollpflanzungen eingeengt, die amerikanische Ingenieure hier anlegen.

Auf einer bitten wir um Brennstoff für eilige Weiterfahrt nach Asaita. Betretenes Schweigen. Erst jetzt merken wir, daß hinter jedem Amerikaner ein Danakil steht, von denen schon Rimbaud schrieb: »Sie sind zu fürchten.« Die Danakils tragen Flinten und riesenhafte Dolche mit Bronzegriff. Die Amerikaner tragen eine belämmerte Miene. Die Tanksäulen tragen Schlösser. Unsere Plantage wird gerade bestreikt zwecks höherer Löhne. Wir sind in den ersten Aufstand der Geschichte Äthiopiens geraten. Asaita, ade, so nahe vorm Ziel. Wir sinken erschöpft auf ausgelegte Matratzen, während die Danakils uns ihre Dolche als Souvenirs antragen.

DIREDAWA, 18. JANUAR 1970

Haltestelle des historischen Bummelzügleins zwischen der Hafenstadt Dschibuti und Addis. Vier Zehntel des äthiopischen Gesamtexports fließen über diese einzige Bahn des Landes. Es ist die

Strecke von Rimbauds Karawanen, er hat sie als erster rekognosziert. Landete hier nach sechs unsteten Wanderjahren, die ihn bis Batavia führten. Ein französischer Negoziant namens Bardey heuert ihn an, Kaffee, Elfenbein, Tierhäute, Wachs und Sonstiges aus dem Landesinnern herauszuschaffen, für ein Prozent Kommission. Wofür man gern bereit sei, die Eingeborenen mit buntem Kattun aus Manchester und Modeschmuck aus Paris zu beglücken. (Eine der Grundlagen westlichen Wohlstandes und seiner Fähigkeit, sich die Rembrandts, Shakespeares und El Grecos leisten zu können.) Sklaven lehnt Bardey jedoch ab. Auch sie hat Rimbaud angeboten. Er hat nur mehr Profit im Sinn und ein auskömmliches Rentnerdasein. Da er niemandem traut, schleppt er zuletzt sein Gold in einem acht Kilogramm schweren Gürtel mit sich herum.

Erfolgloser Versuch, hier eine Kamelkarawane zu Filmzwecken zusammenzustellen. Angeblich Nationalfeiertag. Der Militärkommandant, dem wir empfohlen sind, hält sich vor Feiertagsstimmung kaum auf den Beinen. Und die Kameltreiber unwillig, ihre jeweils zwei oder drei Tiere mit fremden aneinanderzukoppeln. Welche Tabus werden da verletzt? Die meisten Kamele tragen übrigens Elefantenstoßzähne an die Flanken geschnallt. Siehe Rimbauds allerletzten Geschäftsbrief, der Schwester schon im Fieberwahn diktiert: »Posten eins, ein Zahn. Posten zwei, zwei Zähne, Posten drei ...« In der Jugend hatte er der französischen Sprache neue Bereiche erschlossen. Seine spätere Korrespondenz ist so unbeholfen, daß man fast einen anderen Menschen vermutet. Hat er vielleicht der Dichtkunst mit 18 gar nicht freiwillig entsagt, auch nicht aus Ekel oder Selbstbestrafung, sondern weil sie ihn verließ wie ein Schiff in der Nacht?

HARAR, 19. JANUAR 1970

In der Hochlandkapitale, der mysteriösen heiligen Stadt des Islam. Hier traf Rimbaud am 10. Dezember 1880 ein, nach dreiwöchigem Gewaltmarsch von der Küste durch die kochende Somaliwüste. Ungeschlachte Moschee von 1560, auch die sechstorige rote Stadtmauer stammt aus dem 16. Jahrhundert. Weiße Häuser, Basarstraßen, die Männer in weiten türkischen Pluderhosen unter violetten Seidenkaftanen. Die schönen Frauen mit geflochtenen Zöpfchen in bunten indischen Saris, die eine kaffeebraune Schulter freilassen. Auf den Dächern Adler, Wildenten, Marabus, ganze Affenvölker. Frisches, anregendes Gebirgsklima, fruchtbare tierreiche Umgebung, Wildwuchs von Arabica-Kaffee. Dazu Rimbaud in Briefen an die ungeliebte Familie: »Dieses Land mißfällt mir. Ich gedenke nicht lange hierzubleiben.« »Ein Haufen Hunde und Banditen. Ich werde diesen Ort bald verlassen.« »Ich schufte wie ein Esel in diesem Land, für das ich einen unbeschreiblichen Horror empfinde.« »Glücklicherweise ist dieses Leben das einzige, und das ist evident. Weil man sich unmöglich ein langweiligeres vorstellen kann.«

Nah beim Markt das malerische Kolonialhaus, das schönste der Stadt, das er damals bewohnt haben soll. Unten steinernes Handelskontor, oben hinter vielfältig durchbrochenen Holzverschalungen die luftigen Gemächer. Kachelböden, geschnitzte Truhen und Gerätschaften, Ledertapeten mit Eisenbahnen bemalt – von wem? Rimbaud an die Seinen: »Habt ihr meinen Scheck über 100 bekommen?« »Sobald ich 1500 habe, fahre ich hier ab.« »Ich könnte euch 3000 schicken, die ihr für mich anlegt.« Die Mutter weigert sich, ihm auch nur die erbetene Fotokamera zu kaufen, und investiert, als ewige filzige Bäuerin, das Geld in »la terre«, in Landbesitz. Danach schickt Rimbaud nichts mehr. Wenn er 50 000 Franc zusammengekratzt hat, will er nach Frankreich zurück, um zu heiraten. Er bekommt sie nie. Einmal nach Jahren schreibt er seinem einzigen Jugendfreund Delahaye. Kein persönliches Wort, nur Bitte um irgendwelche Besorgungen. Einmal hört sein Auftraggeber Bardey zufällig in Paris, daß sein Agent als verschollener Dichter wachsenden Ruhm genießt. Dazu Rimbaud: »Ich befasse mich nicht mehr mit diesen Dingen.« Auf den drei Fotografien, die er schließlich nach Hause schickt, sieht man vor Dornenhecken oder Mauern stehend einen ausgemergelten, alterslosen Mann ohne Präsenz, ohne Blick. Dessen Sommer in der Hölle sich schließlich auf sein ganzes restliches Leben ausgedehnt hat.

DSCHIBUTI, 21. JANUAR 1970

Moderne Hafenstadt am Roten Meer, jetzt ohne Schiffahrt. Standort der Fremdenlegion. Die vorwiegend dazu dient, daß die Stämme der Afars und Issas, denen das Gebiet nominell gehört, sich nicht mausig machen und für die Unabhängigkeit von Frankreich votieren. Die Legionäre dürfen kein Bankkonto eröffnen, sondern erhalten ihre Löhnung bar in das dem Kommandanten hingehaltene weiße Käppi. Es wird von ihnen erwartet, daß sie das Geld an Ort und Stelle verjubeln, und davon scheint das Territorium in der Hauptsache zu leben. Die Legion noch immer stramm deutsch. Haarsträubende Berichte aus Indochina, aus Algerien. »Wir haben gehaust wie die Hyänen.« »Man kann nicht Kinder aufspießen und dann, rumms, ins Zivilleben zurück.« (Was aber allerhand Nazis spielend schafften.)

Mit Leihwagen zu dem Fischerdörfchen Obok. Wo sich Henry de Monfreid vor einem halben Jahrhundert als Schmuggler herumtrieb. Anstandsbesuch beim französischen Residenten, der einst in Indochina ganze Provinzen verwaltete, hier 300 Seelen. Seine Frau, ehemalige Schönheit aus Saigon, jetzt in die Breite gegangen und zu Tode gelangweilt: »Hätte mein Mann sich bloß soviel um seine Karriere gekümmert wie um die Eingeborenen, wir säßen jetzt in Paris.« Das vor ihm, der mit dümmlichem Grinsen zuhört. Gebetsruf vom Minarett, jedoch ohne Muezzin, sondern auch hier nur Tonband, wie so viele Glockenrufe deutscher Kirchen. Ist es Gott wirklich so egal? Weiter zu dem Hafen Tadschura, ganz schön exotisch. Am Strand lagernde Kamele, Fischer, auch Schiffszimmerleute, die geruhsam an einer hölzernen Dhau arbeiten, einem Transportsegler. Genau wie auf Monfreids altersgrauen Glasdias. Feuchte Hitze, unendlich dankbar für geeiste Colas im Hafencafé. Allerdings über dem Kühlschrank vereint die Bilder von Nasser und Hitler.

Welche Höllenqualen hat der »Mann mit den Windsohlen« hier gelitten! »Tadschura ist ein Kaff mit Festung, wo sechs französische Soldaten sich ausruhen. Ich stelle hier eine Karawane zusammen, die tausend Gewehre zu Menelik bringen soll. Ich plane, Mitte Januar aufzubrechen.« »Ich bin bis zum Mai hier zurückgehalten ...« »Ich werde endgültig Ende Juli ...« »Ich werde endgültig Ende September ...« Anderthalb Jahre dauert es zuletzt. Dann: »Sechs Tagesmärsche von Tadschura erreichte unser Zug den salzigen Assai-See, über Pisten, die an Mondlandschaften erinnern.« Wir steigen mit einem Buschflieger hoch. Unter uns Rimbauds Pisten, die noch immer an Mondlandschaften erinnern. Sie dürfen nicht von Einzelfahrzeugen benutzt werden, nur von Konvois, die sich aus Sicherheitsgründen an- und abmelden müssen. Der See mit seinen Salzsäulen am Ufer gleicht dem Toten Meer. Beim Rückflug gelangen wir zwischen Bergspitzen in Nebel, müssen auf schrägem Gelände notlanden. Pilot gibt uns keine Gewähr, daß wir mit unserem schweren Gerät den Abflug schaffen, und tatsächlich zieht er die Maschine erst auf den letzten Drücker hoch.

Rimbaud: »Das einzige, was hier blüht, ist der Sklavenhandel. Die Engländer haben versucht, ihn zu unterbinden, aber die Franzosen mischen sich nicht ein, und das ist besser so.« Tatsächlich kann Monfreid hier noch in den zwanziger Jahren Sklavenkarawanen fotografieren. Auch Rimbaud handelt wahrscheinlich mit äthiopischen Sklaven, nachdem der Waffenschmuggel nichts mehr einbringt. Denn Menelik besitzt jetzt genügend Feuerwaffen, um damit 1896 bei Adua die Italiener entscheidend zu schlagen. So bleibt Äthiopien, auch dank Rimbauds Hilfe, das einzige unkolonisierte Land Afrikas.

ASAITA, 23. JANUAR 1970

Zweiter und ebenfalls mißlungener Versuch, durch die Danakilwüste die Kamelstadt Asaita zu erreichen. Michelinkarte höchst ungenau, die eingezeichneten Pisten sind Hunderte Meter breit und laufen unvermittelt auseinander. Einzige Orientierungspunkte sind runde Steinhaufen, die sich als halb unterirdische Wohnhöhlen herausstellen. Davor die furchteinflößenden Danakils oder Dankalis, die sich jetzt »Afars« nennen, die Freien. Wilde Burschen mit abstehendem Haar, gehüllt in eine Art locker umgeworfenes Badetuch, bewaffnet mit den uns schon bekannten Flinten und Dolchen. Früher Nomadenvolk, jetzt Ackerbauern. Was aber nur von den Frauen wahrgenommen wird, während die Männer sich dem Kleinkrieg und dem Sport widmen. Kampieren würde ich hier nicht.

Da Asaita sich langsam zu einer Fata Morgana wandelt, mieten wir zuletzt einen Flieger, der uns in einer halben Stunde hinbringt. Primitive Lehmhütten, Moschee, Schule. Der Sultanspalast leider eine fade einstöckige Villa. Davor wildromantische Wachsoldaten mit Turbanen und gekreuzten Patronengürteln. Sultan Ali Mirah Hanfre empfängt uns gnädig, um so mehr, als wir vorgewarnt worden sind, vor ihm nicht den Kaiser Selassie zu erwähnen, dem er gar nicht grün ist. Wir überreichen eine Polaroid als Gastgeschenk und können leider dabei seine Gedanken lesen: »Ach, Mensch, bloß wieder das vorjährige Modell.« Dafür erhalten wir einen Freibrief, der sich aber als überflüssig herausstellt, da die Danakils ohnehin nicht lesen können, außer die Ziffern auf Banknoten. Urzeitlicher Kamelmarkt, wobei Händler und Käufer ihr Gewehr quer über die Schultern legen, darauf die ruhenden Arme, so daß man bequem stundenlang feilschen kann. Die Waffen antik und offenbar die nämlichen, über die Rimbaud nach Hause schrieb: »Unsere Ware sind alte Flinten, seit Jahren außer Kurs. Sie kosten in Frankreich 7 oder 8 Franc, hier zahlt man dafür 40. Uns erwartet ein Reingewinn von 258 000 Franc.« Von wegen. Knappe 40 000 Franc dürfte er in zehn Jahren tatsächlich zusammengekratzt haben, und nicht einmal ihr Verbleib ist gewiß.

Ließen sie sich überhaupt noch nach Frankreich bringen, auf diesem letzten der vielen Horrortrips seines Lebens? Brief vom Februar 1891: »Ich habe Schmerzen im rechten Knie.« März: Kann nicht mehr gehen, liquidiert die Faktorei in Harar. April: Wird auf einer selbstentworfenen Tragbahre zur Küste transportiert. Regenzeit. Einmal lassen ihn die Träger 16 Stunden lang ungeschützt im tropischen Geprassel liegen. Von Zeilah Überfahrt nach Marseille. Dort Diagnose eines Tumors. Amputation. Flieht ins Mutterhaus nach Roche. Dann wieder zurück nach Marseille. Schreibt im Fieber seinen letzten Brief: »Sehr geehrter Herr Direktor. Ich möchte heute diesen Dienst quittieren, dessen Namen ich nicht einmal weiß. Alle diese Dienste sind da, überall, und ich Unglücklicher kann nichts finden. Sagen Sie mir, um welche Stunde ich an Bord gebracht werden soll.« Und der Große Direktor sagt es ihm, die Stunde läßt nicht auf sich warten. Tod Arthur Rimbauds am 10. November 1891. Begräbnis in Charleville. Sein Lebensexperiment ist gescheitert, von dem keiner genau weiß, was es bedeutet, aber doch jeder spürt, daß es ihn angeht. Fast gleichzeitig erscheint, von Verlaine in Paris herausgegeben, die erste Sammlung seiner Gedichte.

PARIS, 1. APRIL 1970

Mittelmäßige Aufführung von Hochhuths »Stellvertreter« in Paris. Gleich zu Anfang demonstrieren christliche Rechtsextremisten, die man seit Vichy verschwunden glaubte, vom Balkon mit Sprechchören und herabgeworfenen Flugzetteln. Der Autor, eigens angereist, sackt erbleichend in sich zusammen. Nun ja, Schriftsteller haben nur am Schreibtisch mutig zu sein. Anschließend mit Hochhuth, seinem Verleger Ledig-Rowohlt, dessen englischer Frau und verschiedenen literarischen Agenten in die Brasserie Munichoise. Etwas verspätet der Dichter Paul Celan, dem ich von unserer Rimbaud-Verfilmung berichte. Er hat selbst das »Trunkene Schiff« übersetzt, was uns jetzt leider nicht mehr weiterhilft.

Gespräch über das unausweichliche Thema, warum der »gefallene Engel« mit 18 das Dichterhandwerk an den Nagel hängte. Ich vermute Selbstbestrafung, zitiere den einschlägigen Satz: »Was meine Überlegenheit ausmacht: daß ich kein Herz habe.« Celan bestätigt meine Originalität mit viel eifrigem Kopfnicken, glaubt aber kein Wort davon. Vielleicht habe Rimbaud nach Poetenart der Versuchung nachgegeben, das, was nur halb spielerisch niedergeschrieben war, nun auch zu werden: das untergehende Schiff? Dabei lächelt er mir freundlich-ermutigend zu. Mir fällt auf, daß ich mich die ganze Zeit im Hintergrund des Kopfes mit der Frage befaßt haben muß, wo ich dieses kindliche, herzzerbrechende und sich gleichsam für die eigene Existenz entschuldigende Lächeln, und der damit den andern auferlegten Bürde, schon gesehen habe. Jetzt weiß ich es: auf Fotos von Kafka. Leider werden wir dann an entgegengesetzte Enden des Tisches plaziert. Wir prosten uns stumm zu. Der Dichter der Todesfuge mit einem deutschen Bierkrügel in der Hand.

PARIS, 6. APRIL 1970

La Borde, eine sogenannte offene Irrenanstalt. Die Patienten, hier »Gäste« genannt, laufen im schattigen Park umher und dürfen ihre Phantasmen ausleben. Zeichen der Zeit: kein Napoleon mehr, kein Christus. Die meisten halten sich für »Vertrauensleute«, »Assistenten«. Wir drehen hier einen Klüngel von drei Freunden, die mit den Gästen ein Theaterstück inszenieren. Der surrealistische Zeichner Gourmelin macht die Bühne. Der Autor Jacques Sternberg den Text. Der Clown Baptiste inszeniert. Die Irren haben keinerlei Schwierigkeiten, solche Sternberg-Texte zu kapieren wie: »Während er versuchte, die Zeiger einer Turmuhr richtig zu stellen, tat er einen Fehltritt und fiel aus dem Raum in die Zeit.« Oder: »Er war so darauf bedacht, keinen zu stören, daß er das Fenster hinter sich schloß, nachdem er sich aus dem sechsten Stockwerk ins Leere geworfen hatte.« Oder: »Zeit gewinnen. Es war ihm gelungen, nie eine einzige Minute zu verlieren, und bald gelang es ihm sogar, einige Minuten zu gewinnen. Stunden, Tage. Schließlich hatte er eine ganze Woche gewonnen. Es war in diesem Moment, daß er den Tod traf.« Zweck der Vorstellung: Die Kranken sollen ihre Konflikte veräußerlichen, auf der Bühne darstellen, was sie sonst nicht sagen können.

Abends zu Baptiste, dem schweigsamsten der drei Freunde. Ein kindlich-verträumter Harlekin, der sich gar kein Clownsgesicht aufzuschminken braucht, weil er schon damit geboren ist. Reist mit dem »kleinsten Zirkuszelt der Welt« durch die Lande, assistiert von seinem hübschen dunkelhaarigen Weibchen namens Vicky. Hinreißende Nummer mit Seifenblasen, die er jongliert, zusammenhämmert bis zum Zerplatzen, um dann die restlichen in ein Holzkästchen zu sperren. Recht verspätet steigt uns auf, daß es sich bei Vicky um niemand anders handeln kann als um Victoria, jüngste Tochter von Charlie Chaplin. Abends begleiten wir die beiden zu einem Tanzsaal am Pigalle, wo Fellini gerade seinen Film »Die Clowns« dreht, für den er Baptiste angeheuert hat. Da wir nicht mitfilmen dürfen, warten wir auf ihn in einem Café. Er kommt um Mitternacht und fast weinend: »Fellini hat meinen Akt dermaßen umgekrempelt, daß gar nichts mehr von mir übrigblieb. Als hätte man mir ein falsches Kind untergeschoben.« Vicky tröstet ihn. Ein echtes Kind scheint immerhin unterwegs.

PARIS, 10. APRIL 1970

In der Rue du Bac bei dem Schriftsteller Romain Gary, den ich schon als schmalen und genialen Jüngling kannte. Jetzt stattliche urbane Erscheinung mit edler Stirn, langem Haar, auf Wildwuchs gestutztem Bart, der das leicht schwächliche Kinn verbergen soll. Dandykleidung von den spitzen Reitstiefeln bis hinauf zu einer wild karierten Holzfällerjacke, »als Hommage für meine kriegerischen tatarischen Vorfahren«. Sonore Stimme mit sinnlichem Timbre, die er noch künstlich um eine halbe Oktave herunterzuschrauben scheint. Gesamteindruck eines hinreißenden Poseurs, der seine Makeraden mit Genuß auslebt. Im Arbeitszimmer unermeßliche Stöße von Papieren, Zeitschriften, Ausschnitten, Fotos: »Mein Quellenmaterial.« Schreibt immerhin vier Bücher im Jahr, zwei auf englisch, zwei auf französisch. »Allerdings ist meine Muttersprache Russisch, meine Lieblingssprache Polnisch.«

Diktat an die Sekretärin: »Mademoiselle, wir machen jetzt das französische Kapitel, bei dem wir unterbrochen wurden. Und wir beginnen mit einem Witz. Und zwar ist es ein besonders witziger Witz, der mir aber im Moment nicht einfällt, also beschreiben wir lieber ein Nadelgehölz und Terror und Psychopathen und Stop und Absatz!« (So wörtlich.) Dann weiter am englischen Buch, wobei man trotz aller Wortgewandtheit doch etwas zu deutlich die französische Wortmelodie heraushört. Läßt sich auch bei der Arbeit nicht stören, als wir seine Wände abfilmen. Dort in vergrößerten Bildern seine komplette Lebensgeschichte. Angefangen mit dem Porträt der russisch-jüdischen Mutter, Mina Kacew, die ihn in Wilna zur Welt brachte, auf dem Weg in ihr ersehntes Frankreich. Folgt Kindheit in Nizza, wo sie ihm tagtäglich eintrichtert: »Du wirst Schriftsteller sein ... du wirst Botschafter sein ... du wirst die Ehrenlegion haben ...« Und genauso geschah's. Den Vater hat ihm die Mutter ihr Leben lang verheimlicht. War es der große Schauspieler Iwan Mosjukin, dessen (unähnliches) Foto hier auch zu sehen? Garys ganze Laufbahn wirkt wie ein dauerndes Rollenspiel, um seinem wahren Selbst auf die Spur zu kommen oder es zu erfinden. Er läßt sich zum Jagdpiloten ausbilden, stößt im Juni 1940 als einer der allerersten zu de Gaulle in London. Fliegt Einsätze, wird hoch dekoriert. Und zehrt innerlich von den durchgeschmuggelten Briefen seiner Mutter. Bis er nach der Befreiung Frankreichs herausfindet, daß sie seit zwei Jahren tot ist. Sie hat die ganzen Briefe im voraus geschrieben, eine Bekannte sie danach fallweise abgeschickt.

Nach Kriegsende wird Gary Diplomat und erlebt den Höhepunkt seiner öffentlichen Karriere als Generalkonsul in Los Angeles. Wo er sich von Hollywoodschönheiten nach dem Ortskodex hofieren läßt. »Fuck me, consul general, honey, fuck me!« soll ihn eine Produzentengattin angefleht haben, während der allgewaltige Gatte mit rotem Kopf dabeisaß. 1961 wirft er auch diese Rolle hin und wird Ehemann und Pygmalion der um 24 Jahre jüngeren und eben als Premingers »heilige Johanna« zu Ruhm gekommenen Jean Seberg. Gleichzeitig stößt er konvulsivisch einen Bestseller nach dem anderen aus: »Die Wurzeln des Himmels«, »Lady L.«, »Der Tanz des Dschingis Kohn«. Jean schenkt ihm einen Sohn, Diego, danach trennen sich die Eltern. Warum, erfährt man aus der Schwatzkolumne einer Astrologin, die Gary an sichtbarster Stelle an die Wand geheftet hat. Anscheinend passen die Geburtsdaten nicht zusammen. Gary: »Wir sind jetzt geschieden, aber wir leben als Freunde. Ich hier, Jean in der Nachbarwohnung. Ich glaube an die Ehe. Aber Jean ist das halbe Jahr auswärts, um zu filmen. Und wie soll man Bücher schreiben, wenn man in vier Monaten zwölfmal den Atlantik überqueren muß, damit einem die eigene Frau treu bleibt? Mit anderen Worten, es ist meine verfluchte Eifersucht. Was meinen Sie, wird das mit der Scheidung erträglicher?«

Auftritt Jean Seberg, unnachahmliche Mischung aus mittelwestlicher Kindfrau und Pariser Vamp. Ich erinnere sie daran, daß ich ihr schon vor vierzehn Jahren begegnete, als Preminger sie der Welt vorstellte. »Ja, er hat mich ausgequetscht wie ein Kleenex und dann weggeworfen.« Vorgespiegeltes Gespräch vor der Kamera zwischen diesen zwei Könnern: der professionellen Schauspielerin (sie hat es nie ganz geschafft) und dem Komödianten seines Lebens (er hat es nur allzugut geschafft). »Wie lang bleibst du diesmal?« »Zwei Tage.« »Wir müssen versuchen, uns Weihnachten zu treffen. Natürlich will ich nicht stören, wenn du anderweitig vergeben bist.« »Aber ich bitte dich, Romain, es wäre wunderbar.« Spiele am Abgrund. Dann holt sie den Sohn Diego, der mit ihnen spanisch spricht, weil seine Gouvernante von dort stammt. So läuft das. Jetzt wieder zurück zur Schreibfron. Gary wagt sogar einen Limerick auf französisch, eigentlich ein Ding der Unmöglichkeit. »Ich bin immer um einen Roman zurück. Ich meine gegenüber meinem Lebensplan. Denn was die Verleger betrifft, die kommen schon längst nicht mehr nach.« Warum dann so viele Bücher? »Jedes ist anders. Jedes probiert einen neuen Menschen aus. Immer hundertprozentig ich, aber nicht immer dieselben hundert Prozent.« Gibt es Romain Gary überhaupt? »Manchmal glaube ich ihm zu begegnen. Aber er ist mir nicht sehr sympathisch.«

PARIS, 30. APRIL 1970

Bei Ermenonville, eine Stunde von Paris, liegt unerklärlicherweise ein Quadratkilometer Sanddüne, ja geradezu Wüste. Als Kinderspielplatz eingerichtet mit Erfrischungszelt, Turngeräten, kleiner Menagerie samt drei Kamelen. Diese beladen wir mit bunten Indianerdecken, afghanischen Kissen, tahitischen Tüchern und was ich sonst noch an Volkskunst besitze, dazu vier antike, vom Flohmarkt gemietete Gewehre. Es ergibt, aus Bodenhöhe gegen den Wolkenhimmel geschossen, eine barbarische Waffenkarawane, weitaus überzeugender als alles, was uns in Äthiopien für den Rimbaud-Film durch die Lappen ging. Ich würde mich noch viel abgrundtiefer genieren, wüßte ich nicht, daß der berühmte Kollege Eisenstein in »Que viva Mexico« seine urtümliche Montage mit den Totenskeletten auf dem Hoteldach nachgestellt hat.

PARIS, 14. SEPTEMBER 1970

Anaïs Nin in Paris, um einen weiteren Happen ihres gefeierten Tagebuches vorzustellen. »Bisher 15 000 Seiten«, strahlt sie, und kein Ende abzusehen. Dabei munkelt man, daß die saftigsten Passagen für posthume Neuausgaben reserviert sind. Wir filmen Nin im Café de la Coupole, beim Tagebuchschreiben natürlich. Schlankes Frauchen mit stählernem Ehrgeiz, dem man aber sexuelle Ausschweifungen weniger zutraut. Worüber schreibt sie? Sie hüllt sich in ihr Sphinxlächeln und ein schwarzes Literatencape. Ihr geliehen von Jeanne Moreau, mit der sie dann gemeinsam im Bois spazierengeht. Jeanne: »Die Art, wie eine Frau denkt, in Umwegen und Abkürzungen, führt zu dauernden Mißverständnissen beim Mann. Das bringt dann wieder die Frau aus dem Gleichgewicht.« Nin: »So verlegen wir uns auf Konzessionen und verlieren damit unser Eigentliches.« Jeanne: »Sie haben als erste die Frau mit sich selber ausgesöhnt.« Und so schnurren die beiden einander noch reichlich Selbstgestricktes zu. Bin ich bloß beschränkt, oder läuft dieses Gespräch tatsächlich so aus dem Ruder, wie es auf mich wirkt?

Zu dem Sackgäßchen Villa Seurat zwischen Montparnasse und Pferdeschlachthallen. Beim letzten Haus links lugen wir durch die Ritzen, klingeln, aber niemand meldet sich. »Hier, über mir, hatte Henry Miller sein Atelier. Das war 1932.« Man will es gerne glauben, obwohl doch Henry gerade damals seine »stillen Tage in Clichy« mit Freund Perlès und sämtlichen Huren der Stadt erlebt haben will. Anaïs, alterslos, zierlich, Dreieckskinn und (echtes?) Edelnäschen, liest uns ungeniert aus ihrem Dauerbrenner von Tagebuch vor. Halb sanfteste Weiblichkeit, halb ausgekochte Literaturbestie: »Ich habe Henry die Standfestigkeit gegeben, er mir die Beweglichkeit. Henry sagt, dieses Haus ist ein Seelenlabor. Jedes Gefühl geht hier durch Röntgenstrahlen ... Ich möchte jetzt nur mehr für die Ekstase leben. Eine Sexualität, um alle Thermometer zu sprengen.« Ich frage sie nach den fehlenden Teilen des Journals. Da es ja doch eine Dreierbeziehung war, die das Thermometer sprengte. Nämlich zwischen Anaïs, Henry und dessen von beiden heißbegehrter Frau June. »Ich glaube, die Zeit ist noch nicht reif für solche Enthüllungen«, meint die Dichterin keusch.

Später am Seinekai, wo sie zeitweise ein Hausboot von einem jungen Schauspieler mietete, der aber wieder aussiedeln mußte, weil seine geliebten Affen dort seekrank wurden. Den Schauspieler haben wir im gemieteten Wagen zu uns bringen lassen, aber er erinnert sich an nichts. Eine Krankheit hat Jahre aus seinem Gedächtnis gelöscht. Es ist Michel Simon. Anaïs hoffnungsvoll: »Michel, wissen Sie nicht mehr ... wie ich Ihnen die Affen einfangen half ... und dann 1939, bei Kriegsausbruch, da gab ich Ihnen das Boot zurück ...?« Michel, obschon er keinen blassen Schimmer mehr hat: »Ach ja, man lebt von Erinnerungen ...« Anaïs, auf die Bahnhofsuhr des Gare d'Orsay deutend: »Entsinnen Sie sich noch, was die immer geschlagen hat? Man muß lieben, lieben, schnell, schnell, die Zeit vergeht, die Zeit vergeht ...« Dazu der alte Simon, schon nicht mehr von dieser Welt: »En effet«, wie wahr.

Mit Anaïs Nin zu dem Dörfchen Louveciennes bei Paris, wo noch jetzt ihr früherer Landsitz liegt. Wie hatte sich die jugendliche Literatin dergleichen leisten können? Hugh Guiler machte es möglich, der in sämtlichen Tagebüchern und Literaturgeschichten ausgesparte Gatte und Bankier. Durch das Gittertor Blick auf den stimmungsvollen Park, drei Stufen führen in die herrschaftliche Villa. Millers Foto, mit verwegenem Schräghut auf dieser Treppe sitzend, ist eines seiner besten. Kam er her ohne Wissen des Gatten? Oder hat dieser seiner Frau damals und vielleicht lebenslang vorgemacht, den Betrug nicht zu ahnen, und ihr damit freie Bahn geschaffen? Anaïs, aus ihrem Buch vorlesend: »Henrys Augen sind kalt, aber sein Mund voll und sinnlich. Er ist ein Mann, den das Leben trunken macht.«

Was denn Miller seinerseits an ihr fasziniert habe? »Wahrscheinlich das Geheimnis Frau. Ich konnte ihm June erklären und mich selber. Er war verrückt danach, herauszufinden, wie Frauen fühlen. Deswegen gab es zwischen uns eine Absprache: keine Lügen. Keine Lügen. Ich übersetzte ihm sozusagen die Sprache der Frau. Die meisten von uns kennen ja ihre Beweggründe nicht. Aber ich, ich kannte meine.« Und die waren welche? Sie denkt lange nach: »Ich glaube, mein Hauptantrieb war, dem weiblichen Masochismus zu entkommen.« Auf dem Rückweg zum Auto werde ich dann leicht beiseite gezupft und aufgefordert, Anaïs in Amerika zu besuchen. »Aber Sie müssen sich unbedingt vorher anmelden. Ich habe nämlich zwei Adressen. Eine am Washington Square in New York mit meinem Mann. Und eine in Kalifornien mit einem Enkel des Architekten Frank Lloyd Wright. Er ist Geiger und um einiges jünger als ich.«

Abends in der Cinemathek. Dort Galaempfang für den Filmemacher Ian Hugo, der kein anderer ist als Nins Gatte unter Künstlerpseudonym. Sie trifft verspätet ein: »Dies ist Hugos großer Moment, von dem ich nicht ablenken will.« Schleiche mit ihr ins Auditorium, wo, wie stets, unerträgliche Hitze. Auf der Leinwand mühsam getrickste Filmexperimente einer verflossenen Avantgarde, abstrakte Sächelchen. Nin entschlummert sanft, ich verdrücke mich hinaus zum Team. Nach einer halben Stunde erscheint überraschend der Gefeierte zu einer Zigarettenpause. Weißhaariger, zurückhaltender Amerikaner bester Schule. Will nicht gefilmt werden: »Der Erfolg meiner Frau beruht, wenn man so sagen darf, auf meinem Nichtvorhandensein. Wir wollen diesen Mythos aufrechterhalten. Aber ich war bei allem dabei von Anfang an, das dürfen Sie mir glauben. Selbst auf dem Hausboot. Nachts machte ich den Bohemien, morgens zog ich meine gedeckte Krawatte an und schritt zu Fuß über den Concordeplatz zu meiner Bank. Und ich habe für alles bezahlt, das ging alles auf meine Rechnung. Auch für Mister Miller habe ich bezahlt. So bin ich doch Teil der Kulturgeschichte geworden, wenn nicht durch meine Filme, so durch mein Geld.« Löscht Zigarette mit dem Schuh auf dem Fußboden aus, stampft grimmig darauf herum, als wolle er ein Stück Leben austreten.

PARIS, 25. MÄRZ 1971

Romy Schneider vom Hotel Saint-Régis abgeholt und zu der »péniche«, dem Hausboot, gebracht, das wir als Interviewort vorbereitet haben. Kleiner als erwartet, niedlicher, liebes Gschau in geblümtem Kleidchen. Nichts von der lasterhaften Femme fatale, auf die sie sich im französischen Film spezialisiert. Gleich zu merken ihre Nervosität: »Von mir kriegen Sie das schlechteste Interview der Welt. In der Rolle bin ich zu jedem Exzeß fähig. In der Selbstdarstellung eine Null.« Am Drehort haben wir dann Getränke bereitgestellt, die Romy mit rührender Dankbarkeit herunterschluckt: »Vielleicht macht mich das etwas weniger gehemmt.« Kramt aus ihrer Handtasche anonyme Briefe aus Deutschland und Österreich, die kürzlich eingetroffen. Darunter: »Du Drecksau!« Romy: »Was erwartet man von mir? Daß ich ewig Sissi bleibe? Diese verlogene Darstellung einer höchst problematischen und wahrscheinlich lesbischen Person?« Versteht nicht, wieso sie sich »ins Ausland verkauft« haben soll? Oder, seit ihrem Verhältnis mit Alain Delon, als »Skandalschlampe« gilt? Ob das nicht bei den Frauen der pure Sexualneid wäre, bei den Männern die Wut, daß man »es« den Franzosen besser zutraut?

Allerdings scheint mir Romys Unfähigkeit, diese Sissi loszuwerden, auch darauf zu beruhen, daß sie ja Sissi ist! Mindestens zuviel

Sissi in sich hat, um zum ganz großen Spiel durchzubrechen. Weil bei ihr ja doch immer die ehrliche Haut herauszwinkert: Habt keine Angst, ich bin es. Ja, im Grunde liebt das Publikum sie vielleicht genau deswegen. Sie ist nicht wirklich diese Nutte, die sie so eingehend nach Gang und Haltung am Pigalle studiert hat, sondern bleibt eben das liebe Romymädchen: Sissi als Vamp. Das, was Romy so zur Verzweiflung bringt, macht in Wirklichkeit ihren Erfolg aus. Aber das kann man ihr nicht erklären. Kann nicht »mit Blumen von Botanik reden«. Sie kommt dann auf Männer zu sprechen: »Mein Problem: daß ich unweigerlich mein Glück in Männern suche. Und die deutsche Frau, so, wie ich erzogen bin, muß zum Mann aufblicken können. Ich fische also beständig nach dem starken und gleichzeitig sensitiven Mann, zu dem ich aufblicken kann. Nur finde ich nie die richtige Mischung. Fasse ich diesen Kerl einmal, schenke ich ihm mein Leben!« Aber wünscht oder verkraftet irgendein Mann, daß man ihm ein Leben schenkt? Sie lacht: »C'est ça le problème.« Herauszuspüren bei Romy, glaube ich, ihr tief eingefressener Masochismus. Den auch der Sadist Delon zielsicher zu nutzen wußte. Das zweifellos vorhandene Ressentiment des deutschen Publikums beruhte dann auf einem nicht annehmbaren Rollentausch: In den Untiefen des Volksgemüts darf sich zwar der deutsche Mann von der Französin treten lassen, aber nicht die deutsche Frau vom französischen Mann.

Auf persönlicher Ebene muß Romy tatsächlich Unglück an sich ziehen, wie es dem Masochisten zusteht. Ihre Klagen sind dann ein verborgenes »Schlag mich, schlag mich!«. Verheerend. Selbst Delon dürfte das am Ende zuviel geworden sein, da er es ja war, der sie verließ. Um sich unvermeidlich einer Stärkeren zuzuwenden, nämlich Nathalie. Während die geschundene Romy sich dem Schwächlicheren zum Ausruhen anheimgab, dem Schauspieler Harry Meyen. Von dem sie jetzt, außer einem Sohn namens David, nicht mehr viel hat. Am auffallendsten bei Romy, die doch hier als »femme épanouie«, als reife, sich auslebende Frau, gilt: ihre Unsicherheit, Stimmungsabhängigkeit, etwas wie Gejagtsein, sogar Angst. Angst wovor? »Vor Unzulänglichkeit, was sonst? Als Schauspielerin, als Frau, als Mutter. Weil man doch nie soviel gibt, wie man sollte und möchte. Ich brauche immer grenzenlose Liebesbeweise, um halbwegs so funktionieren zu können wie andere Leute.« Nach diesen vorausgegangenen »Lockerungsübungen« beginnen wir dann das gefilmte Interview, bei dem Romy unvermeidlich in ihre lähmende Steifheit zurückfällt. Anschließend noch Drinks am Seineufer. »Hätten Sie nicht einen Job für meinen Mann, er findet nichts mehr.« Hingegen ist ihre eigene Karriere hier in vollem Aufschwung. Vielleicht gibt es irgendwo ein Gesetz, daß man den großen Erfolg haben kann oder die große Liebe, aber nicht beides? Ein Seufzer: »Ich will aber beides, und wenn ich dabei draufgehe.«

SAN PEDRO SULA, 28. APRIL 1971

Beginn unseres Films über das Thema Bananenrepublik. Alternativtitel: Das Pflügen des Wassers. Oder: La Violencia. So heißen hier die blutigen Unruhen, die Lateinamerika seit Jahren zerfleischen. Einflug in Honduras, von Miami kommend. Dies ist nicht die Differenz zwischen erster und dritter Welt, sondern erster und tausendster. Daß man sie dritte Welt nennt, suggeriert bloß Zurückgebliebenheit – tatsächlich ist man hier im Bodenlosen. Schon im Ankunftsgebäude alle Toiletten bis obenhin verstopft mit Unrat. Dito die Waschbecken. Abgeholt werden wir von einem schikken amerikanischen Werbeagenten, Tom. Er ist eigens vom Hauptquartier der United Fruit Company in Boston eingeflogen und »steht uns zur Verfügung«. Wir sollten ihm nur mitteilen, was wir wünschen, und es würde uns allerorten »jemand zur Verfügung stehen«. Natürlich sind wir auch in einem Gästehaus der Company untergebracht, samt Swimmingpool. Und warum einen eigenen Landrover mieten, »wo es doch genug hauseigene Wagen gibt«. Schlägt uns vor, erst mal »einen Tag zu relaxen«. Läßt sich aber überreden, uns gleich zu einer Bananenplantage zu führen. »Und natürlich zeige ich Ihnen auch das Negative.«

Die Pflanzung erstklassig organisiert. Künstliche Bewässerung und Besprengung, die Stauden durch Fliegennetze geschützt. Gutbeschuhte, gutaufgelegte Arbeiter, denen man das Doppelte der landesüblichen Löhne zahlt. Die Unterkünfte adäquat. Auch eine Krankenbaracke, ein Schulbau. »Könnte größer sein«, murmelt Tom abfällig. Ich frage ihn, ob die vielangefeindete Company jetzt tatsächlich bei den Einheimischen »nuestra mamita« heiße, nachdem sie so lange als »el pulpo«, der Polyp, verschrien war. Er lacht: »Wahrscheinlich auch nur einer von unsern Werbegags.« Muß zugeben, daß man tatsächlich in einigen mittelamerikanischen Ländern wie hier in Honduras zehn Prozent der Anbaufläche besessen habe, 42 Prozent des Gesamtexports. Im benachbarten Guatemala sogar 72 Prozent. Also praktisch das ganze Land in der Tasche? »Aber das ist doch long long ago. Wir haben uns vom Saulus zum Paulus gewandelt.« Wie weit denn diese Wandlung zurückliege? »Fünf Jahre. Seitdem schlagen wir nur mehr unser Bananenland los.« Um was zu produzieren? »Kaffee, Margarine, Öl. Und Plastiktüten. Mit der Banane ging es ohnehin steil abwärts.« Immer diese amerikanische Gottesgabe, Sünden von gestern als nie gewesen zu betrachten. Und ein günstiges Geschäftsgebaren als moralische Tat.

Zeigt mir ein Fotoalbum aus der wildromantischen Pioniergeschichte des Unternehmens. 1899 gegründet mit einer widerstandsfähigen Bananenart, die man im Botanischen Garten von Saigon fand. Danach setzte man Plantagen, Häfen, Bahnen, Straßen in ein völlig unerschlossenes Zentralamerika. »Es war wie der Bau des Panamakanals. Warum sollten wir das nicht ausbeuten, nach den Begriffen der Zeit.« Als Werbemann beeindruckt ihn besonders die geschickte Reklame. »Von den weltberühmten Schlagern der zwanziger Jahre ›Yes, we have no bananas‹ über ›Ausgerechnet Bananen‹ bis hin zu ›Chiquita banana‹ alles von der Company bestellt und lanciert.« Die jetzt komischerweise gar nicht mehr den längst verteufelten Namen United Fruit führt, sondern United Brands, seit sie von dem New Yorker Finanzhai Eli Black geschluckt wurde. Auch der Stuhl von Chairman John Fox soll mächtig am Wackeln sein. Ich frage einen Plantagenarbeiter, der eben dicke Bananenstauden mit einem einzigen Hieb seiner Machete durchschneidet (der Stamm besteht zu 90 Prozent aus Wasser): »Haben Sie je von Señor Black gehört? Oder Señor Fox?« Er sieht mich verständnislos an. Sein Lohn beträgt immerhin einige hundert Dollar im Jahr. In der gleichen Zeit verdiente Mr. Fox 200 000. Allerdings hat er in seiner Amtszeit die Dividende der 47 000 Aktionäre von 26 Cent auf fast 4 Dollar heraufgedrückt.

Tropischer Ausfuhrhafen in Honduras. Ein Ladedock mit Gleisen. Eben wird ein Gefrierschiff der »Weißen Flotte« über ein Förderband mit Zehntausenden Kartons Bananen beladen, die eine Diesellok heranschleppt. Lok, Dock, Schiff und Stadt gehören der Company. Früher eben mehr oder weniger der Staat. 120 000 Kartons Bananen können hier pro Tag verfrachtet werden. Tatsächlich darf die gesamte Laufbahn einer Banane vom Schneiden, Verpacken, Verschiffen über Nachreife und Verkauf bis hin zum Verzehr nicht mehr als drei Wochen in Anspruch nehmen. Dieses System als erste organisiert zu haben ist die Stärke der Company. Leider hat sie daneben noch einiges andere organisiert. Zum Beispiel den Staatsstreich gegen Jacobo Arbenz, den legal gewählten Präsidenten von Guatemala. Der vor zwanzig Jahren einige verkrustete Feudalstrukturen aufbrechen und eine Million Hektar Land an 125 000 landlose Campesinos verteilen wollte. Darunter 90 000 Hektar Brachland, die der Company gehörten, und das ging zu weit.

Es war die Zeit von Außenminister Foster Dulles, der einst als Anwalt die prächtigen Verträge zwischen der Company und dem Land Guatemala ausgearbeitet haben soll. Und die Zeit seines Bruders Allan Dulles, Chef der CIA. Welcher in Honduras ein Söldnerheer von 2000 zusammenstellte, unter dem in den USA ausgebildeten Oberst Castillo Armas und unterstützt von diversen Kampfflugzeugen des Typs Thunderbolt. Aufmarschgelände dieser Armee: da, wo wir hier stehen, das grenznahe Plantagenland der Company in Honduras. Juni 1954 ist Einmarsch in Guatemala. Arbenz wird gestürzt, Armas tritt an seine Stelle. Der seinerseits um die Ecke gebracht wird, da nicht radikal genug. Eine Widerstandsbewegung entsteht, bei deren Bekämpfung sich ein Oberst Osorio Araña besonders hervortut. In der Sierra de las Miñas bringt er 1966/67 nicht nur 80 Partisanen um, mit Hilfe amerikanischer Ausbilder und Napalm werfender Hubschrauber, sondern auch geschätzte 7000 unbeteiligte Bauern. Zur Zeit ist Araña Staatspräsident von Guatemala. Ein Land, in dem jetzt wieder 2,2 Prozent der Bevölkerung über 70 Prozent des urbaren Landes innehaben. Typisch desolate Zustände einer Bananenrepublik. Im Vergleich dazu: Anfang 1966 besaßen, laut SPIEGEL, 1,7 Prozent der bundesdeutschen Bevölkerung 73,5 Prozent des deutschen Produktivvermögens. In den USA wird es nicht anders sein. Nur ist eben der Kuchen größer.

TEGUCIGALPA, 1. MAI 1971

Die Hauptstadt von Honduras – von einem Poeten »ewige Festung der Verzweiflung« genannt. Sah selten etwas so Deprimierendes. Noch das verschlafenste Provinznest in Mexiko wirkt lebendiger. Auf der Suche nach Filmbarem landen wir auf dem offenen Markt. Örtliche Delikatesse: spannenlange, an Händen und Füßen gefesselte und dann zusammengebündelte Leguane. Natürlich sind sie noch lebendig. Eine mumienhafte Bürgerdame mit Sonnenschirm, die unbedingt mit uns französisch parlieren will, berichtet, daß es hier in ihrer Jugend alles gab. »Sogar französische Weine, Monsieur!« Wer denn das Land so heruntergewirtschaftet habe? »Es muß Gottes Wille sein.«

GUATEMALA CITY, 3. MAI 1971

Verglichen mit der Kapitale von Honduras wirkt diese Stadt wie New York. So viel Autoverkehr mit stinkendem Auspuff und niedrigen Oktanzahlen, daß man auf offener Straße zu ersticken droht. Allenthalben schwerbewaffnete Patrouillen, um den Belagerungszustand zu unterstreichen, der nicht nur die Guerilla lahmlegen soll, sondern jede politische Opposition. Das langgestreckte Präsidentenpalais ein einziges Heerlager. Daran vorbei wird ein junger Mann, wahrscheinlich Student, mit auf dem Rücken gefesselten Armen zum Polizeipräsidium gestoßen. Kamera dreht das versteckt aus der Armbeuge, während ich wie stets auf eine flatternde Taube in der Gegenrichtung deute. Das Präsidium eine gefürchtete Folterzentrale. Aber man zählt ja darüber hinaus ein rundes Dutzend rechtsextreme Femebünde wie »Auge um Auge« oder »die weiße Hand«, die sich demselben löblichen Zweck widmen. Kaum ein Tag, ohne daß irgendein Gewerkschaftler oder Priester auf offener Straße entführt oder umgelegt wird.

Später am Vormittag hat dann Präsident Araña (bedeutet die Spinne) höchstselbst eine Landwirtschaftliche Kreditbank zu eröffnen. Maximale Leihsumme: fünfzig Mark pro Bauernfamilie. Kurz vor Eintreffen der Honorationen taucht noch schnell eine Anstreicherbrigade auf, um die Risse im Gemäuer zu übertünchen. Dann grausiger Anblick, wie ein Regierungswagen nach dem andern vorfährt und immer zuerst zwei Leibwächter mit schußbereiter Maschinenpistole herausquellen. Zuletzt der Staatschef selber, diesmal ohne sein übliches wildwestliches Pistolenhalfter am Schenkel, vielleicht, weil von unserer Anwesenheit verständigt. Leicht verfettetes Junta-Gesicht, an Perón erinnernd. Folgt längere Rede über die Notlage der Bauern, welche er ja schon seinerzeit verringern half, als er so viele von ihnen aus dem irdischen Jammertal erlöste. Sein Einkommen ist übrigens höher als das des Präsidenten der Vereinigten Staaten: geschätzte 47 000 Dollar monatlich.

PUERTO BARRIOS, 5. MAI 1971

Einziger Handelshafen Guatemalas, an der karibischen Küste. Daß Präsident Arbenz die lebenswichtige Bahnlinie zwischen Hafen und Hauptstadt, die zur Gänze der United Fruit gehörte, durch eine Staatsstraße ergänzen wollte, soll der Auslöser seines Sturzes gewesen sein. Verkommenes Tropenloch voller öliger Kanäle, aus denen der Gestank verfaulenden Zuckerrohrs dampft. An den Kanälen bis hin zum Brackwasserhafen hölzerne Pfahlbauten mit Wellblechdächern, darin die »ghetto blasters« dröhnen. Die ganze Stadt ein einziges Bordell für Lastwagenfahrer, Seeleute, Schauerleute, Hafenkulis, Rangierer. Die Ureinwohner englischsprechende Schwarze, wahrscheinlich Nachkommen westindischer Importkulis. Ihre kichernde gute Laune und rhythmische Tanzseligkeit auf der Straße eine wahre Wohltat nach so viel lebensernsten Indios und Mestizen. Die schwarzen Nüttchen mit ihrem »Hiya, film-boy« erinnern geradezu an Times Square. Unser Hotel del Norte, dieser hölzerne Kolonialkasten mit Umlaufterrasse, könnte von Joseph Conrad oder Somerset Maugham erfunden sein, lägen nicht im Garten als neckische Dekoration die Trümmer irgendeiner abgestürzten Propellermaschine. Die hölzerne Eingangshalle mit Lattentür klassischer Hollywood-Tropenfilm. Es regnet mit unablässiger Bosheit, während Armeen von quaksenden Fröschen einen am Schlafen hindern. Meine Zimmerlampe, die ganze zehn Watt hergeben muß, ist schwarz von Insekten. Hoffentlich ist wenigstens das Moskitonetz dicht.

FLORES, 6. MAI 1971

Flug nach Tikal, der Mayastadt im straßenlosen Dschungel von El Petén, nur aus der Luft zu erreichen. Nach dem Amazonasgebiet der gewaltigste Urwald der westlichen Hemisphäre. Unmöglich, die ausgehackten Gehwege zu verlassen, da der dampfende, lianenverhangene und papageiendurchschrillte Urwald so dicht, daß man schon nach wenigen Schritten zurückprallt. Von den geschätzten 3000 Tempeln, Palästen, Ballplätzen dieser Riesenstadt in den Ausmaßen des alten Rom sind bislang weniger als ein Dutzend ausgegraben. Nicht Erdreich bedeckt sie, sondern mannsdickes Wurzelgewirr, das auf der Suche nach Nahrung die enormen Steinblöcke auseinandersprengt wie Dynamit. Einzige Möglichkeit, diese Krallen aus dem Gestein zu holen: sie nach dem Fällen der Bäume mit Benzin zu übergießen und über Monate hinweg anzuzünden. Eben jetzt qualmt eine solche neubefreite Pyramide gespenstisch vor sich hin wie ein steingedeckter Kohlenmeiler. Auf welche Art die Mayas ohne Rad und Hebelmaschinen ihre Städte auftürmten und aus welchen, wahrscheinlich astrologischen, Gründen sie im 9. Jahrhundert alles aufgaben, bleibt ungeklärt.

Die bisher ausgegrabenen Pyramiden übrigens von superlativer Schrecklichkeit. Gleichen gigantischen, bis zu siebzig Meter hohen Götzenfiguren. Und das gähnende Torloch, zu dem die steile Treppe endlos hinaufragt, ist wie das Maul eines Molochs. Ein steinerner King Kong im zentralamerikanischen Dschungel. Die Errichtung möglicherweise den nämlichen politischen Gründen zuzuschreiben wie im alten Ägypten. Da die verschwenderische Natur genügend Ernten hergab, mußte das Volk mit Großbauten beschäftigt werden, um nicht auf staatsgefährdende Ideen zu verfallen. Diese anscheinend unausrottbar, nach den (amerikanisch ausgerüsteten) Soldatentrupps zu schließen, die hier auf Guerillabekämpfung machen. Aber hauptsächlich unsere Papiere überprüfen.

TODOS SANTOS, 7. MAI 1971

Fahrt durch das Indianerhochland nordwestlich der Hauptstadt Guatemala City. Ich zunehmend zappelig-erregt, je höher sich der einspurige Schotterweg in die Cuchumatánes-Berge windet. Immer schon assoziierte ich Abenteuer mit Gebirgen, während mich

Meer und Ebenen unberührter lassen. Throne der Götter nur oben zu suchen. Kommt noch dazu, daß diese Berge von drei Millionen Indios bewohnt sind, Nachfahren der mysteriösen Maya-Quiché. Woher die Indianerliebe der Weißen und besonders der Deutschen, während wir etwa Chinesen oder Malaien als unromantisch abhaken? Und was ist diese Auffrischung, die wir bei fremden Volkstrachten, Bräuchen und Götterglauben suchen und nötig haben, während die hiesigen Indios mit ihrer Kultur so im reinen sind. Ja, dank des bloßen Gewichts ihrer Anzahl und pflanzenartigen Beharrungsvermögens darangehen, ihre kulturelle und religiöse Autonomie zurückzugewinnen und zu verstärken. Am Wirtschaftsleben des Landes nimmt diese Bevölkerungshälfte kaum teil. Jede Sippe klammert sich an ihren Fetzen Land, der noch dazu beim Generationswechsel unter die Söhne aufzuteilen ist. Diese taschentuchgroßen Parzellen, mit Mais und Bohnen bebaut und von Hühnern begakkert, klettern allenthalben stufenförmig die Berghänge hoch.

Die Einheimischen zu uns weniger feindlich als wurstig. Wir haben ihnen nichts zu sagen. Und was tun wir da eigentlich so aufgeregt-betriebsam? Gegen Abend ein stattlicheres Dorf mit Fiesta zum Tag des Namenspatrons. Auf dem Marktplatz tanzende Indios in fremdartigen buntbestickten Kostümen. Wo nur schon gesehen diese Pluderhosen, diese Ärmelaufschläge? Aber natürlich, bei El Greco und Velasquez, es sind die Uniformen der spanischen Eroberer. Dazu rosige Gesichtsmasken mit ziegelroten Bäckchen und martialischen blonden Schnauzbärtchen. »La Conquista« heißt der Tanz. Daneben eine Art Jahrmarktszelt, in dem ein Brujo, Mischung aus Zauberer, Priester und Bader, eine Heilung vornimmt. Bestehend aus viel Trommeltanz, Handauflegen und dem Ausbluten eines Huhnes. Anschließend rappelt sich der Sieche, der auf einer Bahre hereingetragen wurde, ohne ersichtliche Gemütsäußerung hoch und trabt ab. Er hat sich eben mal heilen lassen, wie man sich fotografieren läßt. Das gehört zum Kirchtag, wenn man sich das Huhn leisten kann. Gespräch mit dem Zauberer, der sogar in der Jugend bei einem Missionsarzt Assistent war. »Aber meine Medizin klappt mindestens ebensogut.« Porque, warum? »Weil die Leute daran glauben.« Und Sie, woran glauben Sie? »Gott schenkt den Gringos und den Ladinos Geld, Autos,

Flugzeuge. Aber sie sind und bleiben krank. Uns schenkt er die Gabe, uns mit Tanz und Musik zu heilen.« Sein Opferplatz soll auf der Spitze einer verschütteten Mayapyramide liegen. Deren Ausgrabung die Dorfbewohner verhindern, damit sie nicht ihrer Heiligkeit verlustig geht.

TODOS SANTOS, 8. MAI 1971

Markttag in diesem entlegenen Bergdorf. Eindruck, daß man zu einem furiosen Karnevalsfest oder Mummenschanz durchgestoßen. Hochgewachsene, würdevolle Menschen mit edlen, hakennasigen, zerklüfteten Gesichtern, als seien sie den allbeliebten Indianerfotos von Curtis entsprungen. Die Trachten von nie gesehener Farbigkeit. Zu den üblichen rot und violett gemusterten Hemden und Ponchos kommen hier noch schrille rotweißgestreifte Hosen, vor denen eine Art Arbeitsschurz hängt. Breite, leuchtend gewebte Halskragen. Um den Kopf geschlungene bunte Bandannas, darüber noch ein handgeflochtener Strohhut mit buntem Band. Gegen den Regen ein Überwurf aus geflochtenen Maisblättern. Viel verdient die Weltwirtschaft nicht an den Todos Santeros. Auch nicht auf dem Markt, wo vornehmlich hölzerne Küchengeräte, irdene Töpfe, Zuckerhüte und Salzbrocken feilgeboten werden. Nur das widerlich fluoreszierende Plastikspielzeug fällt aus dem Rahmen ... unser Kulturbeitrag.

Vor der Kirche Aufmarsch zu einer Hochzeit. Die Brautleute aber schon in städtischer Kleidung. Lassen sich auch gerne abbilden. Während die Alten davon überzeugt sind, daß sie nach dem Tod zurückkommen müssen, um ihre Fotos einzusammeln. Interview mit dem Bräutigam: »Ich lebe gern hier oben. Aber wenn ich Kinder habe, sollen sie hinunter in die Stadt, Auto fahren und Brillen tragen.« Abends Böllerschüsse aus zwei Mörsern, die Granatwerfern ähneln. Geht der Schuß nicht im Augenblick los, so steckt der Feuerwerker suchend den Kopf ins Rohr. Genau wie vor fünfzig Jahren von B. Traven im »Busch« berichtet. Jetzt weiß ich auch den letzten Grund meiner Seligkeit an solchem Ort: wenn ein Erlebnis mit dem übereinstimmt, was man als Kind gelesen, erträumt, erwartet hat. Und, selten genug, das Leben sich so glühend und sinnverwirrend gibt, wie in frühen Tagen ausgemalt.

CHICHICASTENANGO, 9. MAI 1971

Hauptort der Hochlandprovinz Quiché. Und einer der wenigen noch übrigen magischen Orte dieser Welt. Die Stände der Markthändler, zumeist Mestizen, an den Garküchen aber auch Chinesen, drängen sich labyrinthisch zwischen zwei einander gegenüberliegenden schneeweißen Kirchen. Zu denen man über steile Steintreppen hochklettert, die eigentlich Pyramidenreste sind. Diese Treppen gehören ausschließlich den Indianern, die sich hier von ihrem stundenlangen Anmarsch ausruhen. An Feuern kauern, in ihrer Sprache schwatzen, Weihrauch verbrennen oder auch beten. Zu welchem Gott? Oben im Kirchturm, anstatt der Glocke, läßt jetzt ein Indio seine Riesentrommel erdröhnen. Andere knien mit erdnah gesenkten Köpfen längs eines Holzstegs, auf dem Hunderte von Kerzen im kalten Regenwind flackern. Ein mittelalterliches Bild, aber heiter, ohne Schrecken.

Auch in der Kirche Santo Tomas ist der Steinboden ganz mit Kerzen besteckt, durch die sich eine junge Frau, das Baby auf dem Rücken, murmelnd und unendlich langsam dem Altar zukniet. Ein ausgedienter katholischer Pfarrer, seit Jahren im Lande (geborener deutscher Jude), übersetzt uns den Tenor der Gebete: »Heilige Erde, heiliger Himmel. Als Antwort auf meinen Weihrauch und meine Kerzen, Seele des Mondes, sieh deinen Sohn unterdrückt in seinem Geiste.« »Heiliger Señor San Salvador, drei Kerzen habe ich dir gespendet, damit meine Tochter wieder gesund wird, und nun hinkt sie noch immer. Was bist du doch für ein Heiliger, daß du nicht einmal diese Kleinigkeit für mich erledigst.« Drei Viertel der Landbevölkerung, die barfüßigen Frauen zu hundert Prozent, sind Analphabeten, denen man auch seit dem Umsturz das Wahlrecht wieder aberkannt hat. Aber wann hätten diese Leute je gewählt? Sowenig wie sie sich jetzt den linken Guerilleros – zumeist Studenten – anschließen, die doch auch für ihre Belange kämpfen. Indios trauen nur einander.

GUATEMALA CITY, 11. MAI 1971

Finca von Señor Widmann, einem Deutschschweizer. Dieses immense Landgut von 17 000 Hektar zieht sich einen ganzen erloschenen Vulkan hoch. Unten in der tropischen Hitze wird soeben Zukkerrohr geschnitten. Oben in der kühlen Bergluft Kaffee geerntet. Der Faktor berichtet, daß früher vierzig Prozent des gesamten Kaffee-Exports von 114 deutschen Plantagenbesitzern stammten, die dann im Krieg enteignet wurden. Da sich Guatemala weigerte, die Güter zurückzugeben, sprang die Bundesregierung ein, mit einer Milliarde Mark Entschädigung (wieso eigentlich?). Das Verlesen der Kaffeebohnen jetzt nicht mehr, wie ich es noch sah, durch zwei lange Reihen lachender Indianerfrauen. Sondern sie werden mit Druckluft in die Höhe gepumpt, worauf sie auf ein Drahtnetz mit abgestuften Rastern fallen. Die feinsten Bohnen, sagt man mir, gehen zum Rösten nach Hamburg. Die faulsten kommen in den beliebten Pulverkaffee. »Und jedes Abrutschen der Kaffee- und Bananenpreise auf dem Weltmarkt bedeutet einen Putschversuch in Guatemala. Aber die Preise sinken laufend, weil sich die produzierenden Länder nicht auf Anbauquoten einigen. 1954 konnte man noch für 14 Sack Kaffee einen Jeep kaufen. Heute für fünfzig oder sechzig.«

GUATEMALA CITY, 12. MAI 1971

Slumvorort La Limonada, mit 15 000 Bewohnern. Schwieriger Dreh, da gerade tropisch-durchsonntes Elend unter Palmen wie eine pittoreske Laubenkolonie wirkt. Die Slumbewohner hauptsächlich Mestizen. Das Erschütterndste nicht, daß sie einen beschimpfen. Sondern, daß sie einen nicht beschimpfen, statt dessen »Hello, Joe« sagen und »You America?«.

Mitten im Slum dann eine Art Unterstand mit Sandsäcken, darin ein katholischer Geistlicher, »Padre Chimita«. Leiter einer Gruppe von 43 Klerikern, die sich aktiv gegen die offizielle Geburtenpolitik des Vatikans wendet. Läßt zum Beispiel hier Schwangerschaftsunterbrechungen vornehmen. »Bei uns sind die sozialen Zustände bereits Gewalttat am Menschen. Der Mord ist dann nur noch eine verzweifelte Antwort auf diese Vergewaltigung. Und der Grund dieser Zustände? Wir sind eine bloße Kolonie der Vereinigten Staaten. Ja, ich gehe noch weiter. Wir sind auch eine Kolonie Roms, das unseren Glauben zu unserer Unterdrückung ausnützt.« Kürzlich wurden zwei Polizisten im Slum ermordet, ohne daß irgend jemand die Täter verriet. Im Gegenzug hat die Regierung den

Padre vom Hubschrauber aus mit Bomben belegt. In San Marcos, sagt er, habe man sogar auf einen Kollegen Napalm abgeworfen. Schätzt die Anzahl der von den Machthabern und Femebünden Ermordeten auf 13 000 in den letzten vier Jahren. »Und ich hoffe, Ihre Botschaft weiß, wo Sie sind. Sonst wäre es nicht gut, hier gesehen zu werden.«

GUATEMALA CITY, 15. MAI 1971

Ein Tag Paranoia. Seit langem sind wir ja von dem Argwohn besessen, daß man uns nachschnüffelt. Und die dauernden Schlagzeilen der Presse: »... asesinados ... cadaveres ... matan ... muertos ...« sind auch kein Schlafmittel. Außerdem haben wir über unseren Gewährsmann Fühler zur Stadtguerilla ausgestreckt. Heute morgen nun Besuch eines geltungshungrigen Feuerwehrmanns. Die regionale Spezialität der Todesschwadronen besteht ja darin, Staatsfeinde nach der Folterung vom Hubschrauber in die aktiven Vulkane des Landes abzuwerfen. Manchmal fallen sie auch daneben. Unser Mann hat demnach einen Muldenschlitten aus Aluminium konstruiert, womit man die Leichen zu Tal befördert, und zeigt selbstgefällig die entsprechenden Fotos. »Natürlich alles unter der Hand, Señores.« Nun ist ja die Zeit vorüber, wo ausländische Journalisten eine Art Diplomatenschutz genossen. Heutzutage legt man sie erst einmal flach und entschuldigt sich anschließend bei der Botschaft, es sei alles ein tragisches Mißverständnis gewesen, und man habe leider die Kamera des geehrten Ausländers für eine Maschinenpistole gehalten.

Gerade in diesem Moment Anruf vom Empfang: »Zwei Herren haben etwas für sie abgegeben.« Es sind, im offenen Umschlag, Flugblätter der Guerillas, mit »Tod der Spinne!« und ähnlichen staatserhaltenden Sprüchen. Will man uns ein Corpus delicti zuspielen, wie es anderen Kollegen schon passiert sein soll? Gerade überlegen wir, wie man die inkriminierenden Dokumente am besten los wird, da entdecken wir, behutsam zwischen den Fensterjalousien auf die Straße luchsend – Bogart läßt grüßen –, vor dem Hotel diverse gar nicht gemütlich aussehende Herren. Vorsorglich schicken wir unseren Gewährsmann zur deutschen Botschaft. Was leider eine unsichere Sache ist, denn Botschaften sind allemal mehr an reibungslosem Bananenhandel interessiert als an linken Insurgenten. Dann rauchen wir stundenlang nervös vor uns hin. Endlich Rückkehr unseres Freundes. Nein, bei der Botschaft habe er niemand verständigen können. Weil nämlich alle Botschaften heute nachmittag geschlossen seien. Warum? Natürlich wegen Fußballspiels der Nationalmannschaft gegen Costa Rica, deswegen. Und jeden Moment müßte der verhaßte siegreiche Gegner im Hotel eintreffen. Ob wir nicht das Polizeiaufgebot auf der Straße bemerkt hätten, die Mannschaft vor der Volkswut zu schützen? Und er überreicht uns kleine Papierfähnchen, die in der Stadt gratis verteilt werden. Jedes in den Nationalfarben, jedoch mittendrin eine Banane, da von der United Fruit Company gestiftet.

PARIS, 11. JUNI 1971

Verabredet mit Nathalie, der »strapaziösesten Frau von Paris«. Die bisher keiner halten konnte, weder ihr Leibwächter und Liebhaber Stefan Markovic (der vor drei Jahren gemeuchelt auf einem Pariser Müllhaufen gefunden wurde) noch ihr damaliger Gatte Alain Delon (der möglicherweise mit dem Mord einiges zu tun hatte). Trotz ihrer unbürgerlichen Reputation wohnt Nathalie in einem pompösen Mietshaus, nicht weit von der stockbürgerlichen Catherine Deneuve. Erst nach wiederholtem Klingeln öffnet mir eine Art Menschenaffe in nichts als Pyjamahose, unrasiert, vorgebeugt und mit hängenden Armen, der mich mit einem Grunzen zum Warten auffordert.

Nach einer halben Stunde Nathalie, die ich sichtlich aus dem Bett gejagt habe. Feingeschnittenes Gesicht, das aber durch das Gierige, Raffende, Fressende der Züge etwas Erschreckendes hat. Am hervorstechendsten der opulente, sinnliche, auch im Zuhören immer leicht geöffnete und häufig beleckte Mund. Dieser Frau gegenüber wirkt Delon wie ein Waisenknäblein. »Ich habe ihn auch verlassen. Ich verlasse alle, sobald sie anfangen, unsicher zu werden, sich über mich Gedanken zu machen. Außerdem konnte das nicht dauern. Man lebte in dauernder Hochspannung. Wie ein endloser Boxkampf. Jeder mußte den andern tagtäglich an Passion übertreffen.« Den sechsjährigen Sohn Anthony erziehen sie gemeinsam: »Hoffentlich addiert er nur unsere Charaktereigenschaften und potenziert sie nicht.« Über die Männer: »Man muß mit jedem über den vorigen hinausgehen ... eine Frau kann es dazu bringen, daß sie sich eines Mannes rein körperlich so bedient, wie es üblicherweise der Mann mit der Frau tut ...« Bricht abrupt ab, als sei ihr eben bewußt geworden, daß sie ihre Perlen gratis vor die Säue wirft. Und erkundigt sich wenig zimperlich, ob unser Film mit Kasse verbunden ist. »Aber glauben Sie ja nicht, daß ich billig bin. Ich verschenke mich gern, aber wenn ich mich schon verkaufe, muß es dafürstehn.« Ich nenne absichtlich eine so läppische Summe, daß sie nur ein verächtliches Schnauben durch die Nüstern provozieren kann, und werde Sekunden später von demselben halbnackten Heini hinausflankiert. Erst auf der Straße steigt mir auf, daß das Mick Jagger war.

PARIS, 15. JUNI 1971

»Mein Gefährte ist das Messer« – Schnulzentitel einer verwegenen Mischung aus krudem Erlebnisbericht und geschniegelter Mogelpackung. Autor des Buches ist der Spanier José Vicente Ortuño. Sein Mitautor ein abgetakelter französischer Adliger, du Puy-Montbrun. Schließlich ist da noch der Leibwächter, ein aasiger Typ, den sie Mammut nennen. Das alles treffe ich in einer zweifelhaften Kneipe von Batignolles. Die José, wie er mir bereitwillig vorführt, nur frequentiert, weil sie einen Hintereingang aufweist, durch den er schon mal seinen Häschern entkommen sein will. José, ein kleiner, drahtiger, ewig aufgezogener Kampfhahn, der sich gern mitten im Spazieren auf den untersten Ast eines Alleebaumes schwingt und dann mit einer Hand hochhangelt. Außerdem ist er, laut eigener Aussage, ein zehnfacher Mörder. Aber er will nur seine Mutter gerächt haben, die, als er 13 war, aus politischen Gründen von spanischen Falangisten ermordet wurde. Welche Gründe das waren, darüber läßt er sich nicht aus. Dafür erspart er uns, in zungenfertiger Suada, kein Detail seines Rachefeldzuges, wozu auch regelmäßig das Schnappmesser herhalten muß. Man möchte ihm so gerne nicht glauben. Aber irgendwo, hinter dieser griffigen Selbstdarstellung, sitzt doch Erlittenes. Übrigens habe ich nie einen Kriminellen getroffen, der nicht auch Schauspieler war.

Sein Mitarbeiter heißt mit vollem klangvollem Namen Déodat du Puy-Montbrun. Ehemaliger Oberst aus albigensischer Familie, die er bis ins 12. Jahrhundert zurückverfolgt. Markiger Haudegen, Hubschrauberpilot, Fallschirmjäger und möglicherweise der höchstdekorierte Offizier Frankreichs. Im Algerienkrieg rettet er dem Fremdenlegionär José Ortuño das Leben. Hierauf nehmen die beiden gemeinsam am Generalputsch gegen de Gaulle teil. Werden degradiert und aus der Armee geschaßt. Anschließend schreibt der Oberst Kriminalromane, der Gemeine erlebt sie zunächst bloß. Verlorene Soldaten ... Bis sie sich über Josés ersten ungeschickten Memoiren wieder zusammenfinden. Nachmittags Aufnahmen im Bois, wo die drei ungleichen Kumpel miteinander reiten. Jeder anders. Du Puy aufrecht, edel, gelassen, verkümmerter Adlerblick. Mammut konzentriert, nervös, reißt am Zügel, Angst, sich Blößen zu geben. José selbstvergessen, wild, triumphierend, mit naßforschen Rufen: »So reitet man bei den Zigeunern! So hat mir's meine Zigeunermama beigebracht!« Aber eben alles um eine Spur zu dick aufgetragen.

Anschließend in du Puys kultivierter Wohnung. José legt für uns seine erste Gesangsplatte auf, mit dem »Lied vom Messer«. Singen tut er nämlich auch. Dann geht er wieder daran, sein Messer zu schleifen. Puerile Großtuerei plus intuitivem Medienverständnis (denn natürlich bringen wir das). Und hinterher doch wieder scharfkantige Sätze, die überzeugen: »Ein Kind ist wie Glas. Wenn du es schlägst, bricht es. Aber dann, wenn du die Stücke aufsammeln willst, schneidest du dich.« Oder: »Sie können nicht töten, wenn man Ihnen nie etwas Tödliches angetan hat. Ich bin 35. Ich habe von allem Schoflen der Welt gekostet. Jetzt möchte ich mich gern reinwaschen. Aber die Gesellschaft dreht mir das Wasser ab. Sie braucht die schmutzigen Hände, damit sie jemand zum Verachten hat.« Zum Schluß führt José uns noch auf sein Zimmer, im Erdgeschoß eines abgeschabten Stundenhotels der Rue St. Denis. »So, und jetzt muß ich trainieren.« Zieht das Messer, macht sein professionelles Mördergesicht und trifft tatsächlich dreimal hintereinander dieselbe briefmarkengroße Stelle an der Zimmertür.

PARIS, 22. JUNI 1971

Nach langem Zögern führe ich unser Team zu dem naiven Maler Clovis Trouille in seinem Atelierhäuschen bei den Buttes-Chaumont. Schon nach Betrachtung der ersten Gemälde bricht allen der Angstschweiß aus: »Und so was wollen Sie in Deutschland zeigen?« Brächte man alle Leute zusammen, die etwas Ausschweifendes in Politik, Kunst, Sex oder Religion zwar durchaus akzeptieren, aber meinen, daß es »das Volk« nicht akzeptiert, so hätte man wahrscheinlich schon das ganze Volk.

Trouille, ein gravitätischer Sonntagsmaler im Ruhestand, keineswegs bohemehaft angetan, sondern soigniert-elegant. Seinen plötzlichen Ruhm verdankt er einem britischen Bewunderer, dem frechen Theaterkritiker Kenneth Tynan. Der seiner anzüglichen Splitternacktrevue, die inzwischen um die Welt ging, den unverständlichen Titel »Oh, Calcutta« gab. Dieses Wort steht aber in Kalligraphie direkt unter der schönsten Partie von Trouilles Meisterwerk, einer ausgestreckten Odaliske in strotzender Hinteransicht. Und bedeutet im Französischen nichts anderes als den zusammengedrängten Ausruf: »Oh, was für einen Po du hast!« Für diesen einen Ausdruck bezieht der Alte jetzt regelmäßig Tantiemen aus London und New York. Während man sich im weltstädtischen Hamburg bemüßigt fühlte, gegen Stück und Saalschutz mit Sprechchören aufzutreten: »Solche Schweinerei schützt die Polizei!« Bezog sich wahrscheinlich wieder auf das zu beschützende »Volk« . . .

Trouilles Lebenswerk besteht aus nicht mehr als 115 Gemälden, von denen er nie etwas verkauft hat, da er sie um sich schart wie einen Harem. Schrille erotische Phantasien, wie Illustrationen zu seinem Lieblingsautor de Sade, allerdings ohne männliche Erektionen. Ein Delirium nackter Frauen auf Friedhöfen, vor Ruinen, in Barockschlössern. Nicht etwa nach Modellen entworfen, die er sich nie leisten konnte. Sondern nach den weiblichen Auslagepuppen und Wachsfiguren, die er lebenslang von Berufs wegen zu bemalen hatte. Phantasie entzündet sich ja doch immer am Abstrakten und am Unzugänglichen. Zeigt uns dann seine neuesten Schöpfungen, »alles in Traumvisionen empfangen«. Aber leider den Dekorationen des Stummfilms »Caligari« abgekupfert, die er irgendwo gesehen haben muß, wahrscheinlich in der Cinemathek. Ich frage ihn nach dem Urquell seiner Inspiration. »Es war das Jahr 1924. Ich trieb gerade Studien im Louvre. Da kam eine berükkende Inderin vorbeigeschritten in ihrem durchsichtigen Sari. Ich blickte ihr nach und murmelte: Oh, Calcutta! Es war das Schlüsselerlebnis meiner Karriere. Alles beruhte auf einem einzigen Blick.«

KÖLN, 27. OKTOBER 1971

Heute meinen Übertritt zum Mainzer Sender eingeleitet. Was aus irgendeinem Grund mit Anrufen unter Pseudonym verbunden ist. Ich nenne mich »Peter Jordan«, nach meiner Wiener Kindheitsadresse. Von einem Freund nach den Motiven befragt, sage ich, daß es vorwiegend die gleichen sind, die mich einst die Heimatsuche in Österreich aufgeben ließen: weil mich keiner hält. Ende des »Pariser Journals«, das man jetzt schon gerne als »Mythos« apostrophiert. Dieser ging jedoch weniger von mir aus als vom Publikum. Dessen Paris-Sehnsucht, nun fürs erste gestillt, vielleicht am ehesten mit dem Romfahrergeist der Goethezeit zu vergleichen ist. Paris als das Mekka, zu dem diese »gefrorene Gesellschaft« hinpilgerte, um sich die Finger zu wärmen.

TEIL 2

NEW YORK, 17. JANUAR 1972

Unser erster Besuch für die neue Sendung »Personenbeschreibung« gilt meinem Idol Sterling Hayden. Wohnhaft im Tudor-Hotel, einer heruntergekommenen New Yorker Edelherberge. Wo er eine kleine Dachwohnung gemietet hat, in der er sich selber bekochen (und derzeit betrinken) kann. Barfüßig, hochgerollte Leinenhose, kragenloses grobes Arbeitshemd: ein Mann des Protestes. Faltiger, pionieramerikanischer Langschädel, unten von einem wirren weißen Uncle-Sam-Kinnbart abgeschlossen. Figur eines Schulschiffkapitäns auf Landurlaub... eines überalterten Hippiepropheten, sagen wir vom Monte Verità... alles, bloß kein vielbewunderter, baumlanger Hollywooddarsteller. In Wirklichkeit ist er all dies und noch einiges mehr. Zum Beispiel Autor des Memoirenbandes »Wanderer«, den ich eben ergriffen las. Ein Mann, der sich selber nicht mag. Und der speziell seine Karriere als Filmschauspieler nicht mag. Die ihm nur dazu gut ist, sich immer neue Kähne anzuschaffen, von Flußschleppern bis zu Segelschonern, mit denen er um die Welt schippern kann. Über ein Dutzend bisher. Für mich wie für unzählige andere ist Sterling Hayden der brutal-naive Gangster aus John Hustons Meisterwerk von 1950, »Asphalt Jungle«. Zu Ende des Films taumelt, wankt, kriecht der schwer Angeschossene auf den Bauernhof, wo er geboren ist. Um inmitten einer Koppel junger Pferde zusammenzubrechen, die zuletzt den Toten sanft beschnüffeln. Eine Szene, so schön, wie sie sonst nur Chaplin erfinden konnte. Hayden ist aber auch in dem kuriosen Western »Johnny Guitar« von Nicholas Ray aufgetreten und in einem halben Hundert anderer Rollen, für die er sich zutiefst verachtet. Oder verachtet er sich nur, weil er sich so liebt?

»Want a joint?« Er klaubt sich aus seinem antiken Lehnstuhl (der etwas von Etzels Thron aus dem klassischen Nibelungenfilm an sich hat) mit Hilfe eines gedrechselten Wanderstabs, gräbt neues Zigarettenpapier aus einer Schiffstruhe. Verschlüsselt dann seine langen Beine mit einiger Mühe zum meditativen Lotussitz: »Ich meditiere eine Menge.« O ja? Das »Gras«, wie er es dauernd nennt und uns als Allheilmittel anpreist, trägt er praktischerweise bereits in einem Beutel um den Hals. Dazu schäumt jetzt Bier in mächtige Steinkrüge. Schrittweise Auflösung eines Helden direkt vor unseren Augen. War er es je? Der Vater jung verstorben, die lebenslustige Mutter auf Abwegen. Der Junge fühlt sich überzählig, reißt aus, vagabundiert durch die Welt. Schon mit 21 bringt er eine Jugendtruppe unter Segel nach Tahiti. Stößt im Krieg zu einer Kommandogruppe, in der er sich beim Fallschirmsprung das Bein bricht, dann zu den Marines, endet schließlich als Berater und Mitkämpfer bei Titos Partisanen in Jugoslawien. Rastlos und dauernd auf der Suche: »Ich war immer ein kantiger Pflock in einem runden Loch.« Bekehrt sich zum Kommunismus und bleibt aus purem Trotz bei der Partei, auch als sie ihn längst enttäuscht hat. Ist aber zu labil, um dem Druck der Hexenschnüffler in Hollywood standzuhalten: »Dann ist es passiert. Dann habe ich meinen besten Freund denunziert. Ja, ich bin ein Verräter, ich bin ein Schuft. Es gibt keine Entschuldigung für so einen wie mich. Ich kann mir nicht verzeihen.« Die sonore Baßstimme verliert sich in einem selbstergriffenen Schluchzen. Steinerweichender Moment. Aber einer, den er schon oft durchgespielt haben muß.

Anschließend faßt er sich wieder, schwingt den Humpen zum Skål! Jeder Zoll der alte Seebär, der tapfer sein Ungemach herunterschluckt. Dieser Mensch macht sich was vor, macht sich selber vor. Jede Regung dieses Mannes, der sich als Schauspieler verabscheut, ist auf präzisen Effekt abgestellt, schindet Sympathie. Grauenhafte Selbstdarstellung, Selbstentblößung, wie ja auch in der niederdrückendsten Szene seiner Memoiren. Darin er als arrivierter Heldendarsteller sich in die gespreizten Seidenbeine einer Filmschönheit stürzen soll und nicht kann, nicht kann ... Dabei hat er immerhin sechs Kinder gezeugt und ist mit vier von ihnen, entgegen Gerichtsbeschluß, nach seiner zweiten Scheidung in die Südsee durchgebrannt, wieder zu seinem ewigen Tahiti.

Abends lange Debatte mit dem Team und mit Kit, unserer hervorragenden amerikanischen Aufnahmeleiterin. Ich weiß, daß ich dieses erste Filmporträt machen kann und daß es gut wird. Ich weiß auch, daß das Publikum hier nicht mitzieht, weil es Exhibitionisten mißachtet. Spätabends sagen wir unter Vorwänden ab. Unbeschreibliche Szene am Telefon: totaler Zusammenbruch, schrille Anklagen, zuletzt noch Rachedrohungen. Dieser Draufgänger und Abenteurer wie ausgehöhlt von einem Schock, der in seine früheste Jugend zurückreichen muß. Wahrscheinlich das kindliche Trauma des Liebesentzugs.

LOS ANGELES, 19. JANUAR 1972

Von dieser Autorin hat man gesagt: Wenn ihre Worte dich nicht erreichen, dann bist du unerreichbar. Ihre Worte sind »lyrics«, Texte zu Liedern, die sie selbst vertont und vorträgt. Diese Lieder in Verbindung mit dem, was aus dem Gesicht spricht, und dem Ort, wo sie herkommt: eine explosive Mischung. Jeden Moment kann alles in die Luft gehen. Sie heißt Dory Previn. Zehn Jahre war sie mit dem (aus Berlin stammenden) Dirigenten André Previn verheiratet. Dann patsch! André verliebt sich in die 24jährige Schauspielerin Mia Farrow, die eben aus einer unglücklichen Ehe mit Frank Sinatra aussteigt. Bekommt alsbald Zwillinge mit ihr.

Dory, kinderlos, immer schon labil, fliegt ihm an die Ostküste nach, klappt in 10 000 Meter Höhe zusammen, findet sich in einer Nervenheilanstalt wieder. Sticken, Körbe flechten, Gürtel steppen... Beschäftigungstherapie nennt sich das. Die Resultate hängen jetzt noch an den Wänden ihres schnuckeligen Holzhäuschens in einem Canyon über Beverly Hills. Allerbeste Adresse, immerhin das. (Es gibt Leute, die müssen aus der Klapsmühle in Kellerlöcher zurück.) Und Dory kann jetzt unverhofft doch etwas anderes. Neben den gutbezahlten gängigen Filmmusiken für Hollywood (»Das Tal der Puppen«, »Irma la Douce«): Lieder über ihr eigenes Schicksal, Konfessionen, gewürzt mit Ironie und Popjargon, aber aus dem innersten Seelenfach.

»Immer liebe ich einen / mehr, als er mich liebt. / Gott, ich wollte bloß einmal, / daß es das auch andersrum gibt. / Meine Bücher und Räder schenkte ich her, / daß man sieht, wie ich dabei strahle. / Jetzt bin ich groß, / und mein Herz und mein Schoß / sind die Währung, in der ich zahle. / Und zahle. / Wie ich es hasse, daß ich so bin, / als ob mir einer das Leben mißgönnt. / Mann, wenn ich mich bloß selber mehr / und dich weniger lieben könnt...« Oder der »Farrow-Song«: »Scheue die Mädchen, / die nähern sich dir / schmachtend und blaß / mit zwanzig und vier...«

Dory, jetzt 45, zierlich, im Hollywoodfummel, das rote Kräuselhaar, um größer zu erscheinen, zu einer Art Allongeperücke hochgekämmt. Dazu gefärbte Riesenbrille, hinter der sich geradezu das ganze verletzbare Gesicht versteckt. Vater irischer Arbeiter, der seine in ihn bis zum Inzestwahn verschossene Tochter ehrgeizig in eine Künstlerkarriere geradezu hineinstieß. Und in die Umnachtung. »Mister whispers here again...« Poesie aus dem Spukhaus.

Dory seit Jahren nicht mehr aus Los Angeles herausgekommen. Angst vorm Fliegen, sogar vor der Bahn. Eine ihrer Besessenheiten: das haushohe »Hollywood-sign« über der Stadt, ursprünglich gar nicht Emblem der Filmmetropole, sondern Teil einer Möbelwerbung. In den zwanziger Jahren hat sich eine Mary C. Brown von dort hinuntergestürzt... Dorys ewige Verführung. »Manchmal in einem Traume / verlass' ich den irdischen Zoo / und steige hinauf und hänge mich / vom zweiten Buchstaben O.« Da wir Dory, mit ihrem Einverständnis, vor diesem O drehen wollen, fahren wir die kurvenreiche Strecke zum Sign hoch. Schon im Auto ein Tränensturz. Besteht aber auf Weiterfahrt, denn Dory ist eine Kämpferin. Oben muß ich ihr, platt am Boden liegend, die Füße festhalten, damit sie nicht, vielleicht ungewollt, vielleicht weniger, den Steilhang hinunterkollert. Nachher Dory triumphierend: »Jetzt schaffe ich auch die Bahn zur Ostküste!«

LOS ANGELES, 21. JANUAR 1972

Gruppentherapie mit Dory Previn. »Einmal wöchentlich brauche ich den Kontakt mit Leuten, die meine Verrücktheit im Griff haben.« Gleich am Eingang das Sprüchlein des Gestalt-Erfinders Fritz Perls: »Ich tue mein Ding, und du tust dein Ding. Ich bin nicht da, um deine Erwartungen zu erfüllen, und du nicht für meine. Du bist du, und ich bin ich. Und wenn wir uns zufällig finden, ist es wunderschön. Wenn nicht, Pech gehabt.« Auch ein Höhepunkt der menschlichen Entwicklung ... Innen diverse Jugendliche entspannt auf den Teppich gelagert. Reproduzieren psychologische Zustände von erschütternder Banalität. Aber dann auch echter Verzweiflungsausbruch eines Jungen, der die tote Mutter zurückverlangt, um etwas Unwiederbringliches nachzuholen. Dory ringt mit einem schwarzen Kissen, das ihr der Therapeut vorhält. »Meine Katze! Sie schlägt die Zähne in meinen Hals. Aber ich lasse sie nicht aus. Nein, ich verstoße dich nicht, Katze, obwohl du mir weh tust. Ich gestatte dir zu bleiben!« Starker Moment, nicht ohne Komik. Nachher allgemeiner Aufbruch zu McDonald's, denn Beichten macht hungrig.

LOS ANGELES, 24. JANUAR 1972

In Dorys Häuschen hoch über der Stadt. Gewitter. Ihre schwarze Katze, die tatsächlich beim Streicheln Funken versprüht. Dory: »Einmal hatte ich diesen Traum, ich wußte, es stand jemand in meinem nächtlichen Zimmer. Wenn ich mich jetzt umwende, so wird es das Grauen sein. Und dann sagte ich mir: Nein, ich *muß* dem ins Auge sehen. O. K., Dämon, zeige dich. Du oder ich! Ich wende mich um, es ist eine gigantische Spinne. Und Spinnen sind meine allergrößte Phobie. Ich starre sie an und weiß: Diesmal laufe ich nicht davon. Vielleicht wirst du mich umbringen. Aber wenn ich kneife, kriechst du hinter mir her. Wenn ich stehe, bist du gebannt. Und dann wurde aus dieser Spinne etwas Wunderschönes. Engel und Teufel, die sind ja eins ... Wahnsinn scheint mir das Furchtbarste, das einem Menschen zustoßen kann. Kein Krieg wie dieser. Nichts ist so schaudervoll wie der Verlust der sogenannten Wirklichkeit. Und doch, die Entdeckungen, die ich dabei machte, haben mir so viel Seligkeit gebracht, daß es bis zur Ekstase geht ... Das war es wert, den Schmerz, den Schrecken, das Chaos. Dafür hat es sich gelohnt. Ich bejahe alles.« Zuletzt sagt sie uns eines von ihren kompaktesten Gedichten: »Ich kann nicht weiter. / Ich meine, ich *kann* nicht weiter. / Ich kann wirklich nicht weiter. / Ich schwöre, ich kann nicht weiter. / Und so / werde ich jetzt wohl aufstehen und / weiter ...«

SAN FRANCISCO, 30. JANUAR 1972

Wenn es so etwas wie einen Pontifex der amerikanischen Gegenkultur gibt, so ist er hier zu finden: in der »Glide Memorial Church« der Hippiestadt San Francisco. Er heißt Reverend Cecil Williams und fungiert als »minister for involvement and celebration«. Also, im neukalifornischen Sound so was wie Pastor für Basisarbeit und geiles Feeling. Die Kirche trägt den Namen ihrer Stifterin Mrs. Glide, einer reichen Methodistin, die die Methoden dieses Geistlichen zu ihrem Glück nicht mehr erlebte. Heute morgen Gottesdienst: Das Haus faßt 2000 Gläubige, trotzdem muß in drei Schichten gebetet werden. 6000 zumeist jugendliche Jesus-Freaks, die auf Rockmessen abfahren, »Let it be«, brüderliche Zurufe wie »Dig it everybody!« und »Right on!«, tränenvolles Händeschütteln rundum. Und als Höhepunkt (gut, sagen wir Orgasmus) die alliebende Predigt des bärtigen schwarzen Reverends, halb Bänkelsänger, halb Rattenfänger: »Zitate des Vorsitzenden Jesus.« Analysiert man es nüchtern, so möchte Williams den sozialrevolutionären Impuls der sechziger Jahre mit der religiösen Entwicklungsbewegung unserer Tage auffangen. Aber wer kann hier schon etwas nüchtern analysieren unter so viel positiven Vibrationen, umfunktionierten Bibelworten und ekstatischen Juchzern, während ich von den blondesten Biestern Kaliforniens abgepusselt werde und keiner mich fragt: »Where you from?«

Das Gotteshaus des Rev. Williams vorübergehend geschlossen, da man gerade den Keller (früher nannte man das Krypta) für die heute fälligen Ereignisse präpariert. Inzwischen können wir die anderen Vorhaben der Glide-Kirche draußen am Schwarzen Brett studieren. Hier einiges von dem, was der Reverend für eine halbe Million Dollar jährlich auf die Beine stellt: Veranstaltungen, Workshops und Freßpakete für Schwarze, Chicanos (Mexikaner), Arbeitslose, Homos, Transsexuelle, Kriegsdienstverweigerer, Drogensüchtige, Dropouts, durchgebrannte Kinder, schwarze Polizisten, ausgeschiedene Mönche und Nonnen, Ex-cons (ehemalige Strafgefangene), Schwarze Panther, streikende Obstpflücker und die indianischen Besetzer von Alcatraz. Obwohl sich viele dieser Gruppen überschneiden: An die vierzig Prozent der Bevölkerung von San Francisco werden es schon sein.

Inzwischen ist der Schauplatz für uns bereitet. Und für die etwa dreißig Teilnehmer des heutigen Kurses, Männlein und Weiblein gemischt, aber ausnahmslos Weiße. Wir betreten eine Art Sextinische Kapelle, schummrig erhellt und satt mit Pornoheften gepflastert, während auf Videogeräten ein ätzender Hardcore abläuft. Das totale Sex-Environment. Hierauf greift der Reverend mächtig in die Harfe, daß alles gottgefällig sei, was die Natur uns verliehen habe, von vorn und von hinten und in jeder anderen Richtung. »Gott ist Liebe, also ist Gott auch Sex«, verkündet der Pastor, vielleicht nicht ganz folgerichtig. »Dies ist ein Workshop zur Enthemmung und Lockerung. Wir müssen alle lernen, uns gehen zu lassen.« In dieser Beziehung scheint er selbst mir allerdings ausgelernt. Wohingegen die weiße Rasse an Verkrampfung leide, von daher stammt für ihn alles Übel der Welt. Jetzt wird es klebrig. Zwei kichernde Mädchen schleppen einen gewaltigen Pappkarton herbei, zum Bersten gefüllt mit – o Gott, wie sollen wir das wieder ablichten? – falschen Busen aus Schaumstoff, anschnallbaren erigierten Penissen, künstlichen Vaginen, Vibratoren jeder Größenordnung, Lingams aus knallrosa Plastik und was einem sonst noch den Geschlechtsverkehr anziehend und appetitlich gestaltet. Wir verdrücken uns, bevor die Orgie losschlägt. Abends Interview mit dem Seelenhirten. Ob nicht der Rassenhaß gegen die Schwarzen auch daher komme, daß man sie insgeheim für sexuell überlegen halte? »Ihr Problem, nicht meins.« *Sind* sie sexuell überlegen? »Ach Gott, wir bleiben alle auf dem Teppich. Der eine kann mehr, der andere weniger. Aber das ist ja kein hormonaler Trick, sondern hat mit ›soul‹ zu tun. Und warum mache ich denn solche Workshops? Doch nur, damit Sie alle ein bißchen mehr Soul kriegen.« Zuletzt Abschiedsessen mit »soul-food«, vielleicht dem Geschlechtsleben zuträglich, weniger dem Magen.

CUPERTINO, 4. FEBRUAR 1972

Einsiedlerklause zwei Autostunden von San Francisco. Auf diese entlegene Farm (derzeitiger Bestand ein Pferd und drei Hühner) büchste der Comiczeichner Robert Crumb aus, als die Welt begann, ihn zum »Guru der Untergrundcomics« zu krönen. Am Weekend fährt er aber regelmäßig in die Metropole zurück, die so gut wie allen Comickünstlern Amerikas Heimat und Inspiration bietet. Verlegene Begrüßung am Eingang der Holzbaracke, die er sein Atelier nennt: eine schlaksige Schießbudenfigur in Strickjacke mit mangelndem Kinn und kollerndem Adamsapfel, ein Skelett geradezu von hohlbrüstigem Jüngling. Über dem offenhängenden Mund mit den viel zu weißen Schneidezähnen ein widersinniges gestutztes Schnurrbärtchen à la Clark Gable. Kugelrunde fragende Kinderaugen hinter fensterglasdicker Brille. Darüber ganz inkongruent, wie von einem anderen Menschen stammend, die breite, ernste Künstlerstirn. So ungefähr stellt man sich den Cromagnonmenschen vor: oben schon Homo sapiens, unten noch Neandertaler. Kapiert überhaupt nicht, was wir von ihm wollen. Gackert, kichert, deckt beim Reden seinen Mund zu, windet sich erbärmlich vor lauter Geniertheit: »Warum gerade ich? Warum gerade ich?«

Glücklicherweise kommt jetzt aus der Küche Mrs. Dana Crumb, geschätzte 200 Pfund. Und damit genau dem Lustobjekt entsprechend, das er in seinem Tagebuch beschreibt: »Groß, Haarfarbe unwichtig, volle Lippen, breite Zähne, starker Hals und Schultern, feste Brüste, Größe unwichtig, vorgewölbter Bauch, außergewöhnlich große und feste, möglichst waagerecht herausstehende Hinterbacken, muskulöse Beine mit watschelnden Füßen.« Es ist das Molochbaby, die Riesenmama, auch schon mal als Yetiweib gezeichnet, die Crumb begehrt. Und sein ganzes Sinnen ist darauf gerichtet, sich von ihr vernaschen zu lassen. Darum ist er ja auch Zeichner geworden: »Ich hatte null Sex-Appeal. Tote Hose. Auf mich sind die Mädchen nie abgefahren: Mensch, den Typ find' ich unheimlich süß. Und mit irgendwas mußte man schließlich glänzen. Sonst hätte ich sie ja nie gepimpert, die Zweihundertpfünder!« Zeigt uns stolz seine wandhohe Comicsammlung, nämlich die geheiligten Hefte der Kollegen aus der Vorkriegszeit: »So was Irres kriege ich nie zustande.« Die eigenen Hefte hingegen schenkt er dir achtlos her bis zum letzten Exemplar. »Ist ja doch absoluter Käse.« In den späten Sechzigern hat Crumb begonnen, seine »Zap-Comix« zu drechseln und persönlich an den Straßenecken des Haight-Ashbury-Distrikts feilzubieten, wo seine Opfer (und gleichzeitig Kunden) saßen. Dann auf einmal stieg der Absatz sprunghaft auf 100 000, und Crumb wurde zum Großverdiener: »Nur ohne blasse Ahnung, was mit dem ganzen Zaster anfangen. Die Groupies kriegte man ja jetzt gratis, und für LSD hatte ich immer schon genug.«

Empfindet sich nach wie vor als Randerscheinung dieses kalifornischen Zoos, den er liebevoll karikiert: die Joint- und Lendentuch-Brahmanen, die hüpfenden Hare-Krischna-Kahlköpfe, die Höllenengel in Leder, die Sadomaso-Revoluzzer, die Nicht-aus-noch-ein-Wisser. »Amerika, das Land der unbegrenzten Unmöglichkeiten. Diese ganzen ausgeflippten Mittelklassekinder auf der Suche nach ihrem Guru.« Ob er selbst sich als Antikonformist einschätze? »Nee, wieso? Ich war immer jedem Konformismus spinnefeind, auch dem der Antis. Eigentlich habe ich bloß die Tür zu meinem Unbewußten aufgemacht und das Horrorvideo herausgelassen, das drin war. Lauter Spiegelungen meines mißlungenen Ich.« Sind Sie einverstanden mit dem Titel Diogenes der Westküste? »Absolut, weil ich nicht weiß, wer Diogenes war. Aber schreiben Sie doch einfach, dieser Typ war immer bereit, alles zu probieren, bevor er es parodierte. Oder schreiben Sie: Er ist sexbesessen, aber nicht ichbesessen.« Den Draht zur Familie (der Vater war Marinesoldat) hat Crumb längst abreißen lassen: »Vulgär, vulgär, vulgär!« kreischt die Mutter zu seinen ersten Zeichnungen, bevor sie sich wieder ihrem geliebten Superman im Fernsehen zuwendet.

»Meine Alte starrt seit Jahren nonstop in die Glotze. Sie pennt davor auf dem Sofa und dreht nie ab. Einmal hab' ich versucht, ihr das Ding auszuschalten. Sie erwacht sofort und motzt mich an: Was 'n los? Was 'n los? Stell das gleich wieder an, du Blödkopf.« Sein hauseigener Sohn Jesse wird dementsprechend antiautoritär erzogen. Das heißt, daß er sich auf Dauer hinter dem Klavier verkriecht und von dort einen undämmbaren Strom von »Fuck yous« auf uns losläßt.

CUPERTINO, 5. FEBRUAR 1972

Dreh mit Crumb während der Arbeit. Man schüttelt sich gleichzeitig vor Lachen und vor Grausen. Crumb: »Was wollen Sie, ist eine Rabenfamilie, die mit ausgepickten Augenbällen spielt, vielleicht beknackter als ein viertelmeilenhoher Wohnturm? Eine stundenlange Autobahnschlange nicht irrsinniger als mein muskulöses Schulmädchen, das läufige Freaks zwischen ihren Superschenkeln ertränkt?« Schwärmt bescheiden von seiner Cartoonfolge »Fritz the Cat«, die er kürzlich einem Trickfilmer namens Bakshi allzu billig überließ. Fritz, dieser irrsinnig potente Kater, der auf der Dauersuche nach Sex – kaschiert als metaphysischer Trip zu seinem wahren Selbst – durch die Subkulturen der Ost- und Westküste streunt. »Ich mag Fritz. Fritz, das bin ich selber, auf Schleudersitz.«

Warum machen Sie so destruktive Sachen, sadistisch, monströs? »Wenn ich das nicht könnte, wäre ich wahrscheinlich noch viel geschaffter. Vielleicht hätte ich jemand abgemurkst oder so. Dauernd werde ich angestänkert von irgendwelchen Emanzen, daß ich diese irren Bilder mache von Frauen, die sexuell gedemütigt werden und so. Und ich erkläre ihnen dann: Wenn ich das nicht zeichnen könnte, müßte ich es wahrscheinlich tun.« Sie tun es also nicht? »Ich versuche, Dana nicht allzu stark zu malträtieren.« Schlußeinstellung der Familie, total angetörnt auf einem gewaltigen Wasserbett schaukelnd und schunkelnd. Nach der Verabschiedung fehlt uns aber doch Kit, unsere Aufnahmeleiterin aus New York, maximal ein Viertelportiönchen von Dana. Zuletzt stürzt sie schrekkensbleich heraus zum Auto: »Er hat mich mit einemmal aufs Bett gezerrt. O Mensch, diese Gliedmaßen, wie Spinnenbeine, grotesk. Sonst hätte man ja, in Gottes Namen ...«

LOS ANGELES, 7. FEBRUAR 1972

Das Office in Hollywoodbarock von Steve Krantz, Produzent des sittenwidrigen Zeichentrickfilms »Fritz the Cat«. Ralph Bakshi, der Regisseur des Films, ist auch da. Und Mrs. Judith Krantz, überreife Passionsfrucht, die gerade ihr »Vom Winde verweht« schreibt, »halb so lang, aber zehnmal so dreckig«. Ihr Gatte hat, wie er nicht müde wird zu erklären, schon »eine kühle Million« in den Katerfilm gesteckt, der jetzt seinem Ende entgegenreift. Und keine Ahnung, wie das Publikum darauf abfährt. »Wahrscheinlich haben wir hier den ersten Trickfilm aller Zeiten mit Jugendverbot.« Krantz, graumeliert, die offene Brust mit Halskettchen behängt, hat sich in verbohrter Jugendlichkeit ganz dem »Pot and vibes«-Lebensstil verschrieben, den Crumb und Bakshi schon längst wieder karikieren. Bakshi, ein ungeschleckter Bär aus Brooklyn, aufgezogen wie ein Hampelmann und mit dem ungebrochenen Erfolgsdrang der Neueinwanderer, zeigt uns das Trickstudio, wo fünfzig Zeichensklaven für ihn Subversives ausbrüten. Er sieht sich als eine Art Anti-Disney: »Zehn lange Jahre habe ich Katzen Mäuse jagen lassen und umgekehrt. Schluß damit. Der Trickfilm muß weg von diesem süßmäuligen Schleim mit seiner unterschwellig eingeträufelten Moral des American way of life. Mein Film ist supergeil, lasziv, orgiastisch. Aber real.« Spielt uns diverse Szenen vor. Darunter eine, wo Fritz mit seinem modischen Jive-talk gleich drei Nackedeis auf einmal in die Badewanne kriegt und dort mit ihnen trioliert. Dazu Bakshi vergnügt: »Jede Generation hat ihre Unschuldshäschen, die auf uns hereinfallen.« Um Crumb treu zu bleiben, nimmt er Originaldialoge auf der Straße und bei Partys auf und läßt seine Bilder danach zeichnen, was noch nie da war. Trotzdem scheint mir der Film irgendwie ein Schuß in den Ofen: Die sechziger Jahre sind vorüber ...

MILLAU, 3. APRIL 1972

Ostern im südfranzösischen Larzac. Die jährliche Protestaktion gegen vorgesehene Ausweitung dieses militärischen Manövergeländes von dreieinhalbtausend auf zwanzigtausend Hektar. Solche Übungsplätze werden jetzt übrigens auch für gutes Geld an Briten, Deutsche usw. verpachtet, die ihre eigenen Naturschutzgebiete nicht zerstampfen und zerschießen wollen. Aber hier in Frankreich gehört das Wort Ökologie noch nicht einmal zum Sprachschatz. Etwa tausend Demonstranten: Schafzüchter, Käsehersteller, auch die unvermeidlichen Hippies, Maos, Ökofreaks, professionelle Bretonen und Korsen. Ihnen gegenüber das übliche Aufgebot ahnungloser Gendarmen mit Hunden und Hubschraubern. Diese primitive Hochebene der Cevennen ist einer der letzten Traktate wilder Natur in Europa. Das »Hinterland«, von dem jeder Pariser träumt, daß er dort einmal Schafe züchten wird, weben, töpfern oder eine Handpresse aufmachen. Ohne solche mythischen Hinterländer werden Völker rabiat . . .

Spiritueller Mentor der Widerstandsbewegung ist Lanza del Vasto, einer der »maîtres à penser« des katholischen Frankreich. Hochgewachsener, weißbärtiger Greis mit ebenfalls sehr großer, gutaussehender Frau, beide in weißen selbstgewebten Wollkleidern, beide seit Tagen im Hungerstreik. Lanza, geboren als florentinischer Adliger, ging später nach Indien und wurde Schüler Gandhis. »Was ich dort suchte, war gar nichts Religiöses, sondern der Schlüssel zu unseren Problemen, nein, unserem einzigen Problem: dem Krieg.« Nach dem Tod Gandhis gründete er die »Arche«, zu der ich ihn jetzt begleiten darf. Idyllischer klosterähnlicher Bau in fast unzugänglichem Flußtal. Bewohnt von einer Art Laienorden, einer gewaltfreien, alternativen Gemeinschaft ohne Privateigentum. Deren Mitglieder – Männer, Frauen, aber auch ganze Familien – sich bemühen, Kontemplation und politische Aktion miteinander zu vereinen. Lanza hat mit seinen Anhängern schon in den fünfziger Jahren den ersten französischen Atommeiler besetzt. Grundlage seiner Handlungsfreiheit: wirtschaftliche Unabhängigkeit durch Verweigerung der Konsumgesellschaft. Die Arche ist praktisch autark, kann sich selbst ernähren, kleiden, für ihre Bedürfnisse aufkommen. Diese müssen allerdings minimal bleiben. Lanza: »Besitz ist nicht nur Diebstahl, wie Proudhon sagt. Besitz ist Mord. Der unvermeidliche Mord, der sich Krieg nennt.«

Aus der Position eines Besitzlosen kommt er dann zu radikaler Kritik der beiden Lager, die sich heute gegenüberstehen und einander des Materialismus anklagen: »Es handelt sich gar nicht um zwei Doktrinen, zwei Religionen. Sondern wie immer in der Geschichte um zwei Hegemoniebestrebungen. Jeder Block sieht im andern das Böse, womit er gar nicht unrecht hat. Aber er sieht immer nur die eine Hälfte des Bösen, da die andere in ihm selber steckt. Die zwei Blocks sind die zwei Seiten des nämlichen Bösen. Und sie bedingen einander. Brauchen einander. Erst ihre Rivalität ist es, die sie stark macht.« Später beim simplen Abendbrot im Refektorium: »Wir sind gegen Gewalt, aber keineswegs gegen Kampf. Wir sind Kämpfer der Gewaltlosigkeit. Unser Hauptfeind: die institutionalisierte, die legitime Gewalt. Die Gewalt des guten Gewissens. Der einzige Weg zum Frieden: freiwilliger Verzicht auf Macht. Die unilaterale Abrüstung. Das Herzeigen der leeren Hände.« Abends, nach kurzer Meditation, Probe zu einem Oratorium, mit dem Lanza durch Europa reisen will. Bibelrezitationen, Volkslieder, gregorianische Gesänge. Leider auch eine einfältige Tänzerin namens »Gazelle«, die barfuß herumturnt und mit Händepatschen Lebensfreude simuliert. Wo doch Natürliches in unserer Zeit nur mehr durch ausgepichteste Künstlichkeit darstellbar ist. Auch Gandhi selbst hat mit höchstem Bedacht aus sich selbst die fuß- und einzelgängerische Kunstfigur des »halbnackten Fakirs« geschaffen, die allein fähig war, das britische Empire aus den Angeln zu heben.

DUBLIN, 14. MAI 1972

»Ein Faß voll Leben« – nur Iren können das so bis zur Kippe füllen. Beweis für die Goldrichtigkeit dieses zurückgebliebenen, verrückten, lieben, streitsüchtigen, sowohl in katholischer wie auch in protestantischer Ausführung zur Lebensgefährdung neigenden Volksstamms. Ein Faß voll Leben, so heißt der nunmehr in elf Sprachen übersetzte Bestseller von Christy Brown, geschrieben mit dem großen Zeh des linken Fußes. Sein Thema: die noch heute gängige Proletarierkindheit von Dublin. Und der Grips des Slumbewohners, doch irgendwie mit dem kruden Ansturm des Lebens handelseinig zu werden. Vater Quartalsäufer, nicht umzubringende Mutter, 21 Kinder, von denen 13 überleben. Darunter der kleine Christy, ein unmöglich verwachsener Krüppel, der unter der Treppe kauert »mit nacktem Hintern, abgesetzt wie ein Paket«. Er ist zerebralgeschädigt. Aber ein irischer Fighter. Im Fußball schießt er, platt am Boden liegend, unhaltbare Elfmeter. In Pubkeilereien greift er mit dem Fuß ein wie ein Thai-Boxer. Und mit den zwei linken Zehen umfaßt er auch eines Tages dieses Stück Kreide und malt nach, was die Mutter ihm vormacht: den Buchstaben A. Der kleine Christy ist mitnichten ein schwachsinniger Kretin, wie man angenommen hat, eher das Gegenteil. Der Hausarzt Dr. Collis investiert Jahre seines Lebens, um die Denkfähigkeit dieses kleinen Monstrums zu entwickeln. Christy malt, dichtet, schreibt schließlich seinen umwerfenden Roman. Kurz nach dem Welterfolg darf er dann auch heiraten: eine hochgewachsene, bildhübsche Mary, die uns jetzt die Haustür öffnet. Gleich darauf gurgelnde, krächzende Laute aus dem Wohnzimmer. Es ist Christy, der herausfinden möchte, ob wir eher dem Bier oder dem Wein zugetan sind.

Hierauf kutschiert ihn Mary im Rollstuhl mit uns durch die Wohnung. Ein kindgroßer, bärtiger Faun von vierzig, dem die Intelligenz aus dem Gesicht sprüht. So daß du ihn fast anschreien möchtest, endlich das dumme Spiel aufzugeben und so normal zu reden, wie sein Gehirn funktioniert. Aber nichts zu machen. Die elektrischen Ströme dringen nicht durch, ein ironisch-mokanter Gott hält seine Hand dazwischen. Mit Augenrollen und furchtbar verzerrten Lippen prustet er Unverständliches, bleibt dieses verformte Stück Erdenlehm, während der phantastische Kopf längst zum Flug abheben möchte. Den Bungalow hat er nach eigenen Entwürfen gebaut. Schiebetüren mit den Klinken auf Fußebene, Schalter ebenda, flaches Bad, in das er ohne Hilfe hineinturnen kann, mit Heißlufttrocknern statt Handtüchern. Sogar sein Bidet läßt er dich besichtigen, das ihm das Klopapier ersetzt.

Dann muß Mary zu ihrem Job, das Gespräch soll von seiner Seite schriftlich weitergeführt werden. Augenblick tödlicher Gehemmtheit: Bloß nicht mit diesem ... diesem Ding da allein gelassen werden! Und natürlich hat er gleich alles mitgekriegt. Furios klappert der große Zeh drauflos: »Relax and ask questions!« Als gäbe es hier mehr als die eine Frage zu beantworten: »Mensch, wie hältst du das bloß aus?« Statt dessen sucht man krampfhaft nach etwas möglichst Beliebigem. Zum Beispiel, ob er ein guter Ehemann sei? »Idiotische Frage. Wenn man eine so hinreißende Frau hat und endlich regelmäßigen Geschlechtsverkehr.« Was er sich als nächstes wünsche? »Geld, Geld, was sonst? Geld ist für mich der Unterschied zwischen einem erträglichen Leben und einer Hölle, die kein Alkohol mehr betäubt, der ewigen Verführung zum Selbstmord.« Schreiben Sie wieder an einem Buch? »Natürlich, ich möchte doch nicht als der Mann mit der Zehe in die Literaturgeschichte eingehen, sondern als der mit dem Köpfchen!« Er sieht dich grinsend mit herausfordernden stahlblauen Augen an. Man möchte ihm begreiflich machen, daß man ihn spürt, daß man Kontakt hat mit dem trotzigen Geist in diesem zuckenden Gummigehäuse. Aber es gibt keine Worte dafür, also trinkt man ihm bloß mit idiotisch eingefrorenem Grinsen zu und flieht.

DUBLIN, 17. MAI 1972

»Prost!« »Chin-chin!« »Mehr Kraft Ihrem Ellbogen!« Drinks an der Bar des historischen Dubliner Shelbourne-Hotels. Unser irischer Gewährsmann, Patso genannt, hat uns ein Zusammentreffen versprochen mit Sean MacStiofain. Wir sollen den Generalstabschef der Irisch-Republikanischen Armee (IRA) an der Hotelbar treffen. In Irland trifft man sich grundsätzlich an öffentlichen Tresen. Auch wenn ein Fanggeld auf deinen Kopf ausgesetzt ist. Allerdings warten wir jetzt schon zwei Stunden auf den von »allen Polizisten der Welt« Gesuchten. Erst dann steigt uns auf, daß Patso nach soundso vielen Gin-Tonic gar nicht mehr fähig wäre, ihn zu erkennen. Versäumte Gelegenheit, wird uns Tage kosten. »Geht ihr einstweilen zur Sinn-Fein, ich halte hier das Fort«, sagt Patso ungerührt. Kann mir schon denken, wie.

Sinn-Fein ist das politische Standbein der IRA in der Republik Irland und repräsentiert dort an die fünf Prozent der Wähler. Fahrt zur Lower Kevin Street, dem Hauptquartier dieser gesinnungstüchtigen Partei, die seit Jahren jeden möglichen Kompromißfrieden im nordirischen Bürgerkrieg hintertreibt. Menschenleere Baracke. Da die Anführer immer teils verhaftet, teils abgetaucht sind (vielleicht weniger in die Illegalität als in benachbarte Kneipen), finden wir nur ein wackliges Faktotum namens Tony samt Zechkumpanen vor. Knarrende Holzböden, verblichene Plakate, nicht abgerissene Abreißkalender. Um wenigstens irgendwas Drehbares zu haben, löten wir ihnen den zerdepperten Transistor zusammen und bestücken ihn selbst mit Batterien ... Draußen vor dem Lokal herumlungernde Jugendliche mit schwarz verschmierten Gesichtern. Die man zuerst für Terroristen hält. Aber nein, es sind bloß ungewaschene, bettelnde Straßenjungen wie aus Illustrationen zu Dickens. Diese Armut Voraussetzung der ganzen irischen Misere, genannt »troubles«. Abends Dreh in Mooney's Pub. Gesteckt voll, unsere Scheinwerfer ein unwiderstehlicher Lockruf. Immer dieser irische Hang zu Bühnenwirksamkeit und theatralischer Selbstdarstellung. Mit dem Krug in der Hand wird Leben gemimt, ohne daß man sich aktiv darauf einlassen muß. Überbordende gälische Phantasie, die sich aber in Worten und Witzen, Träumen und Tränen erschöpft. Gleichzeitig auch das peinigende Bewußtsein dieser Schwächen. Daher eine geradezu jüdisch-zersetzende Ironie bis zur Selbstzerstörung. Wogegen die Juden keine Waffe besitzen (es ist ihre Waffe), die Iren immerhin das Anzapfen eines neuen »pint«.

Da wir Freibier ausgeben, herrscht glänzende Stimmung. Fühle mich urwohl unter all diesen wortverbuhlten, tatenlosen Aktivisten. Auf die unvermeidliche Frage nach meiner Herkunft: »Nicht weitersagen, aber ich bin Mitglied des assyrischen Geheimdienstes.« Darauf bald das ganze Pub in herrliche Diskussion verwikkelt, ob König Hammurabi nicht einfach ein gälischer Name für »schinkenessender Rabbi«. Spätabends – inzwischen stehen die Gäste für unser Geld bis zum Trottoir – der von uns herbestellte Volkssänger. Aufrührende Balladen über die endlose Reihe irischer Helden, die alle zu schlechtem Ende gekommen, denn sonst wären sie wohl keine. Schluchzen, Zurufe »Up the IRA«, beantwortet mit »Up yours«, was nicht dasselbe bedeutet. Denkbar, daß einige dieser Heldendarsteller zum Einsatz ihres Lebens bereit wären. Allerdings niemals zu geduldiger politischer Basisarbeit für die »unerlösten sechs Grafschaften« von Ulster.

IRGENDWO IN IRLAND, 21. Mai 1972

Pfingstsonntag. Wo genau, darf ich nicht angeben, weil wir ja mit MacStiofain filmen, »Staatsfeind Nummer eins« und angeblich der gesuchteste Mann Irlands. Ist er es wirklich, und von wem? Die

Iren, die ich nach seinem Renommee frage, scheinen ihn eher für einen Gimpel zu halten. Um so mehr, als er gar nicht in der Wolle gefärbt ist, also in Irland geboren, sondern als John Stephenson in Liverpool. Wurde dann bei versuchtem und höchst unbedarft ausgeführtem Waffenraub in einer britischen Kadettenanstalt geschnappt und zu sechs Jahren Kerker verurteilt. Wo er als gläubiger Terrorist und gälischer Spracheiferer herauskam. Inzwischen hatte sich ein Teil der IRA zu einer marxistischen Klassenkampforganisation umfunktioniert, den »Officials«, und damit den Katholiken entfremdet. MacStiofain, der Konvertit, schlug sich aber auf die Seite der »Provos«, die nach simpler Altväterart wieder bloß Protestanten und Briten umlegen und den Heldentod erleiden wollten.

Man bringt uns zu einem entlegenen Bauernhof nahe der nordirischen Grenze. Angebliches Ausbildungslager der IRA, was im nördlichen Ulster zu auffällig wäre. Zuerst recht läppisches Herumhampeln von einem Dutzend Mann in Hosenträgern. Die ganze »Armee« besitzt ja nicht mehr als 300 bis 400 Aktive, hinter denen allerdings Tausende Sympathisanten stehen. Dann Auftritt MacStiofains in Krawatte und Sportsakko. Bleicher, spießiger Pedant mit schwachem Kinn, ohne Feuer in der Hose. Aufkeimender Verdacht, daß ihn die Briten mit Absicht frei herumlaufen lassen, damit die IRA an ihren eigenen Patzern eingeht. Folgt wenig beeindruckende taktische Lektion: »Setzt die Scharfschützen ein. Ihr wißt, wie kopflos die Brits werden, wenn einer getroffen ist.« Erklärt den Mechanismus eines altmodischen Tommyguns, Marke Al Capone. Sämtliche Schießprügel kommen natürlich aus Amerika, dessen Iren eine Viertelmillion Dollar jährlich zu diesem edlen Zweck einsammeln. Früher hat man sich auch gern an Wilhelm II. und Hitler gewendet.

IRGENDWO IN IRLAND, 22. Mai 1972

Unsere Absicht, MacStiofain zu Hause vorzuführen, war leichter erfüllbar als gedacht. Ein Telefonanruf, zwei Flaschen Bristol Cream Sherry als Gastgeschenk für die Missis gekauft, und schon klettern wir über den Hinterzaun ins allseitig unbewachte Heim. Die freundliche Hausfrau läßt die Rollos herunter, danach drehen wir en famille die mittägliche Nachrichtensendung des Fernsehens, in der ihr Gatte, wenn auch nur als Foto, auftaucht. Der sich, leicht übertrieben, als Arminius der halben Million Katholiken in Ulster sieht, die dort einer knappen Million Protestanten gegenüberstehen. Die Protestanten die herrschende Kaste: Unternehmer, Angestellte, Bürokraten. Die Katholiken zumeist Arbeiterklasse. Wirtschaftlicher Aufschwung würde die Unterschiede verwischen. Bürgerkrieg verhindert wirtschaftlichen Aufschwung. Erbfeinde rundum, lauter Gottmitunse. Dazwischen 12 000 britische Soldaten, gekommen, die Katholiken vor den Protestanten zu beschützen, jetzt aber mit diesen im Bunde.

Schier ausweglose Situation, die nach Vernunft schreit oder Gefühl, jedenfalls nicht nach dumpfen Schmalspurfanatikern wie MacStiofain. Der es übrigens haßt, wenn man ihn als Mr. Stephenson anredet, was ich deshalb herausfordernd tue. Interview im Auto auf verborgenem Waldgelände, nach vorheriger Auszahlung von tausend Dollar Honorar. Ich frage ihn nach den zunehmend wahllosen Bombenattentaten der IRA auf unschuldige Zivilisten. »Haben Sie je von Hamburg gehört? Und Sie sprechen von wahllosen Bomben.« Das war im Krieg. »Jetzt haben wir Krieg!« Sind Sie religiös? »Ich glaube an Gott.« Hat man Ihnen je die Sakramente verweigert? »Nein.« Wie können Sie Ihre Massenmorde mit dem Gebot vereinigen, nicht zu töten? »Ich habe keine Gewissenskonflikte. Mein Gewissen ist rein. Ich schlafe gut.« Haben Sie je selbst getötet? »Solche Fragen beantworte ich nicht.« (Glaube es aber nicht, hält sich wahrscheinlich aus Gefahr heraus.) Ihr Traum? »Gälischer Sprachlehrer in einem vereinigten katholischen Irland.« Nun ja. Ein Mann, der sich zwar selbstergriffen Revolutionär nennt, dem aber das Wichtigste dazu fehlt: die Vision vom neuen Menschen in einer veränderten Gesellschaft.

LONDONDERRY, 25. MAI 1972

»Londonderry Air«, eine der lieblichsten altenglischen Melodien. Aber da hier ja London verpönt ist, darf man die Stadt nach hiesiger Sprachregelung nur Derry nennen. Im Zentrum hat sich sogar das Katholikengetto Bogside zum »Free Derry« erklärt. Eine barrikadenverstellte Trutzburg, in der 30 000 Katholiken etwa 100 Gunmen der IRA Unterschlupf bieten. Hier trauen sich kein Protestant und kein britischer Soldat herein. Allerdings wagen sich auch die IRA-Leute kaum heraus, nicht einmal, um ins Kino oder ihr Stempelgeld abholen zu gehen. Total verfahrene Lage. Und wie immer sehe ich es nicht als meine Aufgabe an, Stellung zu beziehen. Sondern Konflikte einsehbar, nachvollziehbar zu machen. Und Lösungen, bei Menschen und Völkern, gibt es ohnehin nur, wenn jemand über seinen Schatten springt. Also sein »Rechthaben« aufgibt, weil er den Balken im eigenen Auge erkannt hat.

Unser erster Gang gilt dem IRA-Hauptquartier, von MacStiofain nachdrücklich empfohlen. Kein Wunder. Hier findet sich genau das, was er nicht hat, nämlich blinde, besinnungslose Aktionsbereitschaft. Ein Pfadfinderheim voller sommersprossiger, kriegspielender Racker. Der Kommandeur dieser »Brigade«: ein 21jähriger jovialer Metzgerlehrling namens Martin McGuinness. Rabiater Raufbold von fürchterlicher Ungerührtheit, für den zwischen Menschen und Kälbern kein großer Unterschied besteht: »Jeder britische Soldat ist im Kriegszustand mit uns. Sie sind bewaffnet, wir sind bewaffnet. Ran an die Wurst!« Stellt uns den »Polizeichef« von Free Derry vor, eine hinkende Elendsgestalt, die sich stolz Arkel nennt, also Roß. Wie so häufig in Irland weiß man nicht, ob man lachen soll oder weinen. Arkel zeigt uns den Friedhof, wo die Opfer des letzten, von den Briten veranstalteten »blutigen Sonntags« in noch frischen Gräbern ruhen. Und stimmt ein echt ergreifendes gälisches Klagelied an, wobei er aber gleichzeitig aus den Augenwinkeln kontrolliert, daß wir auch alles richtig mitdrehen.

LONDONDERRY, 26. MAI 1972

Schießübungen mit IRA-Kämpfern, romantisch maskiert oder, besser gesagt, in ordinären wollenen Skihauben. Sogar ihr minimaler Sold zählt noch bei der 50prozentigen Arbeitslosigkeit im katholischen Derry. Wobei es überdies zumeist die Frauen sind, die für Mindestlöhne malochen, während die frustrierten Männer in den Pubs herumhocken und angeben. Danach fröhliche Vorführung der Bombenfabrikation, die man sich nicht einfacher wünschen kann. Ein Papiersack wird mit körnigem Explosivstoff halb gefüllt, sodann eine Zündschnur mit Zündhütchen hineingeringelt. Mit den goldenen Worten: »Ein paar Minuten Vorwarnung, das langt heutzutage. Die Leute sind in Übung.« Kaum sitzen wir zu Tisch beim einzigen Chinesen der Stadt, geht es auch schon los. Wir stürzen ins Freie, immer der Feuerwehr nach. Die auf eines der letzten Geschäfte zurast, das in der Innenstadt überhaupt noch aufrecht stand – alles übrige ein Trümmerfeld. Erbärmlicher Tante-Emma-Laden für Nähzubehör, vor dem weggeblasenen Eingang zwei zittrige Weiblein. »Wir kamen gerade vom Essen zurück. Unsere Tür war aufgebrochen. Die Lunte brannte schon.« Jemand meint: »Sie können von Glück sagen, daß Ihnen nichts passiert ist.« »Mir ist etwas passiert«, sagt die eine, deren Existenz soeben in Rauch aufgeht.

Wir fahren zu McGuinness hoch, der patzig abwinkt: »Diese Personen hatten fünf Minuten Zeit, um zu verschwinden, das reicht. Ein Teil unserer Kampagne, die Wirtschaft zu unterbinden. Nein, nach meinen Berichten ist niemand wesentlich verletzt worden.« Danach wird der Kameramann von einem unguten Gefühl ergriffen, packt unser bereits abgedrehtes Material zusammen und macht vom Flughafen aus Versand. Abends Bewirtung von McGuinness in unserem Hotel. »Nobelherberge«, sagt er anerkennend. Allerdings ist sie die letzte am Platz.

LONDONDERRY, 27. MAI 1972

Nachmittags filmen wir den täglichen Steinhagel der Derry Kids gegen die patrouillierenden britischen Jeeps, ein Ritual, das sich hier die »Dreiuhrmatinee« nennt. Abends sitze ich an der Bar unseres City-Hotels und warte vergeblich auf ein Glas Lager. Großer Andrang, da für später Tanz angesagt ist. Nirgendwo sonst sieht man so viele Miniröcke, Pfennigabsätze, tiefe Ausschnitte wie in Nordirland. Potenzierte Lebensfreude am Abgrund. Plötzlich eine Klingel, alles stürzt von der Bar, offensichtlich wegen Ballbeginns. Ich reklamiere mein Bier. »Ja, hören Sie denn nichts?« kreischt die Kassiererin, die gerade krampfhaft die Geldlade aus der Registrierkasse zerrt und damit ab auf die Straße. »Die Lunte!« schreit sie noch. Und da sehe ich es auch schon sprühen aus einem offenen Koffer am Fuß der Treppe. Ziemlich lange Schnur. Unseren bisherigen Erfahrungen nach an die zehn Minuten.

Draußen das Team in Deckung längs der alten Stadtmauer. Nur

der Kameramann fehlt, den wir (abessinisch) den Ato nennen. Ato heißt Herr. Übrigens nennen wir uns alle Ato im Team. Wer gemeint ist, muß man am Ton der Stimme erkennen. Der Ato ist wahrscheinlich auf seinem Zimmer und schläft. Ich laufe zurück und die Treppe hoch. Warum tue ich das? Da ich gewohnt bin, auch in Krisensituationen bewußt zu bleiben, weiß ich gleichzeitig die Gründe: Erstens der Ato. Zweitens die Mühle, womit der Ato jetzt bitte schön die Explosion zu filmen hat. Denn Explosionen sind ja ausschließlich dazu da, um gefilmt zu werden. Ungefilmtes existiert nicht für uns. Drittens die Mutprobe. Nein, die Herausforderung. An wen? An mich? Oder nicht eher an IHN? Will ER mich schon? Wenn nicht, so läßt sich daraus neuer Lebensmut schöpfen. So läuft das. Minuten später – der Ato war selbstverständlich schon längst im Freien, wenn auch ohne die Mühle – geht die ganze Chose hoch. Mit einem viel zu läppischen »Pft!«, dazu eine mickrige Stichflamme und Wolken von Trümmerstaub. Kaum zu glauben, daß damit das ganze Hotel weg sein soll. Einschließlich Ausrüstung, Privatgepäck, Papieren, darunter mein unersetzliches Adreßbuch. Nur das gedrehte Material ist gerettet, da gestern vom Ato versandt. Da steht man jetzt zahnbürstenlos im Freien, ein bloßes Abfallprodukt der Weltgeschichte. Und natürlich hat es angefangen zu regnen.

LONDON, 28. MAI 1972

Nach Übernachtung in einem Vorort Rückkehr ins Stadtzentrum von Derry. Am zerstörten Hotel Feuerwehr, die auf Leitern zu den leeren Fensterhöhlen hinaufkriecht, um überlebende Güter zu retten. Für uns gibt es noch ein verbeultes Filmdöschen. Und im Innenhof, auf die Spitze eines meterhohen Trümmerberges herabgesegelt wie Schnee auf den Kilimandscharo, meine durchlöcherte Pyjamahose. Fahrt zu McGuinness, den wir bei fröhlicher Mahlzeit antreffen. »Hi, me boyos«, grinst dieser windige Gemütsathlet wie ein Hollywood-Ire. Wir fragen, ob er nicht, da wir doch alte Freunde seien, mit der Bombe bis zu unserer heutigen Abreise hätte warten können? Er antwortet mit der Ahnungslosigkeit des wahren Ideologen: »Die Sache war doch gar nicht gegen Sie gerichtet. Sondern betraf die Entlassung des Hausknechtes McCourt, eines IRA-Mitglieds. Solche Affronts kann sich das irische Volk nicht bieten lassen.« Wo Mr. McCourt jetzt mangels weiterer Hotels neue Arbeit finden werde? »Das ist nicht unser Problem, wir hatten bloß das Prinzip zu wahren.«

Abends Rückflug nach London, wo wir im feinsten Hotel von Chelsea angemeldet sind. »Wo ist Ihr Gepäck, Sir?« Ich habe keines. »Ihr Paß, Sir?« Ich habe keinen. »Von wo treffen Sie ein?« Aus Nordirland. Langer Blick, während der Empfangschef überlegt, ob er trotz der späten Stunde den Manager rufen soll oder lieber gleich die Polizei. Dann löst sich alles auf die feine englische Art, indem er mir tatsächlich meine Story abnimmt. Morgen in Orly dürfte das weniger einfach sein.

HUNTSVILLE, 28. OKTOBER 1972

Im Hauptort der texanischen Strafverwaltung und einem der gefürchtetsten Zuchthäuser Amerikas. »Bei uns wird keiner verhätschelt«, sagt uns Direktor Estelle mit mahlendem Kiefer. »Vielleicht haben wir deshalb weniger Rückfällige als anderswo.« Vierzig Prozent der Strafgefangenen sind Schwarze. Der Rest zum überwiegenden Teil Chicanos mexikanischer Abstammung. Also eine Art Arbeitslager, in das der texanische Mittelstand sein Lumpenproletariat abschiebt. Resultat der Intelligenztests im Hause: 14 % Analphabeten, 20 % geistig Zurückgebliebene, 90 % ohne Schulabschluß. Als Besucher aus dem fernen Europa dürfen wir auch in den Raum blicken, wo »Old Sparky« derzeit unbenutzt steht. Eine Art durchgewetzter Großvaterstuhl, einst von den Betroffenen eigenhändig erbaut. Erschütternd die gewaltigen freiliegenden Elektroden. 265 Mann haben in den letzten vierzig Jahren »den Blitz geritten«, bis das vergangenen Juni als verfassungswidrig erkannt wurde. Sehr zum Mißvergnügen der Mehrheit des texanischen Volkes.

Natürlich sind wir hier wegen des in ganz Texas berühmten Sträflingsrodeos. Man führt uns die Teilnehmer vor. Beim soundsovielten machen wir halt. Man zeigt uns die Akte: »Das Volk von Texas gegen Romeo Alegria«. Autodiebstahl, zwei Einbrüche, Raubüberfall, zuletzt eine viehische Vergewaltigung. Hat lebenslänglich plus gleichzeitig laufender 123 Jahre abzusitzen. Anders als diese ganzen Mannsbilder ein schmächtiger, blasser, fast mädchenhafter Chicano, der von Gandhi schwärmt. Hat aber derzeit, wie ganz Huntsville, nur einen einzigen Gedanken im Kopf: das morgige Rodeo, an dem er als Bullenreiter teilnehmen soll. Diese riskante Knochenmühle, »die wildeste Schau der Welt«, wird hauptsächlich von Lifers, Lebenslänglichen, bestritten, die ohnehin nichts zu verlieren haben als das bißchen Atemholen.

HUNTSVILLE, 29. OKTOBER 1972

Erster der vier Sonntage, die dieses Rodeo in Anspruch nimmt. Bei dem, Spaß muß sein, die Zuchthäusler, die sonst Schneeweiß tragen, in gestreifte Kluft gesteckt werden. Donnerndes Toben der Wildpferde und Brahmabullen, die in ihren Boxen gegen die Planken hämmern. Romeo, hier so ziemlich der Kleinste, schnallt sich die Sporen an, stülpt den breitrandigen Stetson über, knotet das Halstuch, wirkt mit einemmal wie ein Marlboro-Cowboy. Während er doch sonst, wie man uns zu verstehen gab, hier im Hause das Mädchen für alles abgibt. Ich frage ihn, ob er je einen Stier geritten habe? »Nicht mal ein Pony. Ich komme doch aus den Slums. Glauben Sie, bei uns wurde geritten?« Die Riesenarena jetzt gesteckt voll mit 40 000 Zuschauern. In einer Ecke, hinter fünf Meter hohem Gitterzaun, bewacht von Schrotflinten, Alegrias Kollegen. Eine Viertelmillion Dollar bringt diese Veranstaltung der Gefangenenfürsorge. Bestimmt für Schulung, Resozialisierung, Gottesdienst und sogar zahnärztliche Betreuung, was im Budget der Strafverwaltung von Texas weiter nicht vorgesehen ist.

Beginn des Rodeos mit der beliebtesten Veranstaltung, Hard Money. Ein Tabaksbeutel, darin eine 50-Dollar-Note, hängt zwischen den Hörnern des wildesten Bullen. Und vierzig hartgesottene Jungs, die zusammengezählt einige Jahrtausende abzureißen haben, versuchen, ihm das Geld wegzuschnappen – ein blutiges Massaker. Dazu am Lautsprecher der launige Kommentator: »Dieser lange Lulatsch da war zuerst ein Knäblein, das keiner haben wollte. Kurz darauf wollten ihn ein Dutzend verschiedene Staaten haben.« Oder: »Dieser schwarze Boy hat bei uns nur noch 15 Sonntage abzusitzen. Leider sind es durchweg Ostersonntage.« Dann Romeo Alegrias großer Auftritt als Bullenreiter. Eine Sportart, bei der es hier schon zwei Tote gab. Die Stiere, auf Wildheit gezüchtet, werden noch überdies durch einen Riemen um ihr Geschlechtsteil verrückt gemacht. Trotzdem schafft es Romeo, die geforderten acht Sekunden Ewigkeit oben zu bleiben. »One for the raza!« sagt er mit triumphierendem Faustschwingen bei der Rückkehr. Die Raza sind die zehn Millionen Mexikaner in den USA, die nicht eine einzige politische Stellung von Gewicht bekleiden.

CORPUS CHRISTI, 30. OKTOBER 1972

Nach unsäglichen Komplikationen die Familie Alegria ausfindig gemacht. Die Eltern seit Jahren getrennt, die Mutter verschollen. Der Vater, der Jesus heißt, Hilfsarbeiter und jetzt mit neuer Nachkommenschaft eingedeckt. Einzimmerwohnung für sechs. Hat seinen Sohn in zehn Jahren nicht besucht. Ob er damals begriffen habe, warum Romeo sich zu solchen Verbrechen hinreißen ließ? Der Vater stolz: »Si, Señor, como no. Wie ich ein junger Mann war, da hörte ich begeistert von Pancho Villa erzählen, ein Räuber, aber auch ein Held. Mein Sohn hat die Taten vollbracht, von denen ich nur träumte. Auch ich wollte große Dinge verrichten, aber ich habe nie irgend etwas geschafft!« Dann hinüber zur Inglewood High School. Auf dem Sportfeld Interview mit dem Football-Coach MacDonald: »Ja, ich erinnere mich an Romeo Alegria. Ich war bloßer Ersatzmann damals, Romeo unser Star. Der einzige Chicano im Team. Er sollte ein Stipendium der Universität von Houston bekommen und Sportmedizin studieren. Wenn es dann grützemäßig nicht reichte, konnte er immer noch hierher zurück als Trainer. Romeo spielte Football, als ginge es um sein Leben. Und so brach er sich eines Tages drei Rückenwirbel. Der Coach kam zu mir: Dieser Texmex ist fertig, jetzt übernimmst du seinen Platz. Danach ging Romeo von der Schule ab. Begann wohl zu trinken und Drogen zu pushen. Und ich durfte an seiner Stelle nach Houston und bekam zuletzt hier den Job.«

Abends zu Distriktrichter John Miller, der Romeo Alegria vor elf Jahren aburteilte. Wir dürfen ihn sogar im Gerichtssaal in seiner Robe filmen. Bringt auch einen Brief der Mutter, den er aus den Akten grub: »Wir besaßen nicht einen kümmerlichen Dollar. Bei Gericht wollte uns niemand Auskunft geben, wir sollten uns zuerst einen Anwalt zulegen. Wir fanden einen Gringo, der verlangte 700 Dollar. 500 kratzten wir zusammen, das übrige wollten wir abstottern. Er hat sich nicht einmal die Mühe gemacht, Romeo aufzusuchen: Bringt mir den Rest von dem Geld, sonst habe ich mit dem Fall nichts mehr zu schaffen. Damit war dann alles gelaufen.« Ich frage den Richter, ob Romeo mit einem guten Anwalt bei ihm eine bessere Chance gehabt hätte? »Würde ich schon meinen.« Demnach richten sich Ihre Urteile nach den Vermögensverhältnissen? Der Richter: »Bedauerlich, aber so läuft das hier. Ist es bei Ihnen so anders?«

HUNTSVILLE, 31. OKTOBER 1972

Vormittags Befragung von Romeo Alegria in der leeren Kantine. Stockende, leiernde Ausdrucksweise, demütige Haltung. Hat sich vielleicht, was man ihm nicht übelnehmen kann, eine Rolle zurechtgelegt. So, wie es hier »jailhouse lawyers« gibt, die jeden Paragraphen auswendig kennen, so ist Romeo vorsorglich eine Art »jailhouse saint« geworden. Einer, der gebüßt und sich gewandelt hat und jetzt nur noch in die Wüste strebt, um als Heiliger zu enden. Ich frage ihn, warum er damals jene Frau vergewaltigt habe, die ohnehin als Prostituierte kenntlich war? Und dazu noch mit einer Colaflasche? »Ich weiß es einfach nicht mehr. Wir waren alle betrunken. Finstere Nacht, alles tot. Wieder ein verlorenes Wochenende. Und auf einmal diese Frau auf der Landstraße. Da haben wir uns reihum auf sie geworfen.« Obwohl Sie sie doch zur Not hätten umsonst haben können? »Ja, das stimmt.« Also warum? »Wir wollten sie ja gar nicht umsonst haben. Vielleicht wollten wir sie überhaupt nicht haben. Vielleicht wollten wir uns nur rächen. Für was? Für Millionen verlorene Wochenenden, was sonst.« Waren Sie zu jener Zeit homosexuell? »Zu der Zeit nicht. Jetzt, wer weiß das? Man wird eben schwach. Es ist ja nicht bloß das Physische. Es ist die Anziehung der Seelen. Um deine Seele zu befriedigen, mußt du eine zweite haben.« Glauben Sie, daß Sie je wieder glücklich sein werden? »Ich denke schon. Die Strafzeit geht vorüber. Und es wird ja nur der Körper hier eingesperrt. Die Seele darf wandern ...«

Zuletzt kann ich noch mit dem »Psychologen« der Anstalt sprechen, der aber das nämliche verbissene Pferdegesicht unter seinem Cowboyhut trägt wie die übrigen Wärter. Er kramt Romeos Akte heraus: »Potentieller Unruhestifter und Agitator. Zwingt Neuankömmlinge zu homosexuellem Verkehr. Starker Fluchtverdacht, daher Verwahrung in Hochsicherheitstrakt beantragt. Zerrüttete Familienverhältnisse. Rehabilitationschancen minimal. Vorzeitige Entlassung nicht zu empfehlen.« Das Volk von Texas darf wieder aufatmen.

LOS ANGELES, 2. NOVEMBER 1972

Ins Beverly Hills Hotel, Nobelabsteige der Filmkünstler. Besuch bei dem Komiker und neuen Filmemacher Woody Allen. In Europa noch ziemlich unbekannt, hier, wie man mir versichert, eine große Zugnummer. Leider sah ich gestern in einem dieser vollgekotzten Pornokinos am Hollywood-Boulevard seine Filmkomödie: »Was Sie schon immer über Sex wissen wollten, aber bisher nicht zu fragen wagten«. Vorwiegend das, was man hier Collegehumor nennt. Also Parodien, deren Witz etwa darin besteht, daß ein Raubritter nach einem Taxi ruft oder ein wandernder Minnesänger einen jüdischen Witz erzählt. Die Gags irgendwie unscharf, nicht bis in die letzte hirnverbrannte Konsequenz ausgemolken. Der einzige erstklassige Sketch spielt im Körperinnern während einer Ejakulation. Woody als kugelrundes Spermium wird mitsamt seinen Kollegen auf einem eiligst ausgerollten roten Läufer zum Ausgang geschwemmt. Im Saal nicht mehr als ein Dutzend gelangweilte Zuschauer, die wahrscheinlich eine Onaniervorlage erwarteten. Immerhin sind ja von Allen solche Sätze bekannt wie: »Sex ist Onanie mit jemandem, den man mag.« Dünn. Auch gibt es da die Einschätzung eines deutschen Kritikers, der Woody mit dem von mir wenig geschätzten Jerry Lewis vergleicht, dem er aber nicht das Wasser reiche.

Bin also schon ziemlich negativ vorprogrammiert, als ich in sein Hotelzimmer trete. Was Woody mit seinem Instinkt für Negatives sofort herausschnüffelt und mich entgelten läßt. Mit anderen Worten, wir mißbilligen uns auf Anhieb. Jeder denkt sich: »There but for the grace of God go I.« Also in etwa: Nur Gottes Gnade bewahrt mich davor, so zu sein wie du. Ja, noch schlimmer: Jeder weiß auch, daß es der andere über ihn denkt. Woody haargenau der Typ von Analytikerfutter, mit dem ich schon in meiner New Yorker Emigrationszeit nicht verwechselt werden wollte. Behaftet mit Mutterkomplex und Brooklyn-Akzent. Außerdem noch rothaarig. Als »continental« war man immerhin was Besseres.

Woody überläßt mir eine schlaffe Hand und betrachtet danach angelegentlich seine Fußspitzen. Er stirbt schon vor Langeweile, noch bevor ich den Mund aufmache. Sehnsüchtiger Blick auf seine hochgeklappte Reiseschreibmaschine. Zweifellos bin ich gerade zur Pointe eines Gags eingetreten, und jetzt ist der Gag weg. Winkt mich genervt auf einen Lehnstuhl, was ihn schon titanische Anstrengung zu kosten scheint. Von allen Dingen, auf die er keinen Wert legt, steht mein Wunsch, ihn zu drehen, an erster Stelle. Aber was habe ich erwartet? Eine Clownsnummer? Er ist ingrimmig entschlossen, mir das Gegenteil zu liefern. Nicht den Spaßmacher, sondern den »auteur« ... Telefonklingeln im Nebenraum der Hotelsuite. Der Auteur verschwindet ans Telefon. Redet lange, sehr lange. Wie eben jeder Auteur, wenn er nicht von Kunst redet, sondern von Money. Werde am Ende unwiderstehlich zur Schreibmaschine gezogen. Dort folgende Textstelle: »Woody als Selbstmörder. Hat sich Gift verschafft. Das Gift ist, wie alles heutzutage, in Schichten von unzerreißbarem Plastik eingeschweißt. Woody fummelt, zerrt, beißt, nichts zu machen. Ergreift endlich das Küchenmesser. Schneidet daneben, ein Blutstropfen quillt aus dem Zeigefinger. Woody erbleicht, rast zur Hausapotheke, verbindet sich. Atmet tief durch. Gerettet!« Rückkehr von Woody ins Empfangszimmer, um nichts heiterer. Ich frage ihn nach dem Grund seiner Betrübtheit. Ob er seelisch durchhänge oder dies sein normaler Gefühlshaushalt? »Glauben Sie, es ist ein Vergnügen, lustig zu sein?« Von seinen gestotterten Repliken (nur schlechte Schreiber reden gut) kann ich immerhin einige Perlen notieren: »Jeder Witz ist ein Grabspruch über ein Gefühl« – angeblich von Nietzsche. »Wußten Sie, das Groucho Marx in Hotelzimmern die Schränke vor die Fenster schiebt, um der Versuchung zu widerstehen, hinunterzuspringen?« Ich muß zugeben, daß es mir nicht bekannt war.

Was ihn soweit auflockert, daß er meine Frage bejaht: ob nicht alle seine Gags sich mit Freuds Eros-Thanatos befassen? »Ja, es stimmt. Vom Aufstehen bis zum Schlafengehen denke ich hauptsächlich an Sex und Sterben. Manchmal sogar in dieser Reihenfolge. Nicht, daß ich den Tod fürchte – ich möchte nur nicht dabeisein, wenn es passiert.« Betrachtet sich zwar als Nachfolger von Buster Keaton, Chaplin und den Marx-Brüdern. »Aber ich sehe mir nie ›fun-movies‹ an. Was mich wirklich beeindruckt, ist Tennessee Williams oder Ingmar Bergman. Der schlägt sich herum mit dem Schweigen Gottes, genau wie ich. Warum bin ich denn ein solcher Verlierer in meinen Filmen? Weil Gott gerade anderweitig beschäftigt ist. Ich weiß nicht, ob Sie ›Take the money and run‹ gesehen haben? Da schiebe ich einem Bankkassierer den üblichen Zettel zu: Ich habe eine Knarre. Nur ist das Wort Knarre falsch buchstabiert. Darauf ausgedehnte Diskussion, wie man es richtig buchstabiert. So enden meine Banküberfälle.« Hingegen sei er doch im richtigen Leben, wie man höre, ein sensationeller Aufsteiger? »Man lebt aber nicht im richtigen Leben, sondern in seiner Vorstellung. Und da bin ich der geborene Schlemihl.« Ob ihm nicht irgend etwas auf der Welt Spaß mache? »Ja, Sex natürlich. Dann drüber schreiben.« (Neuerlicher Blick zur Schreibmaschine) Und die fertigen Filme? »Mein einziger Wunsch ist, die Negative zurückzukaufen.« Ich erzähle ihm von meinem gestrigen Kinobesuch. Woody: »Erstaunlich, so viele Leute!« Überrascht, daß sein Name bis nach Deutschland gedrungen sei. »Meinen Sie nicht, daß man die Juden nur umgebracht hat, weil man ihren Humor nicht mochte?«

LOS ANGELES, 4. NOVEMBER 1972

An den Meister heranzukommen hatte ich mir aufreibender vorgestellt. Aber da ist dieses japanische Restaurant am Sunset Boulevard, wo man fast alle Abende die Sängerin Hoki Tokuda treffen kann, die dort engagiert ist. Und wenn sie dich mag, so bist du einen Tag später mit ihrem Gatten verabredet, obwohl er jetzt möglicherweise (genau weiß es keiner) schon ihr Exgatte ist. So kam ich heute zu Henry Miller. Hoki war auch im Hause, nicht minder anhänglich als seine drei, oder sind es vier?, vorangegangenen Ehefrauen. Miller, jetzt 81, hinkt dem Besucher breit grinsend entgegen und mit ausgestreckter Pranke. Sein Bungalow in Pacific Palisades in dem bestuckten, sahnigen Zuckerbäckerstil, den der Emigrant Brecht als so ungeistig verachtete. Miller, auch er Opponent des klimatisierten Alptraums Amerika, hat sich damit abgefunden: »Überall ist Paris.«

Bringt mich kregel in seinen kahl geweißten Arbeitsraum, die Wände mit eigenen Aquarellen bestückt. Auch einer meterlangen Liste von Orten und Menschen, die er noch in kommende Bücher hineinquetschen will: »Heiliger Franziskus... Maulbronn, Hermann Hesse...« Er fuchtelt mit dem Finger die Liste entlang: »Lebenslang sind mir die wahnsinnigsten Dinge passiert. Ob der Zufall dich daheim antrifft oder nicht, hängt ja ausschließlich von dir selber ab.« Schon quillt der Redestrom über die Ufer, alles in diesem gequetschten, nasalen, plebejischen New Yorker Akzent, den man von solch angesehenem Autor nicht erwartet. Aber natürlich sind ja auch seine ersten großen Bücher, die »Wendekreise«, geredete Monologe (und mußten mindestens um die Hälfte gekürzt werden). Ein Wortschwall, der Erlebnistempo suggeriert. Atemlos starrt man in dieses zerklüftete, knubblige Gesicht mit dem immensen, schiefen, lebensgeilen Mund. Old Henry, auf dem Weg zum buddhistischen Mönch, aber noch immer gierig, noch nicht satt. Hat alles in sich hineingeschlungen und dank guter Konstitution auch verdaut. »Ich habe immer für den Augenblick gelebt. Nicht belastet von Vergangenheit und Schuld. Nicht bangend vor der Zukunft. Was kam, das kam und war gut so. Ich habe auch nie das eine Liebesverhältnis mit der nächsten Frau weitergeführt... vorprogrammierte Pleite. Und so viele Frauen waren es ja schließlich nicht. Dreißig, vierzig? Natürlich, wenn man's liest, klingt es wie tausend. Aber der Schriftsteller braucht gar nicht soviel zu erleben. Die Phantasie tut's auch.« Er beginnt zu kritzeln, tropft dann Wasserfarben darauf: »Sehen Sie, immer ganz spontan, immer das Unbewußte hochspülen lassen. Nie etwas wollen, lieber schön darauf warten, daß ES will. Und ES will immer, solang man nur offen bleibt, zugänglich und verwundbar durch neue Erfahrungen.« Befriedigt überprüft er sein entstehendes Werk, ein Aktbild. »Ach, wissen Sie, der körperliche Vorgang ist noch immer identisch. Das einzig wirklich Interessante ist die Frau, die an der

Möse dranhängt. Und wie kann man sie sich ganz einverleiben? Genau wie bei der Natur und allem übrigen: indem man sich selber herschenkt. Dazu war ich jederzeit bereit. Ich war immer verliebt, immer neu.«

Schaltet dann mühelos auf Anekdotisches um. Ob ich etwas vom Theater verstehe? »Dann wissen Sie ja, daß am Broadway alles von der Premiere abhängt. Besser gesagt, von den drei New Yorker Großkritikern, die über Nacht ihre Premierenberichte schreiben. Sind sie schlecht, so ist mit der Morgenzeitung die Sache gelaufen. Unmittelbar danach kommen die Absagetelegramme vom Produzenten: und Vorhang zu, Ende der Darbietung. Da war also dieser Schauspieler, mit dem ich zu meiner Zeit als jugendlicher Telegrammbote für Western Union zu tun hatte. Ich bringe ihm das Telegramm. Schrecksekunde, flehender Blick zum Himmel, Aufreißen des Formulars. Und unirdische Seligkeit malt sich auf seinen Zügen: ›Ist bloß meine Mutter gestorben ...‹« Weitere Story aus dieser Zeit: »Ich habe sie nie literarisch ausgewertet, da ich nicht Hemingway bin, der lebende Zeitgenossen verwurstete und kompostierte. Aber jetzt kann es den Protagonisten auch schon egal sein.« Es scheint, daß Henry damals im New Yorker Hotel Algonquin ein Telegramm persönlich an einen Mr. Lorimer auszuliefern hatte. Da dieser abwesend, setzte er sich vorläufig an die Bar. Wo er den Kellner davon schwatzen hörte, daß Mr. Barrymore nun schon die dritte Flasche Whisky auf Zimmer 142 bestellt habe. Und warum? Wahrscheinlich, weil ihn die Dame seines Herzens aufsitzen lasse. Miller: »John Barrymore war damals der berühmteste und gelackteste Edelmime Amerikas. Und galt als sein erfolgreichster Frauenheld. Kein Wunder, mit diesem Profil! Kurz, er war mein Ideal. Drei Minuten später klopfe ich an die Tür Nummer 142. Barrymore, im seidenen Schlafrock, ein Glas Whisky in der Hand, öffnet einen Spalt. Und durch den Spalt sehe ich auf dem Bett ... sehe ich auf dem Bett ... Greta Garbo! In einem Hemdchen, das man gar nicht beschreiben kann, weil so wenig davon existierte. Und worin man vor allem den göttlichen Rücken der Garbo wahrnahm, Brust hatte sie ja keine. Well, sagte John Barrymore, wo ist mein Telegramm? Wie alle Schauspieler war er bereit, sein höchstes Liebesglück einem günstigen Angebot, sagen wir von Shubert oder Goldwyn, zu opfern. Mister Lorimer? fragte ich zurück. Sind Sie Mister Lorimer? Verpiß dich, sagte John Barrymore höchst ungelackt, sonst knall' ich dir eine. Ich verschwand wie der Blitz. Aber jahrelang blieb es mein Traum, wo nicht Greta Garbo, so doch einen solchen seidenen Schlafrock zu besitzen.«

Zurück zum Wohnzimmer, wo uns Hoki jetzt eine kleine japanische Freundin vorstellt, für die es Küßchen gibt und Schmeichelnamen. Henry, beinsteif, schwerhörig und augenschwach, gibt sich ganz dem Genuß des Kosens hin, saugt gierig Lebenselixier. Dann wieder privat: »Passen Sie auf. Das, worum es geht: die Dinge zu erleben und gleichzeitig Distanz zu wahren. Den Augenblick ausfühlen, aber sich an nichts festkrampfen. Was war, war. Was ist, ist. Das ganze Wissen, das Sie erworben haben, bekommt nur einen Sinn, wenn es sich in dem ausdrückt, was Sie in diesem Augenblick tun. Man darf sich nicht an die Weisheiten anderer Leute klammern, und wäre es Christus oder Buddha. Man muß seine eigenen finden, und manchmal sind es dann am Ende die nämlichen. Aber zuerst muß man da durch, durch das eigene Erleben, sonst bleibt alles toter Buchstabe. Ich weiß nicht, ob ich je ein großer Autor war. Manchmal bezweifle ich es. Aber ich war immer ein großer Erleber. Und wissen Sie was? Vielleicht schließt das eine das andere aus. Dann habe ich trotzdem den besseren Teil gewählt.«

LOS ANGELES, 6. NOVEMBER 1972

Wollen Sie sich das Rauchen abgewöhnen? Das Dickwerden? Die Kleptomanie? Die Impotenz, Frigidität, Drogensucht, Depression? Auch das Kindervergewaltigen bzw. die Homosexualität (Erfolgsquote 58 von 60 Fällen)? Hypnotherapie heißt der Zaubertrank, womit schon Freud experimentierte und mit dem man in Rußland die Dissidenten auf Vordermann bringt. Also Seelenmassage unter Hypnose. Veranstaltet von Dr. William J. Bryan, der seine Praxis, was sonst, am Sunset Strip aufgeschlagen hat. Doktor der Medizin, Doktor der Rechte, Doktor der Philosophie und sogar der Theologie, ein zweiter Faust. Leider hat ihm das nicht gereicht, und so sind seine Wände bepflastert mit Diplomen der »Universität Heidelburg«, der »Hochschule Müncken« und so fort. Offenbar der Ortsvertreter der Firma Schaumschläger und Windbeutel.

Als nächstes überreicht dir eine Sekretärin, Marilyn ist nichts dagegen, seine gedruckte Biographie in »Kurz-, Mittel- und Langfassung«. Ihr entnimmst du, daß Bryan schon zehntausend Patienten hypnotisiert haben will, mehr als Freud sowie Adler und Jung (die nie hypnotisierten) zusammen. Daß er einer Organisation von hypnotisierenden Ärzten, Zahnärzten, Tierärzten und Theologen vorsteht, ausnahmslos seine Schüler. Daß er fünfzig »top movie stars« behandelte. Ausbilder der Air Force war, Schlagzeuger bei Tommy Dorsey sowie Urheber des »Bryan Electronic Automatic Robot«, sprich BEAR. Zweifellos so benannt nach dem Erfinder selbst, der uns nun mit bärenhaftem Charme entgegentritt und an die 300 Pfund wiegen muß. Ziffern ohne mehrere Nullen dran existieren ohnehin nicht für ihn. Alsbald erfahren wir, daß er schon mit 12 500 Frauen geschlafen hat. »Im Schnitt brauche ich fünf am Tag, zu je drei Orgasmen. Die Gesamtziffer können Sie sich leicht ausrechnen.« Da ich keinen Taschenrechner bei mir habe, erkundige ich mich, warum man ihm einst provisorisch die ärztliche Lizenz entzog? »Man warf mir vor, ich hätte meine Patientinnen sexuell belästigt. Was heißt hier belästigt? Das ist doch gerade der entscheidende Aspekt meiner Therapie!« Führt uns in einen seiner Ordinationsräume, wo eben eine Patientin unter Hypnose liegt und sich schreiend die Bluse um den Hals aufreißt. »Sie ist überzeugt, daß sie in einem andern Leben Marie Antoinette gewesen sein muß und unter dem Schaffott starb. Jetzt führe ich sie zu einem noch früheren Stadium zurück, das vielleicht erfreulicher war. Dann ist sie geheilt.« Tatsächlich regressiert die Dame unter seiner Anleitung zu einer Wiedergeburt als Nofretete. (Bezeichnend, daß nie jemand Straßenkehrer oder Bettelweib war.) Scharlatanerie? Mystischer Modetrip? Immerhin wirkten die Schreie echt. Aber wir leben ja alle in unserer Vorstellung von uns selber. Wer sagte uns das vor ein paar Tagen? Woody Allen.

LOS ANGELES, 8. NOVEMBER 1972

Weiterer Drehtag mit Dr. Bryan. Entweder ein Genie oder der größte Bauernfänger des Jahrhunderts. Wahrscheinlich beides. Erzählt sehr überzeugend, daß er häufig als Berater der berühmten Strafverteidiger Belli und Bailey fungiert. »Hier hängt alles davon ab, daß man feindlich gesinnte Geschworene auf Anhieb durchschaut und ablehnt. Angela Davis wäre als Terroristin lebenslang ins Kittchen gewandert, hätte ich nicht die zwei weißen Rassisten in der Jury an ihrem mißbilligenden Augenblinzeln erkannt.« Da wir jetzt schon »old friends« sind, dürfen wir weiter in die Mysterien seiner Heilmethode eindringen. Das Wichtigste zuvörderst: »Ich verlange 100 Dollar die Stunde. Natürlich kann man davon nicht leben. Also dirigiere ich alles aus dieser Schaltzentrale, meinem ›General Practice Electronic Hypnotherapy Unit‹. Sie verbindet mich über diese Fernsehmonitoren mit fünf Behandlungsräumen. Dort sitzen meine Patienten im vibrierenden ›Niagara Cyclo-Massage Chair‹ mit dazugehörigem Kopfhörer. Erst hypnotisiere ich sie über meine Hypnosekassette. Dann bekommen sie im Tiefschlaf eine der 250 von mir besprochenen Suggestionskassetten eingespielt, die sich auf ihren Fall beziehen. Wo Freud Jahre brauchte, um ins Unbewußte einzudringen, da kuriere ich in Wochen. Und mache dabei meine 500 Dollar die Stunde.«

Tatsächlich sieht man auf den Schirmen des Kontrollraums die fünf Siebenschläfer, alles Frauen, die sich seine heilenden Worte reinziehen. Sehr obergeil wirkt das allerdings nicht. Ich frage Bryan nach seiner berühmten Sexualtherapie und wie er hier zu seinen täglichen Orgasmen komme? Er öffnet eine verborgene Schiebetür, dahinter ein gewaltiges Bett. »Nach der Behandlung kann mir das keiner verbieten. Es ist eben jetzt nicht mehr Teil meiner Therapie, sondern sozusagen Teil des Honorars. Wissen Sie was? Ich glaube, ich verstehe mehr von der menschlichen Psyche als Ihr Freud je wußte und all diese Opas. Jedenfalls mehr von der weiblichen. Von Freud stammt ja die unbeantwortete Frage: Was will das Weib? Er hätte sich an mich wenden sollen. Außerdem bin ich neugeborener Christ. Ich habe meinen direkten Draht zum Herrgott, mein rotes Telefon. Und wissen Sie, was er mir sagt? Tu was für die Frauen! Tu was für die Frauen!«

PARIS, 6. APRIL 1973

Beim alternden Jean-Paul Sartre in seiner minimalen Dichterklause am Boulevard Raspail. Unter den vielen stimmungsvollen Fassaden der Straße fast der einzige kahle Betonkasten. Innen dementsprechend. Ein Jünger heißt mich warten, während »le maître« anscheinend noch im Badezimmer. So also haust jetzt der einzige königliche Philosoph Europas. Allerdings scheint mir diese karge Häßlichkeit fast beabsichtigt. Sartre hat sich ja lebenslang mit Gewalt gezwungen, aus dem gutbürgerlichen, wohltapezierten Elfenbeinturm auszubrechen, der (wie bei Flaubert) sein natürliches Habitat darstellt. Die revolutionäre Geste, der Aktivismus, das manische Auf-die-Straße-Gehen, vielleicht auch sein sich stetig erweiternder Harem sollen kompensieren, daß ihn die Natur eigentlich bloß für »les mots«, für das Schreiben, angelegt hat. Bezeichnend, daß er mit dem leider versagenden Augenlicht auch keine politischen Artikel mehr veröffentlicht, die er doch diktieren könnte. Selbst da kommt es ihm primär auf das wohlgesetzte Wort an.

Auftritt des Meisters, der noch fragiler und eingeschrumpfter wirkt als bei unserem letzten Zusammentreffen, beim Verteilen des Mao-Blattes »La cause du peuple« vor dem Renault-Werk. Ich frage ihn gleich nach der von ihm mitbegründeten neuen Tageszeitung »Libération«, die gerade ihre Geburtswehen durchsteht. Sartre bekümmert, daß er aus Gesundheitsrücksichten nicht mithelfen kann. Rührend seine Bescheidenheit, seine echte Anteilnahme an Menschen und Dingen, seine – vielleicht aber allzu herausgestellte – Selbstverleugnung, die ihn ja auch den Nobelpreis zurückweisen ließ. Wirkt jedenfalls wie das angenehme Gegenteil von Heidegger. Sartre über das neue Blatt, das er schon zärtlich »Libé« nennt, es klingt fast wie Liebe: »Ein linkes jugendliches Kampfblatt ohne Partei. Wir wollen einfach berichten, was läuft. Frankreich ist ja informativ ein Polizeistaat. Mit Regierungen, die nichts von dem tun, was sie sagen, und nicht sagen, was sie tun.« Dann wieder eilig hinaus. Mich etwas enttäuscht zurücklassend, nicht, weil er alt wird, sondern weil sein Alter keine neuerreichte Lebensstufe ausstrahlt.

Haben er und Simone de Beauvoir sich vielleicht allzusehr aufgegeilt an immer neuen Demonstrationen, Straßenmärschen, Unterschriftensammlungen, politischen Radikalkuren (Maoismus, RAF), an die sie doch im Grund gar nicht glaubten? Lauter Einsätze mit zunehmend jugendlichen und unbedarften Enthusiasten, die den gütigen Allvater für sich beanspruchten? Frage an den zurückgekehrten Philosophen: Ob nicht die Gefahr bestehe, daß ihn auch die Zeitung einfach als Star anheuert, um sich hinter seinem Namen zu verschanzen? Da er doch seit de Gaulles Ausspruch »Man verhaftet keinen Voltaire« unangreiflich sei? »Besser, sich mit seinem Ruhm einer guten Sache zur Verfügung zu stellen als wie Freund Heidegger der bösen.« Ich frage ihn nach Victor Hugos Satz: Das Handeln erlöst uns von der Plage zu denken. Ob er sich da betroffen fühle? »Für mich ist Denken immer noch das deliziöseste Vergnügen gewesen.« Noch deliziöser als die Frauen? »Ich habe wahrscheinlich intensiver über Frauen nachgedacht als irgend etwas sonst auf der Welt.«

Und da ich ihn geständnisbereit spüre: Man sagt Ihnen einen Märtyrerkomplex nach. Ins Kittchen zu gehen für Ihre Überzeugungen oder in Verbannung geschickt zu werden wie Hugo oder Zola, das wäre doch eigentlich die Krönung Ihres Lebenswerks? Sartre seufzend: »Ein Traum! Jeder Schriftsteller träumt von der einsamen Insel oder Gefängniszelle, wo es nichts mehr gibt zwischen ihm, seinem Bleistift und seinem Papier. Aber das wäre ja kein Martyrium, sondern das Himmelreich.« Ist mit allen unseren Filmplänen einverstanden. Wobei man weniger den Drang nach Verewigung spürt oder nach Mitteilung letzter Weisheiten als pure Hilfsbereitschaft. Und vielleicht den ganz unpersönlichen Wunsch, einer guten Sache zu dienen. Was meine Eitelkeit irgendwie kränkt. Aber ist nicht dieses Unpersönlichwerden vielleicht gerade das, was er, nunmehr ohne alle Emphase, zu bieten hat?

PARIS, 17. APRIL 1973

Dreharbeiten in der neugegründeten Redaktion von Libération. Ein Altbau im tiefsten Gastarbeiterland des Pariser Ostens, dazu gehört schon allerhand Mumm. Innen chaotisches französisches Durcheinander unter Gauloisedampf und Weindunst, während kein Telefon funktioniert. »Bei uns verdient jeder, vom Setzer bis zum Chefredakteur, den Lohn eines Fabrikarbeiters. Dafür können wir uns leisten, keine bezahlte Werbung einzuschalten. Andererseits sind die Kleinanzeigen gratis. Wir bauen an einer alternativen Kultur des menschlichen Kontaktes!« Der das so flüssig hersagt, ist der aufgeregteste, bestimmt auch warmherzigste Publizist Frankreichs, und sein größter Exhibitionist: der Schriftsteller Maurice Clavel. Wir machen weitere Termine aus, auch betreffs Sartre, der sich für nächste Woche angesagt hat.

Dann plötzlicher Anruf von Liliane Siegel, einer von Sartres Haremsdamen. Die mich – »c'est de la part de Madame de Beauvoir« – anpflaumt, wie ich dazu käme, ohne ihr Einverständnis direkt mit dem Meister Absprachen zu treffen. Ich solle gefälligst erst einmal einen Brief mit meinem Lebenslauf, meiner Zuständigkeit und meinen Fragen an die Damen abschicken, den man dann gegebenenfalls bearbeiten werde. Vor Herbst sei jedenfalls an nichts zu denken. Dann auf meine Widerrede ziemlich furioses Aufhängen des Hörers. Ob der gute Sartre den Spruch von Mephisto kennt: »Am Ende hängen wir doch ab von Kreaturen, die wir machten.«

PARIS, 21. MAI 1973

Letzte Version meines Dokumentarspiels »Der junge Hitler« mit dem Orientexpreß an Regisseur Axel Corti nach Wien geschickt. Mein erstes Drehbuch. Die für mich interessanteste Szene mußte leider aus vielerlei Gründen rausfallen: Hitler besucht, das ist belegt, als junger Mann eine Wiener Synagoge. Ahnt sofort die innere Zugehörigkeit über den (so gut wie nachgewiesenen) jüdischen Großvater. Und beschließt in einer namenlosen Aufwallung, sich diese Beimischung herauszuoperieren, auszutreiben. Man haßt ja nur, was man in sich selber spürt. Dieser Exorzismus, diese gewaltsame Selbstheilung, wird zum psychologischen Motor seines weiteren Lebens. Sie bedingt die Vernichtung sämtlicher Zeugen: der Menschen, Schriften, Gotteshäuser. Alles muß weg, was ihn durchschaut. Ironischerweise ist die Synagoge, die er damals besuchte, in der Wiener Seitenstättengasse, eine der wenigen im deutschen Raum, die ihn überlebten. Sie lag in einem zu dicht besiedelten Wohngebiet, um verbrannt zu werden. Schon in dieser Ironie würde ich einen Beweis der Existenz Gottes sehen.

Melina Mercouri im Exil. Wir haben schon leichtere Filme gedreht. Sie ist nicht nur, wie sie nicht müde wird herauszustellen, die paradigmatische Griechin, sie ist Griechenland in Person. Diese Wiege der Demokratie besteht derzeit aus Melina in ihrer Glanzrolle als sturmerprobte Märtyrerin. Aus ihren Feinden, der Obristenjunta. Und schließlich gibt es da noch ein paar verstreute Inseln im Meer für Urlaubsgäste. Ein weiteres Problem: Wir haben ja schon vor Jahren mit Melina gefilmt. Für mich ist jeder Film ein Kennenlernen. Ist der Film aus, so kennt man sich vorerst. Wiederholung kann nie die gleiche gewittrige Spannung heraufbeschwören. Denke ich wenigstens, Melina denkt anders. Spannung, so oder so, ist ihr Lebenselixier. Heute also in ihrer Wohnung nahe St. Germain-des-Prés. Beim Klingeln erkennt sie uns nun schon zum zweitenmal wieder. Wer? Wer? Ach so! Hierauf muß ein detaillierter Vertrag unterzeichnet werden, als planten wir ein neues »Sonntags nie«.

Anschließend ist ein gesalzenes Statement gegen das Obristenregime in Athen fällig. »Mike! Mike!« gellt es durch den ausgedehnten Empfangssalon. Worauf ich zu bedenken gebe, daß besagter Mike nicht mehr bei uns beschäftigt sei. Der Witz fällt aber flach, denn sie will ja nichts anderes, als wieder mal an ein Mikro rankommen. Wie gut man den Gatten Jules Dassin versteht, der zeitweilig einen Ozean zwischen sich und ihr benötigt. Und sogar, verzeih mir's Gott, die miesen Obristen, die auch einmal zum Atmen kommen möchten. Nachmittags füllt sich dann die Wohnung mit Bewunderern, Exilanten, Gastarbeitern, Schauspielern. Unablässig läutet das Telefon. Und natürlich haben wir alles so eingerichtet, daß im französischen Fernsehen gerade die Nachrichten laufen und der Oberste der Obristen, Papadopoulos, der soeben den König abgesetzt hat, öffentlich die Republik ausruft. Als nächstes wird sich der »Retter des Vaterlandes«, jetzt sechs Jahre an der Macht, nach Diktatorenart ein lebenslanges Mandat abreißen. Richtig, da kommt schon der Hinweis auf den geplanten »freien Volksentscheid«. Obwohl er doch bereits Präsident, Ministerpräsident, Außenminister, Kriegsminister, Planungsminister und Polizeichef in einem ist. Daß denen auch nie etwas Neues einfällt.

Darob schallendes Hohnlachen von Melina, mit ihrem patentierten Zurückwerfen des Kopfes, während das mächtige Gebiß mindestens doppelt soviel Zähne aufweist wie üblich.

ATHEN, 21. JUNI 1973

Als Historienfilmer in Griechenland eingereist. Daher einstweilen Ruhe vor der berüchtigten Geheimpolizei, die sonst den politischen Kollegen mit zerschlissenen Reifen und Abmontieren der Nummernschilder hart zusetzt. Zuerst Besuch bei Melinas Stiefmutter, der »schönen Madame Nia«. Eine »grrande dame« aus dem balkanesischen Bilderbuch, die einst ein »grrande maison« führte. Wie diese ganze Patrizierfamilie: Großvater Spiros war dreißig Jahre Bürgermeister von Athen, Vater Stamatis mit 22 der jüngste Abgeordnete. Erklärt einigermaßen das überladene Selbstgefühl der Tochter. Wir besuchen mit Nia das Grab von Melinas Mutter. »Bei ihrem kürzlichen Tod hat Melina die Junta nicht etwa um Erlaubnis gebeten, zur Beerdigung zu kommen. Sondern brüsk telefoniert: Ich komme, und ihr könnt mit mir machen, was ihr wollt. Man gab ihr sechs Stunden. Noch in derselben Nacht wurde sie abgeschoben.«

Szene am Teetisch mit Deckchen und Täßchen, während die schöne Madame uns Melinas Bühnenfotos präsentiert wie auch einen Schnappschuß der ersten Einladung von Jules Dassin. Der ihr dabei auf englisch gesteht: Ich glaube, ich bin gekapert. Worauf sie erst mal hinauslaufen muß, um nachzuschlagen, was dieser Ausdruck bedeutet. Nachmittags in Piräus, wo »Sonntags nie« spielt und wo jetzt Hunderte von Bäumen wie die Sandwichmänner das höchst zweifelhafte Emblem der faschistischen Junta tragen: ein Phönix, der nur aus der Asche steigt, weil von einem Bajonett gepiekt. Fast augenblickliche Verhaftung, wobei wir uns darauf hinausreden, daß wir ja bloß den weltbekannten Hafen ablichten wollten, ist es unsere Schuld, wenn so viele Bäume im Weg stehen?

ATHEN, 22. JUNI 1973

Von einem Berghang versteckt mit der Teleoptik in das berüchtigte Koridalos-Gefängnis geschossen. Wo die politischen Gefangenen der Junta, hauptsächlich Intellektuelle, »umerzogen« werden, unter dem Kommando des obersten Folterknechts, Chef der Militärpolizei Ioannidis. Keine schönen Bilder. Um nicht Teil der Szene zu werden, verdrücken wir uns hastig. Bloß nicht hier erwischt werden. Danach in einer Winkelredaktion das letzte Oppositionsblatt des einst so meinungsfreudigen Landes, die englischsprachige Athens News. Der Herausgeber Yannis Horn wird gerade ein halbes Jahr lang umerzogen. Wir fragen Chefredakteur Danos, ob er es sich leisten kann, uns eine Erklärung abzugeben. Er erkundigt sich nach unseren Einschaltquoten, grinst: »Das lohnt.« Hierauf sein Statement: »Falls ich am Tag nach Ihrer Sendung nicht mehr vorhanden bin, wird mich ein anderer ersetzen. Es macht ohnehin keinen Unterschied mehr, ob man drinnen ist oder draußen. Griechenland ist ein einziges KZ, und im Knast weiß man wenigstens, daß man unter Freunden ist.«

Abends in einer Privatwohnung drei Studenten, die wir aber nur als Schattenriß gegen die Wand zeigen können, darunter ein Mädchen. »Man hat uns gefoltert mit Hilfe der sogenannten Falange. Wobei man auf eine Pritsche gefesselt wird und sie so lange mit Eisenstangen auf die Fußsohlen einschlagen, bis man redet. Angeblich hinterläßt das wenig Spuren. Noch beliebter ist die Badewannentortur, mit forciertem Untertauchen des Kopfes bei gefesselten Händen.« Anschließend noch ins Café mit deutschen Korrespondenten. Man zeigt mir Ausschnitte aus deutschen und Schweizer Blättern, in denen Papadopoulos über den grünen Klee gelobt wird als »Bollwerk gegen den Kommunismus«. Solchen Schreibern läßt sich nur raten, doch einmal im Bad den Kopf zwei Minuten lang unter Wasser zu halten. Nur das, nichts weiter.

PARIS, 29. JUNI 1973

Wir berichten Melina von unserer Reise in ihre Heimat, zeigen dort aufgenommene Fotos. Sie weint. Gleich darauf überdimensionaler Wutanfall gegen die Junta, deren Ausmistungspsychose und Saubermannvokabular. Zieht dann zu unserer Bestürzung ein fingerdickes Redemanuskript heraus, das sie vor laufender Kamera zu deklarieren gedenkt. Zirka eine Stunde, teilweise auf griechisch. Telefonisch bitten wir Jules Dassin, eben nach Paris gekommen, in seinem Filmbüro um Schützenhilfe. Zu ihm Melina am Apparat wie ein Lämmchen: »Yes, darling ... I will, darling ...« Da schau an. Dann bauen wir uns nah dem oberen See im Bois de Boulogne auf, und ich instruiere sie wie ein Filmregisseur: »Zündende Ansprachen fallen unvermeidlich flach im Fernsehen, weil es sich an den einzelnen wendet. Hitler hätte in diesem Medium nie eine Chance gehabt. Auch gibt es keine Reden auf Erden, die so ausdrucksstark wären wie Ihr sehnsüchtiges Gestammel, Melina, während Sie jetzt am Ufer dieses Sees sitzen, als wäre er das Mittelmeer, und von uns interviewt werden, das Land der Griechen mit der Seele suchend ...« Sie folgt mir aufs Wort. Abends mit Melina, später auch Dassin, in unserem Schneideraum beim Betrachten von Archivfilm aus Griechenland. Langsam rutscht sie aus ihrem Stuhl auf die Knie und verharrt dort. Vielleicht war ich auch einmal so und habe nur vergessen, was Heimweh ist.

TEL AVIV, 9. OKTOBER 1973

Dieses Land hat die Ruhe weg. Obwohl es seit drei Tagen in einem Zweifrontenkrieg um sein Leben kämpft, wird man am Flughafen so unaufgeregt durchgeschleust wie in tiefster Touristensaison. Ein Selbstvertrauen, das hoffentlich nie zu blinder Selbstüberschätzung ausartet. Dabei haben seit dem Überraschungsangriff am Jom Kippur die Ägypter massiv den Suezkanal überschritten, sind die Syrer tief in die Golanhöhen eingedrungen. Natürlich werden wir damit fertig, heißt es im Hotel, warten Sie nur auf die nächsten Nachrichten. Dieser rasende Optimismus der Israelis erwartet kriegsentscheidende Umschwünge einfach zwischen zwei Sendungen.

Nachmittags melden wir uns in seiner Eigentumswohnung, wie ausgemacht, bei dem Publizisten und Politiker Uri Avnery. Einst Schulknabe Ostermann aus dem westfälischen Beckum, mit zehn Jahren ins Land eingewandert, heute edler Gentleman mit wohlgestutztem weißem Literatenbart, charmant, verschmitzt und eitel. Aber als Politiker ein wütender Stier und außer den vier Kommunisten der einzige antizionistische Abgeordnete in der Knesset. Kennt jeden, weiß alles, weiß etwas zu jedem. Was nicht ausschließt, daß er am Telefon noch seine ärgsten politischen Gegner schäkernd beim Vornamen oder Spitznamen nennt und sich nach ihren Gallensteinen erkundigt. Sagt, daß der Angriff im Süden zum Stillstand gekommen, da Sadat nie Weiteres beabsichtigt habe, als durch Eroberung des Suezkanals die Schlagkraft seiner Armee zu demonstrieren. Israel konnte also das Gros seiner Kräfte im Norden einsetzen, wo man gerade jetzt im Gegenstoß die Syrer zurückwerfe. Hat nur Spott und Hohn für die israelische Gegenspionage (»wer sich für den Weltbesten hält, ist es schon nicht mehr«) und das Desaster des Bar-Lev-Festungsgürtels am Kanal (»unbezwinglich wie die Maginotlinie!«). Anscheinend gab es da ein Benzinreservoir, von dem aus der ganze Kanal in Brand gesetzt werden konnte. »Nur leider war es leer – wahrscheinlich abgezapft von all den Kriegern, die zum Jom-Kippur-Weekend im Privatwagen nach Hause rollten.« Sein rotes Tuch ist Verteidigungsminister Moshe Dayan: »Wie bei Generälen üblich, auf den letzten Krieg programmiert statt den kommenden. Wußte noch nicht einmal, daß die Araber jetzt mit den neuen sowjetischen SAM-6-Raketen ausgestattet sind, die unsere Flugwaffe praktisch lahmlegen.« Trotzdem ist Uri vom unvermeidlichen Sieg Israels überzeugt: »Was wollen Sie, ein Land ohne Hinterland darf gar keine Kriege verlieren. Großdeutschland konnte abspecken und blieb noch immer die Bundesrepublik. Aber was bleibt, wenn wir abspecken? Der Badestrand von Tel Aviv?«

TEL AVIV, 10. OKTOBER 1973

Morgens zum Sokoloff-Haus, für die Auslandspresse reserviert. Ein nonchalanter Regierungssprecher verliest und verteilt allerhand Verlautbarungen, die auch nicht verlogener wirken als in anderen mir bekannten Kriegen. Erfahrungsgemäß muß man die Fremdverluste halbieren, die eigenen verdoppeln, um die Realität anzupeilen. Auch so wäre ein Sieg der knapp 300 000 israelischen Soldaten gegen solche Übermacht noch immer ein Triumph. Um so mehr, als diese Armee ohne Infanterie überhaupt nicht auf einen Verteidigungskrieg eingerichtet ist. Zu dem sie aber Golda Meir verdammte, als sie sich gegen einen – noch im letzten Moment möglichen – Präventivschlag entschied, um die Weltöffentlichkeit nicht schon wieder zu erbosen. Als ob die Weltöffentlichkeit, von rechts bis links, sich nicht inzwischen so ziemlich darauf geeinigt hätte, daß die Palästinenser, was immer sie unternehmen, sympathischer sind als die Israelis. Antisemitismus kaschiert als Antizionismus, eine alte Geschichte, selbst bei Juden. Keine Chance, mit Uri zur Front oder in die Lazarette zu kommen ohne uns zugeteilten Geleitoffizier, sprich Aufseher. Und im Hinterland ist, mit Ausnahme der blauverschmierten Autoscheinwerfer und einiger sandsackfüllender Schulkinder, wenig Kriegsmäßiges aufzunehmen. Dabei liegt das Hinterland ganze drei Autostunden von der Front.

TEL AVIV, 11. OKTOBER 1973

Redaktionskonferenz in Uri Avnerys Schundblatt »Diese Welt«. Er ist ja Herausgeber einer berüchtigten Wochenpostille, Mischung aus Stern und Playboy in der fetzigen Aufmachung von Bild. Darin stichelt er gegen das israelische Establishment, deckt Skandale auf, stochert in Dayans ausgedehntem Liebesleben, setzt sich, entgegen religiösen Eiferern, für die Rechte von Frauen und Schwulen ein und insbesondere für das Recht, die prächtigen Israelinnen freiherzig abzubilden. »Und mit alledem waren wir so erfolgreich, daß wir aus dem Blatt eine politische Partei desselben Namens gemacht haben. Vorübergehend standen uns sogar zwei Abgeordnete zu, jetzt bin ich wieder der einzige Nestbeschmutzer im Parlament.«

Das Redaktionskomitee besteht derzeit aus zwei unansehnlichen Jünglingen, die ihrerseits dringend zur Front müssen: »Könnten Sie uns nicht Ihren Wagen leihen? Morgen gleich nach dem Sieg kriegen Sie ihn wieder.« Dazu Uri (der uns die ganze Zeit mit solchen Landserschinken wie »Märkische Heide« und »Schwarzbraun ist die Haselnuß« nervt): »Lachen ist in Israel die erste Bürgerpflicht.« Dann in sein Stammcafé Ecke Frishman und Dizengoff. Bester Blickpunkt für Mädchenparaden (und so was wie die »Potenzecke« bei der Oper im alten Wien). Hier sitzt auch, wenngleich stark gelichtet, seine Anhängerschaft. Zugänglich bescheuerten Ideen wie, daß die Araber auch Menschen sind, ja sogar die »neuen Zionisten«, denen ein eigener, mit Israel föderierter Staat zusteht, Jerusalem die gemeinsame Hauptstadt. Und als Fernziel eine »Semitische Union« aller Länder des Nahen Ostens.

Viel Werbeeinnahmen gibt es allerdings nicht für dieses Journal, dessen Kriegsnummer eine strahlend wirkende Göre zeigt, dazu der Begleittext: »Follow the gun! Come to Israel.« Abends finden wir dann wegen Verdunkelung nur mit Mühe unsere geliebte rumänische Gaststätte. Schon eigentümlich, wie gut die Juden in der Diaspora kochen, wie schlecht in Israel. Unterwegs zweimal von Patrouillen angehalten, die mit weit ausholenden Clownsgesten unsere Scheinwerfer blau anpinseln. Wir wischen das natürlich sofort wieder weg wie die anderen Israelis auch. Im Restaurant dann alle unsere Lieblingsgänge gestrichen. Wir erheben ein Jammergeschrei. »Was wollen Sie, unser Koch ist eingerückt. Hat aber hoch und heilig versprochen, daß er, wenn sich die Lage halbwegs stabilisiert, heute abend zum Gulaschkochen zurückkommt. Ich hätte ihn dann über Nacht wieder zur Front gebracht.« Dieses Land, dessen Armee zu zwei Dritteln aus Reservisten besteht, ist zu einem Blitzkrieg von maximal sechs Wochen verdammt, schon weil seine Soldaten mit seinen Arbeitskräften deckungsgleich sind.

TEL AVIV, 16. OKTOBER 1973

Endlich Erlaubnis zum Frontbesuch mit Uri. Wir haben uns für die Golanhöhen entschieden, die näher liegen. Unser Begleitoffizier ein überalterter Prager, der nur den einen Wunsch verspürt, heute abend wieder daheim in Ruhe seine Marillenknödel zu essen. Daß unsere zwei Leihwagen so zweckbestimmt auf die Syrer zuhalten, ist ihm höchst zuwider: »Andersrum führt auch ein Weg.« Wie wahr. Wir nehmen allerhand Anhalter in Uniform mit, die schnell mal zur Front trampen. Vom Galiläischen See geht es dann steil aufwärts. Wir hängen uns, sicher ist sicher, an eine Kolonne Centurion-Panzer an. Ein kurzer Halt wird von Uri dazu benutzt, sein eigenes Süppchen zu kochen, indem er Informationen einheimst sowie Stöße seines Blattes als Werbung verteilt. Natürlich kennt jeder diesen Lokalmatador. Schmökernd rasseln die Grenadiere zur Front – bestimmt die belesenste Armee der Welt.

Dann wird es ungemütlich: israelische Bomber, die, vielleicht aus Angst vor den neuen Raketen, ihre Ladungen viel zu ungenau abwerfen. Wir verkriechen uns im Straßengraben. Erinnerung an 1944, wo ich mich allerdings noch platter machen konnte. Wir bewundern Uris Mut, der im Unabhängigkeitskrieg schwer und, wie man hört, an der falschesten Stelle verwundet wurde. Und warum setzen wir uns eigentlich solchen Risiken aus? »Peng-peng heimschicken« heißt das bei den amerikanischen Kollegen in Vietnam. Ohne Peng-peng keine Zuschauer, ohne Zuschauerquote keine Werbeeinnahmen, ohne Werbung gerät das gesamte Wirtschaftsgefüge ins Wanken, so steht und fällt mit uns die westliche Demokratie . . . Ankunft auf dem Schlachtfeld der vergangenen Tage. Legionen von zerschossenen, zerborstenen Panzern, viele mit abgesprengtem Turm und auf den Rücken gekippt wie tote Käfer. Gestoppt wurden sie zumeist aus der Luft, von Phantoms und Skyhawks amerikanischer Herkunft. Deren herumgestreute Trümmer hier auch zu besichtigen. Über 80 sollen abgeschossen sein. Wie mindestens 500 israelische Panzer. Viele durch ein Kinderspielzeug, an das man kaum glauben kann: den Snapper. Eine sowjetische Rakete, welche durch haarfeine Drähte, die sich im Flug hinten herausspulen, auf ihr Ziel zugesteuert wird. Also wieder einmal ein Erprobungskrieg wie seinerzeit in Spanien. Alles in allem müssen hier auf diesem engen Hochplateau an die 2000 Tanks aneinandergeraten sein. Wahrscheinlich die größte Panzerschlacht der Weltgeschichte, veranstaltet von zwei Zwergstaaten.

Auch auf Gefallene beider Seiten stößt man in verborgenen Geländespalten. Unmöglich, an den staubverdreckten Uniformen und bärtigen semitischen Gesichtern abzulesen, welchem Volk sie zufällig angehören. Kurz darauf sind wir mit unserem Leihwagen auf syrischem Gebiet. Unser Ziel, 30 Kilometer von Damaskus, das Dorf Kuneitra, das schon wiederholt den Besitzer wechselte. Derzeit wieder vereinnahmt von den Syrern, die heute im Gegenstoß Gelände zurückgewannen. Eben habe ich festgestellt, daß wir näher heranmüssen, um Peng-peng zu kriegen, da gerät unsere kleine Karawane unter Artilleriebeschuß. Verflucht, warum mußte man uns auch diesen roten Leihwagen verpassen, der sich in den Scherenfernrohren drüben wie eine Zielscheibe ausmachen muß. Einschläge jetzt immer dichter. Aber der Ato, ehemals Rallyefahrer, steuert uns im Rückwärtsgang aus der Gefahrenzone, in einem Tempo, das ich schon rein übersetzungstechnisch nicht für möglich gehalten hätte. Ein Auflauf stoppt uns. Hier hat ein kahlköpfiger

Schlachtenbummler aus dem Hinterland tatsächlich eine Autoladung frische Äpfel herangefahren, die er jetzt unter die abgehetzten Truppen verteilt. Dann stellt er sich auf eine Obstkiste und bläst, unterbrochen von Artilleriefeuer, aus vollen Lungen eine deftige Jazztrompete. Ähnliches gab es in keinem mir bekannten Krieg.

JERUSALEM, 20. OKTOBER 1973

Sondersitzung der Knesset. Zuerst Schweigeminute für die Gefallenen. Tatsächlich sollen die Verluste für israelische Verhältnisse ungemein hoch sein: 2000 Tote und Verwundete schon in der ersten Kriegswoche. Anschließend bedächtige Rede von Golda Meir, die um Jahre gealtert wirkt. Volles Haus, darunter ihr »Erzfeind« Uri. Sie stellt keinen baldigen Triumph in Aussicht, schon gar nicht das von allen Israelis erwartete Blitzkriegwunder. Einzige Sensation: »Unsere Truppen operieren mit vollem Erfolg westlich des Suezkanals.« Damit wäre es General Sharon effektiv gelungen, das ägyptische Expeditionskorps von hinten zu umgehen und abzuschneiden. Die Friedensangebote in Sadats letzter Rede überhört sie geflissentlich. Zuletzt Abstimmung betreffs Kriegskredite, zu denen auch Uri seine Hand hebt. Soll man sich an das Umfallen der deutschen Sozialdemokraten im August 1914 erinnern? Lieber nicht. Als wir ihn später danach fragen: »Ich bin doch kein politischer Selbstmörder.« Er schätzt, daß der Krieg zirka 250 Millionen Dollar täglich verschlingt. Nach der Pause tritt auch er zu einer kurzen Rede an, in der er immerhin den Satz unterbringt: »Was wollen wir mit einem neuen großen Sieg erreichen? Daß man uns noch mehr liebt als zuvor?«

Uri auf dem Heimweg: »Ich bin eigentlich gar nicht Antizionist, sondern Nachzionist. Die schönsten Ideen überleben sich, besonders, wenn man sie verwirklicht. Dann muß man neue erdenken.« Abends mit ihm in der arabischen Altstadt von Jerusalem. An allen Läden und Ständen wird Radio Kairo oder Damaskus gehört, also schärfste Feindpropaganda. Was die patrouillierenden Truppen weiter nicht zu stören scheint. Uri setzt sich zu einer Gruppe Nargileh-Raucher, die gemütlich mit ihm diskutieren. Einer der Araber, Student, auf englisch: »Wissen Sie, jeder von uns steht auf du und du mit Armut, Krankheit, Tod. Solange nur unsere Mannheit bewahrt bleibt. Aber Fremdherrschaft bedeutet für uns: Schwanz ab! Und wenn uns Sadat sagt: Wir sind wieder Männer geworden, so spüren wir das zwischen den Beinen.«

TEL AVIV, 22. OKTOBER 1973

Mit Uri in seiner Wohnung, während seine sommersprossige, aus Berlin gebürtige Frau am Transistor bangt. Noch heute wird, dank gemeinsamer Bemühungen von Kissinger und Kossygin, der Waffenstillstand erwartet. Den die Israelis jetzt wiederum arglistig hinausschieben, um vorher noch rasch die ägyptische Suezarmee zu umzingeln. Uri: »Dann wären wir wieder bei 1967. Minus eines Drittels unserer Kampfflugzeuge und zwei Drittel unserer Panzer. Plus Milliarden Schulden. Noch so ein Sieg, und wir können zumachen.« Warum sich Israel nicht endlich um eine andere Lösung bemühe? Uri: »Das hat mit dem lieben Gott zu tun. Für die Zionisten hat Gott uns das Land versprochen, das ganze Land. Das sagen besonders die, die gar nicht an Gott glauben.« Ob er sich als Nonkonformist jetzt bessere Chancen ausrechne? »Ich will ja gar kein Nonkonformist sein. Lieber meine Gegner sind Nonkonformisten, und ich habe die konforme Mehrheit hinter mir! Aber auch das wird jetzt nicht mehr passieren. Kassandras sind nach Kriegen nicht gefragt. Schlimm genug, recht zu haben. Aber recht gehabt zu haben . . .!«

Während wir noch filmen, kommt Frau Avnery fröhlich mit der Nachricht des Waffenstillstandes. Wir öffnen Vorhänge und Fenster. Draußen anschwellend der Geräuschteppich, an dem man Israel erkennt: der von lauter aufgeregten, gestikulierenden, sich hänselnden und übertrumpfenden Witzbolden, denn solang man Witze reißt, ist man noch da! Das Geräusch meiner Kindheit.

DEER LAKE, 28. DEZEMBER 1973

»Dreams move this man« proklamiert die Sportillustrierte, die ich auf der Hinfahrt lese. Und das wird es ja wohl sein. Die Gabe, sich als Somnabuler zu fühlen, im Einklang mit irgendwelcher höheren Ordnung, das ist, was jene Auserwählten besitzen, denen die Menschheit hinterherläuft. Muhammad Ali, vormals Cassius Clay, hat es. Er ist wirklich »der Größte«, auch wenn er es selbst bis zum

Überdruß prahlhanselig verkündet. Aber Bescheidenheit war ja Sache der Charismatiker nie. Nachmittags Ankunft in Alis Trainingscamp in den bewaldeten Bergen von Pennsylvanien. Ein Karree primitiver Blockhütten wie aus Pionierzeiten. Wir melden uns in der Küche, die voller mißtrauischer Schwarzer steckt, seinem Anhang. »Whaddaya want?« Uns zu Alis Hütte zu bringen wagt keiner. »Ihr Leute könnt ja selber anklopfen!«

Wir tun es zaghaft. Keine Antwort. Stecken den Kopf durch die knarrende Brettertür. Ali sitzt mutterseelenallein an einem Holztisch unter Neonröhren, sinnierend. Erhebt sich, stapft grußlos an uns vorbei zur Küche, erscheint wieder mit einem Stuhl. Einem einzigen. (Wir sind fünf.) Ahnungsvoll zitieren wir die getroffene Verabredung. Es wird deutlich, daß er nichts für Verabredungen übrig hat. Dieser Kopf faßt immer nur einen einzigen Gedanken, aber der füllt ihn ganz. Vielleicht ist das Genie? Im Moment kreist alles in ihm um sein Comeback. In Monatsfrist soll er gegen Frazier antreten, danach gegen Schwergewichtsmeister Foreman. Und beide Male muß er siegen, um wieder Ali zu werden. Ohne Weltmeistertitel kein Ali. Ohne Titel existiert Ali nicht, darum drehen sich die Gestirne. Solch selige Selbstbezogenheit erweckt von je bei mir eine schwer erklärbare Animosität. Demnach stelle ich ihm sogleich die eine unerlaubte Frage: Was geschieht, wenn Sie schon den Ausscheidungskampf verlieren? Er schüttelt die Zumutung ab wie ein Kampfstier seine Banderillos. »Wozu überhaupt davon reden? Frazier steht für die Weißen, für ihre Moneten, ihre Autos. Ali steht für Gott, für Allah. Für zwanzig Millionen Schwarze; denen er vorleben muß, wie man ohne die Weißen auskommt. Ich rauche nicht, ich trinke nicht, ich gehe nicht fremd. Wer sonst soll gewinnen als ich? Verstehen Sie das, oder ist das schon zu tief für Sie?« Wir nicken Einverständnis. Ob er jetzt aufspringt und uns K. O. schlägt, wenn wir darauf hinweisen, daß auch er schließlich allerhand Autos und Millionen besitzt? Aber dazu läßt er uns gar keine Zeit. »Ich bin der Vordenker meines Volkes. Meinem Volk hat man das Gehirn gewaschen, bis sie alles weiß sehen. Christus ist für sie ein Weißer. Die Engel im Himmel sind weiß, lauter weiße Engel. Miss America ... nie eine Schwarze. Was ist los? Tarzan, der König von Afrika, schwingt in einer Windel durch den Urwald, ein Weißer beherrscht

Afrika. Der Präsident sitzt im Weißen Haus, du gehst ins Paradies wie ein weißes Lämmchen, dort spazierst du auf der Milchstraße. Sie verstehen mich? Ja, das sind eben Gedanken! Bravo, Ali! Aber wenn mich jemand verleumdet, macht er mich schwarz, nicht wahr. Schwarz, die Farbe des Bösen! Kapiert? Nicht jeder versteht es. Große Universitäten haben mich eingeladen zu sprechen, vielleicht werde ich Professor von Oxford, das liegt in England.«

Ein Erklärer. Ein Orakel. Ali ist Ali, und Ali ist sein Prophet. Und wie jeder Prophet spricht er auch schon mal von sich in der dritten Person. »Ja, ob Sie es glauben oder nicht: Auch Ali hat früher versucht, seine Haut aufzuhellen, seine Haare zu glätten. Sogar eine blonde Strähne ließ er hineinfärben! Damals, als er noch Clay genannt wurde. Clay, der Lehm. Heute habe ich Flügel. Wissen Sie was? Sie wissen es nicht, aber ich werde es Ihnen sagen. Die meisten Schwarzen predigen schwarz, aber sie schlafen weiß. Ich, ich schlafe mit keiner weißen Frau. Obwohl sie mir hinterherlaufen, alle. Es wäre unter meiner Würde. Nachher ist vielleicht der Stolz gewachsen, nur hat man keine Würde mehr. Aber ich fürchte, das ist schon zu kompliziert für Sie.«

DEER LAKE, 29. DEZEMBER 1973

Frühstück in Alis geräumiger Küche. Dort um die Kaffeemaschine versammelt seine Vasallen, Satrapen und Parasiten. Jeder für etwas anderes angeheuert, aber letzten Endes allesamt für das eine zuständig: das »psyching«. Also die Suggestion, das Einträufeln von Siegeszuversicht und demutlosem Dünkel, ohne die es keinen Weltmeistertitel gibt. Da ist zum Beispiel der Vater des Champ, Cash Clay sen., der die T-Shirt-Konzession innehat. Auch ein Bruder, Rahman Ali, vormals Rudolph Valentino Clay, nur als »yes-man« zu gebrauchen. Trainer Angelo Dundee, ein verbitterter Außenseiter. Der uns von einem entscheidenden Kampf erzählt, bei dem er, als Ali verschwitzt in seine Ecke zurückkehrte, ihm wie üblich mit dem Schwamm Wasser ins Gesicht gespritzt habe. Worauf dieser aufschrie: Ich bin blind, ich bin blind! Und sich Dundee (der einzige Weiße des ganzen Klüngels) vor versammeltem Publikum den Schwamm selbst in die Augen quetschen mußte, um zu beweisen, daß keine Säure drin war.

Essentieller Mann nach ihm ist ein Clown, der sich Bundini nennt, Alis persönlicher Egosalber und Künderphraseologe. So auch der Erfinder seines Mottos: »Schwebe wie ein Schmetterling, stich wie eine Biene!« Dann gibt es da noch alle möglichen Manager, Timer, Spione, »corner men« und »handlers«. Auch einen Nerzzüchter namens Pollock, der Ali sein Camp hingesetzt hat. »Und was glauben Sie? Gestern wußte er nicht einmal mehr meinen Namen: Ali kennt keine Menschen. Nur Handlanger. Das einzige Gefühl, das ich je bei ihm ausmachen konnte, ist seine Liebe zu Kindern. Aber vielleicht liebt er auch nur seine eigene Kindheit. Ich glaube auch nicht, daß er seinen drei Frauen je viel gegeben hat. Vom Instinkt her ein Phänomen, aber ein seelischer und emotionaler Krüppel. Eigentlich ein Verlorener.« Anschließend Waldlauf mit Ali, dieser nach der gestrigen Katerstimmung wie verwandelt. Hat wieder Auftrieb. Angetörnt von sich selber. Imponiergehabe, Protzertum im Alleinvertrieb, aber mit Humor. Schattenboxt gegen die Kamera, mit der wir wild herumfuhrwerken, ohne daß seine bandagierte Hand sie je in Gefahr bringt. Reaktionsfähigkeit einer Hundertstelsekunde! Ich spreche ihn darauf an, aber er stellt sich taub. Instinkt nur wirkungsvoll im Unbewußten! (Oder dann erst wieder im Überbewußten, siehe Kleists Marionettentheater.)

Folgt Sparring im Ring. Zum erstenmal sehen wir diesen glatten, unbehaarten Körper mit den für ein Schwergewicht erstaunlich graziösen Hüften und nur in Aktion sichtbaren, sonst unter der Haut verschwindenden Muskeln. Das und der kleine Kopf ergeben eher die Proportionen von klassischen attischen Statuen als etwa römischen Gladiatoren. Wahrscheinlich daher Alis ästhetische Anziehungskraft. Etwas Tänzerhaftes, ja fast Tänzerinnenhaftes, wenn er mit herabhängenden Armen durch den Ring voltigiert. Läßt sich dann minutenlang, die Hände auf den Seilen, in eine Ecke festnageln. Wobei der Torso dermaßen gelenkig ausweicht, daß die Schläge wirkungslos verpuffen. Wir drehen das in Zeitlupe. Auch die wachen Augen, die jeden Gedanken des Gegners vorwegzunehmen scheinen.

Zuletzt im Trainingsraum. Auftritt einer Riege ungemütlicher Herren in inkongruenter Kluft: hochgeknöpfte dunkle Anzüge, blütenweiße Hemden, gedeckte Krawatten. Es sind die Schwarzen Muslims, denen Ali bis zur Hälfte seines Einkommens überantwortet. Für ihre höchst undurchsichtigen Zwecke, die auch von Libyen finanziert werden sollen. Der Champ winkt ihnen zu und muß dafür einen Kinnhaken einstecken. »Hier haben Sie die einzigen Leute auf der Welt, vor denen Ali kalte Füße kriegt«, flüstert uns Pollock zu. Jedenfalls verspüren sie keinerlei Bedürfnis, von uns gefilmt zu werden. Unvorhergesehener Abbruch des Trainings, während der Champ sich mit ihnen, vielleicht zum Kassensturz, zurückzieht. Inzwischen zitiert uns Pollock den Grabspruch, den Ali angeblich für sich gefunden hat, der aber eher von ihm selbst zu stammen scheint: »Wenn du jeden Menschen auf der Welt schlagen kannst, wirst du nie wieder Frieden finden.«

DEER LAKE, 30. DEZEMBER 1973

Heute Aufputschsession im Trainingsraum. Ali, umringt von seinen Schranzen, betrachtet Filme seiner vergangenen Kämpfe oder der seiner Rivalen. Was Schlag für Schlag den ganzen Hofstaat in schäumende Rage versetzt. Aufbrüllend im Blutrausch, besiegt Ali den jeweiligen Leinwandgegner mit seiner fuchtelnden Rechten, während die Linke seelenruhig den einjährigen Sohn Ibn Muhammad an die Brust drückt. So wirkt auch jede von Alis vielfältigen Stimmungen echt und gespielt, ausgeknobelt und hemmungslos zugleich. Und man weiß nie genau, woran man bei ihm ist, was wohl die Stärke aller Diktatoren. Neben dem Champ, edel und traurig seine dritte Ehefrau Belinda, feingeschnittene Schönheit mit Indianerblut. Daß die beiden während der ganzen Vorstellung auch nur ein Wort miteinander wechselten, wäre zuviel behauptet.

NEW YORK, 31. DEZEMBER 1973

Leider die Schnapsidee gehabt, daß wir »Ali bei der Stange halten müssen«. Womit? Kuckucksuhr haben wir schon aus Deutschland mitgebracht, Honorar voll ausbezahlt. Was bleibt? Ich schlage vor, daß wir ihn zum Silvestertrubel am New Yorker Times Square einladen. Natürlich wird er ablehnen, mitten im Training und keine vier Wochen vor seinem Kampf. Aber Ali lehnt nicht ab. Mit Belinda gibt es sogar Krach deswegen, und Dundee ist ohnehin nicht da. Dann sitzen wir in Alis nagelneuem Privatbus, den er offenbar heute einweihen will. Der Champ vorn am Steuer, wir dahinter. In einem Begleitwagen zusammengedrängt der Hofstaat. Gruselige Wettfahrt der beiden Fahrzeuge durch die hereinbrechende Nacht. Ali, der jetzt in einer Dreißigmeilenzone bei achtzig Meilen hält: »Wir schaffen die!« Am Stadtrand haben wir sie glücklich abgeschüttelt.

Gegen elf Uhr nachts Einfahrt in New York. Die Sechste Avenue schwarz von Menschen. Ali singt, zuckelt, schlägt Trommelwirbel auf sein Steuerrad. Scheint sich irgendwie einzureden, daß alle diese Leute für ihn gekommen sind. Endlich eine Parklücke für das Riesenvehikel. Zu Fuß zum Times Square. Der Platz proppenvoll, die Feiernden ebenso. Lauter Gettobewohner in knalligen, freakigen, sogar fluoreszierenden Kostümen. Die einzigen, die überhaupt noch zu jubeln verstehen. Nur erkennt im Finstern kein Mensch unseren Star. Ali immer saurer, will endlich seine Ovationen. Wir haben nur die eine Akkuleuchte mit, Licht für acht Minuten maximal, trotzdem muß sie herhalten. Wir richten den Strahl auf ihn, dazu intoniere ich wild: »Hier ist der Champion, hier ist der Größte!« In einer Minute haben wir ein halbes Tausend Schwarze um uns, einen Wirbelsturm von überdrehten Possenreißern, die sich alle tanzend und wiegend auf Ali ergießen. Erst zupft und tätschelt man an ihm herum, dann fangen sie an, ihm die Kleider vom Leib zu reißen. Dazu anschwellendes Gebrüll. Herrgott, wo ist meine Lampe? Meine Lampe? Die Lampe ist ausgegangen, jemand hat mir das Kabel herausgefetzt. Auch die Kamera ist nicht da, ist jedenfalls nicht da, wo sie sein soll, sondern verschwunden mitsamt dem Kameramann. Alles ist weg. Zehn Millionen Dollar stehen auf dem Spiel im Madison Square Garden, und wir haben hier einen Aufruhr erster Güte angezettelt. Lieber Gott, laß Ali bloß nicht seine Fäuste einsetzen. Wenn jemand hier was zustößt oder gar ihm selber, soviel Versicherung gibt es auf der Welt nicht, um uns abzudecken. Dabei sausen jetzt bereits Flaschen aus den Fenstern, zerschellen auf dem Pflaster oder auch auf den Köpfen der Leute, und da liegt auch schon ein Mann blutend im Hauseingang. Und Ali, wo ist Ali? Hut ab vor Ali, ist ein prima Gentleman, trotz allem. Ali bahnt sich seinen Weg zu dem Verletzten, der übrigens ein Weißer ist, hebt ihn hoch wie ein Wickelkind, transportiert ihn zu unserem Bus, und dann nichts wie weg.

ST. PAUL. 8. JANUAR 1974

Präriemusik vor dem Justizpalast dieser vereisten Wolkenkratzerstadt in Minnesota. Dachte nicht, daß solche Kälte im zivilisierten Amerika überhaupt zugelassen ist. Auch Schneetreiben, das sich über unser Gerät im Auto ergießt, da die Hinterklappe nach dem Öffnen festfror. Auf der Terrasse vor dem »Federal Courthouse« ein Dutzend dickvermummte Typen, die gemeinschaftlich auf eine Trommel einschlagen, groß wie ein runder Eßzimmertisch, dazu hypnotisch monotoner Gesang. Inkongruente Szene, genau meinem Geschmack entsprechend. Hinter den Trommlern, am Fenster eines Gerichtssaals zeitweilig sichtbar, der nicht weniger widersprüchliche, ambivalente Medizinmann, dessentwegen alle da sind: Russell Means, magnetische Leitfigur der American Indian Movement (AIM), der Revolutionsbewegung der Rothäute. Angeklagt wegen der spektakulären Besetzung des Dorfes Wounded Knee vergangenes Frühjahr, wo man sieben Wochen lang der Staatsgewalt trotzte.

Endlich erscheint er am Ausgang, begleitet von seinem Förderer und Geldgeber, dem zum Heißluftballon aufgeblasenen Marlon Brando. Den ich zuletzt vor zwanzig Jahren in Paris interviewte als ranken Jüngling. Aber schon damals vorgeblich darauf versessen, seine Filmkarriere an den Nagel zu hängen, um »authentisch zu leben«. Winkt uns jetzt mit vorgestreckter Hand ab (»Ich zähle doch gar nicht hier«), verschwindet in seiner kilometerlangen Luxuslimousine. Russell Means dann der genaue Gegenentwurf zu dieser Anonymitätssucht: fabelhaft aussehender animalischer Bursche wenig lupenreiner Abstammung, höchstens zu einem Viertel Indianer. Haarzöpfe mit Bändern und Federn, Unmengen Silberringe und sonstiger »ethnischer« Schmuck, mit dem er selbstgefällig herumklappert. Wendet ostentativ der Kamera den Rücken und tut, als sei er nicht von unserem Kommen informiert, hat sich aber das Honorar von uns im voraus überweisen lassen. Erklärt sich auch unschlüssig, ob er tatsächlich mit »Washishis« (Weißen) am selben Tisch sitzen will. Dabei verbrachte er seine ganze Jugend in amerikanischen Großstädten als typischer Getto-Indianer. Dort stieß er dann auch zur AIM, einer Selbsthilfeorganisation, die 1968 von zwei entlassenen indianischen Strafgefangenen gegründet wurde. Und die er zu einem radikalen Kampfverband nach dem Muster der Schwarzen Panther umfunktionierte, mit sich selbst als überragende Kult- und Glamourfigur. Eigentümlicher Kontrast zwischen seinen herausgerotzten Schlachtparolen wie: Sklaventreiber – Kolonialverwaltung – Recht auf Selbstbestimmung – autonomer Indianerstaat – Aufrollen sämtlicher 371 Stammesverträge ... und dem glatten, fast mädchenhaften Antlitz dieses effekthascherischen Propheten.

ÜBER DEM ATLANTIK, 9. JANUAR 1974

Im Nachtflugzeug wie immer schlaflos. Nachdenken über den Ali-Film, zu dessen Fertigstellung ich nach Europa zurückmuß. Und über den Means-Film, der anschließend wieder in den USA weiterzudrehen ist. Zwei schwierige Schikanierer mit Bannkraft. Erfolg nur möglich dank Zusammenspiel, Sympathie, ja Osmose mit Kameramann und Cutterin. Kameramann: verlängertes Auge des Filmemachers. Muß drehen, was dieser nur sieht. Muß es drehen, so, wie dieser es sieht. Nah oder distanziert, kunterbunt oder gestrafft, lebfrisch oder leichenfahl. Muß im richtigen Moment mit der richtigen Optik am richtigen Ort sein. Mitdenken, mitfühlen. Und nicht zu vergessen: mitwitzeln, um Krisenmomente zu entspannen. Der Ato hat dafür, Gott weiß, woher, einen Instinkt. Leben ist für ihn Bewegung, Körperliches, Plastisches, Ausdruck. Der Ato muß immer ran, will Teil der Szene sein. Seine Lieblingsoptik ist der Weitwinkel, der ihn sozusagen ins Geschehen mit einbezieht. Und er hat das Unverzichtbarste: den Heißhunger auf Bild.

Dieses Bild, das – wenn es jetzt die Cutterin in tagelangem monotonem Durchlauf zuerst am Schneidetisch vorführt – so ganz anders kommt als erwartet. Wo bleibt nur das vor Ort Geschaute, Durchlittene? Warum haben wir es so häufig um Sekunden zu spät erwischt und lief die Kassette gerade Sekunden zu früh durch? Aha, immerhin das ist vorhanden und jenes, in seinem ganzen Wert realisiert und ausdrucksstark. Unsere Cutterin bohrt sich förmlich in den Projektionsschirm auf der Suche nach Expressivem. Die Cutterin heißt Elfi. Sie ist so besonnen wie der Ato possierlich, so lieb wie der Ato markant. Zartfingrig pickt sie das Treffsicherste aus dem ungetüm-rohen Materialhaufen, der denn doch beim zweiten Zusehen alles enthält, was nötig. Tastet, probiert, fügt es vorsichtig zueinander, läßt Rhythmen entstehen, Spannungen, Sequenzen, bringt schließlich das ganze Gebäude zu organischer Form, heißt es atmen und leben . . . Es gibt Leute, die sagen: mein Film. Ich gehöre nicht zu ihnen.

MAINZ, 29. JANUAR 1974

Heute drei Uhr morgens Direktübertragung des Kampfes Muhammad Ali gegen Frazier. Kurz davor lief unser Film. Ali gewinnt nach Punkten gegen »Smoking Joe«. Der nur eine einzige Richtung kennt: vorwärts gegen die Kutteln des Gegners, mit unabänderlichen 54 bis 58 Schlägen pro Runde. Sobald der Feind weichgekocht ist, läßt Frazier seinen besten Schlag los, einen mörderischen linken Haken zum Kopf. So weit hat es Ali erst gar nicht kommen lassen, der, mit verstörend furchtloser Grazie herumtänzelnd und unvermittelt zuschlagend, seinen beschränkten Gegner total aus dem Rhythmus brachte. Ariel gegen Kaliban. Auch die Zuschauer und Reporter scheinen sich in diese zwei Lager zu teilen. Die Ariels, begabt mit Schönheitssinn und Humor, stehen hingerissen vor jedem neuen Meisterstreich ihres beschwingten Idols. Die Kalibans – besonders weit verbreitet in der deutschen Presse – sind daran kenntlich, daß bei ihnen unvermeidlich die Worte »Protze«, »Großmaul« und »alias Clay« vorkommen.

WOUNDED KNEE, 1. FEBRUAR 1974

Eine Biegung des Flüßchens Wounded Knee in South Dakota, das plätschernd zwischen Schneebänken dahinfließt. Hier liegt an unbekannter Stelle nach seinem Vermächtnis das Herz des Häuptlings Crazy Horse begraben, gefeiertster Kriegsheld der Sioux. Heute heißt ein Pariser Stripteaselokal nach ihm. Dann auf einer Hügelspitze das »Schlachfeld« von 1890. Auf der einen Seite 120 Krieger unter Big Foot, dem rheumatischen Anführer der Lakota-Sioux, dazu an die 200 verhungerte und halberfrorene Frauen und

Kinder. Ihnen gegenüber 3000 US-Kavalleristen mit zwei Hotchkiss-Maschinengewehren. Die niedergemetzelten Leichen der Indianer hat man tags darauf in einem langen Massengrab verscharrt, hier noch als kleine Erhebung sichtbar. Nur 50 überlebten. Drei Jahrzehnte später wurde diese letzte »Indianerschlacht« von Hollywood verfilmt, wobei man stark nach Authentik strebte. Sogar der echte General war noch aufzutreiben. Er bestand darauf, daß auch sein echtes Regiment wieder zu engagieren sei. Natürlich konnte sich die Produktion solche Statistenmassen nicht leisten, also ließ man einfach immer die nämlichen Reiter am Feldherrnhügel vorbeigaloppieren. Auch einige der überlebenden Indianer durften mitspielen. Da am Ende zwei tote Kavalleristen auf der Walstatt blieben, muß man annehmen, daß die Indianer mit scharfer Munition schossen statt mit den ausgegebenen Platzpatronen.

Das Örtchen Wounded Knee (40 Einwohner) hat dann Russell Means vor Jahresfrist mit etwa 200 indianischen Aktivisten im Handstreich besetzt. Ein Medienereignis ersten Ranges. Zeitweilig waren doppelt so viele Journalisten anwesend wie Besatzer. 71 Tage Werbung zur besten Sendezeit. Zuletzt wurde mit den 300 belagernden FBI-Agenten und U.S. Marshals, die sogar in Panzern aufgefahren waren, freier Abzug vereinbart. Was nicht ausschloß, daß jetzt Means, sein Kollege Banks und andere wegen Landfriedensbruchs vor Gericht stehen. Immerhin getragen von einiger Sympathie. Obwohl doch dieses Land mit seiner Urbevölkerung sonst wenig am Hut hat. Noch bei der Anreise hörte ich folgenden Dialog: »Wo sind Sie her?« »Aus Süddakota.« »Sie sehen nicht aus wie ein Typ aus Süddakota.« Der Befragte war allerdings Mischblut. Wäre er Vollblut gewesen, man hätte ihn wahrscheinlich für einen Kirgisen gehalten! Der typische US-Amerikaner, der doch überall Schwarze riecht (besonders, wenn er sie nicht riechen kann), hat kein Gespür für Rothäute. Man kann allerdings auch das ganze Land durchqueren, ohne nur einen einzigen dieser 80 000 vor Augen zu bekommen.

Das Dorf Wounded Knee erweist sich dann leider als Trümmerhaufen. Ohnehin bestand es praktisch nur aus einem Trading Post (heute identisch mit Supermarkt) und einem historischen weißen Holzkirchlein nah dem Massengrab. Den Trading Post haben die

Besetzer in die Luft gesprengt. Das Kirchlein ist »irrtümlich« abgebrannt. Paradoxie so vieler Kriegshandlungen und Revolutionen: daß im Innern gerade dasjenige kaputtgemacht wird, was man nach außen hin so eifrig verteidigt. Siehe unter Gedankenfreiheit etc.

PINE RIDGE, 2. FEBRUAR 1973

Reservation der Sioux, die sich selbst Oglala nennen. Etwa ein Viertel dieser 60 000 – neben den Navajo der stärkste Stamm Amerikas – siedeln noch hier auf ziemlich kärglichem Ödland. Eine von den 267 Reservationen, auf die sich die Indianerstämme Amerikas verteilen. Jeder Stamm unbegreiflicherweise mit anderer Sprache und Tradition. Nie wollten sie sich, außer zu kurzen Zweckbündnissen, vereinen. So wurden sie einzeln fertiggemacht. Pine Ridge: verstreute Haufen von Bretterhütten, Verschlägen aus Teerpappe, abgeblätterten Wohnwagen. Arbeitslosigkeit im Winter bis zu 80 Prozent. Alles lebt von Unterstützung und Gratisrationen. Hohe Selbstmordrate, Kindersterblichkeit, weitverbreitete Tuberkulose. Nur ein einziges indianisches Unternehmen: eine Mokassinfabrik. Der Trading Post gehört einem Weißen und prunkt mit schwer überhöhten Preisen. Das Land ist fast zur Gänze an weiße Viehzüchter verpachtet, die man im Snack trifft, darunter mehrere deutscher Abstammung: »Ich gut deutsch. Hitler O. K., jawohl! Indians no good, nix arbeiten. Kommen eine Woche, dann versaufen alles. Come here, chief, sing us a war song.« Befehlsgemäß torkelt ein vollgelaufener Indianer krächzend durch das Lokal, Vollblut mit Hakennase wie bei Winnetou.

Hierauf Antrittsbesuch bei Russell Means in der ärmlichen Holzhütte, die er angeblich bewohnt. Patentekel. Gibt sich herablassend ungnädig. Schließlich habe er nicht nur einen Prozeß am Hals, sondern einen ganzen Wahlkampf, nämlich um den Stammesvorsitz der Sioux. Kann aber nicht gar so beschäftigt sein, denn im Nebenraum erblicken wir einen Tisch mit offenen Flaschen und seiner (weißen) Freundin. Hingegen amerikanisch-überschwenglicher Empfang bei Russells Hauptgegner zur kommenden Wahl, Dick Wilson, derzeitiger Vorsitzender des Stammesrats. Auch er ein Mischblut. Ihm steht der »pork barrel« zu. Also die Verteilung der Jobs und der Gelder des BIA, des Amts für Indianische Angelegenheiten in Washington. Öliger Apparatschik dieser aufgeblähten, paternalistischen Bürokratie (ein Beamter auf je 18 Verwaltete). Der solche anfechtbaren Sprüche drauf hat wie: »AIM ist nichts anderes als eine kommunistische Tarnorganisation, die den American way of life zerstören will. Die Besetzung von Wounded Knee ging von Moskau aus.« Oder: »Means will den Sioux-Vertrag von 1868 wieder aufrollen. Möchten Sie 1868 leben?« Gegenüber eines der wenigen Steingebäude des Dorfes: ein Hospital. Genau an dieser Stelle ergaben sich anno 1890, nach der Schlacht von Wounded Knee, die letzten freien Indianer Amerikas.

PINE RIDGE, 3. FEBRUAR 1974

Fahrt durch die endlose Sioux-Reservation mit Means. Was ist da los? Rundum blühendes amerikanisches Wirtschaftsleben, hier leere Luft. Auf Stunden keine Farm, keine Tankstelle, kein Laden, natürlich auch kein Kultobjekt, nichts. Ist es tatsächlich so, wie Russell Means, dieser windige Bombastiker, sagt: Selbstverachtung hat seine Leute innerlich ausgehöhlt, wer ihnen nicht ihren Stolz wiedergibt, baut Häuser aus Wind? Seitlich der Straße isolierte wacklige Hütten, jede umgeben von Plumpsklos und ganzen Wagenburgen ausgeweideter, verrosteter Autowracks. Die Naturnähe des Indianers scheint ohne Beziehung zum Naturschutz. Das einzig Gefällige die kleinen gefleckten Palomino-Ponys, auf denen man dereinst zur Büffeljagd zog. Sechzig Millionen Büffel wurden im vorigen Jahrhundert von den Weißen auf Null reduziert. Seitdem gibt es wieder einzelne minimale Herden. Ängstliche, hilflose Giganten, ein Händeklatschen treibt sie in wilde Flucht.

Endlich das Blockhaus des uralten Häuptlings Frank Narrenkrähe. Sitzt vorm Fernseher in rotkarierter Holzfällerjacke, dazu Bürstenhaarschnitt und dicke Brille. Stockendes Englisch. Wir sollen später wiederkommen. Er war nicht nur bei Buffalo Bills Wildwestshow dabei, sondern auch der Schlacht von Wounded Knee. Nach einer halben Stunde tritt er heraus mit langer schwarzer Zopfperücke, Stirnband, Feder, eingehüllt in rote Wolldecke, Winchester im Arm. Eine mythische Figur, wie aus Schulbüchern auferstanden: »Ich bin der letzte Überlebende von Wounded Knee. Damals ein Knabe. Wir ritten auf die Reservation zu, wollten uns friedlich ergeben. Aber die US-Kavallerie hatte mit uns noch ein Hühnchen zu rupfen, wegen der Niederlage von Custer am Little Big Horn. Ich glaube, das war der Grund dieser ganzen Metzelei.« 83 Jahre später unterstützt er die Besetzung von Wounded Knee: »Russell Means kämpft für uns, wir für ihn.« Das alles in bedächtiger Oglala-Sprache, seine Frau muß übersetzen. Tatsächlich bezieht Means seine Anhängerschaft teils von den traditionellen Alten, teils von der linken Jugend – politisch eine harte Nuß.

PINE RIDGE, 4. FEBRUAR 1974

Auf Wahlreise mit Russell Means zu seinem Heimatort Porcupine (Stachelschwein). Wie immer erwartet man Romantisches. Und findet statt dessen zweistöckige Armeebaracken, Lageratmosphäre. Means: »Die besten Unterkünfte, die wir überhaupt in der Reservation haben.« Natürlich funktioniert drinnen weder Heizung noch Wasserspülung. Means gibt sich jetzt ganz bescheiden, familiär. Das Aufwieglerische unterdrückt er in schöner Abgefeimtheit. Im Wohnzimmer nicht mehr als dreißig Zuhörer bei (von uns spendierten) Hamburgers und Cola. Zumeist unmäßig dicke Frauen in Stretchhosen und mit koketter Schmetterlingsbrille. Am Ende mäßiger Applaus. Means macht seine Enttäuschung durch zusätzliche Aggression uns gegenüber wett: Er sei schickere Fahrzeuge gewohnt als unsere Leihwagen. Psychologisch der Typ des weibischen Sadisten. Wirkt auch leicht bisexuell, wie so viele beliebte Volksverführer und Filmstars. Von seinem Freispruch bei Gericht ist er überzeugt: »Für die Washishis bin ich bereits ein Held. Und Helden einsperren schafft Märtyrer.« Kennt sich aus.

PINE RIDGE, 5. FEBRUAR 1974

Mit Russell Means in seiner Bretterbude, davor der – fast zu theatralisch zerfledderte – Pritschenwagen. Ist dieser Mann tatsächlich so heruntergekommen, hat, wie er behauptet, alles für die Sache geopfert, oder wird da nur geblufft? Aufzählung seiner Taten als Großstadtindianer: »Ich war Junkie, Dealer, Säufer, Dieb, Zuhälter, Rodeoreiter, Tanzgigolo, bin sogar in Einkaufszentren als Indianertänzer aufgetreten, mein absoluter Tiefpunkt. Dann lernte ich Buchhalter, wobei ich zuletzt immerhin 15 000 Dollar verdiente. Und schmiß alles hin, um meine Identität zu finden. Vor zehn Jahren besetzten wir, mein Vater war auch dabei, die verlassene Gefängnisinsel Alcatraz. Und wie kam das in die Schlagzeilen? Beknackte Indianer auf Kriegspfad. Denn das ist unser Fluch: daß uns niemand ernst nimmt.« Zitiert dann seinen Mitstreiter Dennis Banks: »Der Indianer hat keine Chance, seine Mannhaftigkeit zu erweisen, mit folgenden Ausnahmen: Sport, Militärdienst, Alkohol, das Verprügeln seiner Frau sowie Nachahmung der Weißen durch Tragen einer Krawatte.«

Ob er tatsächlich für das weiße Amerika nur Haß empfinde? Er feixt: »Mitleid eher. Wissen Sie was? Damals, vor dem Massaker von Wounded Knee, da ergriff eine Tanzwut die letzten noch freien Stämme. Ein religiöser Fanatiker hatte uns geweissagt, daß wir nur drei Tage und drei Nächte den Ghost Dance zu tanzen brauchten. Und danach würde sich das ganze Land aufrollen wie ein Teppich, mitsamt den Armeelagern und Goldgruben und Eisenbahnen, und darunter die unverwundete grüne Erde wieder zum Vorschein kommen wie am ersten Tag. Und jetzt sagen Sie mir: Ist das nicht auch euer Traum geworden, der Traum der Weißen?« Stimmt schon. Unser Versuch, Means näher auf die Pelle zu rücken, wird aber dann von ihm souverän abgeschmettert: »Der Weiße kann sich leisten zu reden. Der Indianer schweigt. Es ist seine einzige Stärke.« Tut uns zum Abschied seine Meinung kund, daß er, als »Wiedererwecker indianischer Werte und Weißenhasser«, die Wahl mit überwältigender Mehrheit gewinnen müsse. Vor Abfahrt noch zum Indianerbüro, wo wir uns nach dem Stand der Dinge erkundigen. Laut jüngster Meinungsumfrage wird Russell Means den Kampf um den Stammesvorsitz der Sioux mit einigen hundert Stimmen verlieren. Vielleicht besser so.

ORLANDO, 9. FEBRUAR 1974

»Florida hat das Klima, das Kalifornien zu haben vorgibt« (aus einer Werbebroschüre). Richtig. Verglichen mit diesem stickigen Mickymausland ist Kalifornien geradezu Europa! Und ausgerechnet hier mußte sich Richard Bach niederlassen, warum eigentlich? »Sonne schafft Freude. Und nur mit Freude kann man etwas schaffen.« Solch naiver Kinderglaube geht weit! Mit ihm lassen sich

Berge versetzen. Genau die Absicht dieses umtriebigen Erwekkungspredigers. Er ist ja Autor der »Möwe Jonathan«, erfolgreichster Bestseller seit der Bibel und in zwanzig Sprachen 24millionenmal verkauft. Vom Erlös hat er sich unter anderem fünf Kleinflugzeuge angeschafft, dazu diesen Hangar, in dem er mit zwei Fliegerkameraden Hüttenzauber spielt. Dementsprechend steckt die Küche voller blonder Groupies, die dann an die Luft gesetzt werden, wenn's ans ernste Kochen geht. Bach, ein schnauzbärtiger Tollkopf, ehemaliger Militär- und Kunstflieger. Irgendwo weit weg, wo die Sonne lang nicht so strahlt, gibt es auch eine Mrs. Bach mit sechs Kindern. Derzeit läßt er sich von ihr scheiden. »Das war nicht Freude, sondern Zwang. Ich weigere mich aber, Negatives zu akzeptieren. Ich habe mich ein für allemal entschieden, ein Abenteuerleben zu führen, innerlich zu wachsen und kreativ zu sein. Alles übrige streife ich ab.« Ein Picasso der Fliegerei!

Wir rollen seine »Tigermotte« heraus, einen rotgelb gestrichenen Doppeldecker aus den Zwanzigern mit leinwandbezogenen Stummelflügeln. Beim Einsteigen streichelt er kurz die Verspannung: »Liebe die Motte, und sie gibt sich dir hin. Mißtraue ihr, und sie macht dich zum Bruchpiloten. Auch auf die übrige Menschheit anzuwenden.« Wir schrauben uns hoch, dann rast er in seine Sturzflüge und Loopings, immer den Wind im Haar. Nicht ganz einzusehen, worin der Vorteil liegt, so viel Zeit seines Lebens auf dem Kopfe stehend zu verbringen. Wenn jetzt das ganze Kleingeld aus meiner Hosentasche rutscht, fällt es eigentlich hinauf oder herunter? Bevor ich die Frage lösen kann, tippt mir Bach, der hinter mir in der offenen Fluglehrerkanzel sitzt, auf die Schulter. Ich soll kurz mal am Joystick ziehen und meinen eigenen Purzelbaum bewerkstelligen. Dabei habe ich seinerzeit schon die Fahrprüfung nur mit Ach und Krach bestanden. Aber schön. Ich ziehe also. Höchst enttäuschend. Letztlich passiert nichts, als daß aus irgendeinem Grund die Erde unter dir wegglitscht und von hinten wieder auftaucht. Am besten zu meistern, wenn man die Augen schließt. Es ist wie diese Korkenzieherbahnen auf dem Rummelplatz. Wenig Wonne, viel Streß, etwas, das man in Gottes Namen durchsteht.

Nach der Landung fühlt man sich naturgemäß um einen Meter gewachsen. Ob auch seelisch, wie Bach erwartet? »Der Himmel verlangt nichts von uns. Bis wir ihn ergründen wollen, um ihn zu durchfliegen. Dann verrät er uns Schritt für Schritt seine Gesetze. Nicht anders mit Gott. Er hat keine Ansprüche an uns, solange wir nichts von ihm fordern. Aber kaum, daß wir in ihn einsteigen, fängt er mit seinen Ansprüchen an. Dann heißt es lernen!« Wenigstens keine Fertigargumente aus dem metaphysischen Baukasten. Nachts lese ich nochmals die »Möwe Jonathan«. Geschichte einer jungen Möwe, die als erstes nicht nur dahinfliegt, um Beute auszuspähen, sondern . . . ja, warum? Um des Fliegens willen? Oder um die Schallmauer zu durchbrechen? Diese beiden Lebenszwecke (sagen wir der östliche und der westliche) streiten sich, ach, in Richards Brust. Deswegen wahrscheinlich konnte er auch sein Buch acht Jahre lang nicht zu Ende führen.

ORLANDO, 11. FEBRUAR 1974

Kein Treibstoff wegen Erdölkrise. Vor der einzigen Zapfstelle Sandsacksperre, dahinter ein übergeschnappter Tankwart mit Schrotflinte. Wir versuchen, unsere Leihwagen unter scheinheiligem Vorwand gegen andere auszutauschen, aber so schlau ist man dort inzwischen auch, und die Wagen werden mit leerem Reservoir ausgeliefert. Schließlich dürfen wir bei Bach Flugzeugsprit einfüllen, und es funktioniert. Dann filmen wir ihn mit den Sturzwellen von Briefen, die ihn tagtäglich überschwemmen. »Eigentlich lauter Hilfeschreie. Bitte um Ihr Rezept: Wie komme ich aus meiner Routine heraus, wie lebe ich richtig, wie werde ich reich und glücklich? Ja, wie? Indem man bereit ist, die Kosten zu zahlen. Für mich war der Preis die Aufgabe des Familienglücks. Ich tauschte es gegen die Freiheit, zu tun und zu lassen, was ich will. Mitsamt ihren Gefahren. Wenn Sie etwas Besseres wissen, nur zu.«

Nachmittags Flug nach Cypress Gardens, wo schon eine Studentenklasse auf ihn wartet. Und eine süße Briefschreiberin namens Cecily, Foto lag bei. »Mein lebenslanger Fischzug nach Gleichgesinnten. Oder nach Liebe, wenn Sie wollen. Und immer die Spannung, ob es diesmal der oder die Richtige sein wird.« Wie ich ihn verstehe – »Personenbeschreibung« ja nichts anderes. Wir fliegen mit Bachs neuestem Spielzeug, einem Grumman-Aquaplane Marke Protz einschließlich Toilette, Feldbett und Schreibtisch. Landen auf einem der unzähligen Seen Floridas. Und räkeln uns, sonnenbadend und besitzgeil, auf den Schwimmkörpern herum, bis uns Cecily im Motorboot abholen kommt. Leider ein Pummelchen, auch das Gesicht hält nicht, was das Foto versprach. Verhemmte hingabesüchtige Amoureuse, die von jedem neuen Liebhaber ihre Erlösung erwartet – ungefähr das letzte, womit Bach etwas anzufangen weiß. Aber schon stürmt er zum Hörsaal in Verkünderlaune. Dann beinhart in die vollen: »Kein Erfolgsmensch, der sich nicht instinktiv auf mein Programm eingelassen hätte: Erstens – finden Sie heraus, was Sie wirklich wollen, wozu Sie da sind. Zweitens – verwirklichen Sie das, und erfüllen Sie damit Ihre einzige Pflicht der Menschheit gegenüber. Drittens – warten Sie auf die Zufälle, die Chancen, die Wunder, die Ihnen von da ab in den Schoß fallen!« Etwas schnell geronnene Heilslehre. Und ist nicht Punkt eins, die Entdeckung des unbewußten Willens, schon eine ganze Lebensaufgabe?

ORLANDO, 13. FEBRUAR 1974

Ankunft von Buzz Aldrin, dem Mondfahrer, bei Richard Bach. Die Wahrheit zu sagen, wir haben ihn auf eigene Kosten einschweben lassen, um die beiden miteinander zu konfrontieren. Bach, der strahlende Sieger (worüber?). Und Aldrin, der damals vor fünf Jahren mit Armstrong darum knobelte, wer als erster den Fuß auf den Mond setzen dürfe. Und verlor. Um zwanzig Minuten verlor. Und sich seitdem als der ewige zweite fühlt, seelisch in der Talsohle. In Los Angeles trafen wir ihn schwer unter Alkohol, kein Boden mehr unter den Füßen, die Familie im Abmarsch. Verbaler Schlagabtausch: Buzz schwärmt auf seine steifleinene Art von der Schönheit des Mondes. Dazu Bach: »Pah, die Erde ist noch viel schöner.« Buzz: »Wenn man einmal da oben war, sieht man alles ganz anders.« Bach: »Ja, mit Distanz, sollte man denken. Aber Sie haben doch gerade die Distanz zu sich selbst verloren.« Buzz: »Immer hatte ich ein leuchtendes Ziel vor Augen, darauf lebte ich hin. Jetzt liegt der Höhepunkt hinter mir, und was macht man dann?« Bach: »Ihr Gefängnis steht offen. Aber Sie wollen ja gar nicht heraus. Sie wollen ja das schmollende Kind bleiben, dem man den Teddybären wegnahm!« Empfiehlt ihm sein Allheilmittel, die Fliegerei.

Und Aldrin, technisches Genie, probiert ohne jede Gebrauchsanweisung einen nach dem andern von Bachs Lieblingen aus. Aber verbissen, verstockt, als bloße Testflüge. Fragt ihn zuletzt anzüglich, warum er keine Düsenmaschine besitze, damit fange doch das Fliegen erst eigentlich an. Bach konsterniert, fühlt sich mißverstanden. Hier treffen sich zwei Gegenpole. Zugespitzt gesagt, der Spezialist und der Mystiker. Daß sie beide Flieger sind, macht die Sache pikant.

ORLANDO, 15. FEBRUAR 1974

Letzter Drehtag. Richard Bach noch immer vor so viel leichtfüßiger Transzendenz nicht zu packen. Hat sich aus lauter ganz richtigen Intuitionen, etwa vom Einssein aller Dinge, lauter zu flockige Sprüche zurechtgelegt. Die vorab sein unbekümmertes Ausreißen und seinen Spaß an den mit »Jonathan« verdienten Millionen rechtfertigen sollen. Immerhin kein Dünnbrettbohrer, wie alle diese hiesigen Selfhelp- und Diätnarren. Ich frage ihn, wie er sich als Menschheitsbeglücker aufspielen könne, wenn doch sein eigenes Glück letztlich auf gnadenlosem Egoismus gegründet sei. Bach: »Ich versuche ja nur, zu mir selbst zu kommen. Vorher war ich jemand anders. Kein Mensch darf auf Dauer jemand anders sein. Mein einziges Ziel: der verdammt beste Richard Bach zu werden, den es je gab.« Leben Sie überhaupt in der realen Welt, wie wir sie kennen? »Bestimmt nicht. Aber es ist die reale Welt, wie *ich* sie kenne. Vorstellungen, umgesetzt in Dinge. Ändere die Vorstellung, und du änderst die Dinge.« Nicht in der Welt, in die wir morgen zurückkehren müssen! »Sie werden immer in *der* Welt leben, die Sie sich schaffen. Und Sie können der Welt entfliehen, die Sie ablehnen. Es ist Ihre Entscheidung und nur Ihre. Sie gehen morgen zurück in die Welt Ihrer Wahl. Good luck!« Hübsch. Wir filmen ihn dann noch bei seiner Luftschaukelei mit der Tiger Moth. Winkt uns auf dem Kopf stehend zu. Vielleicht wird er einmal »Zen und die Kunst des Kunstfluges« schreiben oder so.

MINAMATA, 11. SEPTEMBER 1974

Ankunft Flughafen Tokio, wobei sich, entgegen der Information des Reisebüros, herausstellt, daß ich als amerikanischer Staatsbürger ein Visum benötige. Das bereits angereiste Team, das nichts dergleichen braucht (Kriegsverlierer unter sich), grinst mir von der Sperre her herablassend zu. Gerate ins Räderwerk dieser fremdenfeindlichen Bürokratie und soll allen Ernstes nach Hawaii zurückfliegen, von dort neu einreisen. Emigrantenkoller steigt in mir hoch, der ohnehin immer dicht unter der weltläufigen Journalistenpose brodelt. Zollbeamte können einfach nicht fassen, daß man sich gegen eine Anordnung vergehen kann: »Why? Why?« Ganzes Nippon-Ethos durch mich in Frage gestellt. Rufe deutsche Botschaft an, die mich an die amerikanische verweist und umgekehrt. Keiner für mich zuständig, wie ehedem gehabt. Endlich ein deutscher Konsulatsbeamter, der mir die längst fälligen rituellen Verbeugungen vormacht. Visum ausgestellt. Bei der Danksagung habe ich wortwörtlich bis zum Kinn unter die Tischplatte zu rutschen.

Verspäteter Weiterflug zur Südinsel Kiuschu. Treffen unseren Dolmetscher samt Leihwagen. Zu dem Küstenstädtchen Minamata, 36 000 Einwohner, nach hiesigen Begriffen ein Dorf. Unterbringung wie erhofft in einem Ryokan, also hölzernem Landgasthof, von Affen umturnt. Kahles Zimmer mit Holzträgern, geflochtenen Tatamimatten, niedrigem Tisch, zusammengerolltem Bett im Schrank, sonst nichts. Sehr beruhigend die edlen und doch raffinierten Proportionen. Danach Ortsbesuch. Kurgäste in Kimono und Holzschuhen klappern gemessen die Dorfstraße lang und wieder zurück. Mehr ist da nicht. Die Küste durchaus mit Industrieanlagen zugebaut. Vorgelagert ein winziges, baumbestandenes Inselchen, auf das sich alle Blicke lächelnd richten wie auf ein Baby. Das selektive Sehen der Japaner. Ich glaube, sie merken die sie umgebende Häßlichkeit gar nicht. Aber vielleicht sagen sie das gleiche über uns.

MINAMATA, 12. SEPTEMBER 1974

Altmodisches Fischerdorf bei Minamata. Da hier die Straßen keinen Namen tragen, längere Suche nach Eugene Smith, dem legendären amerikanischen Meisterfotografen. Den jetzt alle Welt mit

Minamata identifiziert, bloß Minamata nicht. Ist seit drei Jahren hier ansässig, heftig engagiert, über den hiesigen Giftmüllskandal zu berichten. Nur: Wer will drei Jahre über einen noch so traurigen Giftmüllfall hören? Der Mann, den man häufig den besten, immer den eigenbrötlerischsten Fotografen der Welt genannt hat, wohnt in einem höchst bescheidenen hölzernen Fischerhäuschen. Fühlt sich von Gott und der Welt verlassen. Und weiß anscheinend nicht einmal mehr seine bildhübsche japanoamerikanische Frau Aileen zu schätzen. So etwas wie eine Tragödie der Dickköpfigkeit. Die Illustrierte, die ihn hersandte, bezahlte ihm bloß die abgemachten ersten drei Monate. Seitdem lebt er von Gelegenheitsarbeiten, also von nichts. Sein Motto: »Wann mein Auftrag erfüllt ist, bestimme ich.« Chefredakteure lieben das besonders.

Statt der erwarteten ausgemergelten Mönchsfigur mit kantigem Asketenschädel (die jeder Bildreporter kennt und vergöttert) findet man sich allerdings einem rundlichen, leicht aufgeblähten Herrn gegenüber. Suntory tut es, der schlichte japanische Whisky, der ihn Tag und Nacht begleitet. »Ohnehin ist mein Leben von je ein Wettlauf zwischen Hase und Igel. Wer kommt eher an, der Selbstmord oder der Tod?« Nahm im Krieg als Fotograf an 13 pazifischen Inselinvasionen teil, darunter Tarawa, Guam, Iwo Jima. Im Mai 1945 schwer verwundet, Kinnlade, Zähne, rechte Hand zerschmettert. Zwei Jahre Lazarett. Dann nach und nach sechs Flugzeugabstürze, während er für LIFE die Form des Foto-Essays entwickelt. Arbeitet zunehmend länger und intensiver an jeder Story, bis zur völligen Identifizierung mit den Betroffenen. Besteht auf eigener Auswahl, Layout. Wird darob von LIFE und anderen Zeitschriften gefeuert oder kündigt freiwillig. Längst schon museumsreif, aber »je mehr Weihrauch, desto weniger Aufträge«. Dauernde – und sehr irische – Verzweiflung an der eigenen Arbeit: »Viel Tiefenschärfe, wenig Tiefgang.« Mißbilligt, daß wir ihn in Farbe porträtieren: »Nur Schwarzweiß dringt in die Seele.« Möchte jetzt »nicht so sehr zeigen, was die Leute tun, als, was sie sind«. Dies uns allen ins Stammbuch.

Stadtbesichtigung mit Smith. Mit anderen Worten das Chissowerk. Dieser gigantische Chemiekonzern nimmt mit einer halben Million Quadratmetern über die Hälfte der Stadtfläche ein. Der Ort ein bloßes Anhängsel des Unternehmens, das bei jedem ökologischen Aufmucken mit Entlassungen droht. Es stellt hauptsächlich Acrylfaser her. Die quecksilberhaltigen Abwässer hat es von 1931 bis 1968 in die Bucht gedumpt, wo sie von Meerestieren aufgenommen wurden. Gelangten so durch Verzehr in die Körper der Küstenbewohner. Die Glücklicheren starben. Die Unglücklicheren leben noch heute. Opfer der sogenannten Minamata-Krankheit, die das zentrale Nervensystem zersetzt, zu Lähmungserscheinungen führt, zu Sehstörungen, Verkrüppelungen, Gehirnverkrümmung, genetischen Schäden. Fast jedes dritte zwischen 1955 und 1959 in Minamata geborene Kind ist mißgebildet und geistig zurückgeblieben. Dennoch verweigerte das Chissowerk, Musterbeispiel der japanischen Verdrängungsgesellschaft, über Jahre hinweg jede Auskunft. Ein Werksarzt, der das Quecksilber verdächtigte, wurde strafversetzt. Und immer noch pumpte man ungeniert den Giftmüll in die See. Smith führt uns zu der mannsdicken Rohrmündung, Ausgangspunkt dieser Tragödie. Abendwolken über der lieblichen Bucht, jetzt mit Fangverbot belegt. Außerhalb eines engmaschigen Zauns, der die Fischfluktuation verhindern soll, darf allerdings weitergefischt werden. Ob da nicht doch allerhand von den 500 Tonnen Quecksilberschlamm, die hier am Boden lagern, über Jungfische hinaus- und wieder in unsere Mägen gerät? Smith: »Can we go, please?« Übelkeit und einer seiner periodischen Migräneanfälle. »Im Juli 1972 fotografierte ich einen Protestmarsch gegen Chisso. Sechs Mann Werkschutz stürzten sich auf mich. Zuerst ein Tritt in die Hoden, uralter Samuraitrick. Dann Diverses in den Unterleib. Als Pointe packten sie mich an den Beinen, wirbelten mich im Kreis wie einen Katzenbalg und dann mit dem Kopf aufs Betonpflaster. Glücklicherweise habe ich einen harten Schädel.« Dieser aber doch nicht hart genug, um zu verhindern, daß sein rechtes Auge beschädigt wurde und zwei Sehnerven sich zwischen Halswirbel einklemmten. Zeitweise so unerträgliche Schmerzen, »daß ich um den Tod betete«. Kann auch den linken

Arm nicht über Schulterhöhe heben, daher stark bei der Arbeit behindert. Heutzutage fotografiert, was viele Kollegen überraschen wird, Aileen die Mehrzahl seiner Bilder.

MINAMATA, 14. SEPTEMBER 1974

Der Ort voll lächelnder Herren in Goldbrille und gedecktem Anzug. Eine der zahllosen Regierungskommissionen, die beglaubigen sollen, wer tatsächlich Opfer der Minamata-Krankheit ist und wer nur aus Spaß an der Sache in Zuckkrämpfe verfällt, unvermutet auf der Straße zusammenklappt oder ins Veitstanzen ausbricht. Knapp 450 Opfer sind bisher offiziell registriert, von den Zehntausenden, die es vielleicht am Ende werden. Jahrelang hat der Konzern sich darauf beschränkt, mit Popelsummen das Schweigen der Opfer zu erkaufen: »Wer klagt, bekommt nichts.« Erst im Vorjahr wurde dann nach fast vierjährigem Prozeß das Unternehmen für entschädigungspflichtig befunden. Smith stellt uns den unscheinbaren Mann vor, der mehr als irgendeiner den Sieg erringen half: Teruo Kawamoto. »Dieser einfache Fischer hat das bisher Undenkbare, die japanische Bürgerinitiative, eigenhändig geschaffen.« Kawamoto wirbt Sachverständige an, findet Anwälte, zieht jeden Abend allein mit dem Fahrrad los, bis er 2000 Geschädigte zu gemeinsamer Klage überreden kann. Führt hierauf die Demonstrationsmärsche nach Tokio, die endlich erreichen, daß die eingestandene »moralische Schuld« in eine materielle von über 100 000 Mark für jedes Opfer verwandelt wird.

Smith mit seinem kurzatmigen Justament-Grinsen, das an das letzte Auftauchen eines Ertrinkenden erinnert: »Auch ich bekam mein Schmerzensgeld, da ich immerhin schon für 40 000 Dollar Arztrechnungen hinter mir hatte.« Darf man wissen, wieviel? »Fünfhundert Dollar.« Ich drücke Kawamoto, der nur wenig Englisch versteht, durch Gesten meine Bewunderung aus, fasse ihn anerkennend am Arm. Er blickt mich aus einem Abgrund von Verlegenheit an: Diese Gajin (Ausländer) kennen auch nicht das geringste Schamgefühl! Schlimmer ist, daß wir die kleine Shinobu, heute als Zeugin erschienen, versteckt aus dem Hinterhalt filmen. Genetisches Opfer schon im Mutterleib. Jetzt 19 Jahre alt, scheu, intelligent, in der Anlage bildhübsch, hat sogar die Reifeprüfung geschafft. Und versteht jedes Wort. Die Kommandozentrale ist klar, jedoch kommen die Impulse nur verstümmelt durch. Unvermeidlich haben wir diese herumtapernde, zuckende, grinsende Mißgestalt für debil gehalten und trotz ihrer Flucht und abwehrenden Gesten mit der Kamera voll drauf. Ist ja für die gute Sache. Aileen Smith klärt uns auf, und wir bitten Shinobu in aller Form um Entschuldigung. Sie weint. Warum weint sie? »Weil sie sich so rüde gegen Sie benommen hat«, übersetzt Aileen. Unverständliches Land.

Sodann die 16jährige Tomoko. Das Bild, von Smith schon vor Jahren aufgenommen: Das gelähmte, blinde, taube und geistig behinderte Kind wird von seiner Mutter zur Beruhigung in einem Wäschezuber gebadet, ist ja inzwischen zu einer klassischen Ikone geworden, einer ökologischen Pietà. Zögernd nähern wir uns dem Haus. Aileen stellt uns vor. Tomoko liegt auf einer Matte mit verdrehten Augen und verrenkten Gliedern, stößt in regelmäßigen Abständen diesen schrillen, gepeinigten Pfauenschrei aus. Seit KZ-Bildern nichts dergleichen mehr gesehen. Ich lasse das Team die Sache abdrehen und flüchte mich auf die Straße. Unbegreiflich, wie Smith es durchhält, solche Fotos aufzunehmen, nun auch schon wieder 20 000mal in Minamata. »Er kann es auch nur, indem er Stück für Stück draufgeht«, gesteht Aileen wehmütig. »Auf jede Reportage mindestens eine Beschädigung. Hätte man Gene die Kreuzigung fotografieren lassen, er wäre als Malchus zurückgekommen, der Mann mit dem abgeschlagenen Ohr.«

MINAMATA, 17. SEPTEMBER 1974

Smith und Aileen bei gemeinsamer Schufterei an ihrem längst überfälligen Bildband über Minamata. Der jetzt dank Zuschuß von Kollege Larry Schiller doch noch zustande kommen soll und den Smith als sein Vermächtnis ansieht. Zappelig wühlt er endlos nach einem einzigen verlorenen Negativ, während Aileen den Schlußteil, der das komplette wissenschaftliche Material enthält, im Alleingang aufbringen muß. Dann schickt Smith sie ins Dorf um eine Flasche Suntory. Verdrückt sich ins Hinterzimmer zum Telefon. Und ungern hören wir mit an, wie er einer New Yorker Freundin im Koseton sein baldiges Eintreffen ankündigt, sich nach dem anzumietenden Studio erkundigt und dergleichen. Das alles hinter dem Rücken der ahnungslosen Aileen, die nun zu allem Überfluß verfrüht heimkommt und ihn in flagranti erwischt. Großer Auftritt, vor dem wir uns eiligst verziehen. Nachmittags zufälliges Zusammentreffen mit Aileen bei Stadtaufnahmen. »Praktisch hat Gene für jede neue Story eine neue Frau gebraucht. Eine neue Verwundung und eine neue Frau. Aber daß er jetzt als halber Invalide–« Sie weiß nicht, ob sie lachen soll oder weinen. Offenbar pflegen sich solche Dispute wieder einzurenken: »Dieser alte Macho! Will nicht von einer Frau abhängig sein. Hemingway Nummer zwei!«

Später melden wir uns ohne Aufhebens bei Smith, der gerade mit seinem japanischen Assi in der Dunkelkammer steckt. Hier werden die Schwärzen eingebrannt, wird kunstvoll abgedeckt, weichgezeichnet und chemisch gebleicht, bis der berühmte kontrastreiche, hochtheatralische Smith-Look herauskommt. Der die Bilder mehr als anschaulich macht: erlebbar. »Letzten Endes habe ich immer getan, was mir Spaß machte. Und nur das, was ich mit meinem Gewissen vereinbaren konnte. Es ist klar, daß man in unserer Welt dafür zahlen muß. Ich beklage mich nicht.« Neuerlicher Migräneanfall. Qualvolle Schmerzen im Nacken und in den Augenhöhlen. Tappt blind herum, findet die Tür und taumelt ins Freie. »Ich muß nach New York zu meinem Osteopathen! Der einzige, der den eingeklemmten Nerv freimassieren kann!« Zurück ins Haus, wirft sich stöhnend auf den Fußboden. Ich teile ihm mit, daß wir das jetzt eisern weiterdrehen, weil es Teil unserer Story ist. Er nickt Einverständnis, streckt sich aus. Leichtes Nachlassen der Schmerzen. Und glücklicherweise kommt in diesem Augenblick Aileen zurück. Umarmung, Aussöhnung, zu der wir ein Dinner im besten japanischen Restaurant stiften. »Mit Geisha?« fragt Smith hoffnungsvoll.

Später am Abend führen uns die beiden noch in ein Striplokal. Wenig mehr als eine karge Holzhütte mit Podium und Bänklein. Zu Beginn der Vorstellung erkundigen sich die zwei kleinen Damen mit schelmischem Kichern: »Where you from?« Was nur leider die Distanz und den Voyeurismus aufhebt, wovon doch solch erotische Aufpeitschung lebt. Höhepunkt der Verruchtheit: Man bekommt das Ende des langen Stoffgürtels (Obi) in die Hand, aus dem sich dann die Damen, hilf Gott, wendig herausdrehen. Soll die Einheimischen als Schlafzimmerauftakt zur Raserei bringen. Die Schlüpferchen behalten sie übrigens an. Die ganze unrhythmische Begebenheit riecht nach amerikanischem Import. Wahre japanische Zwangsvorstellungen viel prägnanter in den schrillen Manga-Comics, wo Frauen wie Pakete mit Stricken gefesselt und hochgezogen werden, bezeichnenderweise ohne jeden sexuellen Kontakt.

MINAMATA, 19. SEPTEMBER 1974

Eugene Smith nach New York abgereist. Hat Aileen versprochen, in einer Woche zurück zu sein. Ob sie ihn hier je wiedersieht? Besuchen mit ihr das Rehabilitationszentrum von Minamata. Viel zu rehabilitieren gibt es da allerdings nicht. In endlos langem Schwenk drehen wir eine kleine Mitsiko, der es unter herzzerbrechenden Anstrengungen gelingt, den Rollstuhl zu erklettern, in dem sie das nächste halbe Jahrhundert verbringen darf. Das noch immer nicht fertiggestellte Minamata-Buch zeigt auch sie. Smith hat es, in einem raren Anfall von Optimismus, gewidmet »all denen, die unsere Vergangenheit nicht als Beweis anführen gegen die Zukunft«.

TOKIO, 3. OKTOBER 1974

Den Riesen Takamiyama von der Klinik abgeholt, wo er seine jährliche Untersuchung absolviert. Wiegt jetzt bei 191 Zentimeter Körpergröße über 400 Pfund. Worüber er sich durchaus zufrieden äußert, früher sei sein Gewicht unzureichend gewesen. Sein japanischer Name bedeutet Hoher Berg mit freiem Blick, jedem Kind geläufig. Sein eigentlicher Name: Jesse Kuhaulua, geborener Polynesier von Hawaii. Beruf Sumokämpfer – der einzige Zugereiste, der es je in dieser traditionellen Sportart bis zur Spitze geschafft hat. Nach Begrüßung watschelt er mit uns zu den mitgebrachten Taxis. Leihwagen sind in Tokio unzweckmäßig. Selbst gewiefte Taxifahrer, denen das Hotel schriftliche Instruktionen mitgibt, brauchen Stunden, um sich zu einer Adresse durchzufragen.

Wie Jesse einsteigt, sinken die Sprungfedern wimmernd in sich zusammen. Er ist aber ein sanftmütiges Kraftpaket mit heiserem Zirpstimmchen, wegen illegalen Schlags auf den Kehlkopf. Berichtet von seiner Hoffnung, beim kommenden Turnier in den Rang des Ozeki aufzusteigen. Dann hätte er mur noch die zwei Spitzengötter vom Rang Yokozuna vor sich und wäre danach Weltmeister und »stärkster Mann Japans«. Wirkt jedocht trotz seiner Beleibtheit und Beliebtheit – sogar die Taxifahrer bitten um Autogramme – eigentümlich verzagt. Unvermeidlicher Effekt der betonierten japanischen Selbsteinschätzung gegenüber jedem Gajin. Danach kurzer Hausbesuch bei Jesse. Spielzeugwohnung, deren erbsengroßes Empfangszimmer er faktisch solo ausfüllt. Im Schlafraum versteckt sein vor Schüchternheit vergehendes japanisches Frauchen samt Baby. Wie hat er das nur zustande gekriegt, ohne sie plattzuquetschen?

SHIZUOKA, 4. OKTOBER 1974

Unterwegs mit Takamiyama sowie dem gesamten Wanderzirkus des Sumo. Dreimal im Jahr tingelt man so durch die Lande, die übrige Zeit wird im eigenen Sportpalast von Tokio gedampft. Ruhepausen keine. 500 Kolosse, zumeist Bauernburschen und Fischersöhne aus dem nördlichen Hokkaido, das als der Wilde Westen Japans gilt. Mönchisch strenge Disziplin mit hieratischer Ordensregel. Sogar für Kinobesuch oder Stelldichein muß der Nachwuchs um Erlaubnis bitten. Seine einzige Hoffnung: in die dünnbesetzten oberen Ränge durchzustoßen, in denen der »Reis« der industriellen Sponsoren fließt. Wir treffen Jesse am Bahnhof, wo er und Kollegen bestaunt werden wie Urviecher. »Sumotori« sind ja die letzten Männer Japans, die sich heute noch im Kimono auf der Straße zeigen. Längere Zugfahrt, bei der jeder der Kämpen zwei benachbarte Sitzplätze belegen darf. Unterbringung in der Sportarena dieser Provinzstadt. Die Jüngeren kochen schon fleißig an »Chanko-nabe«, dem zweimal täglich verabreichten Masteintopf aus Bohnen, Gemüse, Öl, Zucker, Reis sowie abwechselnd Fleisch, Fisch oder Huhn. Heruntergespült mit ganzen Fässern Reiswein und Bier. »59 Liter Bier hintereinander sind bei uns der historische Rekord«, rühmt Stallboß Tagasago der Fünfte mit verklärtem Lächeln. »Aber den erreicht heutzutage keiner mehr.«

Nach stundenlangem Verdauungsschlaf das Vormittagstraining der Giganten. Wobei manch 100 Kilo schwerer Nachwuchsjüngling hier wie ein Tännlein wirkt. Alle diese Ungetüme sind jedoch behende wie Zirkusreiter, schaffen sogar den Spagat. Nach dem Mittagessen neuerlicher Stärkungsschlaf. Dann gehen die Friseure an die Arbeit. Schon riecht es penetrant nach schwerem parfümiertem Öl, mit dem in geduldigem Kämmvorgang das halbmeterlange Haar hochgesteckt wird. Obenauf ein kleines Knötchen, das Teeblatt. Unerschütterlich hat auch im schwersten Kampf dieses Samuraizeichen zu thronen, wie einst das Monokel im Preußenauge. Inzwischen laufen in der Halle letzte Vorbereitungen. Der Ring, Dohyo genannt, ist ein Lehmpodest auf kreisförmig angeordneten Strohballen. Wer aus diesem Sechsmeterkreis hinausgedrängt wird oder in seinem Innern den Boden mit einem anderen Körperteil als den Fußsohlen berührt, hat verloren. Über dem Ring ein hängendes Giebeldach, das einen Shintoschrein symbolisiert. Die daran baumelnden farbigen Kordeln stehen für die vier Himmelsrichtungen. Salz, Wasser, Holzgeräte für die kommenden Zeremonien werden bereitgestellt. Jedes minutiöseste Detail hat hier seine Bedeutung, noch die Socken des Schiedsrichters bezeichnen seinen Rang. Abdeckung des unerschöpflichen japanischen Mythosbedarfs.

Sumo ist ursprünglich religiöse Übung, einer der vielen »Do« (Wege) wie Kendo, Zendo, Bushido usw., die zum nämlichen spirituellen Ziel führen sollen. So müßte seinerseits, bis zur letzten Konsequenz durchdacht und durchzogen, das Filmemachen zur Gotteserkenntnis hinleiten. Tut es auch gewiß. Abends Beginn der Kämpfe, die natürlich von den Anfängern bis zu den zwei höchsten Yokozunas fortschreiten. Zuerst zeremonieller Einmarsch der Kämpen in schweren dekorierten Schürzen, die mit traditionellen Themen – wie etwa auch einer Hochspannungsleitung – bestickt sind. Währenddessen füllt sich der Zuschauerraum, unterteilt in quadratmetergroße hölzerne Plattförmchen für je eine hockende Kleinfamilie. Dann Auftritt der zwei ersten Kontrahenten in grauen Leibbinden, die unvermeidlich an Windeln erinnern und die prallen elefantengleichen Gesäßbacken freilassen. Gerade dieser Aspekt soll die Sumoleidenschaft der japanischen Frauen furios anstacheln. Nach furchteinflößenden Stampfritualen ein Fächersignal, und die zwei Ringer stürzen aufbrüllend gegeneinander wie gepolsterte Lokomotiven. Hierauf ächzendes Geschiebe und Gewurstle, während die festklebenden Leiber nach dem entscheidenden Griff suchen, um den Gegner niederzuwerfen oder aus dem Ring zu drängen. Schier übermenschliche Anstrengung, die nur Minuten dauern darf, zu mehr sind Herz und Arterien dieser Fettklöße nicht fähig. Es gibt an die fünfzig Griffe und Würfe, jeder mit Varianten. Die häufigsten: Yori-kiri – den Gegner am Gürtel hinausdrängen. Tsuri-dashi – ihn am Gürtel hinausheben. Tsuppari – ihn mit der flachen Hand hinausstoßen. Okuri-dashi – ihn um sich selbst drehen und vom Rücken her hinausbefördern.

Das beliebteste Spektakel: Utchari. Der fast sichere Verlierer stemmt seine Füße mit letzter Anstrengung gegen die Grenzwulst, hebt den Gegner hoch und wirft sich zusammen mit ihm aus dem Ring. Aber so, daß der andere um Bruchteile früher herunterkollert und in die Menge kracht. Die Standfestigkeit des Sumokämpfers beruht demnach auf einem möglichst tiefliegenden Schwerpunkt, und dies der Zweck der angespeckten Wampen. Jesse Takamiyama hingegen, dieser langbeinige Insulaner, ist oberlastig. Auch heute wird er schmählich um die eigene Achse gedreht und dann – okuri-dashi – von hinten aus dem Ring gestoßen. Blamable Niederlage, die seinen Aufstieg zum Ozeki, und damit in eine höhere Einkommensstufe, definitiv in Frage stellt. Natürlich darf er sich davon bei der Schlußzeremonie nichts anmerken lassen, sowenig wie sein Gegner den Triumph. »That was the toughest thing to learn«, sagt er uns bei der Heimfahrt. Schon beeindruckend, was die Anstandsregeln japanischer Altkultur aus diesem Naturburschen gemacht haben.

TOKIO, 11. OKTOBER 1974

Im feudalen Sumopalast Abschied eines Ozeki von der Karriere. Eisgraue Gentlemen in Cutaways und Vatermördern, Vertreter des erzkonservativen Establishment, das hier alle Fäden in der Hand hält, klettern steifbeinig auf die Tribüne. Mit einer goldenen Schere wird dann todernst dem scheidenden Sumotori je eine

Locke aus dem Haarknoten geschnippelt. Dieser zerdrückt mit dem Daumen ein Tränchen im Augenwinkel, denn hier ist Weinen gestattet. Rührseligkeit, die legitime Kehrseite der Männerbündelei, von Preußens Gloria bis hin zu den Nazis. Aus einem Gefüge von Vorschriften und Bindungen hat bisher das Leben dieses Volkshelden bestanden, nun muß er hinaus in die kalte Wirtschaftswelt. Als was? Jesse: »Jeder möchte gern Trainer oder Stallboß werden, die meisten enden als Köche und Gastwirte. Oder auch als Yakuzas, abfällig Gangster genannt. Sie sehen sich aber in der Nachfolge der Samurai. Da neben Sumo und Kabuki der einzige Beruf, der noch altjapanische Ehrbegriffe kennt.« Kommt geradezu ins Schwärmen: »Hier gibt es Kriminellenfamilien, deren Spezialität sich vom Vater auf den Sohn weitervererbt. Begeht so ein angelernter Einbrecher versehentlich einen Raubmord, so gilt er als geächtet und kann nur noch ehrlich werden!«

Er selbst würde allerdings lieber in die Werbung. Nur soll es wenig Sumokämpfer geben, die trotz Gewichtabnahme die Fünfzig überleben. Herzverfettung und Diabetes die Berufskrankheiten. Jesse: »Aber ich habe noch gute Jahre vor mir. Und was wäre ich ohne Sumo geworden? Wahrscheinlich Dorfpolizist wie mein Vater.« Ende der Zeremonie, die Danpatsu-shiki heißt, der Schopfschnitt. Das hat also, wie alles in Japan, seinen rituellen Namen und damit seinen Sinn.

PARIS, 5. APRIL 1975

Rufe zaghaft bei Peter Handke an, der sich umgehend mit Film einverstanden erklärt. Was bei mir wie stets zu einem erschrockenen Rückzieher führt: »Lassen Sie uns erst einmal drüber reden.« Nachmittags Antrittsbesuch. Handke wohnt jetzt in Paris mit sechsjähriger Tochter Amina, deren Mutter die Schauspielerin Libgart Schwarz. Das Wohnhaus im stockbürgerlichen Auteuil liegt direkt an der Vorortbahn. Handke kommt verspätet: »Mußte das Kind erst zur Schule bringen.« Nennt auch später fast nie ihren Namen, so, als hätte sie kein Eigenleben jenseits dessen, daß sie sein Kind ist und damit einer seiner (wenigen?) Zugänge zur Realität. Ich meine zu unserer. Handkes blasses, durchgeistigtes, irgendwie merkmalloses Gesicht mit der turmhohen Stirn hat etwas

Engelhaftes. Einzig der schüttere Schnurrbart wie ein Zugeständnis ans Menschliche: »Seht, ich bin einer von euch.«

Die möblierte Wohnung, in der er kein Stück verändert hat, von bourgeoiser Spießigkeit. Ebenerdiger finsterer Schlauch von der Straße weg nach hinten. Zuletzt das von ihm mit schrillem Papierschmuck ausstaffierte Kinderzimmer. Werde in die fensterlose Küche geladen. Dort die einzigen Stücke mit Persönlichkeitsbezug, die man in der Wohnung wahrnimmt: Plakate von Handkes Pariser Theateraufführungen, darunter der »Ritt über den Bodensee« mit Jeanne Moreau. Meine Frage nach seinem stadtbekannten Liebesverhältnis zu ihr abgebogen mit: »Was nennen Sie Verhältnis?« Beklagt sich, daß ihm laufend weibliche Bewunderinnen die Bude einrennen: »Ich ,versteh' gar nicht, was die wollen. Erst gestern wieder eine, die gleich ihren Koffer anschleppte, ihre Zahnbürste im Badezimmer aufstellte. Die Zahnbürste! Ich habe sie natürlich expediert. Freiheitsberaubung, nichts weiter!« Vielleicht fiktiv. Ergeht sich schwärmerisch über seine Verantwortung für »das Kind«. »Mein Schreiben wird dadurch zur Lohnarbeit, wie beim Handwerker. Was wollen Sie, die Eselsbrücken anderer Leute sind noch künstlicher.« Kocht dann für Amina zu Mittag, mit einer Tapsigkeit, die in jeder Frau Muttergefühle erwecken muß. Seine Kochkünste dürften sich etwa vom Rührei zum Wienerschnitzel erstrecken, mit einer gähnenden Leere dazwischen.

PARIS, 6. APRIL 1975

Neuerlicher Besuch bei Handke, diesmal mit meiner Frau. Brauche Rückendeckung, da bisher von der Realisierbarkeit eines so kopflastigen Films keineswegs überzeugt. Handke wie gestern freundlich-unbestimmt. Etwas Vages, nicht zu Fassendes. Viel Frustpotential. Sein verbissenes Bemühen, auch alltägliche Fragen präzise zu beantworten, führt zu stotternden, jedes Wort dreimal neufassenden, lähmenden Monologen. Handke kennt keine Begriffe, vorgestanzten Wortverbindungen, verbalen Fertigteile. Nur Aufspüren und Einkreisen eines sich stetig entziehenden Empfindungskerns. Etwas Wiederkäuerisches im Denken. Oder wie einer, der jede Münze erst neu prägen muß, bevor er mit ihr zahlen darf. Sondert Erläuterungen ab wie eine Spinne ihren Faden. Und auch dieser wird sogleich wieder weggeblasen, ist nur kurzlebige Konfiguration, bevor alles wieder in Fluß gerät auf dem Weg in die nächsttiefere Auslotung.

Eindruck von Unerschöpflichkeit, aber auch Unerlösbarkeit. Dieser Kopf wie ein Sprengsatz, der dauernd durch Schreiben entschärft werden muß, sonst Explosionsgefahr. Zitate aus seinen Schriften werden jedoch kühl abgeschmettert: »Was wollen Sie, alles Gesagte ist doch eben dadurch bereits überholt.« Versuch, diese Hochspannung zeitweilig durch Alltägliches zu lockern, produziert eiskalte Animosität: »Warum reden Sie so einen Schmus?« Findet zum Beispiel Paris keineswegs interessanter als andere Orte, ist nur gekommen, damit »das Kind« früh Französisch lernt. Besucht nie das Quartier Latin, war noch nicht beim Eiffelturm. »Das sind doch Bühnenversatzstücke, Inszenierungen.« Findet den Busknotenpunkt an der Place d'Auteuil viel authentischer. »Authentik, das ist es. Jedes Wort, jede Geste als Ausdruck des Lebensganzen. Stimmung ist Schlamperei!«

Mache Film mit ihm aus, obwohl noch ohne konkrete Ideen. Abends stichwortartige Notizen wie zu einer Bühnenfigur: Handke vielleicht das erste wahre Genie, das ich je traf. Kann mich einfach nicht hinter diese Stirn versetzen. Eine Lauterkeit wie die eines Kindes. Aber auch kindische Spontaneität, unduldsame Rücksichtslosigkeit. Vermag auch zu staunen wie ein Kind. Und wirkt gleich darauf wieder uralt. Wie jemand, der schon in früherer Existenz alles erlebt hat, jetzt nicht mehr zu leben braucht, mit Selbsterforschung voll ausgelastet. Wozu küssen, der erste Kuß hat ihm schon alles Nötige vermittelt. Gleichzeitig starke Liebessehnsucht. Aber: »Auf Dauer hält es keine aus.« Kann nicht Auto fahren. Kann nicht dalbern, lacht aber über die einfältigsten Witze. Hat keine Konversation. Kann nur mit Künstlern oder ganz einfachen Leuten umgehen, also Menschen, die ganz bei sich selber sind, sich haben. Viel unbewußter, fast pueriler Charme, dicht daneben eine ganz bewußt, ja geradezu markenzeichenartig eingesetzte Wut. Das Gesicht liniert von Lebenskämpfen, die er vielleicht gar nicht bestanden hat. Es waren Kunstkämpfe: die Plage, jede feinste Geste und Verästelung seines Unbewußten in Worten festzuhalten. Weil ohne Worte nichts existiert.

Drehtag bei Handke. Zuerst der Schulweg mit Amina, wobei er auf die »bösen Männer« schimpft, die ihr so Angst machen. Dabei zeigt sie nicht die geringste Kamerascheu, während Handke bei jeder Nahaufnahme in Wallung gerät und mit doktrinärer Medienschelte unser »Lebenseinfriergerät« verflucht. Man darf allerdings nicht vergessen, daß dieser Kärntner Kleinhäusler erst mit 19 seine erste Telefonkabine benutzte. Anschließend Frühstück mit Kaffee und Croissants im benachbarten Bistro. Liest ostentativ und kommentiert (um seinen Ruf als politikferner Sensibilissimus zu widerlegen) die Berichte von Le Monde zum panischen Zusammenbruch in Südvietnam. »Politik heißt aber für mich nicht, daß ich mich an eine Ideologie festklammere, in der man sich ausruhen kann wie ein Seiltänzer mit Sicherheitsnetz. Politik bedeutet, daß man die Katastrophen nicht ungerührt hinnimmt. Sondern sich mit den Menschen, die man kennt, und mit dem Kind halt intensiver befaßt, im Bewußtsein der Vergänglichkeit, des Todes.«

Mittags Abholen Aminas, Kochen für sie und uns, dann Hausaufgaben. Bügelt, näht paradigmatisch einen Knopf an. Etwas zu demonstrative verbale (nicht physische) Zärtlichkeit, vielleicht für die Kamera bestimmt oder auch zur eigenen Seelenberuhigung. Solch unerlaubter Gefühlsüberschwang muß aber gleich wieder korrigiert werden: »Ich hasse diese Illustriertenknutscherei, wofür ich mich manchmal hergeb'. Das kaschiert ja bloß meine tatsächlich empfundene Unzulänglichkeit. Oder auch die Wut, ja die Wut, wenn das Kind vielleicht am Klo trödelt, während man zum Arbeiten kommen möchte oder auch nur zum blöden Zeitunglesen. Nein, nicht Wut, Hysterie mein' ich, Hysterie.« Nachmittags wird Amina von einer Freundin abgeholt. Notizen zu neuem Buch (das nur aus Notizen zu bestehen scheint). »Ich hab' ja nur ein einziges Thema, das ich ausbeute: Wie man sich dem Leben offenhält, frischen Erfahrungen zugänglich bleibt. Es gibt da so Augenblicke der Exaltation, der Ekstase, vielleicht, während ich koche oder gerade mit Ihnen rede, Sie merken es gar nicht. Nachher sinkt man wieder zurück in seinen Lebensstumpfsinn.« Abends filmen wir das Zubettbringen von Amina. Handke besitzt keinerlei Kinderton (sowenig wie er zu benachbarter Katze einen Tierton fand), sondern ergeht sich verlegen in gestelzten Dialogen: »Falls du einverstanden bist, würde ich jetzt eine Lesung vorschlagen.« Liest ihr aus Hebels »Schatzkästlein« die Geschichte vom Kannitverstan. Beim Leichenbegängnis des Kannitverstan (»Weißt du, was ein Leichenbegängnis ist?«) wird zudem der Vortrag angereichert mit einem ausführlichen Diskurs über das Sterben. Daraufhin gute Nacht.

PARIS, 11. APRIL 1975

Aufnahmen mit Handke im Wolkenkratzerviertel der Défense, über dessen trostlose Öde er kürzlich ein Büchlein mit eigenen Polaroidfotos veröffentlichte. »Aber ich fühle mich irgendwie auf perverse Art wohl an dieser Stelle. Und zwar, weil Paris sich hier so darstellt, wie es wirklich ist, und nicht mit pittoresken Verschnörkelungen. Das Innere der heutigen Menschen entspricht genau der ohnmächtigen Geometrie dieses Anblicks.« (Diesen Satz aber erst im dritten Anlauf zustande gebracht.) Hat gehört, daß in den unteren Stockwerken der Wohnblocks die Verbrechensrate zwei pro tausend betragen soll, dann vom 8. Stockwerk an auf sechs, vom 18. auf zehn pro tausend ansteigt.

Nach Tisch Kaffee mit Handkes Übersetzer, dem Schriftsteller Georges-Arthur Goldschmidt. Der Französisch als selbstherrliches Gebilde beschreibt, das Handkes präzisem Tasten ins Ungefähr einen eisernen Widerstand entgegensetzt. Dieser komisch-verzweifelt, weil sein Begriff »krachledernes Unding« (der sich auf F. J. Strauß bezieht) nur übertragbar sei als »knisternd wie trockenes Leder«. Und weil für »Ringelspiel« und »Karussell« das Französische eben nur den zweiten Ausdruck kennt. Nachher mit Handke und Amina zu einem Kinderspielplatz, wo er auch mit Wim Wenders verabredet ist. Dem konzentrierten Gespräch der beiden, außer Reichweite abgehalten, entnimmt man bruchstückweise, daß es sich um die physischeren Aspekte des Liebeslebens handeln muß. Wozu auch dem Wortklauber Handke keine ausgesuchteren Vokabeln einfallen als unsereinem. Solche Unverblümtheit erstaunt, weil Handke sonst auf Distanz hält, sich keinen an den Leib rücken läßt, ja eine geradezu jungfernhafte Scheu vor körperlicher Berührung zeigt. Signale seiner Kommunikationsschwäche und inneren

Isolierung? Muß dieser solipsistische Mann sich vor sich selber dumm stellen oder mit Alkohol überrumpeln, um überhaupt menschliche Wärme zu erfahren? (Obwohl es ja streng verboten ist, dem Nächsten Gefühle abzusprechen, nur weil sie nicht an der Oberfläche liegen.) Währenddessen fährt Amina vergnügt ein Mal über das andere Karussell bzw. Ringelspiel. Was Handke zu einem jähen Haßausbruch gegen diese und ähnliche Einrichtungen veranlaßt: »Deppenhaftes Kreiseln um nichts ... Inbegriff der Volksverdummung, ganz wie Ihre Bewußtseinsindustrie ...«

PARIS, 17. APRIL 1975

Interview mit Peter Handke auf seinem hauseigenen Quietschsofa. Vorher Flasche Bordeaux, um uns aufzulockern, kurz darauf leider eine zweite entkorkt. Wir sind also schon beide nicht mehr ganz klar, als Kamera zu rollen beginnt. Je länger sie rollt, desto unklarer wird uns die Sache, worauf sie eigentlich hinausläuft, wenn überhaupt.

Hier das Kapitel Liebe. Reporter: Das Erotische, das Sexuelle in Ihrer Beziehung zu Frauen, kann man darübr was sagen? Handke: »Ja, ich weiß nicht, im Moment hab' ich überhaupt keine Idee, in der Sekunde.« Reporter: Sie scheinen da völlig keusch vor sich hin zu leben? Handke: »Ja.« (Trinkt.) Reporter (sucht verzweifelt in seinen Notizen): Durch alle Zeitungen ging die Nachricht, Sie seien mit äh ... mit Jeanne Moreau liiert gewesen? »Liiert, liiert ...« Ja, hat es nun gestimmt? »Zur Sexualität hab' ich wahrscheinlich ... habe ich wie jeder eine zwiespältige ... ich weiß nicht ... ich, ich hab' keine Ideale. So 'n Abenteuer mit 'ner Frau, da so ganz ohne Beziehung auf das, was man ... also auf die Bindungen, das finde ich das Erstrebenswerte an der Sexualität. Jetzt hab' ich mich verraten, gell?« Wie ist das ... hm ... mit der Ehe? »Ich glaub', jetzt geht der Film langsam aus.« (Unterbrechung, er verschwindet ins Badezimmer.)

Reporter (nach seiner Rückkehr): Also die Ehe ... äh ... oder haben Sie das schon beantwortet? (Wendet sich fragend zum Kameramann.) Handke: »Ich weiß nicht ... Es gibt da drei, vier Paar', die ich kenne, wo ich mit 'ner Rührung und auch mit 'ner Art ... Schadenfreude sie beachte, sie beobachte, ja doch. Aber trotzdem, wenn man ... ach geh, das glaub' ich auch nicht, ich bin überzeugt, daß das verlogene Ladenschwengel sind. So ein Ehepaar, na ja, was ist das schon Großes? Liechtenstein ist auch was.« Es entsteht das Gefühl, daß bei Ihnen eine Art ... eine Art Unreife ... »Ach was, so ein Abenteuer, das ist doch ein Triumph, das muß man doch einfach ausprobieren, sein Leben lang.« Immer wieder neue, immer wieder mit anderen Mädeln, Mädels? »Ja, warum nicht, verflucht, warum nicht?« Machen Sie es sich da nicht zu leicht, immer mit 'ner neuen Frau? »Was haben Sie mit Ihren neuen Frauen dauernd, die Sie da hineinquäksen? 'ne alte Frau ist mir genauso langweilig. So immer mit derselben, das ist ja noch viel stupider ... mit der eigenen, ich mit der leibeigenen Frau das betreiben würde ... ach, Scheiße!«

Unfaires Interview. Zu wiederholen. Hierauf Auszahlung des Honorars. Habe oft darüber nachgedacht, wie man mehr Realität hereinholen kann in unsere Dokumentationen, bin aber zu keinem allgemeingültigen Resultat gekommen. Die Wahrheit ist doch auch, daß jedesmal allerhand Eitelkeit in der Luft liegt, beim Filmemacher sowie beim Gefilmten, aber Eitelkeit soll absolut nicht aufscheinen in dem Film, nur lauterste Seelenlandschaft. Und eine weitere Wahrheit ist eben, daß unvermeidlich Honorar gezahlt wird, weshalb auch nicht, die Leute geben ja ihre Zeit her und Nerven, aber ein orientalischer Teppichhandel bleibt es trotzdem. Du mir zeigen deine Gefühle, ich dir zeigen Pinkepinke. Oder so ähnlich. Doch nicht ganz so. Denn billigerweise kann der Gefilmte keine Gefühle produzieren, wenn der Filmer die seinen nicht hervorkramt. Hat er keine in diesem Fall, also keine Erotik für den Partner, Männlein wie Weiblein, so gibt's auch keinen nennenswerten Film. Handke, unfähig (derzeit wenigstens) Gefühle auszudrücken, aber sensibel bis in die Knochen, lädt uns alle samt Amina und Damen zum Abschied in das Schlemmerlokal Lasserre. Kulinarisches Großereignis! Und die Rechnung entspricht fast genau dem ausbezahlten Honorar. Praktisch angewandte Liebe, nicht zu verachten.

Mit Roberto Rossellini, der hier seinen Film »Der Messias« dreht. Nach dem genauen Wortlaut der Evangelien. Und offenbar, obschon er das vehement ableugnet, von amerikanischen Katholiken finanziert sowie vom Vatikan überwacht. Der »Maestro«, wie man ihn zu titulieren hat, jetzt älter und dicker geworden, dennoch von einem Troß anbetender Glucken umrahmt, die seinen Ruhm bewirtschaften. Und ihn vor jedem »bösen Blick« abschirmen, also vorzugsweise gegen uns. Die oberste Vestalin dieses Personenkults heißt Sylvia d'Amico, die aber vielleicht nur mehr die Asche des Vulkans auskehren darf, der einst Anna Magnani und Ingrid Bergman entflammte. Muß auch hier mal wieder läppischen Vertrag unterzeichnen, daß ich den Meister höchstens drei Tage »belästige« und dergleichen. Endlich kurze Aussprache. Rossellini, nach Herzinfarkt, sieht dem Ende gefaßt entgegen, will »nur mehr nützlich sein«. Kino ohne Kintopp machen, Lehrfilme, Authentisches: »Ich bin doch viel uninteressanter als das, was die Herren Sokrates, Mohammed oder Marx zu sagen haben.«

Nach Tisch unter kreidebleichem Mittagslicht Szene am Tiberiassee. Jesus (ein italienischer Student namens Mario Rossi) leiert monoton seine Parabeln herunter, während Rossellinis Hauptaugenmerk den Aposteln gilt und ob sie auch die Fischnetze fachgerecht auswerfen. Gedreht in einer endlosen, also minutenlangen Einstellung, dem »plan séquence«. Wobei der Meister persönlich mit einem selbsterfundenen Fernlenkgerät die Optik dirigiert, während der Kameramann nur die ihm aufgezwungenen Bewegungen leicht ausgleichen darf. Alles bleibt in Totalen: »So hat der Zuschauer die Freiheit, sich wie auf einem Riesengemälde auszusuchen, welchem Detail er seine Aufmerksamkeit schenkt.« Anschließend hängt Rossellini in wenigen Tagen diese Sequenzen zusammen, und der Film ist fertig. »Keine Mirakel, keine Orgien, kein Charlton Heston und keine Elizabeth Taylor. Nur so, wie es wahrscheinlich die Zeitgenossen empfunden haben. Und ich registriere das als Reporter. Mische mich nicht ein, bin bloßer, fast zufälliger Zeuge.« In der Theorie revolutionär. In der Praxis stinklangweilig. So fad war Jesus nie. Unbegreifliche Verirrung eines Romantikers, dem das Temperament ausgegangen ist.

Vor den Toren dieser Oase eine Kamelkarawane, auf dem Weg zum Einsatz als rossellinische Komparserie. Nur die Jeans stimmen nicht, sonst sind es die nämlichen Leute, denen Jesus vor 2000 Jahren predigte. Die ewigen Statisten der Weltbühne ... Dreh an einer alten Römerbrücke. Plötzlich ist da eine Abordnung der Glucken, die feierlich auf uns zugeschritten kommt. Was ist los? Einer der (schlechtbezahlten) Schauspieler hat sich nach Tunis abgesetzt: das Haupt der Pharisäer. Ob ich nicht selbst mit meinem biblischen Typus bereit wäre ... Wer, ich? Kurze, heftige Identitätskrise, nur mit Humor zu bewältigen. Dann bin ich bis zur Kenntlichkeit zu einer Art chassidischem Juden verkleidet, mit Schläfenlöckchen und Gebetsriemen. Und habe – Sprache nebensächlich, es wird ohnehin alles nachsynchronisiert – die Jünger anzupflaumen, weil sie trotz beginnendem Sabbat auf dem Feld ihre Ähren einsammeln. Dazu furioser Sonnenuntergang, den Rossellini mit Gewalt ausklammert: »Auch die Apostel haben sich in diesem Moment bestimmt nicht vor der Sonne aufgebaut.« Schon. Aber dann dürfte in letzter Konsequenz auch nur Jesus den Jesus darstellen.

Interview, bei dem ich den Meister bitte, unseren Filmtitel zu ergänzen: »Rossellini, ein Mann, der –« Er sprudelt heraus: »Ein Mann, der weiß, daß er nichts weiß ... ein Mann, der sich amüsiert ... ein Mann, der sein Leben voll ausleben will ... der immer bereit ist zu leiden ... zum Beispiel mit Frauen. Aber dieses Bereitsein macht ja auch das ganze Glück des Menschen aus.« Ist der Beruf, Mann zu sein, schwierig zu erlernen? »Das Allerschwerste. Man bringt Ihnen die Medizin bei oder das Filmen. Aber wie man ein Mann wird, kümmert die Gesellschaft wenig. Gerade um das habe ich mich lebenslang bemüht. Und das einzige, was ich schließlich zustande brachte: mit meinen verflossenen Frauen in Frieden zu leben. Glauben Sie mir, das ist viel.« Der letzte Filmtitel, den ich vorschlage, erfüllt ihn dann geradezu mit Begeisterung: »Rossellini, ein Mann wie jeder andere.«

Mietwagen ab Flughafen Huntington, um mich zum Drehort zu bringen, wo Team schon vorher eingetroffen. Natürlich hat unsere treue Aufnahmeleiterin Kit die ganze Story für uns gefunden. Aufregende Bergfahrt über bewaldeten Höhenzug zwischen Kentucky und Westvirginia. Dies ist Lederstrumpfland – die alte »Grenze« der Pionierzeit. Nachher strömten die Verwegeneren durch den neuentdeckten Cumberlandpaß weiter nach Westen, bis die letzte Grenze erreicht war, der Pazifik. Die Zurückbleibenden wurden zu Zurückgebliebenen. Letzte direkte Nachkommen der angelsächsischen Ureinwanderer, heute »Hillbillies« genannt. Ihr Bergland, die Appalachen, zieht sich vom Staat New York bis hinunter nach Mississippi. Derzeit das ausgedehnteste Notstandsgebiet Amerikas. Ein Zehntel aller Arbeitslosen des Landes lebt hier. Ausschließlich Weiße. Lebt entweder von Kohle oder von Unterstützung – »ain't nothing else«, sonst ist da nichts. So der Fahrer mit verkniffenem Hohn.

Dann wieder stundenlang kein Wort. Erst als wir in dem Kreisstädtchen Kermit eintreffen, läßt er sich zu einer weiteren Bemerkung hinreißen: »Miese Gegend. Miese Gestalten. Hier würde ich keine Nacht verbringen.« »Warum nicht?« »Die mögen keine Fremden. Die machen Jagd auf sie.« Dabei ist er im benachbarten »County« geboren. Aber eine halbe Autostunde reicht hier bereits zum Ausländer.

Zeigt mir das sogenannte Hotel, eigentlich bloß hölzernes Obergeschoß eines Geräteladens. Auf der überdeckten Terrasse, hier »stoop« genannt, drei Tabak kauende Männer, die Stiefel am Geländer. Die windschiefe Hamburger-Bude, uns als bestes Restaurant empfohlen, wirkt ähnlich abweisend. Allenthalben die nämlichen schlaksigen Figuren mit hohlen, unrasierten Wangen, zumeist in verwaschenen Overalls. Uramerikanische Visagen, kaum sonstwo mehr anzutreffen. Lümmeln in Gruppen um ihre zerbeulten »pickups« (Pritschenwagen) voller Geräte, Flinten, Jagdhunde. »Alles nur Schau«, knarzt der Fahrer. »Die tun, als hätten sie Gott weiß was für Unternehmungen vor. Dabei sind sie nur in der Stadt, um ihre Wohlfahrtsschecks zu kassieren.« Er selbst ist schon vor 15 Jahren abgehauen: »I ain't no hillbilly no more.« Was ihm aber irgendwie das Herz abzufressen scheint. Erklärt uns die Verfassung von Mingo County (»Bloody Mingo«), in dem wir uns befinden: »Alles gehört einem einzigen Ehepaar, Cooney und Wig Preece. Der Polizeichef ist ihr Schwiegersohn. Der Feuerwehrchef ist Wig selber. In diesem Kaff von 700 Einwohnern hat es in einem einzigen Jahr hundertmal gebrannt. Millionen an Versicherung kamen herein. Oh, Wig ist im Bilde, wann man ein Feuerchen löscht und wann man es brennen läßt!« Weigert sich dann, bei einbrechender Dunkelheit weiterzufahren. »Die spannen auch schon mal Stricke über die Straße.« Übernachtung im Motel, zehn Dollar. Im vorhinein zu entrichten.

MARROWBONE CREEK, 31. OKTOBER 1975

Schmale Fahrstraße ins Gebirge. Beidseitig ungepflasterte Abzweigungen, die zu den »hollows« führen, den engen Bergtälern, jedes traditionell von einer einzigen Sippe bewohnt. Fahrer erkundigt sich nach dem Weg. Unwillige Antworten der Befragten, die schon das Ansprechen für eine Zumutung halten. Die Gesichter gezeichnet von Argwohn, aber auch knorrigem Stolz, Selbstvertrauen, rigidem Puritanertum. Einer alten Frau wird von ihrem Mann die Bluse bis obenhin zugeknöpft, bevor sie mit uns weiterreden darf. Einer jagt den Hofhund auf uns: »Ain't nothing good ever come from outside«, nichts Gutes kam ihm je von draußen. Endlich haben wir uns durchgefragt zur letzten Hütte (»bottom of the hollow«) des Marrowbone Creek. Solides Blockhaus am Waldrand mit geteertem Holzdach, darüber Fernsehantenne. Auf der Schaukel unter dem Vordach der Besitzer, Claude Dillon, in Unterhaltung mit dem Team. Allseitige Begrüßung.

Dillon zu meinem Erstaunen der Typ des strammen britischen Militärs, wozu auch die präzise Aussprache paßt und der gestutzte Schnurrbart. Gesichtsschnitt etwa wie der des Schauspielers David Niven. Was hat der hier zu suchen? Und was wohl Dillons Vorfahren drüben in Cromwells England gewesen sein mögen? Jetzt macht er den Bergbauern, Zimmermann, Jäger, Fluraufseher, notfalls auch Bergarbeiter. »Ich hab' mich auf alles eingelassen, bloß um nicht wegzumüssen. Weil es nämlich ergiebiger ist, hier arm zu sein als anderswo reich.« Wo er nur solche Ausdrucksweise gelernt hat? Wirkt nicht wie ein Hillbilly gleich seinen Vorfahren und auch wieder seinen Nachkommen. War eines von 13 Kindern, hat auch selbst wieder 13 gezeugt. Seine Frau Nora unterleibskrank, erschöpft von den vielen Geburten. Auch die jüngste Tochter, noch Kind, wirkt schon verbraucht. Der halbwüchsige Sohn Frank schwachsinnig, wohl wegen Inzucht. »Ich gebe ihn aber nicht aus dem Haus. Bei uns wird man allein mit solchen Aufgaben fertig.« Von den übrigen Kindern haben »etwa acht« überlebt.

Claude fährt als erstes mit uns im Vierradantrieb Freunde und Verwandte besuchen: »Ich schätze, daß ich von den 2000 Menschen in diesem Tal mit 1500 verwandt bin.« Ob er alle ihre Namen kennt? »Nicht nur das, auch die ihrer Kinder, Pferde, Hunde.« Wir stoßen auf kleine Jungen mit Zipfelmützen auf ihrem zehn Kilometer langen Schulweg. Auch Claude selbst hat bloß Volksschulbildung: »Noch in den vierziger Jahren konnte man die Stadt nur mit Ochsenkarren erreichen.« Unser Weg führt stellenweise durch das steile Bett eines Wildbachs. Zuletzt eine waldumstandene Berghütte, in der Claude uns unterbringt, zum Teil auf Hängematten. Und er hat tatsächlich ein Badezimmer mit holzbeheiztem Wasserspeicher für uns eingebaut. Auch Kohleherd ist vorhanden. Als Beleuchtung Petroleumlampen. Etwa hundert Meter vom Haus ein beschrifteter Pfahl im Wald: »Ab hier gehört nur noch das Land mir. Nicht, was darunterliegt.«

MARROWBONE CREEK, 3. NOVEMBER 1975

Auf Pirschgang mit Claude Dillon und Hund. Vorher mächtig Gewehrkult betrieben mit Einölen von Lauf und Kolben, Präparieren der Munition. »Mein Großvater hat hier noch Bären erlegt, mein Vater Waschbären und Rotwild.« Jetzt ist nicht das kleinste Eichkätzchen mehr aufzutreiben, wie er es uns zum Mittagsbraten versprach. Die Wälder leergeschossen, sogar von Singvögeln. Generationenlanger Raubbau. Claude führt uns zu einer Quelle, die er als Junge entdeckt haben will. Direkt darüber ein zutage liegender Kohlenflöz. »Nur einen Meter dick, aber Nummer neun, beste Qualität. Zieht sich möglicherweise durch den gesamten Berg. Kann Millionen wert sein.« Und er damit Millionär? »Schön wär's. Schon mein Urahn ließ sich die Schürfrechte unter seinem Land von irgendeinem Advokaten abschwatzen, für einen Dollar den Acre. Nachher hat man aus manchen Acres Hunderttausende herausgeholt.« Bringt uns zu einem Schlackenberg, von wo aus wir das dumpfe Vorbeistampfen der meilenlangen Kohlenzüge beobachten können. »Wird alles im Norden verbrannt und versteuert. Uns bleibt nichts. Auf dem reichsten Boden Amerikas sitzen seine ärmsten Bewohner. Soziale Demontage. Wir sind eine klassische Kolonie.« Woher er das wiederum weiß! »Und wen, meinen Sie, haben wir zu unserm Sheriff gewählt? Den Sprößling von einem der lokalen Kohlebarone. Bei uns können Sie eine Wahlstimme für eine Flasche Whisky kaufen. Zur Not reicht auch ein anonymer Drohbrief.«

Schickt uns ins übernächste Tal, wo derzeit Kohlegewinn im Tagebau stattfindet. »Ich lass' mich aber da nicht blicken. Will schließlich weiterleben in meinem Hollow.« An der angegebenen Stelle finden wir ein dröhnendes, kreischendes Monstrum, etwa wie ein platter Kran. Oder wie ein kriechender umgekippter Eiffelturm, an dessen Ende ein gigantisches Schaufelrad rotiert. »150 Kubikmeter Braunkohle kratzen wir hier jede Minute heraus!« brüllt mir einer der Arbeiter stolz zu. »Ersetzt zehntausend Kumpel mit Hacke und Schaufel.« Rundherum, so weit das Auge reicht, eine Wellenlandschaft aus haushohen Abraumwülsten. Ingenieur kommt herangebraust und erkundigt sich mißtrauisch nach unseren Absichten. »Ah, Germany!« Dann mit der stets präsenten Begeisterungsfähigkeit der Amerikaner: »Aber ihr macht das ja viel eleganter als wir. Bei euch wird nachher das Land wiederhergestellt, und am Ende sprüht man sogar den aufbewahrten Humus drüber. Während wir hier ...« Anscheinend sind schon eine Million Arces in den USA zu solchen Wüsteneien verunstaltet, vorzugsweise in Appalachien. »Und seit der Ölkrise braucht man mehr Kohle als je zuvor. Da können Sie sich ausrechnen, wieviel für den Naturschutz übrigbleibt.« Filmen läßt er uns aber dann doch nicht: »Hören Sie, ich hab' Frau und Kinder.« Schätzt, daß über die Hälfte der amerikanischen Kohle in solchem »strip-mining« produziert wird. »Und dank unserer Maschinen brauchen wir heute in Westvirginia nur noch ein Viertel soviel Bergleute wie zuvor.« Die übrigen wären dann allerdings arbeitslos? »Sollen sie eben nach Chicago abwandern. Diese Gegend hier ist ohnehin tot und begraben.«

Hausbau im Wald für den Halbindianer Pierce. Beteiligt etwa ein Dutzend Mann aus dem Hollow. Laubbäume werden mit der Motorsäge gefällt, entschält, von zwei Maultieren an Ketten herangezerrt. Dann mit der Axt nahe den Enden eingekerbt und über vier Ecksteine zu einem Blockhaus aufeinandergeschichtet. In einem Tag zu schaffen. Die Stämme allerdings nur mehr spannendick. Nicht viel breiter als die nachher mit Lehm zu verstopfenden Zwischenräume. Tür und Fenster werden zuletzt, nach dem Aufsetzen des schrägen Teerpappendachs, einfach hineingesägt. Bei dem Unternehmen wirkt Claude wie eine Art Anführer. Vielleicht dank der natürlichen Autorität des distanzierten und sich gewählt ausdrückenden Menschen, mit dem man nie recht warm wird. In einer Pause frage ich ihn, woher er seinen Wortschatz nimmt. »Aus der Bibel!« sagt er sehr schnell. Wohl eher vom Fernsehen. Aber auch dazu gehört Lerneifer. Der Mann, mit dem er die ausgedehntesten Gespräche führt, ist übrigens der einzige Langhaarige und Bärtige im Hollow: ein Vietnamveteran namens Michael. »Früher hätten sie mich für meinen Zopf geteert und gefedert.« Also auch in Appalachien ändert sich was? »Am ehesten noch wegen ›Nam‹. Weil doch unsere ganze schießwütige Jugend sich freiwillig dorthin gemeldet hat. Und die Hälfte kam nicht wieder.« – Nachmittags wird Claude von einem steinalten Weiblein aufgesucht, dem er mit dem Zollstab Maß nimmt. »Sind Sie auch Schneider?« wundern wir uns. »Nein, aber Sargtischler.« Wir filmen ihn beim Auswählen und Anzeichnen der Bretter. Dann winkt er ab: »Das übrige wird Sie nicht mehr so interessieren.« Warum? »Weil ich mit elektrischem Gerät weiterarbeite.« Er hat also mitgekriegt, wie sehr wir auf das Hinterwäldlerische abgefahren sind. Erst jetzt wird mir verständlich, weshalb er den Fernsehapparat in der Wohnstube unter einem Stapel Kaminholz versteckt hat. Und beim Drehen einen südlichen Singsang anstimmt, der ihm sonst weniger eigen ist. Dieser Mann macht auf Hillbilly. Legt für uns eine Figur hin, die er innerlich schon überwunden hat. Aber zum Teil auch für seine zwanghaft homogene Umwelt, die ihn sonst wahrscheinlich ausstoßen würde. Eigentlich müßte man dieses drehen anstatt der herkömmlichen Sozialreportage, zu der sich unser Film unvermeidlich auswächst: Armut als Exotik.

MARROWBONE CREEK, 5. NOVEMBER 1975

Mit Claude Dillon noch vor Sonnenaufgang zum »dog hole«: beklemmendes, horizontales Bohrloch, mit dem ein Kleinunternehmer billig seinen Kohlenflöz anzapft. Das schmale Förderband wird um sechs Uhr früh in Richtung Berginneres angelassen. Dann wirft sich einer nach dem andern der Kumpel drauf, zieht den Kopf zwischen die Schultern wegen der Enge des Spalts und fährt ein. Vor Ort wird dann zehn Stunden lang in kniender und liegender Stellung mit der Spitzhacke gefördert. Hinterher der ausgebeutete Stollen mit Dynamit zum Einsturz gebracht. Das alles ohne Versicherung, ohne jeden Gewerkschaftsschutz. Claude trifft auf seinen Freund und Verwandten Jimmy Crank: Bergmann, Staublungenkranker, auch Pastor und Erweckungsprediger. Erbärmlich getretenes Würmchen. Der Grubenbesitzer dazutretend: »Auch Claude hat bei mir gearbeitet. Alle arbeiten bei mir. Sie wissen, daß ich kein Ausbeuter bin. Aber wer höhere Löhne zahlt als ich, muß hier dichtmachen. Mehr ist da nicht.«

Führt uns zu seinem Pritschenwagen, zeigt auf ein Einschußloch im Heckfenster: »Natürlich gibt es immer Burschen, die darauf versessen sind, daß ich dichtmache. Aber mich kriegt keiner.« Erklärt mir den Aufbau der Welt in drei einfachen Sätzen: »Einerseits gibt es die ehrlichen Leute. Und andererseits Gewerkschafter, Nigger und Juden. Sie dürfen raten, zu welchen ich gehöre.« Klappt sein Handschuhfach auf, holt eine dicke 45er heraus, lädt durch. »Aber normalerweise brauch' ich gar keine Waffe. Bei mir reicht ein einfaches Wort.« Weist seine geballte Faust, von der Farbe und Konsistenz eines gekochten Schinkens. Zurück zum »Hundeloch«, dessen Förderband jetzt ein dünnes Rinnsal schäbiger Kohlebröcklein auswirft. Claude im Gespräch mit einem Invaliden, dem der halbe Arm fehlt: »Danach hat die Company mir mitgeteilt, ihre Verpflichtungen mir gegenüber wären abgelaufen wie eine Kreditkarte.« Claude schüttelt dazu bedauernd den Kopf und macht »Tsk, tsk, tsk«. Wie jemand, der nicht begreift, warum Gott soviel Unglück über die Menschheit aussendet.

Trotz Claudes Vorwarnung fahren wir auf Erkundigung ins Nachbartal, das womöglich noch armseliger dasteht als unser Hollow. Heruntergekommene Wohnwagen zwischen bemoosten Blockhütten aus mannsdicken Stämmen. Und überall diese knochigen, angeknackten, wie ausgedörrten Gesichter, die an Fotos aus der Depressionszeit oder Filme wie »Früchte des Zorns« erinnern. Nachfahren von Wildtötern, Trappern, Indianerkämpfern, längst ausklassifiziert, ihr ererbtes Wissen nicht mehr gefragt, verloren in Amerika. Dann am Waldsaum eine Schießerei. Keine Familienfehde, wie früher üblich in Mingo (Hatfield gegen McCoy), sondern bloß ein paar finstere Typen, die ihre ausgesoffenen Sechserpackungen Coors-Bier in die Luft schmeißen und darauf ballern. Höflich fragen wir um Dreherlaubnis. Immer eingedenk der Story, daß kürzlich ein kanadischer Fernsehreporter nicht weit von hier versehentlich abgeknallt wurde, weil er nicht gefragt hatte. Als Empfehlung verweisen wir auf Claude, genau das Verkehrte. »Dillon? Dillon? Vom Marrowbone? Dem werden wir demnächst auch eins übers Fell ziehen.«

Abends »revival meeting« in der Kirche von Jimmy Crank. Nur ist wegen Gewitters im gesamten Tal der Strom ausgefallen. Mit Hilfe der Gemeinde wuchten wir unseren Jeep die Kirchentreppe hoch und erleuchten die hölzerne Baracke mit den Scheinwerfern. Der kränkliche, weinerliche Pastor leider so schwach als Prediger wie auf der Brust. »Er kann nicht überzeugen, nur bezeugen«, flüstert uns Claude scharfsinnig zu. Ziel dieses fundamentalistischen Gottesdienstes sei die Ekstase. Die erweckungshungrigen Beter sollen aufgerüttelt werden bis zum »shouting«. Schon ist Nora Dillon aufgesprungen. Mit ausgebreiteten Armen berichtet sie, stammelnd und schluchzend, wie sie gestern dem »süßen Jesus« mit seinen Schafen auf einer Hangweide begegnet sei. Dazu die Gläubigen hingerissen: »Yeah, yeah!« »Jesus, Jesus!« »Amen, sister!« Ergreifend und ganz wie in den Gospelkirchen von Harlem, obwohl man sich doch hierzulande über die Schwarzen so erhaben fühlt.

Später Claude nachdenklich an seinem Kaminfeuer: »Manchmal bin ich unfähig, die Gefühle der Menschen zu verstehen. Ich denke dabei auch an meine Frau, die sich als ›Ruferin‹ fühlt. Ich kann das nicht. Nun ist Nora ein Mensch, der aus wahrer Verzückung ruft. Ich kenne auch allerhand Leute, die nur in die Kirche gehen, um sich Luft zu machen und Dampf abzublasen. Wir sind eben gehemmte Leute, anders als die Neger. Wir brauchen schon eine gewisse Hochspannung, um unsere Gefühle herauszulassen.« Ich frage ihn nach Vorurteilen gegen die Schwarzen. »Auch ich selbst war einmal notorischer Rassist. Und dann passiert es, daß Michael, den Sie ja kennen, einen Freund aus Vietnam in sein Haus brachte, und das war zufällig ein Schwarzer. In der Nacht haben sie ihn aus dem Bett geholt und ... kennen Sie den Ausdruck ›pistol-whipping‹? Wenn jemand mit dem Pistolenschaft zusammengeschlagen wird, bis ihm der Schädel platzt? Danach war ich kein Rassist mehr.« Letzte Frage: Wenn wir Schwarze wären oder Juden, hätten Sie uns dann ebenso gastfreundlich empfangen? »Ich persönlich ja. Bei den anderen würde ich es stark bezweifeln.« Gerührter Abschied von Familie Dillon. Besonders der schwachsinnige kleine Frank ruft uns noch lange sehnsüchtig nach. Liebe hat nichts mit Verstand zu tun. Morgen um diese Zeit sind wir schon in Los Angeles. Für die Dillons könnte es ebensogut der Mond sein.

LOS ANGELES, 10. NOVEMBER 1975

Zu Tisch mit Humphrey Bogart, Edward G. Robinson, James Cagney und »Narbengesicht« Paul Muni. Oder so ähnlich. Weiß eigentlich jemand, wie Al Capone oder Staatsfeind Nummer eins Dillinger in Wirklichkeit aussahen? Eher nein. Sie sind für uns verschmolzen mit Bogart, Robinson und Co. Sind Folklore geworden wie Cowboys und Indianer. (Oder SS-Männer, hätte ich fast gesagt.) Showtypen, Unterhaltungsware. Die Herren, mit denen ich heute zu Mittag speise, nennen sich ihrerseits: »Big Jim« Valenti, Bandenboß mit fiesem Lächeln auf dem Raubtiergebiß, heftig gestreiftem Anzug, Borsalinohut, Stöckchen. Hierauf Tony Rebozo, sein Leibwächter mit ausgebuchteter Brusttasche und runden Kulleraugen unter der Schlägermütze. Toots Ganucci, ein öliger Dickwanst, der den Buchhalter macht. Schließlich Pete das Wiesel, der Fahrer des Cadillac-Kabrioletts von 1925, das am Ausgang des Restaurants wartet. Also unverwechselbar die uns längst vertraute und liebgewordene italo-amerikanische Gangsterbande der Prohibitionszeit. Alles stimmt: die Physiognomien, die Kostüme, die Redensarten. Nur sind es natürlich lauter falsche Fünfziger, von der Filmleinwand heruntergesprungen. Einen Moment lang fühlt man sich geniert, etwa wie im Zirkus, wenn man vom Clown in die Manege gelotst wird. Läßt man sich gehen und macht den Spaß mit, so wird man im Handumdrehen selber zur Kunstfigur.

Schöpfer und Finanzier dieser abgründigen Charade ist ein leicht gehemmter, linkischer junger Mann namens Bob Graham. Dessen Vater einst Miterfinder des Düsenaggregats war und demnach einige Millionen zu vererben hatte. Was damit anfangen? Bob mausert sich zum Aktionskünstler. Derzeit sieht er es als seine Aufgabe, anhand dieser fingierten Gangster und ihrer Taten unsere klammheimliche Freude an der Gewalt durchschaubar zu machen. Er selbst hält sich dabei strikt im Hintergrund. Momentan zum Beispiel sitzt er mit Freundin Kate unscheinbar am Nebentisch, während die Gang sich auf seine Kosten mit Champagnerfreuden vergnügt. Dabei kaum eines Blicks gewürdigt von den übrigen Gästen, die eben in Hollywood allerlei gewohnt sind.

LOS ANGELES, 17. NOVEMBER 1975

Spaziergang mit versammelter Gang über den Hollywood-Boulevard. Big Jim hat auch seine unerläßliche »gun moll« oder Räuberbraut mitgebracht, ein platinblondes Flittchen in Art-deco-Fummel namens »Boo Boo O'Hare«. Lautstarke Diskussion auf der Straße, ob auch der neuartige »Tonfilm«, den wir da drehen, eine Zukunft habe. Die Gang, in sechsmonatiger Arbeit von Bob ausgewählt und gedrillt, muß rasend improvisieren, um auf der Höhe zu bleiben und keinen Moment aus der Rolle zu fallen. Sie machen es aus Spaß an der Sache, sagt Bob, und kriegen dafür pro Kopf 450 Dollar die Woche. Big Jim, der hier den Mafioso-Transportunternehmer mimt, habe aber tatsächlich ein Transportunternehmen, das er nebenher weiterbetreibe. Und Boo Boo sei tatsächlich Showgirl. Und Big Jim habe sich tatsächlich in sie verliebt. Ich frage Bob, ob er tatsächlich Millionär sei oder etwa auch nur Teil dieses Puppentheaters, dessen Fäden ein ganz anderer in der Hand halte? Er lacht: »Sie meinen den Großen Puppenspieler da oben?«

Unsere Bande, nunmehr argwöhnisch umlauert von zwei Polizisten, beschließt, einen Waffenladen aufzusuchen, den Bob hoffentlich vorher verständigt hat. Der Waffenverkäufer, echt amerikanisch, steigt mit Begeisterung in das Spiel ein und diskutiert ungeniert im Verbrecherjargon die Vorzüge diverser Meuchelpuffer. Auch die Bullen (authentisch oder von Bob angeheuert?) diskutieren mit. Nachher beim Modeschneider, wo Big Jim einen neuen breitschultrigen Streifenanzug verpaßt bekommt. Boo Boo weist den Kameramann kichernd darauf hin, daß er im Spiegel zu sehen ist, sich also gerade selber ablichtet. Beschließe, das im Film drinzulassen. Auf eine Realitätsebene mehr oder weniger kommt's uns auch nicht mehr an.

LOS ANGELES, 18. NOVEMBER 1975

In Bob Grahams angemieteter Wohnung. Seine Villa samt Tropengarten hat er nämlich seinen Gangstern überlassen. Ob er sie da jemals wieder herauskriegt? Zeigt uns Stöße von Zeitungsausschnitten über sie. Und unvermeidlich findet man gleich daneben solche Schlagzeilen wie »Präsident Fords Feldzug gegen das Verbrechen«, »Mord oder Vergewaltigung?« und ähnliches. Danach Fernsehnachrichten angestellt. Hintereinanderweg folgende Storys: »Gouverneur Reagan mit Wasserpistole bedroht – Gibt es eine neunte Kugel im Kennedymord – Hat Martin Luther King Selbstmord begangen, und war es das FBI, das ihn dazu trieb ...« Bob »zappt« dann für uns in Sekundenschnelle von einem Kanal zum nächsten. Und wirklich: ununterscheidbar, ob hier echte Gewaltopfer am Boden liegen oder getürkte, ob Polizisten sich für Glorie verausgaben oder die Glotze. Dazu Bob: »Wo ist eigentlich die Differenz? Gewalt ist so amerikanisch wie Eiskrem. Wir lieben sie in jeder Form. Crime ist für uns gleich Krimi. Vor dem Schirm wird alles auswechselbar. Alles Augenweide. Und wenn jetzt ein Krieg ausbricht und keiner will mitspielen, so mitnichten aus Protest. Sondern weil die Leute sich sagen: Ich warte, bis das im Fernsehen kommt.«

Danach Vorführung von Videos mit diversen Aktionen seiner Gang. Darunter Überfall in voller Fahrt von Big Jims privatem Schlafwagen durch seinen Erzrivalen Barney Weiss und dessen »torpedo« (Leibwächter) Babyface Charlie. (Die Weiss-Gang, ihrerseits ebenfalls von Bob angeheuert, führt ein mehr schattenhaftes Dasein und wird nur bei »shoot-outs« aktiv.) Der Rest von Big Jims Eisenbahnzug enthielt natürlich Fotografen und Fernsehleute, gemäß Bobs Theorem: »Was nicht in die Medien kommt, existiert nicht.« Sowie geladene Zuschauer, die aber in zeitgenössischer Kleidung erscheinen mußten. »Wir drehen ja keinen Film, sondern lassen das Publikum mitspielen und sich ausleben.« Sein aufwendigster Gag bislang: Big Jims fingierter Hochzeitsflug nach Las Vegas in einer dreimotorigen Propellermaschine von anno 1930. Wobei er und Boo Boo aus einem überraschend auftauchenden Doppeldecker von Babyface Charlie beschossen werden. Anschließend Trauung der beiden in einem eigens umdekorierten Saal des Flamingo-Hotels, das Bob »im Ernst« für Big Jim auf sechs Monate gepachtet hatte. »Und wissen Sie was? Big Jim hat noch einen Profit für uns dabei herausgeholt.« Zeigt uns Fotos der Hochzeitszeremonie im Mafiastil. »Alle Gäste im Kostüm der Zwanziger. Nur der irische Pfarrer war echt.« Demnach, frage ich, könnten also Boo Boo und Big Jim tatsächlich verheiratet sein? Dazu Bob entgeistert: »Daran habe ich nie gedacht.«

LOS ANGELES, 22. NOVEMBER 1975

Beverly Hilton Hotel. Dort sündteure Massenabspeisung zu wohltätigen Zwecken. Also die üblichen Anwälte und Filmagenten, dazu ihre gelifteten Damen in Cocktailkleidern, ausgeschnitten bis zum Gehtnichtmehr. Bob hat uns vorgewarnt, daß heute abend eines seiner Happenings abläuft, mehr wird nicht verraten. Beobachtet kribbelig die Gäste. »Eigentlich sollte ich sie alle abtasten lassen. Man weiß ja nie, wann irgendein Knallkopf seine Kanone zieht und mitballert. Und es gibt hundert Millionen Feuerwaffen in Amerika ...«

Anfangs läuft alles glatt, Big Jim sitzt mit seiner an einem unauffälligen Nebentisch. Von dort her plötzliche Randale, worauf der Boß mit seinem Stöckchen auf den Tisch trommelt und zum Podium stürmt. Improvisierte Rede an die »ehrenwerten Mitglieder des amerikanisch-italienischen Freundschaftsklubs«, die keine blasse Ahnung haben, wie sie sich darauf verhalten sollen. Jim ruft die »von uns allen so verehrte Künstlerin Boo Boo O'Hare« zu einem Liedlein auf die Bühne. Da wir ihr mit der Kamera zu nahe kommen, neuerlicher Wutausbruch des Bandenchefs, der uns durch seine Mannen auf die Straße weist. Kaum stehen wir unterm Vordach, kommt in einem gewaltigen schwarzen Chrysler die Truppe von Barney Weiss angefahren. Feuergefecht mit Pistolen und Tommyguns vor dem Hotel, begleitet von Big Jims heiseren Kommandos, Boo Boos hysterischen Schreien sowie auch denen der herausstürzenden Gäste. Folgen Abtransport der Verwundeten und wilde Verfolgungsjagd den Boulevard hinauf. Danach Eintreffen eines (echten?) Motorradpolizisten, der sich verloren am Helm kratzt: »Now what the hell was that all about?« – in etwa: Mich laust der Affe. Wir stellen uns so unbeteiligt wie möglich.

LOS ANGELES, 23. NOVEMBER 1975

Abschied von der Gangsterei in einem Edelfreßkeller. Am linken Tisch Bob Graham mit Freundin Kate, am rechten Big Jim samt Kumpanen. Lasse die Kamera zwischen ihnen pendeln. Dabei fällt mir wieder einmal die Ähnlichkeit zwischen Bob und Jim auf, bis hin zu der vorzeitigen Glatze am Hinterkopf. Ist Jim vielleicht mehr als des schüchternen Bob Spielzeug und Kreatur? Nämlich seine ideale Verkörperung, seine Wunschprojektion? Dazu Bob leise zu uns: »Es stimmt. In Las Vegas haben die Damen nachts regelmäßig an seine Hoteltür gepocht: Oh, entschuldigen Sie, ich muß mich in der Nummer geirrt haben. Vielleicht dachten sie, besser ein falscher Gangster als gar keiner. Bei mir klopft nie jemand an die Hoteltür.« Können Ihre Leute eigentlich noch aus ihrer Rolle heraus? »Ich bin nicht mehr so sicher wie früher. Vielleicht wollen sie es auch gar nicht. Wir alle ziehen doch eine Schau ab, vor unserer Umwelt und auch vor uns selber. Wir leben im Zeitalter der Simulation. Warum nicht ebensogut gleich ein Valenti sein? Wo finden Sie eine schönere Rolle?«

Jetzt platzt aber Big Jim, der sich schon zu lange vernachlässigt fühlt, der Kragen: »Hey, Graham, Sie labern mir da zuviel!« Wir wenden ihm eilends die Kamera zu: Mister Valenti, sind Sie nun eigentlich Geschäftsmann oder Gangster? »Ich bin Transportunternehmer, nichts weiter!« Wieso umgeben Sie sich dann mit dieser anrüchigen Platte? Allgemeine Empörung: »He, Sie, wen nennen

Sie eine Platte!« Und dieser Typ da drüben, dieser Graham, der dauernd um Sie herumscharwenzelt, ist das nun Ihr Werbetrommler oder was? »Dieser Typ ist ein Künstlergenie! Ich zahle ihm 250 000 Dollar jährlich als meinem Werbeberater!« Mister Valenti, ist es nicht Zeit, daß Sie auf Ihren eigenen Beinen stehen? Und diesen Einflüsterer zum Teufel schicken? »Haha, wissen Sie, wie solche Bolschies wie Sie bei uns enden? Zementschuhe angegossen, und ab in die Kanalisation!« Macht Graham ein Spiel mit Ihnen, Mister Valenti? Macht er eine Art Hampelmann aus Ihnen, eine Marionette? »Niemand macht etwas mit Big Jim! Ich bin mein eigener Herr! Lassen Sie sich das gesagt sein! Und jetzt bringen Sie Ihre Boys zurück ins Rheinland oder wo Sie herkommen, wir verzichten auf weitere Bekanntschaft!« Ostentativer Ausmarsch der Bande, angeführt von einem stöckchenschwingenden Big Jim, der sich höchst geschickt aus der Affäre gezogen hat.

Wir bleiben mit Bob Graham zurück. Dieser leicht betrübt: »Ich fürchte, das war unser letztes Gangsterstück. Wenn man eine Sache so perfekt beherrscht wie wir, muß man etwas Neues anfangen. Aber was? Vielleicht Lindbergh bei der Atlantiküberquerung, dargestellt von einem umfunktionierten Big Jim? Oder ...«, er blüht auf, »wie wär's mit Napoleons Rückzug aus Moskau? Und die Zuschauer bringe ich im Sibirienexpreß heran!«

PARIS, 7. FEBRUAR 1976

Abends die – hoffentlich endgültige – Version des Drehbuchs »Der junge Freud« an Regisseur Axel Corti in Wien geschickt. Um Zeit zu sparen, gab ich den Umschlag wie üblich dem Schlafwagenschaffner des Orientexpreß gegen ein Trinkgeld mit. Dabei wieder meine unverminderte Beklemmung vor nächtlichen Bahnhöfen. Übrigens fand ich es aufregender, mich in den miesen Herumtreiber Hitler Adi und seine schäbige Umwelt sardonisch einzufühlen als in den allzu braven Knaben Sigi. Was einen bei diesem Spätentwickler geradezu verstört, ist die fast vollständige Abwesenheit des Bösen. Was er auch ganz bewußt anstrebte. Bereits in einem seiner frühesten Brautbriefe verspricht er sich, es darin seinem bewunderten Lehrer und Förderer Professor Hammerschlag gleichzutun (mein Ururgroßvater mütterlicherseits). Zu Freuds komischen

Schwächen gehörte der Zwang, mindestens eine Stunde vor Abfahrt am Bahnhof zu sein. Bei mir desgleichen. Während Vaters wilhelminischem Selbstvertrauen fünf Minuten reichten. Gehen solche Kompulsionen auf die bekannten Alpträume vom versäumten Zug zurück? Aber warum träume ich nie von verpaßten Flugzeugen, obwohl mir das viel näher läge? Hat bestimmt mit kindlichen Trennungsängsten zu tun. Auch Emigrantenerinnerungen.

Freuds bissiger Witz kam leider erst in späteren Jahren zum Durchbruch. So 1938, als Wiener Nazis bei einer Haussuchung sein Geld konfiszierten und ihm danach einen Revers für gute Behandlung abforderten: »Ich kann die Gestapo nur jedermann empfehlen ...« Heute auch Brief von Lieblingstochter Anna Freud aus London. Der ich anbot, ihr das Drehbuch oder den fertigen Film vorzulegen. Und die handschriftlich antwortet, daß ihr der Vater (37 Jahre nach seinem Hinscheiden) noch viel zu präsent sei, als daß sie sich seiner Darstellung gewachsen fühle.

OSLO, 18. MÄRZ 1976

Die Spannung vor der ersten Begegnung ... eigentlich das Schönste an dieser ganzen Filmerei. Wie vor dem ersten Rendezvous. Also die Gewißheit, daß im nächsten Moment Ungeheures passieren wird. Auf die Klingel antwortet dann allerdings nicht SIE. Sondern eine bebrillte Dame, welche sich als die Mutter entpuppt ... haben Göttinnen Mütter? Und in die rustikale Küche verschwindet, da heute als Babysitterin angeheuert. Gleich darauf das Baby in Form einer neunjährigen blonden Fee, die Linn heißt und mit einem frechen Radschlag aufwartet, wie um dich wissen zu lassen, daß sich auch andere Talente in dieser Familie finden lassen. Schließlich Auftritt, vom Einkaufen kommend, des atemlosen, ungeschminkten, unvorteilhaft gekleideten, nicht mehr ganz jungen Stars. Hilft alles nichts. Schon hängst du an diesem Gesicht wie an einem Tropf. Das Bare, Nackte daran. Das Verletzbare. Die Seelenhaftigkeit, die Integrität. Das Entwaffnende eines Menschen, der nur aus Gefühlen zu bestehen scheint. Und unübersehbar alle Gefühle der Welt in sich trägt, einschließlich deiner eigenen. Und von dir fordert, daß du sie preisgibst wie sie. Dagegen ist jeder Widerstand zwecklos. Wen wundert's, daß es keine schlechten Kritiken gibt über Liv Ullmann ...

Erlösendes Eintreffen des Teams. Und leichte Verwunderung, daß dieser unverwandte, unersättliche, verzehrende blaue Fjordblick, der nur dir bestimmt schien, sich nun auch über die Kollegen ergießt. Die dementsprechend dahinschmelzen. Ist Liv nur das Seelenobjekt der Männer, in dem Sinn, wie Marilyn unser Sexobjekt war...? Eintritt Linn in Tanzkostüm als »Mädchen mit den Schwefelhölzern«. Dazu Liv gerührt: »War auch meine Lieblingsrolle als Kind. O Gott, warum müssen sich alle Kinder als ungeliebt und ausgestoßen empfinden?« Kosen mit Linn, die sich schnippisch entzieht: »Und warum müssen alle Mütter schlechte Gewissen haben? Das hilft uns auch nicht weiter!« Wippend ab. Auch wir empfehlen uns. So viel konzentrierte Liv auf einmal...

OSLO, 19. MÄRZ 1976

Liv beim Kramen in Stößen von Schmalfilmen, den traurigen Überresten ihrer fünfjährigen Beziehung zu Ingmar Bergman. Auch ein Projektor findet sich, und wir drehen eine etwas finstere Liv bei der Betrachtung ihrer Vergangenheit. »Warum erkundigt sich jeder bei mir, wie ich ohne Ingmar auskomme? Und keiner hat ihn je gefragt, wie er ohne mich auskommt?« Einer der Filme zeigt Ingmar mit Bibi Andersson, Ingrid Thulin und anderer Kumpanei im Schwimmbassin auf seiner schwedischen Insel. Kindisch-laszive Spiele mit Bikinioberteilen, während die sichtlich schwangere Liv abseits schmollt: »Ich glaube, er hat es nicht einmal bemerkt.« Viel Bitterkeit bei offenbar unverminderter Faszination: »Für mich war er Gott. Ich bewunderte ihn und graulte mich zu Tode. Diese Gefühlseruptionen! Diese Eifersucht! Einmal trat er die Badezimmertür mit solcher Wut ein, daß sein Pantoffel in die Klomuschel segelte. Und er fand das noch nicht einmal komisch. Ingmar brauchte immer wieder neue Beziehungen, um sich zu verjüngen. Um eine weitere kreative Phase zu beginnen. Ich war bloß dazu da, daß er von seinem aussichtslosen kalvinistischen Ringkampf mit Gott wegkam. Hin zu den Menschen, zu den Frauen.«

Die Vorführung endet mit einem Familienfilm, den Ingmar über die zweijährige Linn drehte. Dabei hechelt er mit wackelnder Kamera hinter ihr her, vertut sich in Schärfe und Blende, fuhrwerkt mit der Gummilinse durch die Gegend wie alle anderen Väter (und

Dokumentarfilmer) auch. Tröstlich. Liv: »Was zu dieser Zeit in Norwegen los war, können Sie sich gar nicht vorstellen. Ein uneheliches Kind, noch dazu von einem Schweden! Unsere Kirche verweigerte die Taufe. Anonyme Briefe mit Bankert, Hure, Setzen Sie das Kind im Wald aus, und hängen Sie sich dazu! Bis ich zuletzt ins Fernsehen ging, um meine Tochter zu verteidigen. Geholfen hat es wenig. Das ist Skandinavien. Deswegen gebe ich mich ja so unauffällig auf der Straße. Wer hier aus dem Rahmen fällt, ist geliefert.« Abends telefoniert sie noch mit Ingmar auf seiner Insel, wobei wir aber nicht mitdrehen dürfen. »Wenn er das herausfindet, ermordet er mich. Er haßt die Presse.« Muß er es denn unbedingt herausfinden? Ein Aufschrei: »Aber ich kann doch nicht lügen!« Am Apparat dann eine errötende, geradezu schulmädchenhaft verdatterte Liv. Die immerhin zuletzt mit großem Aplomb zusammenlügt, daß sie ganz allein hier sitzt und wir erst morgen vormittag eintreffen. »Geiles Presseweib!« Darauf bei ihr ein sinnliches Lachen, das jeden Draht zum Schmelzen bringen könnte. Nachher Liv noch immer kichernd zu uns: »Natürlich hat mir die Trennung das Herz gebrochen. Ich weinte Ströme von Tränen, während ich mir gleichzeitig sagte: Als Künstlerin ist das gar nicht schlecht für dich. Pas mal du tout!«

OSLO, 20. MÄRZ 1976

Zu Livs Ferienhaus in Sandefjord, zwei Stunden südlich von Oslo. Verfahren uns auf die falsche Seite der Bucht. Auf Fragen will kein Mensch ihr Haus kennen, mancher kaum ihren Namen. »Ach so, ist das die aus Szenen einer Ehe im Fernsehen?« Endlich finden wir das Häuschen, leicht überalterte Moderne aus blondem Holz und Glas. Liv wartet schon mit Linn sowie ihrem derzeitigen Boyfriend Bertil. Schwedischer Filmkaufmann, schnuckelig, aber ohne Pfeffer, etliche Jahre jünger als sie. Liv barfuß, wirkt gelöst und ohne die bisherige Intensität. Erzählt von dem Memoirenbuch, an dem sie gerade arbeitet, über ihre Entwicklung als Frau: »Changing«. Wie man das am besten übersetzen würde? Ich empfehle »Wandlungen«. Ingmar hätte es übrigens schon gelesen und gebilligt. (Sie muß es ihm unterbreitet haben wie einem Lektor.) Fand nur, es sei nicht genügend über ihn drin. Liv stichelnd: »Dieser

Macho! Natürlich gehört er zu der gefährlichsten Sorte: den Softies, die die Machos heruntermachen. In der Theorie ist er für die Frauenbefreiung. In der Praxis total unemanzipiert. Mit einer Frau wie der, die ich in Szenen einer Ehe darstelle, hätte er selbst es keine Minute ausgehalten. Aber im Film läßt er ihr die Oberhand. Warum? Weil Künstler eben so funktionieren. Das Beste geht immer ins Werk.«

Frage Liv, wie Ingmar es damals zustande brachte, sich in so viele meiner Beziehungen einzuschleichen und – etwa unterm Bett versteckt? – wortwörtliche Dialoge zu notieren. »Haha, also Sie auch? Weil uns nämlich jeder das gleiche sagt. Was wollen Sie, nach Ingmars fünf langjährigen Beziehungen, neun Kindern ... Und natürlich hat er mit uns beiden abgerechnet. Ziemlich fair, muß ich sagen. Fairer als im Leben.« Später über Bertil, der mit Linn fischen geht: »Ein anständiger, rechtschaffener Mann!« Ob das bei ihr nicht eher einem Todesurteil gleichkäme? Sie kichert: »Ich verliebe mich bestimmt noch.« Abendsonne. Jetzt wieder dieses Auffressende um Mund und Augen, Liebesbereitschaft bis dahinaus. Wir wandern gemeinsam hinüber zum Sund. Liv: »Ich verstehe nicht, warum Sie nicht einfach laut herausschreien vor Glück in einem solchen Moment!« Kann mich nur mit Mühe bremsen, mein komplettes Leben vor ihr auszubreiten.

TRONDHEIM, 22. MÄRZ 1976

In der Hafenstadt, wo Liv ihre Kindheit verbrachte. Sie ist hier mit anderen Theaterleuten, um irgendeinen Preis in Empfang zu nehmen. Stellt uns jeden Kollegen als »den größten Schauspieler Norwegens« vor. Will absolut nicht bei der Zeremonie gedreht werden, verkriecht sich bescheiden im Hintergrund. Zu Mittag bei ihrer hier verheirateten älteren Schwester. Solide Bürgerlichkeit, fünf Kinder, eine Glashandlung. So geht es auch. Wir filmen die Schwestern gemeinsam auf dem Schulhof. Liv mit mehr Wahrheit als nötig: »Ich glaube, du warst schon immer angepaßter als ich. Du hast ja dann auch zu Weihnachten die Geige bekommen, die ich so wollte!« Leicht verklemmtes Gelächter. Liv bringt uns zu dem Gartenplatz, wo sie nacheinander mehrere Puppen begrub. »Ich weiß nicht mehr, warum. Vielleicht, um mich an Unglück zu gewöhnen. An Glück glaubte ich ja nicht.« Zuletzt die Buchhandlung der Mutter (der Vater, Flugingenieur, ist früh einem Unfall zum Opfer gefallen). »Hier in diese Ecke hockte ich mich hin. Fraß ein Buch nach dem andern in mich hinein. Bestimmt das elendste Wesen unter der Sonne.« Dabei sagte mir ihre Mutter in Oslo: »Keine Ahnung, warum sie solche fürchterlichen Dinge in ihre Memoiren setzt. Sie war doch ein so fröhliches Kind.«

CANNES, 26. MAI 1976

Ingmar Bergmans neuer Film, »Von Angesicht zu Angesicht«, läuft hier beim Festival außer Konkurrenz. Und natürlich hat sich der Regisseur vor den Pressehaien gedrückt und statt dessen Liv ins Feuer geschickt. In der Lobby des Eden Roc großer Auftritt von Jurypräsident Tennessee Williams samt weißem Mops (warum hat Liv nie in seinen Stücken gespielt?), dahinter Sophia Loren nebst Carlo Ponti, der sie rücksichtslos stehenläßt, um zum nächsten Telefon zu jagen. Sowie Telly Savalas samt Fans: »Ich bin Kojak, und Kojak ist ich.« Schlimm. Zuletzt Wim Wenders, der neugierig unseren verschlungenen Kamerabewegungen folgt. Über Park und Uferfelsen verstreut sonnenbadende Aphroditen. Liv hingegen keusch angetan wie stets. Wahrscheinlich mit Recht: Dieser etwas bäurisch derbe Körper spricht ja nur, wenn von Passionen beseelt.

Tango der Presseleute und Filmer: »Wir befinden uns hier mit Liv Ulmann, schwedischer Schauspielerin, ehemals verheiratet mit Ingmar Bergman, Mutter seines Sohnes...« Drei Patzer auf einmal. Gott, wie ich unseren Beruf hasse. Unsere Nachschlagefaulheit, unsere Ranschmeiße, unser Schleimiggebaren, unseren Enthüllungsdrang. Warum lassen sie Liv nicht in Ruhe? Warum muß jeder so direkt an ihre Gefühle ran? Und warum ich, wenn wir schon davon reden? Weiß schon. Es ist unser Trick, uns aufzuschwingen zur Höhe des bewunderten Objekts. Und es damit zu vereinnahmen. Ohnehin hat Filmen immer etwas Sexuelles: Erbeuten, Aufschließen, Triumphieren. Optik fungiert wie ein Penis, intime Fragen wie Aufforderung zum Tanz. Hab' das auch selber manchmal ganz schön ausgespielt. Heute sind ja die Frauen abgebrühter. Wahrscheinlich auch der Reporter nicht mehr so knusprig. Verlegt man sich eben auf Innerlichkeit. Ist auch ganz schön, wenn auch nicht mehr so schrecklich-schön wie einst ... In der Zigarettenpause zwischen zwei Klatschtanten erzählt uns dann Liv von einem amerikanischen Interviewstar, der auf sie angesetzt war. »Kam geradewegs aus einer Scheidung. Ziemlich angeschlagen, ließ sich gehen bis dahinaus, ich gleich mitgeheult aus purer Sympathie. Wurde die gefühligste Fernsehstunde aller Zeiten. Der Reporter wußte aber, was Sache ist, hat dann in New York seine Fragen ganz cool vor neutralem Hintergrund nachgestellt, und ich ohne sichtlichen Anlaß als Heulsuse.« Warum sie trotzdem so pfleglich mit den Journalisten umgehe? »Wenn Ingmar jemanden anschreit, sagt man Genie. Wenn ich aufbegehre, Hysterikerin.«

Abends Liv auf der Festivaltreppe in schwarzer Abendrobe. Nun trägt sie sich doch einmal ausgeschnitten, wenn auch bloß am Rücken. Stolpert über ein Kabel, mimt süße Wirrnis, Verlorenheit, so daß die hingerissenen Fotografen fast zu knipsen vergessen. Eine halbe Minute später stürzen sich die Paparazzi schon auf Charlotte Rampling. Liv allein gelassen (sie wartet hier auf ihre Freundin Bibi Andersson): »Wissen Sie was? Ich glaube, nach fünf Jahren waren Ingmar und ich uns so ähnlich, daß er sich in mir wiederfand wie in einem Spiegel. Das war zuviel für ihn. So genau wollte er sich gar nicht kennen. Aber brauchte er überhaupt eine Frau? Vielleicht Mutter, Schwester, Geliebte, also lauter Fürsorgerinnen, das ja. Aber worauf er im letzten aus war: die Frau herauszubringen, die in ihm selber steckte!« Und Abschied mit Kuß.

TEL AVIV, 4. JULI 1976

Während wir in Israel mit dem Friedenskämpfer Abie Nathan filmen, kommt plötzlich die Nachricht, daß eine israelische Luftlandetruppe die Geiseln von Entebbe befreit hat. Eine Woche saßen sie auf diesem ugandischen Flugplatz fest, nachdem arabische Terroristen einen Airbus der Air France dorthin entführt hatten. Unter den Hijackern auch zwei Deutsche. Die Geiseln ausschließlich Israelis sowie »Juden anderer Nationalität« (die Nichtjuden hatte man vorher freigelassen). Also das, was unsereinem sofort in die Eingeweide fährt: Selektion! Und deutlicher läßt sich doch gar nicht belegen, wie sehr der »Antizionismus« so vieler, auch deutscher, Linker in Wirklichkeit ein verkappter Antisemitismus ist... Überkochender Empfang der Befreiten auf dem Flughafen Lod. In diesem gefühlsduseligen Ländchen ist eben jeder Familienmitglied. Wahrscheinlich deshalb für mich so schwer zu ertragen.

Hierauf Bustransport zu unserem Hotel, wo neuerlicher Jubel. Die angesagte Pressekonferenz wird aber primär von der französischen Flugzeugbesatzung wahrgenommen, während die Israeliten sich erst mal auf das reichhaltige Büffet stürzen. Dann verteilt sich auch die anwesende Weltpresse auf all die schwerbeladenen Tische. Ich komme gegenüber einem wackligen alten Herrn zu sitzen, der sich still abseits plaziert hat. Ehemaliger Berliner. Und, wie sich herausstellt, ein guter Bekannter des einzigen israelischen Gefallenen, Major Natanjahu, Anführer des Kommandounternehmens. »Kennen Sie die ›Bürgschaft‹ von Schiller?« fragt er. »So komme ich mir vor. Warum mußte dieser zukunftsfreudige junge Mann für mich sein Leben lassen?« Ob einer von den sechzig Millionen Bundesdeutschen in der gleichen Situation an Schiller denken würde?

JERUSALEM, 14. JULI 1976

Im American Colony, trotz ihres Namens eine arabische Herberge, die auf die Kreuzfahrerzeit zurückzugehen scheint, beim Frühstück Mister Rattner getroffen. Frische Augen, aufgezwirbelter Schnurrbart, was ja auf Unternehmungslust schließen läßt (meiner hängt zunehmend herab). Reicht mir schwungvoll seine Karte: »Earl Rattner, Marine surveyor, San Antonio, Texas«. Schiffskontrolleur, das ist sein Beruf. Keinen Schimmer, was ich mir darunter vorstellen soll. »Nichts Glorioses«, stöhnt er. »Zum Auswachsen. Muß nach Unfällen die Schiffsfrachten überprüfen, retten, was zu retten ist, möglichst dem Kapitän seine Schuld nachweisen, zwecks Kostendämpfung der Versicherung. Solche Sachen. What a job!« Wo er denn diesem faden Beruf nachgehe? »Ach Gott, in allen Dreckshäfen der Welt. Letzten Monat mußte ich nach Tahiti. Schiff gekentert, weil die Ladung Betonklötze nicht sachgemäß aufgestapelt war. Natürlich heißt es da ein bißchen... na ja, Bakschisch lockermachen, Hände schmieren, mit der Crew durch die Hafenkneipen ziehen, bevor man die Ursachen festnagelt. Dabei bin ich Antialkoholiker, knochentrocken. Einmal war es sogar ein Puff. Schrecklich, welch ein Beruf.«

Fragt mich, ob ich vielleicht die Philippinen kenne. »Schlimmes Land. Die hatten da eine Fiesta an Bord, dabei blinden Passagier aus Spaß über Reling befördert. Willkommener Anlaß für die Zollbehörden, gleich das ganze Frachtgut an Land zu ziehen in einen Lagerschuppen. Hunderte Tonnen Gefrierfleisch! Bei 40 Grad im Schatten! Ich steckte gerade in Borneo, auch so eine schwachsinnige Geschichte, nicht wert, sie zu erzählen. Bekam also diese Nachricht und flog sofort in Batangas ein. Wissen Sie, was ein LST ist? Sturmboot der amerikanischen Marine: Landing ship, tank. Die schwammen noch massenweise im Hafen vom letzten Krieg her und verfaulten. Wem sie gehörten, weiß ich nicht, bloß, wer sie uns verscherbelt hat, ein sogenannter Senator Ramirez. Nachts landen wir demnach per LST im Zollhafen. Wachpersonal überwältigt, Gefrierfleisch aufgeladen, am Morgen dümpeln wir schon weit von den Hoheitsgewässern. Ich ab nach Manila, mir ein paar schöne Tage machen. Und was denken Sie? Früh am nächsten Morgen steckt schon wieder so ein Telegramm unter der Tür.« Mr. Rattner seufzt tief auf. Was denn seine Firma zu solchen Eskapaden sage, erkundigt man sich.

»Was soll sie sagen? Sie weiß ja von nichts, offiziell wenigstens. Darf nichts wissen. Da trudelt dann bestenfalls eine verschlüsselte Danksagung von drei Zeilen Telex bei mir ein. Zusammen mit dem nächsten Auftrag. Von dem komme ich gerade. Sitzt da so ein vorchristlicher Frachter, mit Kohlefeuerung, ich bitte Sie, auf einem Atoll fest. Ausgerechnet bei Vila auf den Neuen Hebriden. Wo sie nicht einmal vom Telefon gehört haben, geschweige einem Schlepper. Ich mich also umgetan. Nichts los, außer daß sie dort gerade einen Flughafen aus dem Urwald buddeln. Zwei Tage später hatte ich mein Dynamit, für Geld und gute Worte, mehr das erstere natürlich. Damit haben wir dann die Korallenbänke um den Kiel aufgesprengt. Und mit der nächsten Flut hat sich unser Frachter ganz sanft abgesetzt, nur ein bißchen geknirscht hat es unter den Flossen.« Wie hoch denn, frage ich Mr. Rattner zum letzten Kaffeeschluck, sein Salär sei für so viel Einsatzfreudigkeit? »Hell, nicht der Rede wert. Was ist das schon, ein Schiffskontrolleur. Nur gibt es natürlich zu Weihnachten diesen kleinen Bonus. Wie dick? Soundso viel Prozent der eingesparten Kosten, ist doch klar. Auf Teddybären für die Kleinen reicht's allemal. Die quetschen einen dann aus, wo man sich herumtrieb die ganze Zeit und ob etwas Aufregendes dabei herausgekommen ist. Gott, was soll man ihnen erzählen? Es ist eben ein Job wie jeder andere.«

PARIS, 1. OKTOBER 1976

Nein, tut ihr leid, in ihrer Wohnung darf ich sie nicht aufsuchen. Auch in ihrem Landhäuschen nicht. Der ganze Reiz dieser Oase besteht ja darin, daß sie dort allein sein darf. Allein! »Es gab Tage, da hatte ich dreißig, vierzig Besucher. Einmal sogar hundert an einem Wochenende. Damals hieß ich Sophie. Noch früher Fanny.« Heute nennt sie sich Jeanne. Jeanne Cordelier. Wir treffen uns im Literatencafé Flore, denn schließlich ist sie ja jetzt Autorin. Großblumiges Chiffonkleid, breiter süffiger Mund, Ringellöckchen. Ein liebes, fast ein bißchen bäurisches Provinzmädchen. Mit 17 kam sie »herauf« nach Paris.

»So, meine Damen. Der Besuch ist zu 25 Franc, die Hälfte für Sie, die Hälfte für mich. Bei uns herrscht Gleichheit. Der Besuch dauert zehn Minuten. Damit es nachher keine Diskussionen gibt, notiere ich die Minute, in der Sie hinaufgehen. Die zehn Minuten beginnen in dem Augenblick, wo Sie die Bar mit dem Kunden verlassen. In ihnen sind enthalten: Entkleidung beiderseits, Akt, Waschen, Wiederankleiden. Sie enden mit dem Moment, wo Sie die Bar von neuem betreten.« Manchmal enthalten die zehn Minuten auch solche Sätze wie: »Auf die Knie vor dem Spiegel! Kriechen! Wenn du die Hände vom Kopf nimmst, ein Tritt in die Brust!« Oder: »Du klopfst an die Tür, hebst den Arm und rufst: Heil, Albert! Du bist eine Jüdin von fünfzehn, du hast meine Stiefel zu küssen, den Saum meines Regenmantels und meine Hundepeitsche. Du läßt dich von mir vergewaltigen, um deine Familie vor dem Gas zu retten!«

Jeanne benutzt nie den Ausdruck Prostituierte. Sie sagt »pute«, »putain«, Nutte. »Wir sind nicht in einem Beruf wie jeder andere, darum wollte ich mich auch nie gewerkschaftlich organisieren. Wir sind Sklavinnen. Siebzig Prozent aller Huren kommen aus den Arbeitervorstädten oder aus ausgepowerten Landstrichen, wie ich. Eine von vier ist als Kind vergewaltigt worden, häufig von ihrem eigenen Vater, wie ich. Jede Nutte wird Ihnen vormachen, daß sie unabhängig arbeitet, sozusagen als freie Unternehmerin. Es ist alles Bluff. Sieben von zehn Mädchen in Frankreich sind ›macquées‹. Gehören einem Mac, einem Zuhälter, der sie taxiert, soundso viel tausend Franc am Tag. Und von dem sie nur loskommen, wenn sie sich freikaufen.« Trotzdem hat Jeanne lieber ehrlich im Stundenhotel gerackert, als bei Madame Billy an der noblen Avenue Victor Hugo so zu tun, als sei sie bloß eine lebenslustige Hausfrau in Geldverlegenheit, die hier »ihre Monatsenden abrundet«. Und eines Tages, mit 26, geht sie erhobenen Hauptes zum Quai des Orfèvres, der Sittenpolizei. Um sich »déficheren« zu lassen, herausstreichen aus der Kartei der registrierten Kontrollmädchen. Die meisten der anwesenden Beamten sind ihr längst bekannt, nur den einen Kommissar mit seinem krötigen Charme kann sie nicht einordnen. Und dann erkennt sie ihn wieder. »Auch ihm war ich schon begegnet, aber als Kunden. Es war der Hochwürden in der Soutane, dem die Mädchen auf Knien ihre Sünden beichten mußten, in einem Stundenhotel am Pigalle.«

GLEN CANYON CITY, UTAH, 6. NOVEMBER 1976

Diese »City« ist keineswegs eine Stadt, sondern eine Art Kral aus Bretterbaracken und Wohnwagen. Besiedelt von einem Harem und dessen Pascha. Dieser nennt sich Alex Joseph und ist Bigamist. Sogar, um ein Wort zu prägen, Dekagamist. Das heißt, er ist derzeit mit zehn Frauen verheiratet. Zu anderen Zeiten waren es auch schon 13, die dann wieder auf neun zusammenschrumpften. Weniger nie. Unser Mann bezeichnet sich als Mormone, wenn er auch jetzt exkommuniziert ist. Seine Kirche hat ja 1890 die Vielweiberei abgeschafft, obschon ihr Prophet Brigham Young immerhin mit 27 Frauen verheiratet war und 56 Kinder zeugte. Aber Unterdrükkung der Polygamie war damals Vorbedingung dafür, daß der Mormonenstaat Utah sich den Vereinigten Staaten anschließen durfte. Eine politische Entscheidung, die auch heute noch von etwa 50 000 Mormonen in Utah und dem benachbarten Arizona angefochten wird, die weiter der Vielweiberei frönen. Zu Alex Joseph sagt uns der Sheriff des zuständigen Kane County: »Natürlich vergeht sich der Kerl gegen das Gesetz. Aber wer will ihm nachweisen, daß er überhaupt verheiratet ist?« In seinem Pickup-truck rumpeln wir dann zu dem gottverlassenen Stück Wüste, das Alex für sich und seine Kommune beansprucht.

Jubelnde Begrüßung, da endlich wieder eine Menschenseele in Sicht. Alex erweist sich als eine bullige Mischung aus Cowboy und Indianer: zwar Reitstiefel aus Eidechsenhaut und Trommelrevolver, aber auch Zöpfe, Stirnband und Ökogehabe. Ehemaliger Marinesoldat. Jetzt Knallcharge eines Jesusfreaks. Bringt uns in sein Büro, tapeziert mit lauter Zeitungsausschnitten über ihn. Wovon er sich und seine Großfamilie ernährt, läßt er im Raum stehen, in einem Raum von Mystik und Mediengewandtheit, den er zitatreif um sich errichtet. Angeblich hat er auf seinem Land wilde Vorkommen von Ginseng entdeckt, jenes berühmte Kraut, das gegen den Tod gewachsen ist oder zumindest das Älterwerden. Dies verfrachtet er gewinnbringend nach Kalifornien, wo man eben noch nicht den Jungbrunnen Polygamie entdeckt hat. Inzwischen drängen sich all die neugierigen Mrs. Joseph nach und nach ins Zimmer. Samt einigen von ihren frühreifen Schwestern, die bloß ungeduldig auf den 16. Geburtstag warten, um Alex zu ehelichen. Die Mehrzahl der Gattinnen scheint mir auch nicht viel älter zu sein. Süße Blondchen allesamt, nur mit Mühe auseinanderzuhalten. Alex: »Ich bin ein männliches chauvinistisches Schwein. Die Frauen lieben das. In dieser Familie trifft nur einer die Entscheidungen, das bin ich. Ich bin der König, der Hohepriester, der Patriarch. Vielweiberei heißt, daß ich meine besten Eigenschaften entwickeln muß, um allen meinen Frauen gerecht zu werden. Sonst büchsen sie mir aus, denn das steht ihnen jederzeit frei. Andererseits gibt es bei uns keine Eifersucht. Fremdgehen ist bei mir nicht drin. Ich kann ja meine Frau nur mit meiner anderen Frau betrügen.«

Währenddessen ein fortwährendes Girren, Kosen, Sichumfangen der Josephinen. Sie stammen fast ausnahmslos aus dem Westen: warmherzige Landpomeranzen, glaubensfroh, frisch und unbekümmert. Manche sind Sprößlinge polygamer Familien. Sagt Margaret aus dem Staat Montana: »Mein Vater hatte nur zwei

Frauen, die sich aber richtig nahestanden. Sie waren nämlich Mutter und Tochter.« Jonie, die mangels Zugang zu Alex – er muß dauernd telefonische Interviews geben – ihren Arm zärtlich um Judy geschlungen hält: »Die Liebe ist doch unteilbar. Bekommt man neue Kinder, so liebt man die früheren nicht weniger. So ist das mit uns Joseph-Frauen. Wir lieben ihn, und wir lieben einander.« Lorraine auftrumpfend: »Und er uns.« Allgemeines Gekicher: »Seine Liebe ist enorm gewachsen in letzter Zeit.« Auch die körperliche? Paulette, mich beiseite führend: »Seufz, seufz. Dreimal in drei Monaten. Aber ich bin eben jetzt die Reifste, er weiß, daß ich warten kann. Wenn wir bemerken, daß eine von uns heute besonders hübsch ist und richtig geil auf ihn, schicken wir sie hinein. Natürlich muß es mit dem Kalender stimmen.« Mit welchem Kalender? »Wir wollen doch alle Babys. Wir denken überhaupt nur ans Schwangerwerden. Drei Küken gibt es bisher, die wir gemeinsam versorgen. Aber das reicht uns lange nicht. Wir haben alle so viel zu geben. So viel Liebe! Irgendwo muß sie doch himfließen.«

LOS ANGELES, 8. NOVEMBER 1976

»Ich bin wie eine lebensgroße Marionette mit durchschnittenen Fäden. Zuerst hielt ich meine Verwundung für interessant – fast ein Abenteuer. Jetzt ist sie kein Abenteuer mehr. Jetzt ist sie ein Schlauch an meinem Penis und ein Gummisack. Alles, was an mir zu heilen war, ist geheilt. Ich lebe weiter mit meinem eigenen Leichnam, der Krüppel, der Hinkemann, der Mann mit dem toten Schwanz, der Mördermann, der John Wayne nach Filmschluß. Ich hätte es nie für möglich gehalten, daß es so ausgehen wird. Im Film ist es nie so ausgegangen.« Zitate aus der Autobiographie »Geboren am 4. Juli« von Ron Kovic, querschnittgelähmt in Vietnam im Januar 1968. Derzeit bewohnt er mit seinem Kumpel Bob ein Häuschen am Strand der kalifornischen Hippiestadt Venice Beach. Männerfreundschaft wie zwischen Redford und Newman. Aber wir sind nicht im Kino.

Gleich die erste Szene ein Schocker. Ron schiebt sich nackt auf seinem Rollstuhl ins Badezimmer, schnallt den ekelhaften Urinsack ab, schüttet den Inhalt ins Klo. Dann von Bob in die Badewanne bugsiert. Eindrucksvolle Muskulatur des Oberkörpers bei verschrumpelten Beinen. Verbirgt Geschlechtsteil hinter dem Waschlappen: »Wissen Sie, was das heißt, nie mehr an eine Frau ranzukönnen? Ich bin am 4. Juli geboren, Nationalfeiertag. Wenn man am Fernseher das ›Sternenbanner‹ spielte, sprang ich auf mit der Hand auf der Brust. Ein proletarischer Patriot. Ich war noch nicht 17, da kamen die Werber des Marine Corps zu unserer Schule. Sie suchten ›ein paar echte Männer‹. Ich konnte es gar nicht erwarten, ein echter Mann zu sein. Ich kam nach Vietnam. Und ich kam auch mit heilen Knochen zurück. Danach hörte ich, irgendwelche Protestler verbrennen daheim die amerikanische Fahne. Da meldete ich mich zum zweitenmal hin. Ich wurde Sergeant. Wir lagen im Dreck. Einmal ging unser Corporal pinkeln, ohne daß ich es merkte. Bei seiner Rückkehr habe ich ihn irrtümlich erschossen. Solche Dinge passieren, sagte der Major.« Später sollen sie ein vietnamesisches Gehöft angreifen, in dem man (»Seht ihr die Gewehre? Seht ihr sie?«) einen feindlichen Spähtrupp vermutet. Der Feuerüberfall ist ein kompletter Erfolg. Nur sind es lauter Schulkinder, die man da in Stücke gefetzt hat. »O Jesus, o Gott, vergib uns!« rufen die Ledernacken, während sie irrwitzig im Finstern versuchen, die zerrissenen Gliedmaßen wieder zusammenzusetzen. Bei einem Angriff, den Kovic allein durchführt, weil seine Kameraden sich gedrückt haben, trifft es ihn dann quer durch die Lunge ins Rückenmark.

»Fühlen Sie mal meine Arme! Ich war doch der geborene Athlet. Wie wir alle. Lauter Unterklasse in Vietnam. Lauter Polen, Ukrainer, Schwarze. Wir kannten doch nichts als Sex und Sport und Kino. Und Krieg war eben Sport oder John Wayne in ›Strand von Iwo Jima‹. Noch der letzte Atemzug gilt der Fahne. Warum gab es denn keine Fahnen, als wir zurückkamen? Keine Paraden? Wissen Sie was? Man hat uns einzeln vor unserer Haustür abgesetzt, in aller Stille. Kein Mensch wollte mehr an Vietnam erinnert werden. Kleine Fehlkalkulation, am besten vergessen. Verdrängt ist das Wort.« Anschließend hilft Bob seinem Freund beim Anziehen, rollt ihn hinaus zum Strand. Dort Korbballspieler, Rollschuhläufer, Jogger, weiter draußen Schwimmer und Surfer, lauter fabelhafte bewegliche Körper. Und Girls, Girls, die strotzendsten der Welt.

Ron zur Lesung in der einzigen Buchhandlung von Venice: »Da war plötzlich dieser irre Krach neben meinem Ohr. Wie wenn ein Expreßzug dich überfährt. Ich tastete mich ab. Meine Beine waren hinter mir. Ich fühlte meine Beine, aber sie fühlten nicht zurück. Ich hörte Palmer brüllen: Mensch, laß uns abhauen hier. Laß uns raus! Dann ein neuerlicher Krach. Palmer: Sie haben meinen Finger abgeschossen, meinen gottverdammten Finger! Jemand kam auf mich zugelaufen: Sarge, bist du okay? Jetzt wieder ein Schuß, und er kollert von hinten über mich. Einer brüllt: Er ist tot, Sarge. Sie haben ihn durchs Herz geschossen. Dann kam ein Schwarzer gelaufen. Warf mich über seine Schulter. Großer schwarzer Mann. Und die ganze Zeit schrie er: You motherfuckers. Fuckers. Goddamn motherfuckers! Und ich schrie mit: Fuckers, fuckers!«

Ron kommt auf zwei Jahre ins Veteranenspital: »Ratten, Drogen, Huren. Eine offene Kloake.« Dann ins Leben entlassen: »Unbeschreibliche Depressionen, Alpträume, Selbstmordversuche. Und meine Familie: Halt doch die Klappe, du hast wenigstens deine Pension.« Wut steigt in ihm hoch, Verweigerung. Ron wird zum Aktivisten, zum Anführer eines Veteranenbundes. Beteiligt sich 1972 an einer Sternfahrt von Kriegsgegnern zum Republikanischen Parteitag in Miami. Sie nennen sich selbstironisch »Die letzte Patrouille«. Man zeigt mir Videofilme, die jemand dabei aufgenommen hat. Vorneweg die Rollstuhlfahrer. Dann die steinernen Fressen der Polizisten. Und die ahnungslosen Zuschauer am Straßenrand: »Gottverdammte Rote! Marsch, zurück nach Rußland!« Ein anderer: »50 000 Tote, na wenn schon. Die Hälfte wär ohnehin bei Verkehrsunfällen draufgegangen.« Es gelingt Ron, in die Kongreßhalle einzudringen, wo alles nach »vier weiteren Jahren für Nixon« lechzt. Ein Dicker spuckt Ron von hinten an. Polizisten zerren an ihm. Ron brüllt: »Wollt ihr nicht euren Krieg sehen? Hier ist er. Ich bin euer Krieg. Ich bin da. Ich bin wirklich.« Alles geht im Jubel für Nixon unter und dem größten amerikanischen Wahlsieg aller Zeiten.

Dann neuerliche Demo in Kalifornien. Ron wird verhaftet. Arme in Handschellen auf den Rücken. Im Polizeiwagen klappt er nach vorne. »Setz dich aufrecht.« »Ich bin gelähmt, ich kann nicht.« »Setz dich aufrecht, verdammter Kommunist.« Man schafft ihn zur Wachstube: »Am besten, wir hieven ihn aufs Dach, und ab geht die Post.« Nach fünf Tagen Zelle wird er entlassen: »Du hättest einfach drüben krepiern sollen, dann wär Ruh'!« Und zum Abschied der Satz, den er so gut kennt: »Warum verschwindest du nicht?« Dies jetzt der Titel unseres Films. Später am Nachmittag Fahrt nach Oceanside, Stammlager der Marinesoldaten. Ron im Rollstuhl reißt in einem Park Rekruten auf, berichtet von seinem Schicksal, liest aus dem Buch. Ein breitschultriger Sergeant stakst heran: »Alles, was du sagst, ist Scheiße. Ich mag deine Fresse nicht. Ich mag deine langen Haare nicht.« Ron: »Ich war Freiwilliger in Vietnam. Jetzt Kriegsversehrter.« Der Sergeant: »Warum verschwindest du dann nicht?«

SAN FRANCISCO, 11. NOVEMBER 1976

Veteranentag in San Francisco. Ehemals Waffenstillstandstag des Ersten Weltkriegs, aber der ist lange her. Ron Kovic einer der Organisatoren des heutigen Protestmarsches. Nach einstündiger Wartezeit nicht mehr als zwei Dutzend Typen, mit handgeschriebenen Tafeln betreffs höherer Versorgung, mehr Jobs usw. Neben Ron noch ein weiterer Rollstuhlfahrer. Der sich aber bei näherer Befragung als ein Pechvogel herausstellt, der mit seinem Drachenflieger abgestürzt ist. Auf der Straße starrt man uns nach wie einem Häufchen Irrer. Was wollen diese Leute noch? Watergate ist gesühnt, Nixon verschwunden, Ford im Ausgang, Carter im Eingang und Vietnam ... Vietnam ist vergessen. Ein Relikt. Gehört irgendwie zu den ulkigen sechziger Jahren. »Hey, who are you? What's going on?« Bald sind wir aus dem Stadtkern heraus, und noch immer wird weitermarschiert, bis wir vor dem Rathaus landen, das heute total verödet ist. Denn wir haben ja Feiertag. Wir haben Veteranentag, demnach ist niemand da, vor dem die Veteranen protestieren können. So baut man sich auf den leeren Treppenstufen auf und hält stundenlange Reden füreinander. Und für unsere Kamera, die wir aber aus Ersparnisgründen (»Kaiserfilm«) ohne Material durchlaufen lassen. Wen interessiert denn das noch, Vietnam?

LOS ANGELES, 20. NOVEMBER 1976

Immer wieder ist uns Ron Kovic ausgerissen, bevor wir ihn, wie vereinbart, an dieser Stelle filmen konnten: in einem der 174 Veteranenspitäler Amerikas. Wir rollen durch den ganzen endlosen Flügel, der ausschließlich für Querschnittgelähmte bestimmt ist. Keine Trennwände, keine Fenster, nur dieses monströse überheizte Großraumbüro unter Neonröhren. Mangels Erlaubnis werden unsere Aufnahmen im geheimen gemacht. Die Kamera in einer Tragetasche mit entsprechendem Guckloch, Ron selbst hält das Tonbandgerät auf den Knien. Einige Bewegung, zumeist von Patienten, die bäuchlings auf fahrbaren Rolltischen liegen und sich wie zum Spaß mit zwei Paddeln vorwärtsstoßen. In manchen Betten auch reglose Greise, vielleicht noch vom Ersten Weltkrieg. Also sechzig Jahre hier. Vor jedem Bett ein Fernseher. Wenig Kontakt, nur stellenweise gedämpft murmelnde Grüppchen von Sportfans oder Pokerspielern, umhegt von ewig lächelnden Schwestern und Weißkitteln. Es ist alles da. Man tut, was man kann. Tragik unter der Käseglocke. Ohnehin gleicht der flache Bau von außen einem Warenspeicher.

Abends Schlußgespräch mit Ron. »Irgendwann muß man aufhören zu hassen. Jahrelang spürte ich in mir eine solche Erbitterung, daß ich zu explodieren glaubte. Und dann begann ich dieses Buch. Eine Wiederauferstehung! Vielleicht ... ja, vielleicht mußte ich einen so großen Teil meines Körpers verlieren, um so viel von meiner Seele wiederzufinden.« Über sein erstes, und wohl auch letztes, Buch, denn er ist kein Berufsautor: »Wie eine Folter. Das alles zum zweitenmal heraufzuholen, an den nackten Nerv des Erlebten zu gehen ... Ich weinte, ich spie, ich wußte nur eines: Entweder ich mache dieses Buch fertig oder es mich.«

Ob er jetzt in Frieden mit seiner Versehrtheit leben könne? »Ich habe entdeckt, daß wir nicht aufgeben müssen, wenn eine Tragödie hereinbricht. Daß es eine Riesenkraft gibt im menschlichen Geist, um zu überwinden. Oft wissen wir gar nichts von unserer Fähigkeit, uns zu wandeln angesichts schwerer Krisen. Aber wir können es. Der Schlüssel zur Bewältigung der Qual sind Liebe, Vergebung, Mitgefühl. Auch Amerika kann seinen Frieden wiederfinden. Aber erst muß es mit sich selbst ins reine kommen, wie ich.«

Gesprochen von einem, der vorher faktisch Analphabet war. Sein Buch soll übrigens verfilmt werden, er meint, mit Al Pacino oder Jon Voight, dazu Jane Fonda als die Freundin, auf die er selbst noch immer hofft. Wäre Ansatz einer filmischen Bewältigung von Vietnam.

LOS ANGELES, 27. NOVEMBER 1976

Begräbnis von Charles »Cappy« Parkison, 31 Jahre alt und unversichert. Die ausnahmslos jungen Trauergäste todschick in Pelzmänteln, Capes, Cowboyanzügen und Seidenblousons vom sündhaft teuren Rodeo Drive. Man zeigt, was man hat, sogar heute. Cappy, Filmdouble und Sensationsdarsteller, ist vor drei Tagen bei einem Stunt ums Leben gekommen. Die Anwesenden gehören zumeist der Firma »Stunts Unlimited« an, zu der sich die Tollkühnsten von ihnen zusammenschlossen. Darunter Kitty O'Neil, Hollywoods Beste. Tränenvoll präsentiert sie uns Cappys Werbemappe, mit Fotos seiner Bravourstücke oder »gags«, wie sich das unter den Kollegen nennt. Diese scheinen mir jedoch weniger betroffen als sie. »Wir denken nie an den Tod«, klärt uns Duffy auf, Kittys Gatte und Ausbilder. »Wer stirbt, hat versagt. Ein Verlierer. Wir stoßen ihn aus.« Tatsächlich wird, kaum daß der Pfarrer den Nachruf beendet hat, schon wieder gekichert und geprahlt. Vorab mit Gagen. 25 000 Dollar will Duffy für einen Weltrekordsprung seiner Frau vom sechsten Stockwerk eines brennenden Hauses gefordert haben.

Danach in Duffys Büro. Unser bescheidenes Honorarangebot auf der Stelle akzeptiert. Die Tausender scheinen also doch nicht so reichlich zu fließen. In einem unbewachten Moment riskieren wir ein Auge auf seine handschriftliche Preisliste: Fall vom Pferd 300, von Felsspitze 600, Lauf durch Feuer 800, Sprung vom zweiten Stock 1200 Dollar usw. Nicht überwältigend. Kitty, eine graziöse, sehr weibliche junge Frau. Wegen einer Kinderkrankheit seit ihrem vierten Lebensmonat stocktaub. Hat dann nur mit Mühe einigermaßen sprechen gelernt. Geübte Lippenleserin, nur bei Schnauzbartträgern wie mir hapert es leider. Sie ist Tochter eines Fliegerasses aus dem Zweiten Weltkrieg und einer Cherokee-Indianerin. Bekannt geworden durch die kindischen, aber riskanten Kunststücke von »Wonder woman« im Fernsehen.

Nächste Woche will Kitty auf einem Raketenwagen den Geschwindigkeitsrekord für Landfahrzeuge schlagen, der bei etwas über tausend Stundenkilometer liegt. Wobei die Schallmauer zu durchbrechen ist. Was in diesem Moment passiert, weiß keiner. Dazu Duffy etwas zu fidel: »Sie lebt ohne Nerven. Eine Sportkanone. Sie hält 31 Rekorde für Motorrad, Wasserski, Flugzeug, Turmspringen und was weiß ich alles. Und ich habe sie noch nie zittern sehen.« Kitty stolz: »Ich kenne keine Angst. Und ich sage nie nein.« Guter Beginn für unseren Ausflug ins amerikanische Übermenschentum.

ALVORD RANCH, OREGON, 2. DEZEMBER 1976

Mittelgroße Viehranch von etlichen 100 000 Hektar inmitten einer der letzten Wildnisse Nordamerikas. In der Ferne erspähen wir Mustangs und sogar wilde Antilopen. Der nächste größere Ort nennt sich Nampa, Idaho, und liegt knappe 200 Kilometer entfernt. Dort mußten wir auch die Wohnwagen mieten, in denen wir hier ziemlich gedrängt hausen. Auf der benachbarten »Alvord-Desert«, einem ausgetrockneten Salzsee von 17 Kilometer Länge, soll der kommende Weltrekordversuch stattfinden. Umgebende Lokalitäten tragen solche ermutigenden Namen wie Malheur Lake, Disaster Peak, Diablo Mountain. Mittelpunkt des ganzen Unternehmens ist ein baumlanger Amerikaner namens Bill Frederick, der hauptberuflich »stunt cars« für Hollywood zusammenbaut. Und nebenher in seiner Garage sieben Jahre an dieser 13 Meter langen dreirädrigen Raketenzigarre namens »Motivator« bastelte, die 1350 km/h erreichen soll. (Die Schallmauer liegt auf dieser Höhe bei etwa 1200.) Kostenpunkt eine Million Dollar. Beschleunigung von 0 auf 640 km/h in drei Sekunden. Bei Spitzengeschwindigkeit drehen sich die beiden Aluminiumräder im Heck 9000mal pro Minute. Bill begrüßt uns geistesabwesend und verschwindet dann wieder ins Allerheiligste, seinen waggonlangen Trailer, der als Kommandozentrale fungiert. Wir dürfen sie nicht betreten. Leiser Verdacht, daß man von hier aus die ganze Sache per Computer fernsteuert. Und die Fahrerin, ohne die es aber keinen Rekord gibt, bleibt mehr oder weniger Attrappe.

Als nächstes wird mitten durch den ausgetrockneten See eine

schwarze Leitlinie gesprüht, und zwar mit einem umfunktionierten Jauchewagen. Offenbar muß man aus Geldmangel ziemlich improvisieren. Nicht einmal ein Kompaß ist vorhanden, so daß die lange Gerade reichlich krumm gerät. Nachmittags dürfen wir mit Bill und Kitty zum Motivator hinaus, der schon in den Startlöchern steht. Man erklärt uns das Nötigste. Je ein Durchlauf in beide Richtungen innerhalb einer Stunde ist vorgeschrieben, aus dem Durchschnitt errechnet sich die Rekordgeschwindigkeit. Um die Schallgrenze zu brechen, muß auf der »fliegenden Meile« inmitten der Strecke eine Spitze von über 1300 km/h erreicht werden. Kitty nickt dazu versonnen, ihre Taubheit ein Schild zwischen sich und nervöser Umwelt.

Danach Eintreffen von Earl Flanders, dem offiziellen Vermesser und Zeitnehmer, genannt Onkel Earl. Blickt mit gerunzelter Stirn zum Himmel: »Ein einziger Regenguß, und die Piste ist unbefahrbar. Was wir brauchen, ist mindestens eine Woche gutes Wetter. An einen solchen Rekord muß man sich stufenweise herantasten. Es gibt allerdings auch Leute, die schon im ersten Anlauf die Topgeschwindigkeit anpeilen. Diese Leute pflegt man nach dem zweiten Anlauf zu begraben.«

ALVORD RANCH, 3. DEZEMBER 1976

Motivator wird aus herantransportierten Aluminiumfässern mit 600 Litern Wasserstoffperoxyd betankt, dazu, getrennt, flüssiger Stickstoff. Die chemische Reaktion der beiden Stoffe erzeugt einen Rückstoß von Wasserdampf, 48 000 PS werden frei. Kitty klettert entschlossen in ihren auf schmalsten Po berechneten Sitz, schnallt sich an. Deutlich hört man sie das Vaterunser beten. Countdown von zehn bis null. Dann hoch aufschießend wie ein Atompilz eine weiße Dampfwolke, als wäre die ganze Chose an Ort und Stelle explodiert. Aber es ist bloß der Anlasser. Und schon legt die Maschine mit ohrenbetäubendem Krachen los, ist in Sekunden an uns vorüber und hinter einer gigantischen Staubfahne verschwunden. Hätte jemand beim Start ein Gewehr abgefeuert, so würde die Kugel etwa im gleichen Moment ihr Ziel erreichen. Einige Minuten später bringt Bills Doppeldecker eine triumphierende Kitty zurück. Und Bill tritt mit Onkel Earl vergnügt aus dem Meßwagen:

»375 Meilen!« – also ziemlich genau 600 Stundenkilometer. Kein schlechter Einstieg.

ALVORD RANCH, 4. DEZEMBER 1976

Drei weitere Durchläufe Kittys. Beim schnellsten erreicht sie eine Spitze von 720 km/h. Umarmungen, Jubel im Camp. Gedämpft durch die Ankunft eines kleinen Propellerflugzeugs mit zwei Damen des einflußreichen Ökologenvereins »Sierra Club«, die gegen Umweltverschmutzung protestieren. Sie werden eingewickelt von Bill Frederick, der mit gimpelfängerischem Charme darauf hinweist, daß es kein unschuldigeres Antriebsmittel gebe als Wasserdampf (»wie bei der guten alten Dampflok, meine Damen«). Und ihnen hierauf seinen Oberingenieur vorstellt mit den Worten: »Dieser Mann hat Armstrong zum Mond befördert!« Beeindrucktes »Wow!« der Naturschützerinnen. Schließlich läuft alles darauf hinaus, ob die schwarze Farbe der Leitlinie wasserlöslich ist und also beim nächsten Regen verschwindet. Ein Eimer von dem Zeug wird ausgegossen, dann Wasser drübergespritzt. Duffy taucht seinen Finger hinein, schleckt ihn ab und verkündet: »Was mich nicht umbringt, wird auch keiner Antilope ein Bein ausreißen.« Damit ist die Sache abgesegnet, und die Damen bleiben zum Mittagessen.

Nachmittags Knatsch mit Duffy. Er hat sein eigenes teures Filmteam angeheuert samt meterlanger Teleoptik und sonst allen Schikanen. Damit will er »sämtliche Fernsehanstalten der Welt« bedienen. Sein Team hat aber noch keinen müden Meter gedreht: »Wir warten, bis es richtig spannend wird.« Dabei sind doch gerade die kleinen täglichen Triumphe und Enttäuschungen das Spannendste. Duffy gibt uns drei Tage, »dann will ich euch nicht mehr sehen«!

ALVORD RANCH, 5. DEZEMBER 1976

Kitty steigert sich langsam hoch ... vielleicht zu langsam. Eigentlich hätte sie heute beim zweiten Lauf in die Neunhunderter kommen müssen. Schwere Wolken über dem Steensgebirge im Westen. Duffy: »Wir müssen versuchen, den Weltrekord bis übermorgen hinzukriegen.«

Fabelhafter Durchlauf mit 946 km/h Spitze. Und zum erstenmal donnert sie gleich anschließend in die Gegenrichtung zurück, um den Frauenrekord festzunageln. Kein Problem. Hierauf lang erwartetes Eintreffen eines beleibten Herrn in Cowboyaufzug. Der aus seinem Auto drei enggefaltete Würste herausholt, die er mitsamt Sprengsatz in drei entsprechende Rohre am Heck des Motivators einführt. Es sind die Fallschirme, ohne die man bei diesem Tempo nicht mehr bremsen kann. Auch so braucht das Gefährt an die acht Kilometer, bis es zum Stehen kommt. Gleichzeitig Ausbau der schweren Stabilisierungsflossen, die uns reichlich 1500 Pfund Schubverlust eintragen. Was von jetzt an der Ausfall von Bodenhaftung bedeutet, weiß keiner. Kümmert auch keinen. Immer diese amerikanische Selbstverständlichkeit des Hasardspiels mit dem Leben. Alles für den letzten Kick. Wer dafür nicht lachend Hals und Vermögen riskiert, zählt hier erst gar nicht.

Ankunft mehrerer Flugzeuge hintereinander. Es sind die großen Fernseh-Networks, die zum erstenmal Notiz nehmen. Jeder begrüßt uns mit »guten Tag« oder »Heil«, sie sind also bereits von Bill Frederick informiert, daß »sogar das deutsche Fernsehen ...« usw. Duffy spreizt sich wie ein Pfau. Nur Kitty bleibt auch jetzt unberührt. Trotz Liebe zur Technik wie ein Wesen aus früherer, verlorengegangener Welt. Geistig ein Kind, wenn auch seelisch und körperlich durchaus Frau. Ich frage sie, was sie zu dieser Rekordjagd motiviert? »Immer haben die Leute gemeint, weil ich mich nicht ausdrücken kann, kann ich auch nichts leisten. Jetzt zeige ich's ihnen.« Würden Sie auch zum Mond fliegen wollen? »Ich möchte ins All, aber nicht zum Mond, weil dort keine Menschen sind.« Kommt es vor, daß Sie weinen? »Ja, manchmal muß ich weinen. Weil ich so glücklich darüber bin, wie Gott mich gemacht hat.« Frage an Duffy: Ob er je auf Kitty und ihre Erfolge neidisch sei? »Ich weiß nicht, was Sie Neid nennen. Aber es gibt nichts auf der Welt, das ich nicht tun würde, um in diesem Vehikel zu sitzen.« Was ist es Ihrer Meinung nach, das Kitty antreibt? Duffy (mit abgewendetem Kopf, so daß sie seine Lippen nicht lesen kann): »Seit Jahren weiß sie, daß sie nie Kinder bekommen wird. Vielleicht ist jeder Rekord für Kitty wie eine Geburt?«

ALVORD RANCH, 7. DEZEMBER 1976

Sämtliche Fahrzeuge im Lager, einschließlich der unsern, zum Start befohlen, um mangels Straßenwalze die ausgeleierte Fahrstrecke mit Rädern einzuebnen. Dazu Duffy: »Jedes dieser Schlaglöcher kann Kitty bei Schallgeschwindigkeit ins Himmelreich katapultieren.« Mit einemmal Regentropfen. Cuffy: »Nur ein Schauer. Das geht vorüber.« Onkel Earl: »Der Wind treibt es weiter.« Mehr Regen. Windstärke neun. Kitty allein hinauf auf die Strecke, offenbar betend. Duffy ihr nach mit Regenschirm. Bill Frederick steigt aus seinem Trailer. Zu uns: »Mit Jahresende laufen meine Sponsorenverträge aus. Und vom nächsten Frühjahr an ist mein Wagen überholt.« Wolkenbruch. Bill läßt sich das Megaphon reichen. Zögert. Dann: »Wir brechen ab. Ich danke Ihnen allen.« Läßt eine Plane über den Motivator ziehen, sein Lebenswerk. Tränenstrom Kittys: »Ich will sterben, ich will sterben.« Beginnender Abbau des Lagers, um Geld zu sparen. Bill zu uns: »In vierundzwanzig Stunden sehen Sie hier keine Spur mehr von uns. Die Natur hat gewonnen.« Ich: Irgendwie tröstlich. Bill, sich abwendend: »Vielleicht.«

BERLIN, 21. MÄRZ 1977

Treffen in Berliner Kneipe mit dem jungen Autor Thomas Brasch, der vor drei Monaten von Ost-Berlin herüberwechselte bzw. ausgewiesen wurde. Vater drüben hoher Funktionär und ZK-Mitglied – dieser hirnverbrannte Idealist ist seinerzeit aus britischer Emigration zurück, um den Sozialismus aufbauen zu helfen. Jetzt wird ihm die Rechnung präsentiert. Der Sohn mit zwanzig von der Hochschule gejagt wegen »existentialistischer Anschauungen« (haben natürlich alle Sartre gelesen, die Herren vom Stasi), dann Knast wegen Protest gegen russischen Einmarsch in die ČSSR, anschließend zwei Jahre als Packer und Fräser »zwangsverpflichtet in die Produktion«. Die Arbeitswelt eines seiner Hauptthemen. »Wir sind alle Teil der weltweiten Industriegesellschaft, deren Schmerzen ideologisch nicht auflösbar.« Will sich aber nicht als Dissident vereinnahmen lassen: »Thema eines Schriftstellers ist nicht das Land, in dem er lebt, sondern das Problem, das er hat.« Faszinierende Figur eines jungen Poeten zwischen allen Stühlen. Wir feiern bis zwei Uhr morgens.

Brasch: verhangenes dunkles Schauspielergesicht, lodernder Blick. Je weiter fortgeschritten die Nacht, desto chaotisch-hypnotischer wird er. Lyrisches Ich ähnelt dem jungen Brecht, aber wie eine Kastanie verpackt in die Stachelhülle des alten. Querulatorischer Grundzug: »Lasse mich doch von Ihnen nicht konsumieren ... bin kein politischer Fall ... weiß schon, daß Sie mich kostengünstigst vermarkten wollen ... soll meine offenen Wunden vorzeigen zur westdeutschen Delektation ...« Wahnsinnige Unsicherheit überspielt durch trotzige Arroganz. So daß man nie weiß, wann man auf Mimose stößt, wann auf Idi Amin. Ist überzeugt, daß ich ihn als Naivling verachten muß, während ich ihn doch geradezu für einen neuen sperrigen Rimbaud halte. Unvermeidliches Resultat solcher Fehleinschätzung: daß ich ihr zu entsprechen beginne. Und vor Verlegenheit unter mein Niveau sinke.

BERLIN, 22. MÄRZ 1977

Drehtag mit Brasch in geräumiger Altbauwohnung. Wo er eben mit Freundin Katharina Thalbach und vierjähriger Tochter einzog. Die großäugige Schauspielerin, die einen sonst zu Tränen rührt, hier womöglich noch ätzender als Brasch. Warum? Vielleicht nur Verlegenheit des Bühnenprofis, der Leben mimen soll. Um den Einstieg zu erleichtern, schlage ich die allersimpelste Aktivität vor: die beiden beim Anhören von Schallplattenmusik. Abfuhr wie Donnerhall. Thalbach: »Ich höre doch nicht Musik vor anderen Leuten!« Brasch: »Sie suchen ja doch bloß billige Stimmungsmache.« Legt statt dessen eine Platte auf: Der politische Heine. Und kommentiert das vor der Kamera also: »Herr T. hat mich zum Abspielen dieser Platte veranlaßt.« Herübergebracht hat er sie immerhin. Dann wenigstens ein hübscher Satz: »Daß man bei euch frei heraussagen darf, woran man leidet, macht doch das Leiden nicht geringer.« Nächste Szene: Brasch an der Schreibmaschine. Während wir ihn filmen, schreibt er folgendes Gedicht (das wir zuletzt ebenfalls filmen):

»Das Westfernsehen ist da. Herr T. / will wissen, was ich denke. Was denkt / Herr T.? / Herr T. denkt, es könnte interessant sein / zu hören, was einer denkt, der aus der DDR gekommen ist / und jetzt im Westen sitzt / und vor der Kamera schwitzt. / Schreiben

Sie was, sagt er. Da / schreibe ich eben. Vor der Kamera, die / mir über den Rücken starrt. / Morgen wird auch ein schöner Tag, / sagte die Eintagsfliege.«

Bekloppte Situation, deren Doppelbödigkeit mir durchaus gemäß. Stimmung lockert sich. Katharina legt nun tatsächlich Musik auf, und die beiden wagen ein Tänzchen. Wir drehen diskret von der Tür her. Jäher Abbruch der Musik. Brasch: »Sie garantieren mir, daß diese Szene nicht im Film aufscheint.« Wahrscheinlich hat ein Abgewanderter nicht zu tanzen, sondern von früh bis spät nachzugrübeln, warum sie drüben um Bananen anstehen, und hier gibt's Kaviar gratis! Nachdem ich ihn vergeblich umzustimmen suche, wird mir sogar eine schriftliche Erklärung abgefordert: »Ich verpflichte mich hiermit, die eben gedrehte Tanzszene usw.«

Als nächstes der Versuch, etwas von Braschs bissiger (wenn auch brechtoider) Lyrik auf Film zu kriegen. Wir bitten Katharina um eine kleine Lesung. Dabei kippt sie verdrossen den Kopf so weit vornüber, daß die Haare das Gesicht komplett abdecken. Auch sinkt die Stimme zum Flüsterton herab, wird zuletzt unhörbar. Dazu Brasch: »Würden *Sie* Gedichte gratis rezitieren?« Wir schlagen eine entsprechende Erhöhung des ausgemachten Honorars vor. »Ja, ihr im Westen glaubt eben, ihr könnt alles kaufen.« Abbruch des Drehvorhabens überlegt. In diesem Moment das Klingeln des Briefträgers. Brasch nimmt vor der Haustür seine Post in Empfang, darunter Briefe von Verlegern, Politjüngern, Schwärmern. Öffnet sie und improvisiert herrliche sardonische Clownsnummern mit vorgelesenen Briefauszügen. Entscheidung, weiterzumachen.

Wir schlagen einen Gang zur Mauer vor, vielleicht Gedicht als Graffiti malen. Dröhnendes Herunterrasseln des Vorhangs: »Ich bin doch kein Zoobesucher, der drüben die Tiere im Käfig anstarrt!« Was er also jetzt normalerweise unternehmen würde? »Schreiben, was sonst! Ich bin ein Schreiber, also schreibe ich!« Nimmt Stöße von Schreibmaschinenpapier, zerknüllt sie, schmeißt sie gegen die Decke: »Papier, Papier, alles knistert, alles stinkt nach Papier, wie kommt man da herum?« Da ich es auch nicht weiß, verabschieden wir uns für den Tag.

BERLIN, 28. MÄRZ 1977

Nach Ost-Berlin über Checkpoint Charlie. Kontrollbeamter luchst wiederholt und demonstrativ (»Ich bin schließlich Kontrollbeamter«) von mir auf das Paßbild und wieder zurück. Bühnenreif. Meine unüberwindliche Abscheu, seit der Emigration, vor der gesinnungstüchtigen Internationale der Beamten und Polizisten. Die weltweit Millionen auf dem Gewissen haben, ohne daß sie dieses je auch nur gekneipt hätte. Treffe dann unser örtliches Fernsehteam, mit dem ich ohne Erlaubnis drehen will. Werde gewarnt, mich dabei im Hintergrund zu halten: »In Ihnen riecht man doch den Westler auf hundert Meter gegen den Wind!« Genieße, nach so vielen Jahren, den eigentümlichen Reiz dieser Illegalität, die mich ja hier nicht als Abschaum, sondern als Westentaschenkapitalisten trifft. Zuerst zum Transformatorenwerk »Karl Liebknecht« in Schöneweide, wohin Thomas Brasch zwei Jahre zwangsverpflichtet war. Für ihn die Hölle, wenn auch gute Schriftstellermaterie.

Die Fabrik eine einzige Katastrophe. Der ganze Vorplatz ertrinkt in endloser, stiefelhoher Regenpfütze. Der Maschinenraum (man läßt uns anstandslos filmen, so stolz ist man auf sich) geradezu museal. Dazu der spürbare Frust der Arbeiter. Wenn der Arbeiterstaat nichts für die Arbeiter tut, wozu ist er dann da? Dem ganzen Viertel haftet etwas Frühindustrielles an. Brasch: »Du kannst riechen, daß eine Stadt zerfällt. Die denen, die drin sind, allen Saft aussäuft, daß nur noch die Verpackungen durch die Straßen taumeln.« Nachher Chausseestraße 125, das Brechthaus, in dem Helene Weigel zuletzt allein lebte. Eingerichtet als Brechtarchiv, in dem Brasch arbeiten durfte. Auch hier, dieser kulturellen Hochburg, das rieselnde, verfallende graue Gemäuer, aus dem die ganze DDR zu bestehen scheint. Dann auf dem benachbarten Dorotheenstädter Friedhof das bescheidene Grab des »armen B. B.«. Warum sonst starb er so früh als aus Gram über die Verkümmerung und Humorlosigkeit dieser Miefrepublik? Und seiner zweideutigen Rolle darin.

BERLIN, 30. MÄRZ 1977

Schlußgespräch mit Brasch. Nachdem er uns schon eine ganze Bandbreite von Befindlichkeiten vorgeführt, heute zur Abwechslung die ironische Masche: »Wenn Sie es sagen, wird es ja stimmen.« Selbstabwertend, nimmt sich in vorgetäuschter Bescheidenheit total zurück, so daß meine Fragen in einen Verhörton geraten, der nun wieder ihn zu Paroxysmen der Bissigkeit hochschaukelt. Nennt mich: »die Dünser für Intellektuelle«. Stichelt: »Warum wollen Sie unbedingt wissen, wer ich bin, ich interessiere mich ja auch nicht dafür, wer Sie sind.« Nachdem mein Fragenkatalog auf diese Art durchgeschnurrt ist, erkläre ich: »Fein, gelaufen, darauf wollen wir einen heben.« Brasch läßt sich erleichtert in Wodka versinken. Wird wieder bestechend witzig und geradezu menschlich. Das hätte einer unserer packendsten Filme werden können, schade. Jetzt bleibt nur unser miesester Trick: »Darf ich noch eine Frage stellen, die ich vorhin vergaß?« Lasse Kamera anlaufen, beginne Interview von neuem und bekomme von Brasch, der sich vielleicht betrunkener stellt, als er ist, tadellose Sächelchen wie: »Was glauben Sie denn, daß Kunst ist? Kunst ist die Fähigkeit, aus Scheiße Gold zu machen.« Und zuletzt: »Für mich ist das Fernsehen nichts als ein großes Restaurant. Die Zuschauer sind die Gäste, Sie sind der Kellner, und ich, ich bin das Schnitzel. Hoffentlich wird es wenigstens so zubereitet, daß es schmeckt.«

PARIS, 10. MAI 1977

Letzter Pariser Schneidetag unseres Films über Thomas Brasch. Cutterin Elfi hat dabei aus dem lendenschwachen Material Schätze herausgeholt, von denen ich nichts ahnte. Textur und sinnvolles Fließen des Films, die dem Zuschauer Wohlaufgehobensein und Vertrauen suggerieren, sind hauptsächlich von der Cutterin gemacht. Nachmittags (auf unsere Kosten) Eintreffen von Thomas Brasch und Katharina Thalbach, die Paris zum erstenmal besuchen, in unserem Studio. Brasch ganz Gentleman. Allgemeine Versöhnung. Sagt die Thalbach nach Ende der Vorführung: »So was Gutes hätte ich Ihnen gar nicht zugetraut.« Soll man da nun lachen oder weinen?

NEW YORK, 19. OKTOBER 1977

Geiselbefreiung in Mogadischu durch Bundesgrenzschutz. Danach Selbstmord der Terroristen Baader, Raspe und Gudrun Ensslin in Stammheim. Ob man sich in Deutschland darüber klar ist, daß hier viele Leute es für Mord halten? Oder zumindest den Verdacht aussprechen? So auch Lillian Hellman, die amerikanische Dramatikerin, die wir in ihrer New Yorker Hotelresidenz aufsuchen: »I know the Germans.« Schon beim Öffnen der Tür – immer der entscheidende Moment – wußte ich, daß dies kein Film für uns wird. Woher? Keine Ahnung. Aber diese Frau zeigt sich nicht, hält sich bedeckt wie mit einem Panzerhemd. Hätte mich auch nie an sie herangewagt, wäre sie nicht überraschenderweise in den Zeitungen auf einem Werbefoto zu sehen. Jeden Monat posiert da eine andere Berühmtheit in bodenlangem schwarzem Nerz. Dazu der Slogan: »Was steht einer Legende am besten?« Nach New Yorker Gemeinwissen dürfen sie den Pelz gleich als Honorar behalten.

Hellman, klein, stämmig, mit einem zerfransten messerscharfen Gesicht, das nie schön gewesen sein kann, immer charaktervoll. Ein Dutzend Stücke hat sie für den Broadway geschrieben, fast alle erfolgreich. Ihr Erstling, »Die kleinen Füchse«, ein Klassiker. Mitarbeiter: der Krimiautor Dashiell Hammett, ihr langjähriger Geliebter. Als sie ihm die dritte Umarbeitung brachte: »Ein hervorragendes Stück jetzt, ein erstklassiges Stück. Aber ich denke, du willst die größte Theaterautorin Amerikas werden. Also wirf es in den Papierkorb.« Im Kino spielte Bette Davis die Hauptrolle der eiskalten Aufsteigerin, die den Gatten und eine ganze Fuchsbrut von raubgierigen Verwandten übertölpelt, bis sie selbst in frostiger Einsamkeit endet. Wie man weiß, ein ziemlich genaues Familienporträt aus Hellmans Geburtsstadt New Orleans. Den Satz »Also hast du noch Blut in den Adern, ich dachte schon, es sei Zuckerwasser« will sie wörtlich von ihrem Vater gehört haben. In das Stück schrieb sie sich selbst als sanfte, naive Tochter hinein. Heute gleicht sie, wie das eben so geht, eher der starrköpfigen Mutter. Zumindest in der Verkörperung durch Bette Davis. Die zwar »nicht immer kriegt, was sie will, aber immer, was sie verdient«. Hellman auf die entsprechende Frage: »Ich sehe keinerlei Ähnlichkeit. Ich habe mein Leben der Aufklärung und sozialen Gerechtigkeit gewidmet. Bette dem vergeblichen Bemühen, sich in einem halben Dutzend Ehen zur glücklichen Liebenden zu bekehren, wozu sie nicht die geringste Eignung besaß.«

Immerhin sind beide »zäh wie Nägel«, zwei hartgesottene Hexen aus der Depressionszeit. Mich hat Hellman meterweit weg von sich in einen viel zu tiefen Lehnstuhl plaziert, auf Distanz. Den Zigarettenrauch, in den sie sich trotz Dauerhusten einnebelt, durchstoßen nur fallweise Habichtnase und Boxerkinn. »Warum soll es mir Spaß machen, mich vor Ihnen zu produzieren, ich kenne mich ja schon!« Vielleicht allzu gut? »Wie meinen Sie das, ich verstehe Ihre Ausdrucksweise nicht. Ach so, Sie denken, ich bin die Verzweiflung meines Analytikers? Wie wahr. Als ich noch zu diesem Gehirnschrumpfer ging, sagte er einmal: Sie sind mein erster Patient, der so von sich redet, als wäre er jemand anders.«

Ich frage sie nach Hammett (den sie prinzipiell beim Zunamen nennt): »Ja, damals kochte ich noch über vor Energie. Sein häufigster Satz an mich war: Willst du dich nicht bitte setzen.« Da gibt es aber auch diese Story, daß er eine andere Freundin in Hollywood gehabt haben soll. Und Sie flogen einfach nach New York hinüber, schlugen die Wohnung kurz und klein und mit der nächsten Maschine wieder zurück? »Ja, ich war schon immer eine anstrengende Frau.« Daher auch Ihr Satz vor dem Ausschuß des Kommunistenjägers McCarthy: Ich bin nicht willens, mein Gewissen nach der laufenden Mode umzuschneidern? Ja, und damit verlor ich den ertragreichsten Kontrakt, den Hollywood je vergab: vier Drehbücher jährlich zu jedem beliebigen Thema für eine Million Dollar. Danach ging mein ganzes Leben in die Brüche, eine Zeitlang mußte ich sogar als Verkäuferin arbeiten. Ich habe es überstanden.«

Was aber vielleicht ganz gut gewesen für Ihre Seele? »Ich weiß nicht, wovon Sie reden. Gibt es das überhaupt? Ich habe keine religiösen Anwandlungen. Ich glaube auch nicht, daß man mit dem Alter weiser wird. Der einzige Vorteil des Altwerdens ist, daß man noch nicht tot ist. Das ist alles.« Energisches Ausdrücken der Zigarette signalisiert meine Entlassung. Kaum eine halbe Stunde war ich da. Sie sieht mich mindestens so gerne gehen, wie sie mich kommen sah. Gerade im Hotel angelangt, Anruf ihres Rechtsanwalts. In welcher Form ich das mir gewährte ausführliche Interview zu verwerten gedenke? Und was meine Vorstellungen eines angemessenen Honorariums seien?

PARIS, 10. JANUAR 1978

Mit Reiseschriftstellerin Jan Morris in London telefoniert. Sie in meiner Verwirrung zuerst mit Mister Morris angeredet, dann verbessert zu Miß Morris, danach zu Mrs. Morris umgeschwenkt, da mir einfiel, daß sie ja verheiratet ist bzw. war und Mutter von mehreren Kindern, will sagen Vater. Verhunzte Konversation, die unvermeidlich mit kategorischer Absage endet. Muß unsere verläßliche Kit in New York einschalten, damit sie in einem interkontinentalen Telefongespräch »von Frau zu Frau« mich würdig vorstellt und die Sache ausbügelt. Deprimierende Erinnerung an ähnlich verpatzte Kontaktaufnahmen am Telefon. Da ich, als purer Augenmensch, Leute, die ich mir nicht vorstellen kann, auch nicht anzusprechen verstehe. Während ich bei persönlichem Kennenlernen unfehlbar in der ersten Minute den richtigen Ton finde.

VENEDIG, 14. FEBRUAR 1978

Zusammentreffen mit Jan Morris in ihrer Lieblingsstadt Venedig und hier an ihrem Lieblingsort Harry's Bar. Auffallend blaue Augen, darüber aber wuchtige Brauen, die Haare etwas drahtig, das Kinn vorstehend, und bei hellem Tageslicht stört denn doch der Bartanflug um die Wangen. Auf den Zeitschriftenfotos sah sie mädchenhafter aus. Allerdings hat sie ihre Geschlechtsumwandlung der Kinder wegen erst vor sechs Jahren vollzogen, also mit reifen 46. Erzählt ganz unbefangen von ihrer männlichen Karriere: Abwehroffizier in einem erstklassigen Kavallerieregiment, nachher bärtiger Auslandskorrespondent für Times und Guardian. Ist als solcher mit Hillary vor genau einem Vierteljahrhundert fast 7000 Meter hoch auf den Himalaja geklettert. Und konnte im Alleingang den Knüller der Erstbesteigung des Everest gerade zum Queen-Geburtstag in die Welt funken. Für kommenden Mai hat man sie zu einer Jubiläumsfeier dazu eingeladen. Jan lachend: »Soll ich gehen? Ich fürchte, die alten Kumpel wären doch reichlich schockiert?« Ich beglückwünschend: Wenn schon transsexuell, dann am besten britisch – so hat man wenigstens den Humor für sich. Sie: »Ja, und die Selbstdisziplin. Und Heiterkeit. Und in Gottes Namen auch einen Schuß britischer Überheblichkeit, kann nie schaden.«

Hinterm Markusplatz Schaufensterbummel. Jan bleibt betont vor Pelzmänteln und dergleichen stehen. Trägt auch Kopftüchlein zwecks zusätzlicher Weiblichkeit. Peinliche Szene, wie ich, um meine »lockere« Haltung zu unterstreichen, mich leicht bei ihr einhänge. Wobei sie panisch zurückzuckt, als hätte ich sie abtasten wolle. Verhasple mich auch noch immer mit ihrem Namen, der natürlich ein Mitteldding darstellt zwischen dem ursprünglichen James und der angestrebten Jane. Und ihr übrigens vom Standesamt selbst angetragen wurde. Welches danach auch keinerlei Schwierigkeiten mehr mit Personalpapieren machte. Zivilisiertes England!

Vaporetto zum Rio San Trovaso, wo der damalige James mit seiner jungen Frau Elizabeth »das ekstatischste Jahr meines Lebens verbrachte«. Jan weist auf den Balkon des roten Palazzos mit Blick auf den Canale Grande: »Es war eine Ehe, die nicht klappen konnte, aber geklappt hat wie ein Traum. Weil wir so innig aufeinander eingestimmt waren, daß sogar unsere Gesichter identisch wirkten.« Zeigt mir Schnappschuß im sommerlichen Garten, auf dem die beiden tatsächlich strahlenden Zwillingen gleichen, jeder überdies mit blondem Engel im Arm. Ein Stück vom Paradies. »Wir hätten wunderbar ohne Geschlechtliches auskommen können, aber natürlich sehnten wir uns nach Kindern. Fünf wurden es zuletzt, eins ist uns leider gestorben.«

Spätnachts am Fahnenmast der Piazzetta. Liest aus ihrer Autobiographie »Conundrum« (etwa: Vexierbild): »Mit drei Jahren saß ich unter dem Klavier meiner Mama und betete: Lieber Gott, laß mich morgen als Mädchen aufwachen. Und später: Lieber Gott, laß meinen Körper eins sein mit meiner Seele.« Elizabeth, der er seinen Zustand nie verheimlicht hat, ist einverstanden, daß er sich in die Behandlung von Dr. Harry Benjamin begibt, Pionier des Transsexualismus (und wieder einmal deutscher Emigrant). Seine Forderung: »Wenn man die Persönlichkeit nicht dem Körper anpassen kann, ist es gerechtfertigt, den umgekehrten Weg zu beschreiten.« Folgen acht Jahre Hormonbehandlung, »in denen ich mir zuletzt wie ein androgynes Fabelwesen vorkam: der Hermaphrodit, Brücke zwischen den unüberbrückbaren Gegensätzen aus Mann und Weib. Für mich beseligender, poetischer Zustand.«

Schließlich die endgültige Geschlechtsoperation in Casablanca, die aber hier als Thema ausgespart bleibt: »Etwas rein Physisches. Hat nichts mit meiner Persönlichkeit zu tun, meiner Genuß- und Liebesfähigkeit. Auch nicht meiner Autorschaft.« Zitiert lachend ein Kritikerurteil (von Rebecca West), daß »he was e better writer than she«: »Typisch diese Herablassung für Frauen. Wäre ich Mann geblieben, so hieße ich jetzt nicht charmante Reiseautorin, sondern altgedienter, welterfahrener Auslandskorrespondent.«

VENEDIG, 16. FEBRUAR 1978

Zum Flughafen, um Jans jüngste Tochter abzuholen. Susan, genannt Sukie. Maschine von London verspätet, ich tröste Jan damit, daß hier auch andere Muttis sorgenvoll warten – ein Versprecher, der mir nicht zum erstenmal herausrutscht. Sukie, ein pummeliger Teenager, der Jan mit Vornamen anredet und so was wie eine liebevolle Tante in ihr zu sehen scheint. Keine körperliche Zärtlichkeit allerdings. Wird nach Gondelfahrt und Markusplatzbesuch ins Bett gesteckt. Frage an Jan, wie sie die Kinder damals über ihren Geschlechtswandel aufklärte. Die leicht genierte Antwort: »Nun ja, wie man eben in England über Sexuelles redet: Wir ließen einfach die entsprechenden Bücher offen herumliegen.« Dann selbstbewußter: »Dafür haben sie aber nie den Zusammenbruch einer Ehe erlebt, keinen Verrat der Liebe. Nur eine verwirrte Seele, die zu sich selber fand.«

Berichtet Drolliges aus der Zeit ihrer Doppelgeschlechtlichkeit: wie sie aus einem Londoner Herrenklub heraus- und direkt in einen Frauenklub hineinmarschierte. Wie in einem mexikanischen Hotel eine Deputation der Stubenmädchen auf sie zukam: Bitte sagen Sie uns, ob Sie als Herr oder als Dame bedient zu werden wünschen. »Und einmal auf Fidschi fragte mich der Taxifahrer vom Flughafen geradeheraus: Sind Sie Männlein oder Weiblein? – Ich bin eine anständige, reiche, knackige britische Witwe. – Genau das, worauf ich gewartet habe, sagt er und legt seine Hand auf mein Knie.« Solch humorige Forschheit, mit der Jan jede Frage nach tragischeren Gefühlskomplikationen abschmettert, denn doch leicht irritierend. »Wir sind ja hier nicht bei Ihrem Dr. Freud«, sagt sie ... für sie Inbegriff geradezu unpatriotischer Seelenaufreißerei.

CRICCIETH, 19. FEBRUAR 1978

Die engere Heimat von Jan Morris in North Wales. Richtet sich gerade im Gartenhäuschen eines Gutshofs ein, der ihr früher zur Gänze gehörte. »Auch mit solchen Dingen muß man fertig werden.« Sorgfältig in urwüchsigem Zustand belassenes Hinterland, Dschungelgarten, Hochkultur und sozusagen Hochnatur in einem. »Hier sind wir seit Generationen ansässig. Für meine Umwelt bin ich einfach Morris, und fertig. Ob Männlein oder Weiblein, ist den Walisern egal.« Zeigt uns bewaldete kleine Insel mitten in dem murmelnden Flüßchen Dwyfawr: »Hier wollen Elizabeth und ich unsere Asche gemeinsam ausstreuen lassen.« Ich frage, ob ein Grabstein vorgesehen? »Den habe ich eben heute vom Steinmetz abgeholt.« Sie öffnet den Kofferraum ihres Wagens, darin tatsächlich eine bescheidene Steintafel mit der Inschrift, auf englisch und walisisch: Hier liegen zwei Freunde am Ende eines Lebens. Jan: »Als Wortspiel gedacht. Nicht nur, weil ihr und mein Leben eins sind. Sondern auch, weil dies nur eines ist von vielen Leben.« Dieser romantische Ort war auch der letzte, den sie aufsuchte, bevor sie nach Casablanca flog. Glücklich, wer solch ein Wäldchen besitzt. Die meisten Transsexuellen schlagen sich allerdings am Pigalle oder Bahnhof Zoo herum.

ABERGAFENNI, 21. FEBRUAR 1978

Fahrt zum Landhaus des vormaligen Ehepaares Morris, auf einem verschneiten Hügel des südlichen Wales. Neugier auf Frau Elizabeth, die einen Gatten verlor, um was zu gewinnen? Jan ruft unten von einer Telefonkabine an. Dann kommt Elizabeth, sehr praktisch mit wattierten Hosen und Bergstiefeln angetan, und hilft Jan (die einst als Mann den Himalaja bezwang) den vereisten Auffahrtsweg hoch. Oben Begrüßung mit der immer noch anmutigen, aber doch leicht verhärmten Frau. Tee, Kaffee, Kuchen? Eher versinkt England im Meer, als daß hier etwas über Seelenprobleme ausgeplaudert wird. Offiziell gelten die beiden, nunmehr lang geschieden, als Schwägerinnen. Elizabeth trägt aber noch den Ehering, Jan nicht. In der warmen Stube Kaffeeklatsch. Es klingt wie das Zwitschern zweier Wellensittiche.

Wie überhaupt Jan das Weibliche gern unterstreicht. Auch in ihren konservativen und antifeministischen Anschauungen. Pose des schwachen und leicht hilflosen Weibchens, dazu solche verstörenden Sätze wie: »Als Mann war ich doch tüchtiger.« Zeigt Elizabeth den endlich erschienenen letzten Teil ihrer historischen Trilogie »Pax Britannica«, deren erste zwei Bände sie noch als James schrieb. Kichert voll blauäugiger Naivität: »Im Detail bin ich jetzt besser als früher. Aber die großen Zusammenhänge – igitt!« Immer diese gezirkelte Artigkeit, mit der ein hervorragender und unveränderlich männlicher Verstand verzweifelt nach irgendwelchen weiblichen Aspekten fischt. Nicht, daß Jan die Operation bedauert – nur die unzulängliche Wandlung. Irgendwie scheint die erwartete Überraschung ausgeblieben, die Neugeburt ... Dann einen Moment mit Töchterchen Sukie allein gelassen. Ergreife die Situation beim Schopf, um sie eilig auszufragen nach ihrem Vater, ob sich da für sie was geändert hätte. Komme leider ins Schwimmen, weiß nicht, ob »er« oder »sie« sagen, Töchterchen weiß es auch nicht. Blamage.

ABERGAFENNI, 22. FEBRUAR 1978

Geplantes Interview mit Jan bis zur Schmerzgrenze. Wozu der Ato ein Weichlicht zaubert, das sogar Elizabeth Taylor wieder zur Jungfrau machen müßte. Beginne mit Hinweis auf Freud, der bereits die amorphe, unfixierte Sexualität der Kindheit als die normale bezeichnete, scharfe Geschlechtertrennung als männliches Herrschaftsinstrument vorausahnte. Leider hört Jan davon nur das Reizwort Freud. »Ich liege schließlich hier auf keiner Couch!« Fehlstart, nicht wiedergutzumachen. Ob denn solche Sexualität Marke Eigenbau ... »Ich habe wahrscheinlich Sex auf mehr Arten erfahren als Sie. Und es vielleicht ebenso genossen. Fand es aber als Vorgang nicht von überragender Bedeutung. Etwas zwischen einem guten Glas Champagner und Ente à l'Orange. Mit der Liebe ist das natürlich etwas anderes.« Ob jedoch die körperliche Vereinigung als Frau ... »Ich liebe und weiß, daß ich wiedergeliebt werde. Alles übrige geht Sie nichts an.« Tut es Ihnen leid, daß Sie nicht als Frau ... »Daß ich nicht als Frau geboren bin? Jawohl. Und ich bedaure, daß ich nicht Mutter meiner Kinder bin. Man kann nicht alles haben. Aber ich werde Ihnen sagen, was ich besitze: Vertrauen.

Zuversicht. Gläubigkeit. Inneres Gleichgewicht. Ich war gern Soldat, gern Ehemann, sogar manchmal gern ein transsexueller Mann. Warum soll Leiden edler sein als Genießen? Ich meine, erst die Lebensfreude bestätigt, daß man richtig lebt.«

Wäre es, bei solch rarer Ausgeglichenheit, nicht geradezu ihre Aufgabe gewesen, das Prinzip der weiblichen Natur im männlichen Körper, und umgekehrt, zu akzeptieren und zu preisen? Anstatt ihren Körper zu bestehenden geschlechtlichen Stereotypen anzupassen? Aber diese Frage, nur unter Zagen gestellt, geht zu weit. Furchtbarer Ausbruch gegen unser problemversessenes analytisches Mitteleuropäertum (oder so ähnlich). Wobei der britische Kavallerist und Bergsteiger vielleicht stärker hervortritt als erwünscht. Abbruch des Interviews. Jan markigen Schrittes auf ihr Zimmer. Team baut verbissen die Lampen ab, geht zu Bett. Hierauf überraschende Rückkunft von Jan Morris mit verzerrtem Gesicht. »George, bitte verzeihen Sie mir. Diese ganze Geschlechtsumwandlung war ein einziger Alptraum. Aber wem nützt es, davon zu reden?« Ich: Weiß ich auch nicht. Aber wem nützt es zu lügen? Jan: »Laß uns die Sache noch mal machen. Und jetzt sage ich Ihnen die volle Wahrheit.« Laufe hoch, kontaktiere das Team, das sich nach zähen Verhandlungen zu Neuaufbau bereit erklärt, was nie vorher nötig gewesen. Klopfe an Jans Tür. Stimme von innen: »Jetzt habe ich bereits meine Nachtcreme drauf. Ich glaube, wir lassen es lieber. Good bye, George.« Verfluche Freud, mich und die Welt und gehe untröstlich schlafen.

NAIROBI, 30. AUGUST 1978

Jomo Kenyatta, Staatspräsident von Kenia, eben verstorben und in der Vorhalle seines Palastes aufgebahrt. Starkes, bärtiges, keineswegs ewigkeitliches Gesicht. Wirkt noch im Tod als der große Schaumann, der er zeitlebens war. Eingereiht unter die Vorbeidefilierenden: Peter Beard, amerikanischer Abenteurer und Fotograf, mit seinem Diener Kamante. Peter: »Das war der letzte. Bindeglied zu einem verschwundenen Afrika, das es nie mehr geben wird. Und wahrscheinlich kein größerer Schurke als seine Berufskollegen.« Obwohl er natürlich im Bilde ist, daß die First Lady, »Mama Ngina, die Ivory Queen«, als eine der hundert reichsten Frauen der Welt gilt. Nämlich dank ihres Monopols auf den (offiziell verbotenen) Elfenbeinhandel. Aber: »Warum sollen sich nur die Weißen und die Gelben die Taschen stopfen?«

Führt uns durch das alte Nairobi, nicht mehr als ein paar ebenerdige Straßenzüge. »Hier an dieser Ecke habe ich noch ein fettes Nashorn fotografiert, das sich in aller Ruhe den Rücken kratzte.« Dabei kam Peter erst 1962 ins Land und ist noch keine vierzig. Zum historischen Norfolk-Hotel. Seine Bungalows waren Absteige aller »großen weißen Jäger« bis zum kürzlichen Schießverbot. Peter geht telefonieren, da in seinem Zeltlager am Stadtrand ja keine Leitung vorhanden. »Ich habe das auf Ihr Zimmer anschreiben lassen, George, ich hoffe, es macht Ihnen nichts aus.« Blick in sein Adreßbuch, das solche Namen enthält wie Andy Warhol, Truman Capote, William Holden, Mick Jagger (»Truman und ich haben ihn bei einer Tournee gefilmt«), Francis Bacon (»hat ein Triptychon von mir gemalt«), auch Jackie Onassis (»auf der Kennedy-Jacht segelte ich schon mit sechzehn«). Peter ist Urenkel eines Eisenbahnmagnaten, auch irgendwie mit den Tabakmillionären Lorillard verwandt, besitzt aber, seit kürzlich sein Haus auf Long Island samt sämtlichen Fotos unversichert abbrannte, keinen müden Dollar. »Was tut's, irgendwoher kommt es ja immer.« Fabelhaft aussehender dunkelblonder Sportsmann, Dauerkandidat der Klatschtanten für die schicksten Frauen Amerikas: »So obersüß, so talentiert, so unverheiratet und dann noch hetero ... Girls, worauf wartet ihr?«

Spätabends, wir schlafen schon alle, klopft es noch mal an meine Tür: Ob er schnell telefonieren dürfe? Nach Kalifornien? Und läßt sich mit Cheryl Teags verbinden, derzeit das blondeste und bestbezahlte Pin-up Amerikas. Ihr Poster im roten Bikini muß in hunderttausend Studentenbuden als Wichsvorlage dienen. »Cheryl? George will dich unbedingt in seinen Film einbauen. Nicht wahr, George?« Und während ich innerlich mit den Zähnen knirsche: »Natürlich bezahlt dir das Fernsehen die Reise. Und den Aufenthalt. Honorar? Klarer Fall. Bye now!«

DORF KALIKO, 1. SEPTEMBER 1978

Flug in zwei Kleinstmaschinen zum Turkanasee. Ehemals Rudolfsee genannt nach Kronprinz Rudolf (der sich in Mayerling erschoß), da von einem k. u. k. Grafen Teleki entdeckt. In mühevoller zweijähriger Expedition und gerade erst vor neunzig Jahren. Heute flogen wir in zwei Stunden hierher. Werden nach endlosen Tarifverhandlungen von Turkanaburschen hinausgerudert. Viele bullige Nilpferde, auch verschlagen blickende Krokodile. Auf unsere halb scherzhafte Aufforderung stürzt sich Peter ungeniert ins Wasser, damit wir ihn nah bei den Biestern filmen können. Alle tauchen aber weg und an total unvorhersehbaren Stellen wieder hoch.

Peter endlos unternehmungslustig, waghalsig gefällig. Ein letzter Nachfahr der unermüdlich-heiteren, auch poetischen jungen Angelsachsen, die sich im 19. Jahrhundert die Welt zu eigen machten. Dandy, Playboy, Flaneur, für alles zu haben. Zeigt uns sein vielbändiges Tagebuch, eine drollige Collage aus Verabredungen, Telefonnummern, Liebesabenteuern, Ausschnitten, Fotos (viele Nackedeis), Zeichnungen und Tierbeobachtungen in blumiger Kalligraphie. Dafür ohne Seelenzustände, die diesen Extravertierten kaltlassen. Nachmittags neuerliche Ruderpartie. Fischer vom Moli-Stamm auf quadratmetergroßen Flößen. Ein Windstoß, und sie gehören den Krokodilen. Peter zeigt uns die Stelle, wo ein Krok, vom Uferschilf meterweit vorschnellend, einer Eingeborenen vor seinen Augen den Fuß abriß. Auch eine fabelhafte industrielle Fischverarbeitungsanlage, aus Entwicklungsgeldern erstellt und völlig wertlos. Da die Einheimischen den See längst »mit Moskitonetzen leergefischt« haben, wie der hiesige Ausdruck lautet.

DORF KALIKO, 2. SEPTEMBER 1978

Wieder hinaus auf den endlos faszinierenden See. Ein Küstendorf, dort schwatzende Gruppen von statuesken Turkanafrauen. Ihr Hauptkleidungsstück der Büstenhalter. Peter macht eine von ihnen an, holt wahrhaftig sein Tagebuch mit den vielen Aktfotos heraus (auch Jackie O.) und hat sie dank seines kessen, unbefangenen Charmes in fünf Minuten so weit, daß sie für seine Kamera in jedem gewünschten Aufzug posiert. Dann winkend ab, ohne weitere Gratifikation. »Warum Frauen für etwas bezahlen, worauf sie ohnehin scharf sind? Außerdem ruiniert Geld die Spontaneität und den Dilettantismus, unsere bewundernswürdigsten Eigenschaften.« Ohne Zweifel auch die seinen.

Später im schönsten Abendlicht vergeblich nach Tieren Ausschau gehalten. Peter: »Vor Jahren half ich bei einer wissenschaftlichen Verhaltensstudie über die Kroks des Turkanasees. Anhand dieser Untersuchung haben wir mindestens 500 Tiere umgebracht und aufgeschlitzt.« Seine echte Verzweiflung über das Ende der Wildnis, die sich aber nur in sardonischen Witzen und Paradoxien Luft macht. »Je tiefer wir in Afrika eindrangen, desto schneller strömte sein pulsierendes Leben heraus und verwandelte sich in Trophäen, Häute und Skelette ... Wir werden weder die Kroks noch die Turkanas vor der Vernichtung bewahren. Weil wir nur eine Sache bewahren können: eine tote.« Nachts unvermuteter Hochzeitstanz von Hunderten der fabelhaften halbnackten Turkanafrauen. Natürlich keinerlei Beleuchtung vorhanden. Wir müssen uns mit Autoscheinwerfern behelfen. Dann wird eine Ziege, eher grausig, mit Speeren rituell abgeschlachtet und am Feuer gebrutzelt. Plötzlich ein Aufschrei von Peter, der sich wild rudernd ins Gewühl stürzt. Mord und Totschlag? Nein, es geht ihm bloß um eine Turkanadame, die ihr bedrucktes T-Shirt überzog, denn das darf nicht sein. Also auch bei ihm dieser romantische Primitivismus? Nur mit Mühe können wir ihn überzeugen, daß gerade diese einzige die Authentizität aller übrigen unterstreicht.

NAIROBI, 4. SEPTEMBER 1978

In Peter Beards »hog ranch« bei Nairobi, so genannt nach den wilden Warzenschweinen, die nachts seine Abfälle durchwühlen. Bis vor kurzem erschienen sogar noch Giraffen und Geparden. Jetzt liegt das Zeltlager schon mitten in einem entstehenden Villenvorort. Dahinter die lieblichen Ngong-Hügel, von denen die neuerdings wiederentdeckte Baronesse Karen Blixen in ihrem Buch »Out of Africa« erzählte. Peters schwärmerischer Besuch bei der alten Dame in Dänemark, ein Jahr vor ihrem Ende, hat ihn letztlich auf Afrika fixiert. Sein Camp liegt am Rand ihrer ehemaligen Kaffeefarm. Ihr Fotoarchiv hat sie ihm vermacht. Und ihren alten Diener Kamante, nun Peters Koch und Geschichtenerzähler.

Karens steinernes Haus, so liebevoll von ihr beschrieben als »Terrain des Herzens«, ist heute eine höchst prosaische Kochschule. Wir fahren mit Kamante hin, der sich aber mürrisch zeigt: »So viel berühmt, alle Geld machen an mir, ich keinen Shilling.« Anschließend Fahrt zu dem bescheidenen Monument, das anzeigt, wo Denys Finch-Hatton, Karens aristokratischer Liebhaber, sich in seinem Doppeldecker zu Tode stürzte. Kurz darauf mußte sie wegen der weltweiten Wirtschaftskrise (als man den Kaffee ins Meer schüttete) die Farm aufgeben und nach Dänemark zurück. Peter vor dem Denkmal: »Good old Denys. Wollte lieber abstürzen, als sich an eine Frau binden.« Vielleicht Anspielung auf seine nicht mehr aufschiebbare Heirat mit Cheryl?

KORA-RESERVAT, 5. SEPTEMBER 1978

Flug mit Peter zum Löwencamp von George Adamson. Nachdem wir ihm vorgestern durch Briefabwurf (sein Funkgerät wie meistens außer Betrieb) unser Kommen meldeten. Erst fliegt man eine Schleife über seinem Lager, um sich anzukündigen, dann knochenerweichende Landung auf seiner rumpeligen Erdpiste im Busch. Am Ende der Piste eine Tafel: »Bitte warten, bis man Sie abholt. Löwengefahr!« Nach einer halben Stunde kommt Adamson im Landrover. Knorriger alter Kunde mit wallendem schneeweißem Haupthaar und ebensolchem Bart. Keine besondere Freude, uns zu sehen – kann ohne Menschen auskommen. Auf dem Weg zum Camp ein paar scheue miniaturisierte Rehe im Gestrüpp, Dikdik geheißen, sonst keinerlei Getier. Das Lager besteht aus einigen recht primitiven Holzhütten mit Palmdach, umzäunt von drei Meter hohem Drahtgeflecht: »Bei uns sind die Menschen drin und die Tiere draußen.«

George, 72, ausgemergelt und halb blind, aber ein Löwe von einem Mann. Kam 1924 nach Kenia, »weißer Jäger«, dann seit 1938 oberster Wildhüter. Hat damals, auf der Jagd nach Wilderern, als erster Weißer auf einem selbstgezimmerten Boot den Rudolfsee überquert. Gründete vor 15 Jahren das 800 Quadratkilometer große Kora-Reservat. Was muß aus der Welt geworden sein, daß jeder Besucher dieses ausgedörrte Stück Buschland als Paradies empfindet? Anwesend ein junger Mann namens Tony, ehemaliger

Londoner Busfahrer, heute sein Assistent und Jünger: »Nur habe ich in dieser ganzen Zeit nie einen Penny Geld gesehen.« George setzt hier Löwen aus, die vom Zirkus oder Zoo kommen, und versucht sie wieder auszuwildern. Seine österreichische Frau Joyce, mit der er einst »Born free« über die Löwin Elsa schrieb, ist jetzt in einem anderen Camp mit Leoparden befaßt. George von jener Abgeklärtheit jenseits der Verzweiflung, auf die auch Peter langsam zusteuert: »Als ich hier ankam, zählte das Gebiet vierzig Löwen. Heute, nach so vielen Jahren Plackerei, sind es vielleicht noch die Hälfte. Alle übrigen haben mir die Shiftas umgemäht. Somalische Wilderer, die sich jetzt schon mit Sturmgewehren ausrüsten.«

Seinen Lieblingskatzen hat George Halsbänder mit drahtlosem Sender umgehängt, der Landrover ist mit Empfänger ausgerüstet (wenn auch nicht mit Stoßdämpfern). Wir rattern los durch die dürre Savanne. Nach stundenlangem Herumsuchen endlich ein Piepston. Vorsichtig tasten wir uns heran. Da: flachgepreßt ins Unterholz eine ganze Löwenfamilie, lauernd. Zu unserer Verblüffung klettert George aus dem Wagen, nähert sich ungeniert einer Löwendame, zaust sie am Nacken: »Charusha! Charusha!« Sie legt den Kopf seitwärts und äugelt ihn verliebt an. Ich kann mir nicht vorstellen, daß es etwas Himmlischeres auf Erden gibt als dies. »Darf ich aussteigen?« »Wenn Sie unbedingt wollen.« Nicht sehr ermutigend, aber auch ich möchte zausen. Charusha jedoch fühlt sich in ihrer Zweisamkeit gestört, tut einen Sprung und hat schon ihre Tatze um mein Bein. Wenn auch (anders als unsere Hauskatzen) ohne Klauen! Trotzdem ein Stupps, der dich fast umlegt. Weg mit dir, heißt das, wozu keine besonderen Kenntnisse der Löwensprache vonnöten. George packt sie am Schlafittchen und zerrt sie scheltend fort. Dazu sagt er mit unnatürlich kontrollierter Stimme: »Gehen, nicht laufen!« Und du schlägst alle Weltrekorde im Gehen, bis du wieder im Wagen sitzt.

Mit Sonnenuntergang zurück zum Lager, das ich, noch ganz benommen, umwandere. »Wenn Sie nicht lebensmüde sind, würde ich Ihnen raten, hereinzukommen!« Verrammeln der Gittertüren mit schweren Balken. Es ist die Zeit der Löwen. Schneller Nachteinfall. George unter der Petroleumlampe, umgeben von seinen Vögeln und anderem Getier wie der heilige Franziskus. Wir schlafen auf Feldbetten im Freien. Mitten in der Nacht hochgeschreckt von diesem rollenden, an- und abschwellenden Brüllen, das die Einheimischen so übersetzen: »Wer ist der Herr dieses Landes ...? WER IST DER HERR DIESES LANDES ...? ICH BIN'S ...! ICH BIN'S ...! Ich bin's ... Ich bin's ...« Ein enormes Löwenmännchen, keine drei Schritte von mir, nur durch den Maschendraht getrennt. Beim Schein der Taschenlampe sehe ich es mit einer Beute. Besser gesagt, dem Trumm Kamelfleisch, das – laut Tony – der alte George denn doch einmal die Woche für seine angeblich so wilden Löwen auslegt. Vielleicht, damit sie ihn nicht vergessen.

KILAGUNI, 8. SEPTEMBER 1978

Im Tsavo-Nationalpark. Freiwildgehege etwa von der Ausdehnung Belgiens. Ursprünglich erschlossen von Bror Blixen, Karens schießwütigem Gatten. Nun ist auch Cheryl eingetroffen, blond, strahlend und mit so gesundem rosa Zahnfleisch, daß einem das Herz weh tut. Ganz Europa bringt keine solchen Göttinnen hervor. Fahrt in zebragestreiften Kleinbussen durch das Reservat. Vor zwei Generationen Urwald, später Savanne, heute fast kahle Steppe. Vor fünf Jahren 36000 Elefanten, jetzt die Hälfte. Morgen? Peter: »Der letzte Elefant ist schon geboren. Nicht nur wegen der Wilderer – der Preis des Elfenbeins hat sich in zehn Jahren verzehnfacht. Sondern dank der Elefanten selber. Seinerzeit gab es ja hier diesen wissenschaftlichen Streit zwischen Naturalisten und Tierhegern. Die Naturalisten gewannen, indem sie an unseren ewigen Traum appelierten: Überlaßt die Natur sich selbst, und sie wird sich regenerieren. Als ob sie das noch könnte. Die Tiere saßen ja schon viel zu dicht auf zu engem Raum. Und das Ergebnis: daß sie die ganze Reservation auffraßen. Ihren eigenen Lebensraum vernichteten.«

Zeigt uns die wenigen noch aufrechten Bäume, zumeist von den Hauern bis ins innerste Mark zerfasert. »Ein Elefant braucht an die 250 Kilo Grünzeug am Tag. Als es kein Grünzeug mehr gab, haben sie in ihrer Verzweiflung das Holz angefressen. Nachher fand man in ihren Mägen drei Fuß große, unverdauliche Lignitballen.« Zeigt uns die Stelle, wo ein Elefant sterbend eine Woche lang um sich trampelte, unfähig, sich aufzurichten. Zeigt uns halbvertrocknete

Leichname von Jungtieren. Zeigt uns Skelette, die bloß noch, von ihrer Haut bedeckt, daliegen wie Tote unter grauer Plane. Das meiste hat man allerdings schon weggeschafft, der Touristen wegen. Peter schätzt, daß er während dieser Hungerjahre an die zehntausend Elefantenleichen aufnahm. Als man ihm den Zugang zum Park verbot, fotografierte er sie vom Flugzeug. Warum? Peter perplex: »Ich weiß es auch nicht. Jemand mußte das eben dokumentieren.« Makabres Ballett dieser Elefantenleichen aus der Vogelschau, jede in anderer Position. Zeigt uns Foto eines fast durchsichtigen Elefantenfötus, im Mutterleib verhungert. Ein Abgesang. Cheryl fragt weinend, ob die Tragödie noch rückgängig zu machen sei? Peter weist auf seine Flugaufnahmen total verwüsteter Landschaften im Gehege: »Eigentlich nur vergleichbar mit der Atombombe. Oder der South Bronx.«

Dann stoßen wir tatsächlich, in neuergrüntem Buschland, auf eine größere Elefantenherde. Peter: »Nichts als Zwangsgemeinschaft von Tieren in Raumnot.« Springt heraus, läuft mit wehenden Armen auf sie zu, fotografiert, treibt in »Tierbesoffenheit« (die wir auch schon kennen) allerhand Allotria. Wachhabender Elefantenbulle, ohne jedweden Humor, trompetet mit erhobenem Rüssel, spreizt die Ohren und geht zum Angriff über. Peter macht kehrt, stolpert über seine ausgelatschten Tennisschuhe und liegt hilflos zu seinen Füßen. Worauf der Bulle mitten im Lauf innehält, überlegen das mächtige Haupt wendet und zu futtern beginnt. Peter nachher mit Bravour: »Ich hatte auch gar keine Angst. Elefanten bluffen immer. Außer, wenn ein Kalb in Gefahr ist.« Später bekommen wir eine unserer schönsten Aufnahmen: Adler, der mit mächtigem Rauschen eine sich windende Schlange davonträgt – wie im mexikanischen Staatswappen.

Abends zur Lodge. Während die Gäste vorne von ihren Balkonen die Tränke begaffen, führt uns Peter versteckt in den Hinterhof. Dort auf riesiger Müllkippe voll scharfkantiger Konservendosen eine Affenherde beim Furagieren: »Das ist heute das wahre Afrika, der Rest Schwindel.« Findet dann eine meterlange, höchst giftige Puffotter. Die Schlange windet sich konvulsivisch, während sie von einem Marabu langsam in Stücke gefetzt wird. Derweil kleine blaue Vögel, die sich rundum versammeln. »Ihre Lieblingsbeute«, meint Peter. »Schauen jetzt triumphierend ihrem Sterben zu.« Die Schadenfreude bei ihm, seine aus Verzweiflung geborene Wut: Alles soll krepieren, wenn es seine Elefanten nicht mehr gibt. »Wissen Sie, daß der Eli dem Menschen so nahe verwandt ist wie... wie die Materie dem Geist nur kommen kann?«

NAIROBI, 12. SEPTEMBER 1978

Lagerfeuer in der Hog Ranch. Einer der Wildeber hat dran glauben müssen und wird uns von Kamante gebraten serviert. Cheryl (sie ist noch anderweitig verheiratet) komplett verliebt in ihren Peter, der aber seinen frivolen Tag hat. Fragt sie herausfordernd, was sie als Covergirl von »Harper's«, »Glamour«, »Ladies' Home Journal« etc. kassiert. Scheint nicht abgeneigt, hinfort von ihren Einkünften zu leben. Erzählt ungeniert Macho-Anekdoten über seine Freunde, die Künstler. »Die letzte Mrs. Picasso zum Beispiel mußte dringend noch mit dem Todkranken Liebe machen. Picasso zu dem herbeigerufenen Arzt: Sind Sie verheiratet, Doktor? Nein, sagt der Arzt. Picasso seufzend: Dann können Sie nichts verstehen... Und noch am selben Tag ging dieser große Elefant von hinnen.«

Nachher bitten wir Cheryl, aus dem Bild zu treten (was ihr gewiß noch niemand zugemutet hat) für abschließendes Gespräch mit Peter. Was er denn in diesem sterbenden Afrika als nächstes zu tun gedenke? »Modefotos der höchstbezahlten Covergirls, die vor wilden Tieren posieren.« Ob das nicht gegen seine Überzeugungen verstoße? »Wieso? Es entspricht genau dem Wahnsinn unserer Zeit. Tiere als Kulisse – bravo! Was wir gestern den Elefanten antaten, tun wir heute uns selber an. Wir verhungern, aber seelisch. Goldrichtig.« Und Sie dokumentieren das, halten es fest? »Weiß der Teufel, was ich tue. Es ist, was es ist. Ich habe keinerlei Lebensplan, außer am Leben zu bleiben, statt mich umzubringen.« Ist es nicht bezeichnend, daß Sie in Afrika immer nur von Tieren reden, nie von Afrikanern? »Aber auch die Einheimischen sind ja nur noch Nachahmungen der längst bankrotten Weißen. Und wie alle Plagiatoren zum Verlust ihrer Substanz verurteilt.« Sie stecken also, wie alle die Tiere hier, am Ende Ihrer Weisheit? »Richtig, ich mag diesen Ausdruck. Ja, so fühlt sich das an. Das Ende der Wildnis ist auch das

Ende der Weisheit. Also des Menschen. Warum ich dann noch in Afrika bleibe? Keine Ahnung. Ich bleibe eben ohne Grund.«

KÖLN, 30. SEPTEMBER 1978

Bei der Kölner Photokina Vorführung des Dokumentarfilms über Hitlers Jugend, den Axel Corti nach meinem Szenario drehte. Anschließend ein weitschweifiges Segment des neuen achtstündigen Hitler-Opus von Hans-Jürgen Syberberg. Unser Film demonstriert, vielleicht allzu nüchtern, daß Hitler seine sämtlichen Obsessionen, von arischem Sonnenmenschentum bis hin zur Umwandlung von Juden zu Seife, aus dem Donauwalzer-Wien seiner Zeit bezog. Er hat nur als Aktionist verwirklicht, was die phantasiebegabten Wiener ihm vorträumten. Syberbergs Film schwelgt schwammig und bombastisch in »schöpferischer Irrationalität«, Wabernebeln und schnurrigen Marionetten, darunter ein Hitler, der aus Wagners Grab kriecht oder umgekehrt (ich schlafe zum Teil). Also billige Allegorik statt unterschwelliger Symbole. Auch die Welteistheorie wird aus irgendeinem Grund beschworen, André Heller verniedlicht mit viel Geschmack und Gusto das Thema zum »Apokalypserl«, und in einer (technisch allerdings verblüffenden) Endloseinstellung darf ein Gefolgsmann des angehenden Diktators Auszüge aus seinem Memoirenwerk »Ich war Hitlers Hosenknopf« oder dergleichen rezitieren: herzerwärmende Histörchen aus dem Führerleben. Ein hochfrisierter, verschmockter, aber durchaus gefährlicher Schmarrn. – Verzweifelt blickt man sich nach dem Ausgang um, wo der Autor aber Schildwache steht wie weiland Hagen von Tronje, um Flüchtige abzufangen. Anschließend Diskussion mit Jean Améry, Mauricio Kagel u. a. Syberbergs affektiertes Drechseldeutsch, seine prunkenden Stilgesten mir zuwider. Film jedoch stark gelobt, läuft ja auch erfolgreich in Paris. Vielleicht nur mein schlechter Tag. Trotzdem evident, daß jemand, der eine Weltanschauung abserviert, nicht deren Ästethik übernehmen darf. Syberbergs prätentiöses Nebelheim wirkt stimmungsmäßig nicht wie eine Parodie auf Wagner oder den Nazismus, sondern wie diese selbst. Vollends unverdaulich seine Attitüde als Sankt Sebastian, durchbohrt von Banausenpfeilen. Wo doch handgreiflich, wie ihm das alles zupaß kommt und sein elitäres Sendungsbewußtsein stärkt.

Antrittsbesuch in Troisly. Mäßig stimmungsvolles Dorf, eine Stunde nördlich von Paris. Tausend Einwohner, von denen fast ein Drittel das sind, was man »nicht normal« nennt. Weniger die Bauern selber (obwohl man auch da seine Zweifel hegen kann) als die frei unter ihnen herumlaufenden Mitglieder der »Arche«. Welche nämlich eine Kommune von Geisteskranken. In Deutschland haben bei einem ähnlichen Versuch die braven Dörfler die Behinderten mit dem Schießgewehr angegriffen. Daß es hierzulande klappt, ist das Verdienst von Jean Vanier, genannt »einer der Heiligen unserer Zeit«. Treffe im Kaufladen des Dorfes einen armen Wirrkopf, der total verschwitzt hat, wie das Ding heißt, das er sich besorgen will: ein Problem, welches mir leider nicht fremd ist. Treffe auch auf den frommen Briten Malcolm Muggeridge, der unvermeidlich seinen eigenen Film über die Arche plant. Vormals war dies der geistreiche Herausgeber des Punch, ein renommierter Witzbold. Heute mit dem Alter ein aufdringlicher Weltreisender in Spiritualien geworden, der von Mutter Teresa bis zum Dalai Lama alles Einschlägige abgrast. Ich hoffe, früher war er Gott lieber.

Endlich bei Jean Vanier. Beschützt von seinem Faktotum, einer amerikanischen Ulknudel namens Barbara. Für die Barbaras dieser Welt gibt es bestimmt einen Sonderhimmel. Weil ohne sie die »Heiligen« nicht Heilskrieger wären, sondern Papierkrieger. Vanier ein ausgemergelter Soldatentyp mit eckigem Pferdeschädel. Sohn eines Generals und ehemaligen Gouverneurs von Kanada. Erfolgreiche Karriere als höherer Seeoffizier. Danach eine Periode der Selbstsuche mit jahrelangem Aufenthalt in Indien. 1964 Gründung der Arche, von denen es inzwischen achtzig in aller Welt gibt. Vanier visitiert sie reihum. »Unser Glaubensbekenntnis: Die Behinderten sind unsere Lehrmeister. Wir nehmen von ihnen nicht weniger als sie von uns. Vielleicht sogar mehr. Wir haben ihnen die Intelligenz voraus. Sie den direkteren Zugang zum Herzen. Sie sind nämlich seelisch weniger unterentwickelt als wir.« Bringt mich in eine fensterlose Mönchszelle mit aufgerollter Matratze, vermutlich sein Meditationsort. »Ich möchte, daß Sie in diesem Film einen Stil tiefster Diskretion finden. So daß der Zuschauer Ihre Verschwiegenheit fühlt. Die eigentlichen Dinge sind unzeigbar, unnennbar. Es ist besser, sie mit leichtem Flügelschlag zu streifen, als mit Salbung einzuschmieren wie ein Marmeladebrot.«

COMPIÈGNE, 11. MÄRZ 1979

Gartenarbeit in Jean Vaniers Kommune. Es werden Zwiebeln gepflanzt. »Jeder muß bei uns körperlich arbeiten. Sonst würden uns ja die Bauern nie ernst nehmen!« So Rosiane, eine der Helferinnen. Hübsche Brünette, nur zu Tode übermüdet. Ehemalige Lehrerin. Obwohl sie alle Assistenten für drei Monate engagiert, ist sie seit zwei Jahren da. Für Kost, Logis und ein Taschengeld. »Die Kommune lebt von der minimalen Rente, die jedem Kranken von der Sozialversicherung zusteht. Das geht in einen gemeinsamen Topf, von dem auch wir uns ernähren. Die Kranken zahlen hier für die Gesunden, die ihnen beistehen. So ist jeder vom andern abhängig.«

Ein Junge mit Wasserkopf, triefendem Mund und einer Brille wie Flaschenböden hampelt begeistert vor der Kamera. Kommt dann unerwartet auf mich zugehinkt: »C'est bien?« Tödliche Verlegenheit, als hätte plötzlich ein Frosch zu reden begonnen. Ich stammle etwas Ermutigendes, und er geht pfeifend an seinen Platz zurück. »Das ist Dédé, einer unserer Besten«, lobt Rosiane. In der Nebenfurche ein erstaunlich anmutiges Mädchen, verunstaltet nur durch fehlenden Vorderzahn. Ebenmäßiges, fast nobles Profil, versonnenes Lächeln bei geschlossenen Lippen. »Sie heißt Isabelle. Ihr Vater ist höherer Diplomat.« Dédé baut sich von neuem breitbeinig vor mir auf: »Sag mal, liebst du mich eigentlich?« Rosiane kichernd: »Jeder liebt dich, Dédé, du bist unwiderstehlich.« »Na, dann ist ja alles in Ordnung«, sagt er forsch. Inzwischen nicht zu übersehen die hingegebenen Blicke, die Isabelle auf Rosiane wirft. Da diese Gesichter nicht gelernt haben, sich zu verstellen, kann man in ihnen lesen wie in einem Buch. Übrigens ist auch Rosianes Ausdruck verräterisch. Hier lernt eben jeder von jedem. Still schwenken wir mit der Kamera zwischen den beiden hin und her. Sah selten zwei so verklärte Gesichter.

Einladung zum gemeinsamen Mittagessen. Während alles in mir danach schreit, mit dem Team in die Stadt zu fahren und »normal« zu sein. Sitze zwischen Rosiane und Dédé, nicht weit von Jean Vanier. Dédé schwer in mich verschossen, produziert sich, gießt mir Limonade ein. Über den Tisch werden mir Zeichnungen, Basteleien zur Begutachtung gereicht. Vanier: »Ich habe ausgedient. Sie sind jetzt der Papa hier.« Zu meiner Verwunderung fange ich an, mich urwohl zu fühlen. Hat man einmal den richtigen Ton drauf, so lassen sich mit diesen Spinnern phantastische Neckereien ausknobeln. Nachher Spaziergang mit Rosiane: »Unsere Hauptaufgabe ist, den Kranken die Angst zu nehmen. Die Angst, nicht geliebt zu werden, also nicht zu sein. Für sie ist Lieben gar kein Problem. Für uns ein dauernder Kampf gegen Erschöpfung, Apathie, Abscheu. Und unterdrückten Haß.« Warum das? Sie blickt zu Boden: »Die Aggression des Überforderten, der nicht genug zurücklieben kann. Ganz wie im richtigen Leben. Und dann sind wir ja ohne Unterlaß zur Herzlichkeit aufgefordert, aber nie gibt es den kleinsten Gedankenaustausch. Da ist die Versuchung groß, daß man selbst auf ein kindliches Gefühlsniveau herabsinkt.« Besteht auch die Gefahr, daß Sie am Ende den Kranken geistig nicht helfen *wollen*? Weil ohne deren Hilflosigkeit Ihr Daseinswerk in Frage gestellt ist? »Erraten. Aber wenn man an diesem Punkt anlangt, muß man gehen.« Abends versuchte Annäherung an die schöne Isabelle. Sie schreitet wortlos neben mir her, was ich zuerst als Verstocktheit oder Verlegenheit auslege. Ist aber zutiefst debil, bei einem Gesichtsschnitt und Lächeln wie von Leonardo.

COMPIÈGNE, 13. MÄRZ 1979

In der Arche der jährliche Elterntag. Die Atmosphäre von Schuldgefühl läßt sich mit dem Messer schneiden. Dazu Barbara bissig: »Im Schnitt dauert es vier Wochen, bis sie sich wieder von der Familie erholt haben.« Zuerst in den Handwerksateliers. Die Eltern loben, was das Zeug hält: »Das ist aber ein schöner Igel.« »Das ist doch kein Igel, das ist der Kopf von Onkel Vanier, wenn er mit uns Lieder singt.« Beim gemeinsamen Mittagessen führt ein Vater seinem Sohn zehnmal hintereinander mit enervierender Geduld vor, wie man den Suppenlöffel zu halten hat. Dann der unvermeidliche Ausbruch: »Er macht es mit Absicht! Der Bursche macht es mit Absicht!« Eine ältliche Frau mit Kopftuch steckt verstohlen ihrem Sohn drei Päckchen Gauloises in die Tasche: »Zu mehr hat es diesmal nicht gereicht. Und der Papa läßt dich schön grüßen. Er ist sehr beschäftigt.« Macht sich im Eilschritt davon, kehrt dann am Tor wieder um, flüstert heiser: »Es ist doch nicht unsere Schuld, du.« Und weg.

Im Garten Isabelle mit ihrem Vater. Feiner Monsieur im schnieken grünen Lodenmantel, Erkennungszeichen der Landhausbesitzer Frankreichs. Er hat ihr eine idiotische rosa Schleife mitgebracht, die sich Isabelle absolut nicht ins Haar stecken will. »Aber es ist doch von Mama. Sie hat es mir extra für dich zugeschickt.«

Isabelle wirft das Ding in den Kot, stampft darauf herum, maßloser Wutanfall. Der Vater schielt verstohlen in alle Richtungen, daß bloß niemand zusieht. Isabelle reißt sich los, stolpert mit schrillen Vogelschreien durch den Hof, bis sie Rosiane entdeckt, der sie sich aufschluchzend in die Arme wirft ... Für den Abend ist dann Stubendiskussion angesetzt, wahrscheinlich zur Beruhigung. Die einzige Aktivität, die ohne Assistenten stattfindet. Dafür gibt es in jedem Raum einen »Schriftführer«, der das Gespräch zu leiten hat. Auch Dédé ist dazu ausersehen. Streng verkündet er, seine Hand in meine legend: »Wir müssen uns alle lieben lernen, und zwar sofort!«

COMPIÈGNE, 15. MÄRZ 1979

Letzter Tag bei Vanier, der morgen in die indische Arche verreist. Kindliche Grußzettel und Kritzeleien für dortige Freunde werden eingesammelt. Schnattern wie auf dem Ententeich. Isabelle unter den Vergnügtesten. Vanier auf unsere Frage: »Heilbar, nein. Belehrbar, ja. Herzensbildung das Hauptfach. Und vor allem: keine Krisensituationen! Ein Geisteskranker im Anfall ist fast ausnahmslos von seiner Umwelt hineingetrieben worden.« Ob man je seine Kranken anschnallen müsse, wie in Anstalten üblich? »Gibt es bei uns nicht. Auch nicht die beliebte chemische Zwangsjacke. Die beste Medizin der Kranken sind wir selber.« Was es damit auf sich hat, erfahren wir Minuten später, als sich Rosiane bei Vanier meldet, Taschentuch in der Hand. Er zieht sie ins Hinterzimmer, aus dem wir sie schluchzen hören: »Sehen Sie mich doch an! Zwei Jahre bei Ihnen ist wie ein Jahrzehnt anderswo. Wer soll sich noch in mich verlieben? Außer irgendwelchen Bekloppten?« Vanier rät ihr eindringlich zu Bedenkzeit, eventuellem Absprung. Aber wo kriegt er andere Rosianes her?

Abends Gespräch mit Vanier in seiner Klause: Sie haben verzichtet auf Liebesbeziehungen, Ehe, Kinder, Besitztum, freie Verfügung über Ihr Leben. Waren das die schwersten Opfer? »Bestimmt nicht.« Also welche? »Der bitterste Verlust, den man einstecken muß, ist wahrscheinlich der Glaube an den Sinn. Ich meine, daß die Dinge, die man zustande bringt, irgendein spirituelles Gewicht haben und zum eigenen Seelenheil beitragen oder zum Nirwana. Und wissen Sie was? Nach einiger Zeit merkt man, es kommt gar nicht mehr darauf an. Du selbst zählst nicht mehr. Das einzige, was zählt, sind die anderen. Also die sogenannten Irren. Und wenn wir den Ruf aus dem Haus der Irren nicht mehr vernehmen – hieße das nicht, daß wir selber irre sind?«

PARIS, 10. MAI 1979

Erste Version des Drehbuchs über meine Emigrationsjahre fertiggestellt, an Regisseur Axel Corti in Wien versandt. Eigentlich war ich nur aufgefordert worden, ein kurzes Exposé oder Treatment zu schreiben. Statt dessen habe ich gleich das komplette Szenar in wenigen Wochen aus mir herausgeholt. Alles lag griffbereit da. Natürlich wird, obwohl ich mein Werk schon für perfekt halte, jetzt erst die eigentliche Arbeit beginnen. Ein Drehbuch schreibt man nicht, man schreibt es um. Hauptreiz dieses Entwurfs: zu zeigen, »wie es war«, dies mein vorläufiger Titel. Nicht für die politischen Flüchtlinge, Literaten und Exilanten (ich kann mich nicht erinnern, das Wort Exil damals auch nur gehört zu haben). Sondern für die amorphe Masse der völlig überforderten Emigration. Gar den unbedarften siebzehnjährigen Spätpubertierer, als den ich mich noch sehe.

Stilmerkmal des Drehbuchs: die Verwirrung. Der Ereignisse, der Empfindungen. Alles muß durcheinanderlaufen wie ein Knäuel. Keine Logik oder Folgerichtigkeit. Man wird irrtümlich gehaßt, irrtümlich begönnert, irrtümlich gerettet und irrtümlich ums Leben gebracht. Nicht Güte ist das Optimale, das sich erhoffen läßt, sondern behördliche Vergeßlichkeit und Schlamperei. Nichts ergibt irgendwelchen Sinn, bis du dir zuletzt selber sinnlos vorkommst, ein Witz der Weltgeschichte. Dies die ersten prägenden Eindrücke meines Erwachsenendaseins. Der durchzuhaltende Ton ein grimmiger, knirschender Humor. Zu vermeiden jede Art von Selbstmitleid, Aufspielerei. Oder auch Heimzahlung, Abrechnung. Sich nicht als Einstein sehen, sondern als Buster Keaton. Unter meinen Lieblingsszenen: wie ich zum letztenmal aus unserer heimatlichen Wohnung trete und, einen nach dem andern, die Schlüssel durchs Kanalgitter fallen lasse. »Es gibt einen drolligen Ton«, schreibe ich, obschon dieser Ton ja nicht zu produzieren sein wird. Ich habe ihn aber noch im Ohr.

PARIS, 11. DEZEMBER 1979

In der Kellerbar des Hotels Pont-Royal, edelster literarischer Treffpunkt von Paris. Ich bestelle den Spezialcocktail des Hauses aus Gin, Cointreau, Zitrone und Champagner für die italienische Kampfhenne Oriana Fallaci, mit der ich verabredet bin. Die gefürchtete Enthüllungsjournalistin und Prominentenverschlingerin. Ihre bekannteste Sammlung von Interviews heißt »Die Unsympathen«. Ihr hat Kissinger gestanden, daß er sich als »einsamer Cowboy im Sonnenuntergang« sehe, in des achtzigjährigen Imam Khomeini Greisenblick las sie, daß er sie »im Geiste entkleidete«, was ich für keine große Versuchung halte. Ist jetzt auf Lesetour mit dem Memoirenbuch »Un uomo« (Ein Mann), über ihren Geliebten, einen verstorbenen griechischen Freiheitskämpfer. Unattraktive, schlampige, giftige Person mit fettigen herabhängenden Haaren. Und einer kribbligen Intensität, die jedes Erlebnis, ja noch das zu Erlebende unmittelbar auf seine Verwertbarkeit abklopft.

Kann nur Rivalitäten wahrnehmen, Machtkämpfe, Wettbewerb. Erkennt augenblicklich in mir einen Menschen, vor dem man keine Angst zu haben braucht, demnach ohne Bedeutung. Welche Berühmtheiten ich schon interviewt hätte? Mit wem sonst bekannt? Beschimpft Leute, über die ich mich bewundernd äußere, ordinär wie eine Megäre: »He's a shit. I spit on him.« Da ich nicht mag, wenn man meine Prise von Bosheit unterschätzt, gebe ich ihr zum Abschied den gutgemeinten Rat, ihre Frisur zu ändern: »This could be much more attractive.« Habe nie jemanden so schnell die Contenance verlieren sehen. Auf einmal frißt sie mir aus der Hand.

Was noch viel verstörender wirkt als das vorige. Wieder einmal Bewußtsein davon, um wieviel schwerer es Frauen, selbst die attraktivsten, im Berufsleben haben. Und tatsächlich, wie ich mich nach Orianas Abgang in diesem Intellektuellentreff umsehe: Sind es nicht an jedem Tisch die Frauen, die mit schräggestelltem Kopf, Augenwinkelblick und haarbefingernden Händen um Aufmerksamkeit buhlen? Während die Herren mit überlegener Gelassenheit zuhören.

PARIS, 18. DEZEMBER 1979

Mittagessen mit Romain Gary, Chez Lipp, ums Eck von seiner Wohnung. Gleiche sonore Stimme, gleicher Charme wie bei unserem letzten Zusammentreffen. Elegant wie stets, wenn auch jetzt in bohemefremdem Flanell, dazu aber die Reitstiefel. Nie ist dieser Mann aus einem Stück, aber wer ist das schon? War überrascht, daß er auf unsere spontane Aufforderung sofort reagierte. Entweder deprimiert oder hat gerade kein Buch zu schreiben. Wie sich herausstellt, ist es beides. Wie nahe muß ihm vor einigen Monaten der Selbstmord von Jean Seberg, obwohl längst von ihm geschieden, gegangen sein (man fand die Leiche viel später in ihrem Auto). Und sein letzter Roman, »Jenseits dieser Sperre ist Ihr Fahrschein ungültig«, befaßt sich mit den Bettschwächen eines alternden Mannes, der seine um 35 Jahre jüngere Geliebte nicht mehr befriedigen kann. Gary fragt uns, halb frozzelnd, ob wir nicht »hübsche deutsche Bienen mit Vaterkomplex« kennen: »Die einzigen, die unsereinem verzeihen, wenn man versagt.«

Etwas enttäuschend, diese geistige Potenz sich so auf ihre physische zurückstufen zu sehen. Früher kokettierte er mit dem Älterwerden, jetzt graust ihm davor. Trotzdem: Was ist es, das einen hindert, bei aller Anteilnahme zu Gary ein persönliches Verhältnis zu finden! Gar eine Freundschaft, wie ich sie mir von jeher wünschte? Vielleicht sein nie abreißendes Maskenspiel. Auch in Beichtsituationen wie der heutigen noch der abkühlende Verdacht, daß er bloß simuliert und sich die tragischen Effekte aufschminkt. Um ihn herauszufordern, übersetze ich ihm den Vers von Heine, der mir so auf ihn zu passen scheint: »Ich hab' mit dem Tod in der eigenen Brust den sterbenden Fechter gespielt.« Er vertieft sich aber angelegentlich in seine Käseplatte: »Ah, Heine, quel génie ...« Mehr kommt dann nicht.

PARIS, 5. JANUAR 1980

In einem der Nobelbistros des Bois de Boulogne mit Arthur Rubinstein verabredet, nunmehr 93. Ein Phänomen an Vitalität. Begleitet – er ist fast blind – nicht etwa von seiner Frau, sondern turmhoher britischer Schönheit namens Annabelle, anscheinend Sekretärin und Freundin in einem. Auch diversen Agenten und Verlegern. Seine Züge sind mit dem Alter nicht durchgeistigter geworden, eher verschmitzter, lebensfreudiger, irdischer. Vielleicht war er weniger ein Besessener der Musik als ihr Besitzer, ihr Don Juan. Wie manche Männer eben Frauen besitzen, genießen, sich zu eigen machen.

Redet auch keineswegs von Musik, sondern von Musikern. Jedes Anekdötchen effektvoll auf Pointe zugespitzt: »Und jetzt stellen Sie sich meinen Schock vor: Dieser Horowitz spielte besser als ich! Und er war jünger als ich! Welche Fülle, welche Kraft! Welche ...« (er sucht lange nach dem passenden Ausdruck, nicht zu lobend, aber auch nicht zu knauserig) »... Notenvollkommenheit! Während bei mir doch regelmäßig soundso viele Noten unter den Tisch fielen. Was tun? Habe ich eben meine Tempi beschleunigt, damit keiner den Verlust merkt. So bin ich ein temperamentvoller Pianist geworden.« Geht ohne Atempause auf seine amourösen Abenteuer über, hierauf polnische Rabbinergeschichten. Während er sich endlich mit riesigem Vergnügen dem Essen zuwendet, wage ich verbrecherisch, meinen einzigen Judenwitz anzubringen (»Was ist der Unterschied zwischen ...«). Betretenes Schweigen rundum, in dem man nur Rubinsteins Besteck arbeiten hört. Als sei bei einem seiner Meisterkonzerte ein Spinnerter aufs Podium gehupft, um auch Piano zu klimpern.

PARIS, 7. JANUAR 1980

Filmaufnahmen bei Arthur Rubinstein in einer Enklave der Avenue Foch, genau neben dem Spitzenanwalt Samuel Pisar. Feinere Adresse kennt Paris nicht. Im pompösen Salon überlebensgroße Ledermeublage, aber schief hängende Bilder und Risse in der

Decke, hier geht es irgendwie dem Ende zu. Der nunmehr unbenutzte Flügel bestückt mit mehr signierten Porträtfotos von Hoheiten und Berühmtheiten, als ein Rubinstein eigentlich nötig hätte. Anwesend die zwei Frauen, denen er je einen Band seiner Memoiren gewidmet hat. Die uns schon bekannte Annabelle, Verklärerin seines Lebensabends. Und Frau Nela, aus Polen gebürtig und ihm seit 45 Jahren angetraut.

Die Freundin plaziert er neben sich aufs Sofa, während die Gattin in die offene Küche verbannt wird, wo sie lauter, als der Kamera lieb ist, mit dem Geschirr rumort. Ach, es will doch nicht alles aufgehen in der von Rubinstein so gern verbreiteten Harmonie. Denn darauf läuft ihm ja sein Leben hinaus: auf eine Aneinanderreihung spannender Geschehnisse, die allesamt wie große Lose dem strebsamen Glückskind in den Schoß fielen. Trotz gestern zugezogener Hüftverletzung wirkt der Maestro hingerissen und hinreißend wie je, trunken von all den lieben Gottesgaben, die sich in seinem Kopf zu eins verschlingen: gute Musik gleich zugänglichen Frauen gleich schmackhaftem Dinner gleich aristokratischem Empfang gleich angemessenem Honorar. »Die Frauen, ach ja. Sie sind in mich eingeströmt durch sämtliche Poren. Man lernt die Völker ja nur kennen über ihre Frauen, nicht wahr. Und möglichst viele . . . Ein Casanova, wie verstehen Sie das? In *meinen* Memoiren habe ich doch fast alles verschwiegen! Außerdem war der viel verführerischer als ich mit meinem Kraushaar und Henkelohren. Nur habe ich dann gottlob schnell kapiert, daß es den Frauen gar nicht darauf ankommt. Sehen Sie, ich lernte doch in Hollywood diese Götterlieblinge kennen, Cary Grant, Clark Gable, Gary Cooper und wie sie alle zum Verwechseln hießen. Die saßen da, umschwärmt von lauter Göttinnen, und was machten sie? Sie lasen sich gegenseitig ihre Filmkritiken vor. Und da war ich, der kleine unansehnliche Pole, und habe mich für diese Frauen interessiert. Wollte tatsächlich herausschnüffeln, was sich in ihnen abspielt. Was meinen Sie, wie das gewirkt hat – pure Magie!

Natürlich blieb ich ja immer der Liebhaber, nie der Gatte. Der Gatte, der muß zur Stelle sein, wenn sie am Morgen ihre Zustände kriegen oder einen neuen Pickel entdecken. Der Liebhaber ruft erst spätvormittags an, bringt Blumen und Bonbons, besorgt Konzertkarten, kennt verschwiegene Restaurants. Kompliziert wird die Sache erst, wenn man Schluß machen will. Dann heißt es lügen wie gedruckt: Proben, Proben, meine Gnädigste, keine Zeit mehr fürs Privatleben, scheußlich... Nein, heiraten wollte ich eigentlich nie!« (Man hört ein erschreckliches Töpferasseln von der Küche her.) »Aber eine Tochter besitzen, das schon. Damit es einen Menschen gibt, der auf dich stolz sein kann. Für die wollte ich dann erst richtig schuften. Und genauso hat Gott es auch gelenkt. Das war mein Umschwung, mit fünfundvierzig. Danach wurde ich erst Musiker. Für die Tochter. Und eines Abends sagt sie: Papa, spiel etwas für mich. Ich hätte heulen können vor Glück. Mit einem Sprung bin ich am Klavier. Wieso? fragt sie. Ich will doch nur, daß du für mich Grammophon spielst. Eine Platte auflegst, eine Kinderplatte! In solchen Momenten ist es dann gut, wenn einen der Humor nicht verläßt.

Wie, warum reden Sie auf einmal so leise? Kerzen, was für Kerzen? Ach so, Schmerzen. Natürlich habe ich Schmerzen gekannt. Als blutjunger Pianist in Berlin zum Beispiel, kaum flügge, kein Geld, kein Engagement, nichts. Alles geht schief. Und jetzt lassen mich noch meine beiden Freundinnen auf einmal sitzen. Was tun? Richtig, einen Strick habe ich mir gekauft und wollte mich aufhängen. Nein, der Strick ist nicht gerissen, so was passiert einem nicht. Aber immerhin vom Nagel heruntergerutscht. Danach habe ich etwas geflennt, etwas gelacht, dann wurde ich hungrig wie ein Wolf und bin auf die Straße hinaus. Und die Straße war wie verwandelt! Alles so glänzend, so lebendig, voller Chancen. Warum sollte ich mich umbringen?

Mit dem Moment hat mein eigentliches Leben begonnen. Ich wußte einfach, es kann dir gar nichts passieren, solang du nur die Dinge so siehst wie an diesem Tag. Sich dem Leben überlassen, anstatt gegen das Leben anzuschwimmen, das ist die Kunst. Nein, ich habe keine Ratschäge zu bieten. Jeder kann nur er selber werden, niemand sonst. Aber er kann sich vieles leichter machen, wenn er begreift: Es gibt gar kein Weiß oder Schwarz. Kein Glück, wenn man nicht Unglück gekannt hat. Ja, am Ende sind Weiß und Schwarz dasselbe. Verstehen Sie mich? Ich bin jetzt fast blind, kann kaum mehr sehen, außer von den Augenwinkeln her. Ich höre schlecht, darf nicht lesen, keine Musik machen. Und gleich anschließend muß ich ins Spital meiner Hüfte wegen. Aber ich bin der glücklichste Mensch unter der Sonne. Nie habe ich das Leben so genossen wie jetzt, wo mir jeder Tag neu geschenkt wird.« Man glaubt es ihm gerne. Ein Mensch, der zur irdischen Seligkeit geboren ist. Freundliche Verabschiedung, auch von Frau Nela, die ich in der Küche laut mit meiner Frau diskutieren hörte. Auf dem Heimweg frage ich, was Madame zu eröffnen hatte. »Sie machen sich ja keine Vorstellung, welch ein Egoist dieser Mann ist!«

LAUSANNE, 12. FEBRUAR 1980

Antrittsbesuch bei Edmond Kaiser. Was hat mich hergeführt? Wie so oft ein einziges Pressefoto. Es zeigt einen hageren, zerrauften und unansehnlichen weißen Mann, im Arm einen kohlschwarzen Jungen. Der Junge hat keine Hände (das Foto ist während des Biafrakrieges aufgenommen). Der Junge umarmt ohne Hände den weißen Mann. Der Mann lächelt. Der Mann hat den Jungen adoptiert. Wenn dieses Lächeln stimmt, habe ich einen Film ... Das Lächeln stimmt. Ich finde Kaiser vor seiner Kaffeemaschine. Gerade, sagt er beiläufig, hat er einen Hungerstreik von 19 Tagen hinter sich. Nein, Gewicht verloren habe er keines. »Wahrscheinlich hatte ich keins zu verlieren.« Der Kaffee gelingt ihm daneben. Ein berühmter Koch ist Kaiser nicht. Dafür gründete er schon als Junge in Paris einen »Verein gegen Selbstmord«, dann einen weiteren, die »Weißen Krawatten«, zur Aufheiterung von Geisteskranken. Kein großer Psychologe vonnöten, um zu erkennen, worauf das hinausläuft. Im Krieg hoch dekoriert, nachher Offizier im französischen Widerstand. Von einem Freund der Gestapo verraten, als er das Grab seines zweijährigen Sohnes Jean-Daniel besucht. Geschnappt, gefoltert, entkommen. In Abwesenheit zum Tode verurteilt. Jean-Daniels gräßlicher Tod (er kroch in eine Waschanlage) wird zum Anstoß für Kaisers weiteres Leben. Zuerst arbeitet er für den Apostel der Lumpensammler, Abbé Pierre. Mit dem er sich aber zerstreitet wie mit allen. Wahrscheinlich würde nicht einmal Jesus Christus den Ansprüchen dieses Moralisten gerecht. 1960 gründet er »Terre des Hommes«, Erde der Menschheit, so genannt nach einem Buch von Saint-Exupéry. Ein internationales Kinderhilfswerk, heute in 37

Ländern vertreten. Spendenbudget etwa zehn bis zwölf Millionen Schweizer Franken jährlich. Kaiser ingrimmig: »Gerade die Tageskosten unserer glorreichen Armee.«

In seinem Hauptquartier stapeln sich die Medikamente, Kleidungsstücke, Konservendosen bis auf die Gänge. Heilloses Durcheinander. Dazu Kaiser befriedigt: »Bei uns geht alles holterdiepolter an die Bestimmungsorte. Ein Bündel Decken rettet mehr Kinder als drei Untersuchungskommissionen vom Roten Kreuz.« Abgründiger Haß gegen die internationalen Wohlfahrtsbürokratien und karitativen Verbände: »Ein Drittel Verwaltungskosten! Bei mir sieben Prozent. Als kürzlich die deutsche Sektion von ›Terre‹ unser zwanzigstes Gründungsjubiläum mit großer Gala feierte, bin ich mitten im Essen auf und davon. Und feuerte denen einen Fragebogen auf den Tisch: Bitte um Darlegung Ihrer Gehaltslisten. Und was meinen Sie? Die hatten tatsächlich Apparatschiks der Wohltätigkeit mit 6000 Mark monatlich. Wissen Sie, wie viele indische Kinder ich damit einen Monat lang durchfüttern kann? Zweihundert!« Derzeit gehört die deutsche Sektion nicht mehr zu Kaiser. Auch nicht die französische. Im Grunde gar keine. Oder er nicht zu ihnen. »Ich bin gerade dabei, mich mit einem Ruck zum Altpräsidenten von Terre des Hommes zu befördern.«

Schätzt, daß er etwa 30 000 Kindern das Leben gerettet hat, von Bangladesch bis Zaire. Produziert ein Album mit grauenhafteren Fotos, als ich seit den KZ je gesehen. Darunter ein vietnamesisches Kind, dessen Gesicht unter Napalm zusammenschmolz wie Pudding. »Meistens haben wir nicht mehr als eine Stunde Zeit, um einen Kapitalisten von seinem Geld zu trennen oder einen eingeborenen Bürokraten zu überzeugen, daß er uns an die Kinder ranläßt. In dieser Stunde zeigen wir dieses Buch.«

Ich frage ihn nach seinem Hungerstreik. »Eigentlich ganz angenehm, man spart so viel Zeit.« Zweck der Sache: beim Schweizer Bundesrat ein Waffenausfuhrverbot durchzusetzen. »Wir, die Musterdemokratie, haben vergangenes Jahr für eine halbe Milliarde Waffen exportiert, mit Vorliebe in die Dritte Welt. Die Bundesrepublik übrigens fünfmal soviel. Tendenz steigend. Und zwar derzeit um 25 Prozent pro Jahr.« Zieht seine Flugblätter aus der Tasche mit erschütternden Ziffern: Internationale Entwicklungshilfe:

fünfzig Milliarden Mark jährlich. Internationales Waffengeschäft: zwanzigmal mehr, fast eine Billion. »Also fünf Prozent Schmerzensgeld, um den Schaden wiedergutzumachen, den wir selber anrichten.«

BENARES, 28. APRIL 1980

Das übliche indische Warten auf Dreherlaubnis sowie Eintreffen von Edmond Kaiser. Einstweilen privater Abstecher nach Benares. Am Flughafen vier Stunden Verspätung, nichts Außergewöhnliches. Zeitungen ausgelesen, Schlafen unmöglich, weil jede Viertelstunde der Lautsprecher mit 200 Dezibel verkündet, daß nichts Neues vorliegt. Endlich etwas Abwechslung. Ein junges Mädchen von höchstens neunzehn Jahren in Jeans und Blouson. Groß, schmal, kleinbusig – eine hierzulande keineswegs gefragte westliche Erscheinung. Umringt von einem halben Dutzend Weiblein in farbenprächtigen Saris. Man begibt sich ja nicht allein auf indische Flughäfen oder Bahnhöfe. Man wird zeremoniell verabschiedet und wieder in Empfang genommen. Reisen ist Familienereignis.

Die Damen trennen sich und finden wieder zusammen, man hat Nüsse besorgt, Reiselektüre, kalte Getränke. Immer für die Junge, die deutlich im Mittelpunkt steht. Und die eigentlich gar nicht so herzerfrischend dreinblickt wie anfangs gedacht. Das ganze hübsche Gesichtchen geradezu nach unten gezogen, einschließlich der Stupsnase mit dem glitzernden Brillanten. Die Damen, lauter hellhäutige Brahmaninnen, bemühen sich um sie, kosen und trösten. Alles in diesem gequetschten Englisch, das man hier für shakespearisch hält, das aber doch mehr auf veralteten britischen Armee- und Schoolboyslang zurückgeht. Das Mädchen, es muß Durga heißen oder so ähnlich, wirkt aber weiterhin ungetröstet. Ja, vielleicht ist es gar nicht der Brillant, der da so glitzert, sondern eine benachbarte Träne, natürlich von zwei oder drei Sarizipfeln alsbald fortgewischt. Es fällt sodann das Wort Kalifornien, ja Universität von Kalifornien. »L. A.«, sagt Durga kennerisch, ist also vielleicht vor Ort gewesen. Richtig, aus der hinteren Jeanstasche taucht ein Polaroidfoto auf, sanft gerundet vom Aufbewahrungsort. Das Porträt eines bebrillten jungen Mannes mit schütterem Haar, Woody Allen nicht unähnlich, jedenfalls kein Brahmane. Durga betrachtet es mit

Verzückung, die Tanten und Schwägerinnen minder. Nur eine einzige Verwandte scheint hier auf Durgas Seite zu stehen. Allerdings ist sie die Dunkelhäutigste von allen, ausgemergelt und zahnlos, vielleicht gar eine unversorgte alte Jungfer, die Schande der Familie. Um so üppiger brüsten sich die restlichen Damen, und faltig wallt es in den unverhüllten Gefilden der Gürtellinie. Sie alle haben, so wähnt man, ihren verschreckten Gatten die Freuden der Fleischeslust beigebracht, ihre vier bis sechs Kinder produziert, hellhäutige Brahmanen insgesamt. Warum soll nun die Kette durchbrochen sein?

Ehrfürchtig hört man den Namen »Atta« aussprechen, wobei es sich nur um das Familienoberhaupt handeln kann. Von dem zweifellos auch die Zeitungsanzeige stammt, die nun aus einem der Goldtäschchen hervorgeholt wird, während gleichzeitig das magische Wort »one lakh rupies« fällt. Also einhunderttausend Rupien, an die 25 000 Mark. Welche vermutlich das Vermögen des jungen Mannes darstellen, der auf diese Suchaktion reagiert hat. Wie sie ja jeder indische Zeitungleser im Schlaf hersagen kann: »Passender Bräutigam gewünscht für junge hellhäutige, wirklich schöne Bengali-Brahmanin, Studentin amerikanischer Universität, Vater vermögender Beamter. Angebote nur mit Horoskop. Arzt oder Ingenieur bevorzugt, Einkommen nicht unter 2000.« Und nach Durgas Gesicht zu schließen, dürfte der prospektive Gatte schon reiferen Alters sein und sie so gar nicht an ihren Woody erinnern.

Aber nun geschieht etwas Überraschendes. Die dunkelhäutige Tante hat das Wort ergriffen, und man hört ihr sogar zu. Vielleicht, daß sie doch, dank vererbtem Vermögen, über einen gewissen Einfluß verfügt? Und anscheinend macht sie sich erbötig, jetzt gleich in die Stadt zurückzufahren zu besagtem Atta. Etwa, um ihn in letzter Minute umzustimmen? Aha, sie hat den Woody drüben kennengelernt, vielleicht als Anstandsdame mitgenommen, und malt ihn aus in den rosigsten Farben. Er studiere auf Psychologie (»you know, like Doctor Freund«), und man wisse, was diese Seelenklimperer drüben verdienen. Schon wirft die Tante den Sarizipfel entschieden über die Schulter zum Zeichen des Aufbruchs, da treten leider zwei junge Schnurrbartträger auf in Krawatte und Sportsakko. Sogar ein Ansatz zu Schmerbäuchlein ist vorhanden, was auf bequeme Lebensumstände schließen läßt. Durga erhebt sich, es sind offenbar ihre Brüder. Telefonisch herzitiert von einer der Tanten, die jetzt hinter ihnen auftaucht und triumphierend ihr Handtäschchen schwingt. Auch eine Witzblattfigur meldet sich, weitaus dunkelhäutiger gar als die zahnlose Tante. Ein klapperdürres Nichts, das, ich bitte Sie, sogar noch den Dhoti trägt, also die weißen bäurischen Windelhosen. Und das dauernd mit dem Kopf wackelt zum Zeichen des permanenten Einverständnisses mit allem, was das Schicksal ihm aufbürdet. Er wird losgeschickt, um aus Durgas hochgetürmtem Gepäck ein bestimmtes Köfferchen herauszufischen. Mit welchem sie nun gesenkten Kopfes in Richtung Damentoilette verschwindet. Über den Lautsprecher quäkt die Nachricht, daß der Abflug jetzt nicht viel länger als eine Stunde auf sich warten lassen wird. Demnach mindestens zwei. Man versinkt wieder in Lethargie, da plötzlich, alle Köpfe wenden sich, eine leuchtende Vision. Durga tritt auf, aber ist sie es noch? In einen karmesinroten Sari gehüllt, scheint ihre Gestalt noch gewachsen, aber gleichzeitig weiblich geworden, fülliger. Ein gold- und gründurchwirkter Seidenschal bläht sich um ihre Schultern. Von den Ohren und Handgelenken trieft Goldschmuck. Majestätisch schreitet sie auf die Familie zu, verweigert mit einem kleinen Kopfschütteln das dargebotene Soda, wirft sich dann aufschluchzend der dunkelhäutigen Tante in die Arme. Eine junge Brahmanin auf dem millionenfach begangenen Weg zu ihrem unbekannten Bräutigam ... stelle ich mir jedenfalls vor. Was soll man sonst anfangen während der endlosen Wartezeit auf indischen Flughäfen?

KALKUTTA, 1. MAI 1980

Nach zwei Monaten Briefen, Telegrammen, Telexen, Telefonaten und persönlichen Vorsprachen Dreherlaubnis für Indien erhalten. Hat sich bei unserem letzten indischen Film der Herr Zensor des Informationsministeriums von Tag zu Tag entschuldigen lassen, bis wir endlich abgereist waren, so erscheint jetzt pünktlich ein scharfes Jüngelchen samt Brille und Aktenmappe. Glücklicherweise ist sein Achtstundentag mit dem Five o'clock tea zu Ende, danach kann uns keiner. Kaiser immer noch nicht eingetroffen.

Heute gewaltige Umzüge zum Arbeitsfest, denn Kalkutta wird kommunistisch regiert. Helfen können die Roten auch nicht. Helfen kann hier keiner. Eine Stadt mit der fünfmaligen Bevölkerungsdichte von New York. Acht Millionen Einwohner, davon ein Viertel Slumbewohner. Die 70 000 Ärmsten kampieren einfach auf dem Trottoir. Schon am Hotelportal aussätzige Bettler, geleitet von Kindern mit aufgetriebenem Unterleib und dem stereotypen Ruf: »No papa, no mama, hungry!« Dabei reiben sie ihre Bäuche und lächeln. Es ist dieses Lächeln, das einen umbringt.

Fahrt zum schmutziggelben Hooghly-River, darin tatsächlich eine Leiche schwimmend, deren Bestattung sich keiner leisten konnte. Irgendwo treiben sie dann an Land und werden von Schweinen gefressen. Über den Fluß die Howrah-Hängebrücke, einziges Wahrzeichen der Stadt, ihr Eiffelturm geradezu. Darauf Ströme von Lasten schleppenden Kulis und Rikschas, die hier auch noch manchmal von Läufern gezogen werden anstatt von Radfahrern. Kaum haben wir die Kamera in Stellung, faucht uns jemand an, dieses Bauwerk sei militärisches Geheimnis. Wir lachen. Das hätten wir nicht tun sollen. In Kalkutta lacht man nicht. Sekunden später sind wir massiv eingekeilt, Fäuste werden geschwungen, Papiere angefordert, schon fliegen Steine und faules Obst. Diese Menschen leben auf der Kippe, die kleinste zusätzliche Belastung, und sie kochen über. Ein Polizeijeep greift rettend ein, überführt uns zur Polizeistation. Das Gerät natürlich prompt konfisziert, werden wir es je wiedersehn? Im ebenerdigen, fensterlosen Raum dampft tropische Treibhaushitze. Die Schmalseite bestückt mit Menageriekäfigen, in denen Verhaftete schmachten: »Wasser, Wasser!«

Der oberste Ordnungshüter, durch Eilboten herbeigerufen, erscheint bereits zwei Stunden später, stinkend nach Schweiß und Fusel. Und nach der Anmaßung sämtlicher Polizeiorgane der Welt. Studiert fassungslos unsere Papiere. Möchte erklärt haben, wie ich mit amerikanischem Paß und französischer Kennkarte angeblich fürs deutsche Fernsehen arbeite, ob ich etwa Jude sei? Aha, davon wissen sie alle, bis hin zu den Analphabeten. Ich verleugne mich wie einst Petrus den Herrn, obwohl längst eisern zum Gegenteil entschlossen. Darauf Erkundigung, ob denn unser Hitler noch auf

Erden walle – »wir brauchen den nämlich«. Und längerer Vortrag über Adolf als das aufräumende Prinzip, den endgültigen Saubermacher, den erträumten Deutschen an sich. Übrigens kein Einzelfall, schon der Gepäckträger am Flughafen erkundigte sich nach Führers Wohlergehen. Glücklicherweise ist der Kommissar ahnungslos betreffs für uns zuständigen Filmkontrolleur, so sind wir mit der Abenddämmerung entlassen. Auch Gerät zurück. Im Hotelzimmer dann niederschmetternder Anruf eines hiesigen Mitarbeiters von Edmond Kaiser, daß dieser seine Indienreise endgültig absagen mußte. Und wie üblich durchschaue ich viel zu spät, daß es sich um einen von des Atos unerträglichen Juxen handelt.

KALKUTTA, 3. MAI 1980

Mit Edmond Kaiser, endlich eingetroffen, in Topsia, einem der tausend Slums von Kalkutta. Längs eines Bahndamms Baracken aus Brettern und Kisten, die in der goldenen Morgensonne wie idyllische Schreberhäuschen glänzen. Die bekannte Schwierigkeit, Elend schlagkräftig darzustellen. Und unvermeidlich unsere teuflische Frage: »Gibt's hier nichts Schlimmeres?« Dann die Kinder. Sie defilieren an einem Holztisch vorüber, bekommen Brötchen, Eier, Bananen. Ihre einzige Mahlzeit diesen Tag. Und jeweils ein Stempelchen in den zerdrückten Ausweis, den sie bei sich tragen. Dazu Kaiser: »Das Buch des Lebens.« Warum gerade diese Kinder, unter Millionen? Kaiser: »Ich bin der weiße Mann. Ich bin Gott.« Draußen vor dem Zaun zu Hunderten die Zaungäste, die nicht im Buch des Lebens verzeichnet stehen und auf Abfälle warten. Wir halten die Kamera drauf, aber schon hat unser Zensor seine Aktenmappe dazwischengeklemmt. »Why don't you film our skyscrapers?« Dieselbe idiotische Frage wie in Mexiko, als hätten sie alle die nämliche Zensorenschule besucht.

In Kaisers Begleitung sein bengalischer Mitarbeiter Milton McCann. Ehemals vermögender Geschäftsmann, der alles hinwarf, um seinem Idol nachzufolgen. Arm in Arm stehen die beiden da. Bloß wenn die Kamera hinschwenkt, haben wir nur mehr Rükkenansicht. Und einen fuchtigen Kaiser: »Nicht uns drehen! Dort! Dort!« Schiebt uns zu den essenden Kindern. Danach neuerlicher Wutanfall: »Ihr seht sie ja gar nicht, ihr filmt sie bloß! Dieser Vergewaltigungsapparat, unzumutbar! Und ich tue da mit. Ich vergewaltige die Dritte Welt, damit die andere etwas kapiert!« Fünf Minuten später, mit einer Nestlé-Dose in der Hand, höhnisch: »Wir schicken ihnen gleichzeitig Kondensmilch und Napalm. Auf der Milch steht: Gespendet dank der großzügigen Hilfe des Schweizer Volkes, des deutschen oder was immer. Auf dem Napalm steht gar nichts. Es stammt aber von den gleichen Leuten: uns!« Schüttelt die Fäuste: »Die... die eigentliche Revolution kommt erst. In diesem Leben bin ich noch geduldig. In meinem nächsten nicht mehr. Dann wird geschossen! Und zwar scharf!«

Erkundigt sich bei den Helfern, ob diese Kinder zur Adoption frei seien. Man verneint es. Kaiser: »Zwölf bis fünfzehn Millionen Kinder, die jährlich in der Dritten Welt verhungern. Ich könnte 100 000 unterbringen, allein in Europa. Und wieviel hat man mir in zwanzig Jahren gegeben? Gerade 2000. Und warum? Ihre eigenen Staaten halten sie unter Verschluß, als seien sie die Kassenwarte dieser Kinder. Schwatzen was von Entwurzelung und Kulturschock. Aber was ist besser: eine Müllkippe in Kalkutta oder die Liebe im Kantönle?« Wendet sich wieder ab, Tränen. Vielleicht immer noch Jean-Daniel, nach vierzig Jahren. Verzieht sich zur Schulhütte, Einmaleins kontrollieren. Wir bleiben mit Milton McCann: »Edmond ist ein Heiliger. Im Algerienkrieg hat er die zerschossenen Kinder fast mit Gewalt herausholen müssen. Dito in Biafra. Dann Vietnam, die Sahara, Libanon... Sein Adoptionsprinzip: Es ist dieses Kind oder keines! Die Eltern bekommen keine Wahl, können sich nicht die hübschesten herauspicken. Trotzdem nur zwei Prozent Fehlschläge. Oder vielleicht gerade deshalb.« Schätzt, daß sich Kaiser allein in Indien um 4000 Kinder kümmert, die geheilt, aufgepäppelt, geschult, zu lebensfähiger Berufsexistenz gebracht werden. Ein Tropfen auf den heißen Stein. Kaiser, auftauchend wie ein Schatten, verkündet sein Lebensprinzip: »Sanft sein mit den Schwachen. Aber eiskalt mit den Mächtigen. Immer fein provozieren, die Leute vor den Kopf stoßen, sich unbeliebt machen. Wellen schlagen, da, wo die Großen dieser Welt es vorziehen, daß man ohne Luftblasen krepiert.«

Hungerdistrikt im Norden Bengalens. Dort kilometerlange Krankenstation, geleitet von einer einzigen jugoslawischen Schwester, Ivana. Vor der Armenapotheke zwei kleine Kinder, Junge und Mädchen, die man einer blinden Frau anvertraut hat. Das strahlende Gesicht dieser Ziehmutter. Cann ein rachitisches Mädchen mit Krücken mitten auf der kochenden Straße. Und Kaiser plötzlich auf deutsch (oder ist es Jiddisch?): »Die ganze Geschichte der Welt in diesen zwei Augen.« Später in der Kantine ein kohlschwarzes Baby, an einem Bahndamm aufgelesen. Helferin versucht, es mit Reisbällchen zu füttern, das Kind schüttelt nur hilflos den Kopf, der nicht aufrecht bleiben will. Man sagt uns, daß dieses Wesen nicht, wie vermutet, sechs Monate alt ist, sondern vielleicht schon zwei Jahre. Hat wochenlang nichts gegessen. Kann nicht gerade sitzen, klappt dauernd zur Seite. Wir versuchen, Kaiser zugleich ins Bild mit ihm zu bekommen. Rekordnaher Tobsuchtsanfall des Philanthropen, der uns in allen Sprachen vermaledeit. Ab.

Wir zum Lepralager. Halbverfaulte rosarote Bein- und Armstümpfe werden, viel zu spät, in irgendeine Lösung getaucht. Dabei wären sämtliche drei Millionen indische Aussätzige zum Preis von einem einzigen Starfighter zu heilen. Manche liegen nur reglos da, zeigen murmelnd auf die Stellen, wo's weh tut. Ihr demütiger Blick, während sie gefilmt werden. Nach dem Drehen sage ich (was sonst?): »Thank you very much.« Worauf sich sofort alle die Hände, auch die Sterbenden, höflich zum Gruß falten. Später eine »Boys' Town« mit Hunderten indischer Straßenjungen, von einem einzigen überforderten Bruder John geleitet. Ausgemergelter, rothaariger Dulderschädel wie van Gogh. Total übermüdet, hat seit Tagen nicht geschlafen. Dazu Kaiser, wieder auftauchend, mit seinem maliziösesten Grinsen: »Nieder mit den Glaubensstreitern! Als hätten sie die Menschenliebe gepachtet. Nur bei diesem Pfarrer machen wir eine Ausnahme. Er kriegt von uns, was er braucht.« Bruder John: »Was ich brauche, sind acht Stunden Schlaf. Nur ein einziges Mal!« Edmond lachend: »Man kann nur geben, was man hat.«

Weiterfahrt zu einem Mädcheninternat, das ebenfalls von Kaiser unterstützt wird. Hundert frischgeschrubbte Püppchen in Schuluniform, tuschelnd und kichernd. Jede, die man ins Auge faßt, versteckt sich sofort mit Gekreisch hinter ihren Freundinnen. Kaiser bekommt eine Blumengirlande umgehängt. Die Kamera auch. Feierliche Laudatio, während der er die entsetzlichsten Grimassen schneidet, um die Kinder zu amüsieren. Dann Musik auf einer Art Eigenbau aus Klavier und Blasebalg. Kaiser, noch immer auf seinem Atheistentrip: »Ich bin ein Anhänger der Vielgötterei. Drei dieser Götter heißen Bach, Beethoven und Chopin.« Entlockt dem Instrument nie gehörte Töne, quäkst dazu mit erschreckend falscher Stimme im Originaltext die Hymne an die Freude. Und als Kommentar: »Merde auf den Götterfunken. Warum sich immer auf Höheres berufen? Alle Menschen werden Brüder, darauf kommt es an.«

KALKUTTA, 10. MAI 1980

Heute während des Fluges Siliguri – Kalkutta so nah dran wie noch nie. Unangesagt – indische Fluglinien halten nichts von Lautsprecherdurchsagen – kommen wir in einen wilden Hagelsturm, der uns sämtliche Lampen ausschlägt. Und ein bodenloses Luftloch, in das wir wie Bleigewicht hinuntersacken. Ich finde mich zu meiner Überraschung mit dem Kopf an der Decke wieder und habe einen kinomäßigen Vogelschaublick auf das übrige Team. Frage verblüfft: »Was macht ihr da unten?« Kameramann Ato zerrt mich am Gürtel herunter, wie man einen Luftballon einzieht, und schnallt mich fest. Empfinde alles als sehr komisch, keinerlei Angst. Erst die nächsten Luftlöcher machen mir zu schaffen, wie eine nicht enden wollende Achterbahn auf dem Rummelplatz. Dazu hysterische Schreie der Stewardessen, während Aktenkoffer und zollfreie Whiskyflaschen aus den Gepäcknetzen wie Projektile durch die Gegend schießen. Bei der Ankunft haben wir tatsächlich zwei Passagiere mit gebrochenem Genick, eine indische Dame und einen englischen Missionar, den es leider auf der Toilette erwischt hat. Er wird an den Armen zum wartenden Jeep geschleift – indische Fluglinien halten auch nichts von Ambulanzen.

Abends Überlegung, wie oft wir nun schon unsern Hals riskiert haben, und wofür eigentlich? Äthiopien damals oder Guatemala, als das Rad vom Leihwagen absprang. Unser gebombtes Hotel in

Nordirland. Später auf den Golanhöhen Peng-peng aufgenommen unter Beschuß. Auch die Löwin Charusha in Kenia. Am erschrekkendsten dieses Erdbeben in Mexico City, war es beim Traven-Film, oder wann? Auch wieder letzter Drehtag, wie so häufig. Und dementsprechend das bekannte federleichte Gefühl, daß alles im Kasten ist, nun kann dir nichts mehr passieren. Wir haben ihm wieder mal eins ausgewischt. Wem? Na, IHM! Der dieses Eingreifen in die Existenz anderer, dieses Dingfestmachen von Lebensprozessen, dieses Verlangsamen oder Beschleunigen der fließenden Zeit, diese Umwandlung von Schicksalen in Zelluloid, die wir betreiben, als lästerlich empfinden muß. Und immerzu darauf wartet, uns ein Schnippchen zu schlagen.

Das jedenfalls mein überzeugendes Gefühl, als da mitten in der Nacht das 13. Stockwerk unseres Hotels an der Avenida Reforma so schauerlich zu knarren und zu rumpeln beginnt, als würden zwei Wolkenkratzer aneinandergescheuert (was tatsächlich der Fall war). Nach der ersten Schrecksekunde bist du schon draußen im Flur und hast durch eine Rauchwolke, die nur von Feuersbrunst herrühren kann, aber in Wirklichkeit aus abgebröckeltem Putz besteht, die Nottreppe erreicht. Die du jetzt barfuß und im Weltbestentempo bewältigst. Wobei die Treppenstufen sich aber nie ganz da befinden, wo du sie eigentlich erwartest, sondern schamhaft vor dir zurückweichen oder aber dem Fuß liebend entgegenkommen. »Da san mir aber in einer schönen Gegend«, hörst du dich auf wienerisch murmeln, weil man ja in der Muttersprache zu beten pflegt. Aber wenn du es genau betrachtest, durchbeben dich so sehr wie die Todesangst auch Dankbarkeit und eine Art tiefes Einverstandensein. ER hat ja zugewartet, bis alles gelaufen und abgedreht war, hat euern Film als genügend erheblich eingestuft, um euch erst jetzt zu erwischen und fertigzumachen. Im Grunde ein Kompliment. Gott zwar noch immer als ironischer Witzbold, wie du ihn früh empfandest, einer, der sich auf das spezialisiert, was man am wenigsten erwartet (daher die einzige Abwehr, *alles* zu erwarten). Aber jetzt halt doch ein Gott mit Timing und Respekt.

Nur daß mich dann, als wir oben in den halbzerstörten Zimmern unseren Film wiederfinden (nur die Handkasse ist geklaut), der Verdacht überkommt: Vielleicht sind wir Ihm bloß nicht dafürgestanden? Man war nicht etwa, wie sich das die John Waynes und andere Lorbeerträger gern einbilden, »zu stark für den Tod«, sondern zu mickrig. Für unsereinen reicht auch etwas weniger Imposantes. Jetzt warte ich also auf die nächste Situation. Waldbrand haben wir eigentlich noch nicht gehabt, auch Schiffsuntergang steht noch aus. Aber ich weiß schon, am Ende wird es so was sein wie ein überdimensionaler Möwenschiß. Die großartigen Dinge sind nicht für uns. Immer meint man, das Schicksal ruft einen an, sich endlich als Held zu erweisen. Und dann stellt sich heraus, es war eine falsche Verbindung.

JANOVICE, 29. MAI 1980

Lieblichstes, verkasteltstes Barockschlößchen, das man je sah. Umgeben von Park, Wäldern, weitem böhmischem Land. In gebührendem Abstand das dazugehörige Dorf, woraus sich der Titel ergab, einst in den seligen Tagen der Monarchie: »Schloß und Herrschaft Janowitz«. Titelinhaberin zu jener Zeit die ob ihrer Schönheit gefeierte Baronesse Sidonie, genannt Sidi. Und zwar gefeiert von zwei der wortmächtigsten Autoren ihrer Zeit: Rilke und Karl Kraus. Unterwegs, auf der Anreise von Wien, vorbei an Festung und Konzentrationslager Theresienstadt. Von meiner Familie kannten es mehrere. Keine Zeit anzuhalten, da ohnehin stark verspätet wegen der tschechischen Postkutschenstraßen. Schmökere unterwegs in Krausens 1072 verzweifelten Briefen, Postkarten, Telegrammen an seine Sidi, erst jüngst neu aufgefunden und publiziert. 23 Jahre »Liebestodesangst« des großen Stänkerers und Hassers, den die Zeitgenossen für impotent, invertiert oder jedenfalls für liebesunfähig hielten.

Abends Einfahrt in die Domäne, 1907 von Rilke beschrieben: »... bis auf mehreren Wendungen, Durchblicken das Schloß aufstieg, mit Fenstern und Wappenschildern ungleichmäßig bedeckt, mit Altanen, Erkern und um Höfe herumgestellt ...« Schwärmt von der »schönen Baronesse, die wie eine Miniatur aussieht, welche ein Jahr vor der großen Revolution gemacht worden ist, im letzten Augenblick ...« Daß der Industrieadel gerade in die Gründerzeit zurückreichte, übersehen die beiden sehnsuchtsvollen (und zum Snobismus neigenden) Dichter geflissentlich. Das Schloß derzeit von Gerüsten umstellt zu einer Renovierung, die bei dem vorgelegten Tempo noch Jahrzehnte dauern dürfte. Der Park jetzt öffentlich zugänglich, einschließlich der »Karl-Kraus-Wiese« sowie den Gräbern von Sidis Hunden, Ponys und Gouvernanten. Aber kein Mensch da. Kein Mensch weiß mehr von Sidi.

JANOVICE, 30. MAI 1980

Schloß Janowitz gefilmt im Hinblick auf die erhaltenen Fotos mit Kraus und Sidi. Angerührt von Vergänglichkeit. Hierher also floß der undämmbare Strom von Liebesepisteln des abgebrühten Fakkel-Herausgebers: »Ich hätte nicht gedacht, daß es noch so über mich kommen könnte...« Und sie, hingerissen von der Inbrunst seiner Passion: »Weiter, weiter – oh, da gibt es keine Grenzen, kein Genügen... Denn ich will echte Versuchung, will tief erschüttert werden, um zu wissen, wie ich erlöst werden kann.« Heiratspläne werden erwogen. Zur Verstörung Rilkes, der sich, ganz wie Kraus, das Schloß als Alterssitz ausmalt. Sein schlauer Warnbrief an Sidi, sosehr er das Wort Jude vermeidet, verrät sich durch antisemitischen Zungenschlang. Denn da bestehe doch dieser »letzte unaustilgbare Unterschied«, Kraus, dieser »ausgezeichnete Schriftsteller«, könne ihr »nicht anders als fremd sein, ein fremder Mensch«. Sidi, ohnehin leicht beeinflußbar, ihrem Klassendünkel verfallen, zieht sich zurück, strebt »standesgemäße« Versorgung an.

Frequenz und Drangsal der Sendschreiben ihres Karl (sie haßt den Namen) steigern sich ins Dämonische. Zeitweise zwei Briefe und zwei seitenlange Telegramme an einem einzigen Tag: »Solchen Verlust erträgt kein Menschenherz, und gewiß nicht dieses sich anbetend für allen Weltenhaß entschädigende... Alles, was ich bin, gehört Dir. Willst Du's nicht?... Ringe in schwerster Lebensstunde nur um Erhaltung des Gewesenen und daß ein gutes Wort diesem furchtbaren Herzbeben ein Ende machte...« Sidis Gegenbriefe sind nicht erhalten, nur (leider) ihr backfischhaftes Tagebuch. Diese Frau ist total überfordert. Einerseits: »Ich brauche dich, um zum Leben gebracht zu werden...« Dann wieder: »Ich wollte, er würde mich weniger lieben... Je stärker seine Liebe, desto weniger kann ich sie erwidern... Er ist eine schwere Last in meinem Leben...«

Wir filmen die hölzerne Parkbank, auf der sie diese Worte wahrscheinlich schrieb, dicht am Teich. Jetzt ohne die Schwäne, so oft in seinen Briefen evoziert. Inbegriff der Reinheit und Unschuld, nach der dieser Spezialist des Bösen sich lebenslang sehnte. Unentrinnbar die Falle, in die Kraus sie hineinlockt: Je hingebungsvoller, ja hoffnungsloser er Sidi liebt, desto maßloser darf er seinen Haß auf die restliche Welt hinausspeien. Er braucht sie zum Hassen! Und noch etwas anderes spielt da hinein. Kraus hat, wie fast unvermeidlich zu dieser Zeit, den Antisemitismus seiner Umwelt verinnerlicht bis zum Selbsthaß. Er kann es gar nicht fassen, daß eine solche Frau ihn liebt. Und gerade deshalb stößt er sie unbewußt zurück, indem er als Liebesbettler auftritt anstatt, wie ihm zusteht, als Prinz.

Denn längst hat er ja (man erfährt es durch die fast lächerlich verschlüsselten Briefe und Gedichte, in denen etwa das Winseln eines Hündchens für ihre Liebesschreie steht) die Ersehnte zu seiner Geliebten gemacht. Schleicht sich über die – damals wie heute – knarrenden Holztreppen auf ihr Zimmer im zweiten Stock. Dessen Einrichtung leider verschwunden, nur eine vornehm bemalte Ledertapete ist noch zu besichtigen. Trotzdem, trotz ihrer Hingabe: Er bleibt »ewiger Knabe durch Dich ...« und klagt, daß sie »auf so lautes Herzklopfen nicht herein gesagt«. Warum verwandelt sich dieser quäkende, quälende Frosch nicht endlich in einen Prinzen? Ach, letzten Endes konnte sie noch eher die Vorurteile ihres Standes überspringen ... als er die seines Verstandes! Acht Bände »Worte in Versen« hat sie ihm entpreßt (vorher schrieb er keine Gedichte). Einige der innigsten sind an Schloß und Park Janowitz gerichtet, diese »Insel des Friedens«. Auf der er gleichzeitig, nach Dichterart, die aggressivsten und blutrünstigsten Szenen seiner »Letzten Tage« schrieb.

JANOVICE, 31. MAI 1980

Abschiedsvisite im Schloß, das, soweit wir verstehen können, zum Museum umgemünzt wird. Ein Krauszimmer und ein Rilkezimmer sind vorgesehen, die beiden Rivalen und Sexualneidhammel (Kraus nannte Rilke grundsätzlich »die Maria«) jetzt friedlich vereint, wie es die Ironie der Geschichte vorschreibt. Am 11. Juni 1936 Tod von Karl Kraus in Wien. Sidi, zu spät herbeigerufen, trifft ihn nur mehr bewußtlos an. Beisetzung nicht hier im Schloßpark, wie es sein Traum war, sondern auf dem Wiener Zentralfriedhof, jüdische Abteilung. Sidi danach: »Ich büßte mehr, als er litt ... Höllische Einsamkeit umgibt uns in der Finsternis ...«

Im Sommer 1942 muß sie ihr Besitztum verlassen, weil Himmlers Waffen-SS ausgerechnet hier einen Truppenübungsplatz braucht. Das Schloß wird zur Panzerreparaturwerkstatt, man evakuiert die gesamte Landbevölkerung von 50 000 Seelen. Bei Kriegsschluß endgültige Enteignung durch die Tschechen. Sidi flieht nach England, lebt hinfort von Unterstützung. »Heimweh – ich habe eine Abneigung gegen dieses, jetzt so oft gehörte Wort unter meinen Kollegen ... Heimatlos bin ich, seit *er* uns verließ. Alles andere war dann nur Schale ...« Sie stirbt 1950, auch sie wird nicht in ihrem geliebten Park beerdigt. Letzter Blick auf den schwanenlosen Schloßteich, jetzt mehr einem Tümpel gleichend. »Karl Kraus, verhaßt, verliebt« soll unser Film heißen. Ich denke schon, daß diese beiden Seiten seiner Persönlichkeit tragisch zusammengingen.

LAUSANNE, 3. OKTOBER 1980

Verspäteter Filmabschluß bei Edmond Kaiser in Lausanne. Zuerst die orthopädische Klinik, wo verkrüppelte, verwachsene, beinlose, armlose Kinder gratis operiert und mit Prothesen ausgestattet werden. Wir erfahren (aber nicht von ihm), daß ganze Teams von Chirurgen, Physiotherapeuten, Krankenpflegern für Kaiser um die Welt reisen und an Ort und Stelle intervenieren, bis hin zu Herzoperationen. Sogar fünf Oasen der algerischen Sahara werden alle zwei Jahre besucht. In der Mittagspause Ballspiel im Hof der Klinik. Wer nicht wußte, daß man mit Kunstbeinen und Kunstarmen so gut, und so lachend, Ball spielen kann, erfährt es jetzt. Endlich Kaiser, wie immer plötzlich aus dem Nichts auftauchend und auch schon wieder aus dem Bild. Wir keuchen ihm nach. Wie sich sein kleiner Verein solche gewaltigen Heilungskosten leisten könne? Er: »Wir leben vom schlechten Gewissen. Bei uns wird keiner bezahlt, auch die internationalen Kanonen nicht. Alle tun es gratis. Und warum? Weil sie alle Gott etwas abzubitten haben. Den es gar nicht gibt, haha.«

Abends letzter Besuch in seinem simplen Wohnzimmer mit den zwei Klavieren. Spielt selbstvergessen Bach, während wir unsere Scheinwerfer einrichten. Eine schöne Nordafrikanerin namens Hoda erscheint, mit der zusammen er jetzt ein neues und viel bescheideneres Unternehmen aufziehen will: »Sentinelles« – Schildwachen. »Sollen sich andere um das große Ozeanschiff kümmern. Ich springe in ein kleines Rettungsboot.« Wirkt noch fragiler als in Indien. Ich frage, was ihn, der kaum ißt und nie schläft, eigentlich noch zusammenhält? Überraschend sagt er: »Die Frau, die ich liebe und die mich liebt.« Ob es Hoda sei? Darauf die Antwort: »Ich bin alt jetzt, habe vielen Frauen gekannt, viele Frauen geliebt. Aber das schönste ist, mit Frauen zusammenzuarbeiten.« Glauben Sie, daß wir einmal alle vor Gott erscheinen und Rechnung ablegen müssen? »Ich glaube nicht an Gott.« Mit Ihrem Tod ist alles gelaufen? »Das vielleicht nicht. Die Seele stirbt nicht, die undefinierbare, ohne Anfang und Ende. Sie bleibt um die Menschen und Dinge, die wir geliebt haben.« Welches ist der Wahlspruch, die Devise, nach der Sie handeln? »Verzweiflung ist uns erlaubt. Entmutigung verboten.« Kurzer Abschied, Umarmung. Wir versprechen ihm eine Videokassette unseres Films. Er winkt belustigt ab: »Keinerlei Interesse. Ich weiß ohnehin, wie ich aussehe.«

PARIS, 2. DEZEMBER 1980

Der Schriftsteller Roman Gary heute in seiner Wohnung erschossen aufgefunden. Ganz in Rot gekleidet, heißt es. Dieser ewige Spieler und Vermummer besaß also auch den richtigen Aufzug für den Selbstmord. Wieder, wie schon bei Celan und Chargesheimer, die ich ebenfalls als einer der letzten sprach, das niederdrückende Gefühl, daß vielleicht ein läppisches Wort von mir die Sache abgewendet hätte. Warum brachte ich es nicht? Natürlich aus Verklemmung und aus Respekt vor dem Privaten. Also aus purer Ahnungslosigkeit, wie stets. Die engste Beziehung, die uns Heutige miteinander verbindet: der Nichteinmischungspakt.

PITTSBURGH, 2. FEBRUAR 1981

33 000 Amerikaner jährlich fallen Feuerwaffen zum Opfer – über die Hälfte davon allerdings Selbstmörder. In zwei Jahren mehr Tote als während des ganzen Vietnamkrieges. Durchschnittlich mordet man in den USA siebenmal so häufig wie in der Bundesrepublik. Anstieg der Gewaltverbrechen derzeit 13 Prozent im Jahr. Und zwar gleichermaßen in Staaten mit humaner Gesetzgebung wie solchen mit Todesstrafe. Die meisten Täter sind zwischen 15 und 24 Jahre alt. Hauptwaffe: Pistole. Hundert Millionen Schußwaffen sollen in Amerika zirkulieren. Wer frei herumläuft, hat die seine bloß noch nicht abgefeuert.

Heute Besuch eines Jugendgefängnisses bei Pittsburgh, wo ein neuartiges Schockprogramm ausprobiert wird. Wir lernen die wohlgenährten und wohlbeheizten jugendlichen Delinquenten kennen. Zutraulicher könnte niemand sein als diese süße 14jährige Wendy, dieser 12jährige Tolpatsch Vince. Höchstens der 16jährige blonde Rotzlöffel Jerry wirkt mit seiner verkommenen Physiognomie wie der Schlägertyp und Alkoholiker, der er sein soll. Auskunft der Direktorin: zu neun Zehnteln aus zerstörten Ehen, die meisten von den eigenen Eltern als unerziehbar eingeliefert. Schätzt, daß die Hälfte als Kriminelle enden wird, wenn sie erst mal bei harten Drogen landet. Das soziale Experiment, das man auf sie loslassen will, ist von einem Gerichtspsychologen ins Leben gerufen worden (und übrigens mangels öffentlicher Zuschüsse auch aus eigener Tasche bezahlt). Es führt die zwei Gruppen zusammen, um die es hier geht. Die Verbrecher und diejenigen, die es unbedingt werden wollen.

MOUNDSVILLE, WEST VIRGINIA, 4. FEBRUAR 1981

Das Hochsicherheitsgefängis von Moundsville, eine antike Zwingburg mit Mauerzinnen. Die Jugendlichen werden mit Bussen herangekarrt, mehrere in Fußketten. Zunächst das übliche Kichern und Ulken. Dann machen sich die Aufseher über sie her. Militärische Ordnung, Kaugummi raus, Maulverbot, außer, daß sie auf jede Frage im Chor mit »Yes, sir« oder »No, sir« zu antworten haben. Hierauf mit grobem Zugriff nach Waffen und Drogen abgetastet. Sodann im Laufschritt durch diverse, sich elektrisch auftuende Gitter gejagt. Innen werden sie von den Strafgefangenen, die sich freiwillig für dieses Programm zur Verfügung stellten, empfangen und mit sadistischem Gebrüll herumkommandiert. Dürfen nur auf schmalem, mit gelber Linie markiertem Streifen die Wände entlangmarschieren, was offenbar in diesem Knast die Regel. Dabei sich besonders hervortuend ein freundlicher, fleischiger Berufskiller namens Anderson, dessen Spezialität es war, den Leuten »auf Kontrakt« die Kehle durchzuschneiden. Verurteilt zu »40 Jahren ohne Gnade«, was heißt, daß er sie voll absitzen muß.

Während die Nachwuchsganoven noch gepiesackt werden, darf ich in die Akten der mittuenden Häftlinge Einblick nehmen. Erschütternd der Wust von Unbedarftheit und Schlamperei, mit dem hier über Schicksale entschieden wird. Treffe die Beamtin, die jetzt seit Jahren den nominell dreiköpfigen »parole board« repräsentiert, also die Kommission für vorzeitige Haftentlassung. (Eines der Mitglieder ist gestorben, das andere chronisch erkrankt.) Verstopfte ältliche Schachtel, von jeder psychologischen Kenntnis unbeleckt. Einziges Kriterium: ob einer »Reue zeigt«. Wahrscheinlich muß er sich Tränen abpressen oder Bibelsprüche zitieren. ... Zum Turnsaal geleitet, wo schon ein rundes Dutzend Anstaltsinsassen in roter Gefängniskluft auf Holzbänken längs der lichtlosen Schmalseite hocken. Ihnen gegenüber in langer Reihe die vierzig Jugendlichen. Filmisch unmögliche Situation und keinerlei Chance, Lampen zu setzen, da niemand im voraus weiß, was passiert. Wieder einmal bleibt alles dem Improvisationstalent vom Ato und Toningenieur Hinrich überlassen. Meine einzige Aufgabe: nicht ins Bild zu geraten.

Plötzliches Hochschnellen sämtlicher Häftlinge, die sich mit Getöse auf die Jugendlichen stürzen: »Schuhe und Jacken aus, ihr Kröten, dalli!« Alles kommt auf einen Riesenhaufen zwischen die beiden Lager. Bei den Halbstarken betretene Mienen: Ohne Joggingschuhe und Lederjacke ist man doch nur ein halber Mensch. Danach Soloauftritte der Knackis, die sich Wut und Frust vom Herzen schreien. Heilsam zur Bekehrung der Jugendlichen, noch effektvoller vielleicht als Selbsttherapie.

Bill Smoot. Schwarzer. Aus Bergarbeiterfamilie mit 14 Kindern. Hat 18 und 42 Jahre gleichzeitig laufen (amerikanische Spezialität) wegen bewaffneten Raubüberfalls. War schon auf Bewährung draußen. Kein Job zu finden. Neuerlicher Hold-up, geschnappt. Fischt sich den schmächtigen Schulschwänzer Vince heraus: »Willst du deine Klamotten wieder? ... Ja oder nein? ... Dann hol sie dir doch!« Tritt ihm drohend in den Weg, der Junge prallt zurück. »Ach so, du hast Schiß ... Willst nichts riskieren ... so einen wie du, den machen wir fertig in drei Tagen ... Hm, ganz schön sexy ... Weißt du was ...? Du wirst mein Bettjunge ... du schaffst für mich an ... Wenn dich die andern gebumst haben, bist du für mich da ... Los jetzt, lauf hinter mir her ... ja, laufen, laufen ... lauf auf den Knien ... so sieht das aus, Punk!«

Mike Brown. Weißer. Randlose Brille. 32 Jahre alt. Hat Intelligenzquotient von 117, während der Schnitt hier bei 90 liegt. Gilt als der Dealerkönig im Knast. Junkie schon als 14jähriger. Mit 17 bei Diebstahl erwischt, Jugendgefängnis. Mit 20 bewaffneter Raubüberfall. Mimte Reue so überzeugend, daß mit 24 bedingt haftentlassen. Ein Jahr später, vollgepumpt mit »angel dust«, bewaffneter Raubüberfall ohne Tötung. Trotzdem lebenslänglich als »three time loser«. Einer, der »sich einbildet, daß er schlauer ist als das System. Wird aber hier bei uns enden.« Großer Auftritt von Mike, den Joint in der Hand: »Mit diesen Dingern fing's bei mir an ... ich war 14 ... jetzt bin ich 32 ... dazwischen 13 Jahre Knast ... Das Scheißzeug schlägt euch aufs Hirn, bis ihr durchdreht ... nicht mehr wißt, was ihr tut ... Dann wird gejammert: Mami, Papi, holt mich hier raus ... Aber so läuft's hier nicht ... kannst du dir abschminken ... Wie ich auf Bewährung war ... vier von den Dingern haben mich geschafft ... hin zum Supermarkt ... schoß zweimal auf den Typen ... wußte nicht, daß er eine Knarre hat unter der Registrierkasse ... er trifft mich viermal ... Und wißt ihr, warum ich noch am Leben bin? ... Weil es mir scheißegal war, ob ich lebe oder sterbe, deswegen.« Putzt lange und effektvoll seine Brille, ab.

Jack Houston. Schwarzer. Gewaltverbrecher, fabelhaft aussehend, schwer süchtig. Scharf auf die Mädchen unter den Jugendlichen, aber natürlich ist jede körperliche Berührung während der Aktion untersagt. Zur hübschen Wendy: »Willst du deine Jacke zurück? Deine Schuhe? ... Ich hol' sie dir, aber du gibst mir ein Küßchen, ja ... kannst nachher dableiben ... machst mir guten Kaffee ... und sonst allerhand ...« Als das Mädchen zu weinen beginnt: »Mach keinen Terror ... wir beißen dich nicht ... sollst ja nur wissen, wo's langgeht, damit du richtig daheim bist ... wenn du hier anlangst.« Zu den andern: Ich war Dieb ... ich hab' mit Drogen gehandelt ... ich hab' mit Pussy gehandelt ... nur um an das Zeug ranzukommen ... den Stoff ... Ist ja klar, ihr alle nehmt den Stoff ... ihr glaubt, ihr seid knallhart, aber der Stoff ist härter ... Einmal wach' ich auf am Morgen ... meine Nase läuft, ich hab' Krämpfe ... Mein Bruder sagt: Du bist ja ausgefreakt ... Wieso, ich drücke doch nur am Wochenende ... aber die Wahrheit ist, ich drückte alle Tage ... Montag, Dienstag bis Sonntag ... bis mir der Dealer den Kredit abdrehte ... dann mußten die Kohlen anderswoher ... egal, wo, mußten sie her ... und jetzt sitz' ich hier.«

Alvin Gregory. Schwarzer. 23 Jahre alt. Mit 18 Hold-up in einem Supermarkt, Pistole »ging irrtümlich los«, Besitzer in den Kopf getroffen. Lebenslänglich »mit Gnade«, das heißt, kann frühestens in 15 Jahren auf Bewährung freikommen. Verweigert Familienbesuche – »ich hab' denen nichts zu sagen«. Klopft für sich allein im Gefängnishof Ziegel, gilt als Einzelgänger, undurchsichtig. »Ich heiße Nummer 48 223 ... Ich sitze lebenslänglich ein wegen Mordes ... so was passiert im Handumdrehen ... Man überfällt zum Beispiel einen Laden ... Rein durch die Tür ... Kanone an die Rübe ... Geld her! ... Der Kerl sagt: Häh? ... Geld her, Idiot! ... Häh? ... Der schiebt wirklich die Knarre beiseite ... tut einfach nicht, was ich sag' ... Da hab' ich abgedrückt ... in dem Moment hätt' ich auf jeden abgedrückt ... Darum bin ich in diesem Loch ... dem beschissensten Ort der Welt ... Der Fraß schmeckt wie Dreck ... du frißt ihn, hast keine Wahl ... an Geld kommst du nur ran durch Maloche ... zehn Dollar im Monat für Ziegelklopfen ... zehn Dollar! ... Die tun mit dir, was sie wollen ... und du mußt tun, was sie wollen ...« Holt sich den Schläger Jerry heraus, der demonstrativ gähnt: »Kapierst du das? ... Oder nicht? ... Was ist dein Problem? ... Warum hörst du nicht zu? ... Was hast du ausgefressen?« Der Blonde durch die Zähne: »Körperverletzung ... Typ in meinem Alter ... machte Zoff ... da hab' ich ihn abgerieben.« »Und wenn er jetzt kalt wär? ... Dann bist du der Mörder ... dann sitzt du hier bei uns ein ... Weißt du, was wir machen mit solchen Angebern wie dir? ... Alle im Hof über dich her ... zuletzt war's keiner ... Softie, hau ab ... Nein, da hinten auf unsere Bank!« Der Blonde will sich unter die Kriminellen setzen, wird aber von Berufskiller Anderson wieder nach vorn gescheucht. Gregory geifert ihn an: »Du kommst, wenn *ich* dich rufe, sonst niemand!« Jagt ihn wieder zurück. Anderson steht drohend auf. Der Blonde darf die restliche Zeit zwischen den Stuhlreihen stehen. Beißt dabei die Zähne zusammen, daß man es knirschen hört.

Bill Yanger. Weißer. Seemann. Lebenslänglich wegen Raubmords. Untersetzt, hat graziöse Boxerbewegungen wie Filmgangster George Raft. Der einzige, der gegen das Gefilmtwerden aufbegehrt. Unheimlich geladen, eruptiv, auf der Kippe: »Vierzehn war ich, als ich süchtig wurde ... Warum? Ich mochte mich nicht ... wollte was Besseres sein ... Scheiß auf die Kamera, schaut mich an! ... Jemand brachte mir LSD, ich stieg voll ein ... von da an war ich immer high ... Ich fand mich toll ... ich hatte Miezen, ich war wer ... Du, hau ab mit deinem Apparat ... Und wie fühl' ich mich jetzt? ... Ich krieg' nie mehr im Leben eine Chance.« Tobend: »Wie fühl' ich mich jetzt? ... Ach so, du weißt ... einen Dreck weißt du ... Du weißt erst, wenn du hier landest ... dreiviertel tot ... und du frißt, schläfst und atmest leere Luft ... Deine Freunde verpissen sich ... deine Familie kommt zuerst jede Woche ... dann jeden Monat ... dann einmal jährlich ... Warum? Du bist ja immer da ... keine Eile ... Was macht euch bei uns so an? ... Bin ich euer Idol? ...« Schnappt sich den Blonden: »Du willst ein Mörder werden, ja? Ein Raubmörder ... Sind wir eure Vorbilder? ... Ich kann nicht die Gitter verbiegen ... hab' keinen Schlüssel zum Tor ... Sag denen, warum du so scharf bist, hier reinzukommen ... Bist du nicht? Sieh mal an ... Aber ich bin hier, bis sie mich einbuddeln ... ich bin auch hier, wenn du ankommst ... ich wart' auf dich ... Klau du draußen irgendwas von meinen Leuten ... oder rühr sie bloß mit dem Finger an ... In deiner ersten Woche hier schick' ich dich zur Hölle!« Kann sich nicht beruhigen, muß weggezogen werden.

Willie Leonard. Schwarzer. Raubmörder. Seit 13 Jahren hier. Wahrscheinlich schwul. Hat seinem Opfer mit dem Hammer den Schädel eingeschlagen. Verbringt ganze Tage in der Anstaltsbibliothek, wo er sich zum »Knastadvokaten« heranbildet. Um danach (was hier legal) die Wärter mit Gerichtsklagen zu überziehen, zum Beispiel wegen unrechtmäßiger Einzelhaft. So daß diese wiederum auf eigene Kosten einen Anwalt beschäftigen müssen. Dafür wird Leonard natürlich von ihnen fertiggemacht. Hätte vergangenes Jahr auf Bewährung freikommen können, aber die Familie des Opfers erfuhr davon und nahm in Zeitungsanzeigen gegen ihn Stellung. Wird wahrscheinlich sein lebenslängliches Urteil voll absitzen. Holt sich jetzt einen hübschen Schwarzen aus der Gruppe der Jugendlichen: »Weißt du, daß hier im Knast nur 92 Schwarze sind... gegen 516 Weiße?... Und was denkst du, was die Weißen mit dir machen?... Licht ausblasen? Nä... die mißbrauchen dich... auf eine Art, die du dir gar nicht vorstellen kannst... Das erste Mal schreist du... später schreist du nicht mehr... sind ja Vorteile damit verbunden... Vorteile... aber als Mensch bist du erledigt... Von nun an willst du dich nur mehr rächen... bis du sie kaputtmachst... oder sie dich.«

Charlie Harrods. Genannt Big Charlie. Schwarzer mit dem Brustkorb eines Ringkämpfers. Hier wegen Vergewaltigung. Hat 1958 seine weiße Freundin aus Eifersucht blutig geschlagen. Die ihn daraufhin wegen Notzucht belangt. Um ihn vor dem elektrischen Stuhl zu retten, rät ihm der Anwalt, sich schuldig zu bekennen. Kommt elf Jahre später bedingt frei. Trifft andere weiße Frau, die er heiraten will. Mietet möblierte Wohnung. Eines Abends schleppt sie drei Typen auf einmal an. Charlie verlangt seinen Hausschlüssel zurück. Wird von den drei mit Rasierklingen mißhandelt, dann verschwinden sie. Er prügelt seine Freundin krankenhausreif. Soll bloß wegen Hausfriedensbruchs angeklagt werden, da kommt seine dunkle Vergangenheit heraus. Wird in Ketten dem Gericht vorgeführt. Anwalt versäumt Termin, Charlie wird als Rückfälliger zu lebenslänglich verurteilt. Hat demnach insgesamt 22 Jahre abgesessen, letzten Endes bloß, weil er unbedingt eine weiße Frau wollte. Tritt hier bedächtig mit einem Glaskasten voller Mordwerkzeuge auf einschließlich Fotos der blutigen Opfer.

Salbungsvoller Predigerton: »22 Jahre bin ich da... in der Hölle... Ihr sollt wissen, was euch blüht... Hier ist die Wirklichkeit... kein Spiel... Dies ist eine Kloake... es schwärt von Maden... das saugt dich aus bis zum Tod... Hier verlierst du alles, was du besitzt... Stolz, Leben, Familie... Liebe... du zählst nicht mehr... weil du jetzt in der Hölle bist... In vielen Nächten... habe ich Männer aufschreien hören... Männer schnitten sich die Pulsadern auf... der Druck war zu stark... Du hältst es nicht aus... willst weinen, reden... keiner ist da... nur Einsamkeit... und vier Wände... Alles staut sich in dir... du möchtest schreien... weil du so einsam bist... Und wenn du die Macht hättest... und die Hand am Drücker... du würdest die ganze Welt in die Luft sprengen... Hier werde ich sterben... und wenn ich tot bin... oben am Hügel... eine Holzkiste... kein Name... nur die Nummer... 4169... ein kleines weißes Kreuz... auch für euch...« Zeigt auf die Kiste: »Dieser Eisenstab... aus einer Gabel geschliffen... drang einem Mann ins Herz... Dieses Messer... hat eine Kehle durchschnitten... Blut überall... Dieses simple Metallstück... hat einen Kopf durchbohrt... Dieses Stahlrohr... schlug ein Gehirn zu Mus...« Aufbrüllend: »Ist es das, was ihr wollt? Ist es das, was ihr wollt?... Diese Männer hier sind tot... sie waren nicht stark genug... jetzt liegen sie in einem Loch am Hügel... Seht gut her... dieser grauenvolle Anblick... grauenvoll... Denkt immer an den Tag, wo ihr hier wart... und ich euch sagte, was läuft... in allen Zuchthäusern dieses Landes... Ihr seid jung und dem Sturm nicht gewachsen... den vielen einsamen Nächten... der Straße der Finsternis... Ihr habt noch eine Chance... eure letzte.« Weinkrampf.

Anschließend Heimfahrt der schweigsamen Delinquenten. Nur der 16jährige blonde Jerry: »Fand ich echt null... sind alles kleine Würstchen... mich erwischen sie nie.«

LAS VEGAS, 1. APRIL 1981

Nichts geht mir mehr an die Nerven als diese Pappmachéstadt mitten in der Wüste, so künstlich wie ihre Bewässerung. Und natürlich wohnen wir auch noch im Hochsitz dieser Maskerade, einem auf klassisches Römertum geschminkten Blendwerk: dem Hotel

Caesars Palace. Die ganze Lobby ein einziges fußballfeldgroßes Kasino. Dahinter der auf tropisch zurechtgestutzte Pool. Und jenseits dessen das stickige Zirkuszelt, in dem nächste Woche Schwergewichtsmeister Larry Holmes seinen Titel gegen den Aufsteiger Trevor Berbick zu verteidigen hat. Zwei unaufregendere Boxer dieser Klasse sah man nie. So verlagert sich die Gunst von Presse und Publikum auf den Promoter des Kampfes, Don King.

Wahrscheinlich der erfolgreichste schwarze Kapitalist, mit geschätzten fünfzig Millionen. Wieviel davon auf krumme Dinger zurückgehen, läßt sich nur ahnen. Derzeit ermittelt unter anderem das FBI gegen ihn. Jeder in der Branche weiß, daß er nicht nur von seinen Veranstaltungen lebt, wie er darf und soll, sondern auch, was er nicht darf, gleichzeitig als Manager der Kämpen. Allein von Larry Holmes soll er 25 Prozent kassieren. Zahlen die Boxer, so verschafft er ihnen immer hochwertigere Kämpfe, steigert ihren Gewinnanteil bis in die Stratosphäre. Zahlen sie nicht, so verkümmern sie in der Provinz. Wenn sie schlau sind, zahlen sie. Don King, 193 cm groß, 113 kg schwer, der Mann, der nie selbst in den Ring stieg, ist der unbesiegbare Fighter von allen. Vor zehn Jahren saß er noch im Knast wegen Totschlags. Er hatte einen Rivalen im Lottogeschäft abgemurkst. In der Zelle will er Shakespeare, Tolstoi, Sokrates gelesen haben, sogar die Namen Kant und Hegel läßt er von den Lippen träufeln. Vielleicht hat er aber auch nur einen Zitatenschatz auswendig gelernt. Danach, sagt er, »begab ich mich in die Welt der wahren Haifische – das Geschäftsleben«. Alles, was er seitdem über sich verlautbart, klingt nach Zitat. Will der echte Don King bitte vortreten?

Statt dessen folgen wir filmend einem alliebenden Menschenfreund, so angeberisch wie Las Vegas, so artifiziell wie der »elektrisch« zu Berge stehende Haarschopf, mit dem er alle Welt überragt. Pure schwarze Nächstenliebe flutet aus seinen Händen, behangen mit Goldringen, so dick wie Autoreifen, mit denen er die ihn Umschwärmenden betätschelt. Dazu, aus tiefster Brust hervorquellend, ein dröhnender Strom von Platitüden: »Ja, Mann, ja ... wie schon Sokrates sagte ... gibt's nur in Amerika ... du und ich zusammen, unschlagbar ... Ehrlichkeit siegt ... Rache ist eine Leiche, und ich bin kein Sarg ... ja Mann, in diesem Geschäft hat jeder soviel Dolche im Rücken stecken wie ein Stachelschwein... was ich fordere, ist Respekt für jeden Schwarzen, der aus den Lenden des Weibes kommt... ja, amen, Bruder... in mir ist etwas so Abgehobenes, daß es den Verstand sprengt...« Die Werbebroschüre seiner Produktionsfirma beginnt mit den Worten: »Donald King ist eine höchst einzigartige, aufregende Persönlichkeit. Menschen, die ihn gut kennen, behaupten, er sei wahrhaftig ein Mann des Schicksals.«

Andere, die ihn gut kennen, so sein Erzrivale, der Promoter Bob Arum, behaupten allerdings Gegenteiliges: »Ein Mann, der dir die Goldplomben von den Zähnen feilen würde.« 3000 Dollar hat er wie nichts von uns kassiert. Wohingegen Larry Holmes nur müde abwinkt: »Ist okay, Freunde.« Den »jungen Wolf« von Herausforderer, Trevor Berbick, schön wie eine Brunnenfigur, besuchen wir in seinem Hotelzimmer. Wir, das bin ich, begleitet von unserer unverwüstlichen Aufnahmeleiterin Kit. Diese stellt sich dar als ein entzückendes Persönchen mit Augenaufschlag, Stupsnase und rotblondem Wuschelkopf, welches aber nie mehr die Fünfzig wiedersehen wird. Sagt Berbick, dieser schwarze Adonis: »Ich mache die Sache für tausend Dollar. Aber nur, wenn diese Dame sie mir heute abend aufs Zimmer bringt.« Wir verabschieden uns. Draußen im Korridor Kit: »Brauchen wir den Typen wirklich?« Ich: »Sonst ist es ex und hopp mit dem Film.« Kit seufzend: »Eigentlich habe ich versprochen, es nie wieder zu tun...«

LAS VEGAS, 2. APRIL 1981

Frühstück mit dem Team. Kit mir gegenüber. Sie blickt hoch. Es ist der uns allen von gewissen Momenten her wohlbekannte Augenaufschlag. Der Triumphblick der paradiesischen Eva, nachdem ihr Adam den Apfel aus der Hand nahm und hineinbiß. Sie hat es wieder einmal geschafft für uns. Wie sie es einst mit den Schwarzen Panthern schaffte, mit Voodoo-Priestern, Hare-Krischnas, Popsängern, Stripperinnen, Rodeoreitern, Knackis und Gefängniswärtern, Invertierten und Transsexuellen, Gangstern, Jugendbanden und Polizisten. Sie hat für uns Drogen geschluckt und schwarze Messen organisiert, sich hypnotisieren lassen und taufen in den entgegengesetztesten Religionen, gelogen, um längst ausgebuchte Flüge für uns freizuboxen (»Wir sind mit der First Lady verabredet«), und Meineide geschworen, um uns Honorar zu sparen (»Dieser Film wird vor 25 Millionen Zuschauern gezeigt!«). Ihr irritierendster Fehler ist, daß ihr in entscheidenden Momenten nie einfällt, welche Filme wir schon alle gedreht haben. Also greift sie als Empfehlung regelmäßig auf Mutter Teresa zurück; der einzige Film, den ich bestimmt nie gedreht habe.

Kit kann mit allen, weil sie keinerlei Prinzipien ihr eigen nennt. Sie steht für Freiheit und Diktatur, Marx und Reagan, sie ist, je nachdem, Niggerlover oder weiße Rassistin, britische Gentlewoman oder Mistvieh, süßes Mädel oder Emanze. Sie glaubt an alles, was wir zu drehen haben. Sie glaubt daran, mit totaler Hingabe, seelischer und notfalls auch körperlicher. Und zwar genau bis zu dem Augenblick, wo der Film zu Ende ist. Dann ist auch ihr Glaube ausgelaufen. Dann fährt sie heim zum Gatten und beichtet ihm alles. Der Gatte ist ein rührender Mensch und zärtlicher Familienvater, aber als Liebhaber weniger zu gebrauchen. Dafür vergöttert er sie seit dreißig Jahren. Da er ihr nicht zutraut, einen Wagen zu lenken (ich habe sie sogar bei Richard Bach auf Anhieb ein Sportflugzeug steuern sehen), fährt er, wenn nötig, abends noch mal in die Stadt zurück, um sie abzuholen. Nur New Yorker können ermessen, was das bedeutet.

Als er sie einst kennenlernte, war sie eine blutjunge englische Schauspielerin, knapp der Klosterschule entronnen. Mit ihrem Ensemble nach Ägypten entsandt, um dort für die Moral der Truppe zu sorgen, traf sie in Alexandrien einen steinreichen italienischen Prinzen und heiratete ihn. Von nun an brauchte sie nur noch zu klingeln, den Rest besorgten andere. Sieben Jahre später kam Nasser ans Ruder, und es stellte sich heraus, daß ihr angeblicher Prinz Jude war. Man mußte den ganzen Komfort im Stich lassen und um sein Leben fliehen. In New York gelang es Kit (immer dieser Augenaufschlag), einen Redakteur der Zeitschrift Time zu überreden, sie als Spezialistin für das neue Ägypten einzusetzen. Danach überredete sie den Nahostspezialisten, ihr die Artikel zu schreiben. So kam sie zum Journalismus und zuletzt zu uns.

Im Verlauf unserer Bekanntschaft habe ich Männer kennengelernt, die sie an Ort und Stelle heiraten, andere, die sich für sie schlagen wollten, sogar einen irischen Raufbold, ansonsten den Briten radikal abhold, der die Toilettentür eintrat, hinter der sie verbarrikadiert war, nur um ihr seine Ergebenheit anzutragen. Was ist Kits Geheimnis? »George, alle Männer sind nur auf das eine aus, aber sie wollen nicht, daß man es so direkt merkt. Also vermittle ich ihnen die Illusion, daß ich ihre Seele verstehe. Da dies ihr innigster Wunsch ist, brauch' ich dazu nie mehr als fünf Minuten. Danach ist alles gelaufen.« Einmal, es war eisiger Winter, fuhr ich mit Kit in einem Leihwagen, dessen Heizung ausgefallen war, quer durch die nächtliche Navajo-Reservation, so groß wie Bayern. Auf der Suche nach einem indianischen Rodeocowboy, der, wie sich herausstellte, mit gebrochenem Bein im Bett lag. Bevor wir frustriert zur fünfstündigen Rückfahrt ansetzten, wies ich zum Trost auf den bestirnten romantischen Nachthimmel. Darauf Kit: »George, was meinst du, wie viele Männer mir schon den Großen Bären erklärt haben und dabei nach meinem Busen gegrapscht?« Für Kit ist das Leben eindeutig. Jeder lebt seinen Leidenschaften, und die stärkste Leidenschaft ist Eigenliebe, dann Geld, dann Sex. Sie erwartet zuversichtlich, daß die Menschheit sich ändert und besser wird – irgendwann im übernächsten Jahrtausend. Inzwischen kennt sie ihre Pappenheimer...

LAS VEGAS, 11. APRIL 1981

Trevor Berbick von Holmes nach Punkten geschlagen. Konnte nur eine einzige Runde für sich verbuchen. Doch war der Herausforderer vielleicht nicht ganz so minderwertig, wie zwei der drei Punktrichter ihn notierten (von denen man munkelt, daß kein anderer als Promoter King sie nach Las Vegas geschleust hat). Nach der siebenten Runde sackte er allerdings merklich ab, und seine Beine wirkten wie Blei, was das Publikum enttäuschte. Man hätte dem Jüngeren doch mehr Standhaftigkeit zugetraut. Ich werfe einen fragenden Blick auf Kit, den sie mit einem ihrer Augenaufschläge voll beantwortet. Ende einer Boxerkarriere, wenn ich richtig informiert bin. Dafür unser Film im Kasten. Abbau, Verabschiedung.

PARIS, 30. JUNI 1981

Nach fünfstündiger Verhandlung die Urteile im Maidanek-Prozeß, hauptsächlich gegen die Bestien von Lageraufseherinnen. Hermine Ryan erhält lebenslänglich, die »blutige Brygida« zwölf Jahre. Von den 250 000 Mordfällen des Lagers konnten zu diesem späten Zeitpunkt den Angeklagten gerade zwei nachgewiesen werden. Zwei von einer viertel Million, zu denen auch mein Onkel Viktor gehörte. Übrigens fand der Prozeß kaum Interessenten. Auch Eberhard Fechners Filmdokumentation ist, wie er mir berichtete, nur schwer unterzubringen. Analog meinen Eindrücken beim Prozeß gegen den Pariser Gestapochef Lischka.

Warum eigentlich, wo doch sonst das Dritte Reich immer noch endlos fasziniert, gerade durch sein Böses? Vielleicht liegt hier eine Art Sühneopfer vor. Zur Ehrenrettung der Gesamtheit wurden die Schergen von SS, Gestapo und KZ einfach aus der Gemeinschaft ausgestoßen, so daß ihr Prozeß letztlich niemanden etwas angeht: »Was hat das brave deutsche Volk mit solchen Verbrechern zu schaffen? Das sind Unmenschen, demnach bin ich Mensch. Sie sind böse, also bin ich gut.« Dies wahrscheinlich auch der Grund für die allgemeine Beliebtheit der Todesstrafe. Je härter die Buße der ausgewählt Schuldigen, desto unschuldiger dürfen die übrigen sich vorkommen. Je toter der Verurteilte, um so erlöster der Überlebende. Auch im Jesus-Prozeß war aus diesem Grund jede Begnadigung ausgeschlossen.

PARIS, 20. JULI 1981

Alain Delon im Filmstudio Boulogne, wo er den jüngsten seiner – jetzt immer monotoner werdenden – Krimis schneidet. Hat zuvorkommend seine Mittagspause aufgegeben, um mich zu empfangen, salopp in Jeans und Lederjacke. Im Gesicht jedoch konzentrierteste Anspannung, Wachsamkeit, wie um sich keine Schwäche durchgehen zu lassen. Und insbesondere, denke ich, nur ja nichts von dem Weiblichen, das im Fond seiner Natur liegen muß. Anerzogenes Chauvigehabe, das sich gern in einem stahlblauen »Kobrablick« zusammenfaßt. Welchen ich aber nicht so hypnotisch finde wie vorgewarnt. Gibt mir gleich zu verstehen, daß bestimmte Fragen, wie über seine geschiedene Frau Nathalie oder, damit zusammenhängend, den nie restlos geklärten Mordfall an seinem Leibwächter Markovic, tabu sind: »Ich breche dann einfach das Gespräch ab und verschwinde.«

Alain, meine erste Frage ... »Monsieur Delon, wenn ich bitten darf. Ich weiß ja nicht, wer Sie sind. Ich kenne Ihren Vornamen gar nicht. Warum glauben Sie, daß Sie mich mit meinem anreden können? Nur weil ich Schauspieler bin? Gehöre ich deswegen Ihnen?« Monsieur Delon, Sie sind nunmehr seit einem Dutzend Filmen Ihr eigener Produzent. Das heißt, Sie können sich jede Gage verbuchen, die Sie wollen. Während Sie doch vorher Ihre feste »côte« hatten, Ihren Kurswert? »Oh, was das betrifft, der Kurs ist der gleiche geblieben. Ich zahle mir nicht mehr als früher. Eher weniger. Ich bin mein eigener Brötchengeber, also mache ich mir einen verbilligten Sonderpreis.« Ihre normale Gage, heißt es, beläuft sich auf etwa zwei Millionen Mark. »Warum nicht, scheint Ihnen das so hirnverbrannt? Außerdem war ich damit nie der bestbezahlte Schauspieler Frankreichs.« Sondern Belmondo? »Stimmt. Und Louis de Funès. Aber bei denen geht es hinauf und hinunter. Während mein Kurs sich hält. Und was zählt, ist zuallererst die Dauer. Daß man weitermacht, daß man es durchsteht.« Ja, aber wird sich auch der Schwarze Film halten, mit dem eiskalten Engel, der nun einmal Ihre Spezialität darstellt? »Wie meinen Sie das?« Ich meine, Supermann ist tot, hat sich vielleicht selber umgebracht. Der weiße Mann mit dem Revolver oder der Neutronenbombe, der im Namen der Gerechtigkeit killt. »Ja, der ist tot. Und jetzt werde ich Ihnen etwas sagen. Mir tut es leid, daß Supermann tot ist. Die Welt ist da angelangt, wo sie eben ist, weil es keinen Supermann mehr gibt. Weil es keine Helden mehr gibt wie ... wie ...« Wie Sie, wollten Sie sagen? »Meinetwegen. Ist ja egal. Die meisten Leute gehen doch als die gleichen schlafen, als die sie aufgestanden sind. Ich, ich möchte, daß dazwischen ein großes Abenteuer liegt. Das ist der Unterschied.«

Vielleicht wäre das jetzt ein guter Übergang, um auf die Frauen zu kommen? Delon (Kobrablick): »Warum wollen Sie, daß ich von Frauen rede?« Sie haben viele gekannt? »Sicher. Und was weiter?« Man sagt, daß Sie als Traummann bei den französischen Frauen an der Spitze rangieren. »Keine Ahnung. Stimmt vielleicht.« Haben

Sie sich je damit befaßt, welchen Traum Sie den Frauen eigentlich bringen? »Monsieur Troller, ich stoppe Sie hier sofort, denn diese Art Schmus kotzt mich an. Ist das deutlich genug? Jetzt werden Sie meinen echten Charakter kennenlernen, und Sie werden sich sagen: Dieser Charakter ist wirklich bizarr. Verstehen Sie mich richtig! Es ist mein wahres Ich, das jetzt zu Ihnen spricht. Ob Sie nun für ›Life‹ schreiben oder den ›Vatikan-Kurier‹ – ich habe das bis obenhin satt. Nicht mal für den Präsidenten der Vereinigten Staaten! *Das* ist der Unterschied zwischen mir und den anderen, das ist mein wirklicher Luxus: daß mir alles Wurst ist. Verstanden? Okay. Die gewöhnliche Triebfeder des Menschen, auch die Ihre in diesem Moment, ist der Egoismus. Was für Sie zählt, ist Ihr Interview, richtig? Dabei kümmert Sie überhaupt nicht, was ich meinerseits zu tun habe. Meine drei Teams, die derzeit in drei verschiedenen Studios für mich arbeiten. Und ich sitze hier herum und soll mit Ihnen über Frauen quatschen. Ich habe nicht 47 Jahre gelebt, um jetzt solche Fragen zu beantworten. Zeigen Sie mir Ihren Fragebogen her, ich weiß doch, da steht als nächstes der Name Romy Schneider drauf und was ich bei ihrem Tod gefühlt habe. Das werde ich Ihnen gerade auf die Nase binden. Jetzt wird's hart, ja? Gut, also was wollen Sie wissen? Liebe ist abgehakt, jetzt kommt die Freundschaft dran, richtig?«

Herr Delon, Sie haben in Ihrem Leben auch Freundschaften gekannt, die schwer zu deuten waren, nicht wahr? »Sie meinen Freundschaft mit Kriminellen? Aha, da sind wir jetzt wieder. Ein Stockwerk tiefer. Gleich werden Sie mir von diesem Fall Markovic reden, der fünfzehn Jahre zurückliegt.« Ich möchte Ihnen die Möglichkeit geben, sich zu rechtfertigen. »Aber ich brauche mich nicht zu rechtfertigen, verstanden? Schon gar nicht, was meine Freundschaften betrifft. Mit Schwarzen, Weißen, Verbrechern oder was immer. Ich recht-fer-ti-ge mich nicht! Ich bin ein freier Mensch. Und das ist die höchste Freiheit überhaupt: niemandem Rechenschaft zu schulden. Sie, Sie haben Ihre Bosse, Ihre Gewerkschaften. Sie sind da gebunden und dort gebunden, ich nicht. Ich schulde keinem was. Aber dieser Luxus kommt mich auch teuer zu stehen. Ein täglicher Kampf. Ein Kleinkrieg gegen die Nullen, die mir meine Freiheit beschneiden wollen. Die sie mir neiden und sich gleichzeitig darüber lustig machen, als wäre sie nichts. Also los, haben Sie noch weitere Fragen?«

Denken Sie je an den Tod? »Ich denke immer an den Tod. Ich hoffe, daß Gott mir wenigstens den körperlichen Schmerz erspart. Obwohl ich nicht an Gott glaube und nicht an ein Überleben nach dem Tode. Aber wenn man mir tatsächlich die Wahl gibt, dann würde ich einfach ganz dumm, ganz feige ... dann würde ich sagen: Ich möchte sterben, während ich Liebe mache. Ich hatte Freunde, die sind so gestorben. Das wäre der grandioseste Tod.« Für die Frau dürfte das allerdings weniger angenehm sein. »Das Ideal wäre eben, daß man gleichzeitig stirbt. Aber was ich wirklich fühle, ist eine Art Wut gegen den Tod, ein Rachegelüst, das sich nicht befriedigen läßt. Denn er ist es ja am Ende, der den Tag wählt und die Stunde. Und ich werde Ihnen noch etwas gestehen: Ich kann ihn nicht hinnehmen bei Menschen, die mir teuer sind. Ich hasse ihn wegen Romy, ich akzeptiere nicht, daß er mir solche Menschen nimmt. Mit welchem Recht, wer ist er schon?«

Dürfen wir noch ein Wort über Ihre Kindheit verlieren? Ich glaube, Sie sind seinerzeit im Stich gelassen worden als Kind, oder fühlten sich so? »Ja.« Ihre Mutter ist mit einem anderen Mann ... »Ja.« Man könnte annehmen, das ist einer der Gründe, warum Sie so versessen danach streben, aus einem Guß zu sein, unbesiegbar? »Kann man, kann man.« Sie besuchen noch manchmal Ihre Mutter? »Ja, ich besuche manchmal meine Mutter.« Haben Sie sich je mit ihr auseinandergesetzt? Delon (Kobrablick): »Erlauben Sie, seit wann sind Sie Journalist? Sind Sie überhaupt Journalist? Weil ich nämlich langsam den Eindruck bekomme, bei einem Psychiater zu sitzen.« Das passiert schon mal so, wenn das Gespräch sich zuspitzt. Es ist das Spiel des Interviews. »Ich habe aber keinerlei Bedürfnis, diese Art Konversation zu bestreiten. Ich spiele nicht, Monsieur Troller. Ich spiele nie. Und ich gehe nie zum Arzt. Sie, Sie kommen mir vor wie ... wie das Haar in der Suppe. Aber bei mir tritt niemand ein, ohne daß ich ihm freiwillig die Tür öffne. Niemand! Was Sie da anstellen, das ist ... das ist ja Vergewaltigung! Ich soll Ihnen Männchen machen! Und Sie lassen noch dazu das Tonband weiterlaufen, und das wird erscheinen weiß Gott, wo! Und jetzt machen wir Schluß! Schluß! Ich rede nichts mehr.

Nicht von Frauen, nicht von meinem Sohn. Von gar nichts! Ich gebe mich nicht preis! Verstehen Sie jetzt, was das ist, eine zyklothyme Persönlichkeit?«

BELFAST, 24. SEPTEMBER 1981

Eigentlich gleicht es mehr einer Turnübung oder einem Ballett. Da fegt mitten auf dem Bürgersteig so ein sportlicher Jogger an dir vorüber, stoppt unvermutet in einem Hauseingang, den Rücken zur Wand, wittert mit zurückgeworfenem Kopf wie ein Spürhund. Ein weiterer Kumpan saust an ihm vorbei, der seinerseits zehn Meter straßaufwärts schwer atmend verhält. Dann ein dritter, ein vierter. Und schon hat sich der erste mutwillig in Bewegung gesetzt, überholt wippend seine Mittänzer, verschwindet ums nächste Straßeneck. Eine Sarabande für leichtfüßige Jünglinge. Nur daß diese mit schweren Maschinenwaffen ausgerüstet sind und Tarnanzüge tragen in Dschungelfarben. Weil das ja, wie bekannt, vor Hauswänden unsichtbar macht. Und dieses Ballett in der verrückten Stadt Belfast, die zerschossen, zerschlagen, vergittert, vernagelt ist und wo jeder Augenblick dein letzter sein kann.

Eine Stadt als Manövergelände einer Armee. Aber auch der protestantischen Loyalisten, in diverse Parteien zersplittert. Und der katholischen IRA, in zwei Flügel zerfallen: die Offiziellen und die Provos. Und einem irischen Volk, wie hilflose Schachbauern herumgeschoben, dennoch trotz aller Opfer dieses blutigen Spiels keineswegs überdrüssig. Sondern auch wieder zutiefst in seinem Wesen bestärkt, das auf vergeblichen Lebenseinsatz programmiert ist, sinnloses Martyrium, den heroischen Fehlschlag unter Klageliedern und Gelächter. »Es gibt keine Lösung für unser Problem. Gäbe es eine, so würde man sofort das Problem ändern.« Ein Wort, das an all den zerstrümmerten Hausfassaden der Falls Road (katholisch) und der Shankill Road (protestantisch) angemalt stehen sollte anstatt der posaunenden Werbesprüche für den Heldentod. Den Mann, der mir – nebst einigen biographischen Details – dieses Wort brieflich übermittelte, werden wir morgen treffen. Der Briefumschlag trug als Absenderadresse: »Niemandsland«.

Bei Padraic Fiacc. Kein irischer Held, eher das Gegenteil, nämlich ein Poet. Irland, das einzige Land, in dem das noch als Berufsbezeichnung im Reisepaß stehen darf. Todtraurige Augen, wirres Rothaar, hängender Schnäuzer, darin etwas Glänzendes, wahrscheinlich Whiskytropfen. Er selbst öffnet uns die Tür des verkommenen Reihenhäuschens an der Cromwell Raod, nah der Universität. Die Straße gilt als »interface«, also einer der wenigen interkonfessionellen Distrikte. Der Name Padraic Fiacc angeblich eine gälische Fassung von »Patrick der Falke«. Als irischer Poet hat man eben gälisch zu heißen. Geboren wurde er allerdings als Joe O'Connor. »Call me Joe« ist sein erstes Wort nach der Begrüßung. Schon früh am Vormittag die wurstige Offenheit des professionellen Trinkers. Wir werden in seine Poetenklause geladen. Schon die baufällige Kaltwasserküche im Erdgeschoß erinnert an das Bühnenbild eines Sozialdramas, sagen wir Gorkis »Nachtasyl«. Wie immer in Irland beschleicht einen der eigentümliche Verdacht, daß diese Leute nur ihr Schicksal mimen. Also die Slumbewohner nach der Vorstellung in ihre Vororte zurückfahren, die Aufgeregten sich vor den Fernseher hocken, die Toten wiederauferstehen, die IRA mit den Ulstermen brüderlich ins Pub verschwindet ...

Nach der Küche, in der Joe für uns zusammenbraut, was man hierzulande Kaffee nennt, die gute Stube. Ein weiteres Bühnenbild. Vor dem Kamin, seinen Hosenboden wärmend, der Hauptmieter, ein Kadaver von einem Menschen mit schwarzer Augenbinde, ein zweiter James Joyce. Auf dem Sofa Molly, die längst ausgeklinkte Hauswirtin, im Festkleid und weißen Zwirnhandschuhen. Joe mit flehentlich gefalteten Händen: »Aber Molly, du weißt doch, daß du nicht mehr in die Kirche gehen darfst. Sonst verirrst du dich wieder wie letzthin und findest nicht heim. Molly, Molly, hörst du mir überhaupt zu? Du bekommst jetzt einen guten Kaffee und setzt dich an dein kleines Radio, einverstanden?« Wir klettern die enge Treppe hinauf ins zweite und letzte Stockwerk. Joes Dachzimmer enthält Bett, Tisch, zwei Lehnstühle, ein Radio, aber weder Waschbecken noch Schrank. Sein zweite Hose hängt vor dem Kamin zum Trocknen, darüber die schmalen Bändchen seiner Gedichte. Auf dem Tisch eine Schreibmaschine aus dem viktorianischen Zeitalter. Unter dem knarrenden Holzbett, auf das wir alle zu sitzen kommen, ganze Kartons voller Briefe: »Ich beantworte die nie.« Daneben leere Whiskyflaschen, unter denen er verzweifelt herumrumort. »George, ihr habt mir doch versprochen, ein Geschenk mitzubringen. Wo ist es, George, wo versteckt ihr es?« Wir holen aus unserem Gerätekoffer die goldene Verpackung Chivas Regal. »Viel zu gut für mich. So prächtig sind meine Gedichte nun auch wieder nicht.« Deren Zweck er darin sieht, »die Gefühle der Iren zu Irland – das ist alles, was uns interessiert, George – auf den neuesten Stand zu bringen. Dabei bin ich gar kein Ire. Mein Vater, ein IRA-Mann, der ewig auf der Flucht vor den Brits war, mußte zuletzt nach Amerika ausbüchsen. Dort habe ich dann meine ersten zehn Jahre verbracht, in Hell's Kitchen, am Südzipfel von Manhattan. Ich bin ein Mick, George, ein irisch-amerikanischer Straßenköter. Nein, gelernt habe ich nie was. Nur daß mich mein bester Freund, natürlich war er Jude, dazu anhielt, wenigstens mit zehn Fingern auf der Schreibmaschine zu klimpern. Was mir seitdem beruflich viel Zeit erspart.«

Wir erkundigen uns, wovon er eigentlich seine Miete bezahlt. »Ach, die liebe arme Molly. Sie sieht doch seit Jahren keinen Penny mehr von mir. Deswegen bin ich ja so besorgt, George. Daß Molly mir wegstirbt, und sie sperren die Bude hier zu, und wo krieche ich dann gratis unter?« Wer denn üblicherweise für seinen Whisky aufkäme? »Natürlich die Unterstützung, George. Dreißig Pfund die Woche. Wovon sonst soll ein Dichter leben? Poeten sind immer arbeitslos. Und ich besonders. Mir traut keiner mehr über den Weg.« Es erweist sich, daß er kürzlich einen Sammelband nordirischer Lyrik herausgebracht hat über den Bürgerkrieg, die »troubles«. Darin Katholiken und Protestanten gemeinsam vertreten, was hier noch keiner wagte. Eine Trauerhymne, betitelt »The wearing of the black«. »Ich muß verrückt gewesen sein, George. Jetzt hassen sie mich doch alle. Einmal haben sie mich schon halb totgeprügelt. Wer? Meine eigenen Leute, wer sonst. Ich traue mich ja kaum mehr auf die Straße. Kill, kill, kill, das ist alles, was sie verstehen. Aber Dichter müssen eben Bammel haben, nicht wahr? Das gehört zu unserem Metier.«

Fahrt nach County Sligo an der felsigen Westküste von Irland. Voller Ortsnamen, die jedem, der die Gedichte von W. B. Yeats kennt, auf der Zunge schmelzen: »I shall arise and go now, and go to Innisfree ...« Höchstwahrscheinlich heute eine Industriestadt. Dauerregen, Landregen, Heimatregen, der – wie in den Alpen – das Trübe dieser dramatischen Landschaft zum Stimmungsvollen aufwertet. Im Hintergrund der massive Bergkogel des Ben Bulbin, häufig von Yeats besungen. Zu seinen Füßen auf einem kleinen Waldfriedhof die Gruft des Dichters, umschwärmt von amerikanischen Studenten zu Pferd. Auf dem Grabstein die berühmte selbstgewählte Inschrift: »Cast a cold eye / on life on death / horseman pass by«. Fühle mich ergriffener als Joe, dem (»können wir jetzt zum Wagen zurück?«) dieser wundergläubige Romantiker nichts mehr sagt.

Abends Dichterlesung in einem der überfüllten Pubs von Sligo. Joe in getragenem Deklamationston: »Mein Vater war IRA-Mann, / die Mutter Arbeiterin / einer Fabrik in Belfast. / Beide trugen Revolver. / Oma, die Knarre unter der Schürze, hieß / die Bullen ihre Stiefel abwischen, bevor / sie das Haus vergewaltigten. / Barmann-Vater, die Kanone / unter dem Kissen, / hilft sie dir wirklich so? / Oh, was anfangen / mit deiner Knarre, / mir vermacht? / Niemals kann ich / dein Mann-Sohn werden, / niedergeschossen / vor der Geburt ...« Die Wahrheit zu sagen befassen sich die Gäste mehr mit ihren Bierhumpen als mit den Versen, obwohl diese doch Joes ganze persönliche Tragik enthalten. Nach irischen Begriffen unmännlicher, vielleicht – trotz längst gescheiterter Ehe und sogar Geburt einer Tochter – homophiler Sohn des übermännlich-heroischen Vaters, hat der Lebensunfähige den einen Ort gesucht und gefunden, der dem zerschlissenen Zustand seiner Nerven entsprach: Belfast. Joes irische Anthologie enthält nicht weniger als sieben Seiten Gedichte auf Kinder, die verirrten Kugeln zum Opfer fielen. Dieser morbide Totengesang, wem gilt er sonst als seinem eigenen Leben?

Später im Hotel umwerfende Party mit lauter versoffenen irischen Poeten. Ein weißhaariger Struwwelbart aufstöhnend: »Das Gewissen, es ist das Gewissen, warum wir uns alle so in den Trunk verlieren!« Was er denn so Mörderisches ausgefressen habe? »Na, die Untreue, die dauernde Untreue, was sonst.« Jetzt, in seinem angehobenen Alter, frage ich ungläubig. »Nun ja, daß ich sie nie begangen habe, das meine ich. Wie kann man Lyriker sein und lebenslang nur mit seiner eigenen Frau schlafen? Ein Verbrechen vor der Kunst! Ah, die Kirche macht uns kaputt, die Kirche, ich hasse sie...« Er bekreuzigt sich eilig. »Der kleine Wurm der Selbstpersiflage, der die irische Seele zernagt«, hat Chesterton das genannt. Dieser längst unsinnige Bürgerkrieg, alle Lösungen kunstvoll verbaut, beruht er nicht letzten Endes auf der Sucht der Iren, sich selber zu überzeugen, daß sie es ernst meinen?

BELFAST, 28. SEPTEMBER 1981

Bei der Reederei Harland and Wolff, Erbauer der »Titanic«. Einst 60 000 Arbeiter, jetzt 4000. Da liegt's! Zur Falls Road, Zentrum des katholischen Widerstandes. Das Hauptquartier der IRA soll in diesen dumpfen, abgeblätterten Wohnblocks liegen, in die sich kein Fremder hineinwagt. Daneben eine verbunkerte Polizeistation, mit acht Meter hohem Drahtgeflecht umwunden. Vor den Pubs Sicherheitsschleusen aus Betonklötzen und Verhauen, die Fenster zu Sehschlitzen verengt. Belagerungszustand! Die Plätze menschenleer außer kreischenden Kindern, die in diesen Trümmern ihren idealen Abenteuerspielplatz sehen. Joe vorlesend: »Sieg auf der Ship-Straße. / Ein ausgebombtes Pub. / Wieder ein Kraftakt / für diese private Ecke / unserer Teufelsinsel. / Tausendmal durchlöchert / von splitterndem Glas, / zwei kleine Gören / in Karnevalsputz / gehn in Flammen auf / wie die Hexen.«

Nachmittags Besuch bei seiner 84 Jahre alten Tante Mary in den »Markets«, die als Provo-Land gelten, also dem schärferen Flügel der IRA zugehörig. Dabei besteht das ganze Viertel aus adretten Backsteinhäuschen, die man an die Stelle der abgerissenen Slums gesetzt hat. Ein gepanzerter britischer Jeep schiebt sich um die Ecke, rückt mit bedrohlicher Langsamkeit gegen uns vor. Ich fummle nervös nach meinem Presseausweis. Joe: »Bitte keine plötzlichen Bewegungen. Wir sind hier auch im Schußfeld der IRA. Wir sind im Niemandsland. Genau da, wo ein Dichter hingehört, George.« Innen sitzt Tantchen auf ihrem Sofa, von Krücken umgeben. »Ach, du bist es, Joe? Wozu kommst du immer zu mir hergekrochen? Du kannst mich gar nicht beschützen, Joe, du bist viel zu feig. Was ein richtiger Ire ist, der muß raufen können.« Sie schlägt verächtlich mit ihren Krücken nach Joe, der sich in die Küche davonmacht, um nach Whisky zu fahnden. Schon wieder das Gefühl, man habe sich irrtümlich in eine Tragikomödie von Synge oder O'Casey verlaufen. Nicht etwa, daß diese Stückeschreiber die Wirklichkeit deckungsgleich wiedergaben. Sondern in Irland pflegt sich die Realität mit der Zeit ihrer poetischen Verklärung anzupassen. Und seine Bürger werden wie von selbst zu Bühnenfiguren.

BELFAST, 30. SEPTEMBER 1981

Katholischer Friedhof. Im Hintergrund die Beerdigung eines Gefallenen. Sargträger zerfließen in Gram und müssen von Kollegen abgelöst werden, die sich mit männlich zusammengebissenen Zähnen unter den Katafalk schieben. Echte Trauer strömt einzig von den Frauen aus, die wie versteinerte schwarze Parzen hinter dem Zug schreiten. Sie haben ja auch die wahre Last zu tragen. Joe fahndet nun schon seit einer geschlagenen halben Stunde nach dem Grab, das er angeblich seit fünf Jahren regelmäßig aufsucht. Schließlich hat er es entdeckt. Auf dem Stein der Name Gerry McLaughlin. Und unvermeidlich ein Gedicht über die Troubles, in ein steinernes Buch graviert.

Joe: »Er war ein so hoffnungsvoller junger Poet. Und fast wie mein eigener Sohn. Dann sollte er Vorarbeiter werden in einer protestantischen Fabrik, der einzige Job, den es gab. Und er war doch Katholik. Da haben sie ihn umgelegt, direkt vor meinem Haus.« Joe wankt aus dem Bild, setzt sich auf einen benachbarten Grabstein, schluchzt herzzerbrechend. Hubschrauber der Briten über uns, das Begräbnis beobachtend. Die IRA-Männer stülpen wollene Gesichtsmasken über, drohen mit den Fäusten gen Himmel, Verwünschungen ausstoßend. Der Aberwitz dieser ganzen Situationen. Endlich hat sich Joe gefaßt. Ich lege den Arm um seine Schultern. »Es ist die Einsamkeit, George, die Einsamkeit. Am Ende treibt sie dich in die Verzweiflung.« Beim Ausgang hat er dann sein übliches Kichern wiedergefunden: »Was ich jetzt brauche, ist ein Schluck Whisky. Und einen guten jüdischen Witz.«

BELFAST, 4. OKTOBER 1981

Letzter Besuch bei Joe Fiacc in seinem kümmerlichen Dichterstübchen. »George, darf ich dir zuerst eine Frage stellen? Aber die Wahrheit bitte. Meinst du, daß ich angeknackst bin, paranoisch?« So, als wollte er's von uns bestätigt haben. »Ich zittere ja gar nicht so sehr um mein Leben. Aber da gibt es noch mein Werk, George, mein Werk. Ich muß es fertig kriegen, bevor ich abkratze.« Fühlst du, daß es deine Pflicht ist, das alles zu erleben? »So ungefähr. Gute Frage. Aber wer zum Teufel ist schon so scharf darauf, seine Pflicht zu erfüllen?« Kommt dann auf seinen Dichternamen Fiacc. Der auf einmal nicht mehr Falke bedeutet, sondern »der Preis, den man zahlt für das, was man ist«. Wahrscheinlich erfunden, aber wer kann schon Gälisch, er bestimmt auch nicht. Zahlst du den Preis, Joe? Er zuckt mit den Achseln. Was denn seiner Ansicht nach den Poeten ausmache? »Vielleicht, daß man sein Leben lang offen und verwundbar bleibt. Aber das sucht man sich ja nicht aus. Ich bin so geboren. Eigentlich wollte ich Feuerwehrmann werden.«

Um zehn Uhr gähnt er, wir verabschieden uns mit Umarmungen. »Schlafen, wenn man bloß schlafen könnte. Aber gerade beim Einschlafen, da kommt's. Da liegt alles glasklar vor mir, meine Kindheit, meine Ehe, mein Kind. Meine ganze Stümperei. Unsereins darf nichts vergessen. Das ist es ja, woraus die Gedichte gemacht sind. Daß dir alles immer gegenwärtig sein muß, alles, George.« Trotz Todesangst bringt er uns dann noch auf die Straße. Die Einladung in ein Pub lehnt er aber dankend ab. »Ich bin vielleicht bescheuert, aber so unheilbar bescheuert denn doch nicht.«

MÜNCHEN, 17. OKTOBER 1981

München, Marienplatz. In der Fußgängerzone etwa fünfzig Neugierige um einen hünenhaften Neonazi. Der mit sichtlichem Erfolg argumentiert, daß man keineswegs gegen die Ausländer sei, sondern nur dagegen, daß die Ausländer praktisch das ganze deutsche Geschäftsleben übernehmen »wie früher die Juden. Pardon, ich meine natürlich die Israelis.« Verständnisinniges Gelächter. Erkundigt sich geschickt bei den anwesenden Jugendlichen, ob sie einen Job hätten? »Na, sehen Sie. Aber haben Sie schon mal einen Ausländer getroffen, der nicht seine Brötchen bei uns verdient?«

Breite Zustimmung. Und wer steht wie ein Bollwerk dagegen? »Nur wir. Wir sind wie im Sturm die deutsche Eiche.« Auch dieser Vergleich aus der Rumpelkammer wird hingenommen. Ich: »Sie sind nicht die deutsche Eiche, sondern der Dackel, der gegen die deutsche Eiche pinkelt.« Er in drohendem Tonfall: »Wie heißen Sie?« Ich nenne meinen Namen. »Ach so, der Rotfrontkämpfer aus der Räterepublik!« Was sich offenbar auf Ernst Toller bezieht, der jetzt an die neunzig Jahre alt sein müßte. Und dann, mit einem fast genialen demagogischen Winkelzug: »Haun Sie ab, Sie mit Ihrer Gauleiterfresse!«

Dagegen ist kein Kraut gewachsen, und ich verziehe mich zur allgemeinen Belustigung.

PARIS, 9. JANUAR 1982

Samstag ist der »jour« von Jim Haynes in seinem Gartenatelier, Rue de la Tombe Issoire. Der letzte der »baba-cools«, der weiland Achtundsechziger. »Locker, locker« ist seine Devise. In Vincennes oder einer dieser peripheren Universitäten unterrichtet er einmal die Woche »Englisch für die Künste« oder »Lebenskunst« oder ähnliches, und offenbar mit Recht, weil er glänzend davon lebt. Seinen internationalen Freundeskreis von mehreren Tausend hält er mit einem hektographierten Schwatzblättchen zusammen, das ich mit beziehe und bestreite. Es sind ausschließlich wundervolle Leute, die dauernd zu solchen wundervollen Orten wie Amsterdam oder San Francisco unterwegs sind, um beieinander zu wohnen und Jim darüber wundervolle Briefe zu schreiben.

Normalerweise schleppt man zum Besuch etwas Eßbares für die Freaks heran (oder wie man das jetzt nennt), das dann von irgendwelchen Mädchen gekocht wird, die bei Jim pennen. Sein Beitrag zur Weltweisheit ist das »Fullering«, das er nach dem Architekten Buckminster Fuller genannt hat. Dessen Essenz: »Wozu arbeiten? Ein einziger technologischer Fortschritt ist soviel wert wie zehntausend Jobs. Arbeit dient also nur der Gewissensberuhigung. Wer kein Gewissen hat, darf das Leben genießen.« Wahrscheinlich stimmt es sogar. Heute nachmittag treffe ich bei Jim den Musikkritiker der »Trib«, Mike Zwerin, der mir, wie so viele, eine »ideale Story« anträgt. Die schwarze amerikanische Bluessängerin Nina

Simone, nur mit Billie Holiday und Ella Fitzgerald zu vergleichen, sei eben in Paris. Ich soll mich bei Boni, dem Besitzer des Lokals Polly Maggoo, erkundigen, ob sie gerade auftritt. »Und in welchem Zustand, vergessen Sie nicht, das zu fragen!«

PARIS, 10. JANUAR 1982

Nur Stehplätze in der »alternativen« Kneipe Polly Maggoo an der Rue Saint-Jacques, wo ich seit Jahren nicht gewesen bin. Mai 1968 Zufluchtsort der aufrührerischen Studenten, die sich hier verschanzten, bis die Luft wieder tränengasfrei war. Boni, der Eigentümer aller schummrigen Lokale des Quartier Latin, rechnet »todsicher« damit, daß Nina heute abend in seinem Jazzschuppen Les Trois Mailletz auftritt. Wie einst Memphis Slim, Louis Armstrong und viele andere. Führt mich durch den finsteren gotischen Keller, angeblich der älteste von Paris. Schon 1250 haben hier die Steinmetzen von Notre-Dame ihr Innungszeichen in einen Stützbogen gemeißelt.

Bald sind alle Holzbänke überfüllt, obwohl Bonis Plakat erst seit heute morgen aushängt: »Da habe ich ihr nämlich die Zusage abgerungen.« Bombenstimmung. Gegen zehn Ankunft von Nina, umgarnt und bekniet. Sie ist ja wohl die letzte der »red hot mammas«. Erst fünfzig, aber ein Gesicht, das keinen Kampf je gescheut oder vergessen hat und ihn möglichst gleich selber provoziert. Singt herzzerreißend schön »My baby just cares for me«, Brels »Ne me quitte pas«, einiges aus »Porgy und Bess« und von Kurt Weill. Jeder Song wie durchtränkt von gar nicht nachvollziehbaren Lebenserfahrungen. Nachher sitzt sie mit mir erschöpft und selig an der Bar. Dies ist vielleicht ihr zehntes Comeback. »Und passen Sie auf, wir drehen jetzt gemeinsam den schönsten Film der Welt.« Zuletzt Umarmungen, Küsse. Wir machen Termin für kommenden Abend aus, damit ich ihr Repertoire kennenlerne.

PARIS, 11. JANUAR 1982

Weiterer Abend mit Nina Simone. Sie trifft mit einer Stunde Verspätung ein. Ungnädiges Montagspublikum, von Nina mit Anzüglichkeiten aus dem Keller getrieben. Auch kürzt sie die Lieder ab, daß es einem graust. Nach dreißig Minuten Darbietung ist alles gelaufen. Anschließend stellt sich heraus, sie ist in einem Mercedes-Leihwagen vorgefahren, den ich jetzt für sie und ihren Chauffeur-Leibwächter für eine Woche anmieten soll. Auch verlangt sie einen sofortigen Vorschuß von tausend Dollar auf ihre Schweizer Bank. Ich vertröste sie bis Drehbeginn und fahre mißmutig nach Hause.

PARIS, 15. JANUAR 1982

Frühmorgens schrillt mich ein Telefonanruf aus dem Schlaf. Nina Simone ist am Flughafen Roissy, um nach Chicago zu düsen, von wo sie angeblich ein glänzendes Angebot hat. Das habe sie mir doch bestimmt auch mitgeteilt? Leider wurde ihr beim Einchecken irgendwie das Ticket entwendet. Jetzt besitzt sie nicht mehr genug Taxigeld für die Heimfahrt, ich soll sie abholen kommen. Ich klingle den Pressevertreter der Lufthansa am Flughafen an und bitte ihn, das Fahrgeld vorzuschießen. Später im Büro neuerlicher Anruf. Nina ist zurück in ihrer Wohnung (ich dachte, sie wohnt im Hotel), aber man hat eben bei ihr eingebrochen und wertvollen Schmuck entwendet. Ich muß stehenden Fußes mit ihr zur Polizei und für ihren Charakter bürgen. »Und bringen Sie jemanden von der deutschen Botschaft mit, damit das einen offiziellen Anstrich kriegt!«

Mit der Nachmittagspost trifft dann expreß ein zerknitterter Scheck von Nina über 500 Dollar ein. Auf irgendeine amerikanische Bank. Ich solle ihr per Boten den Gegenwert in französischen Franc zustellen. Abends weiterer Anruf: Falls ich heute nicht zu der Vorstellung erscheine, wird sie die ganze Chose absagen, und ich wäre dann für den Verdienstausfall von Monsieur Boni haftbar. Anschließend meldet sich Boni am Apparat, der mir seelenruhig mitteilt, daß Nina diese Nacht singen wird wie eine Göttin. Wenn ich ausbleibe, so versäume ich den Höhepunkt meines Lebens. Ich fahre wütend los und baue unvermeidlich einen Blechschaden auf der Suche nach Parkplatz in diesem unmöglich engen Viertel. Es ist ein tunesischer Taxifahrer, dem ich vorn den Kotflügel eingedrückt habe und der jetzt händeringend um seinen Job bangt. Und natürlich ist auch gleich ein Pariser Titi zur Stelle, bereit, für 200 Franc zu beschwören, daß der dreckige Araber an allem schuld ist. Endlich eine Lücke auf dem Trottoir.

Im Trois Mailletz ist es schon gesteckt voll. Und ja, Nina singt wie eine Göttin. Es ist der Höhepunkt meines Lebens. Allerdings nur bis zur Pause, weil Nina dann kundtut, daß sie nicht im Traum daran denkt, sich für die Scheißgage, die hier geboten wird, zusätzlich zu verausgaben. Im Abrauschen winkt sie mich peremptorisch zu sich in die Garderobe. Ich verziehe mich aber blutenden Gewissens durch die Hintertür und fahre mit meinem angeknacksten Wagen nach Hause. Dort hänge ich den Telefonhörer aus, nehme ein Valium und schlage mich in die Federn. Ich weiß schon, daß es das Leben ist, vor dem ich hier kneife. Eigentlich zum erstenmal spüre ich, daß ich alt werde.

LOS ANGELES, 22. FEBRUAR 1982

Charles Bukowski, genannt Hank. Wir erfahren alles über ihn von seinem deutschen Schatten Michael Montfort, der ihn unablässig umgarnt, umflattert und umknipst. Sieht sogar aus wie ein angehender Hank. Einer von denen (siehe unter Günter Seuren, Wolf Wondratschek, Carl Weissner), die an seiner Legende stricken und ihm andichten, was sie selbst so gern gewesen wären: Kriegsdienstverweigerer, Irrenhausinsassen, Schlachthausgehilfen, Leichenwäscher, Dauerbumser usw. Unser erstes Zusammentreffen mit Hank ist allerdings eine Niete. Zettel an der Haustür: »Derzeit nicht brauchbar, kommt Nachmittag wieder.« Wir verziehen uns zum nahe gelegenen Hafen von San Pedro, in dem irgendwann vor Menschenaltern auch Schiffe angelegt haben, heute eine Müllkippe der Zivilisation.

Endlich 14 Uhr. Der berüchtigte Skatologe und Knastvogel mit der ramponierten Fresse öffnet uns die Tür des spießigsten kalifornischen Eigenheims, das ich seit Henry Miller (Hanks großes Vorbild) gesehen habe. Auch müssen wir gleich in der Garage sein »deutsches Wunder« besichtigen, einen geputzten und gestriegelten schwarzen BMW, den er nie fährt. »Ich liebe Deutschland. Warum? Weil ich von Deutschland lebe. Life, love, same word.« Eine Million Exemplare seiner Storys und Romane will er in deutschen Landen abgesetzt haben. »In Amerika? Laßt mich nachdenken. Linda, wieviel waren es beim letzten Band? 5000 oder was?« Linda, vorzügliches Mädchen, tritt auf mit einigen der drei Dutzend Vitaminpillen, die er nach ihrem Rezept – sie ist Diätkundlerin – täglich herunterwürgen muß. »Sonst wär' ich schon längst abgekratzt mit meiner Trinkerleber.« Verhältnis nicht unähnlich dem des verflossenen Ehepaares Utrillo. Sie rettet ihm das Leben, aber macht ihn zum Bürger. Wo doch sein Talent und sein Einkommen auf dem wilden Mann beruhen. Übrigens scheint er den Alkohol, wir halten derzeit beim Flaschenbier (er haßt Dosen), besser zu verkraften als seine Hustezigarren. Abmarsch zum Tabakladen, wo er auch diverse Playboys und Penthouses ersteht. Warum? »Ich mag die Beine darin. Ich bin ein Bein-Typ.« Aber sind nicht echte Beine schöner? »Du meinst mein Girlfriend Linda? Das ist doch nicht dasselbe. Diese Beine hier machen keinen Trouble, wenn man sie schräg anguckt, sie wollen nichts von mir, sie pflaumen mich nicht an. Du bist ein Busen-Typ? Ich versteh' euch nicht. Beine sind doch das einzig Wahre!«

LOS ANGELES, 23. FEBRUAR 1982

Marsch durch Hanks Los Angeles, soweit noch vorhanden. Seine vielbesungene Vagabundenzeit geht ja auf die fünfziger Jahre zurück, seine »Erlebnisdusche« unter Stromern, Nutten und Ausgeflippten. Nachher ein Dutzend Jahre Postamt, »der Tiefpunkt meiner Existenz«. Wir nähern uns diesem verruchten Ort. Kaum ruht die Kamera darauf, so meldet sich der ewige Bürohengst aller Zeiten und Zonen. »Sind Sie der Aufseher hier?« fragte Hank milde. »Ja, und ihr habt augenblicklich zu verschwinden, ist das klar?« Worauf der weltbekannte Autor den Schwanz einzieht und augenblicklich verschwindet. »Ihr werdet nie einen Penner finden, der zulangt. Wir sind viel zu kaputt dafür.« Nebenan eines dieser bestuckten rosa Knusperhäuschen, die jetzt leider immer seltener werden. »Hier wohnte eine Freundin von mir. Das eine Bein war kürzer als das andere. Wozu trinkt man? Auch um sich die Weiber schönzutrinken, was sonst.«

Wir fragen, warum sie eigentlich nach wie vor auf ihn abfahren, bis hin zu Linda, halb so alt und doppelt so schön wie er? »Ich war nie ein berühmter Liebhaber, bloßer Durchschnitt. Vielleicht amüsiere ich sie. Ich weiß nicht, warum sie immer kamen. Ich weiß, warum sie gingen! Weil, wenn ich trinke, ich ihnen die Wahrheit ins Gesicht sage. Und die Wahrheit verträgt keiner.« Eine Vettel mit roten Lockenwicklern erscheint auf der Veranda: »Was haben Sie hier rumzulungern? Das bringt nur Trouble. Lassen Sie sich anderswo fotografieren. Ich weiß genau, wer Sie sind.« Hank mit Autoreneitelkeit: »Sie wissen, wer ich bin?« »Ja, ein Hurenbock!« Hank, den Kopf schüttelnd, im Weitergehen: »Dabei habe ich mich nie mit Huren abgegeben. Außer in meinen Storys. Da macht sich das gut.«

Downtown, der Missionsdistrikt im alten Stadtkern. Junkies, Winos und fettleibige Drachen, mit denen ich in meiner besten Zeit nicht gekonnt hätte. Auch Prediger samt Suppenküche im Freien. Hank in einem Abgrund von Verlegenheit, oder ist es Panik? »Boys, laßt uns bloß hier abhauen. Dazu hab' ich nicht dreißig Jahre lang vor der Schreibmaschine geschwitzt, daß ich jetzt an diesen Ort der Hölle zurückmuß.« Hastige Suche nach einer erträglichen Kneipe. »Das menschliche Leben ist grauenhaft. Was der Mensch dem Menschen antut, dafür gibt es kein Begreifen. Ideale sind nur sentimentale Lügen, um den Horror zu kaschieren.« Was er da schaudernd beschreibt, ist aber doch etwas mehr als das Pennertum. Ich frage ihn aufs Geratewohl, ob er als Deutschgeborener (er ist mit zwei Jahren nach Amerika) da vielleicht Wiedergutmachung betreibt? »Ihr Juden seid ja so gescheit, ihr kommt immer direkt auf den Punkt. Aber wie kommt ihr über den Punkt hinweg, ohne zu trinken? Wie kommt ihr darüber hinweg, he?«

LOS ANGELES, 26. FEBRUAR 1982

Große Sause daheim mit Hank. Von Bier schwenkt er langsam auf Wein über, Schärferes hat ihm Linda untersagt. »Warum soll ich Schluß machen? Trinken ist wundervoll, wird zu Unrecht verlästert. Dinge passieren, wenn man trinkt. Menschliches tut sich auf. Man lacht, man singt, man guckt den Leuten in die Fenster. Man wird übermütig, läßt sich gehen, spintisiert, auf einmal ist man interessant.« Jetzt treten diverse ordinäre Hauskatzen auf, darunter ein schwanzloser Kater. »Mein Busenfreund. Er hat so viel mitgemacht, er ist durch die Mühle wie ich. Wir sind Kollegen. Auch meine Zunge hängt heraus.« Aber Sie haben noch Ihren Schwanz? »Zur Not, zur

Not.« Gibt zu, daß da eigentlich nicht mehr viel läuft, der Alkohol ihm mit der Zeit alles weggefressen hat, die ganze Libido.

Danach hoch auf sein Arbeitszimmer, wo endlich Bukowskische Unordnung, kreatives Chaos. »Hier kommt mir keine Linda herein.« Weist auf das einzige gute Stück, die elektrische Schreibmaschine: »Die bringt es. Jede Nacht zwischen zehn und zwei. Da entkorke ich meine Pulle California-Wein, stelle Brahms an oder Schubert, und dann fließt es. Alles höchst simpel. Nur der Rest ist schwierig. Leben zum Beispiel.« Wendet sich zum Gehen: »Glauben Sie ja nicht, daß ich jetzt eigens für Sie etwas tippen werde. Ein Schriftsteller, der für die Kamera schreibt, der ist obszön.« Während wir unten unser Licht aufbauen, ist er plötzlich ins Schlafzimmer verschwunden. Und zwar mit Linda. Na also. Wir schleichen uns hinaus.

LOS ANGELES, 27. FEBRUAR 1982

Nachmittags wieder bei Hank. Gereizte Grantelei gegen Linda: »So viele schöne junge Männer, warum muß es gerade ich sein?« Sitzt da mit seinen Zigarren, seiner Bogartstimme und seiner knubbligen Visage wie ein schicksalsgläubiger buddhistischer Mönch. Linda kommt mit Orangensäften für uns alle, ihre Spezialität. Sie will es einfach nicht wahrhaben, daß ihr Hank sich jetzt nur mehr ruhevoll hinübersaufen möchte ins Jenseits, gelebt ist gelebt. »Ich bin ein langsamer Selbstmörder. Der Tod kann kommen, wann er will, mir ist es recht.« Linda aufgebracht: »Aber mir nicht. Du hast gefälligst zu leben, verstanden!« Beziehungsgerangel, halb im Scherz, bis Hank hinausstakst, neue Flaschen holen. Linda: »Wenn wir zanken, möchte ich, daß alles zur Sprache kommt. Nur so läßt sich damit fertig werden. Aber er wiegelt bloß ab und verschwindet zum Pferderennen. Nachher ist er wie geladen. Und strömt so viel Geringschätzung aus, daß man ganz hin ist.« Hank mit den Flaschen im Arm, abwiegelnd: »Wir haben eine goldene Regel hier: Zwing dich nicht. Wenn du dich zwingst, kommt es nicht. Statt zu wollen, laß es kommen. Das paßt aufs Bett und paßt auf vieles andere. Auch auf das Schreiben.«

Abends Pferderennen in Santa Anita. Da er der Kamera wegen seine Linda mitschleppt, ist ihm von vornherein klar, daß nichts dabei herausschauen wird. Tut es auch nicht. »Seht mal, Boys, ich mach' mir sehr wenig aus Gewinnen oder Verlieren. Schiet aufs ganze Geld. Das einzige, was zählt: mich in Harmonie fühlen mit meinem Glück. Mein Gewinnsystem in Einklang mit dem Prinzip, das unser Leben regiert. Lauter grüne Ampeln, eigens für Hank. Aber wenn ich hier eine große Schau abzieh', dann passiert das nicht. Dann riecht doch jedes Pferd, daß ich scharf bin auf den Sieg, daß ich es zwingen will. Und kommt gerade deswegen nicht. Läuft einfach nicht ein. Sondern der Tod.« Er zerreißt kläglich sein Ticket, strebt dem Parkplatz zu. »Keine Ausrede. Ich hab' richtig gesetzt, aber falsch gespielt. Ich bin ein Verlierer heut nacht. Laßt uns heimgehn und trinken.«

Spätabends weinseliges Gespräch, bevor er hinaufklettert auf seine nächtliche Kommandobrücke mit der IBM. Dem einzigen Ort, wo er in Kontrolle ist. Je mehr Hank sich vollaufen läßt, desto authentischer wird er, legt seine Verweigerer- und Verliererpose ab, redet aus den Eingeweiden. »Jeder kommt als Genie auf die Welt und wird als Idiot begraben. Ich, ich möchte die Ausnahme sein. Etwas kapieren, bevor ich abstinke. Was? Es gibt ja nur ein Thema. Der Tod ist süß. Der Punkt eines Satzes. Nichts, wovor man sich graulen muß. Man geht, wohin man muß. Ich selbst glaub' nicht an Gott. Aber ich hab' keine Angst vor dem, was kommt. Ich hab' so hart gelebt, so hart. Bin so müde, daß ich das nächste Kapitel will. Was immer es ist, bringt's nur heran ...«

Seine Stimme jetzt immer knarrender, raunender, wie Blätterrascheln im Wind. Die Augen verschwimmend im Alkohol und im Unendlichen. »Weißt du, worauf alles hinausläuft? Ich werd's dir sagen, Freund. Du bist in einem miesen Zimmer untergekrochen, haust dich auf die Matratze, starrst hinauf zur Decke. Fragst dich, wer vielleicht alles krepiert ist in diesem Zimmer. Beguckst dir die Tapeten. Weißt, daß du nie viel angefangen hast mit deinem Leben. Und denkst: Es ist trotzdem okay, noch immer okay. Alles in Ordnung, egal, was passiert. Alles ist richtig. Du bist da, wo du sein mußt. Alles ist, wie es ist. Du bist gekommen und gegangen. Das Spiel ist fair, die Zeit ist fair, du bist im genauen Mittelpunkt von dir selber ...« Linda erbost hereinplatzend: »Und wer ist am Drükker?« Hank: »Ich bin's. Was immer dann als Ich noch übrigbleibt.«

John Aspinalls Wahlspruch: Nie etwas tun, das mir keinen Spaß macht. Sein Einkommen: selten genau vorauszusagen, liegt aber im Schnitt zwischen null und einer Million Pfund jährlich. Sein Geschäftspartner: der risikofreudige Spekulant Jimmy Goldsmith. Seine Herkunft: Kolonisatorenkaste von Britisch-Indien, bevor man es »den Sozialisten verkaufte«. (Allerdings hält er auch Mrs. Thatcher für eine Sozialistin.) Seine fossile politische Sinnesart liegt, wie er mit Stolz verkündet, etwas rechts von Dschingis Khan. Vergnüglich anzusehender Mann, blond mit wachsender Glatze, dreimal verheiratet, drei Kinder. Eins davon hat er schon als Baby einer Gorilladame in die Arme gelegt. Einem Gorilla? Ich komme gleich darauf. Als er noch in Oxford studierte, war sein Haar lang, sein Anzug fuchsienrot, und unter dem stöckchenbewehrten Arm trug er ein Exemplar der »Blumen des Bösen«. Gleichzeitig eröffnete er dort »eine kleine Pokerschule«.

1953 setzt er, inzwischen unter seinem richtigen Namen, beim Rennen von Newmarket auf eine unberühmte Stute mit Gewinnchancen von 1 zu 300. Von dem Treffer kauft er sich den Landsitz Howletts bei Canterbury, fünfzig Morgen Land samt grandseigneuralem Schlößchen aus dem 18. Jahrhundert. In dessen Salon wir eben Tee trinken. Danach wird er Teilbesitzer des feinsten Spielkasinos von London, des Curzon: »Eine Lizenz, Geld zu drucken. Als ich anfing, waren unsere Gäste zu neunzig Prozent Engländer. Aber jetzt hat kein Engländer mehr einen Penny zu verjuxen. Dann kamen die griechischen Reeder dran ... ihre Öltanker kannst du heute nicht einmal mehr herschenken. Nur noch die Araber sind wirklich reich. Die ›Spieler-Scheichs‹. Die zu uns herüberzulotsen, von Jemen bis Macao, ist mein tägliches Brot.« Später in der Stadt führt er mich durch seinen Klub, piekfein in Gold und Grün. Natürlich ohne die Spieler. »Glauben Sie, es will jemand von Journalisten geblitzt werden, wenn er an einem einzigen Abend eine halbe Million verliert? Oder auch gewinnt? Was uns übrigens weiter nicht traurig stimmt. Wenn er sich nur am nächsten Abend wieder im hauseigenen Rolls abholen läßt. Solange sie wiederkommen, haben wir ihnen das Geld bloß geliehen.« Bestellt uns für morgen neuerlich in sein Landhaus: »Und da werden Sie staunen.«

Bei Aspinall. »Und was sagen Sie jetzt?« Wir sind in seinem Privatzoo, einem der umfangreichsten der Welt und der angesehendsten. Bezahlt mit Kasinogeldern: »Ich nehme den Menschen und gebe den Tieren. Warum? Der Mensch, mein Sohn, ist eine Fehlkonstruktion. Dank uns verschwindet jeden Tag mindestens eine Tierart. Bis Ende des Jahrhunderts werden mehr Tiger, Schneeleoparden, Pandas, Koalas, Gorillas im Zoo zu finden sein als auf freier Wildbahn. Und es ist mein Glaubensartikel, daß Tiere sich nur vermehren, wenn sie glücklich sind. Machen wir sie also glücklich.«

Sein Zoo kostet ihn geschlagene 3000 Pfund am Tag. Darum gestattet er, wenn auch mit zusammengebissenen Zähnen, dem zahlenden Publikum den Zutritt. Seine Menschenliebe ist beschränkt. Daß mehrere seiner Wildhüter in den letzten Jahren zu Tode kamen, vermerkt er fast mit Genugtuung: »Sie haben sich eben störend bemerkbar gemacht.« Was anscheinend bedeutet, daß sie den Tieren nicht mit genügend Wesensverwandtschaft entgegenkamen. »Bonding«, sich verbinden, nennt er diesen Übertritt in die Tierwelt und macht gleich die Probe aufs Exempel. Von einem Elefantenbullen zum Beispiel läßt er sich kosend mit dem Rüssel hochheben: »Es gibt da eine Stelle hinterm Ohr, die dringend gekrault werden muß.« Andere Lieblinge begrüßt er mit einer ganzen Auslese von Zisch-, Knurr- und Brummlauten. Bei den indischen Tigern findet mitten im Gehege ein ekstatisches Zeremoniell des Wiedersehens statt, mit Herumtollen, Raufen und Boxen. »Nein, die sind nicht abgerichtet, sie freuen sich bloß, daß ich da bin, der Obertiger.« Nach zehn Minuten ist alles gelaufen, und öfter als einmal wöchentlich betritt auch er nicht ihr Heim: »Ein Gentleman weiß eben, wann er willkommen ist.«

Für seine 18 Gorillas hat er ein »Gorillarium« im Freien errichtet, von Wissenschaftlern staunend visitiert. »Gorillas sind Familienwesen. Einzelkäfige empfinden sie als Isolationshaft.« Hier bietet er ihnen geheizte Privathöhlen, aber auch einen gemeinsamen Freiluftdschungel mit Schwimmteich, Kletterseilen, Rutschbahn. Zu ihren Füßen fußdickes Strohlager: »Ein Gorilla muß sich abends sein Nest zusammenscharren dürfen.« Auch jetzt marschiert Aspinall ungeniert in den Käfig, während er gleichzeitig mit Rosinen, Nüssen, Äpfeln und den neunzig anderen Futtersorten um sich wirft, die so ein Menschenaffe zu seinem Glück braucht: »Da können sie dann stundenlang im Stroh auf Futtersuche gehen, anstatt sich aus Langeweile den Pelz zu zerkratzen.«

Warum noch nie jemand auf all diese schönen Dinge gekommen ist? »Aus Verachtung, mein Sohn, aus purer Verachtung! Wir müssen sie doch dafür bestrafen, daß sie unsere Vorfahren sind.« Grunzend und knurrend wird mit den muskulösen Herrschaften gebalgt, immer der Hierarchie nach. »Nein, ich hatte keinerlei Bedenken, meinen Sohn Bassa dieser netten Affenmama anzuvertrauen. Ich konnte ja in ihrem Gesicht lesen. Haben Sie nicht schon etwas bemerkt? Meine Schützlinge sind doch die einzigen Wildtiere, die Ihnen genau in die Augen blicken.« Sollte eines von den Tieren ihn dennoch um die Ecke bringen, so hat er letztwillig verfügt, daß es auf keinen Fall abgeschossen werden darf. »Vielleicht hat es sogar recht gehabt, wer will das wissen.« Und nicht seine Angehörigen, sondern die Tiere sind in Aspinalls Testament zu seinen Erben eingesetzt. »Falls sie mir überhaupt noch etwas zu vererben übriglassen.« Schon saust er wieder ab, um sich in Schale zu werfen. Er muß ins Kasino, Geld verdienen.

NEW YORK, 2. MAI 1982

Jeder, der es in New York zu etwas bringen will, muß entweder Jude sein, schwarz oder schwul, und möglichst alles zusammen. Sagt unsere Aufnahmeleiterin Kit, die es wissen muß. Heute eine Ausnahme. Zuerst ein fast allzu geschäftsmäßiges Büro im East Village. Dahinter einer dieser beliebten ausgebauten Speicher (lofts). Dahinter was? Terence Sellers erscheint und bittet mich hinein. Todschicke Fuchsrote, Irin, schätze ich, oder Schottin. Nein, Irin. So feurig brennt nur irische Gottesherausforderung. Trägt zunächst das obligate Busineßkostüm frei nach Chanel. Wer im hiesigen Geschäftsleben Hosen trägt, kommt auf den Scheiterhaufen wie weiland Jeanne d'Arc. Der amerikanische Erfolgsmensch hat eben Anspruch darauf, von bestrumpften Beinen angemacht zu werden. Worauf hat er sonst noch Anspruch? Terence: »Auf alles, was sein Herz begehrt. Wollen Sie meinen Keller (dungeon) besichtigen? Aber zuerst muß ich mich in Schale werfen.« Kommt nach wenigen Minuten wieder, jetzt in schwarzem, bis zur Taille geschlitztem Lederrock, ausladendem Busen wie ein Doppelprojektil aus den Sexfilmen von Russ Meyer, dazu schwarze Stiefel mit Pfennigabsätzen wie Stilette.

Auch der Keller, in Wirklichkeit ein Hinterzimmer, ist kohlschwarz drapiert. Das Hauptmöbel ein Himmelbett, davor ein herabhängender Bock mit Lederriemen zum Anschnallen. An der Wand eine reichhaltige Auswahl von Peitschen, Handschellen, Halskrausen, Ketten, auch Nonnen- und Schulmädchengarnituren. »Einer meiner Klienten wurde in Paris angesprochen: Wollen Sie eine Nonne? Eine Pfadfinderin? Und zuletzt: eine Gouvernante? Das war der Knüller. Also habe ich auch das.« Beliebteste Verkleidung ihrer Kunden, ausschließlich Männer: Sklave, Schnullerbaby in himmelblauen Windelhöschen, Hund. Während unseres Gesprächs hört man es stöhnen aus einem verschnürten Bündel beim Bettpfosten. Terence gibt ihm einen wütenden Tritt mit dem Stiefelabsatz: »Kusch, Sklave!« Darauf befriedigtes Grunzen. Ihre Reklame in einschlägigen Blättern wie der Village Voice preist sie als peitschenschwingende »Domina in Leder«. Während sie gleichzeitig auf den Literaturseiten vornehm inseriert als Autorin des demnächst erscheinenden psychologischen Knüllers »Die korrekte Sadistin«. Darin beschreibt sie sich als typisches Produkt katholischer Internatserziehung. »Zuerst wollte ich Nonne werden oder Märtyrerin. Dann merkte ich, daß uns die Männer damit nur ihre eigenen Phantasien einträufeln: das leidende Weib. Dafür Rache zu nehmen war über Jahre mein einziger Impuls.« Heute beurteilt sie sich abgeklärter: »Ich bin mit mir im reinen.« Auch mit der Moral? Auch mit den Männern in ihrem Leben? Ein vielsagendes Achselzucken. Irin ist man nicht umsonst. Ist vielleicht gerade erst dabei, sich zu erlösen.

Ihre Klienten: zumeist Anwälte, Geschäftsleute, Bankiers, Politiker. Ein typisches Wochenende sieht sie nach Washington fliegen mit einem Koffer voller Ketten, Peitschen und Verkleidungen. »Die übliche Sitzung dauert eine Stunde, wie beim Gehirnschrumpfer. Zuerst werden detailliert die Wunschvorstellungen des Kunden besprochen, dann schreitet man zur Tat. Natürlich kommt Sex nicht in Frage. Nur die Begleitumstände werden inszeniert, das Psychodrama. Und Sie würden nicht glauben, wovon Männer so träumen. Man fragt sich, wie je zwei Leute zueinander passen.« Ich erkläre mich persönlich unbetroffen. Sie lacht: »Sie haben bloß nicht die Courage zu Ihren Phantasien! Zum Beispiel, wer tagsüber Befehle erteilt, will doch nachts dafür bestraft werden. Denken Sie an Napoleons Demütigung durch die Frauen. Oder Hitler, den größten Sadomasochisten seit Nero. Dieser Mann konnte gar nicht genug leiden. Darum hat er auch seinen Selbstmord bis zuletzt hinausgezögert. Nur ein blutiges Inferno vermochte seinen Durst nach Qualen zu stillen.« Terence aber nunmehr auf Absprung bedacht, wohl auch um ihre eigene Selbstachtung zu retten. Möglichst in eine literarische Karriere. »Schon jetzt laufe ich manchmal mitten im Akt hinaus, um eilig zu notieren, was so ein Würmchen gerade von mir erbettelt. Irgendwann müssen wir alle anfangen zu predigen, statt zu praktizieren.«

TULSA, OKLAHOMA, 6. MAI 1982

Von allen Sportarten, zu denen ich unfähig bin, steht diese bestimmt vorne an: auf einem bockenden, kreiselnden Brahmabullen, schwer wie ein Mittelklassewagen, aber beweglich wie ein Mustang, auf dem Rücken dieses wütenden, auf Tobsucht gezüchteten Muskelprotzes, dieser Hölle auf vier trampelnden Hufen, acht Sekunden Ewigkeit zu reiten. Wonach man mit einem furiosen Satz abspringen und verduften muß, bevor dieses wildgewordene Rindvieh seinen Peiniger zertrampelt oder auf die Hörner nimmt. Solches Duell auf Leben und Tod hat weder mythische Bedeutung, wie bei den alten Kretern, noch symbolische, wie im spanischen Stierkampf. Ist auch, im Gegensatz zu den sonstigen Rodeosportarten, nicht Fortsetzung und Verfeinerung des üblichen Cowboyalltags. Sondern ein purer amerikanischer Irrsinn aus Mumm und Machismo. Ein athletischer Wettbewerb zwischen zwei Topgladiatoren mit gleich verteilten Chancen. Dessen hintersinniges Ziel die Demütigung der unerträglichen Männlichkeit des Gegners.

Die zwei Weltbesten im Bullenreiten sind bezeichnenderweise keine Westerner, sondern Asphaltcowboys. Nummer eins: Charlie

Sampson, ein Schwarzer aus dem berüchtigten Slumvorort Watts bei Los Angeles. Nummer zwei: Bobby Delvecchio, Sohn italienischer Einwanderer aus der nicht weniger anrüchigen Bronx in New York. Als dritten haben wir uns den Indianderchampion Matt Fowler gewählt, ein Cherokee aus Oklahoma. Alle drei sind morgen im Einsatz, weil Tulsa die höchsten Preisgelder zahlt: bis zu 5000 Dollar pro Ritt. Wir sehen uns nach dem besten Drehort um. Bester Drehort ist das Innere der Arena selber. Natürlich verbotenes Territorium. Aber ich weiß doch, daß wir dort landen.

TULSA, 7. MAI 1982

Ein Geräusch, mit nichts auf der Welt zu vergleichen: das Donnern und Toben der Bullen, wenn sie mit Hutschwenken und Elektrostäben in ihre hölzernen Startboxen getrieben werden. Gleichzeitig die erkünstelte Ruhe der Cowboys, während sie ihre Sporen anschnallen und die ledernen »chaps«, ihre Beinschützer. Hierauf wird mit großen, angeberischen Gesten ein einziger dicker Lederhandschuh über die Rechte gestülpt und dessen Riemen mit den Zähnen festgezerrt. Als letztes holen sie das »bull rope« heraus, rauhen es auf und machen es klebrig mit Harz. Ein geflochtenes Seil, das doppelt um den massiven Tierleib kommt. Einmal in der Hodengegend zur Reizung, zum anderen dicht hinter den Vorderbeinen. Daran hängt unterm Bauch eine scheppernde Kuhglocke zwecks zusätzlicher Demütigung des Bullen. Und am Rücken wird das »dally« eingezogen, eine Schleife, an der sich der Reiter mit seiner behandschuhten Rechten festhält. Mit der anderen Hand darf er weder sich noch den Stier berühren. Bei Abwurf oder Absprung zieht er als erstes die Hand aus dem Seil. Bleibt er in der Schleife hängen, so kann ihn der Stier minutenlang herumschleudern wie eine Stoffpuppe. Der Alptraum jedes Bullenreiters.

Bewertet wird nicht nur der Reiter, sondern zu gleichen Teilen auch der Bulle. 100 Punkte sind das Ideal, 98 der bestehende Rekord. Je einfallsreicher der Bulle, desto besser die Chancen für den Reiter, zu Punkten und damit zu Kasse zu kommen. Und desto halsbrecherischer wird es ... Trompetenstoß aus dem Lautsprecher. Anmarsch der Kämpen, unter dem Geplapper des Ansagers, der gerade die burleskeren Aspekte dieser Konkurrenz hervorhebt.

Wer sich oben hält, »bleibt an Bord«. Wer fällt, »geht in die Umlaufbahn«. Beginn der Darbietungen. Erster in den Boxen (»chutes«) ist Bobby Delvecchio, dieser selbstverliebte welsche Gockel, der schon hier auf Erden an seine Unfehlbarkeit glaubt. Drei Sekunden, bevor er durch Kopfnicken das Signal zum Öffnen der schweren Gitter gibt, erkundigen wir uns nach seinem Nervenzustand. »Erstklassig, was sonst.« Dumme Frage. Ein Juchzer, und er ist draußen. Reitet wie eine Eins, aber der ausgeloste Stier erweist sich als eine Null, daher nur 74 Punkte.

Charlie Sampson, Weltbester, kommt als Nächster. Nur 60 Kilo schwer, bloß 160 Zentimeter zwischen Stiefeln und Hut. Der erste schwarze Champion überhaupt. Elftes von 13 Kindern eines ungelernten Arbeiters. Eingedrückter Brustkorb, drei Beinbrüche, durchbohrte Lunge und sonst noch einiges. Kein Gespür für das Tier, erreicht alles mit dem zähen Überlebensdrang des Gossenkindes. Bevor er sich auch nur vor die Kamera stellt, hat er schon sein Honorar bei uns auf unerhörte 2500 Dollar gesteigert. Was er in diesem Moment des Losreitens fühle? »Du mußt es schaffen, du mußt es schaffen!« Schafft erstklassige 82 Punkte, gerät aber nach Absprung fast unter den Bullen. Der im letzten Moment von einem der buntbemalten »Clowns« (in Wirklichkeit sagenhaft mutige Stierkämpfer) mit bloßen Händen zum Ausgang gelotst wird.

Zwischenspiel der Clowns, von denen der agilste in ein ausgepolstertes rotes Faß schlüpft, das man dem Bullen hinrollt. Beim wütenden Angriff erscheint dann ein Arm mit weißem Fähnchen. Veräppelung des Furchteinflößenden, wie bei Tanzbären oder bei Zirkuselefanten in Ballettröckchen. Die Natur des Menschen Spielding. Großer Applaus... Zum Abschluß des Wettbewerbs der Indianerjunge Matt Fowler, der gerade ein Jahr Lazarett hinter sich hat. Breite gutmütige Visage, viel Herz, viel Freundlichkeit. Kann gar nicht lügen. »Wie ich mich fühle? Gerade jetzt ist der schlimmste Moment. Vielleicht sehen Sie mir's nicht an, aber ich schwitze Blut.« Wird in der ersten Sekunde abgeworfen, null Punkte. Kommt grinsend zurück: »Warum soll ein armer Indianer seine Haut für diesen weißen Mob riskieren?«

TULSA, 8. MAI 1982

Mit Matt Fowler bei den Cherokees. Während der Rodeozirkus sich nun in alle Richtungen zerstreut und jeder seine Chancen wahrnimmt. Matts Vater ein Weißer, der aber freiwillig im Stamm seiner Frau aufging. Dafür vom Sohn vergöttert. Kleine Viehfarm, das ursprüngliche Blockhaus noch aus Pionierzeiten. Der Staat Oklahoma, Indianerterritorium bis 1904 und erst dann von den USA vereinnahmt, ist in diesem Winkel von anrührender Hinterwäldlerei.

Morgens Gottesdienst in dem kargen, weißgestrichenen Holzkirchlein. Es wird indianisch gesprochen. Pfarrer stellt uns vor, fordert Gemeinde zur Abstimmung auf, ob sie mit Anwesenheit der Kamera einverstanden. Leises, höfliches Palaver (von uns mitgedreht) kommt zu dem Beschluß, daß Drehen unerwünscht. Wir verziehen uns mit der Szene im Kasten. Nachher demütige Erklärung des Pfarrers: »Meine Leute sind besorgt, daß Sie sich über die Ärmlichkeit unserer Andacht lustig machen.« Du lieber Gott. Abends Pow-wow auf dem Sportfeld von Clairmont. Indianer in Stammeskleidung hocken um eine Riesentrommel, die sie rhythmisch erdröhnen lassen. Und nach Einbruch der Dunkelheit tanzen Hunderte dazu ihre Runde in phantastisch bunten Federkostümen. Überwältigender Eindruck unter dem rieselnden Mondlicht. Nicht Primitivität, sondern Ästhetisierung jeder Lebensäußerung bis hin zum höchsten Raffinement führte möglicherweise die Indianderkulturen in ihren Untergang.

TULSA, 9. MAI 1982

Indianerrodeo auf freiem Feld. Praktisch von Matt Fowler und Familie im Alleingang auf die Beine gestellt. Mehr ein Stammesfest als ein Wettbewerb, wozu die Indianer ohnehin wenig neigen. Rührende Einfachheit der Mittel. Kein aufgeschüttetes Erdreich, nur eine einzige Tribüne aus Holzbrettern. Die Startgelder sind hier so gering wie die Prämien. Dafür erscheinen sämtliche Besucher in ihrem allerfeinsten Westernaufzug. Matt mit melancholischem Grinsen: »In diesem ewigen Kampf zwischen Cowboys und Indianern möchten wir am liebsten beides sein.«

Startzeichen. Matt reitet einen schwachen Bullen zu immerhin

68 Punkten. Spätabends nach dem Rodeo fährt er uns dann noch zu der Kesselfabrik, die ihm kürzlich einen Job als Schweißer anbot. »Ich weiß, das wäre das Ende meiner Träume. Aber wenn ich heirate, ernährt die Farm keinen weiteren Esser. Und 150 Tage jährlich auf Achse sein, von Rodeo zu Rodeo, ohne meine Leute zu sehen, dazu bin ich nicht gemacht.« Wird es wahrscheinlich nie mehr schaffen, so, wie kein Indianer es je geschafft hat im weißen Amerika.

BAKERSFIELD, 17. MAI 1982

Rodeo von geradezu industriellem Zuschnitt in kalifornischer Freiluftarena. Fahnenaufmarsch, Musikkapellen, Majoretten. Bobby Delvecchio in seinem Element. Hat sein schrillstes Westernhemd angezogen, gestikuliert mit dem Schlapphut juchzend in alle Richtungen. Und erreicht natürlich spielend seine 80 Punkte. Danach sein Erzrivale Charlie Sampson, den ich nie lachen sah. Konzentriert, kontrolliert, den Ritt vorausdenkend, während ein Bobby ja begeistert improvisiert. Neben Charlie sein Freund Tom, hübscher Bengel, mit dem er alles gemeinsam tut. Charlie vor dem Ritt: »Wenn du dich gut schlägst, vergessen die Leute, ob du schwarz bist oder weiß. Als ob man ein neuer Mensch wird.« Allerdings können nicht alle Schwarzen Bullenreiter werden? »Nein. Aber ich habe eines gelernt. Um akzeptiert zu werden, mußt du zuerst dich selbst akzeptieren. So, wie du dich siehst, so wirst du gesehen.« Und Sie sehen sich als weiß? »Ich sehe mich als Weltmeister.« Reitet 82 Punkte und wird auch diese Saison Bobby schlagen, falls nicht ein Unfall dazwischenkommt.

Danach mit Bobby am Flughafen. Der, ausgebildeter Pilot, mit gecharterter Cessna nach Colorado fliegt, um heute abend noch ein weiteres Rodeo abzuhaken. Der mechanisierte Cowboy. »Junge, wenn du deine 100 000 Bucks jährlich herunterreißen willst, mußt du dich ranhalten.« Während Charlie erbärmlich knausert, in drittklassigen Motels übernachtet und jeden Cent an die Familie abführt. Erschöpfende Autofahrt mit ihm und Tom zu dem Elendsviertel Watts, seinem Geburtsort. Zeigt uns stolz das rosa Zuckerbäckerhäuschen, das er seiner Mutter gekauft hat. Dann zu dem Pferdeverleih für Hollywood, dessen Besitzer ihn einst als Kind spielerisch auf ein Pony setzte. Führt uns Reiterkunststücke vor, dazu unerwartet ein blitzendes Lachen. »Mein Pony war das erste Wesen, dem gar nicht bewußt war, daß ich Schwarzer bin. Sogar meine Mutter hielt mich für schwarz. Denkt einmal darüber nach.«

DENVER, 19. MAI 1982

Vormittags Fahrt nach Colorado Springs, wo Gentleman Bobby Delvecchio auf der Viehfarm seiner derzeitigen Freundin den Herrenreiter macht. Sie eine schicke strohblonde Biene, vor dem Blondholz des Ranchhauses und dem endlosen Blond der Weidelandschaft. Weiter weg von der finsteren Bronx ist nur der Mond! Bobby im gestreckten Galopp, mit dem Stetson wild das Pferd anfeuernd. Bobby auf dem Sofa beim Schmusen. Bobby am Computer beim Ausknobeln seiner nächsten Termine. Lohnt es, seine Knochen hinzuhalten für Geld und Ruhm und Mädchen? »Klarer Fall. Was sonst gibt es auf der Welt? Da ist dieser Bulle mit seinen Riesenhörnern, dein Adrenalin fließt, zwanzigtausend Leute jubeln dir zu, und für die wirst du, verdammt noch mal, schon deine acht Sekunden durchhalten. Dann springst du runter, deine Arme zittern, deine Beine wollen nicht mehr, aber du hast deine achtzig oder neunzig Punkte, und du bist der Größte!« Bobbys breiter Westernslang, sein O-beiniges Ausschreiten und seine spontanen Jodler sind pure Mache: ein zweiter Bobby, den er auf den ursprünglichen aufgepfropft hat. Anders als Charlie, von Matt nicht zu reden, kann dieser fixe Allerweltskerl, der sich für »den nächsten John Wayne« hält, nicht nur aus seinem Slum heraus, sondern sogar aus seiner Haut.

PARIS, 28. AUGUST 1982

»Der Krieg verwandelt sich in eine ungeheure Arbeitsleistung, deren Getriebe auch das Dasein des letzten Arbeiters und der letzten Arbeiterin in Anspruch nimmt. Neben den bewaffneten Heeren entstehen die modernen Armeen der Landwirtschaft, der Propaganda, der Wissenschaft, der Industrie. Aus ihrer nach soldatischen Grundsätzen aufgebauten Zusammenarbeit wächst das Bild eines Neuen Krieges auf, eines Arbeitskrieges, der den Lebensraum der kämpfenden Völker lückenlos und pausenlos erfüllt...

Eine der Folgerungen, die sich hieraus ergeben werden, ist die Erweiterung der Dienstpflicht nicht nur auf jeden Wehrfähigen, sondern auch auf jeden Arbeitsfähigen. Der Dienst mit der Waffe wird also nur der ehrenvolle Spezialfall einer bedeutend weitergespannten Verpflichtung ... Daß bei uns nicht nur die Rüstung, sondern auch der Wille zur Rüstung im argen liegt, ist ein Zeichen, daß ein solches Prinzip sich in Deutschland noch nicht verkörpert hat. Zunächst kommt es daher darauf an, daß eine Schicht, die ihre Verantwortung gegenüber dem deutschen Schicksal kennt, in die bestimmenden Positionen dringt ...« Diesen höllischen Aufriß zum totalen Krieg entwarf, drei Jahre vor der Machtergreifung, nicht etwa Hitler, Goebbels oder Speer, sondern der Schriftsteller Ernst Jünger, dem man heute in der Paulskirche den Goethe-Preis der Stadt Frankfurt überreicht.

LOS ANGELES, 1. FEBRUAR 1983

Beim Sexfilmer. Er heißt Russ Meyer und ist jetzt eine internationale Koryphäe, nachdem er jahrzehntelang als bloßer Schmutzfink galt. Das Haus in Beverly Hills ein Museum seiner Lüste. Die Wände gespickt mit Plakaten und Memorabilien. »Dies ist meine Kapelle, mein Schrein. Hier meine Lieblingsfrau Eve – wir waren zwölf Jahre verheiratet. Dann Edy Williams, wir waren 45 Minuten verheiratet, als sie einen Stein durch meine Autoscheibe warf. Warum? Weil ich mir einen Porsche gekauft hatte anstatt für sie einen Cadillac.« Und wie haben Sie darauf reagiert? »Ihr einen Stein durch ihre Corvette geworfen, was sonst.« Gutaussehender, leicht überalterter Naturbursche mit jungenhaftem Charme. Ein authentischer amerikanischer Primitiver. Zelebriert seit 25 Jahren in ebenso vielen Filmen seine einzige Obsession, den Monumentalbusen. Die Filme nennen sich »Im tiefen Tal der Superhexen«, »Die Satansweiber von Tittfield« und ähnlich Geschmackvolles. Wobei die deutschen Verleihtitel ausnahmsweise nicht unter dem Niveau des Originals liegen, und das will schon was heißen.

Dinner mit Russ in Hollywood. Leider haben die europäischen Filmkritiker diesem einzigen Comic-Artisten des Kinos den Kopf verdreht. Und jetzt sieht er sich als Originalgenie und Cineast, der Orson der Oberweiten, der Zanuck der Zitzen. Betäubende

Selbstbezogenheit und ein penetranter Kasinowitz, der sich rein auf die physischen Dimensionen seines Lieblingsobjekts bezieht. Sogar die Serviette muß herhalten, um uns den »Auslegerbusen« zu veranschaulichen.

LOS ANGELES, 2. FEBRUAR 1983

In dem weltberühmten Plattenladen Tower Records am Sunset Boulevard. Um Musiken von dem Liebesbarden Leonard Cohen aufzutreiben, mit dem wir verabredet sind und den ich gern anstatt Russ Meyer gefilmt hätte. Leonard who? Zu meinem Entsetzen kennt man nicht einmal mehr den Namen. Der Ruhm dieses Troubadours überlebt fast ausschließlich in Europa. Wir holen ihn in seinem bescheidenen Hotel ab. Die gleiche, nunmehr leicht angegraute, skeptisch-integre Weltweisheit, die den Mädchen seit eh und je die Knie weichmacht. Will aber absolut nicht unser »Lustobjekt« spielen: »Ich habe kein Privatleben. Ich gebe nichts her. Aus mir kommt nichts.« Ist nur in Kalifornien, um mit seinem Roshi (japanischem Zen-Meister) zu meditieren, der hier irgendwo auf einer Bergspitze haust. Unternimmt jetzt bloß noch eine Tournee alle fünf Jahre: »Davon kann ich dann ausreichend leben, um Songs zu schreiben für die nächste Tournee. Aber am schönsten wäre natürlich, total vergessen zu sein.« Empfiehlt uns hilfreich alle möglichen anderen Personen, die wir nicht wollen und die ihm nicht das Wasser reichen können.

Notgedrungen rufen wir bei Russ Meyer an, der natürlich etwas spannt. »Entweder, ihr seid in einer Stunde hier, oder der Dreh ist gestorben!« Brenzlige Lage. Wir schaffen es in letzter Minute. Meyers Haus, nicht weit vom »Hollywood Sign«, enthält Produktion, Verleih, Schneideraum, sogar Filmutensilien. Praktisch ein Einmannunternehmen. Zeigt uns die uralte deutsche Arriflex, mit der er dreht, notfalls auch noch eigenhändig. »Meine Supervixens haben mich magere 219000 Dollar gekostet und 17 Millionen eingespielt.« Die Erfindung der Videokasette machte ihn dann vollends zum Millionär. Derzeit arbeitet er an seiner filmischen Autobiographie, »Die Brust des Russ Meyer«, die seine schärfsten Sachen zusammenstellt. Ein Zehnstundenepos, jedoch ohne jede explizite Bumserei. »Ich bin Fetischist, nicht Pornograph.« Gut, daß man's weiß. Zeigt uns einige seiner frühen Filme in Schwarzweiß, Reindarstellungen des patentierten amerikanischen Mythos von Sex, Gewalt und Autos. Szene, wo so ein Busenwunder Gas gibt und mit durchdrehenden Rädern einen Muskelprotz plattzufahren sucht, stammt direkt aus den Urgründen amerikanischer Psyche. Spätere Filme treiben dann den Busenwahn ins Monströse, wodurch er entschärft und zur Parodie wird. Seine Stars kommen zumeist aus dem Stripteasemilieu, mit vielen hat er wohl zusammengelebt. Eine seiner Heldinnen lernen wir kennen, sie nennt sich Hadji. Im Film strotzend vor Übermaß (160 Zentimeter, wie Russ sich brüstet, wenn man so sagen darf), ist sie jetzt wieder zurückgeschrumpft auf menschliches Ermessen. Und hat damit auch einiges von seiner professionellen und persönlichen Anteilnahme verloren. Melancholische Szene im Modeladen, wo Russ seiner Freundin eine Bluse kauft und noch nicht einmal interessiert ist, ob sie ihr steht.

LOS ANGELES, 4. FEBRUAR 1983

Bei Russ Meyer werden wir heute von Mary begrüßt, seiner Teilzeitsekretärin. Auch sein Aushängeschild, sozusagen. Russ filmt sie von unten gegen das Hollywood Sign, das sie wie ein welliges Schutzdach überwölbt. Dabei, wie alle diese Mädchen, keineswegs die männermordende Amazone, als die sie auftreten muß. Sondern eher schüchtern mit ihren Reizen prunkend: »Soll ich oben noch einen Knopf aufmachen?« Abends Russ beim Drehen eines Striptease für seine Autobiographie. Seine Technik effizient, aber grobklotzig: Hauptsache, man sieht das Entscheidende in Großaufnahme. Russ: »Ich war ursprünglich Kriegsfilmer, da habe ich das gelernt. Draufhalten und nicht kneifen, was immer passiert.« Die früheren Buddies, seine Kriegskameraden, beschäftigt er noch immer trotz fortschreitenden Alters. Berichtet von seinem Zusammentreffen mit Hemingway im Krieg: »Sexuell war ich ein Spätzünder. Er übrigens auch. In Frankreich schickte er mich auf seine Kosten ins Bordell, damit ich endlich zum Mann werde. Ich war schon zweiundzwanzig. Fängt man so spät an, so verbringt man den Rest seines Lebens damit, verlorene Zeit aufzuholen. Ich glaube, ich habe schon verdammt viel aufgeholt.«

Neuerlich Strip, der uns jetzt langsam zum Hals herauswächst. Lauter quillendes, quirlendes, quieksendes Fleisch, bis man bereit ist, Vegetarier zu werden. Wäre dieser Tittenwahn von Russ Meyer bloß irgendwie sublimiert, sagen wir ins Ästhetische wie bei Sacher-Masoch. Oder multipliziert ins Unvorstellbare wie bei Sade. Aber nein, es ist diese sexualhuberische Wortwörtlichkeit, die einen zur Verzweiflung treibt. »Mit jedem neuen Film durchbreche ich meine Grenzen«, sagt er zum Beispiel. Welche Grenzen? fragt man hoffnungsvoll. »Nun ja, vor ein paar Jahren hielt ich noch bei BH-Größe 42, jetzt bei 46.« Wie soll man mit so was ein Porträt bestreiten? Ich frage ihn, wo dergleichen Himmelsstürmerei enden würde, und er antwortet allen Ernstes: »Es gibt keine endgültigen Rekorde. Auch die Vierminutenmeile hat man einst für unmöglich gehalten.« Und so immer fort. Ob er als Kind mit der Brust gestillt worden sei? »Ja, und ich hänge noch immer dran.« Sind letzten Endes Sie es, der das Publikum zu immer enormeren Phantasmen hochschaukelt, oder verhält es sich umgekehrt? »An einem von diesen Tagen werde ich mich mit diesem tiefsinnigen Problem befassen.« Igitt.

In meiner Ausweglosigkeit bleibt mir nur der Stich ins Eiternde: Besitzen Frauen für Sie außer primären und sekundären Geschlechtsmerkmalen noch irgendwelche anderen Eigenschaften? Zum Beispiel Köpfchen oder Seele? »Idiotische Frage. Was ist Seele? Ich hatte Supersoul in einem meiner Filme, ein schöner Name, weiter nichts. Das Innere des Menschen ist mir unbekannt. Interessiert mich auch nicht. Sie sind aus Fleisch und Blut, das genügt. Ich sehe keinen Anlaß, mich mit Ernst in ihre Psyche zu versenken.« Zuletzt Pokerabend mit seinen alten Kameraden, einige schon recht wacklig. Zum erstenmal etwas in seinem Gehabe, das wir nicht kannten: Zuneigung, gar Liebe. Ihnen und seinen früheren Stars hat er auch sein Vermögen vermacht. Überraschend sentimentale Züge bei einem Mann, der ansonsten die Welt als eine Art Actionfilm erlebt, bevölkert von seinen Zwangsvorstellungen.

PARIS, 23. APRIL 1983

Auf deutscher Journalistenparty die Kolumnistin und Prozeßbeobachterin Peggy Parnass kennengelernt. Kämpferin, sowohl für sich selbst als auch für das Land, das sie eigentlich nichts mehr angehen sollte. Peggy hat als Kind beide Eltern in der Deportation verloren. Kann seitdem nicht mehr Eisenbahn fahren. Rasende Lebensintensität, Lebenswut, unverblümtes Sichausleben. Auch Generosität für andere, die aber eins ist mit einem unnachgiebig fordernden, ja seine Rechte einklagenden Herzen. Jüdischer Gerechtigkeitswahn, gläubige, personengebundene politische Ansichten, mit denen man nicht hadern kann, weil sie eigentlich nur die Kristallisationskruste dieses sehnsüchtigen Innern darstellen. Die Kraft, die von Menschen dieser Art ausgeht. Und das Irritierende, daß man ihrem Anspruch, auch wenn sie ihn gnädig verstecken, niemals genügen kann. So etwa muß die Dichterin Else Lasker-Schüler auf ihre Umwelt gewirkt haben, sie mit dem blutenden Herzen und dem kleinen Dolch im Gürtel.

PARIS, 26. OKTOBER 1983

In der Assemblée Nationale, der französischen Kammer, wo ich lange nicht war. Man weist uns samt Kamera auf die rot ausgeschlagene Pressetribüne. Ohnehin ist Blutigrot die Hauptfarbe in diesem Saal, was gewiß zu der häufig so exaltierten Stimmung der Deputierten beiträgt. Wacklige Samtstühle ... und einen von ihnen muß vor neun Jahrzehnten der Frankreichkorrespondent der Wiener Neuen Freien Presse belegt haben, Theodor Herzl. Der Justizirrtum des Dreyfus-Falles hat ihm dann die Idee des Zionismus eingegeben. Heute großer Auftritt des derzeit »bestgehaßten Mannes von Frankreich«, wieder ein Jude. Es ist der sozialistische Justizminister Robert Badinter.

Dieser »Fäller des Fallbeils« hat nicht nur zur allgemeinen Entrüstung die Todesstrafe abgeschafft, sondern auch die willkürliche Sonder- und Militärgerichtsbarkeit aus der Zeit des Algerienkrieges sowie das allumfassende »Antikrawallgesetz«, das Pompidou nach dem Mai 1968 durch die verschreckte Kammer drückte. Wir suchen Badinter in seinem Kabinett auf, kurz vor Sitzungsbeginn um 21 Uhr. Hageres, unverstelltes Gesicht, Humor unterfüttert mit Skepsis. »Wie voll ist der Saal?« Wir müssen zugeben, daß wir nicht mehr als zwanzig Abgeordnete gezählt haben. »Und auf den sozialistischen Bänken?« Höchstens fünf. Desolates Lachen: »Mit solchen Freunden wer braucht Feinde?« Natürlich weiß jeder, daß Badinter nur von Mitterrand gestützt wird. Ansonsten aber, als Nichtpolitiker ohne Hausmacht, in seiner Partei denkbar unbeliebt. Überdies ist er von Beruf Advokat. Also von der »falschen Seite der Barriere«. Ja, ein höchst erfolgreicher Staranwalt, der den entführten Baron Empain, die reiche Drogendame Christina von Opel und auch sonst allerhand Zelebritäten verteidigt hat. Schlimm, schlimm. »Frankreich verachtet seine Rechtsanwälte, schon, weil die Hälfte von ihnen Frauen sind. Wir sind keine Angelsachsen. Wir lieben das Gesetz nicht. Höchstens die Beredsamkeit, es zu unterwandern.«

Beginn der Abendsitzung. Es geht um den Justizhaushalt, läppische ein Prozent der Staatsausgaben. (Jack Lang von der Kultur bekommt immerhin zwei Prozent, bezeichnend für die französische Werteskala.) Badinter verfällt zum Unglück in einen überheblichen, abkanzelnden Oberlehrerton. Lauer Applaus bei den Parteifreunden, während die Opposition ostentativ Zeitung liest. Kaum ist Badinter zur Regierungsbank zurückgekehrt, da erwacht sein Erzfeind Jacques Toubon aus einem fingierten Nickerchen, springt hoch und apostrophiert den »Siegelbewahrer« als Mörderfreund und Unterminierer des Staates. Badinter sofort in Harnisch, hat endlich einen Feind im Visier: »Sie fragen den Justizminister nach ich weiß nicht welchen Geheimtribunalen. Sie fragen ihn nach Dingen, die mit Justiz nichts zu schaffen haben, ja ihr zur Schande gereichen. Wollen Sie die Wiederkunft eines Gerichtshofes, dessen Büttel von Politikern ernannt werden? Einer Gesinnungsjustiz, wo Offiziere in Friedenszeiten Zivilisten zu Staatsfeinden stempeln dürfen? Wenn es das ist, was Sie zurückwünschen, ein Gericht, dessen Modell sich wo findet? In Südamerika! Wenn das Ihr Rechtsstaat ist, dann sagen Sie es laut hier vor den Repräsentanten der Nation!« Prachtvoller Gegenangriff, würdig der rhetorischen Tradition Frankreichs. Aber letzten Endes nur ein Scheinmanöver, da dank Mitterrands Mehrheit das winzige Budget ohnehin unangetastet durch die Lesung rutscht.

Anschließend noch mit Badinter und seiner schönen Frau Elisabeth (sie haben drei Kinder) kurz ins Café. »Wie war ich?« Erlauben Sie eine Kritik, Herr Minister? »Immer zu.« Sie vermitteln den Deputierten vielleich allzusehr den Eindruck, daß Sie Ihre Perlen vor die Säue werfen. Badinter in komischer Verzweiflung: »O Gott, nicht schon wieder!« Elisabeth: »Was hab' ich dir gesagt?« Badinter verschmitzt: »Aber meine Perlen waren doch wenigstens echt, oder?«

MÜNCHEN, 24. NOVEMBER 1983

Nach Bergen in Oberbayern zu Familie Borchardt. Das putzige Hanghaus hat ehedem der Lyriker Rudolf Alexander Schröder für sich erbaut. Dichterklause hin oder her, so beengt hatte ich mir das doch nicht vorgestellt. Ein Junggesellenheim, ein hölzernes Knusperhäuschen mit ideellem Anspruch. Taxifahrer muß wiederholt nachfragen, bevor jemand aufzutreiben ist, der von »Sonnleiten« gehört hat, gar vom »Schröder-Archiv«. Heute wird das Haus bewohnt von Schröders Nichte Marie Luise, in die sich der alternde geschiedene Dichter Rudolf Borchardt unerwartet verliebte. Es wurde eine gute Ehe, mit der es ihm auch gelang (hoffentlich ohne bewußte Absicht), sich in die lebenslange Dichterfreundschaft zwischen Schröder und Hofmannsthal als Dritter im Bunde zu integrieren. Seiner »Marel« hat er einen ganzen Band seiner gelungensten, da ungeschraubtesten Liebesgedichte gewidmet, darunter das unsterbliche »Entzücken«. Seine erste Frau starb später elend in Theresienstadt.

Jetzt ist Marie Luise 87. Lebt hier zusammen mit dem leicht behinderten Sohn Kaspar. Der nach meiner Ansicht dem Vater ähnelt, nach seiner eigenen Heinz Rühmann. Auch die seit langem in Italien verheiratete Tochter Corona ist gerade zu Besuch. Kaspar hat mir geöffnet, ich mache verlegene Konversation, um zu verbergen, wie ergriffen ich bin. Borchardt habe ich ja erst kürzlich für mich entdeckt, eine Spätliebe. Bis vor kurzem kannte ich gerade seinen Namen. Gab es je eine deutsch-jüdische Symbiose, so ist sie in ihm am lautersten verkörpert. »Lauter« im üblichen problematischen Sinn der totalen Assimilation und Verleugnung eigener Herkunft. Eine andere Symbiose gab es nicht, da ja das Jüdische in diesen Autoren dem deutschen Publikum zumeist mißfiel.

Borchardt war schon »liegend getauft«, nach damaliger neckischer Ausdrucksweise. Empfand sich auch lebenslang, gleich seinem Abgott Hofmannsthal, als gläubiger Christ. Aber in der Hauptsache war man deutscher Dichter. Und dieses Dichtertum so elitär, so seherisch und so hochgestochen aufgefaßt wie neben ihm nur noch von dem bewunderten Erzfeind Stefan George. Bei Borchardt überdies noch in fataler Verbindung mit dem ausgefallensten politischen Konservatismus – er blieb bis tief in die Hitlerzeit Monarchist. Man kann keine Seite von ihm lesen, ohne daß einen das Flügelwehen dieses poetischen Geistes zutiefst anrührt und gleichzeitig seine überspannte Verschrobenheit unwiderstehlich zum Lachen reizt. Es muß genau diese Mischung sein, die mir so nahegeht. Und dazu noch die verführerische Wortmächtigkeit! Auf der Liste der zahllosen Menschen auch dieser Aufzeichnungen, die ich gerne gewesen wäre (natürlich ohne die mindeste Anlage dazu), steht Borchardt obenan.

Nun erscheint Marie Luise in unentwegter geistiger Frische. Starkes Gesicht von einnehmender Autorität. Marie Luise spricht von ihm ohne jede sentimentale Abwandlung, nennt ihn aber immerhin, entgegen heutiger Witwenmode, beim Vornamen. Ich frage sie nach dem berüchtigten Abtransport der Familie auf offenem LKW aus ihrem langjährigen italienischen Domizil nach Hitlerdeutschland, Ende 1944. Was damals nur Vernichtung bedeuten konnte. Und ob es tatsächlich, wie in Biographien nachzulesen, dem Dichter gelungen sei, durch die Kraft seines Wortes die Nazischergen zu überreden, sie laufen zu lassen? Dazu Marie Luise mit dem gewissen überlegenen Frauenlächeln: »Nun ja, eigentlich war ich es. Ich saß ja vorne in der Fahrerkabine. Als wir in Tirol ankamen, war der Mann überzeugter Antinazi: Dem müssen wir doch helfen, dem Professor.«

Hierauf entschuldigt sie sich einen Moment, ich hoffe, um mir unbekannte Fotos oder Dokumente vorzulegen. Werde aber, nach längerem Flüstern und Klappern nebenan, in die minimale Wohnküche zu Tisch geladen. Es gibt Eintopf mit Nudeln. Ach Gott, weder an Schröder noch an Borchardt kann man sich in dieser Zeit eine goldene Nase verdienen. Anschließend muß, statt des sehnlich erwarteten literarischen Gesprächs, Marie Luise leider in den Ort zum Friseur. Beim Abräumen befrage ich noch schnell Kaspar und Corona nach den Lehrmethoden ihres Vaters, der ihnen ja, laut seinen Briefen, im Privatunterricht die ganze gewaltige Welt des Geistes eröffnete. »Ach ja, es ging halt schubweise. Mal mit enormem Dampf, dann kam wochenlang nichts.« Während der gedrängten Fahrt ins Tal erzählt die Tochter, jetzt schon stark italianisiert, sie lese eben zum erstenmal etwas von dem Dichter Franz Grillparzer: »Es ist eine sehr anrührende Geschichte, sie heißt ›Der arme Spielmann‹. Haben Sie je davon gehört?« So läuft diese deutsche Jahrhundertwende aus, mit ihrer großartigen Gebärde und ihren selbstverliebten bis überkandidelten geistigen Höhenflügen . . .

PARIS, 3. JANUAR 1984

Fortsetzung des Films mit Badinter in seinem Justizministerium an der Place Vendôme. Benachbart das Ritz, Cartier, Van Cleef und Arpels. Die feinste Adresse von Paris. Hier jedoch alles nur Schau. Hinter der Prunkfassade kümmerliche Büros, armselige Aktenunterbringung. Sofort vorgelassen zu Badinter. Kein Machtmensch, eher ein biblischer Gerechtigkeitsfanatiker. Unter einem Glassturz die historischen Staatssiegel, die er zu »bewahren« hat, daher sein offizieller Titel.

Wir fragen, ob denn seine längst überfällig gewesenen Reformen der Strafjustiz noch einmal rückgängig gemacht werden könnten? Er, mit dem herzzerbrechenden Lächeln dessen, den nichts mehr überrascht: »Jeder Fortschritt auf der Welt ist zu kassieren. Vielleicht mit einer Ausnahme: An die Blutjustiz, an die Guillotine, wird sich wohl kaum noch jemand heranwagen.« Ob das sein Anspruch auf Unsterblichkeit sei? »So ist es. Ich werde wegen eines einzigen Tages in die Geschichte eingehen. Als ich an jenem 9. Oktober 1981 vor das Parlament trat und mit fester Stimme sagte: Im Namen der Regierung fordere ich von Ihnen die Abschaffung der Todesstrafe.« Woher denn immer noch die Versessenheit fast aller nationalen Mehrheiten auf Blutjustiz? »Der Hang zum Strang? Es ist der alte Adam, was sonst. Das Ritualopfer des Höhlenmenschen, um den Zorn der Götter zu wenden. Dabei hat sich ja längst erwiesen, daß Hinrichtungen keinerlei abschreckenden Effekt haben. In zwei Jahren sind bei uns die Gewaltverbrechen um null angestiegen. Trotzdem gelte ich als der Humanitätsdusler, der unschuldige Bürger den Kriminellen ausliefert.« Wo sie denn eigentlich heute zu finden wäre, die ausrangierte Madame Guillotine? Er freut sich diebisch: »Wahrscheinlich verstaubt sie im Pariser Historischen Museum.« Zwei kurze Telefonanrufe ergeben, daß sie keineswegs in einem Museum steht, sondern da, wo sie immer stand: im Gefängnis von Fresnes bei Paris.

PARIS, 4. JANUAR 1984

Strafanstalt Fresnes. Wir melden uns mit unserer Empfehlung vom Ministerium. Zähnefletschen des Direktors, der sich aber dareinschicken muß. »Ach ja, die Guillotine. Leider, leider ist da für Sie nichts zu holen, weil alles in Segmente zerlegt ist und sorgfältig verpackt.« Da ich mein Frankreich kenne, bitte ich darum, wenigstens die verpackten Segmente kurz in Augenschein nehmen zu dürfen. Ein rostiges Eisentor, genau unter einem der Wachtürme gelegen, wird knarrend für uns aufgetan. Und ins Blickfeld kommt nicht eine, kommen zwei fast gebrauchsfertige Guillotinen: die erste in Braun für gewöhnliche Köpfe. Die andere für feierliche Anlässe in Rot. In der Normalausführung besteht der Korb, der für den herabkollernden Kopf bestimmt ist, tatsächlich aus geflochtenen Weidenzweigen, wie in allen Revolutionsfilmen üblich. Der Korb für die feineren Häupter dagegen ist ein rotlackiertes Metallwännchen mit Goldbordüre, ähnlich einem Kinderbad. Nur schade, daß der Geköpfte nichts mehr davon hat.

Auch die Fallbeile dürfen wir mit den Fingerspitzen begutachten. Ziemlich stumpf. Ist das üblich? »Was denken Sie! Vor Gebrauch kommt der Scherenschleifer und bringt die Sache auf Glanz. Einstweilen haben wir bloß alles gut eingeölt. Man weiß ja nie.« Ob er nicht offiziellen Auftrag erhalten habe, den ganzen Krempel ins Museum zu schaffen? »Wissen Sie, ich bin nur ein kleiner Gefängnisdirektor. Ich kenne keine Museen. Bis man sich auf so ein Museum geeinigt hat, verstreichen Monate, vielleicht Jahre. Minister aber kommen, und Minister gehen ...«

PARIS, 5. JANUAR 1984

Hauptsorge von Badinters begonnener Justizreform gilt den Bürgerrechten. In Frankreich bildet ja die Polizei einen Staat im Staate. Wobei die beliebten, »bavures« genannten Übergriffe »intern« geahndet werden, also durch kurzfristige Strafversetzung. Wir filmen am Boulevard Barbès im Norden der Stadt, der wohl zu Unrecht als Hochburg der Pariser Unterwelt gilt. Aber jedenfalls das Viertel mit den meisten Gastarbeitern ist, vorwiegend aus dem nordafrikanischen Maghreb. Kaum ein weißes Gesicht. Außer einer Gruppe herannahender Polizisten, die zu unserer Überraschung die Käppis abnehmen, um so möglichst lange in der Masse unentdeckt zu bleiben. Dann Mützen auf, und ran an die Kennkontrollen. Natürlich werden nur »Fremdrassige« angehalten, ganz das, was Badinter untersagte. Wir drehen es. Ein Polizist und ein Araber stürzen sich fast gleichzeitig auf die Kamera. Der eine: »Beamte bei der Arbeit zu filmen ist verboten.« Der andere: »Wir sind nicht eure Affen im Zoo.« Der Polizist zum Araber: »Die können hier drehen, wen sie wollen, verstanden!« Der Polizist zu uns: »Jetzt kehrtum, aber wie der Blitz!« Ich präsentiere meine Pressekarte. Der Polizist: »Leider habe ich meine Brille nicht bei mir. Soll ich sie erst holen, oder zieht ihr vor, sofort zu verduften?«

PARIS, 8. JANUAR 1984

Badinter eigens für uns an diesem Sonnabend ins Büro gekommen. Kein Mensch im Haus, außer seinen Leibwächtern, in Frankreich Gorillas tituliert und mit Recht. Der Minister hat einen ganzen Sack voller anonymer Briefe mitgebracht, manche mit aufgemalten Galgen oder auch Judensternen, je nachdem. Sein Vater war ein kleiner Kürschner aus Bessarabien, der in Lyon vor den Augen des 14jährigen Sohnes verhaftet und anschließend deportiert wurde. Badinter: »Ein Gerechter.« Wendet sich unvermutet ab, geht in eine andere Ecke des Raumes. Pause. Wir fragen, ob er uns einige dieser Briefe vorlesen möchte? »Nein, danke.« Wir könnten sie ja auf seinem Schreibtisch abfilmen, das stünde uns frei. Wie viele Briefe er bislang erhalten habe? »Ich weiß es nicht. Man behält sie, man zerreißt sie. Es ist ohne Bedeutung.« Also wie viele? »Sagen wir mehrere tausend.« Ihre Mutter ist vor wenigen Wochen gestorben. Haben Sie auch dazu Briefe bekommen? Er flieht vor der Kamera in eine weitere Ecke. »Von solchen Dingen redet man nicht.« Wir nehmen einen dieser Briefe vom Schreibtisch, darauf originellerweise ein Galgen, an dem ein Judenstern hängt. Inschrift: »Eine Badinter weniger, hurra!« Dazu der Sohn: »Ich glaube, am Ende siegt das Gute. Aber wohl nur knapp.«

Er steht jetzt am verhangenen Fenster, mit Blick auf den Vendômeplatz. Genau unter diesem Fenster sind vergangenen Juni 2000 Mitglieder einer rechtsextremen Polizeigewerkschaft (etwa zehn Prozent der Ordnungshüter gelten als Anhänger Le Pens) ungehindert zu einer Demonstration aufmarschiert. Sie protestierten gegen die Erschießung zweier Polizisten durch Kriminelle, wie das leider häufig in Frankreich passiert. Nur war diesmal natürlich Badinter an allem schuld, der »Mörderfreund«. Wir fragen ihn, was passiert wäre, wenn man ihn hinter diesem Vorhang entdeckt hätte? »Vielleicht nichts. Vielleicht etwas.« Ich: Es wurden solche Rufe laut wie »Mörder!«, auch »Ausländer raus!«, was offenbar auf Sie gemünzt war. Und man sah steif erhobene Arme. »Ja, das brachte Erinnerungen hoch. Eine Geste, lang nicht gesehen.« Ihre Regierung hat seinerzeit 6000 Kleinganoven amnestiert. Man hört, daß die Polizei jetzt rückfällige Verbrecher mit dem Namen »die Badinters« bezeichnet? »Schändlich. Nicht, weil es mein Name ist, sondern der meines Vaters, meiner Kinder.« Als schließlich noch ein Taxifahrer im Bois de Boulogne ermordet wurde, wahrscheinlich eine Abrechnung unter Ganoven, sollen Polizisten die demonstrierenden Fahrer direkt vor Ihr Wohnhaus am Linken Ufer dirigiert haben. Wie erklären Sie sich diesen Haß gegen Sie? »Wahrscheinlich frustrierte Mordlust. Ich habe ihnen das Blutopfer entzogen. Jetzt muß ich stellvertretend dafür büßen.«

Vielleicht gelte die Verbitterung auch seiner Frau Elisabeth, der bekannten Schriftstellerin und Feministin? Er grinst: »Ja, wenn heute jemand schreibt, die Mutterliebe sei kein angeborener Instinkt, sondern vielleicht nur anerzogen, dann spielt er mit seinem Leben. Dabei bin ich noch nicht einmal ihrer Meinung.« Zuletzt begleiten wir Badinter ins Elysee, zu einem Termin mit dem Präsidenten. Da man hört, daß Mitterrand seinen ungeliebten Freund nicht mehr lange halten kann, warten wir vorsichtshalber im kiesbestreuten Innenhof auf seine Wiederkehr. Nach einer halben Stunde kommt er mit dem undurchsichtigen Ausdruck die Treppe herunter, den er für die Öffentlichkeit parat hat. »Herr Siegelbewahrer, sind Sie es noch?« »Knapp.«

TRINS, 12. FEBRUAR 1984

Morgens Abfahrt von Oberarnsdorf bei Salzburg, wo Regisseur Axel Corti und ich – in schöner Mischung aus Selbstsucht und Selbstzucht – seit Tagen das Drehbuch unserer »Emigrantentrilogie« durchpflügen. Erst bei einbrechender Dunkelheit trifft mein Zug in Trins ein. Es ist das Tiroler Bergdorf, in dem Rudolf Borchardt 1945 starb, kurz vor dem heißersehnten Kriegsende. Er wurde kaum 68. Ein aufreibend streitbares Leben. Dazu verpflichtet, mit jeder Faser seines Wesens den verleugneten jüdischen Ursprung in sein imaginiertes Gegenteil zu verwandeln. Also eine Deutschtümelei bis ins Fratzenhafte. Dieser glänzendste, manchmal auch nur glitzerndste, Prosaist seiner Zeit – über das meiste seiner bannkräftigen, aber hochgemut sperrigen Lyrik wage ich kein Urteil – blieb lebenslang ein Geheimtip der Happy Few. So unbekannt war er aber nie, wie er heute vergessen ist.

Natürlich wohne ich im Trinser Hof, wo ihn der Herzschlag ereilte. Nachts im Finstern arbeite ich mich durch Schnee und Glatteis zu der Dorfkirche hoch, wo er abseits für sich allein unter einfachem Kreuz begraben liegt. Diskriminiert nicht etwa als Jude, sondern als Protestant! Als Jude hätte man ihn zu dieser Zeit wahrscheinlich mit der Planierraupe eingescharrt. Stimmungsvoller Bergfriedhof, die Kreuze fußtief mit harschem Schnee beladen, aus dem Kirchlein Orgelmusik, sonst Stille. Eigentlich genau das wiederkehrende Traumbild meiner Emigration. Zu spät. Am Morgen legt mir unser Wirt das Gästebuch vor, worin ich allerdings Borchardt nicht finde. Dafür trägt sich hier, Tage vor Kriegsschluß, ein höherer deutscher Offizier ein und sagt Dank für die freundliche Aufnahme. Und Tage nach Kriegsschluß dito ein amerikanischer. So gut wie in den nämlichen Worten. Und ohne ein leeres Blatt dazwischen. Auch eine Stunde Null.

»Ein Kindertraum. Wer denen treu bleibt, macht nicht unbedingt viel Geld. Aber er macht sich glücklich.« Sagt Roman Polanski, frechnasiger vielgeschmähter Faun, aber doch weniger aus Schmirgelpapier bestehend als erwartet. Weist danach mit Zärtlichkeit auf das mannsgroße Schiffsmodell zu seinem kommenden Piratenfilm: »Budget 25 Millionen Dollar!« Daß Seeräuberei nie einer meiner Kinderträume war, enttäuscht ihn sichtlich – ein Zuschauer weniger. Wir sind im Produktionsbüro am Concordeplatz. Eigentlich hätte der Film schon längst abgedreht sein müssen, mit Jack Nicholson in der Hauptrolle. Inzwischen ist Nicholson unerschwinglich geworden, und an dem Piratenschiff baut man noch immer. Polanski trostlos. Früher hat er gelebt und nebenher Filme gemacht. Jetzt umgekehrt, wie bei Fünfzigjährigen üblich. In der Tiefgarage schrammt er prompt seinen dicken Mercedes gegen einen Pfeiler. Steigt aus, besieht sich den Schaden, fährt wortlos weiter. Überzeugt, anders als früher, daß ihm »der Wind ins Gesicht pfeift«. Welcher Wind? »Hören Sie, kürzlich begruben wir in Warschau meinen Vater. Ich an der Spitze des Trauerzuges. Der Friedhofswärter: Alles ist vorbereitet, Sie brauchen mir bloß zu folgen. Wir folgen ihm. Und tatsächlich: Das Grab ist ausgehoben, alles vorbereitet. Aber an der falschen Stelle. Bei den falschen Polanskis. Verstehen Sie jetzt, was ich meine?«

Mittagessen in seinem Lieblingslokal Chez André. Wenig Firlefanz mit Wein- und Speisekarte, bestellt spontan, ißt und trinkt mäßig. Will vorab nach seinen Filmen befragt werden, »nicht gleich die Weibergeschichten. Wie würde es Ihnen gefallen, wenn man sich mehr für Ihre Hose interessiert als für Ihr Herz?« Auch wahr. Irgendwann verwende ich dann ganz unschuldig den französischen Ausdruck »sans blague«, etwa: Scherz beiseite. Polanski sofort in Wallung: »Warum meinen Sie, daß ich scherze? Warum mißtrauen Sie schon nach einer halben Stunde meinen Worten?« Muß allerhand mit Schreibern erlebt haben. »Ich kenne vier Biographien von mir. Davon sind drei von A bis Z erfunden.« Gewinnt aber schnell seinen Humor wieder. Verabredung für morgen in seiner Bleibe.

Luxuswohnung Roman Polanskis in der feinen Avenue Montaigne, der Hauptarterie der Modemacher. Fast genau gegenüber Marlene Dietrich. Modern, kahl, mit Ausnahme der guten Bilder. Stimmungsloses Wohnzimmer ohne eigene Note, bestückt mit Audiotechnik. Das Ganze durchaus dem Bewohner entsprechend, der zwar aufrichtig und unmittelbar wirkt, aber, mit Ausnahme seiner Treue zur eigenen Kindheit, verstörend gemütlos. Immerhin ist dieser »kleine Bastard«, dieser »Teufelssproß« der Klatschkolumnen kein Angeber, sondern bloß dauernd von sich selbst überrascht. Kommt dann trotz seiner Vorwarnung behende auf sein Lieblingsthema.

»Woher kommt der Erfolg bei Frauen? Ganz wie beim Filmen. Hängt alles von deiner eigenen Einstellung ab, deinem Selbstvertrauen. Siehst du dich obenauf und souverän, so bist du's. Wo nicht, nicht. Sinnlos, eine Frau zu fragen, ob sie mit dir ins Bett will, wenn du nicht ohnehin davon überzeugt bist. Die geringste Unsicherheit, und sie driftet ab. Aber wie man diese Vibration herstellt, bei der eine Frau nicht mehr nein sagen kann – keine Ahnung.« Über Liebe und Begierde: »Wenn sie zusammengehen, Spitze! Das Himmelreich. Ansonsten bin ich überzeugt, daß man mit der einen Frau pennen kann und doch die andere nicht weniger lieben als zuvor. Eigentlich ein rein kulturelles Problem. In unserer Zivilisation ist es Vorschrift, daß die Leute sich bei Untreue schuldig fühlen. Manche schneiden sich sogar den Schwanz ab vor lauter Schuldgefühlen.« Wie er sich selbst vorkommen würde, wenn eine geliebte Frau ihn hintergeht? »Ich habe alle Schwächen der Menschheit, also bin ich auch irrsinnig eifersüchtig. Demnach möchte ich lieber nichts von der Sache erfahren. Soll sie mir ruhig einen Bären aufbinden. Schon daß sie sich dieser Mühe unterzieht, beweist doch, daß sie auf mich Wert legt. Ich hasse Lügen, aber ich bin für die Notlügen.« Ob sich das Verhältnis der Geschlechter in seiner Zeit verändert habe? »Überhaupt nicht. Immer noch wächst sich bei der Frau das Geschlechtliche leichter zu Liebe aus als beim Mann. Du denkst, du fummelst bloß herum, und auf einmal wirst du geliebt! Beglückend, aber riskant. Deswegen muß man sich das genau überlegen, bevor man in eine Beziehung einsteigt. Und notfalls ganz schön sein Selbstwertgefühl hintansetzen.«

Polanski jetzt groß in Fahrt, wetzt aufgekratzt auf seinem Sessel. Aber nicht so sehr Sexualhuberei als Kameradschaftlichkeit von Mann zu Mann. Will mir väterlich Ratschläge erteilen, romantische Illusionen ausräumen. »Sexobjekt – warum soll ich die Frauen nicht als Sexobjekte behandeln? Ich habe ja selbst nichts dagegen, wenn man mich dazu benutzt. Mich ausquetscht und wegwirft wie einen alten Strumpf. Und je eher Sie das drucken lassen, desto besser. Ich stehe zur Verfügung. Da heißt es immer, die Frauen kommen sich dabei gedemütigt vor. Ich glaub' nicht daran. Nicht, nach mir selber zu schließen. Sollen sie mich bloß für meinen Körper lieben!«

Verliert sich dann in Schwärmerei für seinen Lieblingstyp: »Ich bin überzeugt, wir alle werden bereits in der Pubertät auf unser lebenslanges Ideal fixiert. Vielleicht schon in der Kindheit. Und mich hat man da ein für allemal auf sanfte Nymphchen programmiert. Die Märchenprinzessinnen meiner Schulzeit. Die kleinen Hexen, in die ich mich zuerst verliebt habe, mit acht oder zehn Jahren. Natürlich in aller Unschuld. Geschlechtsreif bin ich ja erst mit großer Verspätung geworden.« Was er denn Verspätung nenne? »Na ja, siebzehneinhalb. Und seitdem bemühe ich mich aufzuholen, richtig. Aber je später man anfängt, desto mehr kommt die Phantasie zum Tragen, das zählt auch. Ob ich *was* bin? Sagen Sie das noch einmal. Ein Sexheld? Lächerlich, warum glauben Sie das? Und was zum Teufel meinen Sie überhaupt damit?« Ich gestehe schamhaft, daß ich mir darunter jemanden vorstelle, der es im Bett zehnmal hintereinander schafft. Polanski: »Sind Sie verrückt? Mit solchen Leuten kann ich doch nicht konkurrieren. Mein Rekord ist achtmal. Und da war ich gerade zwanzig und sehr verliebt. Haben Sie noch mehr solche Fragen auf Lager?« Ob die Befriedigung der Frau etwas mit der Größe der männlichen Geschlechtsorgane zu tun habe? »Ich werde Ihnen etwas beichten. Ich habe viele Frauen danach gefragt. Und sie alle behaupteten, daß nicht.« Vielleicht waren das auch nur Phrasen? »Stimmt. Vielleicht wollten sie mich nur trösten. Weil nämlich das, was ich zu bieten habe, nicht an die große Glocke zu hängen ist.«

Immer dieses rührende Bemühen zu helfen, indem man nicht ins eigene Horn stößt. Es ist dieser überraschende Mangel an Protz, der Polanski so sympatisch macht (und seine Autobiographie so unergiebig). Ob er sich je gefragt habe, warum die Frauen ihn trotzdem so mögen? »Ich glaube, meine schlechte Reputation trägt einiges bei. Wenn ich nicht so übel beleumundet wäre, hätte ich bestimmt nicht denselben Appeal.« Sie meinen, wenn die Frauen nicht wüßten, daß Sie Polanski sind, der große Verführer ... »Ich bin kein Verführer! Jesus, das ist fast eine Beleidigung!« Verzeihen Sie, ich meine den großen Anbeter und Liebhaber der weiblichen Psyche. Also wenn man ihren Ruf nicht kennen würde, hätten Sie dann den gleichen Erfolg? »Aber mein Ruf ist ja längst lädiert. Das ist schon kein Ruf mehr, das ist ein Verruf.« Genau davon reden wir. »Also gut, ich geb's zu. Die Frauen mögen das. Es reizt ihre Neugier. Frauen sind immer neugierig auf das Böse. Oder den Bösen. Haben Sie nie in einem Lokal gesessen, und es kommt ein Typ vorbei, der einen ganz miesen Ruf hat, einen stadtbekannten? Und kaum ist er weg, so fangen die Frauen zu tuscheln an: Dieser fiese Kerl, wen hat er denn da wieder aufgerissen, das arme Kind. Und das nächste Mal, wenn Sie das Lokal betreten, wen finden Sie da? Eben eine von diesen braven Frauen mit dem bewußten Typ.«

Zuletzt frage ich Polanski, wider die Abmachung, doch nach seiner Frau Sharon Tate. Und ihre Ermordung durch den kalifornischen Sektierer Charles Manson. »Irgend etwas ist in mir abgestorben nach ihrem Tod. Vielleicht meine Verrücktheiten, meine Eseleien. Oder die Jugend, was ja dasselbe bedeutet. Ich bin nicht mehr so pudeljung und pudelnärrisch. Ich bin ein dirty old man, der kleine Mädchen liebt.« Ob es möglich ist, daß er den Mord auch irgendwie herbeigezogen hat durch seinen Lebensstil? »Aber das ist doch wieder derselbe Käse, den die Medien jahrelang breitgetreten haben. Als hätte ich sie ermordet, als wäre ich selber daran schuld!« Ich meine, könnte es sein, daß nichts, was uns zustößt, ganz zufällig ist, sondern Teil unseres Selbst? Daß wir nur das erleben, was uns zukommt. Weil eben Persönlichkeit auch Schicksal ist? »Sie denken, wenn Ihnen ein Dachziegel auf den Kopf fällt, so sind Sie dafür verantwortlich? Welch großer Philosoph! Ich glaube, es ist alles Zufall, und wir sind nur zufällige Passanten auf einer fremden Straße. Aber eins stimmt: Du mußt aus allem, das dir widerfährt, etwas lernen, sonst hast du umsonst gelebt. Aus dem Guten wie dem Bösen. Ich bin sogar überzeugt, daß es nichts Übles gibt, das sich nicht in Gutes verwandeln ließe. Auch diese Tragödie, die mir zugestoßen ist. Ich glaube, wir haben eine Art Alchemie in uns, die das Böse in Gutes umschmilzt, die aus Blei Gold macht. Es kann schon sein, daß das der Zweck unseres Lebens ist.« Und vielleicht das Thema für einen kommenden Film? »Hören Sie, wenn ich anfange, Filme über mein eigenes Leben zu machen, dann bin ich fertig. Dann beginnt das Selbstmitleid. Und dann macht Polanski zu.«

PARIS, 23. OKTOBER 1984

Lichtbildervortrag von Roman Vishniak im Centre Pompidou. Dieser uralte fröhliche Mann, in Amerika zu Ansehen gekommen als Wissenschaftsfotograf, ist kurz vor Kriegsausbruch monatelang durch Osteuropa gewandert. Und hat, in Vorahnung des Kommenden, 20 000 Aufnahmen ostjüdischer Schtetlkultur gemacht, von denen etwa ein Zehntel überlebte. Ergreifend nicht nur, weil jetzt alle diese Menschen – darunter unzählige Kinder – tot sind. Sondern vor allem wegen der gelassenen, bescheidenen und oft wie geistesabwesenden Blicke dieser bettelarmen Leute. Sie posieren nicht. Wie doch sonst fast jeder, den wir vor der Kamera hatten. Sie sind zu sehr mit Gott und mit Überleben befaßt, um darüber nachzudenken, wie sie wirken. Und hier ist wahrscheinlich auch ein Grund zu suchen für den vielberufenen Mangel an jüdischem Widerstand gegen die Nazis. Sie dachten, auch im KZ wird es um Gott, um Maloche und ums Überleben gehen, wo ist da der große Unterschied?

TRIEST, 21. APRIL 1985

Angenehme Bahnfahrt zu diesem ehemaligen Haupthafen der österreich-ungarischen Monarchie. An der Hotelbar versammelt die Damen und Herren, die mich nicht kennen, die aber – deliziöses Gefühl – ohne mich nicht hier wären. Die Schauspieler. Höre unerkannt zu, während sie fachmännisch über mein Leben diskutieren. Zumindest die Rolle, die ich mir zulegte in diesem Film, denn wer beschreibt schon mehr als eine bescheidene Variante und Zwiebelschicht seines Selbst. Dann kommt Regisseur Axel Corti.

Unsere Emigrantentrilogie soll jetzt »Wohin und zurück« heißen. Stellt mich vor. Die Darsteller so begeistert, wie eben nur Darsteller sein können, während sie gerade in der Darstellung einer Rolle versinken. Später sind sie dann anders. »Das spielt sich wie Zukker!« Erhabeneres Lob gibt es nicht für einen, der in Dialoge vernarrt ist. Und eigentlich nur Dialoge kann, zum Nachteil etwa der dramatischen Konstruktion.

Fahrt zum brachliegenden Hafendistrikt. Der Hafen hat sich für New York auszugeben, aus Kostengründen natürlich. Längs der Mole ein rostiger, ausgedienter Seelenverkäufer wie jene »Nyassa«, auf der wir wandermüden Vertriebenen von Casablanca her eintrafen, damals im glühenden Sommer 1941. An Bord Dutzende von Komparsen in zeitgenössischen Kostümen. Und ein viel zu gut aussehender Wiener Schauspieler namens Gabriel Barylli in der Rolle des Freddy, wie ich mich hier nenne. Wäre ich damals bloß halb so schick gewesen, auch die Hälfte meiner Probleme hätte sich von selbst erledigt. . . . Aber was ist das? Wieso steigt da nicht ein edler Rabbiner die Fallreep herab, um den Boden der Freiheit zu küssen, sondern eine beliebige Alte mit zwei Kindern? Und wieso jüdelt mein Herr Popper so gar nicht, obschon er doch deutlich die Merkmale seiner Abstammung trägt? Und halt, das darf nicht wahr sein! Aus meinem Mister Shapiro ist eine Mrs. Shapiro geworden, und ihr Hund wird mitnichten Frankieboy gerufen, sondern irgendwas Unaussprechliches. Außerdem sah ich ihn als Spitz und nicht als Straßenmischung. Axel erklärt mir geduldig, daß dies Regie heißt. Papier ist Papier, aber Film ist Film. Eigentümliches Durcheinander meiner Empfindungen, wie Zeitlasuren, die einander überlagern. Zuunterst die eigenen schemenhaften Erinnerungen. Darüber die halberfundenen und zu Eigenleben gekommenen Personen des Drehbuchs. Und jetzt das Konkrete der Schauspielerin, ihre fast zu nachdrückliche Phraseologie. Am liebsten würde man alles wieder in Dunst und Konturlosigkeit verpacken, das Schrille zurückdämpfen zu jener gespenstischen Atmosphäre von Einsamkeit und Angst, die für mich das Bezeichnende dieser Emigration darstellt.

Abends in der Oberstadt Triestiner Essen mit Axel und dem einfühlsamen Kameramann Gernot Roll. Frage, wie ich mir den zweideutigen Schluß des letzten Teils »Welcome in Vienna«, und damit der ganzen Historie, eigentlich gedacht habe. Bleibt unser Freddy nach dem Krieg in seiner Heimatstadt Wien, oder geht er nach Amerika und damit in die Emigration zurück? Mein Vorschlag, den Ausgang offenzulassen und den Armen im nächtlichen Schneegestöber zu verlieren, wird rundweg abgelehnt. Ein Filmschluß muß her. Als wäre nicht gerade das die nie gefallene Entscheidung meines Lebens.

CHICAGO, 30. APRIL 1985

Längst wäre eine Untersuchung fällig über die kitschigen, stimmungsträchtigen Decknamen, die Generäle und oberste Kriegsherren ihren Unternehmen zu geben pflegen: Barbarossa, Seelöwe, Overlord, Paukenschlag, Nacht und Nebel . . . Dieses da heißt Gomorrha: der zehntägige Bombenangriff von 3000 alliierten Flugzeugen auf Hamburg im Juli 1943. »Ich brüllte wie hysterisch: Kommt runter! Kommt runter! Obwohl mir nicht klar war, ob ich die Bomben oder die Bomber herunterwünschte.« Der Betroffene gehört nämlich beiden Lagern an. Gerade ist die Fabrik, in der er als Maschinist arbeitet, in die Luft geflogen. Jetzt stolpert er aus dem Werksunterstand über die brennenden Trümmer, immer noch in seiner Arbeitskleidung. Plötzlich fuchtelt eine dicke Frau mit dem Finger vor seiner Nase herum und geifert: »Da ist einer von diesen Bomberpiloten! Bringt ihn um, das amerikansiche Schwein!« Unser Mann trägt nämlich nicht nur eine Schutzbrille um den Hals wie ein Flieger, sondern er ist überdies schwarz! Schwarz, wie eben nur Amerikaner sein können. Glücklicherweise taucht in diesem Moment ein Polizist auf und läßt sich an Hand seines Ausweises überzeugen, daß der junge Hans Jürgen Massaquoi Deutscher ist. Ein schwarzer Deutscher im Nazireich! Der Polizist setzt ihn in eine rettende Straßenbahn. »Nie werde ich den Haß in den Augen dieses Mobs vergessen, den man um seine Beute betrog.«

Der fabelhaft aussehende Herr, der mir das vier Jahrzehnte später berichtet, ist heute zweiter Chefredakteur der Illustrierten »Ebony« in Chicago. Die auflagenstärkste Zeitschrift für die Schwarzen Amerikas. Wir sitzen in seinem »executive office« hoch über dem Michigansee und sprechen deutsch. »Ich bin Afrikaner. Mein Großvater war Generalkonsul von Liberia in Hamburg. Während einer Krankheit wurde er von einer deutschen Krankenschwester gesundgepflegt. Dabei verliebte sich mein Vater in sie. Ich bin die Frucht dieser Liebe. Bei Kriegsausbruch ging er nach Liberia zurück. Meine Mutter behielt mich in Deutschland und brachte mich durch. Sie war der Grund, warum ich nicht einen Augenblick lang an Komplexen litt. Auch wenn die Kinder hinter mir herriefen: Neger, Neger, Schornsteinfeger! Ich fühlte mich nicht als Schwarzer, ich fühlte mich als ein etwas dunklerer Deutscher. Sogar der HJ wollte ich beitreten. Nur zur Wehrmacht durfte ich natürlich nicht, das hatte man den ›Nichtariern‹ verboten.

Übrigens waren nicht alle Deutschen Rassisten. In der Klasse gab es keine Probleme. Vor allem nicht mit den Mädchen, die fanden mich ›süß‹. Aber wenn ich mit einer Freundin ausging, mußte ein anderer Junge mitlaufen, als Deckung. Sonst hätte man mich gelyncht. Bei Sex verstehen die Leute keinen Spaß. Einmal hat mich auch ein Soldat in der Straßenbahn von meinem Sitz hochgerissen: Dreckiger Ausländer, hau ab! Die Menschen sind eben zu allem fähig.« Nach Kriegsende wurde Hans »relativ erfolgreicher Schwarzmarkthändler« in Hamburg. »Dabei habe ich überhaupt erst Englisch gelernt.« Danach ging er auf zwei Jahre zu seinem Vater nach Liberia, schließlich in die Staaten. »Wieder ein Schock! Mit einemmal war ich nichts mehr. Geradezu unsichtbar. Eine mindere Gattung. In Deutschland hatte man mich Hans gerufen, in Liberia Mr. Massaquoi. In Amerika war ich: Hey you! Kein halber Weißer, sondern ein ganzer Schwarzer. Ich habe Jahre gebraucht, um mich da herauszuarbeiten.«

Seine heutige Position als »executive« wird durch Haltung, Kleidung, Gehabe peinlichst unterstrichen. Von »Black is beautiful« hält er gar nichts. Viel wichtiger, den Leuten beizubringen: Wissen ist Macht! Traf selten einen Schwarzen, der die Spießbürgerwerte der »großen amerikanischen Mittelklasse« so komplett verinnerlicht hat. »Irgendwohin muß man gehören. Ich gehöre zu Amerika.« Regelmäßig besucht er seine deutsche Mutter, die er mit dem ersten Selbstverdienten nach Chicago herüberholte. »Der einzige Mensch auf der Welt, der überhaupt nachvollziehen kann, was ich fühle.«

AUSTIN, 14. MAI 1985

Flug nach Texas von Chicago aus, wo wir mit Studs Terkel filmten, dem rührenden alten Sozialisten und Rundfunkinterviewer. Der gutmütige Studs zum Abschied: »Wollen Sie wissen, wer mich in all den Jahren am stärksten beeindurckt hat? Ein einfacher Neger in Texas, der sich ›Race Hoss‹ nennt, Rennpferd.« Einen Tag später sitzen wir diesem blauäugigen, hellhäutigen »Ex-con« (ehemaligem Sträfling) gegenüber. Sein echter Name: Albert Sample. »Aber Rennpferd ist mir lieber. So hieß ich im Knast. Sample war nur der Zuname des schwarzen Mannes, mit dem meine Mutter einmal zufällig verheiratet war. Und Albert der Vorname ihres weißen Freiers, eines Baumwollhändlers, der mich zufällig zeugte. Keiner von diesen Namen gehörte wirklich mir. Ich mußte ins Zuchthaus, um meinen eigenen zu finden.«

Race, wie er sich abgekürzt nennt, räumt seinen Eßtisch frei, auf dem er uns überschwenglich bewirtet hat. Südliche Gastfreundschaft, hinter der leider die Unterwürfigkeit hervorgrinst. Zu viele Jahre Demütigung. Hat etwas von einem geprügelten Hund, dem jeden Moment die Nerven durchgehen können. Legt uns dann Stöße von Ausschnitten vor. Wie alle Autodidakten ist er auf Gedrucktes versessen, Ziffern, Statistiken. »Wissen Sie, was die hauptsächliche Todesursache für schwarze Amerikaner zwischen 15 und 24 ist? Keine Krankheit, sondern Mord durch andere Schwarze. Dementsprechend sieht es in unseren Zuchthäusern aus. Allein der Staat Texas hat soviel Sträflinge wie Ihr ganzes Land, und die meisten sind Schwarze.« Race verbrachte 17 Jahre in einer Anstalt namens Retrieve. »Wir nannten es die ›flammende Hölle‹. Ich weiß nicht, wie es heute dort aussieht. Der ganze texanische Strafvollzug ist ja durch Gerichtsbeschluß für ungesetzlich erklärt worden und mußte reformiert werden. Vielleicht ist es jetzt ein Paradies?« Wir lassen uns mit Retrieve verbinden und bekommen tatsächlich Dreherlaubnis, so stolz ist man auf das Paradies.

ENGLETON, 17. MAI 1985

Fahrt mit Race Sample zur texanischen Golfküste. Trotz früher Jahreszeit herrscht feuchte Tropenhitze. Wir halten bei einer Kneipe an der Landstraße. Die meisten Gäste in T-Shirts. Ein

Kellner kommt auf Race zu: »T-Shirts sind hier nicht gestattet.« Erst jetzt fällt uns auf, daß Race der einzige Schwarze ist im Lokal. Und wir begreifen, warum er die ganze Zeit keinen Durst zu haben vorgab. Auf unseren Protest kommt der Manager und entschuldigt sich: neueingestelltes Personal, noch ungeschult etc. Sample in einem Zustand, den er gar nicht zu verbergen trachtet. Dieser Mann ist fertig. Den haben sie erledigt in der »flammenden Hölle«, noch 14 Jahre später sitzt es ihm in den Knochen.

Ankunft in Retrieve am brühenden Nachmittag. Eine Art Ziegelfestung, umgeben von Farmergelände. Der Direktor, ein Studierter, Babyface mit randloser Brille. Viel soziologischer Rehabilitierungsjargon, während die ihn umstehenden Wärter ausdruckslos in die Luft starren. Jemand erkennt Sample wieder, dem gestattet wird, uns herumzuführen, natürlich von einem Aufpasser kontrolliert: »Er wird vieles verändert finden.« Bezeichnend, daß man nicht ihn anredet, sondern uns, als würden wir einen Blinden oder Schwachsinnigen begleiten.

Im Hochsicherheitstrakt stickige Einzelzellen von anderthalb mal zweieinhalb Metern, aneinandergereiht wie Legebatterien. Pritsche, Waschecke, hinten das Loch des Aborts, mehr ist da nicht. Es stinkt nach Verbranntem, denn heute morgen hat dieser ganze Trakt aus Protest seine Matratzen angezündet. Fast nur Schwarze. Halbverrückte Gesichter mit gelben Augenbällen: »Mensch, holt mich raus hier! Ich halt's nicht aus. Das ist ein Hühnerkäfig, kein Knast! Bringt mich ins Revier, bevor ich ausflippe!« Wegen Personalmangels kommt man hier nur alle vier oder fünf Tage für einige Stunden aus der Zelle. Überall werden kleine Handspiegel zwischen den engen Gitterstäben hindurchgesteckt, damit man nur irgend etwas von dem Ereignis mitkriegt. Race gibt beschwichtigende Sprüche von sich: »Du kannst es schaffen, Mann. Auch ich hab's geschafft.« Einer, ihn anfauchend: »Was stellst du dich hin für Whitey, Mann. Tu was für uns!« Der Aufseher erklärt, daß hier bloß die Unverbesserlichen untergebraucht sind. »Und die Schwulen«, was offenbar in Texas zur selben Kategorie gehört.

Mit Race zu dem Geräteschuppen, wo man Widerspenstige »aufzuhängen« pflegte. In einem unbewachten Augenblick fragen wir ihn gedämpft, wie dieses Aufhängen vor sich ging? Er macht es vor: »Die Hände in Handschellen quer über eine Stange, dann hochgezogen. Da hängst du eine Nacht lang oder den nächsten Tag dazu oder auch zwei oder drei Tage. Und jedesmal, wenn du die Hosen dreckig machst, gibt's ein paar Stunden extra.« Der Aufseher, zurückkommend: »Ach was, das ist lang her. Schon gar nicht mehr wahr.« In seinem Gesicht kann man lesen wie in einem Buch: »Dich haben sie auch vergessen zu vergasen.« Dann vor dem Anstaltstor das Grab des Oberaufsehers, genannt Boß Band. Dazu Race Sample: »Eines Morgens fiel er vom Pferd und war tot. Es war der schönste Tag meines Lebens. Wir nannten ihn Boß Band, weil er schon in frischer Jugend eine ganze ›band of niggers‹ zum Spaß hintereinander wegschoß. Brauchte man etwas von ihm, so hatte man ihn gesenkten Blicks mit O Lord anzureden. O Lord, bitte um Erlaubnis, sprechen zu dürfen, Boß. Fast so beliebt bei uns war der Wärter Big Devil. Einmal ließ er zwei homosexuelle Partner nackt vor dem ganzen Knast antreten, verheiratete sie öffentlich und versetzte sie auf alle Zeiten in die zwei am weitesten auseinanderliegenden Flügel. Und dann gab es die Geschichte mit Flohkopf, auch ein Schwuler. Der antwortete auf die Frage nach seinen sexuellen Gewohnheiten ganz heiter: Hier kommt man doch nie an Kühe, Maultiere oder Pferde ran. Also was sollen wir machen? Hat auch nicht lang überlebt, der Flohkopf.«

Abends mit Race in die Bar unseres Motels. Zu unserer Überraschung behält er seinen Stetson auf und sieht im schummrigen Licht mit seinen strahlend blauen Augen und dem Schnäuzer fast wie ein sonnenverbrannter Cowboy aus. Er wird auch lange vor den anderen Schwarzen bedient. Zu seinen Augen fällt ihm noch eine Knastgeschichte ein: »Die meisten von uns Niggern kamen ja von der Straße. Und hatten auch da und dort schon mal ein Auge verloren. Darauf bestellte der Anstaltsleiter einen ganzen Satz Glasaugen aus der Stadt. Nur waren sie ausnahmslos blau und alle um drei Nummern zu groß. Das waren so die kleinen Scherze von Retrieve.«

Ohne große Mühe haben wir das Nuttenviertel der texanischen Hauptstadt ausgemacht, nicht weit vom Bahnhof. Kennzeichnend für Race Sample, daß er in seiner Stadt weder von einem Nuttenviertel wußte noch von einem Bahnhof. Sondern sich an das winzige Eigenheim in einem Gartenvorort festkrampft, das er kaum je verläßt. Wir bringen ihn zu dem von uns entdeckten Slumdistrikt. Hinten defilieren die Mädchen, fast alles Schwarze, in hochhackigen roten Schuhen und blonden Perücken. Race: »Genau so ein Zweizimmerhaus mit Wellblechdach bewohnten wir. Und die bekannteste Puffmutter des Orts war auch meine Mutter: Big Emma, die Stadthure. Vorne die Küche mit meiner Schlafstatt. Hinten die Spielhölle, wo sie manchmal, assistiert von einer Freundin, ihre Freier empfing, ihre ›tricks‹. Dazwischen ein Vorhang. Nachts verstopfte ich mir dann die Ohren, um nichts zu hören. Aber ich hörte, und ich sah. Emma stammte vom Land. Als sie vier war, fuhr eines Sonntags der Vater mit ihr und ihrer schwangeren Mutter auf dem Ochsenkarren zur Kirche. Unterwegs brach ein Rad. Die Mutter nörgelte, und der Vater nahm eine Latte und schlug auf sie ein, bis sie tot war. Ein paar Jahre danach lief Emma davon in die Stadt. Sie lebte von Prostitution, Alkoholausschank und Falschspiel. Sie lebte nach dem Gesetz des Dschungels. Und genau das hat sie mir beigebracht.«

Am Güterbahnhof. Kein Mensch in Sicht. Race schwingt sich auf ein Trittbrett: »Als ich sechs war, wurden meine Mutter und meine Tante Elzado von dem weißen Rassistenbund Ku-Klux-Klan aus der Stadt gejagt. Ich war dabei. Ich stand zwanzig Meter davon. Alle Männer trugen Kapuzen, wie weiße Tischtücher mit ausgeschnittenen Augen. Die Straßen bis zum Bahnhof waren mit Seilen eingesäumt. Emma und Elzado rannten sie entlang, von johlenden Reitern angetrieben. Sie erwischten einen Zug und flohen um ihr Leben. Aber beim Aufspringen glitt meine Tante aus, kam mit der Hand zwischen die Räder und verlor drei Finger. Emma hielt sie auf dem Trittbrett fest bis nach Dallas, 120 Meilen.« Wie lange sind Sie dann allein geblieben? »Vier Jahre, bis ich Emma wiedersah. Ich schlief unter Brücken, in Spielhallen, in Güterwagen. Ich hatte niemanden mehr.« Singt für uns den Song »Verlassene Kinder in harten Zeiten«. Weint.

Später, über seine Jahre als Rummelplatzhelfer, Taschendieb, Eisenbahnvagabund: »Ich war dreizehn und enterte diesen Überlandzug. Da merkte ich, daß noch ein Mann im Güterwagen lag, ein anderer Hobo. Ich hatte eine Dose Sardinen aufgemacht, und er faßte nach ihr. Faßte einfach nach der Dose. Was sollte ich tun? Ich stieß zu mit meinem Messer, geradewegs in die Weichteile, wie man mir das beigebracht hatte. Dann rollte ich ihn aus dem Wagen. Der Zug lief sechzig Meilen die Stunde. Ich glaube nicht, daß er überlebt hat.«

AUSTIN, 20. MAI 1985

In Race Samples Wohnung, die Einrichtung wie aus dem Warenhauskatalog. Ohne jeden Bezug auf seine Herkunft und Vergangenheit. Seine Frau Carol, eine weiße Lehrerin, hilft ihm mit den drei Bänden, in denen er seine Erlebnisse niederlegen will. Eigentlich ist sie die Autorin, da er sich erst im Knast das Schreiben beibrachte. Hübsche, schweigsame, bescheidene Frau: »Alles ist sein Werk, ich korrigiere es bloß.« Derzeit arbeiten sie an den wiederholten Raubüberfällen, die ihm zuletzt seine »heavy time« einbrachten, die Verurteilung zu dreißig Jahren. Ich frage Carol, ob sie davon etwas ahnte, als sie ihn bei einem Rehabilitierungsprogramm für ehemalige Strafgefangene traf. »Damals noch nicht. Kurz darauf hat er mir alles gebeichtet. Aber es machte mir nichts mehr aus, weil ich jetzt schon begriffen hatte, was für ein Mensch das war.« Heimkunft der Tochter Amber, hübsches amerikanisches Schulmädchen, dem man nichts Schwarzes mehr ansieht. Wir laden die drei zum Abendessen in unser Hotel, wo wir schon reserviert haben. Allerhand Ausflüchte. Unser Hotel gilt als »schneeweiß«. Wir enden in einem drittrangigen Lokal. Frage an Race, warum er den Süden nicht verläßt? »Und wäre es bei Ihnen so anders, als farbiger Gastarbeiter?« Wie wahr.

Erzählt daheim weiter von seiner Kindheit. Steigert sich hinein. Fatale Gefahr des Selbstmitleids, hier deutlich zu besichtigen. Zeigt uns die Schuhschnallen Big Emmas, sein einziges Andenken an sie. Und wieder Tränen. Deren Carol nun schon häufig, vielleicht allzu häufig, Zeuge gewesen sein muß. Der unsagbare Heroismus solcher Frauen, auch ihr barmherziges Schweigen. Race:

»Meine Aufgabe war, die Kotzeimer auszuwaschen, in denen auch die Präservative schwammen. Und das Haus zu hüten, wenn sie auf Jagd ging nach ihren Tricks. In freien Momenten brachte sie mir bei, was sie wußte. Obenan stand das Würfeln. Ich kann noch heute blind mit den bloßen Fingern die Punkte ablesen.« Führt uns vor, wie er die zwei Würfel versteckt mit etwas Speichel zusammenklebt. Und so losrollen läßt, daß sie nach dem Auseinanderlaufen genau bei der Augenzahl stoppen, die er zum Gewinn braucht.

Emma hat ihren Sohn nie im Knast besucht. Als er herauskam, war sein erster Gang zu ihr. »Sie lag auf dem Bett. Sie sagte: Mama wußte, daß du kommst. Sie kann nirgendwohin gehen, bevor sie dich wiedergesehen hat. Du und ich, sind wir noch immer Freunde? – Die allerbesten Freunde, Emma. – Am selben Tag starb sie. Es war 1971. Ihr genaues Alter hat sie nicht gewußt.«

ENGLETON, 22. MAI 1985

Noch einmal Zuchthaus Retrieve. Da es bei unserem vorigen Besuch regnete und seit der Reform des Strafvollzugs bei Regen keine Landarbeit mehr stattfinden darf. Immerhin! Retrieve ist eigentlich eine Plantage (hauptsächlich Baumwolle), deren Bebauung durch unbezahlte Zwangsarbeiter der texanischen Gefängnisverwaltung jährlich Millionen einbringt. Morgendliche Ausfahrt der weißgekleideten Knackis in vergitterten Lastwagen. Beaufsichtigt von berittenen »high riders«, denen von einem Wachtturm der Revolver per Seilzug heruntergelassen wird. Wir fahren hinterdrein, Race mit dem abschätzigen Lächeln des alten Frontschweins: »Zu meiner Zeit mußten wir im Laufschritt auf die Felder!« Folgt ziemlich gemütliche und unordentliche Hackarbeit. Race singt uns, eher sentimental, einen der rhythmischen Work Songs vor, zu denen damals stramm gearbeitet wurde. Race mit seiner Kolonne allen voran. Daher sein Ehrenname Rennpferd, ihm vom Boß Band verliehen. So kennt noch die Hölle ihre Romantik.

Schließlich gegen Sondererlaubnis Besuch einer der Strafzellen. »Seit Jahren außer Betrieb«, versichert man uns. Seit wie vielen Jahren? »Mindestens drei.« Nackter Beton. Zementpritsche, kein Fenster, kein Licht. Hier wurde Race die Erfahrung zuteil, die seinem Leben die entscheidende Wendung gab. »Ich saß da, auf dieser Bank, splitternackt, denn man steckt dich nackt hinein. Die Kost: ein halbes Glas Wasser und ein halber Zwieback die ersten fünf Tage. Erst am sechsten Tag eine Mahlzeit. Ich saß da im Finstern, schlug die Hände übers Gesicht, und auf einmal schrie etwas in mir: Was soll ich tun? Mit wem reden? Gott, hilf du mir! Ich schaute zwischen meinen Fingern durch, und plötzlich war es ganz hell in der Zelle. Und ich wußte, es war jemand da, ich spürte es von den Zehen bis zu den Haarspitzen. Jemand, der sagte: Fürchte dich nicht. Fürchte nichts mehr auf der Welt. Aber du mußt aussagen über mich. Und ich blieb in dieser Zelle 28 Tage und hatte mich noch nie so geliebt gefühlt in meinem ganzen Leben. Zum erstenmal wußte ich, daß ich nicht tot war. Daß ich ein Mensch war. Und daß ich es schaffen konnte, solang ich nur an Ihn glaubte.«

Danach begann Race sich Aufzeichnungen über sein Leben zu machen. Und damit Distanz zu gewinnen, immer schon die Rettung vor dem Verschlungenwerden. Und der Beginn aller Schriftstellerei. Tausend Seiten waren es am Tag seiner Entlassung. »Wozu das viele Geschreibsel? – Um mich zu erinnern. – Wie lang warst du bei uns? – Siebzehn Jahre. – Du wirst keine Mühe haben, dich zu erinnern! – Und sie feuerten fünf Jahre Arbeit in den Mülleimer. Das war mein Abschied von Retrieve.« Auf der Rückfahrt zeigt uns Race das Auffangheim für entlassene Strafgefangene, das er nach seiner Entlassung gründete. Auch um viele andere Resozialisierungsprojekte hat er sich bemüht, an der Universität von Texas studiert, für Zeitungen gearbeitet und unzählige Orden und Ehrenzeichen erhalten. Race abschließend: »Nach fünf Jahren Freiheitsentzug hörst du auf, der Mensch zu sein, der du einmal warst. Bist von nun an nur noch ein Produkt des Systems. Wenn sich der Knast verantwortlich machen ließe für die Produkte, die er ins Leben entläßt, wie General Motors für seine Autos, dann könnte der Strafvollzug endlich anfangen, einen Sinn zu ergeben.«

WIEN, 18. OKTOBER 1985

Pressevorführung unseres Dreiteilers »Wohin und zurück« im Kinosaal des Österreichischen Rundfunks. Starker Eindruck. Der zweite und dritte Teil für mich so neu wie fürs Publikum. Der dritte, »Welcome in Vienna«, ist von Axel Corti zu einem Aktionsfilm gestaltet, der durchaus im Kino laufen könnte. Mir am nächsten allerdings der zweite, eher unfilmische Teil, genannt »Santa Fé«. Meine Traumstadt im amerikanischen Westen, die ich nie erreichte, gelähmt von Emigrantenlethargie. Und von Geldmangel. Und von zersetzendem Heimweh nach Wien. Leider dürfte kaum jemand in Österreich diesen ganz von Nostalgie durchtränkten Film zu Gesicht bekommen. Da zur selben Zeit auf dem andern Kanal Auftaktsendung einer Serie, die sämtliche Blätter hier seit Monaten anpreisen: »Die Schwarzwaldklinik«. So wird denn meine »Heimkehr« auch in dieser Form nicht stattfinden.

PARIS, 8. MÄRZ 1986

Party bei uns für Maurice Girodias. Mit diesem Namen hatte ich ihn immer für einen halben Griechen gehalten. Auch vor zwanzig Jahren, als wir mit der Kamera in seine Dramatisierung von de Sades »Philosophie des Boudoir« hineinschnüffeln durften, die er im mittelalterlichen Keller seines Nachtklubs La grande Sévérine veranstaltete. Die Zuschauer mußten maskiert erscheinen. Die Schauspieler trugen keine Masken und zum Teil noch weniger. Spätnachts wurde demnach die Vorstellung von der »Mondaine«, der Sittenpolizei, gesprengt, das Nachtlokal geschlossen, und Girodias machte bankrott. Es war die Zeit, wo Madame de Gaulle bestimmte, was Kunst war und was nicht. »Seitdem geht es mit Frankreich moralisch wieder bergauf«, hüstelt Girodias mit der grimmigen Heiterkeit des Fertiggemachten. Er ist jetzt jenseits von Wut und Verbitterung angelangt, irgendwo bei der Resignation.

Übrigens hat er mit Griechenland nichts am Hut. »Girodias ist ein guter, alter südfranzösischer Bauernname. Ich übernahm ihn von meiner Mutter, als die Deutschen Paris besetzten. Schließlich konnte man unter den Boches nicht so heißen wie mein Vater.« Der Vater hieß Jack Kahane. Auch Jackie genannt. Ein britisch-jüdischer Playboy aus Manchester, mit einem immensen Verbrauch an Frauen und Geld. Die Frauen kamen ohnehin. Das Geld verschaffte er sich durch die Gründung der Obelisk-Presse. Sie druckte, in einem Paris, das seit Baudelaires »Blumen des Bösen« keine Bücher mehr zensiert hatte, auf englisch erotischen Schmutz und Schund, der dann von Paris-Touristen in die angelsächsischen Hochburgen der Prüderie eingeschmuggelt wurde. Welch ein Geschäft! Nebenher verlegt er auch die ersten Werke von Henry Miller, Lawrence Durrell, Anaïs Nin. Beim Einmarsch der Deutschen trinkt sich der schon schwerkranke Vater Kahane in einer einzigen Nacht ins Grab. Maurice übersteht die Kriegsjahre mit falschem Ausweis und allerhand Verlagsobjekten: »Ich fühlte mich nicht als Jude, also war ich keiner«, beteuert er mit etwas aufgesetzter Naivität. »Ich wußte noch nicht einmal, was mit den Juden geschieht.«

Nach dem Krieg Neugründung des Verlages unter dem Namen Olympia Press. Und mit der gleichen bewährten Mischung von Pikanterie und Porno. Einerseits »Weiße Schenkel« und »Das Geschlechtsleben von Robinson Crusoe«, andererseits Miller, de Sade, Genet, Beckett, den »Naked Lunch« von Burroughs, den »Ginger Man« von Donleavy, schließlich Nabokovs »Lolita«, das er gegen die Zensur durchsetzt. »Mein Vater hat die sexuelle Revolution begonnen, ich sie vollendet.« Wenigstens in Amerika. Denn Frankreich steckt eher in einer Phase sexueller Restauration. Humor, ade. »Ein Buch nach dem andern wurde unterdrückt, notabene von Richtern, die kein Wort Englisch verstanden.« Girodias bemüht sich herauszufinden, nach welchem Prinzip die Zensoren vorgehen. Schließlich entdeckt er, daß es das alphabetische Prinzip ist. Also macht er aus »Adeles Begierden« die »Zickige Adele«, aus »Candy« ein »Zuckerl« ... es hilft alles nichts. Nach vierzig Verhaftungen und einem Publikationsverbot auf neunzig Jahre ist Girodias weichgekocht. Anfang der Siebziger verzieht er sich nach New York, wo man gerade auf ihn gewartet hat: ein Pionier mit zehn Jahren Verspätung.

Wieder macht er pleite, wieder gründet er einen neuen Verlag. »Nicht Sex war das große Tabu mehr, sondern Politik.« Unverbesserlicher Provokateur, veröffentlicht er eine satirische Politfiktion, »Präsident Kissinger«. »Wir druckten 100 000 Exemplare. Eine Sensation. Gleich darauf werde ich zum Einwanderungsbüro zitiert: Okay, Freundchen, genügen Ihnen dreißig Tage? Ich war ausgewiesen. Wie werde ich je wissen, ob Kissinger dahintersteckte oder nicht? Aber wer sonst konnte so scharf darauf sein, mich abzuservieren?« Seitdem lebt Girodias wieder in Paris.

Steckt mir vor dem Weggehen noch schnell das Treatment für einen intergalaktischen Atlantisfilm zu, »samt Spin-off für zwanzig Fernsehstunden. Ein Millionenprojekt. Die Japaner sind schon ganz geil drauf. Vorschuß unterwegs.« Hat aber nicht mehr genug Kleingeld, um sich ein Taxi nach Hause zu leisten.

CANNES, 12. MAI 1986

Unser Film »Welcome in Vienna« läuft beim Filmfestival unter der Sparte »Ein gewisser Blick«. Nun ja, einen gewissen Blick, der sich von keinem mir bekannten Kinofilm herleitet (schon weil ich sowenig vom Kinofilm verstehe), kann man uns nicht absprechen. Wie kamen wir hierher? Indem Axel Corti mich vor drei Monaten dringend anrief, doch einmal den für die Auswahl zuständigen Monsieur Jacob in Paris aufzusuchen. »Aber ich weiß nicht einmal die Adresse!« »Dann schlag eben im Telefonbuch nach.« Als ob irgend jemand im Pariser Telefonbuch zu finden wäre! Überraschenderweise klappte es dann doch.

Hier hängen jetzt unsere Plakate, von dem Wiener Maler Rudolf Hausner entworfen, an allen Laternenpfählen. Ich gebe Interviews und bin verblüfft über die Stümperei verschiedener Kollegen. Ob ich Stefan mit f oder ph schreibe? Mit solchen Fragen wäre man zur Zeit von Karl Kraus am ersten Tag aus dem Blatt geflogen. Und dann die zwei fatalsten Patzer überhaupt. Zuerst: »Haben Sie nicht irgendeine Anekdote auf Lager?« Hierauf die tölpelhafte Frage nach dem Rekord: »Was war der deprimierendste Moment Ihrer ganzen Emigration?« Worauf man nur antworten kann: »Junge, dieser!« Axel geht es nicht besser, den der berühmte Kinospezialist unseres Senders auffordert: »Jetzt ratschen Sie mal drei Minuten lang was von Ihrem Film.« So läßt sich leicht Kinospezialist sein. Anschließend zum Filmpalais. Und unterwegs bitte ich Axel händeringend, nur ja nicht von Kurt Waldheim anzufangen, der soeben, trotz Aufdeckung seiner Vergangenheit, mit den Stimmen vieler Antisemiten (Wahlmotto »Jetzt erst recht«) zum österreichischen Bundespräsidenten erkoren wurde. Der aber hierzulande total unbekannt sei. Zu meiner Überraschung ist der gewaltige Saal gesteckt voll. Axels dichte Atmosphäre des Kriegsendes vom Mai '45, mit Schubert untermalt, schafft gleich in den ersten

Filmminuten herzbeklemmende Anteilnahme. Danach wird, trotz fehlerhafter Untertitel, genau an den richtigen Stellen gekichert und zum Schluß geheult. Undefinierbares Gefühl, wenn man Beziehungen und Geschehnisse, einst in schöner Unmittelbarkeit erlebt, nun mit tausend fremden Menschen teilt. Zuletzt Diskussion, auf eine Viertelstunde angesetzt. Eine geschlagene Stunde später, als der Saal geräumt werden muß, ist noch immer das halbe Publikum da. Und natürlich befaßte sich gleich die erste Frage mit Waldheim. Diesem aalglatten, gewissenlosen Schmähführer, der nie von mir gehört hat (und der vielleicht nur ein routinemäßiger Abzeichner von Todesurteilen war), verdanken wir im ersten Anlauf unseren Durchbruch. Vergelt's Gott.

SASSO, ITALIEN, 30. JUNI 1986

Einst war er ein junger Mann à la mode, aus feinstem französischem Militäradel. In Paris heißt sogar eine Straße nach der Familie und ein Hotel, in dem er nie absteigt. Rassiges, herrisches Gesicht mit genau dem Anflug von femininer Empfindsamkeit, den Frauen schätzen. Von Beruf Maler, Autor, Weltreisender, Filmemacher. Hauptberuf Genießer, nehme ich an. Vor sieben Jahren wurde er Opfer eines Raubüberfalls, ausgerechnet in dem einzigen Künstlergäßchen von New York, der MacDougall Alley. Als er sich zur Wehr setzte, bespritzen die Wegelagerer sein Gesicht mit Säure aus einer Autobatterie. (Obwohl ich nicht weiß, wie man Säure aus einer Batterie herausbekommt.) Seitdem ist er blind. Und trägt einen von ihm selbst entworfenen Stahlreif um die Augen, der ihn womöglich noch romantischer aussehen läßt: der Mann mit der eisernen Maske. »Jetzt hast du zwei Möglichkeiten. Vor Selbstmitleid krepieren oder weiterleben wie bisher.« Hugues de Montalembert reist weiter allein durch die Welt, bis hin nach Bali und Ladakh. Reitet im Galopp, segelt, marschiert grundsätzlich im Eiltempo: »Wer Angst hat, ist verloren.« Schreibt an seiner Autobiographie. Haßt es, wenn man sich allzu aufdringlich seiner annimmt. Unvermeidliches Resultat: Jeder nimmt sich seiner an.

Hier, in dieser Bergfestung zwischen Rom und Ostia, wo er sich der Billigkeit halber niedergelassen hat, können wir ihn kaum auf den Hauptplatz lancieren, als auch schon ein Dorfmädchen hilfreich herangesprungen kommt: »Signor Ugo! Signor Ugo!« Daneben notieren wir, in zehn Tagen internationaler Dreharbeiten und in dieser Reihenfolge: eine französische Majorsgattin, die sich scheiden lassen will, um Hugues zu ehelichen, der sie angeblich dazu aufgefordert habe (ich rate ihr vorsichtig ab). Eine literarische Agentin aus Rom, die ihn überraschend besuchen kommt und die er beim Schwimmen aus zwanzig Meter Entfernung an ihrem Parfum erkennt. Eine dito Agentin in London, die ihn zu einer Party mit Andy Warhol geleitet, aber ihm den ganzen Abend nicht von der Pelle weicht. Sichtlich als Schutz gegenüber zwei weiteren literarischen Damen, die sich laufend an ihn heranzupirschen suchen. Eine niedliche Fürstin Ruspoli, die Hugues zum Flughafen chauffiert und sich am liebsten gleich mit ihm nach Amerika einschiffen möchte. Eine reiche jüdische New Yorker Dekorateurin, deren Wohnung an der Ostseite er ungeniert bezieht. Eine italienische Ethnologin an der Westseite, deren Hand er schon bei der Begrüßung zärtlich abtastet (»Ah, du trägst noch meinen Ring«) und die sich als seine geschiedene Gattin herausstellt. Nicht zu reden von diversen schnurrenden und sich über halbe Stunden hinziehenden Telefongesprächen.

Um zu beobachten, was passiert, stellen wir ihn in New York an die belebteste Ecke der Stadt, direkt bei der Public Library. Innerhalb von Sekunden hat ihn eine hübsche Schwarze untergefaßt, die aber umgehend von einer Blondine vertrieben wird. Hugues, befragt, ob es ihm auch vorher so gut erging: »Natürlich nicht. Es ist der pure Aufopferungstrieb des Weibes. Und dahinter versteckt das instinktive Verlangen nach dem endlich gezähmten, hilflosen Männchen. Aber ich reite lieber im Galopp durch einen vereisten Wald, als daß ich mich aus Mitleid heiraten lasse. Nicht meinetwegen – ihretwegen ...«

FAYETTEVILLE, NORTH CAROLINA, 25. SEPTEMBER 1986

Zum erstenmal in einer amerikanischen Samuraifamilie. Auch als Soldat kam ich, da ranglos, nie mit solchen Dynastien in Kontakt. Eines ihrer Erkennungszeichen besteht darin, daß die Namen numeriert sind wie die von Potentanten oder Päpsten. In diesem Fall ist das derzeitige Oberhaupt Admiral Elmo Zumwalt jr. Also der

Zweite. Befehlsgewohntes Gesicht bei zurückhaltendem, leisem, überhöflichem Ton. Vor 18 Jahren, im September 1968, wurde er zum Befehlshaber der Binnengewässer von Vietam ernannt. Seine Hauptverantwortung: die als »swift-boats« bezeichneten Patrouillenschiffe auf den schlammigen Flüssen des Mekongdeltas. Und ihr Schutz gegen die mörderischen Feuerüberfälle aus dem undurchdringlichen Uferdschungel. Seine Antwort: Entlaubung der Flußufer durch Versprühen von dioxinhaltigen Pflanzenvernichtungsmitteln. Das berüchtigste davon heißt »Agent orange«.

Kurz darauf meldet sich sein eigener ältester Sohn, Elmo III, entgegen dem Wunsch des Vaters freiwillig nach Vietnam und wird Kommandant eines solchen Aufklärungsschiffes. Dessen Besatzung ahnungslos auf dem Flußwasser schwimmt, damit kocht und davon trinkt. Ein dabei auftretender Ausschlag scheint dem jungen Leutnant nur geringe Unbill verglichen mit Hitze, Moskitos, Ratten, Ruhr und Feueranschlägen: »Nach neun Monaten konnte ich das alles gleichzeitig schlucken und noch immer meine Nerven behalten.« Beide Zumwalts verlassen Vietnam im Frühjahr 1970. Der Admiral, um zum jüngsten Flottenchef in der Geschichte Amerikas zu werden, der sich für die Demokratisierung seiner Waffengattung stark macht: »Ich hatte eine gesunde Verachtung für den eingefleischten Konservatismus und Rassismus der Navy.« Der Landurlaub wird liberalisiert, Schwarzen der Aufstieg erleichtert, Bärte zugelassen. 1974 tritt er in den Ruhestand und etabliert sich als Unternehmensberater. Zur selben Zeit beginnt der Sohn eine Karriere als Rechtsanwalt in Fayetteville. 1977 wird auch ihm ein Sohn geboren, Elmo IV. Dieser, so stellt sich heraus, leidet an Lernschwäche, er ist geistig zurückgeblieben. 1983 erkrankt Elmo III an Lymphdrüsenkrebs. Und später an einem zweiten Blutkrebs, Hodgkins Disease.

Für Vater und Sohn besteht kaum ein Zweifel, daß »Agent orange« alle diese Krankheiten verursacht hat. Beide Zumwalts sind Kämpfer. Der Vater quittiert seinen Job und widmet sich fortan dem Überleben seines Sohnes. Der Sohn verspricht dem Vater, nicht aufzugeben, was immer passiert. Dieser Kampf währt jetzt seit Jahren. Heute, durch eine Knochenmarksübertragung dank seiner Schwester, stehen die Chancen des Sohnes 50 zu 50.

Die letzten Monate verbrachten die beiden Männer damit, ein gemeinsames Buch zu verfassen: »Mein Vater, mein Sohn«. Derzeit sind sie auf einer erschöpfenden Pressetournee. Zum Wochenende darf ich Vater und Sohn in Fayetteville besuchen, auch die übrige Familie ist anwesend. Lauter gelassene, spröde, jedem Gefühlsausbruch abholde Menschen. Die Mutter: »Ich bin zu erschöpft, um über die Sache zu sprechen.« Kathy, die Frau des Sohnes: »Man kann nur überleben, indem man es von Tag zu Tag nimmt.« Der Vater: »Ohne die Entlaubung wäre mein Sohn wahrscheinlich überhaupt nicht zurückgekommen. Die Chancen der Schnellboote standen gleich Null. Sie galten als Himmelfahrtskommandos.« Der Sohn: »Ich hätte an seiner Stelle genauso gehandelt. Er ist nicht schuld an meiner Krankheit. Er hat Tausende von Leben gerettet.« Der Vater: »Ich habe nie solchen Mut gesehen wie den meines Sohnes. Er ist eine Inspiration für uns alle.«

Frage des Reporters: Denken Sie je an die zahllosen vietnamesischen Familien, die in diesem Moment vielleicht die nämlichen Qualen durchstehen? Der Sohn: »Es vergeht kein Tag, ohne daß mir das durch den Kopf geht.« Der Vater: »Ich war von jeher gegen den Krieg in Vietnam, den ich nie als lebenswichtig für die Sicherheit der Vereinigten Staaten ansehen konnte.« Wir kehren ins Hotel zurück. Abends im Fernsehen ein Film über Vietnam. In vielen Landesteilen ist die besprühte Vegetation überhaupt nicht mehr nachgewachsen. Sie sind auf alle Zeiten verwüstet. Spätnachts noch ein Anruf des Admirals: Was er mir vor der übrigen Familie nicht sagen wollte: Die letzten Laboruntersuchungen des Sohnes zeigten einen Rückfall. Er selbst würde jetzt die Tournee allein fortsetzen. An Filmaufnahmen sei vorläufig nicht zu denken. Und entschuldigt sich ein Mal über das andere, daß er den Reporter für nichts habe kommen lassen: »Ich weiß, wie wertvoll Ihre Zeit ist.«

SHELDRAKE, 27. SEPTEMBER 1986

Brown's Hotel am Loch Sheldrake in den Catskill-Bergen … britischer geht's nicht. Aber jeder New Yorker weiß natürlich, daß es sich hier um eines der stinklangweiligen jüdischen Ferienparadiese handelt, zu denen man während der brodelnden Sommermonate hinaufpilgert. Alle großen Komiker bis hin zu Woody Allen haben sich hier ihre Sporen verdient. Nur ach, das Geschäft floriert nicht mehr wie einst, denn heutzutage können sich die New Yorker Acapulco leisten oder die Bahamas. Also mußte sich das Management etwas Neues einfallen lassen: dieses Wochenende einen internationalen Magierkongreß. Gleich die Hotelhalle voller Verkaufsstände mit falschen Zylinderhüten, Spiegelkisten und gezinkten Karten. In den Sälen die Großen der Zunft, von »Siegfried and Roy« mit ihren verschwindenden Tigern bis zu dem Showmaster und Amateurzauberer Dick Cavett, dem noch der läppischste Knotentrick mißlingt. »Wo ist meine Uhr?« schreit er zuletzt verzweifelt auf, aber natürlich befindet sich dieselbe längst in der Tasche des Tricksers, mit dem wir die nächsten Wochen verbringen wollen und der sich jetzt, nach diversen Namensänderungen, »der erstaunliche Randi« nennt.

Doch zuerst drehen wir einen Hypnotiseur, der allerhand reifere Damen dazu veranlaßt, im Trancezustand nach imaginären Flöhen zu suchen oder ihnen gänzlich fremde Mannsbilder abzubusseln. Nachher verlegenes Gelächter, aber es bleibt ein ungutes Gefühl. Ist unser stolzer Verstand wirklich so leicht zu übertölpeln? Ich frage den bärtigen Mister LaMonica, ob er mir durch seine Kunst das Rauchen abgewöhnen könne. »Dazu brauche ich nicht einmal Hypnose. Rauchen ist, wie Bonbonlutschen oder Nasebohren, ein rein physisches Vergnügen, das wahrscheinlich auf die Mutterbrust zurückgeht. Ersetzen Sie es durch ein anderes leibliches Lustgefühl, und Sie sind auf dem Weg zur Heilung.« Zum Beispiel? frage ich skeptisch. Er nimmt mir das Metallkettchen ab, das ich, wie sämtliche Kongreßteilnehmer, als Erkennungszeichen um den Hals trage. »Damit können Sie zwischen den Fingern fummeln, wenn es Sie nach Tabak zu jucken beginnt. Ist sinnlich genauso befriedigend, und gesünder.« Ich verspreche mein möglichstes, ohne einen Moment daran zu glauben.

SHELDRAKE, 28. SEPTEMBER 1986

Randis großer Auftritt. Dieses schmächtige, kahlköpfige Männlein gibt sich durch abendfüllenden Vollbart und stechenden Blick ein Fakir-Aussehen, das nur leider durch sein ewiges Kichern zuschanden gemacht wird. Erzählt als erstes von dem soeben eingeheimsten »Geniepreis« der MacArthur-Stiftung, der finanziell gleich hinter dem Nobelpreis rangiert. Immerhin 272 000 Dollar steuerfrei. Bisher ausschließlich an renommierte Künstler und Forscher vergeben, nunmehr zum erstenmal an einen Magier ... aber einen, der's in sich hat. Randi ist nämlich nicht nur einer der angesehensten Illusionisten der Branche, sondern auch Nemesis und Entlarver aller esoterischen Obskuranten, Tischrücker, Scientologen, Gedankenfotografen, Geistheiler und sonstigen pseudokosmologischen Schamanen und Scharlatane unserer glaubenssüchtigen Zeit. Denen er seine Überzeugung entgegensetzt: Der Hokuspokus mit dem Übersinnlichen verhindert die wahre Spiritualität, die Gott in seinen Werken erkennt ... und in seinem erhabensten Werk: der menschlichen Vernunft.

Und gleich nimmt er sich den Oberroßtäuscher unserer Tage vor, Uri Geller, angeblich fähig, durch bloße Gedankenenergie Bestecke zu verformen. Und macht uns überzeugend vor, wie der Löffel schon im selben Moment, in dem Uri ihn plaudernd hochnimmt, insgeheim zurechtgebogen wird. Und das darauf folgende suggestive Reiben und Streichen nur mehr Taschenspielerei, um das längst Getane scheinbar vor unsern Augen entstehen zu lassen. Demonstriert anschließend, wie eine Ziffer, mit Kreide hinter seinem Rücken aufgeschrieben, ihm durch einen Komplizen im Saal signalisiert werden kann. Oder auch von einem spiegelnden Ring abgelesen, während man die Hände meditierend vor die Augen hält. Randi hat ein ganzes Aufklärungsbuch verfaßt, in dem er Gellers zweifelhafte Kunstücke durchleuchtet. Finanziell ein totaler Reinfall. Warum? »Der Mensch muß glauben. Eine Zeit, die Gott anzweifelt, glaubt eben an einen Geller. Der schwindende Glaube kommt durch die Hintertür als Aberglaube wieder herein.«

Ich stelle die Frage, ob denn sein dürrer Rationalismus das einzige Heilmittel dagegen wäre? »Für andere bin ich nicht zuständig.« Offenbar Randis wunder Punkt, den er gleich durch Scherzworte überspielt: »Besser ein Rationalist als ein Nationalist ... Ich hatte nie den Mut, meiner Mutter zu sagen, womit ich mein Leben verdiene. Sie meint, ich bin bloß Drogendealer ...« Und befragt, warum er nicht verheiratet sei: »Dazu bin ich ein viel zu guter Entfesselungskünstler.«

In dem bescheidenen Häuschen in Florida, wohin sich »der erstaunliche Randi« schon vor Jahren zurückzog, weil ihm das Großstadtleben unerschwinglich wurde. »Die Volksverdummer kriegen die Knete, die Entdummer die bösen Briefe.« Für den Geniepreis hat er sich als erstes einen metergroßen Videoschirm angeschafft, auf dem er uns seine umwerfenden Produkte vorführt. Zum Beispiel eine Reportage, in Rom für die Wissenschaftsredaktion der RAI gedreht. Da sieht man, per Zeitungsannonce zusammengesucht, die zehn gerühmtesten Wünschelrutengänger Italiens bei der Arbeit. Randi hat ein Stück Gelände kreuz und quer mit unterirdischen Rohrleitungen durchziehen lassen, durch die er nach Belieben Fließwasser pumpt. Und die Wundermänner sollen jetzt, ihre Rute in der Hand, den mutmaßlichen Verlauf mit Fähnchen abstecken. Nicht ein einziger kommt der Sache auch nur nahe. Was aber, so Randi, dieser Bauernfängerei wie üblich keinerlei Abbruch tat: »Wer nichts von der Natur versteht, glaubt schnell an Übernatürliches.«

Hierauf eine mitgeschnittene Fernsehsendung des Gesundbeters Peter Popoff. Einer der zehn amerikanischen Topprediger, die sich mit einem Publikum von 34 Millionen brüsten. Popoff an der Arbeit: Lahme, Taube, Arthritiker (bei psychophysischen Krankheiten ließe man es sich noch gefallen) werden vor laufender Kamera in Sekundenschnelle charismatisch »geheilt«, während das aufgeheizte Publikum inbrünstige Schreie ausstößt. Popoff: »Ist da ein Jack im Saale? Eine Stimme spricht zu mir: Rufe Jack! Rufe Jack! Einen Jack mit Rückenschmerzen.« Tatsächlich meldet sich ein Jack mit Rückenschmerzen, zum frenetischen Applaus der Zuschauer, als gäbe es einen solchen nicht überall. Kurzes Handauflegen samt Stoßgebet, und Jack darf verkünden, daß seine Rückenschmerzen wie weggeblasen sind. Sind sie auch wahrscheinlich in diesem Moment – der bekannte Zahnarzteffekt.

Aber der Höhepunkt kommt noch. Popoff holt sich unter Halleluja-Rufen Leidende aus dem Publikum, denen er Name, Adresse, Krankheit direkt ins Gesicht sagt, ihm von Gott eingeflüstert. Hier ist ein Wunder, glaubet nur. Wie gern würde man daran glauben, nur leider gibt es da diesen Miesmacher Randi. Und der hat Gottes Stimme auf 39 Megaherz eingefangen. Besser gesagt, die Stimme

Wir freuen uns über Ihr Interesse, das Sie einem Buch aus dem Rasch und Röhring Verlag entgegenbringen.
Wenn Sie uns diese Karte mit Ihrer Adresse einsenden, werden wir Sie gerne laufend über unsere Neuerscheinungen informieren.

Herr/Frau
Name, Vorname ______________________________

Straße ______________________________

Ort ______________________________

von Mrs. Popoff, die vor dem »Gottesdienst« mit einigen Kranken ganz unverfänglich geplaudert und das Nötige notiert hat. Das gibt sie jetzt drahtlos ihrem Gatten durch, der den Empfänger im linken Ohr trägt: »Hallo, Süßer, kannst du mich hören? Wenn nicht, wird es mulmig. Also rechts vorn, dritte Reihe, der Olle. Beginnende Diabetes, seine Frau hat ihn verlassen.« Popoff laut im Charismatikerton: »Gott denkt an Ihre Einsamkeit, Gott ist auch dabei, Ihren Zucker zu heilen!« Ton über Kopfhörer: »Die schluchzende Dicke links. Tochter ist gelähmt.« Popoff mit erhobenen Armen: »Ich sehe ein Kind, ich sehe eine Tochter. Eine Tochter, die wieder laufen wird.« Tosender Applaus. Zu Ende der Vorstellung nochmalige Spendensammlung, danach werden die Kranken donnernd aufgefordert: »Werft eure Krücken weg! Werft eure Tabletten weg! Werft eure Pillen aufs Podium! Jeder Wurf ein Schlag gegen den Teufel! Gottes Heilkraft stürmt durch diesen Ort!« Und Großaufnahmen der weggeworfenen Medikamente, darunter solche lebenswichtigen Heilmittel wie Digitalis und Insulin.

FORT LAUDERDALE, 3. OKTOBER 1986

Partielle Sonnenfinsternis über Florida. Am wolkenlosen Himmel ein unheimlicher Schatten, der alles in stumpfes graues Licht taucht, dazu befremdendes Verstummen der Vögel. Randi hat sein Spiegelteleskop im Vorgarten aufgebaut, durch eine berußte Glasplatte dürfen wir das Wunder bestaunen. »Warum Wunder«, ereifert er sich, »das Wunder ist doch nur, daß schon die alten Ägypter solche Daten vorausberechnen konnten.« Beugt sich zu einer tropischen Pflanze vor seinem Haus: »Nicht im Durchbrechen der Naturgesetze liegt das Wunder. Sondern die Natur ist selbst schon das Wunder.« Fragen Sie sich nie, warum Sonne und Weltraum eigentlich geschaffen sind? Und warum Sie? Was der Sinn ist von alledem? »Ich glaube, solche Fragen sind sehr menschlich – aber nicht legitim. Nicht beantwortbar. Wir sollten uns mit den Millionen Fragen befassen, die unserem Verstand zugänglich sind.« Sie wollten nie wissen, warum? »Doch, immer. Aber ich habe keine Information betreffs letzter Wahrheiten. So befasse ich mich eben mit vorletzten.« Ewigkeitsgedanken wird dieser Kopf nicht ausspuken. Dafür allerhand Lügen kurze Beine machen.

Zeigt uns seinen Stolz, einen gerahmten Scheck über 10 000 Dollar für jeden, der ihm paranormale oder okkulte Erscheinungen unter lupenreiner wissenschaftlicher Kontrolle vorführt. »Und Sie ahnen gar nicht, wie glaubenssüchtig Wissenschaftler sind. An die 500 Kandidaten haben sich im Lauf der Jahre um den Preis bemüht. Aber Sie sehen, der Scheck hängt noch immer da. Übrigens war er lange Zeit ungedeckt.« Danach großer Auftritt des Meisters mit einem der Jünger, die bei ihm wohnen. Randi verkleidet als philippinischer Wunderheiler. Während gleichzeitig auf seinem Videoschirm eine Sendung abläuft, worin diese blutlosen Eingriffe, dieses angebliche Entfernen von Geschwüren, ohne die Haut anzuritzen, als übernatürliche Taten gepriesen werden. Unwiderstehliche Szene, wie Randi todernst am Bauch seines Freundes herumfummelt, Falten hochquetscht, aus aufgestecktem Fingerhut Blut rieseln läßt, scheinbar tief in Wunden polkt und schließlich aus hohler Hand die Tumoren, sprich Hühnergedärme, herausfischt, die wir gestern mit ihm eingekauft haben. Was immer es ist, das da auf den Philippinen zustande gebracht wird, es sieht dem, was Randi in seinem Wohnzimmer fabriziert, verzweifelt ähnlich. »Bitte sagen Sie Ihren Zuschauern, daß es sich hier nicht um den bekannten Streit zwischen Schulmedizin und Erfahrungsheilkunde handelt, zwischen Apparatetechnik und Ganzheitstherapie, an dem ja was dran sein mag. Sondern um pures Kurpfuschertum und Quacksalberei.«

PALM BEACH, 9. OKTOBER 1986

Eine von »Bruder Grant« beziehungsweise »Reverend W. V. Grant« zu mehreren abendlichen Gottesdiensten angemietete Sporthalle. Gleich am Eingang Verkaufsstände für unzählbare Schallplatten, Tonkassetten, Videokassetten, Traktätchen: »Schreite auf dem Wasser«, »Sprich wie Gottes Orakel«. Ein Heimstudienkurs wird angeboten. »Ich verpflichte mich, sechzehn Monate lang einen Dollar wöchentlich einzuzahlen. Nach dem ersten Kurs empfange ich ein Zertifikat in Purpur und Gold. Nach dem zweiten Kurs eine Lizenz zu predigen. Nach dem dritten die Priesterweihen. Nach dem siebenten Kurs wird mir das Kingsway Bible College den Grad eines Ehrendoktors verleihen.« Acht Millionen Dollar soll sich dieser Gottesmann, natürlich steuerfrei, jährlich unter den Nagel reißen. Mit dem, was Randi, der es wissen muß, eine erstklassige Zaubervorstellung nennt.

Schon am Parkplatz werden wir von Polizisten angehalten: »Der Reverend wünscht keine Kameras!« Randi, den zelotischen Fans des Predigers unliebsam bekannt, hat sich mit Baskenmütze und dunkler Brille verkleidet und ähnelt nichts so sehr wie einem Pariser Clochard. Den Fall Grant kennt er in- und auswendig: »Hier die Bestätigung der Universität von Kalifornien, daß er nie, wie behauptet, dort studierte. Hier eine Bestätigung aus Des Moines, Iowa, daß dort kein ›Midstates Bible College‹ existiert, das ihm die Doktorwürde der Theologie verlieh.« An der Sperre stoßen wir auf Invaliden in Rollstühlen, darunter ein glatzköpfiger Herr, den wir im Auto mit seiner Frau anfahren und aussteigen sahen.

Beginn des »Divine Healing Service«. Grant, ein zweiter Gregory Peck aus Dallas, Texas, redet und psalmodiert mit Engelszungen vom »Doktor Jesus«. Schon verfällt eine Schwarze direkt vor der Bühne schreiend in Krämpfe. »Es ist jedesmal die gleiche«, flüstert uns Randi sardonisch zu. Nun mischt sich Grant unter das Volk, legt segnend Hände auf Häupter, nennt Namen (immer Vornamen) und so weitverbreitete Krankheiten wie Migräne oder Rheuma. Einmal stockt er, hat offenbar den Falschen erwischt, wendet die Augen zur Decke, jedoch keineswegs dem himmlischen Doktor zu, sondern einem Gehilfen, der auf der höchsten Galerie mit den Händen signalisiert wie ein Matrose. Etwa alle zehn Minuten müssen wir »den größten Geldschein hochhalten, der sich in der Brieftasche befindet. Auch Schecks sind erlaubt. Jesus wird es euch hundertmal zurückzahlen!« Einstweilen aber wird das Geld von fixen jungen Damen abkassiert, die mit Strohkörbchen die Reihen abgrasen.

Jetzt sind die Rollstuhlfahrer an der Reihe, darunter der von uns gesehene Kahlkopf. Er steht auf, hinkt auf einmal erbärmlich und wird auf einen Hocker plaziert, wobei sich herausstellt, daß das rechte Bein um etwa drei Zoll kürzer ist als das linke. Was allerdings rein optisch darauf beruht, daß man den Herrn parallel zur Rampe gesetzt hat, seine Beine aber im rechten Winkel dazu dem Publikum entgegenstreckt. »Wie viele glauben, daß ich dieses Bein wieder wachsen lassen kann – ich meine, daß Gott es kann? Hebt eure Hand und ruft: Vater, laß das Bein nachwachsen!« Tausend Hände heben sich und winken in Verzückung. »Und hier kommt es gewachsen – halleluja!« Und es wächst tatsächlich, das Bein, indem nämlich der Wundertäter jetzt die beiden Extremitäten in gleiche Linie mit dem Rumpf bringt. »Im Namen Jesu, gebt Jesus ... äh, will sagen, gebt Gott einen dicken Applaus!«

Nachher warten wir am Parkplatz auf das Erscheinen des Geheilten, der mit der gleichen Agilität in sein Auto klettert, mit der er ihm vor zwei Stunden entstieg. Ich stürze hin und stammle mit meinem dicksten Akzent: »Entschuldigen, ich Ausländer, nix verstehn, Sie wirklich von Bruder Grant kuriert?« Die dicke Gattin fröhlich vom Nebensitz: »Sehen Sie doch, er kann sogar Auto fahren, zum erstenmal seit Jahren.« Schon hat uns wieder die Polizei, höchst unüblich in Amerika, zum Rand des Parkplatzes gedrängt, wo Randi in sein teuflischstes Gelächter ausbricht: »Was Gott sich wohl dabei denkt, wenn in seinem Namen Handauflegen und Handaufhalten so glatt ineinandergreifen?« Ich: Möchten Sie nicht, es gäbe solche Wunder? Randi in komischer Verzweiflung: »Und wie! Ich verbringe mein Leben, danach zu suchen. Aber es gibt ja keine, es gibt ja keine!« Übrigens habe ich seit dem 27. September, Tag des Magierkongresses, nicht mehr geraucht. Wenn das kein Wunder ist ...

PARIS, 5. DEZEMBER 1986

Er heißt Lafesse oder nennt sich vielleicht nur so: das französische Götzzitat schon im Namen. Arbeitet für Rundfunk, Fernsehen, auch für die Alternativzeitschrift Actuel. Seine Arbeit bleibt immer die gleiche: Er bringt die Leute dazu, Dinge zu tun, die sie einfach nicht für möglich gehalten hätten. In seinem Studio führt er mir einiges auf Videoband vor. Erste Szene: Lafesse, ein kleiner komischer Jüngling mit wildgelocktem Haar, darauf eine Art Briefträgermütze. In der Hand ein elektrisches Megaphon. Warum ein Megaphon? Noch dazu eines, das nicht einmal richtig funktioniert? Egal. Es sieht einfach nach was aus, das genügt. Hinter ihm ein Mann mit Videogerät. Sie streichen den Seinekai entlang, wo die Pariser sonnenbadend auf den Ufersteinen liegen. Lafesse im Befehlston: »Audiovisuelle Kontrollbrigade der Stadt Paris! Haben Sie noch nichts von unserer Kampagne gegen moralische Verlotterung gehört? Nein? Dann wird's höchste Zeit. Sie da, ziehen Sie Ihr Hemd an! Und wie kommen Sie beide dazu, hier in aller Öffentlichkeit zu knutschen. Es sind Kinder anwesend! Und Sie mit Ihrer weggeworfenen Bierdose. Ist mir Wurst, ob sie Ihnen gehört oder nicht. Austrinken, und zwar sofort!«

Dann an anderer Stelle, jetzt in weißem Ärztekittel: »Audiovisueller Gesundheitstest! Sagen Sie mal, Sie rauchen ja. Wissen Sie nicht, daß das im Einzugsbereich der Seine verboten ist? Geben Sie mir sofort Ihre Packung! Ich lasse Ihnen zwei Zigaretten. Ach was, Sie wollten gerade aufhören? Geben Sie mir auch noch die zwei. Berühmt sehen Sie ja nicht aus. Das müssen wir gleich untersuchen. Machen Sie bitte ein paar Kniebeugen. Und noch fünf Liegestütze. Hm, hm. Jetzt einen Tabaktest. Sie brauchen bloß in diesen Ballon zu blasen. Hm, hm. Wenn ich Sie wäre, ich würde mir eine Vorsorgeuntersuchung leisten. Na gut, für heute wollen wir ein Auge zudrücken. Sie dürfen gehen.« Und das kommt wirklich an. Die Leute fallen tatsächlich darauf herein. Diese trutzig-aufmüpfigen Pariser, die sonst keinem Menschen auf der Welt etwas durchgehen lassen. Dazu Lafesse: »Ein Mann mit Schildmütze, Ärztekittel oder Megaphon, dazu noch die elektronische Kamera: das ist doch geballte Autorität, der Staat mitsamt den Medien. So einem gehorcht man doch.«

PARIS, 6. DEZEMBER 1986

Im Tonstudio des kommerziellen Senders, der Lafesse beschäftigt. Keine gewaltigen Vorbereitungen, zeigt auch keinerlei Nervosität. Hebt einfach das Telefon ab, vor schon laufendem Tonbandgerät. Und holt sich die Leute blindlings aus dem Fernsprechverzeichnis. So improvisieren kann allerdings nur ein Pariser. »Bonjour, Madame, ist Ihr Gatte anwesend? Noch nicht? So, so. Was ich wünsche? Ach, nichts Besonderes. Ich wollte Ihnen nur mitteilen, daß er heute wahrscheinlich etwas verspätet heimkommen wird, Ihr Gatte. Warum? Er muß doch seine Fleurette besuchen. Was für eine Fleurette? Tun Sie doch nicht so. Hm, woher ich das weiß? Ich bin zufällig ihr Gatte. Fleurettes Gatte, jawohl. Ach so, Sie haben es immer schon geahnt? Eh bien, jetzt wissen Sie's. Ich an Ihrer Stelle...« Und so immer fort und fort. Über zehn Minuten höre ich ihn wild extemporieren, seine Suada in die unmöglichsten Delirien hineinsteigern, bevor er sich zuletzt zu erkennen gibt. Einmal hat er sogar, in der Rolle eines Kulturattachés, den zentralafrikanischen »Kaiser« Bokassa am Telefon dazu gebracht, französische Kinderreime aufzusagen. Zum Beweis, daß er »francophon« und damit staatlicher Unterstützung würdig sei... Neuerlicher Anruf: »Hier Hygieneabteilung der Städtischen Verkehrsbetriebe. Wir müssen leider in Ihrem Geschäft den Fußboden aufstemmen, um die Ratten herauszulassen, die in einem unserer Metrotunnel eingesperrt sind. Sie liegen genau darüber. Wie? Ob wir nicht im Laden nebenan drillen können? Was verkauft denn der? Umstandskleider? Denken Sie doch an all die vielen schwangeren Muttis. Verstehe, Sie würden sich das etwas kosten lassen? An welche Summe hätten Sie dabei in etwa gedacht? Viel ist das ja nicht. Aha, schon besser. Gut, wir werden sehen. Ich rufe zurück.«

Hierauf mit ihm auf die Straße. Lafesse, diesmal als Fernsehreporter samt Kameramann, hält einen Passanten an. »Haben Sie von dem Baby gehört? Na, dem Baby, das hier vor einer halben Stunde aus dem siebenten Stock fiel. Direkt aus den Armen seiner Mutter. Glücklicherweise in diese Baumkrone. Und jetzt brauchen wir einen Augenzeugen für die Nachrichten. Sie waren nicht dabei? Aber das macht doch nichts. Ein bißchen Phantasie, Monsieur, allez. Los jetzt, wir fangen an.« – »Guten Tag, liebe Zuschauerinnen und Zuschauer. Hier an dieser Stelle hat sich ein Wunder ereignet. Ein Baby fiel aus dem siebenten Stockwerk und überlebte. Neben uns der Hauptzeuge. Monsieur, wie hat sich das zugetragen?« Und der Passant erzählt, als ob er dabeigewesen wäre. Erzählt bis ins kleinste Detail. Mit Gesten. Mit Rührung. Aber Lafesse ist noch nicht fertig mit ihm. »Würden Sie sagen, daß die Mutter, die diesen Säugling fallen ließ, normal war?« »Ich kenne sie ja nicht.« Lafesse: »Alle Leute berichten übereinstimmend, daß diese Frau verrückt gewesen sein muß. Also sagen Sie uns das in Gottes Namen in die Kamera.« Darauf der Passant, im Brustton der Überzeugung: »Eine Rabenmutter. Eine entmenschte Furie. Für die ist noch die Guillotine zu gut.«

Anschließend Lafesse zu uns: »Wir brauchen keine versteckte Kamera. Im Gegenteil, die offene Anwesenheit der Kamera macht unsere Opfer erst kirre. Als ob man heutzutage erst zum Leben käme, wenn man auf dem Fernsehschirm erscheint. Deine Reproduktion als Beweis deiner Existenz. Und wissen Sie, was das Erschreckendste an der ganzen Sache ist? Daß mir noch nie jemand eine gescheuert hat.«

WIEN, 30. APRIL 1987

Bei André (eigentlich Franzi) Heller, dem Wiener Tausendkünstler. Bewohnt eine weiße Villa in Hietzing, die Adolf Loos einst für den Vater, einen schwerreichen Zuckerlfabrikanten (»Heller-Dragées«), erbaute. Der wohlgelockte Hausherr, schier zu beschäftigt, um anzugeben, wirkt weniger wie der erwartete Causeur, Poseur und Charmeur denn als Profi der Extravaganz. (Eine Formulierung, die ich sofort notiere.) Danach frage ich ihn, ob sich eigentlich jeder, der über ihn schreibe, in einer Art Brillanzwettbewerb mit ihm befinde? So, wie man etwa auf der Autobahn einen Porsche überholen muß, auch wenn man nur einen mickrigen VW fährt. »Ja, und ich provoziere auch ganze Kloeimer von Bosheit. Gerade bei Heller-Hinrichtungen laufen die Journalisten zu Hochform auf.« Warum? »Vielleicht hat es mit meiner Respektlosigkeit zu tun. Ich habe nie gefragt: Derf man denn dös? Ich habe keinen Bammel vor Staat, Obrigkeit, Volksmeinung. Wahrscheinlich, weil wir Millionäre waren, das heißt Bestecher. Ich wußte immer, den und den Politiker gäb's gar nicht ohne uns. Und so bin ich eigentlich ein Glückstyp, ein Gewinner. Die Leute identifizieren sich aber lieber mit Verlierern.« Sie zaubern für jede selbstverabreichte Streicheleinheit gleich die passende Metapher heraus. Manche nennen Sie einen bloßen Sprücheklopfer. »Dazu gehört aber auch, daß man seine Sprüche immer wieder daraufhin abklopft, ob man sie überhaupt noch glaubt. Denn jeder schleppt ja Formulierungen mit sich, die ihre empfohlene Aufbrauchfrist überschritten haben. Dann stinken sie und werden Schimmel.«

Findet sich eigentlich etwas Böses in Ihnen, oder sind Sie nur manchmal bisserl bös mit sich selber? »Nein, ich hab' zum Beispiel eine unglaubliche Begabung zum Feind. Dann bin ich unermüdlich erfinderisch.« Gibt es auch etwas, das Ihnen mehr verursacht als eine Portion Magendrücken? »Sagen wir, ich hab' oft meine Kraft für Unwesentliches eingesetzt. Also zum Beispiel ein Potential an ... nennen wir es pathetisch: Leuchtkraft verwendet, um Menschen zu erobern, anstatt Kunst zu schaffen. Ein Griff in die Kassa. Man kriegt Geld, damit man sich ein Lexikon kauft, und geht damit in den Puff. Wo allerdings oft mehr zu erfahren ist als aus dem Lexikon. Aber es bleibt eine klassische Wichserei. Ich mißbrauche mich selbst als Droge.«

Ich nehme an, Sie beziehen sich hier vornehmlich auf Ihre weiblichen Eroberungen. Was haben die Frauen eigentlich von Ihnen? »Was sie zuallererst von mir haben, ist: Sie haben mich! Aber sie haben mich natürlich nicht ganz. Und jetzt könnte man den berühmten Satz bringen: Besser fünf Prozent von einer guten Firma als hundert Prozent von einer schlechten. Wenn das nicht zu aggressiv klingt.« Lassen Sie eigentlich Ihre Aggressionen auch im Bett aus? »Ja. Es gibt so was Irrationales, Viehisches in mir, und das lasse ich dann auch stattfinden. Ich habe keine Tabus in meinem Leben. Ich glaube nicht, daß ich eine latente Homosexualität besitze, aber ich hätte sie, ohne nachzudenken, ausgelebt. Ich wäre nie auf die Idee gekommen, mir etwas zu versagen, nur weil der FC Vatikan oder ein anderer Verein dagegen ist.« Haben die Frauen immer von selbst zu Ihnen gefunden? »Aber nein, ich war ja ein anämisches Kind mit einer zu großen Nase. Das keinen Führerschein hat bis heute und nicht vom Fünfmeterbrett den zweifachen Salto konnte. Das mag einer der Gründe sein, warum ich mich immer für ältere Frauen interessierte, die ein Sensorium für das besaßen, was ich anzubieten hatte.« Hat Sie Venus im Pelz à la Sacher-Masoch je gereizt? »Im Gegenteil. Ich bin wahrscheinlich eher Sadist als Masochist. Und die Frauen, die sich für mich interessierten, waren häufig eher Masochistinnen.«

Wenn Sie das, wie seinerzeit der Sexualphilosoph Weininger, in Prozentzahlen ausdrücken könnten, was bei ihnen »M« und was »W« ist, also männlich und weiblich ... »Dann würde man bei mir auf ein haarscharfes Ergebnis kommen. Vielleicht 53 Prozent Mann, 47 Prozent Frau oder so ähnlich. Weil ich merke, daß ich beide Mechanismen zur Verfügung habe und auch einsetze. Zum

Beispiel beide Verführungsmechanismen. Dabei liegen mir Frauentricks näher als Männertricks. Mir ist, jemand behutsam aus den Angeln zu heben, sympathischer als das Niederstechen, obwohl ich mich auch dessen mit einiger Fertigkeit bediene. Nein, ich glaub' nicht, daß es ein monumentales Übergewicht des Männlichen in mir gibt.«

Sie betreiben auch so etwas wie eine Liebesgeschichte mit Wien? »Wien ist eine Frau, bei der es mir was bedeutet hat, sie zu erobern. Die Wiener verweigern sich immer 15 Jahre, und wenn man beharrlich bleibt, laufen sie mit fliegenden Fahnen zu einem über.« Oder aber sie bringen einen um, aus Neid. »Was ja auch eine Art von Anerkennung bedeutet. Schon weil es mit einem irrsinnigen Aufwand verbunden ist.« In Deutschland heißt das Neue immer: Umbruch, Aufbruch, Leugnung der Vergangenheit. In Österreich doch mehr eine Mischung alter Essenzen, ein neugemixtes Konzentrat von gefährlichen Dingen, die schon vorgearbeitet sind? »Ja, und ich glaub', die Deutschen gehen auch nach Österreich, wie man in ein Bordell geht. Hier erlauben sie sich Sentimentalitäten, Leidenschaften, die sie sich daheim verbieten. Suhlen sich in dieser wollüstigen Stimmung, fahren zurück und sagen: Na, diese Österreicher! Das heißt, sie distanzieren sich von der eigenen Wollust. Wie wenn man nach dem Bordell auf die Huren schimpft.« Sie können sich eigentlich nicht beklagen über mangelnde Liebe der Deutschen? »Nein, ich bin sozusagen ein Stück von diesem Puff.« Wird man je eine Straße nach Ihnen benennen? »Da bin ich absolut sicher, das ist ein Schicksal, dem man in Wien nicht entgeht. Es wird irgendwo eine Sackgasse in einer grauenhaften Großsiedlung sein. Denn die Innere Stadt, die kriegt ja nur ein Robert Stolz. Oder ein Peter Alexander. Aber sicher nicht der Thomas Bernhard. Der kriegt eine Sackgasse wie ich.« Oder ein Hospital? »Ja, wo wir Künstler unsere Wunden lecken können. Kunstwundenleckanstalt Thomas Bernhard, gespendet von der Stadt Wien.«

WIEN, 1. MAI 1987

Sozialistischer Umzug auf der Wiener Ringstraße. Etwas geniert stelle ich mich dazu, marschiere ein paar Schritte mit. Schüttere Reihen, zumeist Ungarn und andere Gastarbeiter. Damals in meiner Kindheit war das anders. Vor allem an das Meer von uniformierten Straßenbahnschaffnern kann ich mich erinnern, die man als Schwarzfahrer eigentlich fürchtete. Und an Fahrräder mit roten Papierschlangen zwischen den Speichen. Und die allgemeine Zuversicht auf eine bessere Welt. Und den unverständlichen Sprechchor: »Esperanto proletaria!« Schulfrei war auch. Fliegende Händler auf Dreirädern verkauften Würstel mit Kren... Nachmittags treffe ich mich im Café Museum, einst von Adolf Loos erbaut und seitdem Künstlercafé, mit der Schriftstellerin Elfriede Jelinek. Ich kann nicht widerstehen und bestelle Würstel mit Kren. Sie auch. Wien bleibt Wien. Elfriede ist eine aus der langen Reihe von Wienern, die der Haß auf Wien fruchtbar macht. In dem Stück »Burgtheater« fällt sie über die Hörbiger-Wesselys her. In »Häuptling Abendwind« über Waldheim. Natürlich wird sie nicht in Österreich aufgeführt, sondern im »Reich«. Aber auch als österreichischer Märtyrer läßt sich leben. »Ich gehe nie weg von hier«, sagt die Schöne vergnügt und ordert einen G'spritzten.

Abends Pilgergang zu dem unterirdischen Keller, wo ich vor der Auswanderung im »Schnellsiederkurs« meine geliebte Buchbinderei erlernte. Fast ein halbes Jahrhundert ist es her. Die Räumlichkeit verschlossen und wahrscheinlich nur mehr ein Kohlendepot. Nebenan wie gehabt die Polizeiwache, in deren Hof man zur Kristallnacht vor meinen Augen die Juden turnen ließ wie Hampelmänner. Dann zum Kino Residenz, wo ich ziemlich inkognito die hauptsächlich jungen Besucher in Augenschein nehme. Komme mir vor wie Rumpelstilzchen, obwohl dieses Publikum sowenig wissen dürfte, wer Rumpelstilzchen war... wie die Trollers. Dann kaufe ich mir doch ein Billett und sehe »Welcome in Vienna« zum dritten- und letztenmal. Rundum atemlose Stille, zuletzt hörbares Schluchzen. Hätte man bloß damals beim Anschluß gewußt, daß man ein halbes Jahrhundert später hier sitzen würde, wieviel Angst und Todesschrecken hätte man sich erspart...

LONDON, 5. JUNI 1987

Besuch in London bei dem früheren Popsänger Cat Stevens. Magischer Name – jeder, der die sechziger Jahre mit genoß, liebt Cat und seine sanften Preisungen von Liebe und Frieden (»Peace train«). Geradezu der Inbegriff des »Weichen, das den Stein besiegt«. Woran sogar Brecht glaubte, der keineswegs weich war, sondern eher der Stein. Das Taxi bringt mich zu einem dieser gemütlichen Londoner Vororthäuschen mit gezirkeltem Gärtlein. Wo ich den Fahrer erst mal warten lasse, weil er sich geirrt haben muß. Aber es stimmt schon. Treffe zuerst auf Cats Bruder David Gordon, einen ungemein sympathischen Weltverbesserer. Die Familie heißt eigentlich Georgion. Der Vater ein liebevoller Familienmensch aus Zypern, der in Soho ein Restaurant eröffnete, hauptsächlich, um seine zahlreichen Kumpane zu versorgen. So erklärt sich auch das stockbürgerliche Häuschen. Die Mutter Schwedin. Gordon hat eine Israelin zur Frau genommen, während Cat sich jetzt Yusuf Islam nennt und mit einer Mohammedanerin aus Kenia verheiratet ist, die ihn ziemlich scharf an der Kandare haben soll. Auftritt ein schwarzbärtiger Yusuf in einem Bußkleid aus schwarzen Bundhosen, schwarzem Barett und schwarzem Talar. Wie die Puritaner im Historienfilm. Bringt mich eilig im Auto zur Moschee, da gleich Betstunde.

Obwohl ich schon in vielen Moscheen gebetet habe, gelingt es ihm nicht, mich in diese einzuschleusen: »Der Imam fürchtet, die Gemeinde könnte verstört sein.« Was ich bezweifle. Vertrödle also Stunden im Wartezimmer. Cat jetzt pontifikaler Anhänger eines doktrinären Mohammedanertums, ein Miniajatollah. Hat sich sozusagen vom Paulus zum Saulus rückverwandelt. Nachher programmatischer Imbiß von Ziegenkäse ohne Wein in der heimischen Wohnung, anderes scheint nicht vorhanden zu sein. Dann zu seinem Musik- und Videokeller. Mein Versuch, ihn durch Vorführung eines unserer Filme zu animieren, schlägt fehl: »Ich habe kein Verlangen mehr nach Selbstdarstellung. Und mißbillige mein früheres Leben, das Leichtsinn und Ausschweifung gewidmet war.« Soso. Es gibt allerdings auch die umgestülpte Eitelkeit, die affektierte Askese, die sich an der eigenen Entsagung berauscht.

Immerhin darf der geschäftsführende Bruder noch die alten Songs neu auflegen und vertreiben. Aber »der Ertrag von Liedern, zu denen ich nicht mehr stehe, geht an islamische Schulen. Von den übrigen lebe ich.« Meine Verwunderung, wie er dies so konturscharf zu unterscheiden vermöge, wird hinweggefegt. »Es gibt schließlich im Koran präzise Moralvorschriften.« Etwas Kasuistisches an diesem Menschen, der eine vom Vater ererbte breite Humanität zum Fanatikertum zusammenstreicht. Gekrümmte Gestalt, häufiges Händereiben, ein vernagelter Konvertiteneifer, hinter dem man den Stolz des Auserwähltseins und die dazugehörige Menschenverachtung riecht. Haß im Namen der Gottesliebe, das Allergefährlichste.

SOSNOWIEC, 15. SEPTEMBER 1987

»Hier, das ist das Haus! Der Eingang, Mister! Die Schwelle! Hier, Mister, der Garten!« Zwei verkümmerte Männer mit wehenden Armen weisen diensteifrig auf das, was weder ein Haus ist noch sichtbare Reste davon, sondern überwachsenes Trümmergelände. Die zwei sind der letzte Rest der jüdischen Gemeinde des polnisch-oberschlesischen Städtchens Sosnowiec, zwei von 30000. Und das nichtvorhandene, eingeebnete Haus, an das sie sich so gut erinnern wollen, gehörte einst dem jüdischen Tuchhändler Wladek Spiegelmann. Wladeks einziger Sohn, der junge amerikanische Comiczeichner Art Spiegelman, steht davor und läßt sich das Unwiederbringliche vorführen, wobei er von uns gefilmt wird.

»Das also war mein Vaterhaus! Wie groß? Wie hoch? Aus Holz oder Stein?« Er notiert, macht sich Skizzen. Seine französische Frau Françoise fotografiert. Sie sind beide sehr beschäftigt. Man muß kein Psychologe sein, um zu begreifen, daß sich auf diese Art Gefühle vom Leib halten lassen, denen man vielleicht nicht gewachsen ist. Art selbst nennt als Hauptgrund für seine Faktenhuberei: »Ein einziges falsches Detail, und der ganze Holocaust hat nie stattgefunden.« Auch das ist richtig. Wladek und seine Frau Anja gehörten zu den wenigen, die den Schlachthof Auschwitz überlebten. Ohne mit ihren gefolterten Seelen je wieder Frieden zu finden. Oder was man ein normales Leben nennt. Ihr Trauma übermachten sie dem Sohn. Der in New York aufwuchs mit dem unerträglichen Schuldgefühl, ihnen nicht helfen zu können. Als er endlich von daheim fortzog, schnitt sich die Mutter die Pulsadern auf. Wie konnte Art seinem Vater, nunmehr unerträglich herzenseng, mißtrauisch und geizig geworden, wieder näherkommen? Es fiel ihm ein, den Alten über sein Leben zu interviewen: »Komischerweise läßt sich in ein Mikrofon hineinsprechen, was man einander nie ins Gesicht sagen würde.«

Aus diesen Befragungen entsteht in achtjähriger Arbeit das Buch »Maus«, erster Teil. Ein Comic strip über den Holocaust. Zum Schreien. Die Juden treten als Mäuse auf, die Deutschen als Katzen, die Polen als Schweine. »Massenmord als Tierfabel. Fabeln haben keine Gefühle. Es ist unmöglich, über Auschwitz gefühlig zu berichten. Auschwitz übersteigt alle Gefühle. Auch für mich die einzige Möglichkeit, das Schicksal meiner Eltern aufzuarbeiten. Trauerarbeit und Selbsttherapie zugleich.« Das Buch ist ein Welterfolg bis hin nach Japan (das die eigenen Kriegsverbrechen noch nicht einmal wahrgenommen hat). Erscheint demnächst auch in Deutschland. Wo einige Leute die Verbindung von Comic und KZ bestimmt als »geschmacklos« einstufen werden. Keiner weiß eben besser, wie der Holocaust am würdigsten darzustellen ist, als seine Verdränger...

SOSNOWIEC, 16. SEPTEMBER 1987

Auf dem Hauptplatz der Stadt. Wo im März 1942 sieben angebliche jüdische Schwarzmarkthändler an den Bäumen aufgehängt wurden, darunter Bekannte von Wladek Spiegelmann. Wir drehen. Eine Menschenmenge sammelt sich. Man deutet auf die Bäume, ereifert sich, diskutiert. Polen leben eng mit ihrer Vergangenheit, vielleicht auch mangels vorzeigbarer Gegenwart. Eine alte Frau erinnert sich an Wladek. Will etwas mitteilen, überlegt es sich, hastet davon, Art hinter ihr her. 45 Jahre wie ein Tag. Zunehmende Nervosität unserer zwei jüdischen Gewährsleute. »Wir stehen schon zu lange hier. Es ist ein großer Zusammenlauf. Zu viele Menschen. Bitte gehen.« Noch nach dem Krieg wurden ja Tausende polnischer Juden in Pogromen erschlagen. Mit Billigung der Behörden und dem Schweigen der Kirche. Dazu der damalige Primas Hlond: »Die Verantwortung tragen allein die Juden.«

Unsere zwei Begleiter verziehen sich. Der ältere zu mir, Abschied nehmend: »Ich war einmal Professor. Jetzt nichts mehr. Ich hätte können lehren in Amerika. Aber mein Herr Sohn wollte ja dableiben und aufbauen den kommunistischen Staat. Jetzt hat er seinen Staat.« Hierauf zum Stadion, wo im August 1942 alle noch lebenden Juden der Stadt zusammengetrieben wurden. Auf dem Sportfeld munteres Fußballspiel zweier Jungmannschaften. Art: »Meine Großeltern, beide über neunzig, hatte man schon vorher abtransportiert. Hier wurden jetzt die restlichen Alten, aber auch allzu kinderreiche Familien ausgesondert zu Transporten nach Auschwitz. Mein Vater landete natürlich, wie stets, auf der richtigen Seite der Barriere. Er war ein Überlebenskünstler.«

Der Sportlehrer in kurzen Hosen kommt auf uns zu, fragt barsch, was wir hier suchen. Wir winken bloß ab und verdrücken uns. Was suchen wir im Grunde? Spuren im Sand? »Einen ausgebrannten Planeten«, sagt Art. Abends entdecken wir dann noch das ehemalige jüdische Wohnheim, in dem Wladek und Anja sich Monate nach Kriegsende wiedertrafen. Art: »In ihr eigenes Haus zurückzukehren hatten sie nicht gewagt, aus Angst vor den neuen Besitzern. Und alle Verwandten waren tot. Allein neun Schwestern meiner Mutter.« Das Heim ist jetzt ein Blindenklub. Auch der Leiter ist blind: »Bitte entschuldigen ... ich nicht können helfen ... bin im Krieg auf Mine getreten ...« Der Verein enthält, außer einem Radio und drei zerschlissenen Lehnstühlen, weiter keine Annehmlichkeiten für Blinde.

KRAKAU, 17. SEPTEMBER 1987

Bahnhof Bielsko. Der Ort, wo Vater und Mutter Spiegelmann von den Deutschen aus einem Zug geholt wurden, mit dem sie versuchten, in das damals noch »sichere« Ungarn zu entkommen. Die zwielichtigen Menschenhändler, die ihnen für Geld diese Fahrt verschafften, waren selbst die Denunzianten. Wladeks letzte Chance verspielt, nachdem er mit unglaublichem Erfindungsreichtum schon ein halbes Dutzend Unterschlüpfe gefunden hatte und immer rechtzeitig von dort entkam. Unbegreifliche Verbissenheit, mit der hier die Katzen nach Mäusen jagten. Der Aufwand, der Apparat! Zur Zeit von Stalingrad ganze schwerbewaffnete Kommandos, um was zu finden? Einen Textilhändler samt Ehefrau. Wir sehen das Gefängnis, in dem sie ihre letzte Nacht vor Auschwitz verbrachten. Allerdings sehen wir es nur von außen, denn das Innere gehört jetzt einer Behörde, mit dementsprechendem Tonfall: »Sie nix zu suchen hier, los, weck, verbotten!«

Am Bahnhof ersteht Art Spiegelman für sich, Françoise und ihr mitgebrachtes, erst Monate altes Töchterchen Nadja die Billetts: »Dreimal Auschwitz und zurück.« Dreimal Auschwitz und zurück, wiederholt die Angestellte. Wir alle bekommen sogar verbilligte Ausflugstickets, da das Lager ja inzwischen eine beliebte Touristenattraktion. Im hölzernen Ruckelzug befaßt sich dann Art hingegeben mit Baby Nadja. Zu seiner eigenen Verblüffung aus einem der wilden Kerle der New Yorker Szene zum zärtlichen Vater emporgesprossen. Ich frage ihn, ob ihm diese Reise, dieser Nachvollzug des Elternlebens, bei der Bewältigung seiner eigenen Probleme hilft? (Er hat immerhin sechs Wochen in der Nervenheilanstalt verbracht.) »Hoffentlich hilft es. Man muß den Dingen ins Auge blikken, damit sie weggehen. Wer kneift, ist geliefert.« Dann, indem er grinsend Baby Nadja ans Fenster hält: »Außerdem bin ich hier, um denen ins Gesicht zu spucken: Ihr habt die Spiegelmans ausrotten wollen, aber schaut gut her, da sind wir wieder.«

Endlich Bahnhof Oswiecim. Ein Bahnhof wie jeder andere. Mit Bahnsteigen, auf denen sich die Schulklassen, froh der Befreiung vom Unterricht, freudekreischend herumtummeln. Im Kiosk Reiseführer, Souvenirs, Fahrradwimpel, Anstecknadeln, eine ganze liebe Auschwitz-Industrie. Auch Bildpostkarten in Farbe und in Schwarzweiß, mit Krematorien pittoresk im Gegenlicht. Auf eine schreibt Art: »To President Kurt Waldheim, Vienna, Austria. Dear Kurt, wish you were here!« Die Reaktion des Österreichischen Rundfunks, dem unser Film bereits angeboten wurde, läßt sich jetzt schon lebhaft ausmalen.

KRAKAU, 18. SEPTEMBER 1987

Anmietung eines Dampfzuges, mit dem wir die kurze Strecke zwischen Bahnhof und Lager Auschwitz befahren wollen. Allerdings gehören die Wegerechte der längst ausgefallenen Strecke 18 Kleinbauern, die sofort eine wehrhafte Genossenschaft bilden. Trotz vorbildlichen Einsatzes unseres polnischen Aufpassers (er wird von uns in Dollars bezahlt) dauern die Tarifverhandlungen mit dem Syndikat fast einen vollen Tag. Danach Kriechfahrt durch das mannshohe Gestrüpp, das zwischen den Schwellen hochgeschossen ist. Überwachsene Pfade … Wir reiten auf den Puffern, hinter uns die bejahrte Lok samt drei Viehwaggons. Bei einem von ihnen ist weiß Gott die kleine rechteckige Luke unter dem Dach noch mit Stacheldraht vernagelt, wie man das aus den zeitgenössischen Transportfotos kennt. Also vielleicht ein authentisches Relikt. Das, was in Deutschland Menschenalter zurückzuliegen vorgibt, zeigt hier seine wahre Kontinuität.

Dann unter dem Lagertor hindurch, ohne jeden Aufenthalt, als wäre das nicht einst Höllentor gewesen. Und die Selektionsrampe, sich über Kilometer hinziehend, bis zu den fernen Krematorien. Man wagt kaum, den Boden zu betreten. Wir melden uns bei der Lagerverwaltung, ein Führer wird uns mitgegeben. Gang zum Haupttor mit der schön geschwungenen Inschrift »Arbeit macht frei« (was bedeutet das eigentlich?), unter der sich die Touristen fotografieren lassen. Hierauf im Innern die bekannten Sammlungen von Brillen (doch eigentlich unverwendbar?), von gebleichten Haaren (40 Pfennig das Kilo, lohnte das überhaupt?), von Koffern. Buchstäblich Tausende ärmlicher Fiberkoffer mit aufgepinselten Namen und Adressen. Viele aus Wien, natürlich zweiter Bezirk, das Getto. Manche der Namen kommen mir bekannt vor. Auch ein »Freud« ist da, die Freuds lebten ursprünglich im zweiten Bezirk. Dann die Haufen von Kilodosen des Insektenvernichtungsmittels Zyklon-B, von denen ein Dutzend für 3000 Menschen reichte. 16 952 Kilo sind nachgewiesen. Also wenige Lkw-Ladungen genügen, um ganze Völker auszurotten. Zyklon wird meines Wissens noch immer unter demselben Markennamen hergestellt. Anscheinend ohne moralisches Bauchgrimmen der Erzeuger, die »gar nicht wußten, wozu ihr Produkt ...« usw.

Hierauf die erste Gaskammer, Auschwitz eins, wegen ihres geringen »Ausstoßes« zuletzt nur mehr als Lagerraum verwendbar. Wodurch das zugehörige Krematorium unzerstört blieb. Auf den Ofenklappen der Herstellername Topf & Co. Auch diese Firma gab es noch viele Jahre nach dem Krieg in Wiesbaden. Keiner störte sich am Namen. Dehnbarkeit des menschlichen Gewissens, jeder Zerreißprobe gewachsen ... Die Erschießungsmauer. Die Stangen, auf die Gefangene an den Armen aufgefädelt wurden, die Galgen, an denen sie langsam gehenkt wurden, die Böcke, auf denen man sie peitschte, die unterirdischen Verliese, in denen sie verhungerten. (Ich muß zugeben, daß ich mich vor diesen unterirdischen Verliesen gedrückt habe. Vielleicht das nächste Mal. Sie laufen mir ja nicht davon.)

Nichts von alledem ist irgendwie begreifbar. Auschwitz, der erste menschengemachte Ort, wo der Zusammenhang zwischen Persönlichkeit und Schicksal ausgelöscht. Verstörend daher der Eifer der Lagerverwalter, ihm eine Art Logik aufzupropfen. Mit welcher Sorgfalt hier zum Beispiel restauriert wird, die feuchten Wände getüncht, die verrotteten Warntafeln »Achtung Hochspannung« durch nagelneue ersetzt. Was dem Grauen etwas Kulissenhaftes gibt. Viele, allzu viele Kreuze und Gedenksteine für polnische Patrioten, Weihe, wo sie nicht hingehört. Auch hat man jede der ursprünglichen Kasernenbauten des »Stammlagers« Auschwitz nach einer anderen Nation benannt, bis hin zu einer »jüdischen«. Wodurch kaschiert wird, daß es sich bei den Opfern des Lagers zu neun Zehnteln um Juden handelt. Wir finden Art im Archiv wieder, wo er den Einlieferungsschein seiner Eltern entdeckt hat. Gleichzeitig Abspielen einer Platte mit dem von den Wachmannschaften in Auftrag gegebenen Lagerlied: »... ob Arbeitsdienst, ob Sport uns winkt, doch stets ein frohes Lied erklingt, hollaria, hollario...«

Unter den Klängen dieser Musik Versuch, etwas über meine eigenen Angehörigen zu erfahren. Man weist darauf hin, daß es zehn vor drei sei und freitags um drei das Wochenende beginne. »Aber bitte sich keine Sorgen machen, in zehn Minuten wir haben alles beisamm'.« Und tatsächlich, kulanteste Bedienung. Man braucht bloß diverse Vordrucke mit Namen auszufüllen, schon hat man es schwarz auf weiß: Troller, Stella, Haushalt... Troller, Ludwig, Arbeiter... Troller, Friedrich, Zahntechniker... einige andere. Nur Onkel Ernst Troller ist nicht aufzutreiben. Nun ja, er war immer schon ein Eigenbrötler. Daß da aber nicht Troller, Georg Stefan steht, halte ich für puren Dusel. Nichts könnte mich je überzeugen, daß ein wie immer gearteter göttlicher Plan dahintersteckt. Gott hat mit alledem nichts zu tun. Hier ist der Ort der Revolte des Menschen gegen Gott. Durchexerziert nach dem Motto des 20. Jahrhunderts: Was machbar ist, muß auch gemacht werden. Nein, ich glaube nicht, daß dieser Sündenfall durch »vierzig Jahre

Demokratie« wettgemacht wird oder durch »die beste Verfassung, die wir je hatten«. Schließlich ließ man ja die Juden (in Polen noch ganz deutlich herauszuspüren) als »Gottesmördervolk« für eine Tat büßen, die, falls von ihnen begangen, über sechzig Generationen zurücklag. Woher dann die bequeme Auffassung, daß eine einzige Generation genüge, um der »Gnade der späten Geburt« teilhaftig zu werden?

KRAKAU, 19. SEPTEMBER 1987

In Birkenau, der eigentlichen Hölle von Auschwitz. Millionen wurden hier ermordet und »verarbeitet«. Dieses Lager ist noch nicht, wie das »Stammlager«, zur Museumsreife gediehen, wahrscheinlich aus Geldmangel, und wirkt desto echter. Man zeigt uns (Sondererlaubnis) die Fundamente der allerersten experimentellen Gaskammer: ein Bauernhaus, dessen Türen und Fenster versiegelt wurden, danach Abgase eingeführt. Die Hineingestopften starben qualvoll in Anwesenheit Himmlers, der sich darob begeisterte und die Massenoperation in Gang brachte. Dann Gaskammer und Krematorium Birkenau zwei, mit einer Leistungsfähigkeit von 2500 Leichen am Tag. Vor dem Einmarsch der Russen gesprengt von einem Kommando, dem auch Wladek Spiegelmann angehörte. Die wichtigsten Bauteile sollten nach Dachau und dort wieder zusammengesetzt werden. Andere Sorgen hatte man nicht, im Angesicht der heraufdräuenden Niederlage.

Unser Begleiter greift mit der bloßen Hand willkürlich in den Boden, holt unter den Graswurzeln menschliche Knochensplitter heraus, die man offenbar nach dem Verbrennen als Dünger ausstreute. Mitten auf dem eingestürzten Dach der Gaskammer bekomme ich – wie hier anscheinend die Regel – einen Weinkrampf, werde von Kameramann Ato umarmt und getröstet. Dann unsagbare Wut. Ich lasse Art den Ablauf des ganzen Vernichtungsvorgangs der Kamera erklären, was nicht seine Aufgabe ist und den Film, den wir mit eisiger Ironie durchzuziehen planten, nicht besser machen wird. Übrigens fällt uns auf, daß wegen der gigantischen Ausmaße des Lagers (vierzig Quadratkilometer) die meisten Besucher sich auf das Kernlager Auschwitz beschränken und damit vieles von dem Horror gar nicht mitbekommen. Besuch der 16 hölzernen Quarantänebaracken, ursprünglich als Pferdeställe entworfen. Unterm Dach solche Aufschriften wie: »Im Block Mützen ab«, »Eine Laus dein Tod«. Zwei der Baracken sind, wie man uns stolz darlegt, kürzlich für eine amerikanische Filmproduktion neu erstellt worden. Man reißt sie nicht ab, sondern wird eher zwei der echten beseitigen, um Renovierungskosten zu sparen. Wieder ein Indiz, wie sich heute die Grenzen zwischen Leben und Show verflüchtigen. Selbstmörder springen nur mehr für die Kamera, Gangstern kauft man noch am Tatort ihre Geschichte ab. Und wie etwa eine Biographie des Obersten Lawrence gar nicht mehr sein Bild zeigt, sondern das seines Darstellers Peter O'Toole, so wird wahrscheinlich in Zukunft der Holocaust durch Meryl Streep im gestreiften Auschwitz-Look repräsentiert werden.

Vom gesprengten und verbogenen Krematorium IV lasse ich ein Stück Backstein mitgehen, wie Art Spiegelman auch und gewiß Tausende vor uns. Warum? Auf welchen verschlungenen psychologischen Gängen trägt unsereins damit Schuld ab? Dagegen bedanken wir uns bestens für die Souvenirs, die unser Chauffeur uns zum Kauf anbietet: Blechlöffel, Armbinden, Abzeichen der Judenpolizei. Dazu Art: »Gefährlich, sich in diese bodenlose Materie zu verlieren. Ein Sog in Abgründe. Die meisten Auschwitz-Forscher enden durch Selbstmord.« Man zeigt uns dann die grauenhafteste Stelle, die es je auf Erden gegeben haben kann. Als für die plötzlich verordnete Vernichtung von Hunderttausenden ungarischer Juden die Brennöfen nicht mehr ausreichten, hat man die Vergasten in Gruben übereinandergeschichtet und verbrannt. Eigene Kommandos waren dazu abgestellt, das ausfließende Fett abzuschöpfen und, wie bei einem Gänsebraten, oben wieder aufzugießen. Die komplette Vernichtungszeit für das ungarische Judentum soll nicht länger als zwei Wochen betragen haben.

Zuletzt Besuch des Frauenlagers. Irgendwo hier lag Spiegelmans Mutter. In jeder der zahllosen, endlosen Baracken drei Etagen mit hölzernen Abteilen: je sechs Quadratmeter Schlaffläche für zehn Frauen. Am Ende der Baracke eine lange Betonbank mit etwa sechzig runden Löchern, die Latrine. An der Wand solche neckischen Aufschriften wie: »Verhalte dich ruhig«. Oder: »Sei froh und heiter, bald geht's weiter«. Art zeichnet wie verrückt, ganz der unbeteiligte Rechercheur. Seine Frau Françoise bricht auf einmal in konvulsivisches Schluchzen aus, sinkt ihm haltlos in die Arme. Auch wir filmen das wie verrückt. Jeder überlebt eben auf seine Weise. Es ist das Zwecklose, Sinnentleerte dieser Tötungsmaschinerie, das einen wahnsinnig macht. Hinter ihr stand keine religiöse oder auch nur pseudomystische Idee, nur der pure Vernichtungswille. Übrigens war, wie wir erfahren, das Lager noch bis zum letzten Moment in Ausdehnung begriffen. Wer sollte, nach den Juden und Zigeunern, noch hinein? Wer sonst als die ganze restliche Erdbevölkerung, einschließlich der von Hitler so verachteten Deutschen, seiner nicht würdig.

PARIS, 1. NOVEMBER 1987

Nach 18 Monaten läuft unser Film »Welcome in Vienna« in Paris aus. Zuletzt wurde er bloß noch einmal täglich in einem Studentenkino der Rue Champollion gezeigt. Etwas verlegen stelle ich mich an die Kasse und frage die schwarze Kassiererin, worum es in dem Film geht. Sie blickt von ihrer Zeitung hoch: »Ach, irgend so eine Liebesgeschichte aus dem ersten Weltkrieg.« So endet meine Liebe zu Claudia, deren richtigen Namen ich auch hier nicht verraten werde.

WIEN, 11. MÄRZ 1988

Zum 50. Jubiläum des Anschlusses nach Wien, um bei dem Republikanischen Klub Neues Österreich gegen Waldheim zu protestieren. Wir versammeln uns brav hinter Polizeibarrieren vor seinem Amtssitz am Heldenplatz. Knappe 5000 Leute, schätze ich – ein Hundertstel von dem, was damals hier Hitlern zujauchzte. Allerhand gutgemeinte Reden. Am effektvollsten der Bildhauer Hrdlicka, der mit seinem fabelhaften Holzpferd zur Stelle ist. (Weil anscheinend nur Waldheims Roß, nicht er selber, der Reiter-SA beigetreten war.) Wenn Lachen töten könnte . . . aber es tötet ja nicht. Nicht in Österreich. Dafür gießt es in Strömen. Und die von Nazijägerin Beate Klarsfeld verteilten Flugblätter werden von den Leuten als Tschakos gegen den Regen aufgesetzt.

Natürlich kein Zeichen von Waldheim, längst gegen jede Anfechtung gepanzert. Ich werde vom französischen Fernsehen interviewt, das mich von »Welcome in Vienna« her kennt. Während der deutsche Kollege (»Ich hab' nur sieben Minuten«) entsetzt abwinkt, und die einheimischen erst gar nicht erschienen sind. Nachher pilgert ein unentwegtes Häuflein in Zweierreihen zu dem lieblichen Ort, wo einst das Hotel Metropol, Gestapohauptquartier, stand. Mangels Lautsprechern und Transparenten wissen die Passanten noch nicht einmal recht, was wir darstellen, und schielen wurstig an uns vorbei: »Gar net ignoriern ...« Das Mahnmal am Morzinplatz ist dann über und über mit Hakenkreuzen beschmiert, die man nur notdürftig abgekratzt hat. Wir stehen einige Minuten sinnlos im Regen herum, worauf ich mich mit Beate auf die Suche nach einem Lokal mache. Ihre abgrundtiefe Traurigkeit. Für Gerechtigkeit kämpfen: den Ozean mit der hohlen Hand ausschöpfen.

RIO BLANCO, NICARAGUA, 24. MAI 1988

Rio Blanco, schiere Kulisse eines Hollywoodschinkens aus dem Wilden Westen. Einstöckige Häuser am Rand ungepflasterter Straßen, auf ihnen gemächliche Eseltreiber, Cowboys mit Rinderherden, Campesinos, Soldaten. Vor allem Soldaten. Das Ganze könnte in Texas oder Neumexiko liegen – sagen wir, zur Zeit des amerikanischen Sezessionskrieges. Nur daß dauernd schwerbestückte Kampfhubschrauber über den Ort hinwegdröhnen. Sowjetische natürlich, vom Typ Mi-17 Hip, der schon in Afghanistan den Krieg nicht gewann. Und auch nicht drauf und dran ist, ihn hier zu gewinnen. Ansonsten gemütlich-stiller Abend im gebirgigen Hinterland von Matagalpa. In den ebenerdigen Steinhütten gehen nach und nach die Petroleumlampen an, denn der Strom ist schon wieder einmal unterbrochen. Durch die bewaffnete Guerilla der Contras, die nachts ihr Unwesen treibt, behauptet das Militär, ohne seinerseits die geringsten kriegerischen Anstalten zu treffen. Übrigens ist auch das Fließwasser weg. Und in der einzigen Ladenstraße mit ihren freundlichen Señoras gibt es auch weiter nichts zu kaufen außer rosa Plastikeimern, Plastikautos und Plastiksandalen.

Nicaragua im neunten Kriegsjahr. Sandinisten gegen die von den USA finanzierten Contras. Zehntausende von Toten. Hunderttausende vertriebene Bauern. Eine nicht mehr erträgliche Kriegswirtschaft. Mitsamt Währungsinflation, die derzeit an die 3000 Prozent jährlich betragen muß. Man sieht nur Arme. Die ausgebootete Mittelklasse, etwa eine halbe Million Leute, sitzt längst in Miami. Ende des unerfüllbaren Traumes, nach dem Sturz des miesen Diktatorenklans der Somoza einen Staat der sozialen Gerechtigkeit aufzubauen, unberührt von den ideologischen Blöcken. Aus, gescheitert an den Realitäten eines allzu abhängigen Landes. »Wir wollen Frieden«, schrie uns gestern ein Streckenarbeiter halb betrunken auf englisch in die Kamera: »We want the peace!«

Einer, der so gern an den Sieg der Sandinisten mit ihren christlichen Basiskommunen geglaubt hätte, ist der brave Mann, mit dem wir hier drehen: der weiland amerikanische Methodistenpfarrer George Baldwin. In Kansas City einst wohlbestallter Pastor, hat er seine Stelle, sein geistliches Lehramt, aufgegeben, sein Vermögen vererbt und verschenkt, die Familie zurückgelassen, um in Nicaragua »Diener der Ärmsten« zu werden. Kleingewachsener, etwas rundlicher, höchst unromantischer Typ, auch schon nicht mehr der Jüngste. Den plötzlich der Ruf (oder die Torschlußpanik) gepackt hat: »Nimm dein Kreuz und folge mir nach – das war für mich eine Aufforderung zu politischer Aktion.« Sieht sich als Befreiungstheologe, Arbeiterpriester. »Wir glauben an einen Gott, der gegen die Unterdrücker und für die Unterdrückten steht.« Seine Missionsstation ein ebenerdiges Häuschen mit überwachsenem Hintergarten. Wo auch die Plumpsklos zu finden sind und die Regentonnen, in denen man sich wäscht. Erschöpft nach der ganztägigen Fahrt durch tropische Hitze sinken wir in die Falle.

RIO BLANCO, 25. MAI 1988

Beim Frühstück nähere Bekanntschaft mit George Baldwin. Bestimmt der unaufregendste Mensch, mit dem wir je gefilmt haben. Als Selbstdenker eine Niete. Aber aus irgendeinem Grund, vielleicht nur Humor, hat Gott gerade ihn berufen. Nun wächst er über sich hinaus, und sein Leben erhält Sinn. Seine Helfer: ein halbes Dutzend ländliche junge Christen, zumeist aus den USA. Sie betreiben ein paar Jeeps und Lastwagen aus Kirchenspenden. Auf die werden jetzt Lebensmittel, Medikamente, Bauholz, Zement aufgeladen. Und zu den ärmlichen Neusiedlungen transportiert, in denen die Regierung die Massen kriegsflüchtiger Bauern aufzufangen sucht. Der übliche Tropfen auf den heißen Stein.

Stundenlange Fahrt über Rüttelstrecken, die wegen der angehenden Regenzeit schon teilweise unter Wasser liegen. Baldwin: »Vielleicht unsere letzten Transporte auf Monate.« Grummelt gegen die Contras, deren Überfall man jeden Moment erwarten muß. »Und dann mit der Machete durch die Gurgel.« Gibt aber zu, daß nicht einmal die Hälfte der hiesigen Bevölkerung den Sandinisten anhängt. »Und doch stehen wir auf der richtigen Seite und Reagans Amerika auf der falschen. Der Kampf geht nicht gegen jene, die nicht an Gott glauben. Sondern gegen jene, die an falsche Götter glauben. An solche Idole wie Geld, Macht, Habsucht. Wer sich an diese verkauft, ist Götzendiener so gut wie der gottesleugnende Marxist.« Ein Glaube, der Berge versetzen könnte. Ein paar Raupenschlepper wären darüber hinaus aber auch ganz gut.

Auf der Strecke nimmt Baldwin so viele wandernde Bauern mit, wie er nur kann. Dieser tumbe Ami hat sich sogar ein annehmbares Spanisch beigebracht. Und eine Theologie, die bestimmt nicht aus dem Seminar stammt. »Wer für die Armen steht, ist wie von selbst auf seiten Gottes«, sagt er zu den perplexen Campesinos. Man geniert sich ein bißchen, denn natürlich möchten die Bauern lieber ein paar Piepen geschenkt kriegen. Aber schön ist es doch.

PAIWAS, 28. MAI 1988

So etwas wie der Rand der westlichen Welt. Hier endet die abenteuerliche Schotterstraße an einem Rio Wilike. Auf der anderen Seite nur noch Reitpfade. Auch das Dorf voller wild aussehender Reiter und Cowboys. Besitzt immerhin ein Kirchlein, das gleichzeitig als Versammlungshalle dient, sowie 23 Familien in Hütten, letzter Rest eines mörderischen Contra-Überfalls. Auch ein Speiselokal, in das wir aber unseren eigenen Mais für die Tortillas und sogar unsere eigenen Getränke mitbringen müssen. Am anrührendsten eine Nähschule, wo in einem brütendheißen Holzverschlag sechs junge Mädchen an Nähmaschinen werkeln. Eingerichtet von dem Ortspfarrer, Freund von Baldwin und auch er Befreiungstheologe. Alle halbe Stunde ein tropischer Regenguß, bei dem die Reiter in ihren Kautschukhäuten sich unter schützende Vordächer verkriechen. Gleich darauf wieder dampfend grelles Sonnenlicht.

Wir fahren mit Baldwin zu den verschiedenen Neusiedlungen (Assientimentos), um die er sich kümmert. Primitive Holzhütten mit Lehmboden, man lebt von Hühnern, Mais und etwas Vieh. Selten eine öffentliche Dusche, mal eine Apotheke, die er versorgt. Aber überall Schulen , denn das Analphabetentum haben die Sandinisten fast ausgemerzt. Einmal stoßen wir auf Riesenstapel runder Zementringe. Es sind unbenutzte Klosettsitze, von (dem mehr praktischen als praktizierenden) George Baldwin eigens für seine Dörfler gegossen, die ihm aber eins pfeifen. Die Vertriebenen trotz ihrer verzweifelten Situation so umgänglich wie alle Menschen in diesem schönen Land. Noch nicht ein einziges Mal haben wir unsere Passierscheine zücken müssen, auch nicht dem Militär gegenüber. Übrigens bezeichnend, daß fast alle Männer zu ihren isolierten Berghöfen zurückwollen aber die Frauen sich in den Siedlungen menschenwürdiger fühlen. In einer Gemeinschaftsbaracke Vortrag über das Recht der Geburtenverhütung, gehalten vor etwa fünfzig Frauen von einer der frommen »Charismatikerinnen« aus Baldwins Gruppe.

Schließlich das wohlhabendste Dorf ringsum, dank einer Viehfarm, eingerichtet von Don Jaime. Einem weiteren hoffnungslosen Idealisten, der eigentlich Pater Jim Feltz heißt und im deutschamerikanischen Milwaukee geboren wurde. Die Rinder stammen zumeist aus deutschen Spenden, sowohl von dem katholischen »Misereor« wie dem protestantischen »Brot für die Welt«. Die beiden geistlichen Herren umarmen sich gerührt: »Können Sie sich vorstellen, daß unsereins sich jahrhundertelang in Europa bekämpfte? Während schon damals hier gehungert wurde?« Dann reitet der spindeldürre Pater los, zu einer der vierzig Gemeinden, die er per Maultier betreut. Wir zurück nach Paiwas, wo es inzwischen sogar wieder Strom gibt. Frage an George Baldwin, was ihm, nach 26 Jahren als amerikanischer Mittelstandspastor, am schwersten wurde aufzugeben? Er lacht: »Mein Fahrrad.« Ob es ihn je wieder nach Amerika treiben werde? »Nur um meine Kinder zu sehen und Geld zu sammeln für Nicaragua.« Und wenn der Traum ausgeträumt sei und das Land zum Kapitalismus und zur staatserhaltenden Kirche zurückkehre? Was dann? »Dann bin ich vier Jahre meines Lebens auf dem richtigen Dampfer gewesen. Ist das nichts?«

PARIS, 19. JUNI 1988

Bei einer amerikanischen »house warming party« in der Rue des Tournelles, zu der mich Fotosammler Fritz Gruber mitnimmt, treffe ich auch den uralten französischen Fotografen Willy Ronis samt bejahrter Gattin. Das Idol meiner Fotomanie in den fünfziger Jahren und somit Anreger des »Pariser Journals«. Er hat das kleine Pariser Volk der damals noch ländlich-idyllischen Arbeitervorstädte Belleville und Ménilmontant festgehalten, von denen kaum eine Straßenecke mehr existiert. Dort drehte ich dann auch meinen ersten Dokumentarfilm, »Das Paris der Armen«. Ich erkläre ihm meine Dankbarkeit. Vergnügt durchblättert er für mich einen Stoß seiner alten Fotos, die er vorsorglich mitgebracht hat. Bei einem knackigen Aktbild machen wir halt. »Das ist sie!« flüstert er und zeigt auf die Greisin.

HLUHLUWE-RESERVAT, SÜDAFRIKA, 23. OKTOBER 1988

Augenpirsch im ältesten Wildgehege Afrikas, noch auf das vorige Jahrhundert zurückgehend. Quer über die Straße, dicht vor unserem Landrover, zwei schwarze Käfer, Pillendreher, die sich aus einem Haufen Nashornmist Brocken herausgesäbelt und rundgedrechselt haben, die sie jetzt heimbefördern. Eines der Tiere bugsiert hoch aufgerichtet eine Kugel mit den Vorderbeinen, das andere balanciert sie wie ein Zirkusartist oben auf dem Scheitelpunkt. Angefeuert von einem weißhaarigen Herrn in Buschkleidung mit veraltetem britischem Schoolboy-Slang: »Up and at it, boys, play the game!« Es ist Laurens van der Post, südafrikanischer Naturalist, Forscher, Ethnologe, Autor, Filmemacher, Soldat, Philosoph. Jetzt 81 Jahre alt. Hat Baroneß Blixen gekannt, nannte T. S. Eliot Tom, diskutierte über Literatur mit Virginia Woolf.

Dieser ewig enthusiasmierte Fährtensucher und Fahrensmann, längst in London zu Hause, wandert nun wieder durch Afrika, vielleicht zum letztenmal. Vor einer Gruppe Giraffen sagt er, sich anschleichend mit seinem kindhaften Lächeln: »Spüren Sie den Duft der Wildnis, wie der uns langsam uns selber wiedergibt? Seelenheilung ... nur hier finden wir zu unserer Ganzheit zurück.« Grüßt die Tiere dankbar mit erhobener Hand, während die Brise sein weißes Haar fächelt. Später vor einer Zebraherde: »Was uns bei Tieren so anrührt: Sie akzeptieren ihre Art des Sterbens. Schleicht ein Löwe sich an, so stieben sie panisch auseinander. Hat er aber seine Beute gerissen, dann grasen sie unbekümmert und trauerlos weiter. Es verbleibt ja alles in seiner natürlichen Ordnung. Nur dem Menschen mißtrauen sie, denn der tötet nicht aus Hunger, sondern aus verdächtigeren Gründen. Und manchmal sogar aus Spaß.«

Auf einer Lichtung das Unerwartete: drei weiße Nashörner auf einmal. Laurens nähert sich ungeniert, während unser Wildhüter knackend sein Gewehr mit der Spezialmunition durchlädt, die einzig solch gepanzerte Lokomotive zum Halten bringt. Eines der Tiere wendet sich hellhörig gegen uns und scharrt verdächtig mit den Hinterbeinen, worauf wir eiligst retirieren. Nur Laurens bleibt stehen: »Auch ich akzeptiere diese Art des Sterbens. Was ich nicht hinnehmen kann, ist das Ende der Wildnis. Denn das wäre gleichbedeutend mit dem Ende des Menschen, seiner Rettungsmöglichkeit. Die Wildnis ist nur Spiegelbild des Wildgartens unseres eigenen Unbewußten. Beide sprechen sich an. Ohne dieses Gespräch sind wir tot.« Schleicht, wie magisch angezogen, wieder auf die Nashörner zu. Wir nach. Als benötigten wir ihre Anerkennung. Großwildjagd, weniger Suche nach Gefahr (trotz Hemingway) als nach Rückkehr zur eigenen Wildheit. Laurens: »Wir brauchen die Natur, aber ihr selbst sind wir gleichgültig. Sie kann auch ohne uns. Wenn der letzte Mensch morgen verschwindet, gibt es nicht eine Pflanze und kaum ein Tier, die nicht einen tiefen Seufzer der Erleichterung ausstießen.«

HLUHLUWE, 24. OKTOBER 1988

Beglücktes Durchstreifen des Naturparks. Paviane, bunte Tropenvögel, Seeadler, Geparden, Giraffen, Gazellen. Zahlreiche Nashörner, die, wie sonst, aus einer Zucht nachgeliefert werden. Man zeigt uns dort die eben geborenen massigen Nashornbabys. Auch zwei Alttiere, die Hinterbeine von Drahtschlingen der Wilderer zu Fetzen verunstaltet. 10000 Dollar erzielen derzeit die Hörner am ostasiatischen Markt, da als angebliches Aphrodisiakum geschätzt. Laurens: »Wie doch beim Menschen immer Liebe und Tod ineinanderpassen.« Seine Philosophie stark vom Buddhismus beeinflußt, von dem Psychologen C. G. Jung (»bedeutendster Mann, den ich je kannte«), auch einer frühen Reise nach Japan schon mit 19 Jahren.

War im letzten Krieg Kommandant einer Guerillatruppe, die in Äthiopien, später in Indonesien hinter den feindlichen Linien operierte. Einmal finden sie sich einem japanischen Bajonettangriff gegenüber. Laurens, gelassen die Hand erhebend, auf japanisch: »Würden Sie bitte so freundlich sein und sich dazu herbeilassen, einen ehrenwerten Moment zu warten.« Rettet damit seiner Truppe das Leben, verbringt aber mit ihr zwei Jahre in Gefangenschaft, ausgeliefert Hunger, Mangelkrankheiten und dem Sadismus der Bewacher. Laurens: »Sie wußten nicht, was sie taten. Und ich konnte meine Leute dazu bringen, sie nur mehr zu bemitleiden. Sie waren ja Gefangene eines verborgenen Kerkers in der menschlichen Seele, wir aber frei in Kopf und Herz.« Als dann, völlig überraschend für die Japaner, ihr Krieg verloren ist, werden sie von den halbverhungerten Briten getröstet. Und der Lagerkommandant läßt Laurens zu sich rufen, verneigt sich tief und sagt: »Ich trinke auf Ihren Sieg.« Laurens: »Die Japaner konnten ihre Erfüllung nur in der Katastrophe finden. Ihr Krieg war die unbewußte Suche nach Erneuerung, nur möglich durch Zerstörung einer erstickenden Vergangenheit.« Ich frage ihn, ob nicht auch die Deutschen eine solche Katastrophe herbeigesehnt hätten? »Mag sein. Aber ihnen hat niemand das Regime aufgezwungen, mit dem sie ihrem Untergang so bewußtlos entgegeneilten.«

Nach dem Krieg wird der damalige Oberst van der Post sogleich zu neuen Aufgaben verpflichtet. Fungiert als Adjutant des indischen Vizekönigs Mountbatten und zeitweise sogar als Militärgouverneur von Java. »Als ich nach zehn Jahren Krieg, Hunger und Mord zurückkehrte, war mir die menschliche Gesellschaft unerträglich geworden. Ich verkroch mich allein in den afrikanischen Busch. Erst die Tiere haben mich wieder zum Menschen gemacht.« Nachts Lagerfeuer. Laurens erzählt, wie er in den fünfziger Jahren zu den Buschmännern der Kalahari durchstieß, ihre Felsmalereien entdeckte und monatelang mit ihnen lebte. »Als ich zuletzt dort war, gab es Straßen, Reiseautobusse und sogar eine

Landepiste. Aber keine wahren Buschmänner mehr. Und wer hat, mit Büchern und Filmen, mehr dazu beigetragen als ich? Der Fluch des weißen Mannes.«

Ob er je daran denke, daß dies seine letzte Fahrt in die Wildnis sein könne? »Ich fühle es sehr stark. Darum betrachte ich alle Dinge hier wie zum letztenmal. Aber man muß sie gleichzeitig auch immer wieder sehen können wie zum erstenmal. Nur dann empfindet man, daß sich die Lebensreise gelohnt hat.« Was werden Sie in der Welt verändert haben, wenn Sie nicht mehr sind? »Wenn ich mich selbst ein wenig gewandelt habe, vielleicht verändert das auch die Welt?« Und worauf letzten Endes alles hinauslaufe? Laurens mit einem Lächeln, das uns schon nicht mehr von dieser Welt dünkt: »Ich glaube, daß meine Seele irgendwo schwebt außerhalb von Zeit und Raum. Kein Anfang, kein Ende – die Seele ist jenseits. Und wenn ich richtig gelebt habe, dann wird etwas von diesem elenden Ich, das jetzt hier an diesem Feuer sitzt, sich mit meiner Seele vereinen. Und das wird das Himmelreich für mich sein.«

DURBAN, 26. OKTOBER 1988

Wir entdecken am Rande des Reservats mehrere zerstörte und überwachsene Bauernhäuser, in denen Vögel nisten. Der Naturschutzpark war offenbar nicht immer ein solcher, sondern wurde, teils schon besiedelt, »den Tieren zurückgegeben«. Seitdem ist den Eingeborenen der Zutritt verboten, außer als Dienstpersonal. So ist das also. Motorbootfahrt auf dem Umfolozifluß, vordem eine industrielle Kloake, jetzt bevölkert von Krokodilen, Nilpferden, Ibissen, und überall Hängenester des Maskenwebervogels, der so schnell auf- und niederschwirrt, von unserer Kamera kaum zu erfassen.

Laurens atmet tief durch, spricht vom kosmischen Einklang mit der Natur. Ob wir uns nicht auch schon seit vorgestern gewandelt vorkämen? Nur ein Poet darf alle anderen für Poeten halten. Empfindung, daß dieser Mann nichts zu lernen brauchte, sondern es immer schon gewußt hat. Aber eben doch nicht alles. Seine sture Verachtung für jeglichen Sozialismus, sein, wenn auch unterbetonter, Stolz auf den Ritterschlag, sein reichlich naives Eintreten für Mrs. Thatcher, die er im Falklandkrieg mittels zahlreicher Zuschriften moralisch aufgerüstet haben soll. Er gilt auch als geistiger Mentor von Kronprinz Charles, den er wiederholt durch die Wildnis führte und dessen manchmal verstiegene urbanistische Rezepte zweifellos von ihm stammen. Poeten sollten eben keine Höflinge sein.

Trotzdem genießen wir mit einem sinnberauschten, nun schon fast in die Ewigkeit eingegangenen Laurens unsere leicht begärtnerte Wildnis. Dazu Laurens: »Diese Selbstheilungskräfte der Natur! Ihre rührende Bereitschaft, aus jeder noch so eingezwängten Lage in ihren paradiesischen Urzustand zurückzukehren!« Unterwegs zahlreiche Autos. Spätestens in zehn Jahren sieht's hier aus wie in einem der europäischen Safariparks. Ausfahrt durch das streng vergitterte Tor, die Schwarzen salutieren militärisch. Nach kurzer Fahrt Zusammenkunft mit Laurens' ältestem schwarzem Freund, dem 88jährigen Zulu Maqubu, der ihm viel von seinem stupenden Tierwissen beibrachte. Laurens: »Sein Vater war 1879 dabei, als eine britische Streitmacht von den anstürmenden Zulus geschlagen wurde bei der Schlacht der blutigen Speere. Ein letzter vergeblicher Sieg, wie der der Sioux über Custer wenige Jahre zuvor.« (Später hören wir, daß dieser erstaunliche Triumph bei den Zulus einen ganz anderen Namen führt, nämlich »der vierte Magen der Kuh«. Keine Schlachtenpoesie, und so was will in die Weltgeschichte eingreifen!) Bei der Rückfahrt nach Durban: Abstecher zu unübersehbaren Zuckerrohrplantagen, natürlich alle in weißer Hand, die an vorrevolutionäres Mexiko erinnern. Auf einem Hügel Brandrodung. Schwarze Arbeiter winken uns feixend näher, indem sie irgendwelche haarigen Bälge schwingen. Die sich beim Herankommen als zu Tode gebrutzelte Marder und Geparden erweisen, welche es nicht bis zum Reservat geschafft haben.

DURBAN, 27. OKTOBER 1988

Abendlicher Vortrag von Laurens an der Hochschule Durban über die Überlebenschancen der Menschheit, darin auch kurzer Diskurs zur Apartheid: »Rassenhaß ist nur eine grausige Verkörperung unseres Selbsthasses. Die dunklen Flecken unserer Seele, unsere verdrängten Ängste projizieren wir auf unsere schwarzen Landsleute. Es gibt kein Negerproblem, nur ein Weißenproblem. Das Übel ist in uns selber.« Solche harten Worte werden von der Regierung bloß geduldet, weil Laurens nicht der revolutionären Richtung von Nelson Mandela anhängt, sondern der versöhnlicheren des Zuluhäuptlings Buthelezi. »Frieden gibt es nur, wenn man seinen Feinden verzeiht. So, wie ich den Japanern verziehen habe.« Ich frage ihn, ob nun die Juden auch den Nazis verzeihen sollten? »Wenn sie inneren Frieden finden wollen, gewiß, so unzumutbar das klingt. Und auch die Deutschen müssen sich selbst verzeihen lernen. Unverziehene Sünden sind gefährlich wie schwelendes Feuer auf dem Weg zum Pulver.« Gerührte Verabschiedung von Laurens, er hat tatsächlich alle unsere Namen behalten. Abends lesen wir die erste Zeitung seit Tagen. Eine Nashornmutter hat, ganz nah unserem Drehort, auf der Suche nach ihrem verlorenen Baby eine Touristin angegriffen und aufgespießt. So blutig und so vergeblich wie die Schlacht der langen Speere oder wie das hieß.

LONDON, 13. NOVEMBER 1988

Herzklopfen wie bei einem jugendlichen Rendezvous. Lasse das Taxi schon an der Nordseite der Themse halten, um mich der ersehnten Stätte zu Fuß auf Pilgerart zu nähern. Über die buntgestickte viktorianische Eisenbrücke hinüber nach Southwark. Am Südpfeiler erst wende ich den lang aufgesparten Blick hinunter. Ringsum schlammiges Bauland, darin wie Mistkäfer bohrend die dröhnenden Bagger und Raupenschlepper. Wo bleibt da die geheiligte britische Sonntagsruhe? So pressiert's einem heutzutage nur, wenn irgend etwas Unwiederbringliches kaputtzumachen ist. Eine Wendeltreppe führt zum Ufergelände mit seinem desolaten Gängeviertel von Lagerschuppen. Schon eigentümlich, um wieviel ergriffener ich mich hier fühle als etwa vor der Klagemauer – wer will das ergründen?

Jetzt stehe ich endlich davor. Vor dem »Globe«. Shakespeares ursprüngliches Theater von 1599, dessen Fundamente erst vor Wochen unter einem Parkplatz zum Vorschein kamen. Zwei parallel gekurvte Grundmauern, zwischen denen sich vermutlich die Zuschauergalerie dreistöckig hochzog. Davor das Stehparkett der Gründlinge, die hier für einen Penny die Welturaufführungen von Hamlet und Othello, Lear und Macbeth zu sehen bekamen. Und zwar raschelnd und knackend, denn im Boden finden sich noch Spuren von Haselnüssen, dem Popcorn der Zeit. Die Bühne muß man sich leider unter der Brückenauffahrt denken, wohl längst in die Ewigkeit eingegangen, jedenfalls dem Archäologen unzugänglich. Selbst die vorhandenen Fundamente werden wahrscheinlich nicht weiter ausgegraben, sondern demnächst wieder zugeschwemmt und überbaut. Wie schon auf der linken Brückenseite an den noch ausgiebigeren Fundamenten des »Rose« zu besichtigen.

Dieses Theater aus dem Hinrichtungsjahr der Maria Stuart, 1587, das dann von dem geschäftstüchtigeren Globe ruiniert wurde, hat man nach seiner Entdeckung vor wenigen Monaten gar nicht schnell genug wieder einbuddeln können. Und gerade jetzt werden, mit geradezu viehischer Zahnarztwollust, zwischen die fragilen Ruinen die Pfeiler eines kommenden Bankhochhauses gerammt. Dafür entsteht um die Ecke ein nagelneuer lebensgroßer Nachbau des Rose. Bezeichnend für die Zerstörungswut des Homo cerebralis, der nichts Ursprüngliches mehr verträgt, nur mehr dessen entschärftes Abbild. Gegenüber dieser seelischen Herabwirtschaftung, in West und Ost gleichermaßen vorangeschritten, scheinen mir die Unterschiede der politischen Systeme weit weniger ins Gewicht zu fallen, wahrscheinlich werden sie demnächst ganz verschwinden. Bei Sonnenuntergang spaziere ich dann noch durch die Reste dieses gespenstischen Dockviertels, von Dickens beschrieben und von Doré gezeichnet, das man jetzt auf schick umfrisiert. Einzige Zukunft der Wildnis: zum Zoo gemacht zu werden.

Nachher am Trafalgar Square angepöbelt von rotschopfiger Punkerin, die sich mit einem Pfund Betriebskostenzuschuß nicht zufriedengeben will. Und da sich bei Shakespeare alles findet, hier die entsprechende Szene aus »Maß für Maß«, Akt 5: Herzog: »Was, ist sie vermählt?« Mariana: »Nein, milord.« »Ist sie Jungfer?« »Nein, milord.« »Eine Witwe also?« »Auch nicht, milord.« Herzog: »Demnach gibt es sie gar nicht, wenn sie weder Jungfer noch Witwe, noch Ehefrau ist.« Darauf Lucio: »Milord, she may be a punk.«

NEW YORK, 1. MÄRZ 1989

Dr. Joe Kramer, New Yorker Slumarzt, Ecke Avenue D und 7. Straße. Genannt der Dr. Schweitzer der Lower East Side. Enkel galizischer Einwanderer, der eine gutgehende Vorortpraxis aufgab, um dorthin zurückzugehen, wo seine Großeltern vor hundert Jahren anfingen: in die »Höllenküche«. Bereits am ersten Drehtag folgende Aufnahmen: Drogenpusher am Straßentelefon vor einem Eckladen, Aufträge in Empfang nehmend. Verhaftung eines Dealers, der zum »shakedown« quer über die Motorhaube des Polizeiwagens gelegt wird, während die Kollegen einstweilen in den Laden abtauchen. Street kids, die mit Steinwürfen einem soeben geparkten Wohnwagen die Fenster einschmeißen. Auffahrt eines himbeerroten Rolls, dem ein exotischer Herr entsteigt – kolumbianischer Rauschgift-Großhändler, sagen uns die Kids. Eine Schwarze, die, total ausgeflippt und ohne die Kamera vor ihrem Gesicht auch nur wahrzunehmen, im Gehen schallend einen Refrain singt: »Wenn dich zu lieben Unrecht ist, möchte ich nie recht haben.« In einem der zahllosen ausgebrannten Mietshäuser, dessen Innenperspektive wie eine surreale Kulisse zur Zauberflöte wirkt, zwei sich spritzende Junkies, Vietnamveteranen, die uns seelenruhig erklären, daß sie wenig Chancen haben, über vierzig zu werden.

Straßenvisite von Dr. Kramer. Vor einer hölzernen Baracke ruft er: »Michael!« Ein vorbeilaufender Wino (Alkoholiker) zu uns: »Nehmt sofort die Kamera aus meiner Visage!« Zu Kramer: »Michael ist tot!« Aus der Baracke kriecht Michaels junge Frau: »Ja, er ist vorige Woche gestorben. Nein, ich weiß nicht, woran. Wir brachten ihn noch auf die Unfallstation, und weg war er.« Dann in Joe Kramers überfüllter Praxis. Verzweiflungsanfall eines Aids-Kranken. Joe: »Ich mach' dich gesund. Ich schwör' dir, ich mach' dich gesund.« Zeigt uns anschließend seine Kartei: Etwa jeder zweite seiner Patienten, überwiegend Schwarze und Puertoricaner, ist tot. Durch Aids, Drogen oder Mord: »Familienmord eine Spezialität.« Dies in der reichsten Stadt der Welt. Joe Kramer: »Es gibt keine Lösung. Ich mache einfach weiter. Bis ich ausgebrannt bin wie diese Häuser.«

ST. VICTOR, 22. AUGUST 1989

George Adamson in Kenia von Wilderern erschossen, auf dem Weg von seinem Kampi ya Simba (Löwenlager) zu dem rumpligen Landestreifen, wo wir ihn vor Jahren begrüßten. Schon 1980 war auch seine Frau Joy einem Attentat zum Opfer gefallen. Laut Zeitungsbericht hat er sich trotz Warnungen geweigert, seine isolierte Kora-Reservation zu verlassen oder militärischen Schutz zu beanspruchen. Jetzt heißt das wohl Finis für sein kleines Privatgehege, das er gegen so viele Widerstände aufrechterhielt. Vergeblich werden Charusha und die anderen Löwinnen mit ihren Halsbändern Funksignale aussenden. Keiner kommt mehr. Immerhin hat George das Glück, daß er als alter Mann für seine Löwen sterben durfte, so, wie er für sie gelebt hat.

LONDON, 4. NOVEMBER 1989

Londoner Ärzte müssen, wenn sie auf ihr Renommee halten, in der Harley Street ordinieren, ihr Honorar in Guineen berechnen und, sind sie Chirurgen, anstatt mit Doctor mit Mister angeredet werden. Londoner Herrenschneider amtieren in der Savile Row, fordern ebenfalls Guineen und fassonieren den immer leicht zerknautscht wirkenden britischen Maßanzug, der sich »bespoke suit« nennt. In einem solchen finde ich Richard Golub, eben aus New York eingetroffen. Hübscher, unverschämt jung aussehender Bengel. Alles, was ich von dem Mann weiß, entnahm ich einem einzigen Magazinartikel und einem kurzen interkontinentalen Telefongespräch. Langjährige Erfahrung (bei Dichtern Menschenkenntnis, gar Seeleneinblick geheißen, bei Journalisten als Professionalismus abgetan) gibt mir sofort den Ton ein, mit dem der rotzfrechste, schlitzohrigste New Yorker Staranwalt zu behandeln ist. »Hi, Richard.« »Hi, George.« »Getting your power suit on?« Er lacht, das ohnehin dünne Eis, das den Schaumenschen von seinem Mitmenschen trennt, ist gebrochen. Power suit ist das, womit der amerikanische Geschäftsmann powert: beim Power game, Power meeting und heutzutage auch schon beim Power breakfast um halb acht Uhr morgens.

Richard Golub, mit 46 für einen Yuppie bereits an der Schwelle zum Grufti, besieht seinen Widerschein in gestreiftem Flanell interessiert im Schneiderspiegel und wiegt sich selbstgefällig in den Hüften. Läßt goldene Taschenuhr in der neugenähten Westentasche verschwinden, zieht sie an ihrer goldenen Kette wieder hervor. »Diese Uhr konsultiere ich vor der Jury. Und dann rede ich über die Uhr. Die mir mein alter Vater gab und die ich hochhalte, weil ich ein Mann von Gefühl bin. Auch für meinen Mandanten habe ich Gefühl und für die Jury, am meisten aber für die Gerechtigkeit. Nicht für Geld stehe ich hier mit meiner Uhr, sondern für die heiligsten Prinzipien Amerikas.« Ich erkundige mich skeptisch, ob dieses Bühnenrequisit tatsächlich von seinem Vater stammt? »Manchmal auch von meinem Großvater, was gerade am effektvollsten klingt.« Aber besteht nicht die Gefahr, daß der Jury dabei nichts weiter einfällt als: Richard Golubs Herz ist ein Uhrwerk? »Haha, dann schon lieber ein Computer.«

Probiert hierauf zum neuen Nadelstreifen einige der zahllosen Manschettenknöpfe, die er auch auf Reisen bei sich führt. Und bewundert, wie sich das feine englische Tuch mit seinen Cowboystiefeln beißt: »Hundertprozentig Krokodil, bis hinauf zu den Kniekehlen. Babykrokodile, die Häute von mir persönlich ausgesucht. Drei- bis fünftausend Dollar, so genau nehme ich das nicht.« Und wie ist das mit den vielen Kindern, die jährlich in Afrika verhungern? »Sie meinen die Krokodilbabys? Kleine Krokokinder?« Er lacht ungut, aber mit seinem durchdringenden Charme, der jede Kritik im voraus entwaffnet. Rabenaas, gebläht von Selbstbezogenheit, das verschrumpelte Herz voll Plunder. Ich mag ihn.

LONDON, 5. NOVEMBER 1989

Mit Richard Golub bei seinem Londoner Freund, dem verrufenen Filmregisseur Ken Russell. Obschon »Freund« doch hier mehr Klient und Mitprominenter bedeuten dürfte. Denn daß ein Golub viele Freunde hat, läßt sich bezweifeln. Immerhin konnte er Ken vor Gericht aus einem Millionending heraushauen, einer Klage des Besitzers der Sexpostille Penthouse. Dieser hatte ihn zu einer Verfilmung des klassischen Dirnenromans »Moll Flanders« angeheuert und wollte dann die Sache bis ins kleinste Detail im Alleingang machen. Worauf Ken ausstieg. Als Honorar für den siegreich bestandenen Vertragsbruch hat Ken dann einen schaurig-schönen Videoclip mit Richard als Hauptdarsteller gedreht. Der sich ja nicht bloß als Staranwalt sieht, sondern leider auch als Starautor, Starkomponist, Starsänger usw. – Vor Kens Videogerät kommentieren die beiden für unsere Kamera diese forensische Gemeinschaftsarbeit, worin Richard in weißem Frack und Zylinder einer Riege Zuchthäusler in gestreifter Kluft musikalisch seine Dienste anträgt: »Jeder muß sich um mich reißen, weil ich dazu da bin, euch zu be...freien.« Ein Werk, das nur als Symptom für Richards erschütternde Selbstverblendung einzustufen ist (oder seinen Humor?). Da Ken gleich zu einer Premiere muß, wir nur 15 Minuten haben, setzt unser Kamera-Assi in der Eile sein Tongerät auf den polierten Eßtisch. Worauf Ken Russell, verantwortlich für einige der grausigsten Horrorszenen der Filmgeschichte, wie eine alte Jungfer mit Deckchen gelaufen kommt, um seine Meublage zu schützen.

NEW YORK, 7. NOVEMBER 1989

Richard Golubs Townhouse an der Oberen Ostseite. Privathotel würde man in Paris zu diesem vierstöckigen New Yorker Stadtpalais sagen, das er in einer Art maurisch-venezianisch-flohmärktlichen Melange eingerichtet hat. Sagenhafte Antiquitäten neben unsäglichem Ramsch. In jedem Stockwerk ein Büro, unterm Dach noch Aufnahmestudio und eigener Turnsaal. Fotos seiner Bühnen-, will sagen Gerichtssaalauftritte, auch die so wichtiger Mandanten wie Yasmina Aga Khan oder Baulöwe Donald Trump. Abgelegt in einer Lade die Filmschöne Marisa Berenson, mit der er auch schon mal verheiratet war und deren Zugriff auf sein Vermögen er danach erfolgreich abschmetterte. Auch hier lauter Rekorde: Der Kuß bei der Hochzeit dauerte drei Minuten, die Scheidung nicht weniger als 17 Tage.

Richards Arbeit spielt sich fast ausnahmslos am Telefon ab, das ihm acht Leitungen bietet, zwischen denen er hin und her klimpert wie ein Klaviervirtuose. Weniger als drei Gespräche gleichzeitig zu führen, während man die einlaufende Post durchfliegt, Briefe unterschreibt, einen Assistenten mit Fingersprache abfertigt, Kniebeugen trainiert (und natürlich auch von uns gedreht wird), würde jeder New Yorker als Schande empfinden. »Don't bother me with that«, faucht er ins Telefon, um eine Sekunde später mit einem süß flötenden »Hold on a sec« an weiteren Verbindungen probeweise zu nippen. Mit der vorübergehend freien linken Hand nimmt er dazu ein Glas Eiswasser von seinem Kammerdiener in Empfang, der sich als blaubeturbanter indischer Sikh darstellt und »Mister K.« zu nennen ist. Solch ostentativ-exotischer Glamour vervielfacht selbstredend die Erfolgshonorare, die ohnehin bei Richard bereits ein Drittel des Streitwerts betragen.

Nachmittags Besuch des Gerichtssaals, in dem er kürzlich einen seiner blendendsten Triumphe feierte. Und zwar gegen die Schauspielerin Brooke Shields, die sich schon mit zehn Jahren in suggestiven Posen fotografieren ließ und mit 16 die Fotos nicht drucken lassen wollte. Richard, im leeren Saal zwischen den Sitzen von Richter, Zeugen und Geschworenen hin und her pendelnd und aus sämtlichen Rohren Metaphern feuernd: »Hier ist mein Schlachtfeld, meine Tanzbühne. Hier lasse ich meine Choreographie walten, meine verbalen Schlagabtausche mit harten Bandagen, meine feinen Anzüge, meine goldene Taschenuhr, meinen lausbübischen Charme, hier setze ich meinen Schlagbohrer an, um den Feind zu durchlöchern. Jeder im Saal liebte Brooke Shields, also mußte ich sie vernichten. Mußte nachweisen, daß sie schon mit zehn ein kleiner Vamp gewesen war, ein Biest, ein Luder, das genau wußte, was es tat. Das habe ich bei ihr herausgespürt. Am Ende brach sie in Tränen aus. Gewonnen!« Woher wissen Sie so gut Bescheid über die Schwächen Ihrer Gegner? »Aus mir selber, woher sonst? Ich hole das aus meinen eigenen Sünden. Alles Niederträchtige, das ich in mir erspähe, schiebe ich meinen Feinden in die Schuhe: Arroganz, Eitelkeit, Schaumschlägerei, Selbstdarstellung ... Das sind meine Spielregeln.« Und worauf läuft es am Ende hinaus? »Worauf? Sex-Appeal bis dahinaus. Eine Art Orgasmus.« Allerdings gebe es auch berühmte Anwälte, die sich ohne Honorar der verfolgten Unschuld widmen, der Wahrnehmung öffentlicher Belange. »Ich komme schon noch dahin, George. Lassen Sie mich erst mal meine Millionen im Sack haben.«

Verschwindet mitten im Dreh, kommt danach feixend von seinem Anrufbeantworter zurück: »Eben kühle 200 000 verdient.« Worauf er uns zum Abendessen ins teuerste Lokal von New York einlädt. Nachher aber dann doch passen muß, sich aber laufend am

Telefon erkundigt, ob es uns auch schmeckt. Später sehen wir ihn am Schreibtisch einen chinesischen Eintopf hinunterwürgen.

NEW YORK, 8. NOVEMBER 1989

Auf dem anscheinend nie befahrenen Doppelbett hingefläzt, Richard Golub vor dem Videoschirm beim Betrachten seines sensationellsten Auftritts. Nachdem er mit Mühe durchgesetzt hatte, daß sein Millionenprozeß gegen den Filmschauspieler William Hurt im Gerichtssaal aufgezeichnet werden durfte, hat er ihn mit Bomben und Granaten verloren. Ein Fall, den man eigentlich nicht verlieren kann. Die Tänzerin Sandra Jennings, die jahrelang mit ihrem Bill zusammenlebte und sogar ein sechsjähriges Kind von ihm hat, klagte nach der Trennung auf Bruch des Eheversprechens samt fünf Millionen ... und wurde abgewiesen. Warum? Wahrscheinlich auch wegen der hemmungslosen Theatralik ihres Rechtsbeistands, der sich in den Kopf gesetzt hatte, seinen Gegner bis aufs Blut zu reizen. »Und gerade als er am Explodieren war, also bereit, die Wahrheit herauszuschreien, daß er Sandra elend gelinkt hatte, gerade da legte die Richterin zehn Minuten Erholungspause ein. Wie ein Zwischenvorhang mitten im letzten Akt! Danach war natürlich alles gelaufen.« Wutentbrannt sagt Richard der (reichlich großmütterlichen) Mrs. Silberman ins Gesicht, daß sie sich »unsterblich in den hübschen Filmstar verliebt« habe. Und daß es ohnehin keine weiblichen Richter geben dürfe.

Danach Generalangriff der gesamten New Yorker Öffentlichkeit gegen Richard, bis hin zu Bürgermeister Koch, und Androhung eines Disziplinarverfahrens durch die Anwaltskammer. Ich, in offener Wunde stichelnd: Vielleicht haben Sie Ihren Prozeß nur verloren, weil Sie den falschen Anzug trugen? Dazu Richard, noch in diesem Moment mit Humor begabt: »Ich trug den feinsten Zwirn für Anwälte. Nur konnte ich das der Richterin nicht klarmachen. Sie mochte den arischen Internatslook von Bill Hurt.« Was werden Sie anfangen, wenn Sie jetzt Ihre Lizenz verlieren? »Dann werde ich Filmregisseur wie Sie. So gut treffe ich das noch lange.« Wir raten ihm, sich durch einen zerknirschten Entschuldigungsbrief mit dem hohen Gericht zu versöhnen, bevor es zu spät ist. Zum erstenmal sehe ich ihn wirklich erbost: »Glauben Sie, ich bin ein

Leben lang sarkastisch, anzüglich, unleidlich und abgefeimt gewesen, nur um jetzt zu Kreuze zu kriechen? Ein Richard Golub geht mit fliegenden Fahnen unter!«

NEW YORK, 9. NOVEMBER 1989

Talkshow bei der berüchtigten Joan Rivers, wo Richard aus purer Frechheit in Hemdsärmeln erscheint, worauf sie ihn mit ihrer Stimme wie eine Kriegsdrommete fast in Grund und Boden redet. Aber nur fast. Am Ende steht er doch als Sieger da und sie wie eine Provinzmaid. Gift und Galle in Manhattan! Danach mit Richard im Monitorraum, während jetzt die verlassene Braut Sandra Jennings fast zu wohlgeübt ihr Rührstück vorträgt. Richard: »Wenn nur die Weiber wüßten, daß sie schön und stumm am besten wirken.« Kann mir gut vorstellen, warum es mit Marisa nicht klappte und man Richard seit langem keinerlei Beziehung mehr nachsagt. Schon ist er auch hier wieder am Draht zu seinem Anrufbeantworter: »Mein Lebenszweck, George. Das Telefon! Lieber mit ihm verheiratet als mit jeder Frau. Mein Sexobjekt!« Ich: Sie gehen nicht aus, Sie trinken nicht, Sie flirten nicht, Sie bumsen nicht. Wo bleibt bei Ihnen die Liebe? »Das hat noch Zeit, George. Das kommt, wenn man's am wenigsten erwartet. Aber es gab ja auch allerhand Liebe in meinem Leben ... verhältnismäßig ... von Zeit zu Zeit. Und sehr viel brauche ich auch nicht. Ich halte das nicht für einen Eckstein meiner Existenz.« Weil Sie ausreichend Eigenliebe besitzen? »Haha, wollen wir nicht lieber Selbstrespekt sagen? Aber meinetwegen auch Selbstliebe. Warum nicht? Ist doch schön, Selbstliebe. Der schönste Trip auf Erden bleibt der Egotrip!«

Nach der Rückkehr ins Hotel zufällig Fernseher aufgedreht, der mich sonst hier zu Tode langweilt. Berliner haben die Mauer gestürmt und tanzen darauf! Sah nie etwas Ähnliches. Anruf meiner Kusine Doris aus Washington: Sogar sie, die im KZ war, ist gerührt. Bin es auch. Ansager spricht von einem historischen Datum. Allerdings dachte ich, daß dies bereits ein historisches Datum sei, nämlich die Reichskristallnacht. Gewesen.

Vormittags Ankunft in Berlin. Wollte eigentlich erst Sonnabend eintreffen, wenn wieder eine Viertelmillion Ostberliner im Schaurausch herüberströmen sollen. Jedoch sämtliche Maschinen übers Wochenende ausgebucht, sogar die von Amerika hierher. Alles will ja brühwarm teilhaben am historischen Ereignis, das diesmal noch dazu ein so theatralisches Requisit wie die Mauer aufweist. Und Mauern zertrümmern ist noch sinnlicher als Klaviere oder Fernseher. Im Flugzeug eine Art patriotische Erregung, wie seit Jahren nicht mehr gespürt. Der Taxifahrer vom Flughafen, unausrottbare Type, bringt mich dann wieder auf den Teppich. Schwadroniert von »Ostzone«, »Polenwirtschaft«, »diese Roten«, »der Iwan«. Nur zu »der Führer« fehlt ihm der Mut (oder das Vertrauen in meine Visage).

Beim Brandenburger Tor Hunderte naiv-aufgeräumte Berliner und ebenso viele unausgeschlafene Reporter aus aller Welt, die auf das Wunder warten: die Durchbrechung der Mauer ausgerechnet an dieser Stelle, wo sie am dicksten und am symbolischsten ist. Die Vopos auf der Mauer filmen uns verbissen – für wen? Und was bewachen sie eigentlich noch? Einmal durchbrochene Mauer ist doch als Ganzes wertlos, siehe Maginotlinie oder Westwall. Am erfreulichsten die brüderliche Stimmung der Berliner, in die ich schnell einbezogen werde. Mein Spaß am Dazugehören. Ziehe mit neugefundenen Freunden im frühen Abendlicht zum Durchlaß Potsdamer Platz. Unterwegs viel jugendliches Volk, das mit Hammer und Meißel Erinnerungssplitter aus der Mauer klopft. Noch der Weltuntergang wird mit Souvenirjagd enden. (Aber auch die Steine der Bastille wurden ja privat verkauft.) Der Beton ist jedoch von stahlharter Konsistenz, deutsche Qualitätsarbeit. Und in seiner Masse ausreichend für ganze nagelneue Stadtviertel, die ja eine solche Mauer vielleicht unnötig gemacht hätten. Ähnlich der in Vietnam verschossenen Munition, entsprechend dem Wert eines Wohnhauses pro Vietnamese.

Am Durchgang stetiger Fluß von rückkehrenden Grenzgängern und Trabis. Die Westberliner jetzt fast schon mehr beunruhigt als begeistert von den passierenden Massen, so schnell geht das. Gemäß unserem Emigrantenwitz: »Ein Emigrant ist erschütternd, zehn sind langweilig, hundert sind selber dran schuld.« Wir befragen die Rückkehrer mit ihren grellbunten westlichen Plastiktüten. Zumeist haben sie nur das eine Wort: »Wahnsinn!« Wirken auf mich wie Schlafwandler voller Angst vor dem Erwachen. Erst mal den Traumbesuch auskosten, dann an Politik denken. Es gibt aber auch das wie probeweise ausgesprochene Wort »Vereinigung«. Streckt sich ein kommender Riese Gesamtdeutschland schon im Halbschlaf?

Zurück zum Brandenburger Tor, jetzt dramatisch gebadet im gelben Licht der Fernsehscheinwerfer. Wir stehen alle auf der Bühne, jeder ein Zuschauer und gleichzeitig Akteur. Warten auf was? Jedenfalls auf Unerhörtes. Vermeinen sogar drüben schon »Gemengsel« zu erspähen, es ist aber bloße Wachablösung. Wohingegen eine auf unserer Seite aufkreuzende Autokolonne nur den britischen Botschafter heranbringt, der auch mal dabeisein will. Ich rede ihn an, aber er weiß nicht mehr als wir alle. Weiß irgendwer was? Empfindung, daß jeder, bis hinauf zu den Machthabern, den Atem anhält, zu sehn, was geschieht. Keiner Herr der Lage. Keiner findet auch nur das richtige Wort. Schade. Ansonsten gemütliche Jahrmarktstimmung, wie sie etwa in Paris am 15. Juli 1789 geherrscht haben muß: Feuerschlucker, ein hymnensingender Ire, britische Soldaten, die, praktisch wie stets, ihren heißen Tee ausschenken.

Werde vom kanadischen Fernsehen als »Mann auf der Straße« interviewt betreffs möglicher Wiedervereinigung. Mein Eindruck: Sie hat vielleicht schon stattgefunden. Auch die Erstürmer der Bastille meinten noch, das Königtum zu reformieren, während sie in Wirklichkeit bereits die Republik ausriefen. In der Politik gibt es ja kein Vakuum, sowenig wie in der Natur oder in der Liebe. Wo die eine Seite zurückweicht, muß die andere vor, so weit sie kann. Sobald die Demonstranten merken, daß sie ungestraft das vereinte Deutschland fordern dürfen, werden sie nach ihm schreien, ob sie das nun wollten oder nicht. Die Massenemotion schafft sich erst das äußerste Wunschziel, das sie später zu ihrer ursprünglichen Absicht erheben wird.

Da der Mauer auch an Bruchstellen ohne Werkzeug nicht beizukommen ist, kaufe ich von einem fliegenden Händler ein Fragment für zehn Pfennig. Das und mein Stück Verbrennungsofen von Auschwitz ... eine kleine deutsche Geschichte in diesem Jahrhundert. Dann zum nächtlichen Ku'damm. Vor den erleuchteten Auslagen Klumpen von Ostbesuchern, die kopfschüttelnd wieder einmal »Wahnsinn« murmeln. Meinen sie noch das Wunder der Maueröffnung oder schon die Westpreise? Andrang vor den billigsten Straßenhändlern. Daß man heutzutage Uhren für zehn Mark bekommt, habe ich auch nicht gewußt. Überfüllte Schnellimbisse, und alle kennen sie schon die Zauberformel der Freiheit. Einst »Liberté, égalité, fraternité«, heute »Zweimal Big Mac mit Gurke und Zwiebeln!«. Der gebrutzelte Hamburger, nicht etwa Erscheinungsform oder Sinnbild der Demokratie, sondern schon so was wie diese selber. An allen Straßenecken müde Bodenhocker, abgespannte Mienen wie nach einem Volksfest. So schön ist halt nichts auf der Welt wie der Traum davon.

BERLIN, 17. NOVEMBER 1989

Zum Checkpoint Charlie, wo ich dank der frühen Morgenstunde in fünf Minuten abgefertigt bin. Grenzer lächeln durch die Bank professionell wie Egon Krenz, als hätten sie das tagelang vorm Spiegel geübt. Mit Ausnahme einer verbissenen Beamtin, die an Lotte Lenya in »Liebesgrüße aus Moskau« erinnert und damit tröstlich authentisch wirkt. Da drüben wie stets keinerlei Transport zu finden, schleppe ich mich zu Fuß durch menschenleere Straßen zum Brandenburger Tor. Was macht diesen ganzen Ostblock so trostlos einschließlich der Neubauten, die gleich wieder abrißbereit wirken? Bestimmt der Mangel an Lärm, Betrieb, Musik, Werbung, Verlockung. Also das Erotische. Niemand *will* was von dir, keiner macht dich an. Außer natürlich die allgegenwärtigen sozialistischen Spruchbänder, deren Wirkung die einer ewigen Sonntagspredigt sein muß: Das Erhobensein durch Worte führt nicht zu praktischer Wirkung, sondern ersetzt sie.

Spreche Bauarbeiter an, die eben eine Zimmerdecke mit Jugendstilstukkatur zerhämmern. Muster, wie sie derzeit wieder (aus Plastik) an moderne Zimmerdecken geklebt werden. Frage sie, ob sie schon »drüben« gewesen? Ja, aber nur kurz. Wozu die Eile, in Bälde sei das ja alles ein Land. Wird diese Vereinigung nur stattfinden, weil auf die schnelle keinem was Besseres einfiel? Der Platz am Tor dann wie ausgestorben, außer den ewigen Fernsehteams, die nach Interviewpartnern fahnden. Ein Junge mit Freundin: »Wir wollen einfach das haben, was die drüben haben.« Klingt nicht gewaltig. Dann noch Bahnhof Friedrichstraße mit Grenzgängern und bepackten Abwanderern. Fabelhafte Stimmung. Was ist es, das mich da noch beunruhigt? Wird hier nicht – gewiß auf die friedlichste, demokratischste Art – das Resultat, das bislang als gerechtfertigt hingenommene Resultat des Zweiten Weltkrieges ausgelöscht? Und damit das letzte Symbol von Schuld? Und hebt nicht ein neues Deutschland an, auf diese oder jene Art, ohne daß man empfinden kann, die Bundesrepublik hätte irgendeinen geistigen, moralischen oder gefühlsmäßigen Höhepunkt erklommen, der es unvermeidlich machte?

Zurück in den Westen. Im »Museum der Mauer« die diversen Gefährte besichtigt, mit denen kunstreichen Tüftlern über die Jahre die Republikflucht gelang. Gleichzeitig Pressekonferenz eines indischen Swami, der gestern demonstrativ in einem Zwergflugzeug über die Mauer mach Ost-Berlin schwebte. Und dort prompt ausgewiesen wurde, Maschine auf den Müll. Weniger der Gesetzesbruch selbst regt den Apparatschik so sehr auf als Phantasie und Lust, die etwa damit verbunden sind. Anschließend Bahnhof Zoo, schon ganz schwarz vor Grenzgängern. Aufgeschnappte Gespräche. Vor einer Bank: »Du, bei denen kommt das Geld direkt aus der Wand.« In der Wechselstube: »Was, vor ein paar Tagen gab es doch noch acht Mark für hundert Ostmark, wieso jetzt nur noch fünf?« Und als die Angestellte versucht, ihm die Marktgesetze klarzumachen: »Da stimmt doch bei euch was nicht.« Vor einer Wohnungsvermittlung: »Das ist rein unmöglich. Die zahlen ein Viertel vom Lohn für ihre Miete!« Ich wage nicht, ihm mitzuteilen, daß es in Paris schon häufig ein Drittel ist. Immerhin haben die Ostler entdeckt, daß nicht der ganze Westen aus Ku'damm besteht.

Taxifahrer warnt mich, wegen Zustroms nicht mehr auf späteren Transport zum Flughafen zu bauen. Entscheide mich zu lang vorgehabtem Ausflug nach Wannsee. Beginnend mit Verbeugen vor dem Selbstmördergrab Kleists. Dazu der Fahrer: »Sind Sie auch so ein Kleist-Fan wie ich?« Stimmungsvolles Laubwäldchen, mit feinen Villen und Ruderklubs durchsetzt. Wo wohl das Gasthaus gestanden sein mag, zu dem Kleist und Henriette Vogel um ihren letzten Kaffee schickten? Der häßliche Steinsockel, neueren Datums, enthält dann unbegreiflicherweise nur den Namen des Dichters, während die Todesgefährtin mit einem gerahmten Papierblättchen vorliebnehmen muß, das irgendeine wohlmeinende Emanze angebracht hat.

Anschließend einstündige Suche nach der berüchtigten Villa der »Wannseekonferenz«. Muß der unbekannteste Ort von Berlin sein, denn wir werden dreimal mit Bestimmtheit zur völlig falschen Adresse gewiesen. Langzeitgedächtnis der ehemaligen Reichshauptstadt wohl doch nicht so funktionstüchtig. Endlich Sprechkontakt mit der Taxizentrale, die uns genaue Straße angibt (Am Sandwerder) samt Hinweis, daß das Haus dank »riesiger Gedenktafel« nicht zu verfehlen. Tafel am Parktor erweist sich dann als recht bescheiden. Gitter verschlossen, auf Klingeln bei »Jürgens« keine Antwort, obwohl das Ganze einem Jugendklub gehören soll. Hier also wurde 1942 das Schicksal der Meinen entschieden. Während im Vorgarten die Chauffeure von Heydrich, Eichmann, und wer da sonst noch mitwirkte, biertrinkend auf Feierabend warteten. In ein paar Stunden war alles gelaufen. Von der langgezogenen Villa selbst wenig zu sehen, da von Bäumen verdeckt. Seitlich aber ein Fußweg, der zum Großen Wannsee hinunterführt. Dort, im Grunde des verwilderten, fast urwaldähnlichen Parks, macht man einen Kinderspielplatz aus – gab es ihn schon damals? Spurensuche, die doch das Unerklärbare nicht aufhellen kann. Zu Ende des Fußwegs dann endlich ein hoch aufragendes Monument. Also doch etwas Kommensurables, das an jenen, den vielleicht verhängnisvollsten Tag der Menschheitsgeschichte mahnen soll? Geträumt. Dieser hockende Bronzelöwe feiert, wie aus einer Inschrift ersichtlich, den preußischen Sieg über die Dänen, lang, lang ist's her. Daneben eine Würstchenbude. – Abflug.

PARIS, 10. DEZEMBER 1989

Besuche jetzt wieder öfter mit unserer Tochter Tonka den sonntäglichen Philatelistenmarkt am Rond Point, was ich seit frühen Fotografentagen nicht mehr tat. Enttäuschend, daß die Mehrzahl der heutigen Briefmarken bloß noch für Sammler gedruckt wird und ihr Herkunftsland nie gesehen hat. Sogar falsche Stempel gibt es, die schon Teil der Briefmarke sind und Verwertung vortäuschen. Am faszinierendsten für mich die alten beschriebenen Bildpostkarten. Die man zu Hunderten durchblättert, um was zu finden? Natürlich Spuren von Bekannten oder gar seiner selbst. Also den Zufall als Schickung, was ja einer unserer atavistischsten Wünsche ist. An den billigeren Ständen längs der Avenue Matignon sah ich letzthin, zu 600 Franc das Stück, Vordruckkarten aus Auschwitz, die man (nur auf deutsch) dahingehend auszufüllen hatte, daß es einem gutgeht und man nichts braucht. Auf der Vorderseite ein ungeheuerlicher Vermerk der Lagerverwaltung, die jede Zusendung von Paketen und Zeitungen ausschließt, »da ohnehin in der Kantine alles vorhanden«. Gerade diese mörderischen Späße scheinen mir das Bezeichnende des Naziregimes. Der Preis der Karten ist übrigens sprunghaft auf 1000 Franc angestiegen. Möchte nicht in der Haut der Leute stecken, die das sammeln.

KÖLN, 22. JANUAR 1990

Normalerweise pflegen Großverdiener mit wachsendem Wohlstand in wachsende Häuser zu ziehen. Auch Journalisten und Schriftsteller. Auch solche mit sozialem Engagement, und die ganz besonders. Günter Wallraff blieb in Ehrenfeld, dem Arbeiterviertel von Köln. Nur mit Mühe findet der Taxifahrer die Zufahrt der schäbigen Einbahnstraße. Immerhin reden hier die Leute miteinander. Und auch mit ihrem prominentesten Bürger reden sie, obwohl der nicht allenthalben so beliebt ist. Besonders nicht bei der Bild-Zeitung, die sie doch so gerne lesen. Wallraff bewohnt nach wie vor, trotz Riesenauflagen seiner Bücher, wie zuletzt »Ganz unten«, eines der bescheideneren Reihenhäuser der Straße. Vergeblich sucht man bei ihm irgend etwas Persönliches, einen Freude machenden Besitz. Nichts, außer einer minimalen Sammlung exotischer Musikinstrumente. Nur daß er jetzt nicht mehr, wie bei unserem ersten Zusammentreffen, mit dem Schreckensschrei hereingestürmt kommt: »Der Wagen explodiert!« (Es war das Wasser aus dem durchgerosteten Kühler, der aber noch das beste Stück seines Autos darstellte.) Jetzt also ein strapazierfähigerer Wagen. Und – irre ich mich? – sogar seine Sportjacke scheint neu. Da schau an. Ansonsten liegt wie stets um diesen spindeldürren, erkahlenden Mann etwas Asketisches, Mönchisches. Das auch mit Unnachgiebigkeit, ja Prinzipienreiterei zu tun haben mag. Und jedenfalls in lustigem Widerspruch steht zu seiner daseinsfrohen und sogar etwas üppigen Lebensgefährtin Barbara. Wallraff wie immer nervös, zuckende Mundwinkel, unrhythmisches Sprechen. Dann wieder plötzlich ausbrechender enormer Witz, stets gegen sich selbst gerichtet. Gesamteindruck eines ewig unfertigen Menschen, der aber gerade daraus die Stärke zieht, sich in immer neuen Rollen immer wieder neu zusammenzusetzen. Machen Termin für morgen aus, obschon: »Das Reden entwertet das Tun. Und mir macht nur das Tun Spaß, und das dazugehörige Herzklopfen.«

KÖLN, 23. JANUAR 1990

Bei Wallraff. Hat uns sein Tonbandgerät zur Verfügung gestellt. Ist aber zu meiner Überraschung ahnungslos, wie man es bedient. Obwohl doch seine ganzen Geheimreportagen auf versteckten Geräten beruhen sollen. Das Dilettantenhafte an ihm, überzeugend. Glücklicherweise kommt Barbara heim und kennt sich aus. Seine Beantwortung der Fragen dann zerdehnt, lehrerhaft. Kennt keine gestanzten Worthülsen, geronnenen Weisheiten. Muß alles schwer aus sich hochpumpen.

Herr Wallraff, der Appeal, den Sie haben, wir können es ruhig Sex-Appeal nennen, der bezieht sich doch irgendwie auf die Figur, die Sie darstellen. Eine Art Parzival. Also der naive Held, der ausreitet und Abenteuer besteht? Und alle besiegt durch seine unverbesserliche Unschuld? »Das ist nicht die Rolle, wie ich sie empfinde. Ich sehe mich mehr als eine Mischung von Schweijk und Till Eulenspiegel.« Kennen Sie den »Idioten« von Dostojewski? »Auch mit dieser Figur kann ich mich identifizieren. Manchmal frage ich mich überhaupt, ob ich nicht in einer Anstalt besser aufgehoben wäre. Denn ohne mein Rollenspiel wäre ich heute tot. Hätte mich umgebracht oder würde in einer geschlossenen Abteilung dahinvegetieren. Als Altfall, wie die Psychiater das nennen.« Weil Sie so verrückt sind? »Weil ich so unangepaßt bin.« Kann man sagen, daß dieses Rollenschlüpfen bei Ihnen auch dazu da ist, um herauszufinden, wer Sie eigentlich sind? »Nein, um mich zu etwas zu entwikkeln, das ich nicht bin. Was ich aber sein möchte. So hab' ich mich umgekrempelt. Am eigenen Schopf aus dem Morast gezogen.«

Ist nicht Ihre Suche nach Authentizität in der Gesellschaft auch eine Suche nach Authentik in Ihnen selbst? »Wahrscheinlich. So banal früheste Geschichten sind: Bei meiner Geburt im Krieg bekam meine Mutter eine Infektion, eine Sepsis. Zwölf Monate lag sie auf Leben und Tod, und ich war solange im Pflegeheim. Nachher erkannte sie mich nicht wieder: Der ist verwechselt worden, das ist gar nicht mein Kind! Kinderverwechslung, das spukte ja zu dieser Zeit durch die Illustriertenberichte. So, erst mal nicht akzeptiert werden. Und dann, im Alter von viereinhalb Jahren, wenn du langsam Vertrauen erwirbst, bringt man dich aus wirtschaftlicher Not ins Waisenhaus. Wo dir die letzten eigenen Klamotten, die noch ein Anhaltspunkt für Identitätsgefühle sein könnten, abgenommen werden. Und du dich langsam auflöst. In so einem Alter solche Identitätsverluste!«

Abgesehen davon, was würden Sie für die Hauptantriebsfeder Ihrer Arbeit halten? Ist es die Nächstenliebe? »Die kommt irgendwann später. Im Vordergrund stehen der Spieltrieb, unverstellter Kontakt, die Suche nach Nähe zu Menschen. Denen ich sonst sehr fern bin, weil ich da Riesenbarrieren habe. Und das zu durchbrechen, dazu ist die Rolle da. Nächstenliebe, die ist schwierig herzustellen, weil sie sich über den Nächsten definiert, den man bekanntlich lieben soll wie sich selbst. Und ich liebe mich nicht.« Es gibt Leute, die leben in ihren Träumen intensiver als in der Normalität. Sie selbst scheinen in Ihrem Rollenspiel am intensivsten zu leben? »Nur da leb' ich überhaupt. Das andere ist kein Leben. Das andere ist ein Dahindösen, ein Stückchen Aufhalten des Todes. Nur in der Rolle spüre ich mich.«

Es gibt von Ihnen den Satz aus Ihrer Jugend: Ich bin mein eigener heimlicher Maskenbildner, ich werde mir immer neue Masken aufsetzen, um mich zu suchen und gleichzeitig zu verbergen. Solche Voraussicht ist doch geradezu unheimlich. So etwas schon so früh zu ahnen und nachher als Programm durchzuziehen. Also eigentlich ist die Maske der Ursprung, und dann hat sie erst ihren sozialen Zweck gefunden? »Ich glaube, ja.« Inzwischen sind Sie aber zu einer Erfolgsstory geworden, besitzen Einfluß, Macht... »Macht, Macht! Ich hab' noch nie Macht ausgeübt, möchte ich auch gar nicht.« Ach so? Und wie ist das mit den Frauen? »Hm. Also im Privaten würde ich fast sagen, habe ich schon, weil die Arbeit immer wieder das Dominierende war, hab' ich Frauen irgendwie doch unterdrückt. Das Familienleben war dann bestimmt zweitrangig, das hatte sich unterzuordnen. Drei Töchter – ein gutes Verhältnis zu allen dreien –, aber wenn ich es so überlege, ich war immer der Besucher, nie der richtige Vater.« Also gegen Ihren Willen sind Sie doch eine Art Macho? »Ja. Ich bin da auch als Einzelkind so verkorkst. Ich gehöre zu einer verlorenen Generation.« Was aber weibliche Beziehungen nie ausschloß? »Ich glaube, das waren immer nur ganz große, aufopferungsvolle Frauengestalten, und die sind ja auch dementsprechend selten.« Da das ein umfangreiches Thema zu werden verspricht, verschieben wir den Schluß auf morgen.

KÖLN, 24. JANUAR 1990

Bei Günter Wallraff jetzt auch seine Freundin Barbara anwesend. Frage an sie, was eine Frau an diesem Mann interessant finden könne? Barbara: »Was mich am meisten fasziniert: seine Vielfältigkeit, Phantasie, sein Witz. Auch seine Zärtlichkeit. Und daß er Vorschlägen zugänglich ist. Was ich eigentlich nicht so erwartet hatte.« Zu Wallraff: »Wenn ich Ideen hab' oder nicht richtig finde, was du machst, bist du bereit, dir das anzuhören. Du bist ständig offen zum Austausch und läßt dich in einer gewissen Weise auch beeinflussen. Sonst wär's ja nicht auszuhalten.« Hat er Charme? Barbara: »Nicht nur das.« Wallraff: »Wenn's sein muß, auch das.« Barbara: »Es gibt natürlich auch katastrophale Zeiten, wo er mit sich selbst total uneins ist. Zum Glück sind diese Phasen kürzer geworden. Früher hat er ständig außer sich gelebt: chaotisch, getrieben, gehetzt. Heute ist er mehr in sich. Und als er der Türke

Ali war, das empfand ich als schönste Zeit überhaupt. Voller Überraschungen. Günter kam aus der Schicht, schwarz und dreckig. Und wir sind dann zusammen durch die Straßen gegangen. Manche Leute sind fast zerplatzt vor Sexualneid.« Liebten Sie damals eigentlich den Ali oder den Günter? »Beide! Beide! Das war doch praktisch. Zwei Männer in einem! Da ich ja nun eine Vorliebe für Schwarzhaarige habe, kam mir das sehr gelegen. Komisch auch meine erste Begegnung mit Günter als Ali, das war ganz am Anfang, als er die ersten Testversuche machte. Da wollte er prüfen, ob ich ihn erkenne. Und hat mich zum Bahnhof bestellt. Ich muß sagen, ich hab' ihn nicht gleich durchschaut. Erst auf den zweiten Blick. Da stand er da, in seiner Ali-Verkleidung, und paffte ganz nervös, obwohl er doch Nichtraucher ist.« Wallraff: »Auch meine Mutter hat mich nicht erkannt. Als ich einmal hier zu Besuch war, und sie saß auf dem Dachgarten, hab' ich mich zu ihr hingesetzt und mich vorgestellt als Ali! – Sie sah mich ganz fremd an. Dann hab' ich mich oben umgezogen, kam zurück, und sie sagt: Hör mal, da war aber ein ganz komischer Mensch da. – Das ist ein Freund von mir. – Nein, der hat so stechende Augen, der führt nichts Gutes mit dir im Schilde. Der wird dir mal sehr schaden. Paß bloß auf, ich bin ein Menschenkenner.«

Barbara jetzt zur Küche. Ich: Wir haben eben von Ihrer Freundin wunderschöne Komplimente über Sie gehört. »Ja, wie Balsam.« Sie selber definieren sich da reichlich negativer. Man hört zum Beispiel, Sie brauchen für jede Rolle eine neue Partnerin? »Schrecklich. Aber wenn ich zurückblicke, war das manchmal so. Es ist grausam, grauenhaft, und ab sofort wird es nicht mehr passieren.« Dürfen wir jetzt noch von Ihrer laufenden Aktion reden? Eigentlich können Sie ja nur mehr mit sich selber konkurrieren? »Wenn man es unter Suchtgesichtspunkten sieht, würde das vielleicht eine Gefahr bedeuten. Eine Sucht verlangt immer stärkeren Stoff. Aber es ist eher wie ein Hochseilakt. Wenn du den doppelten Salto beherrschst, dann willst du das auch noch mit Spirale hinkriegen. Und jetzt versuche ich es eben ohne Netz. Ich bin mitten im Anfangsstadium der neuen Rolle und hab' die Verkleidung nur kurz abgelegt. Wenn ich Ihnen morgen begegne, Sie würden mich nicht erkennen.« Wie lange wollen Sie in der Rolle bleiben? »Ich schätze, es wird Jahre dauern.« Vielleicht bleiben Sie einmal zur Gänze drin? »Ja, ich kenne diese Sehnsucht, mich zu verlieren. Aber die Rolle, die ich mir jetzt abverlange, kann es nicht sein, weil ich kein Masochist bin.« Was für eine Rolle? »Kann ich nicht sagen.« Dürfen Sie es andeuten? »Es ist eine zweigleisige Rolle.« Also Sie werden zu zwei verschiedenen Menschen? Sowohl oben wie unten? »Kann ich nicht sagen.«

Spüren Sie nicht manchmal den Wunsch nach einem tragischen Ende? Einem unheimlich starken Abgang? »Nicht mehr.« Es gibt ja von Tucholsky den Ausdruck: vom Sterben leben. »Das habe ich überwunden.« Ich meine, als Erfüllung. Jetzt bin ich ganz aus einem Stück. Ich sterbe sogar in meiner Rolle. »Gut, ich hab' in einem bestimmten Alter wirklich Todessehnsucht und einen romantischen Todestrieb gekannt. Schon als kleines Kind. Ich kann mich sogar an ein Gebet erinneren: Lieber Gott, mach mich kaputt. Jetzt ist das kein Thema mehr.« Dennoch muß man sich die Frage stellen: Bestrafen Sie sich nicht für irgendwas? Oder bringen Sie sich in die Bredouille, um nachher mit Ihrer Unschuld und Ihren Beweisen auftrumpfen zu können? »Ich bin nicht daran interessiert, letzte Motivforschung meiner selbst anzustellen. Würde ich das machen, dann käme mir vielleicht die Antriebskraft für meine Arbeit abhanden.« Aber im Grunde sind Sie auf einem Selbstfindungstrip? »Gandhi hat gesagt, auf die Frage, warum er das alles mache: Um mir auch selbst einen Gefallen zu erweisen. Ich habe das jedenfalls nie verheimlicht – Mensch, es geht auch um mich. In meiner Verhedderung und meiner Beschädigung tritt da mit meinem Rollenspiel ein befreiendes Element auf, für mich ganz persönlich. Und verdammt noch mal, das Recht dazu habe ich, und das lebe ich aus.«

LONDON, 26. APRIL 1990

Visite in der Garderobe von Peter Ustinov, vor seiner Einmannshow im Haymarket-Theater, zwecks Fühlungnahme über möglichen Film. Nunmehr kugelrund, erfolgsverwöhnt und eine hemmungslose Plaudertasche, die aber den Nebenmenschen nur noch als Publikum wahrnimmt. Woher dieser grenzenlose Drang, oder soll man sagen Zwang, zu gefallen? Etwas von Oscar Wilde, auch in dem bacchusartig geschwungenen, irgendwie dekadenten und ephebischen Mund, der zu der Bonhomie des übrigen schlecht paßt. Und ganz wie Wilde verdeckt er den ernst zu nehmenden Schriftsteller hinter dicken Schminkeschichten von Komödiantentum. Die Show, ein einziger Sturzbach von Anekdoten aus seinem buntscheckigen Bühnen- und Militärleben, dauert dann über zwei Stunden ohne einen Moment der Langeweile, aber auch ohne daß man das schallende Gelächter des Publikums ganz begreift. Vielleicht ist es die (recht britische) Erleichterung, daß Kunst, Genie, Krieg, Politik, Tod und ähnlich Unangenehmes letztlich nicht so ernst gemeint sind und vorübergehen.

Dinner in einem Gourmetlokal von Chelsea. Wobei es Peter selbstverständlich scheint, daß er persönlich für uns bestellt und zahlt. Hat leider auch schon mittags hier gespeist, so daß er nicht alles so auskosten kann wie erhofft. Neuerliche Histörchen, nunmehr auch für die Nebentische bestimmt. Eindrucksvoll sein tadelloses, in langer Erfahrung erworbenes Timing. Gerade wenn das obligate beifällige Lachen fällig ist, wendet er sich seinem Teller zu. Nur um dann, wenn man selber zur Gegenrede ansetzt, den Mund für die nächste Story frei zu haben. Jedesmal in einem anderen Akzent vorgebracht, auch da, wo er der Sprache nicht mächtig ist, wie überraschenderweise beim Russischen. Immerhin sind die Unterschiede etwa zwischen Schwedisch und Schwyzerdütsch verschwimmend. Endlich gelingt es mir, etwas Selbstgestricktes anzubringen, worauf gerade bei der Pointe seine Gabel klirrend unter den Tisch fällt, die dann unter Ächzen und wortreichen Entschuldigungen aufgehoben werden muß. Nachher erinnert ihn meine Geschichte umgehend an eine eigene. In meiner Verzweiflung, irgendwas Einschlägiges beizutragen, erzähle ich ihm zuletzt eine in Amerika aufgelesene Schnurre über Mark Twain: Der gepriesene Humorist, als Unterhalter zur Tafel geladen, bleibt den Abend hindurch stumm wie ein Fisch, während sich die Tischgenossen zerfransen, den illustren Gast zum Lachen zu bringen. Nur daß die Teilnehmer dann ihre Geschichten ausführlich in Twains nächster Humoreske wiederfinden... Hierauf entsteht ein momentanes Stocken in Peters Redefluß, wobei ich den Eindruck habe, daß er mich zum erstenmal überhaupt wahrnimmt. Vielleicht aber rekapituliert er nur im Geiste meine Story für den kommenden Vortrag.

PARIS, 14. JULI 1990

Französischer Nationalfeiertag. Dem wir, wie so viele Pariser, ansonsten ganz gern fernbleiben. Abends zieht es uns doch auf die musikbelebten Straßen. Und zum erstenmal seit Jahren wieder zur Place Contrescarpe und Rue Mouffetard, wo ich so oft gefilmt habe und auch sonst einiges erlebt. Weise auf die Lebensmittelläden hin, vor denen man einst Schlange stand, nach dem deutschen Einmarsch in Paris, fast auf den Tag fünfzig Jahre ist es her. Wie kann das sein? Auch die gewesene Wohnung. Und die öffentliche Waschanstalt, darin man noch sein briefmarkengroßes Stückchen Seife ausgehändigt bekam, als es längst schon keine Seife mehr gab. Wieso einem gerade solche Dinge unvergeßlich bleiben?

Und dann stoßen wir auf ein Abrißhaus. Eines von diesen zurückgeneigten bleichen Pariserhäusern, die – warum spüre ich das nirgendwo sonst – wie abgelebte, abgeschminkte Greisinnen wirken. Vollgepfropft mit Erinnerungen, über die sie keiner mehr befragt. Was machte die Pariser Perspektive so einzigartig? Ihre intime Mischung aus grandioser Staatsarchitektur und der dicht daneben geduldeten populären Baumeisterei. Gewesen. Jetzt poliert man die offiziellen, hochkarätigen Monumente auf Feinglanz, das andere läßt man verkommen bis zum Abriß. Das Stolze bleibt, die Stimmung ist futsch . . . Durch die offenen Fenster dieser finsteren Ruine erspähe ich, wie Jahresringe gefällter Bäume, die Decollage unzähliger Tapetenschichten. Auch angeheftete Illustriertenfotos sind noch da, Zeitungsausschnitte, Kalender. Gern würde ich sie nach ihrer Geschichte befragen, aber die Menge drängt uns weiter. Unmöglich, an diesem Tag stehenzubleiben in der »Mouffe«. Vielleicht auch besser so.

Letzte Begegnung, die in diesem Tagebuch ihren Platz findet. Nur Jugendliche unter meinen Lesern werden die hier festgehaltenen drei Jahrzehnte für eine ausgedehnte Zeitspanne halten. Ich selbst erkenne mich noch in den allerersten Notizen wieder, ja in noch früheren, hier gar nicht aufgenommenen. Worauf es mir eh und je ankam, war eine Kunst des Fragens, mittels der ich meine

Menschenscheu und Kontaktarmut überwinden konnte, die aus Angst geborene Abschottung gegen das Leben. Bald fand ich heraus, daß der Mitmensch sich weniger einer kühlen Interviewtechnik öffnet als dem Einbringen der eigenen Person. Der gute Frager ist eine Mischung aus Psychologe, Beichtvater, Tratschweib, Busenfreund, Liebesspender und Liebesobjekt, Eitelkeitsübermittler, Hausnarr. Er hat vorzugsweise zu suggerieren, daß er versteht. Ja, daß keiner so gut versteht wie er. Dann haben sich zwei gefunden, die auf unerwartete Art zueinander passen.

Dabei scheut sich der Fragesteller auch nicht vor einer kleinen Mimikry. Er übernimmt die Sprache des Befragten, seinen Humor, seine Erfahrungen, seine Sorgen und Nöte. Das alles in einem Schwebezustand zwischen halbbewußtem Kalkül und echter Zuneigung, ja Liebe. Diese erotische Hinwendung zum andern – ob männlich oder weiblich, wird zunehmend gleichgültig – erzeugt das Spannungsfeld, in dem einzig solche Befragungen möglich sind. Ein aufregendes Spiel. Denn daß hier ein Spiel stattfindet, wissen beide. Zu kurz der vorgegebene Zeitraum, und spätere Wiedersehen, so wünschbar sie im Moment erscheinen, werden doch allzu häufig – wenn auch zum Glück nicht immer – durch Überlastung und Distanz vereitelt.

Was bleibt? Für den Befragten, Dargestellten – wer weiß? Vielleicht doch ein Augenblick, in dem er sich verehrt, verhätschelt, verstanden fühlte. Für den Frager und Filmer? Die Freude am Kennenlernen, Schätzenlernen, an der Stärke, wenn auch nicht durchweg Beständigkeit des eigenen Gefühls. In der Hauptsache aber ein innerer Reichtum, erworben aus der einzigartigen Chance, von allen diesen Menschen berührt, angerührt worden zu sein. Man hat etwas gelernt. Aber was? Ich glaube, etwas von dem, wie man zu sich selber kommt. Es hat mit Selbsthilfe zu tun, Selbstfindung, ja geradezu Selbstrettung. Aus irgendeinem Grund, der auch mit meinen Emigrationsjahren zu tun haben wird und der dazugehörigen Entfremdung, war mir dieses Lernen am Exempel bitter nötig. Man lernt ja nur, was man braucht. Aus der persönlichen Isolationsfolter ins Teilnehmen an so vielen Lebensläufen: ein weiter Weg, ein Weg ins Freie. Und ins Lachen, bitte schön. Dieses Arbeitsjournal ist also auch ein Lernjournal. Diese Personenbeschreibung wiederum, auf dem Umweg über andere, eine Selbstbeschreibung. Meine zweite und letzte. Und nun? Es gibt ein melancholisches Sprichwort, das sich in den verschiedensten Sprachen findet: »Wenn die Jugend bloß wüßte! Und wenn das Alter bloß könnte!« Dazwischen liegt aber doch, meiner Erfahrung nach, eine Lebensstrecke, wo man mit einigem Glück sowohl kann wie weiß. Es ist die schönste Zeit.

PERSONEN UND ORTE